民國時期文獻
保護計劃

成果

北碚圖書館 編

北碚月刊（一九三三—一九四九）

第五册

國家圖書館出版社

第五册目録

北碚

第三卷
第五期

林森

民國廿九年
九月十五日出版

七・三一北碚第三次被炸搶救情形　　王培樹作

四川嘉陵江三峽鄉村建設實驗區署發行

北碚月刊三卷五期目錄

抗建時期峽區保長的基本任務

—代七月十五日在保長訓練班畢業典禮上的講演—

李洪崗

一、前言
二、日寇侵華戰爭給予中國的損害
三、中國在抗戰的困難中生長了新的力量
四、在經濟建設的成績中現露了勝利的遠景
五、三峽實驗區在抗戰中的供獻
六、保長在抗建時期的基本任務是什麼
(1)是推動鄉村建設
(2)鄉村建設是些什麼呢
A管——政治建設
B教——文化建設
C養——經濟建設
D衛——軍事建設
七、受訓後的新保長應改變新的工作方式
(1)保與保間實行工作競賽
(2)充實國民月會嚴格檢討工作
(3)在建設工作中繼續不斷的學習
八、結論

一、前言

今天是各位地方幹部受訓畢業的一天，我對大家應該說些什麼話來作為慶賀大家的禮品呢？我想在目前四川正要開始實行 總裁手訂的新縣制的時候，全川約九萬保，需要九萬個能夠執行新縣制所規定的任務的保長，這樣眾多的保長，一時到那裏去找呢？除了考選優秀青年智識份子，加以訓練以外，最主要的還要考選舊任優秀保長，重新整訓，因此對大家談談「抗建時期峽區保長的基本任務」是必要的。

要瞭解保長所負的任務，先得明瞭中國目前所處的環境，及三峽實驗區在抗戰建國中應負的使命。抗戰三年來，全四川的鄉村建設，都遠落在抗戰形勢的後面，雖然也有一些地方有一點兒建設成績，然而進度是遲緩的，成績是小得可憐的。三峽實驗區在鄉村建設工作中我們捫心自問，也是很慚愧的，我們還沒有做出驚人的輝煌成績，還不能在全川的建設過程中發生光榮的模範作用，使三峽實驗區成為開展全川鄉村建設的發動機。

保是政治機構的基層組織，保長是基層組織的領導人，基層組織不能動員，一切工作都不能進行，基層組織的領導人麻木不仁，一切工作更無法進行。前面所說的建設工作的遲緩現象，都是由於基層組織不健全；由於保長不明瞭自己所負的任務，以致不能推動建設工作。

現在，我條分縷析的向大家談一談。

二、日寇侵華戰爭給予中國的損害

日本法西斯軍閥進行的侵華戰爭，使中國經濟遭受極大的摧殘。

工業方面，最主要的一點是數十年來在風雨飄搖中生長起來的民族工業，遭受空前的摧殘。最痛心的是民族工業的柱石——紡織業的損失，抗戰爆發之後，因爲敵人砲火之摧毀，因爲敵人之刼奪；因爲擱置在戰區中無法生產；因爲出售與第三國商人的原故，華商九十六個大規模的紡織工廠，損失了六十個，紗錠損失達一百八十萬枚，布機損失達一萬八千台。再加上小規模的染織工廠的損失，則紗錠損失當在三百萬枚以上，布機損失當在三十萬台以上。損失的百分比在百分之七十以上。

農業方面，首先使人注意的是：跟着戰局的擴大，耕地之破壞，牲畜農具種子等的損失，也一天比一天的增加。全國耕地七十六萬萬餘公畝中，就有四十餘萬萬畝遭受損失。主要農產品的損失量佔百分之八十。

這些令人永遠不能忘記的損害，是日本法西斯強盜給予我們的！

三、中國在抗戰的困難中生長了新的力量

中國民族工業雖然遭受如此重大的破壞，農村生產遭受如此重大的摧殘。但是日寇並不能迫使中國屈服，畢竟中國是一個大國，地大物博，人口衆多，故能在抗戰的困難中生長了一些新的力量。

這些新的力量是些什麼呢？

第一、是沿海一些有遠見的民族資本家在艱難困苦中將工廠遷移到後方。東南一帶工廠向西南遷移的有一百三十八家，機器重量約二萬五千噸。由武漢西遷的工廠有三百三十九家，機器材料共五萬九千噸。現在這些工廠大部份已裝配完竣又已開工出貨了。

第二、是生產工具生產技術之改進，和入口原料代用品之發明。抗戰以前，中國工業界一般的傾向是：「沒有機器到外國去辦。」「要好機器只有依靠外國」。抗戰以後，由於交通不便，由於內地工業界之急切需要，這種態度漸漸改變了。改良生產工具，改良技術的活動，便在各處進行了。

機械的發明，最主要的是紡織機，有穆藕初先生所發明的「七七棉紡機」，陳渠珍先生所發明的「三一單人紡紗機」，陝西方面，還有業精式手工紡織機。最近又有吳榮秀醫師發明了水力電機。燃料代用品的發明，有陳次鉁發明的，從植物油中提煉代柴油，汽車輪船均可應用。儲靜明發明的由酒精中提煉造汽油，陸子冬發明的煤炭汽車，張煜發明的用松香提煉柴油。此外尚有染料、藥品、造紙、墨水、許許多多的新發明。這些成績雖然尚在萌芽，但在進行生產建設，增加力量以支持抗戰和奠定建國條件的今日，像這樣的創造性之發揮，是十分可喜的。如果再加努力，將來一定會開出更加美麗的鮮花來的！

第三、是奠定了國防工業的基礎。據資源委員會錢昌照先生的報告，現在四川雲南貴州廣西等省，樹立了十二種基本工業，共四十五分單位。這些企業，都是在國營的方式之下進行的。其中包括：煉鋼、電工器材，化學工業，金、銅、水銀、煤炭、石油、電力、水力等廠。國防工業過去沒有什麼基礎，現在方才着手進行，在一個短促的時期中，進展當然不會怎樣快，但它是在繼續生長的，而敵人的經濟力量却日近於死亡。

第四、是農業方面的發明。中央農業實驗所試驗盒大利小麥，經三來年試驗結果，證明品質較本地麥種良好。現已由四川農業推廣所推廣之。大後方有些農場試種各種外國農產品也告成功。改良農產品種，改良農產生產技術的運動，與及春耕運動，墾荒運動已大大的開展起來了。

同時，經濟部的水利建設是值得稱讚的。在陝西，惠梅渠已開工，灌田廿萬畝。洛惠渠工程較大，尚在進行，預計完成之後，可以灌田五十萬畝。黑惠渠亦於去年冬季開工，預計完成之後，可以灌田十萬畝。其在甘肅，洮惠渠現已竣工，湟惠渠亦於今年春季開工，各可灌田萬畝。西南各省，亦在分別進行，川省可灌田卅萬畝，廣西十九萬畝，湘南廿萬畝。水利是發展農業的必要條件，這些水利的完成，可以保證這些地方的農產品，大量增加。

敵人因爲「速戰速決」和「速和速決」的陰謀已告失敗，乃採用「以戰養戰的毒計。所謂「以戰養戰」，便是加緊開發佔領區域的資源，企圖拿中國的人力物力財力，補償他的損失，繼續來打中國。我們若能針對敵人這一政策，努力發展後方經濟建設，支持長期抗戰，去粉碎敵人「以戰養戰」的毒計，則抗戰必定勝利，建國必定成功。

四、在經濟建設的成績中現露了勝利的遠景

中國經濟建設這種光輝的成績不但給予全中國關心於民族解放的同胞以無限的興奮，給予堅持抗戰以無限的支持。而且告訴全中國的民衆，無論敵人目前如何加緊進攻，英法如何對日屈膝，封鎖滇越鐵路及滇緬公路，禁止軍火機器等外貨的輸入，企圖在三個月內，逼迫中國投降。但這些毒辣的陰謀詭計，是徒然的。中國大後方具有豐富的資源，加以中華民族因有五千年悠久的文化歷史，又吸收了歐美的科學知識，現在已湧現了無數的發明家，改良了生產工具，改良了生產技術，而且還在繼續不斷的進行新的發明。猶說明優秀的中華民族，擁有廣大國土的豐富資源，是能夠自力更生，而使敵人的封鎖不能發生多大作用的。經濟戰的情勢如此，勝利的遠景已現露在我們的眼前。

五、三峽實驗區在抗戰中的供獻

峽區地瘠民貧，山多田少，全區水田僅一千七百五十畝。全年出產糧食，僅足一月之食用。因是人民挺而走險，曾經淪爲盜匪淵藪。自民十六年成立峽防局，民廿五年改組實驗區署，先後經了保甲人員的努力執行清除安撫命令，使大家才能安居樂業。更從事農田水利建設，動員全區保甲人員及民衆，修築塘堰水庫共有八十七個，灌溉稻田達一萬八千餘市石。水稻收穫遂大量增加，民廿五年出產黃谷僅一萬八千市石，廿七年即增至四萬九千餘市石。

至民國二十八年三月，成立農業推廣所，擬定三年計劃，從事改進峽區農業。本年度工作計有：

（一）推廣骨粉壹萬二千斤。（二）推廣若子一百二十畝。（三）推廣油菜三六八畝。（四）小麥混合選種二十畝，計一萬三千穗。（五）指導小麥改良六十二畝。（六）剪除麥黑穗四十一萬八千餘枝。

以前農民不知改良家畜飼養管理等方法，一遇豬瘟，歸之天命，惟有捶胸嘆氣而已。現在成了家畜保育所，在各保

甲人員的協助之下，發展了家畜保險總社，總社一所，分社四所，指導農民改良猪種，清潔畜舍，防治獸疫。結果，猪種漸漸改良了，猪瘟漸漸減少了，推廣了榮昌白猪五百九十八頭。繁殖的榮昌白猪連同本地猪已由七千七百餘頭增至一萬六千餘頭。

並靠了各保甲人員協助合作指導室，發展了三個棉紡織生產合作社，置有七七紡紗木機五十三架，織布木機六架，織布鉄機二架。此外，爲解決抗屬婦女生活及職業問題，成立了一所抗屬工廠。執行了改良峽區手工業，使之漸漸進步到機器工業的任務。

我們雖然有了這些建設成績，在執行增加後方生產，支持長期抗戰的任務中，起了相當的模範作用。但是我們不要以此爲滿足，應盡量利用全國在抗戰的困難環境中，生長出來的新發明與新的生產技術，更加努力推動峽區建設事業。我們要逐步實現峽區鄉村建設的理想，我們要使全區人民都過着豐衣足食的幸福生活，我們要保障抗建時期，峽區能更多的供獻人力物力財力智力，爭取抗戰勝利，建國成功。

六、抗戰時期峽區保長的基本任務是什麽

（1）是推動鄉村建設而不是籌款辦差

抗戰時期，加重了保長的任務，同時，也使保長的任務複雜起來，但是我們要分清前方與後方的保長，因所在地不同，而有不同的任務，而這些任務當中又要分清誰是最要的任務，誰是次要的任務。前方保長的主要任務在發動人民參加抗日戰爭，後方保長的主要任務在發動人民參加鄉村建設。

四川在防區制時代，幾乎月月都發生戰爭，因而苛捐雜稅，層出不窮，糧食力夫，供應不暇。鄉鎮長及保甲長每天都忙於籌款辦差，並可從繳款手續中取得百分之二十的回扣或奬金。辦糧食辦力夫，可以浮收勒派，肥家潤身。因而鄉鎮長保甲長都樂於籌款辦差。積久成習，他們就以爲自己所負的任務只是籌款辦差了。

抗戰發生以後，急需補充兵員，這種積習，便演變而爲亂拉壯丁，得錢賣放。拉人頂替，賄賂公行。專抽獨子，借此賭索。保甲長辦兵役，便是發國難財的好機會。因而現在的保甲長只願意辦兵役，籌捐款。什麽國計民生，鄉村建設，他們是不願問聞的。

在三峽實驗區的開明政治之下，這些積弊，雖然沒有發生，而且沒有發生的可能性。但是三峽實驗區離開防區制時代不過十二三年，受歷史傳統與社會環境的影響很深，貪污的意識，還會殘留在我們的腦海裏。我們要澈底肅清。因此，我今天特別着重指出：抗建時期，峽區保長的基本任務是推動鄉村建設而不是籌款辦差。鄉村建設第一，一切服從鄉村建設。鄉村建設的成績不好，就是保長的奇恥大辱！

（2）鄉村建設是些什麽呢？

鄉村建設是些什麽呢？就是新縣制所要實行的「管」「教」「養」「衛」。我分別的向大家講一講。

一、管——政治建設

A肅清過去保甲的積弊：（一）不貪污，不發國難財，不假公濟私，營私舞弊。要有廉潔奉公，吃苦耐勞的精神。（二）不恃勢招搖，欺壓鄉民。（三）不假借保長的名義，報復

私仇。(四)派工征兵，不欺善怕惡，勒索窮戶。(五)加强督導考核制度，賞罰嚴明。

B人的管理：

a.有計劃的組織全保人民，使他們全體都參加鄉村建設工作。

b.好好的利用保內的人才，使他們熱心參加建設工作，並在建設工作中起領導作用。

c.細心考查保內人民參加建設工作，所遇困難和所犯錯誤的原因，很有計劃的去解决他們的困難，糾正他們的錯誤。使他們盡善盡美的，迅速的開展建設工作。

d.要有確實的農村調查和登記。一切事業實施之先，最好要先有調查，有了調查的結果，一切計劃與實施才有根據。保內各戶的家庭狀况，如人口的出生與死亡，農民的移動。與及保內的生產狀况，如各種作物，副業，森林，漁牧等生產種類，產量及分佈情形，都應有精確的調查與登記。

C物的管理：是要合理的利用，合理的分配，不荒廢一物，不浪費一文，盡量設法，利用廢物，如利用渣滓廢物，用元平式速成堆肥法製成優良的肥料。利用麥根製成精緻的草帽，利用廢紙重製新紙。

D事的管理：做事要有計劃，有步驟，要準確，要實際，要達到最大的效能。

二、教——文化建設

A普及國民教育：教育爲建設之基礎，人民愚昧無知，則一切建設計劃均無法實施。要想順利的完成峽區鄉村建設，卽應普及教育，掃除文盲，使每保所有學齡兒童都受過四年義務教育，所有成年男子與婦女都受過民衆補習教育。提高民衆建設智識，改良其生產技能，激發人民的民族意識。每保應有一所爲全保政治文化中心的保國民學校。保國民學校建築設計，必須具有：保長辦公廳，民衆會場，圖書閱覽室，展覽室，運動場，俱樂部，醫藥衛生室，學校花園，實驗農場，教室，盥洗室浴沐室，衛生廁所，教職員住宅。

B舉辦農事講習會。做照美國所舉辦的農民週，利用冬季或初春的農閒時期，給全保成年農民以一星期的訓練，灌輸科學農業知識。訓練項目分兩種：(一)講習：包括作物栽培，作物選種，果樹栽培，蔬菜栽培，家畜保育，病虫害防治，合作大意，衛生常識等。(2)參觀：參觀名機關，農場，農業學校，衛生機關，農事機關等。

C設置試驗農場。在保國民學校附近建立保國民學校試驗農場。面積至少五十市畝，由保長兼校長率領保壯丁隊，保國民學校高年級學生，成人班婦女班學生輪流工作。請建設股及農業推廣所切實指導，採用優良種子，改良播種，耕作，施肥，選種及防治病虫害等方法，盡量利用土地與時間，增加農業生產品，發展高速度的農業，以爲示範。使全保農民觀摩倣效，改進栽培方法。農場收入，作爲保國民學校經常費。

D指導人民享受正當娛樂。教底肅清保內危害國家民族的煙賭娼三害。每個保國民學校附設的圖書閱覽室，展覽室，民衆會場，運動場和俱樂部，應力求充實完善。圖書室展覽室，盡量購置關於生產建設的技術或故事書精，建設畫報，及各種報章雜誌，使之成爲保內人民每天必不可少的精神糧食。保民衆會場每星期日演一次新劇或放映一次電影，內容必須是宣傳抗戰，教育人民增加生產的劇材。運動場須購置各種球類及各種運動設備。俱樂部須購置各種樂器，及象棋圍棋軍棋等類消遣設備。逐漸引導人民養成愛好讀書，愛好運動，音樂，美術等良好習慣。使每個人民的閑暇期間都消磨在這些正當娛樂裏面，不致再去吸煙，賭錢和嫖娼。

三、養——經濟建設

澈底實行總理手訂建國大綱第二項之規定。

A發展農業以足民食。

(a)改良技術增加生產。領導農民倣効試驗農場，改良栽培技術，逐漸使用簡單耕種機器，以解決人力恐慌，有計劃的實行輪種，如收了大豆就種小麥，大豆根部殘留氮素，恰爲小麥之良好肥料。可以增加糧食生產量。

(b)整修水利工程。修濬已毀塘堰，增鑿新式塘堰，各保切取連絡，盡量利用水源，不爲少數農田所壟斷。務使相連各保農田，均受灌溉之利，天旱不致成災。

(c)推廣優良種子。向農業推廣機關或農場領取或購買優良種子，發給農民。例如金大二九〇五小麥，中大帽子頭稻種，美國白皮羊芧，美國包谷。

(d)栽培特種農產。如西山坪西瓜，美國棉花，美國櫻桃，法國葡萄，吐魯番水晶葡萄，奉化水蜜桃，梁山柚子，廣東沙田柚，天津雪梨，美國蘋果。除虫菊。

(e)提倡農村副業。用分工合作辦法，組織全保農民，分別經營紡織，養猪，養乳牛，養乳羊，養雞，養鴨，養蜂，養魚，養兔等副業。介紹優良紡織機。推廣榮昌白猪，荷蘭牛，瑞士羊或美利奴羊，蘆花雞或來克航雞，翠鴨，意大利蜂，安哥拉兎。

每保應有一個家畜保險社，使養猪農戶都加入爲社員，以便有計劃的改良家畜，增加家畜產量。

B發展紡織以裕民衣。

每保至少應有一個紡織合作社，吸收半數以上的農家婦女參加紡織工作。生產工具力求改良，由七七紡織機發展到電動紡織機及新發明的水力電機。

C建築房舍以樂民居。

指導人民建築合乎衛生條件科學化的住宅或田莊，要光綫充足，空氣新鮮，溫度適宜，以消滅人民疾病發生之根源。使一切庭園或田莊，皆清潔，皆美有，皆有秩序，皆可居住或遊覽。使人民眞正享受「安居樂業」的幸福。

D修治道路以利民行

我們努力增加生產，算是做到了「地盡其利」，但是還點還是不夠，還要發展交通運輸，構成全區的交通網，做到「貨暢其流」，使我們生產出來的東西，能夠迅速的調劑有無，還是平定物價的條件之一。同時人民忙於增加生產，必須縮短行路所耗費的時間。因此，凡大規模產業區域都應通輕便鐵路，凡文化區，風景區與及各村落都應通公路。修理石板路，使雨天不致有道路泥濘，行人叫苦的現象。

四、衞——軍事建設

A肅清漢奸安定後方，擴大並鞏固防護團組織，維持防空秩序，嚴密查拿漢奸，使區內漢奸絕跡，使人民之生命財產建築，不致受敵機空襲之損害。很安全的開展建設工作。

B督導人民踴躍服行兵役，保衛民族，保衛國家，爭取民族之生存獨立。

C領導人民講究清潔衛生，保持體格之健全。並盡量設法在保國民學校附設衛生室，呈請區署轉請衛生署製發簡單醫藥設備。衛生室設主任一人，兼任國民學校衛生教員，實施健康檢查，缺點矯治，疾病診療，清潔檢查，指導鄉村公共及家庭衛生，以保護保內兒童健康，及防治保內人民疾病。使人民都有健強的體魄，在後方能夠努力生產，上前綫能夠英勇殺敵，以雪除「東亞病夫」之恥辱。

七、受訓後的新保長應改變新的工作方式

過去一般機關（包括鄉鎮長及保長）的工作方式，就是接到上級的命令，陽奉陰違，得過且過，苟且敷衍，不求實效，以致無論怎樣良好的命令，怎樣完善的計劃，都不能實行，不能發生效果。這個毛病從清末到現在，四五十年來，幾乎已成了積習，從來沒有人認眞注意，來澈底改革。因此一般機關和社會，都視命令如具文，而各種報告更是敷衍塞責，任何良法美政都不能推行，民生福利都不能增進，而一切政治腐敗，社會積弊，都由此而生。如果長此下去，我們的國家將永遠成爲落伍的國家，我們的鄉村建設將永遠不能開展。我們要猛烈開展新的鄉村建設，必須有新的工作方式。新的工作方式是些什麼呢？

（1）保與保間實行工作競賽

各保長應自動發起工作競賽，請求區署領導，約同附近各保長，開會商討，互訂管教養衛工作競賽合同，依據保區之大小，規定工作標準，限期完成。期滿再來開會互相檢查工作執行程度，看誰的工作做得好，做得快。應自覺的承認，規定的工作標準，能百分之百如期完成，甚或超過規定標準，並且提前完成，是最大的光榮。工作打了折扣，時間逾限，是最大的恥辱。講道競賽道德，不嫉妒別保的進步，不阻礙別保的進步；自己保內進了步，還要扶助別保共同進步。

（2）充實國民月會嚴格檢討工作

應遵照　蔣總裁的指示，在國民月會上嚴格檢查工作，指正工作缺點，學習工作優點。大家批評，大家討論。使國民月會成爲促進鄉村建設事業的集會。並借國民月會的機會，盡量召集民衆，詳細解釋區署的計劃和命令的意義何在，實行的辦法如何，實行以後對大家有什麼好處，不實行又有什麼害處，使一般民衆完全瞭解，一致奉行。像這樣的訓練民衆，督導民衆，才能提高民衆參加鄉村建設工作的熱情。才能順利的迅速的完成鄉村建設計劃。

（3）在建設工作中繼續不斷的學習

我們在建設工作中做出了一些成績，就容易驕傲起來，容易發生自滿自足，目空一切的態度。這種態度會阻礙我們的建設工作，使他再也不能前進一步。

我們應清楚的認識：自然科學，社會科學是非常複雜的

，是永遠發展着的，是多方面的，人類窮千萬年的力量，還不能把一切發現到最後的盡頭，而我們這一點知識，這一點經驗，算得什麼呢？我們要從過去人類的知識與經驗中去學習，要從現在的工作中去學習，要注意全世界科學家的新發明，從那些新發明裏，去學習一切對鄉村建設有用的東西。

我們要增加糧食生產，就應選擇良好品種。我們要知道：美國包谷，一根包谷梗上要長五個包谷，已在中國試種成功。而我們峽區的包谷，每梗包谷梗上，至多只長兩個包谷。蘇聯農業發明家，發明了小麥與茅草交配，生長出來的新小麥，顆粒大些，而且每根麥桿上長了三穗小麥。即是說以前出一石小麥的地面，現在改種新小麥，產量增加爲三石了。這些新奇的發明，優良的種子，我們要學習，要移植在峽區的農田裏。

推動建設工作是需要能力的，沒有能力，就根本不能推動建設工作。學習的目的就在培養我們的能力。培養能力的門徑，不外：(一)善感與思維，(二)善於觀察與聽取，(三)工作的經驗，(四)處世的經驗，(五)與人的討論切磋，(六)閱讀書報雜誌。就中以書報雜誌關係最大，因爲從書報雜誌去參考別人的經驗，在時間和空間的範圍上都寬廣得多。內容也要豐富得多。從書報雜誌中吸收了別人的豐富經驗，就可提高我們的工作能力。故讀書爲培養能力之主要門徑。

書本是學問的重要源泉，人類的歷史，人類的發見，與及人類歷數千百年的經驗與思想，用文字有條理的組織過，都刊載於書籍之中。書籍可說是人類的遺產，人類的精華。讀一本書，就無異乎我們經驗了古人所經歷數千百年的經驗，短時間內就可獲得古人千辛萬苦得來的經驗。

多讀建設方面的書報雜誌，可以改進我們的建設工作，使我們的建設工作做得更好。我們要在建設工作中不斷的學習，使我們的建設工作不斷的進步。

結論

蔣委員長在五中全會開幕訓詞中，把抗戰分作兩個階段，「第一期的任務在于盡量消耗敵人的力量，掩護我們後方的準備工作，確定長期抗戰的基礎，……第二期任務在繼續實施我們第一期中所佈置的一切計劃，與發揮我們的抗戰力量，以達我抗戰勝利建國成功之目的。」

所謂後方的準備工作，除了建立新軍以外，最重要的就是鄉村建設，鄉村建設的中心工作就是經濟建設。沒有經濟建設，則抗戰力量不能充實，民族力量無從發揮。則不容易取得抗戰勝利建國成功。故臨時全國代表大會宣言中說：「建設爲抗戰建國之基礎，不努力建設，則民生無所保障，民權無從維持，民族無由生存，——經濟建設固爲充實抗戰之實力，亦爲實行民生主義之基礎。」

抗戰建國這一偉大的任務決定了峽區保長的基本任務是推動鄉村建設。鄉村建設的具體工作，就是執行管教養衛。

管就是政治建設，就是治理人民的事情。教就是文化建設，就是提高人民的智能。養就是經濟建設，就是改善人民的生活。衛就是軍事建設，就是保障人民的安全。管教養衛的中心目標就是養，就是經濟建設。管、教、衛是在各方面來促成經濟建設。

管子所說：「倉廩實則知禮義，衣食足而知榮辱。」這種着重經濟建設以達到養民的目的，是最值得保甲人員所深思學智的。這是肅清盜匪消滅漢奸的主要條件。大家的倉裏都是「陳谷滿倉」，都有飽飯吃，都有衣服穿，就會講禮義，就不會有盜匪了。就會知廉恥，就不會有替敵人放信號、放毒藥的小漢奸。

蔣總裁告訴我們：「四川是民族復興根據地。」爲了發揮民族復興根據地的力量，要求我們峽區一百個保長的合力創造出來的鄉村建設成績，成爲促進全川鄉村建設的發動機。使全川的建設工作都發動起來。使「天府之國」的無盡寶藏，迅速開發出來，猛烈增加農業生產，保障抗戰必勝，建國必成。

鄉村建設成功以後，峽區人民將具有什麽樣的生活形態呢？我們可以簡單的回答：每個人民都受過科學的生產教育，都有現代的科學智識，和技術。都有正當的職業，都過着豐衣足食，住宅完美，交通便利的幸福生活。都能自覺的爲公衆服務，親愛互助。全區找不出一個游手好閑的流氓，找不出一個乞丐，找不出一個小偷。眞有孔子治魯，「道不拾遺，夜不閉戶」的遺風，眞正實行了「禮義廉恥」的新生活。這就是我們三峽實驗區鄉村建設的最高理想。

峽區保長應立定志願，努力推動鄉村建設，力求實現我們峽區鄉村建設的最高理想。不但要做全川的模範保長，而且要做全國的模範保長。

保是政治機構的基層組織，基層組織不能動員，一切建設均無法推行。

全川有九萬個保，假使九萬個保長，都能好好的担負起管教養衞的責任，那末，四川的進步，將是非常迅速，非常偉大的。那末，單是四川一省就可以支持長期抗戰，何況大後方還有很多的省份呢？

本區保幹訓練所辦理經過

葛向榮

前言

我們在戶口普查清楚，保甲整編完竣之後，接着應該辦理的，便是保幹人員的訓練。所以我們趁着舉辦兵役人員訓練班的機會，把保幹人員也一下合併提前訓練了。這自然是爲了人力財力物力的經濟，同時也是乘着「一鼓作氣」的作風！

不過，因爲奉到法令的不全，和籌備期間迭遭空襲及轟炸的影響，所以辦理起來，不免感得有很多倉促和簡陋的缺憾。好在大家都能以平凡的堅實的功夫，渡過這平淡的樸實的鄉村訓練生活，所以我們也不管他是好是壞，只要堪作我們以後借鏡之經驗的，都把他「平實」地報告出來：

一、總務方面

1.組織的確立：要成立一個機關，首先要組織健全，其次便是人事的協合。所以我們就根據訓練辦法大綱之規定，及參酌本區實際情形，訂定組織系統及編制；並擬定辦理細則。分別聘請區內各事業機關首長爲教官，調用區署職員爲職員，委任新於巴縣團管區受訓歸來之鎭隊附爲軍訓官佐、於是一個臨時的機關便這樣勉具雛形地成立了。可是職員還不夠，恰好有幾位復旦同學願來實習，便多負担訓導方面的事務，因此對所務的進行，幫助頗多。我們的組織系統，編制表，及辦事細則如下：

嘉陵江三峽鄉村建設實驗區地方行政幹部人員訓練所組織系統表

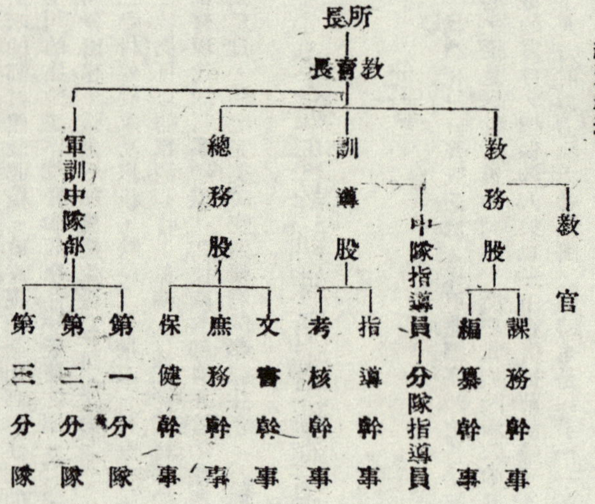

嘉陵江三峽鄉村建設實驗區地方行政幹部人員訓練所編制表

職別	員（名）額	職掌	備考
所長	一	綜理全所事務	由三峽實驗區署區長兼任之
教育長	一	輔助所長處理全所事務	由省幹訓團遴派之
教務股			
主任	一	掌管教務方面事宜	就實驗區署內務股副主任調任之
教官	一九	分任各科課程	就區內各事業機關主管人兼任之
幹事	二	分任課務及編纂事宜	專任
訓導股			
主任	一	掌管全所訓導事宜	專任
指導員	四	分任中分隊學員之指導及考核事宜	由教訓兩股幹事分別兼任之
幹事	二	分任全所指導及考核方面事宜	專任
總務股			
主任	一	掌管總務方面事宜	就區署內務股主任調任之
幹事	三	分任文書事務及保健事宜	就區署祕書室及內務股辦事員調任之
軍醫	一	担任疾病診斷及治療事宜	由本區衞生院澄江鎮分診所醫生兼任之
軍訓中隊部			
中隊長	一	管管全隊學員及担任軍事學術科教育事宜	就本區國民軍訓區隊部區隊附調任之
分隊長	三	担任各該分隊學員之管理及軍事教練事宜	就各鎮鎮隊附在巴縣團管區受訓及格者調任之
分隊附	三	協助理隊長	就各鎮鎮隊附在巴縣團管區受訓及格者調任之

學員	一七四	全區五十八保以每保保長副保長及保隊附各編為一分隊總額如上
司號	四	專設
傳達	二	調保安警察隊及滬江鎮公所傳達兼任之
公差	二	專設
伕役	一二	專設

嘉陵江三峽鄉村建設實驗區地方行政幹部人員訓練所細則

第一章　總則

第一條　本所為期辦理事務順利起見特訂定本細則

第二條　凡本所各教職員辦理事務除其他法令別有規定者外悉依本細則之規定辦理

第三條　本所職員除職務特殊者外均須規定時間（以每日午前七至十一時午後二至六時為準）在本所辦公室集中辦公

第二章　教育長

第四條　教育長承所長之指導處理本所一切事務

第五條　教育長有督率本所教職員進行所務及指導考核之職權

第六條　每週所務會議所長不在時教育長得代行召集之

第三章　各股主任及軍訓隊長

第七條　各股主任及軍訓隊長承所長之命教育長之指導處理本股或隊部一切事務

第八條　各股主任及軍訓隊長對各該股職員或隊部官佐有考核督促及臨時指派任務之權

第九條　各股主任及軍訓隊長於每日午後下辦公室前召集所屬職員或官佐舉行隊股務會議一次檢討工作交換意見并討論交議及建議事項

第四章　教官

第十條　教官依照本所訓練計劃辦理左列各事項

一、關于所任課目教導計劃之擬訂

二、關于所任課目課程之編配及實施進度之商訂

三、關于所任課目之講授及教材之編撰

四、關于所任課目各項作業或演習之設計及指導

五、關于所任課目學員學業成績之考核評定

六、其他有關課務之建議及設計事項

第十一條　各教官授課時間概依本所教務股之規定其於講授教材應先期編送以憑彙審

第五章　指導員

第十二條　中隊指導員承教育長之命訓導股主任之指導辦理左列事項

一、關於督促訓導計劃之實施及改進

二、關於各分隊指導員工作之指導及考績

三、關於訓育講話之實施

四、其他有關指導及考核事項

第十三條　分隊指導員承股主任之命中隊指導員之指導辦理左列事項

一、關於小組會議分隊會議之參加及指導
二、關於學員思想言行學識能力之考核測驗
三、關於學員生活自修及課外活動之指導
四、關於訓育教材之搜集
五、其他臨時指派事項

第六章　幹事

第一節　教務股

第十四條　担任課務職務之幹事承教務股主任之命辦理左列各事項
一、課目及講授要旨之擬訂
二、課程時間之分配及授課時間之編配
三、講授教官之聘任及聯絡
四、學員入學退學之登記
五、講堂及學員坐次之編定
六、畢業學員名冊之編造
七、各科課務之考核測驗及學員成績之考核彙訂

第十五條　担任編纂職務之幹事承教務股主任之命辦理左列各事項
一、教材之搜集及編纂
二、講義圖書刊物之印刷保管及分發
三、特種講義之紀錄及編訂
四、測驗試題之編訂或審查
五、統計圖表之編製及陳設

第二節　訓導股

第十六條　担任指導職務之幹事承訓導股主任之命辦理左列各事項
一、訓導之設計實施及改進
二、訓育講話之編排
三、學員思想行動及生活自修之指導
四、小組會議之編配及討論題目之撰擬
五、課外活動及各項競賽之籌備及舉行
六、教育環境之設計及佈置
七、標語壁報之編擬及繪製
八、各種紀念日之宣傳及活動籌備
九、圖書室俱樂部之設置管理
十、各種訓導材料之搜集及編纂

第十七條　担任考核職務之幹事承訓導股主任之命辦理左列各事項
一、學員思想行動之考核
二、政治測驗之編製與評閱
三、學員個別談話之舉行
四、學員功過之獎懲考核及登記
五、測驗成績及考核表册之填報

第三節　總務股

第十八條　担任文書職務之幹事承總務股主任之命辦理左列各事項
一、撰擬繕校并登記往來文件
二、典守印信
三、管理檔案
四、記錄辦事日記及會議錄
五、彙訂計劃及整理工作報告

六、咋息時間表之擬訂及執行
七、管理差假登記及其他人事事項

第十九條　担任事務職務之幹事承總務股主任之命辦理左各列事項
一、預算計算書表之總訂及造報
二、經費之收支及保管
三、公差伕役之開補管理及考核訓練
四、本所全體人員膳食給養之辦理
五、一切應用什物器材之採購分發及保管
六、借物之接洽登記及保管
七、電話之安設及保管
八、茶水燈亮之設備與供應
九、職員學員證章符號及服裝裝具之製發與保管
十、教官及來賓之招待及照應

第二十條　担任保健職務之幹事承總務管主任之命辦理左各列事項
一、學員及兵伕身體健康之檢查
二、環境衛生之籌劃設施及指導
三、所內外整潔事項之督導及檢查
四、傳染病之預防及臨時急性傷病之救護
五、疾病之診斷證明及治療
六、衛兵之部署與警衛勤務之分派與督察
七、防空疏散之籌劃及指導

第七章　分隊長附

第二十一條　分隊長承中隊長之命專負本隊管理訓練之責
第二十二條　分隊附承分隊長之意旨輔助辦理本隊管理訓練事宜

第八章　值日

第二十三條　本所值日分值日主任及值日幹事各別依序輪流担任
第二十四條　值月除辦理日常事務外並專司處理每日退休後應辦事項
第二十五條　值日應住宿所不得擅離職守
第二十六條　本細則呈請所長核准施行如有未盡事宜得呈請修改之(附則)

2.經費的收支：因爲戰時物價的日漸高漲，以及區署勢支經費的困難，所以我們對經費開支，不得不力求撙節。但與以往訓練峽局學生隊比較，則情況又好得多了，因爲他們是地方上的士紳，不能不酌爲優禮的。茲將收支預算書列下：

嘉陵江三峽鄉村建設實驗區二十九年地方行政人員訓練所支出預算書（自六月十五日起到七月十五日止）

科目 歲出經常門	本年度支出預算數	每月支出預算數	備考
第一款　本所經常費		八·二六九、〇〇	詳下四項
第一項　薪給		一·一六六、〇〇	詳下二目

第一目　薪俸	八六六、〇〇	詳下六節
第一節　教育長	四〇、〇〇	薪俸照規由上級機關負担由本所月送輿馬費如上數
第二節　主　任	一八〇、〇〇	教務訓導總務各股每股主任各月需六十元合如上數
第三節　兼任教師	一二〇、〇〇	兼任教師六人各月需二十元約需如上數
第四節　軍訓教官	三七六、〇〇	中隊長一人月支六十元分隊長三人月各支四十元分隊附三人月支三十二元合需如上數
第五節　指導員	四〇、〇〇	中隊指導員一人分隊指導員三人由教訓兩股幹事兼任各月支津貼十元合需如上數
第六節　幹　事	二一〇、〇〇	幹事七人月各支三十元合需如上數
第二目　工食	三〇〇、〇〇	詳上四節
第一節　司號	六八、〇〇	司號長一人月支二十元號目三人月各支十六元合需如上數
第二節　傳達	一二、〇〇	由澄江鎮公所傳達二名兼任各月支津貼六元合需如上數
第三節　公役	二八、〇〇	二人各月支十四元合需如上數
第四節　廚伕	一九二、〇〇	十二人各月支十六元合需如上數
第二項　辦公費	五一〇、〇〇	詳下三目
第一目　文具	一一〇、〇〇	詳下二節
第一節　紙張	八〇、〇〇	印油各種表册繪製圖表標語及繕寫各種文件等約需如上數
第二節　筆墨	三〇、〇〇	公用筆墨油墨顏料等約需如上數
第二目　建置	二三〇、〇〇	詳下二節
第一節　修建	八〇、〇〇	修繕房屋等項約需如上數
第二節　購置	一五〇、〇〇	用俱什物及炊爨器俱等約需如上數
第三目　消耗	一七〇、〇〇	詳下三節
第一節　燈油	六〇、〇〇	菜油燈三十盞每晚約需菜油二斤每斤一元合需如上數
第二節　茶炭	七〇、〇〇	茶葉炭水合需如上數
第三節　雜支	四〇、〇〇	蚊煙殺草皮紙草紙火柴掃把麵糊等約需如上數
第三項　學員用費	六・二五三、〇〇	詳下二目
第一目　裝膳費	五・五六八、〇〇	詳下二節

第一節 服裝費	三•四八〇、〇〇	學員一七四名每名發制服二套軍帽一頂裹腿一雙每名各約需二十元約需如上數
第二節 膳食費	二•〇八八、〇〇	學員一七四名每名月需十二元合需如上數
第二目 教育費	六八五、〇〇	詳下三節
第一節 講義費	四〇〇、〇〇	每名發給講義一本合需如上數
第二節 文具費	一八〇、〇〇	每名發給毛筆一支墨一錠鉛筆一支課本一冊約需如上數
第三節 實習費	一〇五、〇〇	實彈射擊每名步槍彈三發每發二角約需如上數
第四項 特別費	三四〇、〇〇	詳下二目
第一目 特別費	二〇〇、〇〇	詳下三節
第一節 衛生費	一〇〇、〇〇	置備消毒藥水及急救藥品等約需如上數
第二節 旅運費	四〇、〇〇	赴碚開會購物船資等約需如上數
第三節 獎勵費	六〇、〇〇	舉辦各項競賽成績優異之學員酌給獎品或獎狀約需如上數
第二目 交際費	一四〇、〇〇	詳下三節
第一節 公讌費	八〇、〇〇	舉行開學及畢業典禮時招待來賓等費約需如上數
第二節 佈置費	六〇、〇〇	舉行開學及畢業典禮時佈置會場需用紙張顏料鉛綫等約需如上數
合計	八•二六九、〇〇	

3.設備的籌劃：設備不足，對於工作的影響很大，本所限於經費，又只有短短的期間，當然不能事事購置，所以只好跑到幾十里以外的北碚去借。但借東西是頂麻煩的事，往往一件小東西，也要費很多的週折。第一，要清問那裏有。第二，要看他是不是空。第三，還要看他是否肯借，而且臨時來借，有時也是緩不濟急的。所以那些東西是必要的我們必須預爲之計，如果下次再辦訓練所，先要設法備齊，以免影響大體。

4.給養的供應：日常生活必須的給養品，除膳食之外，茶水和燈亮，也是不可忽略的。尤其在暑天，吃茶用水都特別多，且要特別注意清潔衛生。這在團體裏面，頗難澈底辦到。當然這次工作人員不算不努力，但還免不了不斷的發生疾病，尤其是瘧疾痢疾和溫濕，每天至少都有好幾位，這眞使我們感覺得很不安的。

二 教務方面

I.關於學員者

.1甄選：我們很想借此整編的機會，把保甲人選澈底地整理過，使他的程度比較地齊一，所以我們特於五月廿四日在新民衆會場舉行了一次甄選考試，規定每保要申送五名以上來與考。但是實地來參加考試的，總共只有一五七名。卽使一齊取錄了也還不夠。經把有痼疾的，不識字的，有劣跡的，剔除掉，僅僅勉強錄取了九二名。語云：「十室之邑，必有志信，」我們認爲大家之所以不出來担當抗戰救國的艱巨任務，也許是我們運動宣傳的力量不夠，所以就訂於廿七日再補考。殊不料該日北碚竟遭受慘重之轟炸，以後連日空襲，補考遂致不能舉行。結果只能託由各聯保於地方中選資望素著，熱心公益，而公正廉能者來受訓了。

2.召集：我們預先也顧慮到召集的困難，所以特發佈了一個訓令凱切曉諭，並將委座告川省士紳書附發，但能報到的，只有白廟子，其餘各鎮，則像征兵一樣的困難。有的因爲臨時發生疾病，有的私務丟不了，有的怕受不下來苦，竟至外出規避，或則以子侄弟兄代替。其參差不齊之程度，於下列報到日期統計表中就可概見了：

嘉陵江三峽鄉村建設實驗區地方行政幹部訓練所報到日期表

鎮別 人數 日期	十三日	十四日	十五日	十六日	十七日	十八日	十九日	二十日	廿日以後
北碚	2	5	9	11	7	5	10	3	8
白廟	13								2
文星	9	5	5	1		1			1
黃桷	10	1	2	0	11	1	1	1	0
二岩		2	4	1					1
澄江	18	7	3	0	3	0	2	2	4
合計	52	20	23	13	21	7	13	6	16

人數不齊，對於課程進行的影響很大，在第二週星期日的遭受轟炸，第三週星期日的休假，都是一兩天才齊，這對於我們的時間損失，也是不可計算的。

3.調查：我們爲明瞭學員個人及家庭的情況，特舉行了一次家庭調查。因爲我們是在每天閒暇時間舉行，所以一直到訓練完才調查完。以後我們應該在入所的時間就把它作完，在訓導上就可方便得多了。茲將各學員年齡，學歷統計如下：

本所學生智識程度及年齡人數統計表

學歷 人數 年齡	26—30	31—35	36—40	41—45	46—50	合計
不識字	4	2	1			7
私塾	87	24	24	4	4	143
小學	10	1				11
中學	3	3	1	1	1	9

Ⅱ 關於學科者

1.教科的分配：我們對於訓練的課程，大概可分爲三類：一是公民訓練，着重於生活習慣的訓導。二是業務訓練。着重於實際工作技術的實習。三是軍事訓練，着重於體魄煅鍊及應用戰鬥的操演。

至於課程的編排，則取兩個原則：第一，因爲訓練所距北碚相當遠，教官來所授課頗爲不便。所以每個教官就要連續的幾日把他講完。同時爲顧及教官講話的精神，每次只能連續講兩小時，第二，每週有一項中心，如第一週着重於教育及精神訓練。第二週爲保甲。第三週爲兵役。第四週爲經濟。則一切課程的排列均以此中心目標爲依規。本所課目基準表如下：

嘉陵江三峽鄉村建設實驗區地方行政幹部人員訓練所課目基準表

課目	講授者	講授時數 甲組	講授時數 乙組	講授要旨
第一類精神訓練		四	四	着重於民族意識之提高及向上志趣之鼓舞。
精神講話	盧子英	4	4	為人做事的基本道理革命人生觀等。
第二類智能訓練		一二〇	八〇	着重政治認識之增進實際業務之研討與實習以及各項常識之灌輸等。
總理遺教	杜石棠	6	6	三民主義、民權初步、行易知難學說。
總裁言行	盧子英	6	6	講述　總裁生活及主要訓詞。
抗建綱領	茀正修	6	6	抗戰之意義、抗戰情勢、抗建綱領及國內外重要政治問題。
新政綱要	葛向榮	8	6	新縣制法令及四川省政綱要暨實施辦法。
公牘常識	趙仲舒	4	4	公文程式與處理程序之說明及檔案之管理。
法律常識	趙仲三	4	2	民刑法大意與理權限調解須知及違警罰法。
自治保甲	劉文襄	8	2	保甲編組之原則、程序、方式、保甲職員之任用待遇獎懲、保甲工作之任務方法與要領。
戶籍實務	王崇本	6	0	戶口之調查與清查、異動之登記與呈報。
禁煙法令	劉學理	2	0	禁種禁運禁售禁吸各項法規及禁煙治罪條例暨補充辦法等。
倉儲法令	劉學理	2	0	積谷之征收保管及使用等問題之研討。
警衛概要	陳弢 李爵如	4	8	保安警察政事警察消防警察交通警察之組訓裝備與勤務經驗。
衛生常識	左魯丹	4	4	公共衛生個人衛生急救常識醫藥常識
財務概要	葉靜涵	4	2	關於區署會計規程出納手續及地方經費收支情形等。
教育法令	陳一齋	4	2	國民教育實施綱要及強迫入學辦法。
學校行政	陳一齋	6	0	國民學校之行政組織學級編制課程排列學生管訓學校設備等。
社會教育	劉忠義	6	2	推行社會教育之方法及工作技術之訓練。
農業改良	唐倘紀 鄭遠緒	6	0	主要作物之選種除害及施肥學。
家畜保育	龍卓然	4	0	品種改良防疫獸醫家畜保險。
工商管制	黃明德	4	0	評價度政同業團體組織查禁仇貨。
合作概要	李乾俊	4	0	合作之組織管理及經營。

工役法令	黃明德	2	0	民工之徵集管理給養及代役辦法各行工人之登記管理。
防空概要	劉諫卿	2	8	防空與防毒之方法及防護團各班之任務。
兵役法令	舒　傑	10	20	國民兵團各項法規本省現行兵役法令及各項兵役作業實習。
實區概況	顧義方	2	2	本區交通物產地理等概况及峽區事業紀要。
政治常識	蘇　壎	2	0	世界大勢各國政制及我國各級政府組織。
經濟常識	周璉容	2	0	生產交換消費分配等關係政策。
自然常識	趙百川	2	0	天候氣象理化等常識。
第三類軍事訓練		八一	一二一	着重於服從和紀律習慣之養成及應用戰鬥之教練
陸軍禮節	黎繼光	1	1	室內外各種敬禮動作。
步兵操典	劉學理	3	6	總綱及摘要。
築城教範	蔣志勤	2	2	臥跪立散兵壕及偽裝掩體等之構築
陸軍懲刑罰法	黎繼光	1	1	摘要。
陣中要務令	陳新齊	5	7	總綱地形識別及斥候傳達步哨勤務摘要。
夜間教育	陳新齊	3	3	距離測量、方位辨別、連絡法等摘要。
射擊教範	劉學禮	4	6	各種武器之構造、性能、及射擊原理。
戰術講話	陳新齊	3	4	各兵種之性能及攻守戰術。
偵緝常識	陳新齊	4	4	各種漢奸盜匪活動之史實經驗及偵緝方法
內務條例	劉學禮	2	2	輪值、衛生、整潔等。
制式教練		32	64	
野外演習		21	21	
夜間演習		2	2	利用晚間舉行
實彈射擊		4	4	利用第三週整理日舉行

2. 教材的編輯：每科教材之講授，既係各部門主管人員負責，所以每科講授教材的內容，也必是各該部門的實際工作。同時爲使編輯有所標準起見，特於分發聘書時，即將教材編輯須知附發如下：

三峽實驗區地方行政幹部訓練所教材編輯須知

一、受教的人是地方上的保長和保隊附，他們是我們今後推行一切工作的基本幹部，我們將來工作結果如何，就看我們這次訓練的成效如何，所以我們要貫注全副精力，來作這次訓練的準備和實施。

二、他們大多數是讀過私塾的，有的僅粗識文字，雖無甚學問，但社會經驗頗豐。

三、本科（保甲須知）內容略如保甲編整，保甲職責保長任用待遇等項但凡他們所必須知道，必須推行者均可列入。

四、本科教學時數，為四小時，凡講習，實習，測驗等時間，均在內。如不足時，得商本所教務股酌量延長。

五、關於這次教學我們要達到甚麼程度，須有明確的要求，並寫在教材的前面。

六、教材的內容，除以實務之技術為主外，工作之特殊意義，如為甚麼要這樣作？這樣作對於他們（及民衆）有甚麼好處？不作有甚麼壞處等，亦須凱切扼要說明。使他們能深刻瞭解，而欣然學習，并作他們將來向民衆宣傳的資料。

七、教材的編輯，採大綱式，或表解式條理清楚，綱目分明，以便將來工作時之查閱參考。

八、教材的話句，要淺顯通俗 實際扼要 重要話句，如能編成生動有趣之歌句，則更佳。

九、每一科教學完畢即舉行考試測驗以資競賽。測驗題目於考試一週前，擬好交教務股付印。

十、全部教材，務請於五月廿九日以前編好，卅日交月刊室彙編。卅一日於主聯會通過後，以便付印。

但因空襲及工作的影響，來不及彙編付印，有好幾科直到講了以後才交來，使各學員聽講時無所依據，這是我們感覺非常遺憾的。好在我們臨時將臨署以前剩餘的印刷品找出來分發，有的也還勉強可用，如總理遺教彙編，鄉村建設，保甲須知，壯丁隊須知，壯丁隊學術須知，相勸錄，共勉錄等，也可聊資補救。

3.教法的研討：對於教法的優劣，影響訓練的效果很大，所以預先我們曾提出幾個注意點：

一、教學的實施，我們要設計作一教案，（附教材後并繳）即如何從做上教從做上學，以求達到教學做合一的目標。

二、教學方法應注重啓發式與討論式，引導受訓人員運用思想研究問題，相互質疑辨難，以養成研究風氣與學習習慣。

三、各科須酌選若干參考書籍預發閱覽，並作筆記。

四、教學時，要特別注意以各種方法測驗學員瞭解之程度，而適應之。

五、教學事項，有可於日常生活中實行者即請商訓導股及軍訓隊部共同注意實施。

六、特殊教具及實習用具，由各該科教官自行負責預備。如有萬分困難時，可商教務股共同設法。

但是，因為時間和環境的限制，有多少均不能照預期的實施，所以大多只是口頭的講授，不過講也有講的方法。如，劉主任的擺龍門陣，做手勢和有些教師底趣味的圖畫，及問答，都很受學員的歡迎。

4.教學的測驗：測驗也富有教育的作用，可以提起他們比賽的興趣，也可以引起他們學習的熱忱，不過測驗的編訂，性質要扼要，分配要合乎性質輕重的均勻，並要首先確立標準答案，茲選一測驗題附後：

第一頁

學業測驗

鎮 保學員
隊 班

一、判斷：下列各題你認爲對的在（ ）內作一○號不對的作一×號。

1. 民權主義分政權和治權兩種。政權就是政府的權力。（ ）
2. 日本因爲他的地小人少物產貧乏所以他侵略中國一定要失敗。（ ）
3. 普通法院共分爲調解委員會地方法院，高等法院三級（ ）
4. 小學兒童可施以體罰。（ ）
5. 礦酒與紅藥合用効力最好。（ ）

二、選擇：下列各題的答案中你認爲那一個是對的就在那一個答案下劃一『——』線

1. 開會議事本席發言時要（坐下，起立，上台。）
2. 未經登記之領工不許承包建築工程違則罰金（千元以下，五百元以下，百元以下）
3. 得了腦充血病頭部要（平放，檯高，放低。）
4. 獨子應爲（緩役，免役，僅服國民兵役）
5. 本省禁絕煙毒限期是在（三月底止，六月底止廿九年底止）

三、改錯：

1. 禮義廉恥。
2. 保長至少應每週清查全體戶口一次。
3. 倉儲積谷是以田產實收50石起征，以收足全區戶數每戶一市石爲原則。
4. 保對鎮公所行文用公函。
5. 如一豬舍中一豬發瘟其餘好豬應全行殺死。

四、填充：下面各題中請把不完全的意思在虛線上填起來。

1. 目前歐戰是因爲各帝國主義國家瓜分　　　而起的。。
2. 加入同業公會的手續是（1）經會員　　　人以上之紹介（2）填具　　　書，（3）經執委會審議合格後後繳約　　　（4）由會發給　　　證書始得爲會員。
3. 峽區造林，以選擇　　　樹最適當。
4. 空氣流動而成　　　天空水蒸氣過冷下降而成　　　溫度冷到攝氏零度即成
5. 國民學校之經費以保　　　爲原則。

五、問答：請將下列各題答出來。

1. 通訊社名稱　路透社　哈瓦斯社　塔斯社　海通社
以何國爲背景　（ ）（ ）（ ）（ ）
同盟社　合衆社　中央社
（ ）（ ）（ ）
2. 森林木材應如何砍伐？
答
3. 怎樣可使仔豬大得快長得肥
答
4. 保甲工作的要領怎樣？
答
5. 怎樣可供農作物收穫量增加？
答

三 輔導方面

.1軍事管理：全體學員合編爲一中隊，下分保長副保長及保隊附各編爲一分隊，每隊均設置隊長附各一員，最初由保長管理，後兩週即由學員逐級輪流担任管理，以練習他們在各項規則之下，發展他們自覺自治及管理的能力，保長只從旁輔導。附各項規則如後：

嘉陵江三峽鄉村建設實驗區地方行政幹部人員訓練所值日學員規則

一、總則

1. 本所爲訓練學員管理能力及養成自覺自動自治之習慣特訂定本規則

2. 中分隊及班值日學員均適用本規則之規定

3. 中分隊及班值日學員在職責範圍以內受各級隊長附之指導有逐級管理指揮之權

二、職責

1. 維持所屬同學軍風紀

2. 集合時逐級清點人數

3. 照作息時間表領導所屬同學生活起居

4. 傳達官長命令

5. 隨時保持所屬區域之整潔

6. 分配及督促警衛勤務或其他臨時工作

三、交代

1. 值日交代依照左列辦法輪流之

（1）班值日由全班學員中輪流充任之

（2）分隊值日由分隊長於前一日之班值日中擇其成績較優者任命之

（3）中隊值日由中隊長於前一日之分隊值日中擇其成績較優者任命之

2. 值日交代於每日晚點名後舉行

3. 值日交代須將下列各物逐一點交清楚

（1）學員名册（或人數報告單）一份

（2）值日帶一根

（3）口笛一枚

學員通則

一、學員在所應恪遵本所一切規則及長官之命令

二、學員在所應黽勉求學刻苦砥礪即或身體稍有不適仍應力疾操課不得任意請給病假

三、學員在受訓期間應注意身體鍛鍊不得有萎靡不振之習氣

四、學員在所對於公用或由貸給各種物品應愛惜保用不得任意損壞遺棄

五、休息時限聚散以號音爲凖一聞號音須迅速赴指定地點集合不得藉故延遲不到

六、學員如有事故祇准向直屬長官報告不得越級陳訴

七、學員對於各級長官無論在室內室外須按照陸軍禮節敬禮并須莊嚴誠敬不得有輕浮怠慢之態度

八、學員違背本規則或其他規定者按陸軍懲罰令之規定處罰之

九、本規則自公佈之日施行

寢室規則

一、寢室無論何時均須保持整齊清潔

二、寢室各學員須遵守內務各種規定切實整理之

三、每早聞起床號聲速即起床按規定方式整頓被服裝具開點

名號音即須跑赴指定地點集合

四、每日點名之際本寢室內如有患病學員須於點名前由值日學員報告官長請醫官或赴醫務所診治

五、起床後須將窗戶打開交換新鮮空氣晚間就寢須酌留空隙

六、寢室內學員物件須照規定放置

七、每晚聞息燈號音即一律息燈就寢不得喧嘩

八、寢室內不得吸煙更不得自備火柴洋燭等燃料以防危害

九、寢室內不得接待賓客

食堂規則

一、學員聞食飯號音即赴指定地點集合由值日學員逐席分派前往

二、學員須按規定入席不得任意更易

三、入堂時不得隨意解脫服裝

四、學員須待值日學員發「開動」口令後一致舉箸

五、食時務須肅靜不得談話或發怪響或故意使碗筷咋聲

六、飯菜或有不適之處可由值日學員報告官長學員不得逕責廚役且嚴禁損壞器皿

七、學員不得自備私菜及令廚役另換菜飯

八、學員除病假外均須在食堂會食不得自備私菜在其他場所私食

九、食畢由值星官呼「立正」及「解散」口令後學員依次退席再到指定地點集合

2.訓育講話：每天升降旗時，除呼口號（以當前工作爲中心）背誦黨員守則及總理遺囑外，即舉行訓育講話，每天有一個中心題目，以黨員守則，軍人讀訓，節約大綱，新生活公約，中國公民規律等爲內容，於升旗時，提出若干具體條文，要求大家實際作到，再於當降旗時，加以檢討講評，和獎懲。

3.小組討論：這是我們訓導活動的中心方式，因爲可藉此交換意見，啓發思想，練習開會及訓練講話等發表的能力，所以各個學員對此頗感興趣，玆將我們所舉行的幾次討論提綱附錄於後：

第一次小組討論提綱

題目：如何防止漢奸活動

綱要：一、如何識別漢奸　1.漢奸的種類　2.漢奸的工作

二、如何防止漢奸　1.積極方面（1）剷除漢奸的社會根源（2）提高人民的政治教育　2.消極方面（1）加強民衆組織（2）厲行除奸法令

第二次小組討論提綱

題目：如何減少空襲損失

綱要：一、空襲前應有的準備　1.積極方面的防空　2.消極方面的防空

二、空襲時應取的態度　1.鎮靜　2.勿出外觀望　3.身體側臥

三、被炸後的救護　1.死傷同胞的緊急救護　2.燃燒彈的撲滅　3.毒氣彈的防護　4.被災同胞的救濟

第三次小組討論提綱

題目：如何組訓民衆

綱要：一、組訓民衆的意義怎樣——1.動員民衆參加抗戰　2.實現全民政治

二、怎樣組訓民衆

1.組織方面（1）組織的原則——民主集中制（2）

利用保甲制度及各種職業團體(3)利用各種時機組織各種地方團體(4)運用已有組織解決各種實際問題

2.訓練方面(1)訓練方針應以抗戰建國爲依歸(2)訓練目標應注重精神的改造(3)訓練內容應合實際的需要(4)訓練方法應注重自覺自動自治

第四次小組討論題綱

題目：如何爭取最後勝利

綱要：一、最後勝利的基本條件 1.明瞭抗戰的意義 2.堅定抗戰的意志 3.確具勝利的決心 4.抱定犧牲的精神

二、爭取最後勝利的方法

1.政治方面(1)改革不良政治(2)完成地方自治

2.軍事方面(1)加緊新兵訓練(2)努力政治工作

3.社會方面(1)加強宣傳工作(2)切實組訓民衆

4.經濟方面(1)加緊後方生產(2)厲行節約運動

第五次小組討論題綱

題目：如何肅清煙毒

綱要：一、爲什麼我們要肅清煙毒

1.肅清煙毒可以強國強種

2.肅清煙毒可以節省無益消耗

二、肅清煙毒之辦法

1.禁種2.禁運3.禁賣4.禁吸

三、肅清煙毒之實施

1.努力推行政府禁煙計劃

2.從事宣傳鴉片之毒害

第六次小組討論題綱

題目：如何推行兵役

綱要：一、推行兵役之意義

二、推行兵役之需要

1.推行兵役與抗戰2.推行兵役與建國

三、推行兵役之辦法

1.改良募兵制度2.實行普遍徵兵制

四、推行兵役之實施

1.確實調查全國戶口2.獎勵出征軍人

3.努力宣傳推行兵役之迫切

第七次小組討論題綱

題目：如何推行地方自治

綱要：一、地方自治的意義

二、地方自治與憲政的關係

三、完成地方自治的準備工作

訓練四權

1.調查人口2.測量土地3.辦理警衛4.修築道路5.

四、地方自治的開始

1.選舉縣官2.縣議員

不過還有幾點須值得我們注意的：第一、討論題目應與當前所講學科相配合。第二、各組指導員，應輪流交換。第三、主席及記錄應預行選定，好作時事報告及文具燈亮等的準備。

4.個別談話：這不僅可瞭解各個學員之特性，而且也可檢討出許多社會問題及地方情勢，茲將談話要點附後：

談話要點

1. 你是原任或新選？原任甚麼職務？當了好久？新選是民衆公推或民助理員指派？
2. 和你這保那幾位幹事扣不扣手？
3. 你對鎮長如何？鎮長對你信任不？甚麼原因？
4. 你和那保助理員警士融不融洽？爲甚麼不融洽？
5. 你那保有那些公正士紳分不分黨派？
6. 你那保有甚麼反對的阻力要如何化阻力爲助力？
7. 你那保保甲界線適宜否？有那些地方須再加調整？
8. 保長辦公處是否適中和適宜？
9. 保上有若干個碉堡？是否完好堪用
10. 你那保有無公產？或有何大宗示產可作爲公共消產之經營的？
11. 你辦過的事最感困難的是甚麼？如何解決的？
12. 你覺有那些事情最需要我們急切幫助你？
13. 平日喜讀何種書報？喜作何種消遣？

5. 活動競賽：我們爲促進他們集團活動的興趣起見，特發起了三項競賽運動：一是演說競賽，由他們自擬題目和內容，交指導員核正，再定期舉行，優勝者發給獎品，一是爬山競賽，七月八的早上在我們鄰近大山的一個運煤斜道上舉行，長約兩里，坡度約卅五度參加者有四十二人，取線三名，發給優勝錦標，一是內務整潔競賽，隊與隊比，個人與個人比，結果以保隊附一隊最好，這也可證明他們的精神是比較整肅得多。個人成績好者共有五名，各發給獎狀。

6. 環境佈置：不但有潛移默化之功，而且更應配合中心訓練的德目，隨時變換，但因我們人力和工具不夠，只製了兩幅大標語，幾十幅小標語和一期壁報。以前十八師政治部繪製的黨員守則，軍人讀訓，恰合我們需要，故依然是沿用了下來，茲將我們所用標語錄後：

標語錄

一、精神訓練方面（略）

二、業務訓練方面

1. 澈底實行新縣制
2. 澈底肅清盜匪
3. 澈底完成禁煙
4. 健全保甲組織
5. 嚴密清查戶口
6. 改革地方行政
7. 推行地方自治
8. 厲行役政三平原則
9. 積極增進防空設備
10. 厲行普及國民教育
11. 實行精神總動員
12. 推行新生活運動
13. 行政教育化
14. 教育社會化
15. 推行國民經濟建設運動
16. 澈底完成生產建設
17. 推廣農業改進
18. 推廣家畜保育
19. 提倡家庭工藝
20. 加緊合作組織
21. 白化全區豬仔
22. 美化全區林園

結語

這一期短短的訓練，可說是平安地過去了，但是，我們的訓練還並沒有結束，因爲這僅只於講演，不過是訓練的開端而已，實際的訓練還要從實地工作中去施行。如果要提高他們的素質，改變他們的行動，則還須我們以更大的努力，長期的去培育才能成功，這也是我們計劃着準備要做的。

在峽區實驗中的新二部教學法

侯銘

民國二十七年，新二部制產生于四川省永川縣普教屬行區小南附第四五保聯立小學，翌年，推行于江津，招收高、中、低各年級學生六百人，作大規模新二部制整個之實驗，今年春，教育部令在嘉陵江三峽實驗區區立北碚小學設新二部制實驗部，繼續實驗，此二年中，承教育界同志指示修正意見，並經同仁等之悉心研究，其內容及實施辦法，均有相當之改進，近日各地教育界人士來校參觀者益衆，並有催促披露其方法者，爰將新二部教學法中之重要者，作一簡短報告，就正于小學教育同志。

一、新二部制的目的

1. 全國教育的現狀——目前吾國初等教育，有左列幾個急待解決的重大問題。

(一)全國失學兒童有四千一百餘萬人，佔全國學齡兒童總數百分之七八。

(二)教育經費，萬分支絀。

(三)教師視複式教學爲畏途。

(四)兒童缺少自動工作，影響教育效率。

2. 新二部制的目的——因爲要解決目前教育上的重大問題，新二部制就應運而生，所以新二部制有左列兩個目的：

(一)在不添教師、不增經費條件之下，普及義務教育。

(二)在發展兒童的自動能力的原理上，提高教育效率。

二、新二部制的原則——新二部制的目的，在解決目前教育上的重大問題，因訂定兩個重要原則。

1. 一正教，一助教，教單式四班，學生二百人，施行全日間時二部制，一班直接教學，三班自動作業，簡言之，就是少數教師，教多數兒童。

2. 化複式爲單式，分別直接教學與自動作業的地點，減少直接教學，增加自動作業，簡言之，就是教師少教，學生多學。

三、新二部制的方法——根據上面的原則，決定用左列方法，來達到原定的目的，

1. 完成普及義務教育的方法，是：

(一)增加原有學校的兒童。

(二)分散原有學校的教師。

2. 完成提高教育效率的方法，是：

(一)充分運用教具，幫助兒童自學。

(二)特別訓練助手，輔導兒童自學。

四、新二部制的組織——新二部制的目的，在救濟鄉村失學兒童，當然，要到鄉村去開辦新二部制的學校，所以它的規模是很狹小的，組織是很簡單的，幷且新二部制的兒童組織，注重「自動」，凡關于兒童自治方面的事情，像農場，衛生，週報、娛樂、競賽，圖書，公安，合作等，都可歸入自動作業，由團長、班長，組長、領導

兒童自動的去做，不必另外組織自治團體，現在把教員員和兒童兩方面的組織，列表如左。

新二部的行政組織

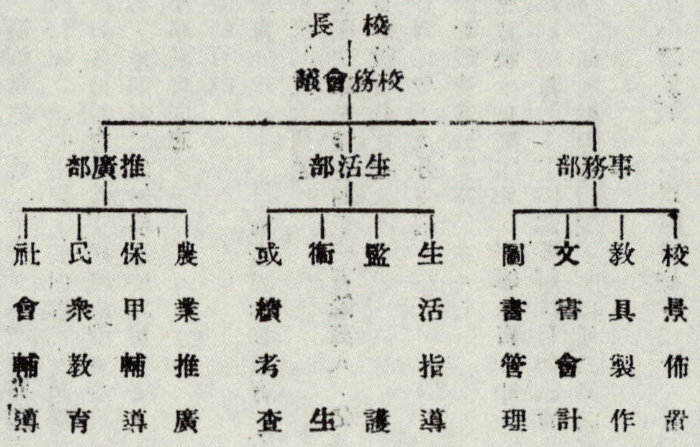

新二部制的兒童組織

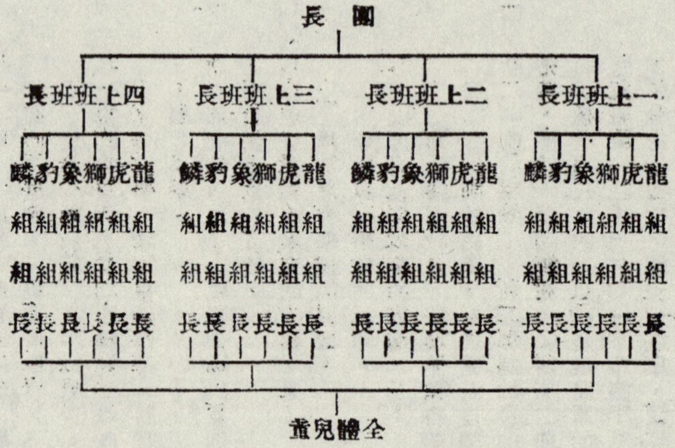

五、新二部制的課程——新二部制是一種在極經濟的時間內，以少數教師的精力來養成多數足以適合現代生活的兒童教育，故其課程力謀概括，而其內容，又期包括部定全部課程，並以公民訓練爲中心，俾教訓打成一片，其課程分左列三種。

1. 知識活動——包括國語、算術、常識。

2. 健康活動——包括音樂、體育。

3. 生產活動——包括美術、勞作。

六、新二部制的課表——

1. 編製新二部制日課表的注意事項——新二部制學校的日課表，和普通小學的日課表，其編製不同，有左列八點，應加注意。

（一）學級編制不同。
（二）分部的不同。
（三）課程的不同。
（四）「自動」的時間不同。
（五）「自動」的場所不同。
（六）管理自動作業的方法不同。
（七）教師教學的時間不同。
（八）兒童到校早退的時間不同。

2. 編配新二部制日課表的原則——

（一）要顧到分部的不同。
（二）要顧到年級的多寡。
（三）要顧到科目的性質。
（四）要顧到也動時間的支配。
（五）要顧到自動作業的性質。
（六）要顧到兒童學習的習慣。
（七）要顧到教師的準備工作。
（八）要顧到各種符號的說明。

附：一教室四班單式全日間時二部制的日課表

一教室四班四個年級單式全日間

時間	節	分	月（甲一上班／乙二上班／丙三上班／丁四上班）	火（甲一上班／乙二上班／丙三上班／丁四上班）	水（甲一上班／乙二上班／丙三上班／丁四上班）	木（甲一上班／乙二上班／丙三上班／丁四上班）
上午 8·00–8·30	一	30	(中級)訂正作業(低級)			
8·30–8·50	二	20	紀念週　升			
9·0–9·30	三	30	○語／△健／△知／△知	○語／△健／△知／△知	○語／△健／△知／△知	○語／△健／△知／△知
9·45–10·15	四	30	△健／○語／△知／△知	△健／○語／△知／△知	△健／○語／△知／△知	△健／○語／△知／△知
10·30–11·00	五	30	△知／△知／○語／△生	△知／△知／○語／△生	△知／△知／○語／△生	△知／△知／○語／△生
11·15–11·45	六	30	×／×／△生／○語	×／×／△生／○語	×／×／△生／○語	×／×／△生／○語
11·45–11·50		5	放午膳			
下午 1·30–1·45	七	15	寫字會			
2·00–2·30	八	30	○常／△健／△知／△知	○算／△生／△知／△知	○常／△健／△知／△知	○算／△生／△知／△知
2·45–3·15	九	30	△健／○常／△道／知	△生／○算／△知／△知	△健／○常／△知／△知	△生／○算／△知／△知
3·30–4·00	十	30	△知／△知／○常／△健	△知／△知／○算／△健	△知／△知／○常／△健	△知／△知／○算／△健
4·15–4·45	十一	30	×／×／△健／○常	×／×／△健／○算	×／×／△健／○常	×／×／△健／○算
4·45–4·55		10	降旗散			

時二部日課表

日	班											
土	甲一上班	讀書會	旗	△語	△健	△知	×	○常	△健	△知	×	學
	乙二上班	讀書會		△健	○語	△知	×	△健	○常	△知	×	
	丙三上班	讀書會	公	△知	△知	○語	△生	△知	△知	○常	△健	
	丁四上班	讀書會		△知	△知	△生	○語	△知	△知	△健	○常	
金	甲一上班			○語	△健	△知	×	○算	△生	△知	×	
	乙二上班			△健	○語	△知	×	△生	○算	△知	×	
	丙三上班			△知	△知	○語	△生	△知	△知	○算	△健	
	丁四上班			△知	△知	△生	○語	△知	△知	△健	○算	

說明：「知」是知識活動「健」是健康活動「生」是生產活動。

「○」是直接教學「△」是自動作業「×」是早放學

七、新二部制的教學方式——新二部制學校的編制和普通小學不同，它的教學方式也因之而異，現在把最顯明的不同的四點列左：

1.教段的活用——根據教科和教材的性質，來活用五段、四段、三段、和四種過程，不必拘泥。像讀書教學，應隨課文而活用四種過程，其活用的方式如左。

(一)欣賞單用。

(二)欣賞、練習兼用。

(三)欣賞、練習、建造兼用。

(四)欣賞、練習、思考兼用。

(五)欣賞、練習、思考、建造全用。

2.教式的活用——「教式」是師生共同活動時的「教學方式」，現在普通學校用的教式很多，新二部制加以選擇，根據教科的性質和教學的目的，活用左列五種教式。

(一)問答式

(二)討論式

(三)研究式

(四)測驗式

(五)戲遊式

3.教材提要的編訂——「教材」是一個單元的教學材料的簡稱，「教材提要」就是教學方案，現在把編訂教材提要的效用和要目列左：

(一)編訂教材提要的效用：

(1)可以節省教師的精力。

(2)可以經濟教學的時間。

(3)可以製作適當的教具。

(4)可以運用適當的教式。

(5)可以作有系統的指導。

(6)可以便利兒童的整理。

(二)編訂教材提要的要目：

(1)生字的解釋。

(2)新詞的解釋。

(3)難句的解釋。

(4)內容研究的問題。

(5)形式研究的問題。

(6)段落大意的整理。

4. 直接教學和自動作業的連繫——新二部制的特點，是在把直接教學和自動作業，分在兩個場所活動；并且把許多預習、復習，練習的工作，交到自動作業裏去做，由兒童自動學習。因此，就要研究怎樣使直接教學和自動作業發生連繫，打成一片，現在把連繫的原則和方法列左：

(一)連繫的原則

(1)低年級

A.直接教學是自動作業的準備。

B.自動作業是直接教學的完成。

(2)中年級

A自動作業是直接教學的準備。

B.直接教學是自動作業的完成。

(二)連繫的方法——連繫的方法如左表

(1)低年級

教室內——直接教學→教便物→自動作業——教室外

(2)中年級

教室內——直接教學←教便物←自動作業——教室外

八、新二部制的實施步驟

1. 分組

(一)分組的方法：

(1)性別分組。

(2)地域分組。

(3)親屬分組。

(二)分組的名稱：並附分組表式樣。

(1)一班四十個兒童，分為龍組虎組獅組象組豹組五組，每組七八人不等。

(2)一班五十個兒，分為龍組虎區獅組象組豹組麟組六組，每組八九人不等。

三下級分組一覽表

正副班長 楊宏鑫 楊秀太

正副組長 楊宏鑫 何忠文

組別	組長	組員
龍組	正楊忠奎 副曾冠石	楊秃泰 陳景中 李忠全 王盛橋 鄭莊 鍾洵 王火潮
虎組	正陳家鳳 副王玉君	李運蘭 楊大珍 陳永芳 黃惠芬 何忠文 李麗麗 黃碧華
獅組	正錢玄 副楊光明	蔡昌貴 曾洪芳 周兆萍 胡善 何昌淑 萬太雲 陳代芳
象組	正張榮華 副蔣明貴	黃忠樹 游吉清 郭功譯 陳伯泉 向如錫 蔣國正 陳孟斌
豹組	正陳榴官 副何明德	胡遠華 萬第闓 柯滄基 馮瑞良 溫蕾堯 周慶坻 蔣大宏
麟組	正江國樞 副易孕基	艾祿永 張錫純 消復福 劉佑全 吳錦華 左開鑫 楊宏鑫

2. 分區

(一)知識活動分左列六區——附圖

(1)龍組工作區。
(2)虎組工作區。
(3)獅組工作區。
(4)象組工作區。
(5)豹組工作區。
(6)麟組工作區。

(二)健康活動分左列六區——附圖
(1)龍組運動區。
(2)虎組運動區。
(3)獅組運動區。
(4)象組運動區。
(5)豹組運動區。
(6)麟組運動區。

(三)生產活動分左列六區——附圖
(1)龍組工作區。
(2)虎組工作區。
(3)獅組工作區。
(4)象組工作區。
(5)豹組工作區。
(6)麟組工作區。

說明(1)生產活動，本來分爲小工場，小農場兩部份，假使沒有空屋，可作小工場，不妨在知識活動室內工作。
(2)低年級知識活動室，不必用大書桌，只要小方櫈就好了。
(3)知識活動室內，各工作區，須設置掛書包的架子。

知識活動室分區圖

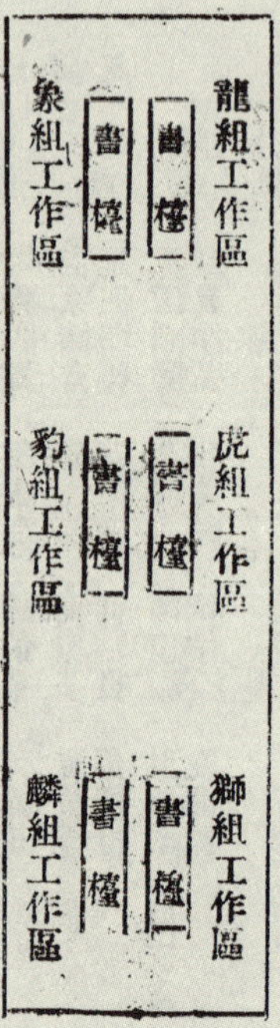

健康活動分區圖

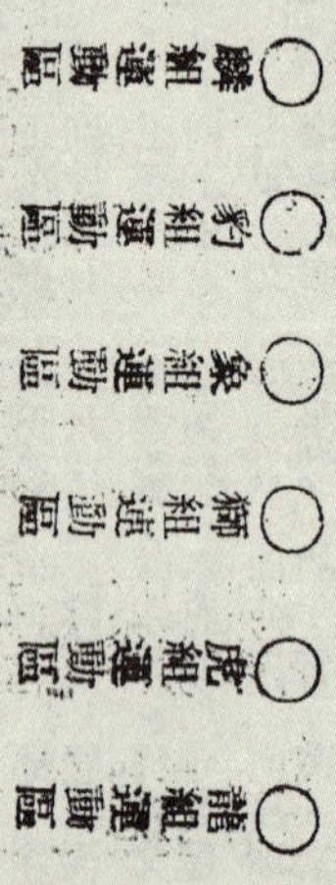

生產活動室分區圖——小工場

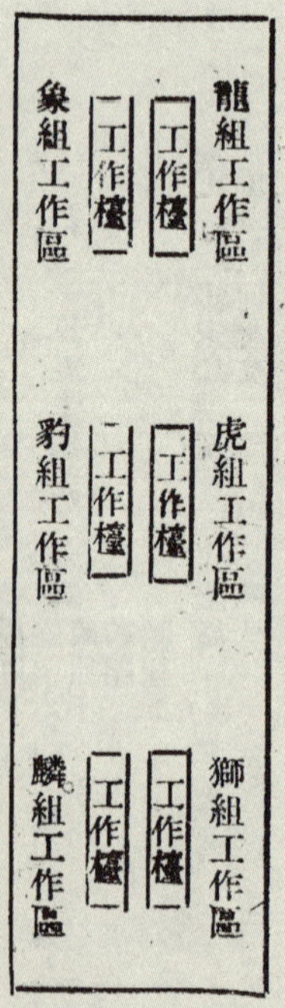

3.分配工作——分配工作是新二部制最重要的工作，除日課表外，各班都要有工作輪流表和工作牌，分配自動作業的工作，附工作輪流表式樣。

知識活動工作輪流表(同時間異科目)

科目 次數 組別	第一次	第二次	第三次	第四次	第五次	第六次
龍組	讀書	常識	算術	造句	寫字	識字

虎組	識字	讀書	常識	算術	造句	寫字
獅組	寫字	識字	讀書	常識	算術	造句
象組	造句	寫字	識字	讀書	常識	算術
豹組	算術	造句	寫字	識字	讀書	常識
麟組	常識	算術	造句	寫字	識字	讀書

健康活動工作輪流表

組別　科目　次數	第一次	第二次	第三次	第四次	第五次	第六次
龍組	毽子	射箭	跳繩	打算	豆囊	籐圈
虎組	籐圈	毽子	射箭	跳繩	打算	豆囊
獅組	豆囊	籐圈	毽子	射箭	跳繩	打算
象組	打算	豆囊	籐圈	毽子	射箭	跳繩
豹組	跳繩	打算	豆囊	籐圈	毽子	射箭
麟組	射箭	跳繩	打算	豆囊	籐圈	毽子

生產活動工作輪流表

組別　科目　次數	第一次	第二次	第三次	第四次	第五次	第六次
龍組	做信封	做籐圈	編蓮子	做豆袋	訂簿本	做毽子
虎組	做毽子	做信封	做籐圈	編帶子	做豆袋	訂簿本
獅組	訂簿本	做毽子	做信封	做籐圈	編帶子	做豆袋
象組	做豆袋	訂簿本	做毽子	做信封	做籐圈	編帶子
豹組	編帶子	備豆袋	訂簿本	做毽子	做信封	做籐圈
麟組	做籐圈	編帶子	做豆袋	訂簿本	做毽子	做信封

4 訓練助手——新二部制學校，除注意一般小學應有訓[illegible]訓練助手（領袖），現在把訓練助手的各項辦法，分述于左：

領袖的種類——領袖分左列三種：

（1）輔導領袖——組長，同年級的優等生。

（2）督察領袖——班長，同年級的最優等生。

（3）事務領袖——團長，全校最高班次的優等生。

（二）選擇領袖的標準和方法：

（1）選擇輔導領袖的標準和方法。

A 選擇的標準：

甲各科成績在甲等的。

乙品性溫和的。

丙作業耐勞的。

丁說話清楚的。

B 選擇的方法：

甲考試法——在開學前，舉行考試，擇取若干人。

乙指定法——由訓師詳細考察指定若干人。

丙推定法——由全班學生推舉若干人。

（2）選擇督察領袖的標準和方法。

C 選擇的標準：

甲品學兼優的。

乙作事有計劃的。

丙年齡稍長的。

丁能幫助人做事的。

D選擇的方法：

甲先考試後推舉法——先舉行考試，錄取若干人，做候選人，再由兒童在候選人中，推舉若干人。

乙先推舉後考試法——先由兒童推舉若干人，算有參加考試的資格，再舉行考試，錄取若干人。

(3)選擇事務領袖的標準和方法，

E選擇的標準

甲常識豐富的。

乙作事耐勞的。

丙技能純熟的。

丁年齡稍長的。

L選擇的方法。

甲先推舉後圈定法——先由兒童推舉若干人，再由教師在推出人中，圈出若干人。

乙先考試後指定法——先舉行考試，採取若干人，再由教師在錄取人中，指定若干人。

(三)訓練領袖的方式

(1)固定的訓練的方式

甲寒暑假開辦領袖訓練班。

乙星期日舉行領袖研究會。

(2)隨時的訓練方式

甲各班領袖討論會。

乙全團領袖討論會。

5編訂自動作業的活動順序——這種活動順序，是每次上自動作業(三十分鐘)班長主持全班工作的順序，茲分述于左。

(一)知識活動的順序：

(1)整隊——(班長喊口令)，組員到指定地點整隊。

(2)取工作牌——班長到工作輪流表上，拿指定的工作牌。

(3)分發工作牌——班長把工作牌分給各組組長。

(4)組長取教具——組長依照工作牌，到教具陳列處取教具。

(5)開始工作——(班長喊口令)，各組由組長領導組員工作。

(6)停止工作——(班長喊口令)，下課時。

(7)送還教具——組長把教具送還原處。

(8)散隊——(班長喊口令)

(二)健康活動的順序

(1)整隊——(班長喊口令)，組員運動整隊。

(2)取工作牌——班長到工作輪流表上，拿工作牌。

(3)分發工作牌——班長把工作牌，分給各組長。

(4)取運動器具——(班長喊口令)，組長依照工作，拿運動器具。

(5)放運動器具——組長把運動器具放各組前面的中間。

(6)唱歌——(班長喊口令)，組員齊唱。

(7)做圓形——(班長喊口令)組員在各組運動器具四週，做成圓圈。

(8)唱歌——(班長喊口令)；組員齊唱。

(9)歸隊——(班長喊口令)，組員仍歸原地。

(10)唱歌——組員齊唱。

(11)開始活動——(班長喊口令)，地員自由活動，比賽——約廿分鐘。

(12)停止活動——(班長喊口令)，組員仍回原地整隊——下課前五分鐘。

(13)唱歌——(班長喊口令)，組員齊唱。

(14)檢查運動器具——(班長喊口令)組長檢查運動器具。有無遺失。

(15)送運動器具——(班長喊口令)，組長把運動器具送到陳列處。

(16)散隊——(班長喊口令)

(三)生產活動的順序

(1)整隊——(班長喊口令)，組員到指定工作區整隊。

(2)取工作牌——班長到工作輪流表時拿工作牌

(3)分發工作牌——班長把工作牌，分給各組長

(4)領取材料和用具——(班長喊口令)，組長工作牌去拿材料和用具。

(5)分發材料和用具——組長把取來的材料和用具，分給組員。

(6)開始工作——(班長喊口令)，組員各自工作。

(7)停止工作——(班長喊口令)下課時。

(8)送還用具——(班長喊口令)組長送還用具。

(9)收集成績——(班長喊口令)組取收成績。

(10)散隊——(班長喊口令)

九、新二部制的初步成功——分兒童和教師兩方面報告于左：

1.兒童方面、

(一)兒童的學習興趣濃厚——興趣是學習上的基本條件，離開興趣，便談不到學習，要喚起兒童的學習興趣，又要靠教材，教具，教法的幫助，才有相當的成功，新二部制的同仁在這兩年中，耗費的精力，大部份用在研究教材，教具，教法的改進，最近半年的實驗，才把教材，教具，教法，打成一片，使教材適合兒童的現實生活，教具和教法，儘量的遊戲化，所以兒童在自動作業時，均表現着很濃厚的學習興趣。

(二)兒童的學習迅速——在這半年中的實驗，我們親得兒童於知識方面的學習，較有長足的進步，現在分述于左。

(1)國語——兒童得到種種的教具，幫助學習，他們的讀書，識字，寫字，作文的成績，大多數在水準以上。

(2)算術——本學期的作業，加入文納特卡制的

基本結合，和難易階段的學習，並與課本教材相連繫，使兒童每日均有幾分鐘的學習機會，所以他們的心算，速算都很快而正確，並且于例題的分析步驟，亦很明白。

(3)常識——本學期作業，注重觀察，調查的記載和整理，凡研究一個問題，必指示為學習方法，所以他們的常識，經過測驗，均有正確和整個概念的表現。

(2.教師方面

(一)自動作業的教材編迻——新二部制的重要工作，就是把課本上的課文，分段擇要，編成各種自動作業材料，製成教具。供兒童預習，復習和練習，所以在最初試行時，教師對于此項工作，頗感困難，精力和時間，均不敷支配，本學期經同仁的努力，已把國語，算術，常識的自動作業材料，編訂完成，今後實驗工作的困難，可以減少大半。

(二)訂正作業的方法改進——新二部制的自動作業的時間特多，兒童的筆記簿本當然也是特多，教師每日批改，頗感困難，在最初試行時，只利用組長班長在星期日，幫同教師批改，但無詳細辦法，最近半年中，經同仁的研究改進，已把訂正作業的辦法，詳細規定，其方法，分預備訂正，和正式訂正兩步驟，由班長，組長依照標準答案，負責校對各種作業簿本，預備訂正在課後行之，正式訂正在每日上「訂正作業」課時行之。經實驗結果，每日全部作業成績，可以在當日訂正完畢。

十、新二部制的推行計劃——分列左三個步驟

第一步推行于峽區——戰區教師第三服務團郭團長，峽區處區長均認為此項方法，不妨先從峽區普徧推行，擬訓練師資，作推行之準備。

第二步推行于師範區——國立重慶師範學校馬校長，擬在最短期間，將新二部制普徧于師範區內各縣，並由銘編著「新二部制下的學校行政」，作將來推行之準備，至如何推行，正在計劃中。

第三步推行于全國——「新二部教學法」，經教育部審查，准予由部修正印行，認為此項方法，確為普及教育之利器，而在抗戰期中，及戰事結束後，經費與師資極感缺乏的時候，尤為需要，擬俟此項方法研究實驗改進完善。即訓練師資，謀普徧推行於全國。

民國二十九年七月侯銘於嘉陵江三峽實驗區區立北碚小學

勘查三分水石洞報告

袁湘堯

一、引言

由北碚市街沿嘉陵江上行約數里，在白廟子對岸山坡上，有洞曰三分水，其地山坡陡峻，懸岩壁立，不易攀登，安樂歲月，人跡鮮至，兵荒匪亂，間嘗有人避難於斯。

本年六月間，敵機襲渝之餘，兼襲北碚，廬舍多遭轟炸，避難洞室，近郊一帶，所有者殊感不足，因思利用天然，開闢三分水，容納市民於空襲時避難焉。

二、產權

三分水有上中下三洞，據張紹宜先生稱：「三洞皆屬彼之祖產」考上洞洞口有碑石鐫文略曰：「慕款治洞，今後永做張吳兩家荒年避亂之用。」其碑係清代同治年間所刻，蓋吳張兩姓係姻親也。下洞洞口，亦有碑文，因所在地點，懸在高空，全文不易看見，其文之大意亦猶上洞，而年代則近在民國廿一年也。

三、道路

區署此次開始開闢三分水石洞之時，亦即張家煱工開闢三分水道路之期，總觀三洞，各有其利用之價值，惟其道路，均極險阻，必須加工鑿修，使下通河岸，以接水運，橫闢山坡連接江蘇醫學院方向之大道，以便步行，水陸兩通，交通問題始可解決。

四、上洞

上中下三洞之中，以上洞爲最理想，最適人，其洞有兩口，口大較普通門戶略矮，一口爲天然成就，經人工架築石框門楣，一口爲人工開鑿，兩洞相距約二十公尺。進洞口即爲一極寬闊不規矩之圓形大洞，其地面平整乾燥，無論天氣如何鬱熱，洞內之涼風，恆由一口而入，一口而出，故空氣至爲流通。洞高多在二三公尺以上，惟洞內卽可活動自如勿需伏首躬腰，宜其林語堂楊支兩先生某日到此洞時，均極戀戀不捨去也。該洞可容三百至四百餘人。

五、中洞

中洞局面較小，洞寬僅約三四公尺不等，進洞僅二十餘步，卽不能再進，惟如扶梯而上，倘有上層洞一段，長約二十餘公尺，高約二公尺，形狀灣曲凹凸至不整齊，惟如加以人工，稍事整理，則亦大可利用焉。該洞現可免強容百人，修整後約可容三四百人。

六、下洞

三洞之中，下洞最大，且洞中終年清流潺潺，避難其中，飲水問題，先已解決，水出洞口，由懸崖下瀉，形成瀑布，高約一百公尺，直落嘉陵江面，會流而下焉，故景色絕佳，惟洞口因此極形艱險，行近口門，路皆依壁而成，下瞰江水，不禁有胆怯之感。

入洞，豁然開朗，口寬約十公尺，高一二公尺不等，而洞內則頓形開展，洞口內之右側形成一大空室，圓頂拱起，約高約二十公尺。拱邊有通天洞，由洞望去，枝葉之外，更見天日，故洞內光線，因此增強若十倍也。此室面積頗大，長寬均約七八公尺，地面平坦，全爲淤積之細砂層，此足證洞內之水有時可淹沒至相當高度也。惟其水面漲高究屬於洞內之水，抑爲江水上漲，尚難確定。據張家人稱，則江水向未漲至洞口之高，是其由洞內發水漲高，似可斷言。

入洞後，依洞口方向前進，約卅餘公尺，卽不能再進。因洞之兩壁直立，洞寬約六七公尺，頓形狹窄，其方向並稍向右轉，洞底全部皆水，形成一大水潭。再進約十餘公尺，洞底忽突起約二公尺，又前進仍爲深潭。約進廿公尺之處，忽分兩洞，一爲水洞，方向左斜，寬約三公尺，全洞皆水，惟係淺灘泥底，沿邊涉水而行，直達裏面，此段深約二十餘公尺，高則二三公尺不等。由此轉直方向，洞口漸小，幾完全爲水洞，不能再進，右轉而行，洞形又大開展，形成十四五公尺圓徑之平地。頂部拱起，如雙峯並立，一高約四十公尺，一高約五六十公尺。明燈探望，儼若置身於羅馬大教堂矣。由此轉而外行，其洞寬約四五公尺，高亦如之。行三十餘公尺，竟又在兩洞分岔之處，而此洞洞底較水洞則高出約三公尺餘，攀附石岩而下，不覺又轉回進水洞口之原處矣。

總觀此洞，外有兩水潭，共長五十餘公尺，高約五公尺不等，裏有一水洞，一乾洞，一大圓室，連接成環形，共亦約五六十公尺，寬高低不等，如飭工疏濬洞底，宣洩潭水，集中溝道，易通行之處，加以開鑿修整，添置梯階地板等，利用爲防空洞，至少可容三四千人。

七、結論

（一）三洞之中，上洞已頗完善，中洞不如下洞，下洞開闊，長約百餘公尺，鋪地板，架樓閣，購水電池，以設電燈，利用水流以轉動風扇，光亮與空氣均無問題，則晝夜可以利用，非祇爲避空襲也。如水潭全部放出，行流於洞之中底，則暫時即可利用爲防空洞矣。

合三洞容積，將來可容五千餘人，但須加工修整，，否則天賜之厚無用也。

（二）道路，需水陸並通：水路較便捷，由北碚順流而下，不需半小時可達，惟需有廣大之碼頭，多闢通江岸支路，所以防護擠發生意外也，陸路沿山坡繞轉而達江蘇醫學院，準備洪水時期，水上交通不甚方便時，利用之。此路原有一段可通，惟需加工接通，集峻處並需添築欄杆，以免意外。

總之，三分水三洞，距市街雖嫌稍遠，如將交通路線整頓完善，洞內加以修整設備，堪稱一理想之幽靜辦公場所，豈祇爲避空襲不而已哉！

勘查孔家岩石洞報告

孔家岩在天生橋東南，岩石在半山之上，茂竹叢林之中，岩之層理傾斜，上層凸出懸於高空，下層凹陷形成一半圓形之空穴，總長約四十餘公尺，兩端寬五公尺，石頂斜面約以四十五度之角，與地面相交，形成一大空隙，如蚌殼仰天半開，不似三分水等石洞之彎曲深入內地也。

洞內石坡下邊，有小泉，聚泉水以爲井，清冷可飲、石頂上部、又有多處隙縫，滴水涓涔，造成洞內潮濕之氣，必須造截水溝澗於石壁，匯引流至地下，以去其滴水潮濕。

洞口雖有少數巨石堆積，但大部均無屏障，如有破片或掃射自洞口對方來，洞內危險殊多，全無保障，故擬加築石壁，兩邊各流出洞口一道，並砌矮牆以爲屏。

洞內地面兩端高，而中部低，擬就原形，加以平整，高低相接處，築駁岸，修階梯如此則該洞不祇可避防空，且可利用爲聚會之所，兩端有現成講演台蓋千人可容也。

洞口石堆，修石壁時，一部份可需移動，惟須切實將其某部空虛處所，加工填砌堅石、而後立牆，頂部岩石隙縫內空懸之危石，亦須敲落，否則，恐易滋事

總之該洞整理工程，約可概括如下；

一、整理石基，添砌石壁，封現洞口，留出入口兩道，口外加矮墻障壁，

二平地面修駁岸、台階、鋪石子砂土。

三整理、泉眼、鑿滯引頂部水滴、并撤除空懸危石。

四添修廁所等項。

全工程約需工費千元左右，工程作法，當場已與新村劉

主任其其良、李主任華共同研究；即將施行。

又天生橋下，有涼風洞二處，約可容百人，其修整辦法亦須與劉主任等商洽。

抗戰以來中國生產技術的改進

卓　芬

半封建與半殖民地的地位，決定了中國工業的落後性。工業上的用品如機器、鍋爐、引擎、甚至燃料等不得不仰給於外國。每年中國人的金錢流入外國資本家的手裏的不知有多少！雖然中國有着豐富的寶藏，有着多量的原料品，但是科學的領域上仍是一片荒蕪的未開墾的荒地。是不是沒有墾荒者呢？不是的。

在戰前，一些研究科學的人並不是不努力，但一則因爲外國日新月異的商品之壓迫，二則因爲這些從事於研究的人缺乏安心研究的條件，缺乏了使他們的發明應用於實際的條件，所以除了詹天佑對於鐵路工程之貢獻，李四光丁文江翁文灝等對於地質學的貢獻，東南大學及金陵大學農業實驗所實驗對於稻麥育種之貢獻，黃海工業社對於應用化學的貢獻，陳克恢趙承嘏對於藥學的貢獻，嚴海慈對於鐳學的貢獻和曾昭掄對於染料製革的發明，以及其他發明之外，在生產技術上的發明是很少的。抗戰爆發以後，環境起了變化，『第一是敵人的封鎖與摧毀，使外國的機器與其他生產工具的人口頓感困難；第二是中國一些民族工業從東南遷移至西南建廠開工，極需要外國機械與新式技術。於是就迫使中國的科學研究者發明這種東西來補足舶來品之缺乏了。換句話說，我們要發展輕工業生產，就必須發明新的簡便的織機；我們要開展運輸交通，就必須發明燃料；我們要發展農業生產就必須從事於農種之改良；我們要開展文化運動就必須自己能製造出新的文具。客觀是這樣的迫着，而我們的科學研究者，確是負起了這種使命了，火花是在衝礎中產生的，中國最近應用科學的發明乃是抗戰的產物！

截至現在止，中國應用科學的發明，可分爲機械類、燃料類；文具類和農種類四類，茲分述如下：

第一，機械的發明，最主要的是紡織機。紡織機的成績最好者爲農業促進會穆藕初先生所發明的七七棉織機。這種織機配彈棉機，紡紗機搖紡機各一部爲一套，每部紡織機十小時可出紗二市斤。此種織機機身簡單，鐵件甚少，紡製也極容易，並且也極經濟，一套織機價值僅二百元。從七七棉紡機試驗成功以來，對於內地棉業有很多的幫助。截至今年五月，七七棉織機的推廣，在全國已售出四萬多架，僅四川一省，即已推行三萬餘架之多。其次是湘西綏靖主任陳渠珍氏集合各種手工紡織機加以研究改造而成的『五一單人紡織機』。該機不但所紡出之棉紗細而勻整緊縮，並且出產量很快，比普通人力紡紗機出紗量多一倍。此外是陝西『業精式手工紡織機』，此種織機每架有錠子五十枚，需三人管理。每天工作十小時可出十六支紗四斤半。

機械的發明第二種成績是水力電機。發明者爲第五陸軍醫院外科主任吳榮秀醫師，經過二年的潛心研究，製造各種儀器及模型，實地試驗，結果已製成激流透平機一架，利用水力使之發電或轉動其他機器，該機製造簡易，需本低廉，其特色是不用提壩，於激流處停泊能適應水之漲落，不停工作，且所利用水力之水輪可任意增加，集中力量於一處發出偉大水力。以後如能採用這種機器對於水力的開發當獲益不少。

機械發明的第三個成績是柴油引擎。由滬遷來後方的新中國公司，努力於汽車柴油引擎之製造，最近已裝配成功。這是中國製造汽車的開始。

第二，燃料方面亦有新朋發明。在戰時燃料是比平時更為重要的。前綫後方的交通在在需要它。但中國自己所能供給者又少，縱然我國的埋藏量很多，但是我們尚未能開發起來。因此，我們只有在代用品上先行設法。發明煤油代用品者已有好幾種。現在能獲得實用的有化學工程師陳次鋒發明的代柴油，油的成份即以普通的植物油為原料，除去炭酸蛋白質及一切膠質而成。無論汽車輪船均可應用。經實驗結果汽船如採用該油，行駛的速率只較通常的柴油差十分鐘而已。代柴油價格較柴油便宜，每一公噸的價格便宜了一百七八十元，代柴油的特點是不包含瓦斯毒質使乘客不會發生眩吐的痛苦。從代柴油發明一年多來，交通工具多應用它。現在煉油廠成立者已有四五家。其次新中國人造汽油廠儲靜明先生所發明的代汽油，也提供了很大的貢獻。使汽油問題得到相當的解決。代汽油是由酒精提煉出來的，其法是使酒精的純度加高，減少水的成份。儲靜明先生所管理的「新中國人造汽油廠」係以高粱提取。現在四川公路局車輛多已採用。此外尚有江蘇銀行總經理陸子冬氏發明汽車燃料，以煤炭代替汽油。因白煤國產豐富，供給不成問題。依這辦法，爐內儲藏煤八十公斤，一次加足可行公路六十公里左右。經陸氏將其裝用代油爐汽車自貴陽來渝作實地試驗，筑渝全程四八四公里可節省汽油費五百元以上。化學師張熼川用松香提煉柴油的試驗也已成功，川黔兩省，松香產量甚富，設廠提煉當可大量應用的。

最近又有雲南大學校長李季偉氏發明農產品製造汽油，效能超於普通汽油，可作飛機燃料，成本每加侖僅值國幣五元。

除了燃料外尚有機器油的發明。要延長機器的壽命，祇有對機器多加油。可是平時所用的舶來品『機器牛油』的入口數量，幾至斷絕，而我們的需要却一天天增加。於是國貨機器油造廠劉一平氏苦心研究代替『機器牛油』的東西。他經過七百次以上的試驗，終於造成了機器油。此種油的原料，包含動植物的臘油，這種油沒有雜質，沒有酸鹼不剝蝕機器，不黏固機器，油質滑潤、防銹、減摩、減熱的功能已超過舶來品的牛油。清華大學研究所也已從事於各種國產植物油提煉機器油之研究與試驗，其結果以從雲南土產篦麻子油提煉出者為最好，較輸入之機器油價廉一倍，並且質也不差。

第三是文具用品的發明。首先說墨水，國產的墨水雖已有三十幾種但品質好者極少，故一般人多用舶來品。但舶來品價錢又貴，來源又少，而當前墨水的需要却是一個驚人的數量。天工化學工業公司陳毅先生積六年的研究，結果發明沒有沉澱的墨水——鞣酸鐵墨水，此種墨水的品質不次於舶來品。其次是紙，汪濟泉先生用棉楷造紙亦試驗成功，所製的有新聞紙、道林紙、包皮紙、板紙，毛邊紙等。此外尚有純鹽的製造與磁器的製造。經濟部中央工業試驗所，用科學方法提製生理食鹽以供醫用，其純度功效不亞於外貨，又試製純淨硫酸、鹽酸、硝酸及阿摩尼亞等化學藥品也經成功。雲南勝興實業社，因感產瓷地方多半淪於敵手而海口爲敵人封鎖，瓷器不易輸入滇省，故專聘技工採用新法燒製，這種瓷器已能應用。

第四是農業方面的發明：中央農業實驗所試驗意大利種之小麥經三年來試驗之結果，證明該麥種品質較本地麥種良好，現已由四川省農業改進所推廣。清華大學農業研究所，設法自製植物生長素，現已成功，其製成品與舶來品無異。中央農業實驗所馮澤芳氏，在滇從事木棉的研究，得知滇省木棉與埃及棉同種，而我國所產棉花只能作十支紗至四十二支紗原料，五十支紗以上的細紗原料均賴埃及棉。由抗戰前統計每年購入埃及棉約二十萬担；每担價爲八十二元五角計總值國幣一千六百五十萬元，現木棉已在滇省試驗成功，並且每年能收花兩次，將來能普遍推廣種植，正是國家經濟的源泉。同時，陝甘甯邊區試驗農場，試驗各種外國種的農產品也告成功。如美國種的馬鈴薯和玉米均較中國種好，美國的白皮洋芋，結的多而且肥大，常多至一顆有三十餘個。包谷（玉米）不但比中國的大，而且一根包谷結有六七個穗子，它與中國種不同，它是長穗，故一根有六七個包谷，水稻在旱田的試種也相當成功；此外西瓜，蕃茄和絲瓜等都是外國種試驗的，成績都極好。

抗戰以來，技術家們對於國家民族所貢獻的雖已很大，但從客觀的需要看來，這些進步還是不夠的。爲了科學及應用科學之發展，爲了生產力之提高，我們必須：

第一造成培養科學的社會條件。要潛心研究科學，必須有充分的時間，適當的地點，和實驗的用具，要使研究者個人生活有了保障。對於工專或農專學校，更應該充實其實驗室的設備，和經常的實地試驗。因爲單在書本上學一些原理原則是絕對不夠的，要使學有所用，就應該備有這些最低限度的條件。現在政府對於人文科學及自然科學的研究有貢獻者贈給獎金，這是很好的。但這祇是限於已獲得成績者而已。爲了鼓勵那些願意研究、有能力研究、而缺乏研究條件的人，應有推進援助之道，使那些尚在埋頭研究的人也同樣的被重視。普遍地造成研究科學的氣氛，

第二應該把專門家們所發明的東西發揚出來。要使這些發明能有實際有意義，就必須發明的東西施之實用，假如所發明的東西不能被採用，那不但耗費了發明者的心血，並且是民族國家莫大的損失，但事實上實有值得注意的地方，有不少研究者，發明了一些可以推動生產的東西，呈報後却在公文轉送中擱了很久而無結果。這是多麼使人嘆息的事！沉滯的社會裏，正不知埋沒有多少科學的天才。所以，要使中國的生產技術能進步，必須廓清一些沉滯的因素。

爲要爭取最後的勝利，我們就必須提高物力財力，爲了提高物力財力就必須大量開發後方天然的富源，發掘自然的實庫。而要做到這一點，我們就必須大量培養科學技術人才，提倡新的生產技術之發明。這不但是自然科學者和技術家的事業，而是全民族的事業！

峽區猪種改進的展望

—川農所三峽白猪推廣所實驗區工作計劃與實施—

李本傑

一、養猪事業在戰時的重要

養猪爲農家主要的一種副業，猪的糞尿和骨骼是改進地力的最好肥料，屠宰捐和猪稅又是教育經費的主要來源，（據建設廳，二十五年度編輯室的統計提要所載，是年一四縣的肥猪屠宰稅爲五百四十九萬一千七百九十九元零九仙），猪鬃和腸衣的出口貿易，更可增加國家經濟的收入。值此抗戰時期，加急後方生產與提高對外貿易的呼聲中，養猪事業的改進與提倡，實爲農村迫切的工作，這是顯然無容疑議的一回事情。現在我們試看三峽實驗區對于猪種的改進，有着如何的打算。

二、峽區養猪事業的概況

在未談峽區猪種改進的打算之前，首先我們要明瞭在未改進以前的概況，作爲對比觀察，才可以得着改進的重心。

峽區山多田少，因之雜糧的出產較多，大家都想將不好賣的雜糧利用來變成好吃的肉，同時又要利用猪的糞尿和骨骼，再來作一年的莊稼。如是大家都喜喂全身無廢物而能利用農產廢物的猪。以一區之小，共有猪一萬六千二百八十七頭，內有種猪五百餘頭，這數字還是區署屢次調查的統計，近來還在不斷的加增，目前正在普查中。可惜農民只知喂猪，而且要多喂猪，但是不知要選那種式樣的猪來喂，才經濟飼料，才長得胖大，猪肉才好吃，猪鬃才值錢。尤其對於喂種猪沒有研究，不但無品種觀念，種猪交配時的體重與年齡，都不重視，歡喜早婚，也就是希望產仔的念頭太早，反相信沒有成熟的小脚猪（公猪的俗稱）配的母猪，每窩產仔要多些。養脚猪的人也就利用這種錯誤的心理，每年喂個不到六個月的小脚猪，稍待長大，又閹割了喂肥豬，較爲合算。如此習俗相傳，影響猪種愈趨愈下，品質漸劣，和外國的優良種猪比較起來，眞是差得遠了。而且因爲不知防疫和治療，死亡率很高，每年的損失更不可數計。

我們既然知道了峽區的猪種，體型很小，品質又劣，再進一步來分析一下，土種猪的形質如何。峽區土種猪若以毛色來分，有黑與白黑花兩種，土種本不是個品種，而是雜交猪。全區皆以花猪與黑猪多，花猪多見於北碚與黃桷兩鎮，黑猪多見於文星與澄江兩場。交通不便的山坡地帶多喂黑猪。由此可知峽區最早之土種猪爲黑猪。因交通便利的地方，白猪的輸入漸多，黑白雜交，就有花猪出現。但峽區已有的白猪，以後繁殖產仔，雖種猪公母皆爲白色，而產仔常出現花仔猪，因血統不固定，仍只能列入花猪之類。黑猪體型，面額平直或微凹，鼻短闊，耳厚口小，頸細肩重，脊背下陷，中腰狹弱，腹深而下垂多縐，臀部後傾，尻薄胯虛，後腿最感欠缺，成熟遲慢。通常農家有喂到十四個月不過一百至一百八十斤，恰合四川壩子猪的資格。（見中大許振英教授所編著之『一年來對於四川養猪業之研究報告』）花猪之體型，雖同地所產亦非一致，花塊也是各形各樣，大小不同的在身體上出現，亦有純白者（俗稱雪子猪），這種變化無常的原因，是黑、白或花種猪，相互雜交的結果，天然的育成今日的劣種猪。

三、峽區猪種改進的目標

我們既然明白了峽區土種猪的劣點，就可以確定峽區猪種改進的目標如下：

甲、改進生長效能：峽區土種猪一年生長，不過七十至一百斤，其利用飼料能力、離生長標準實遠，農民損失頗大，故亟應改進。

乙、增加白鬃生產：白猪為我國特產，尤以川省的榮昌猪為最佳，峽區稍產黑鬃，白鬃甚少，而品質又劣。值此抗戰時期白鬃生產，應積極提倡，以利外銷，而增加抗戰力量。

丙、改進繁殖率：土種母猪產仔，平均每窩五至七頭，繁殖率不高，有改進的必要。

丁、統一品種：土種分黑花兩種，黑猪佔十分之七，餘為黑白的花猪，亟應統一品種，改進品質。

戊、適用農情：農民對於榮昌白猪，同聲稱善，推廣農民歡迎的榮昌白猪，即所以適應農情。

四、榮昌白猪的優美：

改進峽區猪種的目標，如上所述，為要達到上項目的，滿足當地農民需求計，選用四川榮昌白猪，作為改進的猪種，實為適當。現在我們再看榮昌猪，有牠的什麼特點，榮昌猪軀短腹深，脊背似較黑猪闊厚，週身毛白，惟兩眼周圍黑色，黑塊面積不一；有黑及兩耳，甚至額頂及項背，，左右銜接，連成一片，尾帚及尾根臀部四週，並有黑塊者。據當地人稱，以金架眼鏡者（即黑塊祇限兩眼四週）為優。即最純正的意義。通常屠宰活重，約在二百三十斤，需時十六個月。三百斤以上者亦不希見。農民飼待廢歷逢節所殺者為肥重，最受鄉民歡迎。榮昌猪鬃又為世界有名的特產，平均長約三英寸半，鬃有逾六英寸者。硬度、光澤、強性、尤為著稱。繁殖力亦不亞于四川其他猪種。據二十七年省家畜保育所調查報告的數字，即可明瞭。

四川各種母猪繁殖能力表

代表地域	北碚（花）	榮昌（白）	華陽（黑）
窩數	一三〇	九八	九八
仔數	一〇五七	八四三	八二七
每窩仔數	八、一三	八、六〇二	八、四三九

五、改進峽區猪種的步驟

我們將峽區土猪種與榮昌猪比較觀察，推廣榮昌白猪，可望達到峽區猪種改進的目的。事情是這樣恰巧的，四川省農業改進所為加緊後方農業生產，增加對外出口貿易起見，有提倡與推廣榮昌猪的計劃，三峽列為白猪推廣實驗區之一，這是一個絕佳的機會。有了機會，改進工作只須依照計劃按步就班的實施，峽區猪種改進全部計劃，分為三個時期實施、第一期（二十八年至二十九年）本期主要工作，在於峽區猪隻的調查、宣傳與推廣。

（一）調查：峽區的家畜，區署與家畜保育所實驗區已發動過兩次調查，第一次是二十五年的抽保調查，走遍了五個鄉鎮，拜訪了二百七十家農戶，這樣得來的數字，雖不正確，可是知道了峽區家畜的情形，明白了一個大概，結果不必抄錄。第二次是二十六年，調查全區包谷產量時，附帶調查了猪隻，因爲是挨戶調查，或召集農民詢問的方法，而且是挨場挨戶的調查過，數字自然又較近於正確，二十八年區署又實行『猪隻月報』的制度，由各鎮各警衛區的猪隻數字爲根據，茲將分場分類的猪隻數字列表如下：

（1）各鎮猪隻比較表

場名	猪數
文星	二二八七
黃桷	二八一二
澄江	三六一二
北碚	七〇八六
二岩	四九〇
總計	一六二八七

（2）全區猪隻分類比較表

類別	猪數
每猪	五八一
公猪	一二
仔猪	二九八
架子猪	一一八四四
肥猪	八六五
總計	一六二八七

（二）宣傳：宣傳依區署行政結構，以各鎮警衛區爲宣傳單位，其中召開保甲長談話會，或請小學教師宣傳，二十八年農業推廣所成立後，調訓一次助理員及警士，又參加全區小學教師寒假教育研究會，講授過種猪改進的教材。此外參加區署各種例會演講，如內政會、週會、月會、以及各鎮保甲長聯席會，以後又作分頭宣傳，如出診病畜時，或調查登記時，或逢場茶館座談時，作挨戶的拜訪和個別的宣傳，尤其是對那些喂有黑花母猪的農戶，更特別起勁宣傳，這是二十八年緊急的工作，目前可說每個農友們腦海裏都印上了向區署領喂白猪這回事。

（三）推廣：川農所劃三峽爲白猪推廣實驗區後，即頒佈了推廣辦法，以免費領喂種猪抽還仔猪方法，推廣雙月種五百頭，其推廣與管理辦法條述甚詳，今僅言其最要者如下：

甲、白猪推廣辦法概略：

1.領喂種猪手續：

（1）凡峽區之內之居民，須先向農業推廣所請求領喂種猪，經本所查明合格准許後，始有領喂權，以原飼養母猪及脚猪者有優先權。

（2）領喂之種母猪，均不取費，（公猪在此限內）惟每戶請領種猪者，各以一頭爲限。

（3）凡經調查合格之領戶，應覓妥本所可之保證人，填具保證書，交保甲長署名蓋章後方可領取。

2.種猪之購運及分發手續

（1）須在榮昌縣選購蕃殖力強，猪鬃長密，品質優良，體型長深而健全之雙月榮昌種猪。

（2）選購之種猪，必須經過一週以上之隔離，並按季作各種傳染病之預防注射，檢查健康正常後，即開始起運。

（3）運輸方法，以肩挑爲原則，必要時亦可船運，車載或趕走，但中途遇雨雪或疫時，應即暫停運輸。

（4）運區後，再經一週隔離飼養，檢查健康正常後，即行分發。

（5）分發須按一定之計劃，作有次序之推廣。

乙、第一階段的進展：

第一期依據區署猪隻調查的概況，於二十八年一月開始登記領戶，順利推行，願領喂者數近八百餘戶，惜於調查領戶時，多不合乎飼養繁母猪之條件，准許領喂者很少。自二十八年一月開始在榮昌選購至年底止共運到峽區白猪五批，合計有種猪三百二十一頭，分發檢查登記合格的領戶，計有文星鎮一百零四頭，黃桷鎮五十六頭，北碚場一百六十一頭，北碚澄江兩鎮仍在繼續登記與調查，此外與本區家畜保險社聯絡，於本年十一月各鎮保險分社開始按期挨戶普查。第二期（二十九年至三十年）的主要工作，在於土種猪的淘汰與推廣猪之管理。

（一）土猪公猪的淘汰與推廣公猪的管理：猪種改進，第一步主要工作，就是取締原有土種脚猪，爲根絕不良雜猪最妥善的方法。故凡本地脚猪必須淘汰，代以優良之榮昌公猪，現將管理與淘汰辦法概述左：

1.榮昌公猪推廣辦法：

（1）調查原喂脚猪農戶，其原有脚猪，由本所查明，限期去勢變賣。

（2）脚猪淘汰後，即向本所領取六個月之榮昌公猪以代替之。

（3）領喂之脚猪，依領取時之體重，照市價七折計算還本。

（4）還本時，在該猪不作種用去勢變賣之後，不取利息。

（5）脚猪閹割變賣還本後，再用同樣辦法向本所領喂。

（6）凡領喂脚猪，必須向本區家畜保險社投保。

2.領喂脚猪者應守之規約：

（1）領喂脚猪每日只准交配一次。

（2）凡一百二十市斤以下之母猪不准交配。

（3）凡原有黑色花色及不良之母猪，在推廣榮昌猪第一窩產仔後，一律不准交配。

（4）依法配種者，每配母猪一頭奬洋五分，違約者必罰，第一次罰洋五角第二次罰洋一元，第三次無條件收回公猪，并取消其營業資格。

（5）每月按期來所投報配種頭數兩次，上半月投報之配種猪數，經復查屬實後，在下半月投報時領取奬金。

（6）配種猪自行作下列登記：畜主姓名、保甲、地名、交配日期，母猪體重與毛色　前窩產仔情形。

（7）母猪配種後，即塡已印好之交配年月日單（在本所領取）交喂母猪者，以作本所復查時之憑據。

（二）土種母猪之淘汰與推廣母猪的管理：猪種是否順利改進，當以脚猪的管制嚴密，收效特大。如脚猪品種純正，管理自如，母猪雖稍有品種上之混雜，影響猪種改進較小，種母猪再加管理，是爲雙管齊下，更可使峽區猪種一元化，不致有漏網之虞。

1.榮昌母猪推廣辦法：

（1）調查原喂母猪農戶，其母猪經審核不合格者，則設法勸其淘汰，另向本所請求領喂榮昌母猪代替之。

（2）凡領喂種猪者，至遲應於領喂之種猪分娩前，將原有母猪閹割，倘帶有仔猪或已壞孕，准其分娩哺乳完畢後閹割，至於原母猪所生之仔猪，不分公母一律去勢，

（3）凡領喂母豬應向本區家畜保險社投保。

（4）所領母豬其生產之仔豬由第二窩起至第六窩止，每

窩須擇優繳還六十日仔豬一頭。

(5)種豬年齡未達八個月，或體重不及一二〇市斤以上者，不准交配。

(6)領取種豬必須應用本所推廣榮昌脚豬交配。

(7)領喂種豬或生產仔豬，本所認爲不堪種用者，得令去勢，以作肥豬。

(8)種豬如發生病疫或再轉喂等情，應立即報告本所，以便前往診治或詢查。

2. 領喂母豬應享之權利：

(1)所產仔豬除應繳還五頭外，其餘全歸領喂者所有。

(2)所領種豬經保險後，如因患傳染病及普通疾病而死亡者，領喂人不負賠償之責。

(3)喂者養得法，管理週到，並服從本所一切指導者，每年酌予奬勵。

(4)以上權利領喂者商得本所同意後，得隨種豬轉讓他人。

乙、第二階級的工作進度：繼續第一階段榮昌種之選購工作，至本年七月底止，共運區兩批，計一百二十七頭，分發北碚鎮合格領戶八十七頭，澄江鎮四十頭尙有種豬一百頭，目前仍在籌備選購中。準備在澄江鎮繼續推廣。公豬淘汰工作，在北碚文星黃桷三鎮已全部實施，并加以管制。澄江仍在調查自喂脚豬農戶，進行淘汰中。第一二批推廣之母豬，已生產第二窩。第三，四批母豬，第一窩大都生產。第五批母豬已屆配種時期。第六七批豬，尙未到成期。此外繼續普查工作。第三階段（二十年至三十一年）的主要工作，在於推廣榮昌白豬之品種檢定，強迫淘汰劣種母豬，統一品豬，完成全區優良之榮昌種豬。

甲　推廣母豬品種檢定標準：

1. 體格必須健康正常，無生殖上之奇形或疾病者。

2. 同窩仔豬八頭以上，乳頭整齊，至少應有一二個以上。

3. 體長而深，背直或上拱，皮細而無皺紋。

4. 豬鬃修密，顯明而有光澤。

5. 凡不合標準之種豬淘汰後，再發給抽回之優良母豬代替。

6. 凡母豬所產仔豬，每代都有花或純白出現者，該豬及其仔豬一律閹割，以絕繁殖。

六、結論

以上所述事屬膚淺，凡畜牧界人士，類能道之，惜乎知而不行，行而不堅，近數十年，未能脫離黯淡轉入光明之境界。處此國難當前，加緊生產建設之聲浪日高，國家已在集全國人力財力於西南，倡導鄉建工作，如白豬推廣，增加白豬生產，政府已下决心，三峽既劃爲白豬推廣區，作有步驟的改進全區種豬，現在已在動手推行，工作已在按步實施，受命負責的技術人員，正熱情在工作着。願我們的足跡普遍到全區每一個角落裏，作一澈底的實施，以奠定峽區鄉建的基礎，樹立全國白豬推廣規模，作爲各縣白豬推廣之先導，願與全區有志於鄉建人士共勉之。

天氣與農事

鄭子政

一、引言

吾國以農為國本，國本堅實，而後百事易舉，是以鄉村建設運動尚焉。夫所謂鄉村建設，旨在改善農村，富裕國力，充實生活。語雖淺顯，然鄉村建設之意義實包涵廣博，不僅在農事一端。在教育文化上經濟工藝上與其他各方面咸有密切之關係未能居一隅而有所偏廢。茲言農事春耕夏耘秋收冬藏，順歲時之序次，定農事之常軌。善辨物性，利順天時，乃能不失操作，收穫豐登。古代重視天氣與農事，足以引徵。禮有月令一篇，詩有豳風七月之章。欲改善農事，增益生產，首在順適天時，而後擇土之宜，始事栽種，夫然後人盡其勞，地盡其利，物盡其美，穀物豐焉。若僅知墨守成規，一旦寒暑變易，不能占往知來，而作未雨綢繆。聽任災害之來，未能為之補救。於是乎民力艱傷，鄉村建設之功，遭其毀損。是以談鄉設建村，又必以改善農事為發軔。筆者從事天氣研究，他學非所敢知，爰就天氣與農事之關係，加以概述，至於整個鄉村建設，實有賴於各科學術專家之協力同謀，共襄其盛。

二、氣候與穀物

先民有言曰：「毋偉天時，毋失地利。」天時與地利乃為一種相生之關係。譬諸高山不可以播穀，卑濕不適於造林。穀物受氣候與地域之限，殊屬顯然。若登縉雲山高度距地面約六百五十公尺，而栽植穀物之季候，已遲近月。若走入西康則其布種穀物受自然之限制，顯然如劃。在三千至四千公尺為森林帶。四千公尺以上即屬草原帶，祇能牧畜。在三千五百公尺以下，始得栽種穀物如大麥蕎麥，馬鈴薯之類。降至三千公尺以下，小麥，玉蜀黍之類始能繁生，豆類亦見種植。蓋地形愈高，氣溫愈低。穀物布種之時期，必至遲延，生長時期，因之縮短。欲使繁植因受溫度之制裁，已不可能，固不僅在土之肥瘠也。又如果物若龍眼，若荔枝皆限於閩粵，川中亦間產生，茶葉橘子不過秦嶺，此皆受溫度之限。所謂自然之限制，實不僅地形一項，若緯度之影響，亦至嚴重。於北半球緯度漸北而漸寒。漸南而漸暖，因而地面有寒帶，溫帶，熱帶之區別。又若季風之影響，季風乃由海陸分布之失勻而產生之結果，使風向有季節之輪替，寒帶與熱帶之氣團得循時而溝通，因之植物之滋生，受其支配焉。

地球表面溫帶之領域約占百分之五十，熱帶之領域約占百分之四十，而寒帶之領域祇占其百分之八。以地面之平均氣溫而分寒溫之領域，亦顯然為生物分布之界限。準平均逐日氣溫在華氏五十度而為時不及一月者為植林之極限，亦為栽種穀物之止境。如有四個月平均溫度在五十度以上者為適種小麥之地帶。在熱帶區域全年平均溫度在六十八度以上。溫帶區域全年溫度至少有四個月平均溫度在五十度與六十八度間。寒帶區域則平均溫度最高之日不過五十度之限。大凡一種穀物咸有其溫度之極限，是皆有待於研究而後知之。國內播穀物現所僅知因循舊俗，而對於此種自然之制限，鮮加考究。穀物受氣候之限利，其影響顯著之因子，厥惟溫度與雨量，其次則如日照如風等項，茲約略言之。

(一)溫度穀物之生長，溫度與穀物生長之關係，由實驗告知穀物在高溫與低溫之下爲同一不能適合生存。溫度之連續在華氏一百二十二度以上或連續在三十二度以下，皆足以危害穀物生機。如小麥與包穀皆適宜生長於全年平均溫度於三十九度至六十八度之地帶。雀麥與大麥則適宜生長於二十八度至六十八度之地帶。稻則須種於六十八度至八十六度之地帶。馬鈴薯則宜種於三十五度至六十一度之地帶。因各種穀物對於適應溫度之環境不同而各有其分布之領域。溫度之變動常足以阻止穀物之萌芽或生長或毀傷植物之一部如花如實之類。大致穀物之發育僅於一時季中，當氣溫變動過高或低，以稻而論每有苗而不莠或莠而不實之害，過甚則至枯槁。一般穀物之生長大抵在平均溫度四十九度至七十二度之時期謂之穀物生長期。以重慶準平均而論，全年除一月之外平均溫度皆在生長限度之內，全年有十一個月之久，倘以南京比較之，則南京僅有八個月光景在生長限度之內。重慶因生長期之較南京爲長，所以附近穀物繁生。但重慶爲一著名之山城。四川境內除成都平原而外，餘多山地。川北一帶及爲川中諸水之策源地，地勢高峻，氣溫較低。即以北碚一區而言，區內耕地僅百分之三十三，餘皆山地。因之川境之內各地作物對於氣候之取擇，須加縝密之研究。平均溫度之在四十九度以下者謂之穀物之窒息期。各種穀物停止生長。在山地之區窒息期之長短，隨高度變更穀物之生長既受溫度之限制。在一定溫度之下即停止生長，此點溫度稱爲生動溫度之基點，於此生動溫度基點以上之溫度謂之有效溫度。設生動溫度之基點爲五十度而穀物生長需要之溫度爲五十五度則有效溫度爲五度。各種植物其生動基點溫度，類不相同，即以同一種之穀物，若品選不同，亦每有差果。據美國氣象局所定各種穀物之生動基點溫度，春麥爲華氏三十七度至四十度，雀麥四十三度，馬鈴薯四十五度，包穀五十五度，棉爲六十度至六十二度。一種穀物自其栽種之日始，或在一定之日期壘計其有效溫度，謂之有效溫度積，此積數每用以作作物成長率之比較研究。穀物之生長在溫度限度之外更時日之關係，即須歷經若干時。而始華而結實，所以時日問題，亦應加意者也。

地面氣溫對於作物之關係，已略述及，但穀物滋生土中。土壤之溫度或謂之地溫之變動，有關於土質、但其周日之變遷，據觀測所得，常不及三公尺。夜間地面輻射甚速，待至日出之前，達其最低溫度。在地面溫度最低之時地下溫度隨深度而增進。日出之後地面因受光熱，溫度增高而地下溫則因傳導作用其溫度乃隨深度而轉減。入土愈深，周日地溫之變動愈小。空氣溫度最高約在下午三時，而地溫在三英寸至六英寸，其最高溫度已遲延至於薄暮，一英尺深度之地溫則其最高每遲延至於翌晨。在一英尺以下之地溫其周日變動已甚微渺。即以周年之變動而論，影響所及亦不過三四十尺。更下深度周歲地溫常如一轍。最適宜於穀物生長之地溫在華氏六十五度至七十度間。至於地溫之觀測常取深度在一英寸，五英寸，十二英寸，二十四英寸。

(二)雨量與穀物之關係　穀物受溫度影響之外以雨量爲重要之因子。雨量之多寡，亦直接影響及於植物之分布。雨多則澇，雨少則旱，旱與澇皆足以災害穀物而招致飢饉。地面雨量之分布每於無形中劃分穀物栽種之畛域。全年雨量在十英寸以下之地稱乾旱區，雨量在十英寸至二十英寸則稱半旱區，雨量在二十至四十英寸謂之半旱區。在四十英寸以上乃稱濕潤區。地面受四分之一英寸之雨量，於一英畝即可得二十八噸之水量。如有一英寸之雨量，一英畝即可得一百十三噸之水量。土壤乃為一種極良善之蓄水池，因之穀物生長其上，不致恆慮水量之匱乏。各種穀物所須之水量每不相同，即以同一穀物其所需之水量亦常隨其發育時期而不同。大致穀物在萌芽時期所需之水量較少，而在結實時期所需之水量較多，在穀物結實前後所需之水可達其所需之總水量之四分之一，至穀物成熟之後其所需水量復次減少。

土壤中含蓄之水量僅為降水量中之一部分。大氣中之降水量一部分直接流入江河，一部分隨即蒸發，一部分滲入土壤。以作物而言，所能利用之雨水量僅占滲透土壤中之一部分。此種滲透入土壤之水量與其吸收之量，因土質而不同。沙土能吸收之水量僅及降雨量百之十五，已至其飽和點，但其能供養穀物之需用量可居其大部。若粘土雖吸水之量較多。倘僅含有百分之十五之水量則其能供養作物之水量甚少。

地面儲藏之水量受光熱之照臨，一部分之水量，重復蒸發而返氣空。此種減失之水量謂之蒸發。另一部分之水量經穀物吸收之後，更自穀物之葉面而蒸發空中。據測驗所得，穀之葉面蒸發約等其同面積之大氣中蒸發之三分之一。蒸發量之多寡，於雨量豐多之區域，尚不致影響及於穀物，全年降雨量在二十五英寸或三十英寸之地，則蒸發之影響，已極重要，穀物之生長，在一降雨大而蒸高之區，未若在一降雨小而蒸發低之地。是以蒸發量之高低，亦足以大致測定穀物有效雨量之多寡也。是以雨量之多寡，蒸發之強弱，於雨少之區域，對於作物之栽種因為關係重要，即在雨多之區域、栽種之時季地理而灌溉之制，在在須以雨量之分布為憑藉也。

（三）他種氣候因子對於穀物滋生之影響　地面水氣蒸騰上至高空即凝聚成雲，雲量之多寡，足以障蔽日光，日照之間因有短長，霧亦然也。當日照氣空，葉面之溫度較之大氣之溫度每覺為高。於晴無片雲之時，相差尤甚。植物吸收光熱，一部份之重要作用即用以造成色，於結實時最感需要，倘在結實時期缺乏陽光，穀莠而不實，陽光之多不盡為物之利，如陽光過強，蒸發必然旺盛，於穀物之生長如無多量水量之供養，則穀物吸收之水量供不應求，將至枯稿。又若淺土之根苗最易受害，豆類番茄草莓之類每易受陽光過甚之害。以森林言，陽光過甚即至乾旱，乾旱之甚可使樹皮開裂表皮為樹木生機所賴，開裂之後生機斷絕，終至乾枯。甚致因溫度過高而發生森林火災，為植木者之大患。須加意研究者也。日照時間之短長常隨緯度易，在重慶一帶夏季日照時間晴日碧空，可達十三四小時，因雲霧之障蔽，是以日有不同，最理想之氣候莫善於生長時期有百分之九之陽光，溫度高而蒸發小，溫度常持在華氏七十度左右。最適宜豆類及他種穀物之生長。各地之穀物有品種之異，氣候有地域之限，因之穀物之選擇與栽種及其氣候環境之適應，皆須經長時間之測驗與作物研究而後定耳，

風亦為氣候上之一重要因子。風係一種氣流循環之使者。使調節一地與一地之氣候，各地之氣溫不致趨於極端，使

冷熱相差較甚之氣團趨於溫和。風每有消除積雪之功與阻止凝霜之效。在穀物開華時有傳播花粉之力。就另一方面說，強烈之風，可以有燬屋拔樹之力，爲害不殊於水旱於中國沿海岸一帶颱風夏襲其危害海上及於船舶，陸上及於建築與穀物，成極可畏之風災。在四川境內颱風影響不及，但於春間無有強烈之風，足以燬及屋宇。此種烈風由於寒潮南下所致，於過去十年中此類風災已屢屢見。惜在國難正激之期間，作物損害，自難有周密之調查。因之損害多寡，未能分曉。此種風災於天氣圖上在十四小時前無不分明，如能以消息播及農村早爲豫防，損害之減少可操左券。

三、節氣與栽種

節氣之研究，中國知之極早，尚書堯典已載二分二至，即春分與秋分，冬至與夏至之謂。戰國秦漢之間乃有二十四節氣之名目。所謂二十四節氣即立春，雨水、驚蟄，春分、清明、穀雨、立夏、小滿、芒種、夏至、小暑、大暑、立秋、處暑、白露、秋分、寒露、霜降、立冬、小雪、大雪、冬至、小寒、大寒是也。自立春至夏爲春，自立夏至立秋爲秋，自立秋至立冬爲秋，自立冬至立春爲冬。每季分三氣三節，每月定一氣一節。順歷安排氣節，俾農事得有常軌，先民之關懷農事，孰善於茲。惟是節氣有地域之性，須隨處體察既不能墨守成規，亦未可東移西用，中國古代月令紀載頗詳。逸周書時訓解分年爲七十二候，如立春之日東風解凍，又五日蟄蟲始振，又五日魚上冰，雨水之日獺祭魚，又五日鴻雁來，又五日草木萌動驚蟄之日姚始華，又五日倉庚鳴，又五日鷹化爲鳩，春分之日玄鳥至，又五日雷乃發聲，又五日始電等。詩經豳風七月載云。春日載陽，有鳴倉庚，三之日于耜，四之日舉趾，同我婦子，饁彼南畝。又曰：四月秀葽，五月鳴蜩，六月食鬱及薁，七月烹葵及菽，八月剝棗，九月肅霜築場圃，十月納禾稼，黍稷重穋，禾麻菽麥嗟我農夫，我稼既同，上入執宮功，晝而于茅，宵而索綯，及其成屋，其始播百穀。七月一章，令人味之其安排農事，有條不紊，其言農村，樂也融融。中國古代之文化誕生於黃河流域，其所序述，亦以黃河流域爲據點。但境隨時遷，何能以現時漠北嶺南，作張冠李戴。所以民國國民歷，載有二十四節氣歌，分爲長江流域及黃河上下流。其長江流域節氣歌歌詞云：「一月大寒隨小寒，若種早稻須耕田，立春雨水二月到，小麥田裏草除完，三月驚蟄又春分，稻田再耕八寸深，清明穀雨四月過，油菜花黃麥穗青。五月立夏望小滿，割麥栽秧莫須晚，芒種夏至六月到，黃梅雨中難睜眼，七月大暑接小暑，紅日如火鋤草苦，立秋處暑八月過，要割高粱玉蜀黍，九月白露又秋分，收稻再把麥田耕，十月霜降寒露來，黃豆白薯齊收清。」按此農歌亦祇能適應於長江下游，湘粵巴蜀，勢難兼用。以四川農事大概情形而論與湘省近。四川農事比長江下游早一月光景。稻田在清明播穀，立夏栽秧，秋分穫稻。稻田收起便種麥，麥田到收進栽秧 包穀則早種早收，種在雨水前，小暑已登場。留得閑除霜降後，再好栽豌豆，等待春來又添收。月令與農事實非編一農歌，便算成事，須知現時科學發達生物與氣候已進爲一種專門之學稱謂物候學。德國現有一種物候雜誌。英國，皇家氣象學會則年印物候專刊。以科學方式詳紀物候，作系統之研究。其所紀載如植物之萌芽始華結實落葉等，及候鳥之來去，如穀布鳴燕子來，雁南飛之類其來去時間與遷徙地域，皆須留意觀測。花木則若楊柳綠，桃始華櫻上市，昆蟲之物候則如蛙發聲，蟀蟀鳴之類，紀其月日，集其觀測紀錄以察物候之變動與農事作物之關係。至於作物之氣候研究，則每一穀物卽可作一種之研究。此種物候記載與農事調查，若能賡續觀測，歷經若干歲月，不僅足立一物候新志，亦於農作上之輔助，非淺鮮也。

四，災害之豫防

自然之災害若水災，旱災，風災，蟲災之類，皆能盡人力爲之豫防，可以消災於無形。譬如水災之由提防崩潰，倘能灌溉有備，提防勤修，水災之來，當可減少。若或由於久雨淫滂或暴雨如瀉而釀成之雨災。雨災之至，天氣必先示其兆，於是降雨之範圍，雨至時間，皆可逆料，防之在前，災亦自減。至於旱災則其意義殊極含糊，試先言其定義。據俄國則定在十日中降雨量在五公厘（或四分之一英寸）以下者謂之旱。英國則取在十五日中降雨不及一公厘者始日旱，作者允執其中，取在穀物生長期內十五日中雨量不及五公厘者卽稱旱災。水旱之預告在印度已行數十年。此種預告謂之長期天氣預告，專用以作農事上之參考。以印度在季風統治之下，全年之度支，幾以夏季之雨量爲轉移，故長期天氣預告關係至重 因之施行亦早，歐美近亦引用。德國有十日天氣預告以告農村。此種天氣預告尚在研究之初期 其準確性自不可以與日常天氣預告並論。譬如秉燭夜遊，比喻暗中摸索，其間相去爲如何耶？至於蟲災之發生，亦可預測。蓋昆蟲之死生悉受氣候上之制裁，如詩經載五月斯終動股，六月莎鷄振羽，七月在野，八月在宇，九月在戶，十月蟋蟀入我床下。由是可見昆蟲之動作，都隨溫度而變動。曾有人測驗由蟋蟀之鳴聲緩急，可以推知氣溫之高下，其精密程度，竟可相差至不及華氏一度，亦趣事也。如蝴蝶熱至華氏一百零四度時卽死，蝗蟲至高溫亦死。由溫度之變動可以預知害蟲之發育。除蟲卵於未翼之先，則災害自免。可見災害之來與氣候變動關係之殷切其影響爲於農事實有未能盡言者。

五、結語

天氣與農事之關係，已述其梗概，惟是更有進言者，氣候之變動尚可以引爲農業豐歉之豫測。明詩綜引瓊州諺云：『海水熱，穀不結，海水涼，穀登場』，此雖俚諺確屬經驗之談，亦爲以氣候作作物預告之先聲。日本遠藤研究荷蘭港之溫度變動與北海道之米量收穫成反比例。岡田武松稱日中黑子之多寡亦與比海道之米量收穫有關。是以氣候研究之迫切於農業上作物之改善、品種之選擇，產量之估計，災害之防正，與夫物候新志之確定，使舉國各地之農事，有軌可循。於農業上之發展，與鄉村建設運動之助力，咸有裨益。國本日固，可以豫卜。作者在驚報聲中草就斯文，或有疏漏，尚希讀者正之，幸甚。

民國二十九年八月二十日北碚

乳用山羊漫談

金義暄

現在有許多人都知道養乳牛能獲得很大的利益，同時也明瞭牛乳是很補養人的，但是山羊乳的價値同飼養乳用山羊的利益，恐怕知道的人很少吧？現在我不妨在這裏公開的介紹一下，因爲山羊乳的營養價值比牛乳更大，而且管理比牛乳便利得多，成本又比較來得小，所以養不起乳牛的農友們，最好是養幾頭山羊了，養乳用山羊究竟有些什麼好處呢？這可分兩方面來講：

甲　乳羊的優點：

（一）羊乳的口味好：羊乳的口味，和最好的牛乳比較起來，簡直沒有什麼區別，可是它的色澤，比牛乳還要白，它的品質比牛乳還要濃。普通一般人都以爲山羊有一種腥氣，其實都是管理不得法的原故，如果能夠常常保持羊體的清潔，和合理的飼養，它是决不會有腥氣的。假使你有機會嘗一杯清潔濃厚芳香的鮮羊乳，你一定會覺得牛乳的味道，還不如羊乳好吃了。羊乳不但好吃而且具有極豐富的乳脂，這乳脂的營養力非常之大。

（二）羊乳沒有肺癆病菌：羊乳最大的優點還是羊對肺癆病有天然的免疫性。而乳牛因爲常會傳染肺病，以致牛乳中不免有很多的肺癆菌在裏面，人吃了有肺癆菌的牛乳是很危險的。乳羊既有對肺癆免疫的能力，它的乳汁中當然不會有這種可怕病菌存在了。同時吃了羊乳還可以增進人體抵抗肺病的能力，眞是有病除病，無病健身的好東西。所以在外國許多大醫院裏，都拿羊乳給病人吃。

（三）羊乳是嬰孩和病人的好食料：羊乳所含的脂肪球，比牛乳所含的脂肪球要小得多，所以很容易消化，牛乳的脂肪球大，病人和嬰孩的消化力很弱，吃了以後很容易停滯在胃壁上，以致引起消化不良的病症來，羊乳這種好的特性，眞是嬰孩和病人的救星。

乙　養乳羊的利益：

（一）產乳量很大：你不要看不起一頭小小的山羊，它的產乳量究竟有多少呢？就事實講，一頭土種山羊，或者雜種山羊，普通可以每天出奶四磅，這樣可以維持三個月之久，以後到八個月爲止，每天平均至少有兩磅奶可出。那末在產乳季中的總產量，就有八百磅了。

如果一頭雜交種具有四分之三純血的瑞士羊，或純種的瑞士乳羊，產乳量就更大了。普通的品種在產乳的前三月可以每天產六磅到八磅的鮮乳，從第三個月到第八個月平均每天也有四磅奶可出。這樣一頭羊一季產乳的總量，就可達一千四百磅了。好一點的雜交羊，或瑞士羊每季產乳達二千到二千四百磅的也並不是件奇罕的事。最好的羊產乳季中要二千四百磅到三千磅的奶哩！

（二）生產費極低：要養一頭乳羊它的生產費要用多少呢？回答這問題我們最好拿一個家庭來做單位。如果一頭乳羊所吃的飼料完全得在市場上購買，一年需要一千五百磅的苜蓿草，和五百磅的穀子，就目前市價說不過才值三十塊錢左右。假若乳羊能夠從事放牧，或者它的飼料係家園所出，那末所費就更少。

最普遍的瑞士乳羊，每年可產乳一千四百磅；通常的牛乳價格每磅大約一角五分，一千四百磅的羊奶，就算賣價和牛乳一樣，也可賣到二百四十元。而它的飼料費只要三十元，還是可厚的利息啊！

（三）乳羊的適應性強：乳羊的體格不大，愛清潔，可以養在很少的地方，而乳牛決不能如此。山羊又可以盡量的利用野草以及荊棘的嫩芽，而乳牛便不能。

可是一樁事要明白，產乳多的羊并不一定是外國種的，土種山羊裏也未常沒有產乳量很大的，這完全要靠農友們精細的選擇了。現在不容易買到外國的瑞士羊但是如果你有興趣的話，又何妨買一二頭土種母羊試試看，它產的乳是府上老年人和孩子最好的補品。

醬油製造法

四川省立教育學院農化組

醬油爲東方特有之調味品，創始於我國，唐時鑑真和尚傳入日本，秦漢時有成語；「東海醢醬千甕比千乘之家」；本草綱目，「醬者將也，能制食物之毒」；其他如齊民要術，格致鏡源鄭書皆有述及醬者。夫醬乃指未經壓榨之醬醪，醬油乃由醬所榨取之汁，我國發明醬油之方法雖早，惟因不事研究改進，製品遠不如日本之優良。本場有鑒於此，乃從事科學之研究，用純粹培養之麴菌，製成優良種麴，製品之成熟時期較舊法縮短，醬油之色味堪與日貨媲美，爲公開推廣起見，特將製造之詳細手續，編成淺說，藉供當業者之仿造焉。

一　設備

小規模之製造應有甑一具，麴室一間，爐灶二座，爲炒麥蒸豆之用，醬缸數十個，缸大可溶原料二石，麴盆數十個，壓榨器一具，甑一具，大小隨原料多寡而定，其他如消毒器具，可酌量設置。

二　原料

製造醬油之主要原料，爲大豆，小麥，食鹽，及水。四種。原料之良否，對於成品大有關係。茲將各種原料選擇之標準，述之於次：

1. 大豆

大豆選擇之標準；（A）十分乾燥者，（B）粒子大小齊一者，（C）種皮薄者，（D）比重大者，（E）光澤良好者，（F）化學成分含蛋白質多者。

2. 小麥

小麥選擇之標準；（A）色淡黃者，（B）腹溝深者，（C）粒子大小齊一者，（D）橫斷面有玻璃光澤者。

3. 食鹽

食鹽選擇之標準如次；（A）水分含量少者，（B）苦汁含量少者，（C）氯化鈉含量多者，（D）雪白色之結晶塊粒小者，（E）土砂塵芥等之夾雜物少者，爲佳。

4. 水

水之選擇如次；（A）無色透明者，（B）略含有石灰鹽類者，（C）無味無臭者。

三　原料之處理

1. 大豆之處理

A. 大豆之浸漬：浸漬之目的，在使易於蒸熟除去泥沙。浸漬之方法，初以人工洗滌，洗淨後，置於桶或缸內加水浸漬，時間約十二小時至二十小時。為工作方便計，常在下午五時，浸至翌日下午一時蒸豆，夏日煮豆時間亦可以縮短。

蒸豆：浸過之大豆，以竹簍濾過之，置於甑中蒸煮，蒸豆宜熟，以手壓之能破碎為度，蒸煮時間；常在二小時以上；為豆充分蒸熟，及經濟燃料計，常於下午三時開始蒸煮，蒸二小時後，豆熟，但未甚爛，此時不起鍋出豆，至翌日晨出豆，則豆甚爛。

2. 小麥之處理

A. 炒小麥；炒小麥之意義有五：(A)使小麥中澱粉容易糊化與糖化：因小麥經焙炒後其成分與生麥不同；糊精與糖分增加，澱粉與水分減少。(B)小麥種皮上附有各種微生物，經炒焙後，則經一次之殺菌，便於製麴。(C)增加醬油色澤；小麥經高溫焙炒後，其中糖分澱粉之一部變為褐色，足增加醬油之色澤。(D)小麥中之蛋白質；因經高溫焙炒，容易分解。(E)增加醬油香氣；小麥經焙炒後，發生香氣，有關醬油之風味。至於炒麥之方法；鍋一只、斜面裝置，用木柴燃燒，火力低而溫度均，并以人工，時時翻拌，炒成黃褐色為止。

B. 磨麥；已炒好之小麥，以磨研碎之，磨碎之程度，約為原粒三分之一至四分之一為宜。

3. 食鹽之處理

照論海鹽，井鹽中，均含有苦汁，不過所含之多寡不同而已，食鹽中之苦汁，能使醬油之風味變苦，故不得不除去之，除去苦汁之法；將鹽溶於水後，加炭酸鈉少許，拌攪之使其澄清後，以布過濾之。

4. 水之處理

自然界之水，皆不清潔，常含有礦物質，有機質，浮游物等，溷濁不清，若不經處理，則影響品質甚大，處理之法，可用砂缸濾過，或用明礬沉澱皆可。

四 製麴

新式醬油與舊式醬油最大之區別，乃為此項工作。

A. 麴室；麴室之建築要件；(A)不受室外面溫度之影響。(B)能保持室內溫度不致放散，(C)通氣方便，(D)乾燥適宜，(E)清潔。茲舉簡便而合應用之麴室建築標準如次：四週牆壁均二層構造，外層用土或用磚，內層用木板，兩層之中間以木屑或稻殼填之，室頂有天窗以便通氣，此麴室之消毒，用硫黃熏蒸，或福美林噴灑。(一分市售福美林加水三十倍)

B. 麴盆；麴盆以杉木製，長一尺六寸，幅一尺四寸，高一寸六分，麴盆之消毒，與麴室同時以福美林噴洒，然後用氨液與沸水冲洗之。

C. 原料配合

黃豆　一石

小麥　一石

種麴　一包　(種麴可向本院農場購買)

D. 麴盆之疊法：麴入室後麴盆之疊法如下圖；

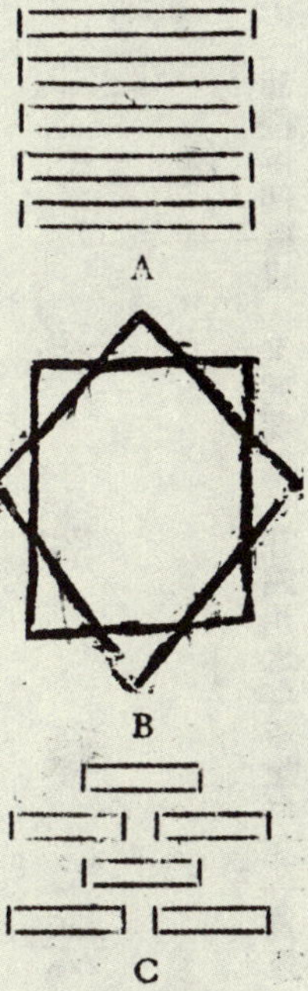

F. 製麴操作

由蒸煮鍋取出大豆，放麴室前之冷却盆（以木製）中，堆積厚約六七寸，時時攪拌，待冷至四十度時，加入種麴，與小麥粉末，混合均匀後，放置二小時，盛入麴盆中，搬入麴室，麴盆初入麴室，疊如（A）法，隔二十至二十六小時，因麴菌繁殖溫度上昇，約近攝氏四十度，乃翻麴一次，使溫度降低，疊如（B）法，再隔六至七時，品溫又上昇約至三十七度，乃行第二次翻麴，麴盆疊如（C）法，並將麴盆上下調換，此時窗戶可以暫開，使溫度降低。若初時品溫增高甚速，則可由（A）法直接改爲（B）法，以調節之，如此則經四日，即可出麴矣。茲將製麴標準溫度之經過表錄之於次：

製麴標準溫度表

月日	時	刻	品溫	室溫	濕球	摘要
一日	午前	10時	35c	25c	23	入室
同	午後	3	28	26	25	
同	同	10	27	27	26	
二日	午前	8	34	28	27	
同	同	10	25	29	28	開窗通氣一次
同	同	11	32	26	24	第一次通氣終
同	午後	2	38	27	26	開窗第二次通氣凉之
同	同	3	42	30	29	第二次通氣終
同	同	4	36	23	20	
同	同	9	35	22	19	
三日	午前	8	34	21	18	
同	同	12	35	23	20	窗戶半開放
同	午後	4	38	25	21	
同	同	10	42	30	27	
四日	午前	8	41	30	26	
同	午後	10	38	27	24	出麴

E. 麴之鑑別法；麴之優劣，直接影響於製品品質，故釀造醬油時，製麴爲重要工作。其優劣鑑別法如下：

A. 外觀；麴之優良者，麴盆上部爲白色，下層成鮮黃綠色，以手取之成塊狀，或不成塊而散。若色成灰白色，或面上成黃綠色，而下層成白色者皆爲劣麴。

P. 香；麴菌具特有之香氣，若有酸味，臭氣，或不快之臭氣者爲劣麴。

C. 味；麴之優良者；置口中嚙之有甘味，其帶有强酸味，或異樣之怪味者，爲劣麴。

D. 內部繁殖　大豆內部菌絲繁殖多者，爲優良之麴。繁殖少者，則不良。

五　醬醪

1. 下缸

麴量與鹽量之配合

大豆　一石（市）

小麥　一石（市）
食鹽　六斗五升（市）
水　二十斗（市）

食鹽先照配合分量溶解於水，鹽水之比重恰當於 Baume，氏表二十度，鹽水配合後，先將麴入缸，再加入鹽水，并倒入培養酵母，令其醱酵。

2. 醬醪之攪拌

A. 攪拌之目的：醬醪攪拌之目的有四。述之於下：

A. 攪拌能使鹽水充分浸漬，并使醪上下溫和均一，變化平均。

B. 攪拌能使麴菌酵素易於溶出，促進醪之成熟。

C. 攪拌能供給充分空氣，使醪中之酵母細菌繁殖旺盛，防止腐敗變化。

D. 攪拌能使醪中受醱酵作用所產之炭酸氣放出。

B. 攪拌之次數：醬醪攪拌之次數，由下缸之日起，在第一週內每日二次（朝夕各一次）第二週內，每日一次，以後每三四日一次，攪拌宜在朝或夕，不應在正午；因正午天氣正熱，易於酸敗，故宜注意也。

3. 醬醪之經過情形：醬醪之液汁，最初成黃褐色，以後漸變為黑色，甜味香氣，亦漸增加。

六　壓榨

醬醪經過相當時間，普通約八個月，大豆及小麥均潰爛，而成泥漿狀，即可壓榨矣。壓榨之法：先將醬醪盛入布袋內，用壓榨器壓榨之，即為「生醬油」或稱為接「原油」，鮮味濃厚，其比重相當於 Baume 氏表二九度，壓榨所餘之渣，稱為「醬渣」，若將此醬渣，再加鹽水（鹽水含鹽百分之二十一）浸漬一夜，然後壓榨之，名曰「套油」，其比重相當於Baume氏表，二十二度，將榨過套油之醬渣，復加清水，浸漬一夜，又壓榨出者，稱之曰「二套油」，二套油之鹽分低，而味淡，僅可加入醬醪，以作鹽水用。

七　醬油澄清與消毒

將壓榨出之生醬油，裝入銅鍋內，置於木甑中，以熱水殺菌，熱水之溫度為攝氏九十度，醬油溫度僅攝氏八十度殺菌三十分鐘（過此香味蒸散，品質變劣），醬油表面有泡沫，以紗布濾去之，取出醬油，置於缸中澄清一夜，此謂「成品醬油」，若裝瓶販賣，則可在澄清之翌晨，裝瓶封蓋，再以熱水消毒，熱水溫度為攝氏八十度，約三十分鐘，消毒完畢徐徐冷下，可保永久不壞。

甜橙貯藏法

章文才

緒言

甜橙俗稱廣柑，又稱黃果，在四川之年產額年在一萬担以上，約計四百萬枚，大都均分布於金堂之趙家渡，江津以及南充三地，其他紅桔之產額當三四倍於此數，唯近來因栽培者深知甜橙之容易遠運，適合貯藏，故新栽畝數，與日俱增，將來產量，當更可觀，加以四川位於南北之中心，對于輸出，可以東達京滬，北抵平津爲他省所不及（一），惜乎栽培果實品質良莠不齊（二），栽培者又無適當方法加以貯藏，以致在成都或重慶市上常發生供應之不足，惶論其對外輸出？故四川之柑桔在市場上之情形，可以見下列四種之特殊現象：

（一）甜橙在採收時（十二月中旬）每担的價值四元左右，入春以後至清明時，不過三個月，價格即漲至每担五十元左右，五個月以後，價格輒漲至每担一百元以上者。

（二）夏季天氣炎熱，柑桔之需要量特多，惟成渝市上罕有供給者，市上尚存之少數果實，亦復果皮皺縮，品質惡劣，每個尚索七八角以上。

（三）四川甜橙在普通農家之貯藏情形中（南充最多）至清明時。（貯藏約三個月）腐爛果實約在百分七十以上，損失之重，可以想見。

（四）四川之柑桔以供應關係，以及無適當方法之貯藏，罕有輸出外省者。

按四川省之氣候，極適合柑桔之栽培，以其可以栽培柑桔之面積而言，自萬縣夔府以迄犍爲南安凡六十餘縣，約二倍於美國之加州產地，抗戰以前，聞在重慶成都二地，尚有多量美國加州之甜橙溯江而上以求售者，此無他，無適當之處理貯藏方法以致栽培者不得其利，社會人士無法可以長期享受此有益健康之果，暴殄天物，可惜孰甚！

廿七年秋季以來；中央農產促進委員會，經濟部農本局，以及洛氏基金委員會有鑑及此，分別委託金陵大學農學院果樹研究室加以研究俾便推廣，本研究室自工作以來，即按農民之經濟力量，田間之實在環境取目前短期內可以見效推廣之方法，相互比較研究，現在試驗之中者，有自成本五十元至七千元之新式貯藏室四種，詳細結果，尚待日後再公諸社會，維以現屆甜橙採收時節，各方來函詢問者日多，足見社會人士，關心之切，爰先草此一篇，以供參考，並望各方指正。

第一節　新鮮果實貯藏之原理。

新鮮果實、雖已由樹上摘下，但其生命尚存，各項植物生活上之工作，例如呼吸作用尚未停息，欲其經久不腐，當設法延長其貯藏中之生命，延長果實生命之方法，當注意下列數端：

（一）低溫：——室內溫度冷涼，則果實之呼吸作用可以減低，果實內部品質上之變化亦得較爲遲緩，因此果實即可保持其新鮮之狀態：溫度冷涼亦可使病菌之滋生繁殖力減低或停止，因之果面上雖附着有若干病菌胞子亦不致蔓延生長矣。

、按果實上多數腐爛菌胞子之繁殖力均在華氏表五十度以上之溫度中，因此甜橙果實之最烈腐爛時期乃在清明左右，蓋以春季空氣溫度上昇也，如能在貯藏室中維持華氏十五度以下之溫度，則果實之腐爛數目必因之而大減。

溫度過高，蒸發力增加，果皮常呈皺縮狀態妨害其品質，且在果心種子相近之細胞，往往因呼吸率過高而造成穿心爛之生理病害；柑桔類果實，如貯藏於溫度過高之處，內部品質上之變化亦大，糖份往往損失多多而使果實失却其固有之甜味：溫度過低，如在冰點以下，則果實常有因凍害而枯乾之弊。

(二)相關溫度：——貯藏時空氣過於潮濕，則病菌極易滋生，反之如空氣過於乾燥，則果皮容易乾裂或皺縮，均非貯藏中適宜之情形，欲果實減少霉爛，果皮新鮮，果汁充足，則貯藏室中之相關溫度，當維持百分之八十五至百分之九十五之間。

四川省以及我國東南柑桔區域，往往因天氣過於濕潤而使貯藏中之濕度過高，尤以春夏之交最成問題，節制之方法，維選擇高燥通風之區域，並在貯藏室建築之時，設法取其通風乾燥之構造設備：貯藏室中濕氣不能節制，則柑桔上之黴病必極猖獗也。

(三)通風：——果實在樹上生長之時，往往不易腐爛但一經採摘，置於室中，卽見病菌滋生繁殖，其原因乃係果園中空氣陽光可以流通，病菌不易繁殖，一經貯藏於室內，空氣不得流通，果面上排出之濕氣不得隨風而乾燥，濕度卽隨之而高漲：又因果實堆疊室中，溫度亦因其呼吸作用而上昇，故通風可以減低室內之溫度及相關濕度。

果實在呼吸作用中需要多量之養氣，而排出等量之炭酸氣，新鮮空氣中，約含有養氣百分之二十一，炭酸氣萬分之三，如果空氣不流通，則新鮮空氣必逐漸減少，炭酸氣逐漸增加，影響果實之呼吸作用；炭酸氣如在室內屯積超過百分之十以上時，則柑桔果皮，常呈黃褐色之生理病斑，甚或使果實內部發酵而腐敗。

貯藏室之通風，實爲各類果實貯藏之要施，南充一帶之土窖，其主要缺點，卽不易使窖中之空氣隨時更換，因之其腐敗果實亦較多，(參看圖一)

(四)貯藏室之衞生；——果實腐爛病菌滋生繁衍之條件有二；一曰有病菌之存在，二曰有適合其滋生繁殖之環境，貯藏室以及果箱果架當在果實貯藏之先殺菌消毒，並當隨時注意貯藏室之清潔衞生，方能使病菌之傳染力減少。

貯藏室殺菌消毒之最簡便方法，有下述之二種：

(1)燻硫；——在鐵皿或瓦盆內置硫磺燃燒，或用硫磺粉製成捲筒狀之圓柱燃着之，將貯藏室之門窗緊閉，燃燒二十四小時，硫磺用量每一千立方尺之容積內需硫磺二斤。

(2)福爾抹林(Formolin)液撒布；——用福爾抹林(40%)一磅加水二十斤稀釋之，用噴霧器撒布之，此量約可撒布五千平方尺之面積，撒布後將門窗緊閉二十四小時。

貯藏室殺菌以後，當卽將門窗大開，使室內出之二養化硫或福爾抹林氣可以散開，然後卽可將果實放置其內。

第二節　果實貯藏前應有之注意

欲新鮮果實之耐藏不壞，則果實必須具有抵抗病菌侵蝕與乎保持其固有品質之能力：果實之適合貯藏者，當有下列之主要條件：

(一)果實之成熟度適宜：——未屆成熟之果實，果面之油臘太薄，水分容易蒸發，且品質不良，貯藏後容易枯乾：反之如果實成熟過度，糖份過高，果皮過於柔軟，亦不耐貯藏；適合貯藏之甜橙，以果皮顏色變爲橙紅，可溶性固體與檸檬酸之比例在八比一以上者(參看二)方可採收貯藏之。

(二)無損傷破壞之處：——「物必先腐也而後虫生之」，故凡已經損傷之果實，病菌最易侵入，且最易腐爛也；四川市上販賣之甜橙，採收時不用採果剪剪下，以致梗部受傷者甚多，加以採收搬運所用之筐籮，亦最易擦傷果皮，擦傷，刺傷虫傷之果實，亦復比此皆是，此等果實欲其耐藏不爛，其可得乎？已受損傷之果實，不但細菌容易侵入，且受傷部分之細胞，呼吸率亦必增高，因之極易枯腐。

貯藏用之甜橙，處理搬運之時，當如雞蛋之小心，採收之時，應用採果剪愼重剪下，輕放於用布襯着之採果袋中或用草填塞之竹筐中在裝運處理之時，亦須極力避免損傷，以免腐爛之傳延。

(三)果面上無腐爛之細菌：——四川各地之柑桔園，因栽植距離過密，管理情形欠佳，加以在果樹下罕有撒布藥劑以防病除虫者。因之果皮面上細菌之生長特多，四川甜橙在貯藏中最主要之病害，按金堂及江津兩地所得之調查，多為綠黴病(Penicillium atajicum)及褐腐病(Phomopsis citri)二種，此二種病菌，在樹上採收時即可發現病菌纍纍之病果，鄉人無智，往往以病果堆積園中或拋棄溝渠間，任其腐爛，因之黴菌亦隨風而飛揚。

欲儲藏之果實，必先設法殺菌，按二十七年筆者在成都所得之果面消毒結果，以百分之三之硼酸少煮熱至攝四十度浸五分鐘，為最有效，貯藏時期十二月中旬至四月底，尚有完好果實百分之八十三，反之無處理之果實，在同時期檢查時，僅得完好果實者分之二十八，茲將二十七年冬在成都處理之成績，列表於後以明之。

表一、四川甜橙殺菌消毒成績比較表(貯藏期廿七年十二月至廿八年四月底)

貯藏四個月後成績比較(百分率)

處理號數	殺菌消毒劑	溶液濃度	加熱(攝氏)	處理時間	完好果實	腐敗果實	因至理變化而敗壞之果實
1	無處理				28	50	22
2	硼酸水	3%	40°c	3分鐘	60	31	9
3	同上	3%	未加熱	3分鐘	70	62	4
4	同上	3%	40°c	3分鐘	82	17	1
5	同上	3%	未加熱	5分鐘	74	20	6
6	同上	5%	40°c	3分鐘	70	22	8
7	同上	5%	未加熱	3分鐘	70	16	14
8	同上	5%	40°c	4分鐘	68	18	14
9	同上	5%	未加熱	5分鐘	68	4	8
10	硫酸銅水	1%	未加熱	3分鐘	68	32	0
11	同上	1%	同上	5分鐘	62	26	12
12	同上	3%	同上	3分鐘	68	24	8
13	同上	3%	同上	5分鐘	60	30	10
14	硫酸銅及炭酸銨	3%	同上	3分鐘	64	28	8

第三節　甜橙貯藏室之種類

甜橙之普通貯藏室，世界各國，大都均用冷藏庫，法用亞莫尼亞，二養化硫，或綠化甲基或二弗二綠甲烷，氣壓成液體，通入庫內以收熱，最近自英國之F. kidd及C. west二氏發明節制空氣之冷藏庫後，南菲及澳洲北部之產橙區域，亦有利用之作為優良之甜橙貯藏者；惟以上二種貯藏庫建築設備，需費浩大，並須入外國機器　在目前我國農村中，似尚稍應緩辦，本篇茲不贅述。

簡單之甜橙貯藏室，約可分為下列數種。茲一一分述之。以供參考。

(一)地板儲藏法。農家如有少數甜橙，須貯藏若干時陸續出售者，或農家園柑桔園，須貯藏二三月陸續供給家庭之需要者，可以應用此種簡單方法先將果實，洗果殺菌後(參看

圖一　南充甜橙地窖圖

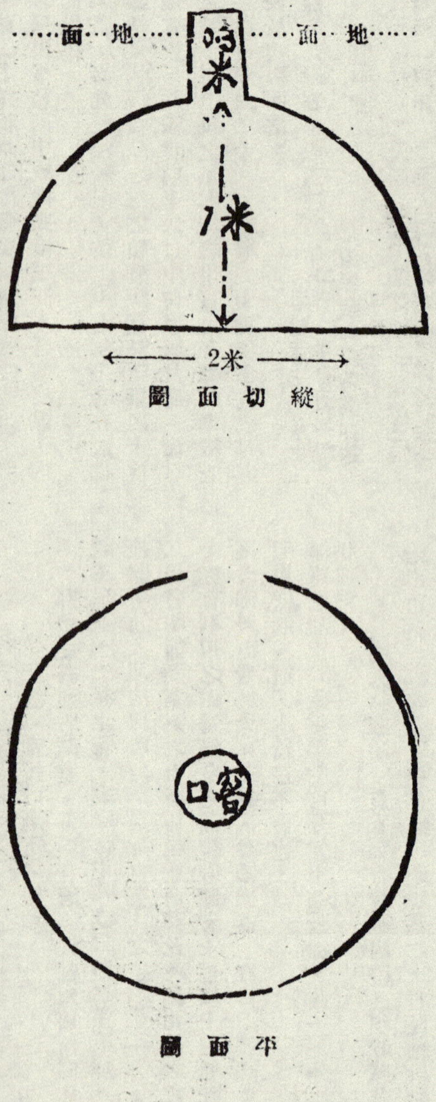

縱切面圖

平面圖

第二節），陰乾後用油紙包裹，然後利用地板之冷涼一隅，或舖以門板，上舖鋸屑稻殼厚約一尺，埋果實於其中，在江津金南堂充山間，常有蘚苔（俗稱石花）可以利用，亦可爲一種優良之代替品，目的在可以使果實隔熱，如此可以放三個月而不致有若何腐爛者。

（二）地窖貯藏法。順慶（即南充）一帶：因氣候較涼，甜橙在採收時往往酸量過多，不適供食，故大都農民或果販均儲藏二三個月以後，方開始出售；普通農民應用之地窖，在南充城內約有三十餘家，其構造如下圖：

此種地窖，溫度可以較低，但濕氣往往太高，果實容易黴爛，加以無通風設備，炭酸氣層積於窖之下部，常發生焦疤之病症，是以按南充一帶之農民經驗，甜橙在淸明時（約貯藏三個月），腐敗率往往在百分之七十左右（參看圖一）。

改良之法，常先設置入氣孔，以使新鮮空氣之流通，如此可以通風，又可以減低濕度，此種改良地窖在成都已有一處建築，建築費約五十元至一百元，可以貯藏甜橙三十担至五十担；玆將改良地窖之建築式樣，列圖於后以說明之；

果實貯藏於地窖之前，先在窖中燃燒木片或稻稾，以作爲乾燥消毒之用：然後在窖內兩邊，裝置木架，架長隨窖之容量，寬每邊三尺，每格相隔五寸，然後用殺菌洗果後之果實，用紙包好；排列置於架上。

（三）地下室貯藏法。農家屋下，常有地板下之空隙者，四川各地農家，有多石板砌成之石壁，如能掘深到三四尺，略事整理，即可作爲貯藏果實之用：維以四川氣候濕潤，成都平原中地下水又嫌太高，此種地下室貯藏法，往往因濕氣過高而不易管理；在多山高燥區域，或可設置此種貯藏室，

圖二　柑桔貯藏之改良地窖

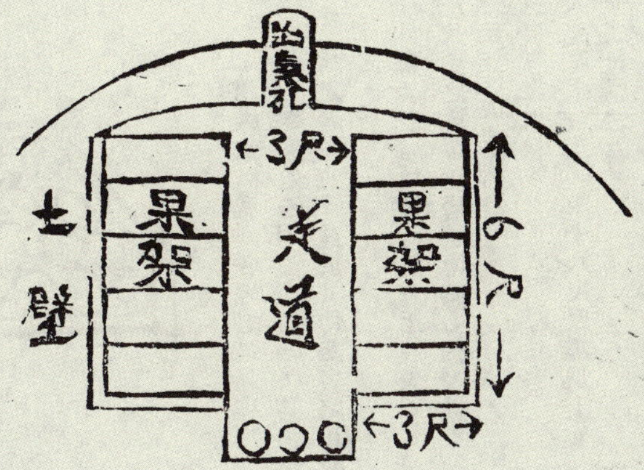

入氣孔

縱切面圖

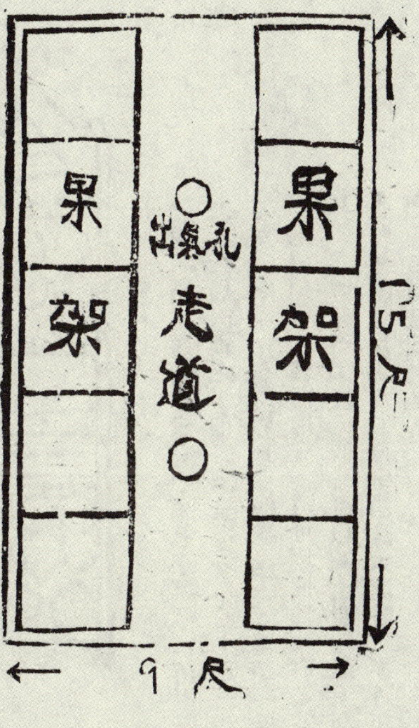

平面圖

但亦須多用入氣孔及窗戶，以免室內過於潮濕。

地下室貯藏庫所用之果架，可以用箱形裝置，以便利搬運，如下圖之構造：

將果實殺菌洗果後，用油紙包好，然後放入箱形之果架中。

(四)通風貯藏室。通風貯藏室，在海邊湖邊或江邊最為適宜，蓋可以利用水面之冷涼空氣之調劑也：四川一帶，氣候濕潤，地窖及地下室之貯藏法，濕氣不易節制，除冷藏庫外，亦以通風貯藏室為上選。

通風貯藏室構造之原理，在乎利用熱空氣上昇冷空氣下沉，相互交流之影響，使室內空氣之溫度，得以較低，建築之時，應注意下列諸點：

(1)進氣孔吸引冷涼空氣，由地板下灌入室內。

(2)出氣孔裝置於屋頂上，使果實放出之熱氣，可以上昇外出。

(3)隔熱春季室外溫度，漸漸上昇，欲維持室內溫度之不變，當設法隔熱；凡四面牆壁，屋頂，天花板，以及門窗等，均應填入隔熱材料：隔熱材料，外國

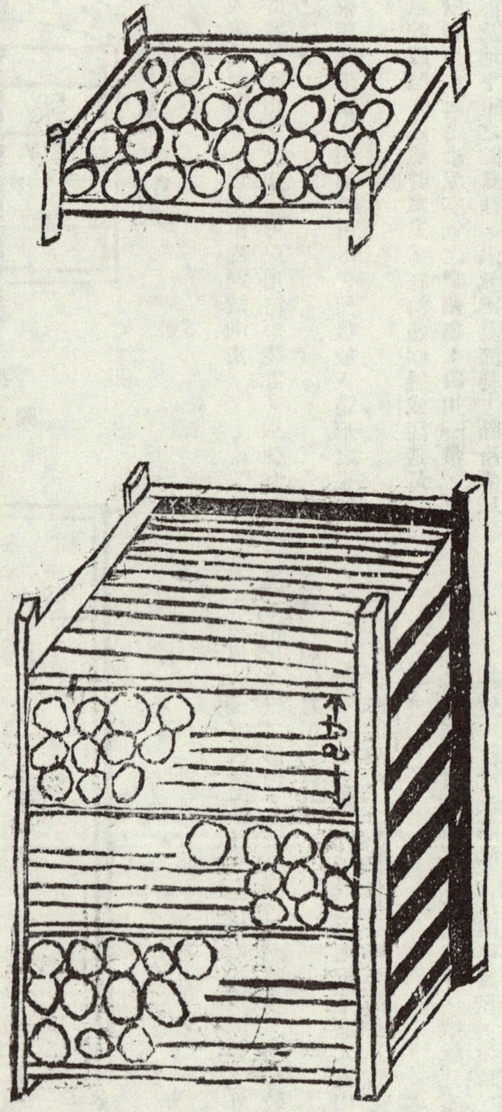

圖三 地下室適用之箱形果架

多用橡木，我國各地之最易應用者，可選鋸屑，稻殼等物，蓋不但價廉省經，其得熱力並低於一般建用之磚瓦也，茲將其傳熱力之比較，列表於右以明之。

表二 隔熱材料效力比較表：

一尺厚之乾燥鋸屑其傳熱力約等於：

一尺三寸厚之稻殼。

三尺厚之木材。

八尺厚之乾土，四十八尺厚之濕土。

十二尺厚之磚。

二十四尺厚三和土。

三十尺厚石壁。

(4)濕度之調節 調節貯藏室中濕氣之法，常用兩層地板之方法，即在貯藏室之下地面，用三和土或石灰泥壓平，然後在地面欄柵之上，再鋪一層地板上層地板之四面均有空隙，可以使地龍內之空氣上升。當貯藏室濕度太低時可以在下層地面上洒水以供給濕氣；反之如貯藏室濕度太高時，亦可賴地龍內通氣以減低之。

欲此種通風貯藏室中空氣之流通舒暢，建築之時，必須有一個以上之屋頂，同時屋頂之出氣孔，亦須高出屋有二尺以上，否則空氣之交流，當受限制。

茲為便於明瞭起見，特將江津農本局以及成都興達柑桔公司之貯藏室圖明列於后，以供參考，（此二貯藏室之設計，以及管理上之技術指導，均由金陵大學農學院園藝系擔任）。（見第十六頁）

其他柑桔貯藏室，請參看實用柑桔栽培學第二二七至二四三頁，（商務印書館出版）。

貯藏於通風貯藏室之甜橙，亦須慎加選剔，殺菌洗果，用油紙包裹，然後置於果架上，此種貯藏室，如管理得宜，可以貯藏甜橙五六個月，不致敗壞，

第四節 甜橙在成都及江津貯藏中之主要病害。

（一）病理上之病害

（1）黴病。黴病在柑桔上有二種，一曰青黴病（Penicillium ifalicum），一曰綠黴病（Penleillium dlgitrtu）在四川省青黴病較綠黴病為害尤烈，腐爛果實，大約佔甜橙總腐爛額百分之七十左右，發病之時，大都均在貯藏後之二月中；此種病害之最有效防止方法。即為應用硼酸或硼砂洗果。

（2）褐腐病。病原菌為 Phomopsis citri 在四川產之甜橙上，其損壞率僅次於黴病，在果實貯藏二三個月時，此病即逐漸蔓延，其損失率極大，腐爛處現紅褐色；此種病害之防止方法為加熱洗果溶液至華氏一百十五度左右，或用

圖四 江津先峯場農本局甜橙合作貯藏室

（建築費八千元，客量四百担）（金陵大學園藝系設計）

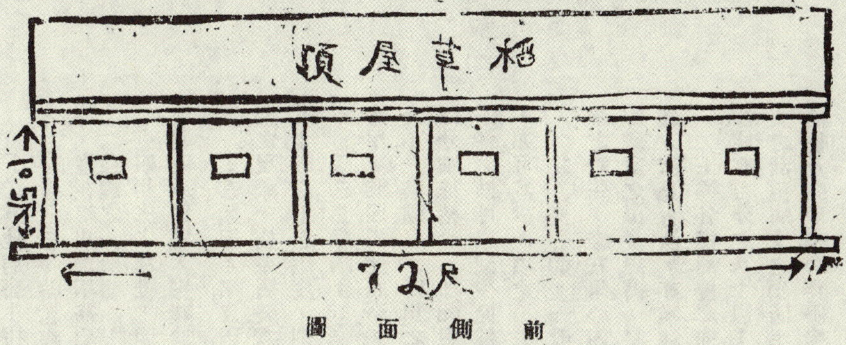

前側面圖

旁側面圖

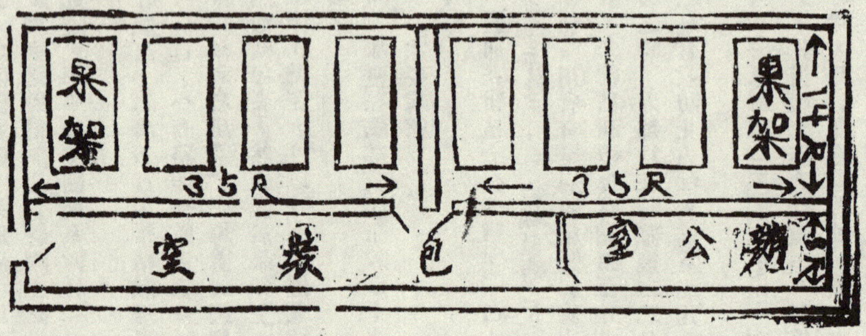

平面圖

Nametaborate（3%）洗果，亦可抑製其生長。

（3）其他病害！柑桔上尙有其他病害，如炭疽病（colletotrichum sp.），蒂腐病（Diplodia sp.），熱腐病（tusarium sp.）等，惟在四川均不甚猖獗，其腐敗果實數亦少。玆不贅。

（二）生理之上病害

四川省之甜橙，因無適當之貯藏方法，故常發生生理上之腐敗或斑點，影響於品質及觀贍極大，玆擇其主要者如下：

（1）皺縮！果皮因蒸發過速或貯藏室濕度太低，卽呈皺縮之現象，使果實變爲過於柔軟；貯藏室中如能維持百分之八十五以上之濕度，則果實卽不致於皺縮。

（2）黑點病！貯藏室中之空氣不流通，以致妨害其呼吸作用，或因溫度過高，果皮之呼吸及蒸發過速時，均能造成大小之黑點病，四川之甜橙，入春以後，梗部卽常呈黑點一部分細塊枯黑，卽此病也，如貯藏室空氣流通，炭酸氣屯積不多，卽可以減少此種損失：再加包裹油紙，以免蒸發過速，亦可減少此項之損失。

（3）穿心爛。一般之穿心爛，大都在春夏季發生，無病菌之寄生，維在果心四週之果肉，發生腐爛：此種病症，係貯藏室之溫度過高，果心附近因種子之呼吸力過高而先呈霉爛，防止方法，亦唯減低果實溫度一道。

上述各種甜橙之病害，在四川均極猖獗，農民之損失，往往有百分之八十以上者，此種病害以及尙有若干種其他次要之甜橙病害之預防方法，現在正由金陵大學農學院園藝系植物及病理系合作研究，當待日後再另篇公布之。

廿八年十二月二十五日脫稿
金陵大學農學院果樹研究室

圖五　成都天仙橋興達柑桔公司甜橙貯藏室

(建築費七千元，容量一千担)(金陵大學園藝系設計)

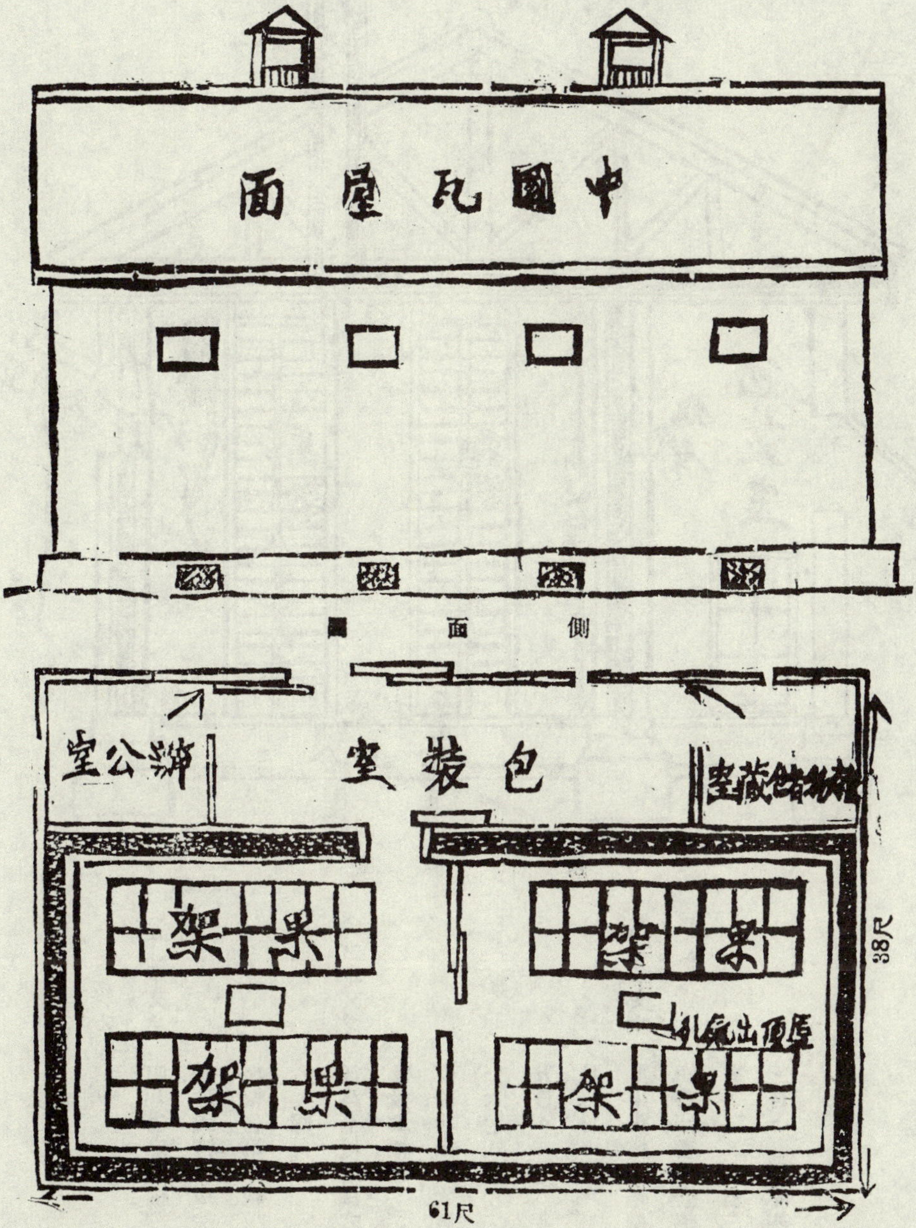

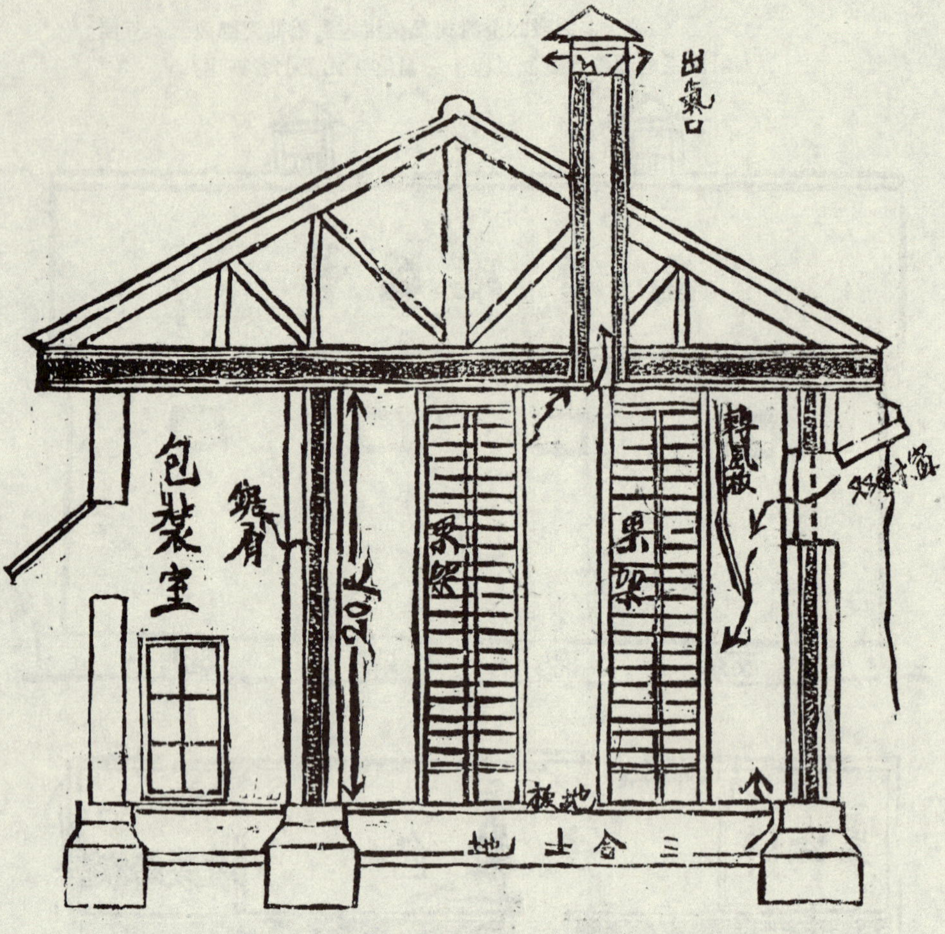

縱剖面圖

參攷文獻

(一)章文才　四川省之柑橘　金陵大校農學院春字報告第六號　廿八年四月。

(二)章文才　江津甜橙選種之方法及其標準　農林新報十六年二十六七八合刊二至五頁。二十八年十月一日

(三)章文才　實用柑橘栽培學，商務印書館農者叢書，二二七自二四三頁，廿四年四月。

增加成都平原油菜生產之研究

夏文華

一、引言

油菜亦名芸苔，農民稱曰菜籽，爲冬季主要作物之一。尤其在成都平原各縣，栽培更爲普遍。一般佃農金融的活動和週轉，均以油菜收穫是賴。是故油菜生產的多寡，關係農村經濟至鉅。川西雙流、灌縣、崇慶、崇寧、新津、新都等縣，據作者估計及建設廳農情報告所載，各縣油菜栽培面積，平均約在百分之二〇弱。就溫江一縣而言，據金大實地調查，栽培面積估百分之二三·六，約近十萬市畝。普通產量，最高每畝有一、七二市石，（等於七老斗）最低有、七四市石，（等於三老斗）平均約一市石強，總計收入近十萬市石，（折合老斗四萬石）每市石以現時市價十五元計算，年收入一百五十萬元。全縣收入除水稻外，當以油菜居首，因之作者來溫，即注意油菜栽培改進問題，以求增加生產，適逢溫江[illegible]隆鎮鄉農[illegible]幹[illegible]昌麟先生，對於油菜作物已有數年混合選種的經驗，[illegible]合作，做一點油菜栽培方法比較試驗，品種檢定，氣候影響觀察，以及施肥次數日期的效果確定。惜限於時間經濟及技術，未有詳細記載，故研究經過極其簡略。況此次工作，係第一年首創，一切均以溫江爲根據，其他各縣，僅普遍觀察一次，挂一漏萬之處，恐或不免。

二、油菜栽培之重要及用途

（甲）栽培的重要——普通一般農民喜於栽培油菜的原因，有下列數種：

（1）對土壤施肥——按照油菜性狀，每當上中部開花結實之際，下部之葉，多已變黃脫落，故地面佈滿其落葉及殘花。迨至收後加以深耕，將其翻入土內，不久即可腐爛變成肥料。

（2）提早收穫——油菜收穫較一般作物稍早，並可提前將其割取置於空地曬乾，日後另擇空地，置簟折上，以鏈箍打落，如此，則可提早夏季作物，——水稻——而避免螟蟲之害。

（3）佃農純益較大——成都平原一般習俗，大半冬季作物收入完全歸於佃農，且冬季作物中價值以油菜爲最高，故佃農皆樂意播種。

（4）利用農隙時間——在油菜種植期中及施肥管理時間，大半其他作物耕種工作，尚未吃緊，可以利用剩餘人工，作此項集約經營。同時對於農民可以調劑生活，減少消費。

（乙）用途——油菜之最大用途，即榨油，調味點燈等。近因抗戰關係，用途愈廣，更可提煉滑油，以應用於機械工業，故需要益增而價值高漲。至於榨餘之殘渣，壓成油餅，農民稱曰麻枯，爲農家主要肥料。亦可當作家畜飼料。且其枝幹，可作爲燃料。

三、種植方法之研究試驗

一般農家種植菜籽的方法，大都採取點播與移植。點播。農民稱曰，點菜籽，係於廢曆立春前七十日下種。其方法以鋤頭掘穴，每穴放菜種二十粒左右，穴距約八寸，穴底施以灰糞，作爲基肥，移植。農民稱曰，栽菜籽，係於廢曆立春前五十日舉行。當時苗長約尺許，事先對於土壤加以深耕整畦，每畦寬約二尺五寸，掘穴株一株，株距約在一尺左右，栽時分橫栽與直栽兩種，以人工忙碌與否爲轉移，穴底不加基肥。俟栽培後以人糞尿滲水澆之。若以溫江雙流郫縣灌縣等縣而言，移植佔三分之二強，點播僅佔三分之一，因之作者對此問題，除試驗比較外，並曾詢問數百農民，雖各執一詞，均有理由。總而言之，皆認爲點播方法較善。不過農民心中，多以移植收穫較爲可靠，點播係屬冒險。茲將二者之優劣分析於後：

（甲）移植方法

(a)優點：

(1)收穫較安全——因擇取健全之幼苗移植於他處，易於生長繁茂。

(2)避免虫害——株距行距較寬，虫害很少發生。

(3)提早收穫期——普通情形移植菜籽較點播菜籽收穫約早五日至七日。

(b)劣點：

(1)多費工人，移植菜籽須深耕、整畦、掘穴、拔苗、植苗、壅土、每畝至少多費四個工人。栽植時，又有橫斜立直之別，橫斜栽植，每人每日可植六分田，直立僅可栽四分。

(2)多費肥料——據一般農人估計，移植菜籽，須施肥四次，每次每畝約需人糞尿和油枯的肥料五百斤。

(3)減低產量——按照實地詢問，移植菜籽，每畝產量，均較點播菜籽爲低，多至七八市斗，少則四五市斗。

(4)成熟期不一律——因選擇之幼苗品種極不一致，故成熟期亦有差異，遂影響收穫期及產量。

(5)易受氣候影響——移植的菜籽，開花及結實時期均較早，若適逢當時氣候變化劇烈，或驟降霜露，氣溫大低，或久雨不晴，影響結實，甚致其花全落成一空枝，農民稱曰「露桿」。據實地觀察重者每株有五六小枝不結實，輕者十數小枝。

(6)收穫期易於散失——成熟期間頗不一律，有已枯黃裂落者，有倘青綠白爽者，故臨收時，枯黃者略經梱擊或風吹，散失地面，青綠者又不易脫粒，所以損失甚多。

（乙）點播方法

(a)優點：

(1)減少人工——點播之時，僅掘穴播種，每畝至多需三個人工。

(2)少施肥料——移植菜籽每畝須施肥料二千斤，點播則可以減少四分之一，且時間與施肥原料亦可以調和。

(3)增高產量——據作者試驗及調查結果，點播菜籽每畝的產量，平均在一，五市石（六老斗）有時因特殊情形，高至二市石（八老斗）以上，均較移植者增高。

(4)成熟期較一致——因係直播種籽，又經歷次間拔，故成熟期不甚懸殊，所以收穫時，散落極少。

(b)點播的劣點

(1)易遭虫害——因點播之菜籽，每穴苗株有遂十數枚者，似覺過密。況剛出土之苗芽，軟嫩多汁，易遭虫害侵蝕，故農民視點播爲畏途，亦由於此。

（2）收穫較遲——據實地觀察及調查，點播菜籽較移植者爲遲，少則五天，多則七天。

（3）多費種籽——點播菜籽，每穴有種二十粒者，移植每穴只需一株，故採用點播法，每畝地約多費菜籽三四升左右。

作者因感覺此項問題之嚴重，遂與李昌祺先生磋商，利用其農場，作一粗放的種植方法比較試驗，當選擇其地寬一畝五分之田，劃爲二塊，一塊採取點播方法，一塊採取移植方法。其經過情形，略如下表：

播種方法	播種時期	中耕次數	灌水次數	施肥分量及次數	每塊共費人工	註
移植	11/15	二次	二次	四次（每次500斤）	12工	
點播	10/27	三次	三次	三次（每次500斤）	8工	

油菜生長期，點播需一百六十五日，移植僅須一百四十日，平均四十日中耕一次。農人認爲灌水可以消失土壤肥力，故主張灌水者，亦有些主張不灌水者，總之視作物需要以爲轉移。至於施肥方法移植者，在栽種一週以後，舉行第一次。及其苗長至尺半時又舉行第二次。近含苞時第三次，開花時第四次。點播者則於幼苗二寸許施第一次，二尺時施第二次，開花時施第三次，所用之糞，係以人糞尿菪爲糠參半，加三分之二水分使成液體傾入穴中。

生長期間，注重開花期及盛花期之觀察，設法提早或遲緩，以避免氣候影響。至生長時，每階段情形，略如下表：

播種方法	含苞期	開花期	盛花期	結果期	成熟期	落葉期	收穫期
移植	2/15	2/21	2/30	4/20	5/8	5/4	5/14
點播	2/20	2/26	3/6	4/29	5/12	5/7	5/20

「註」上列日期以國曆爲準。

至油菜分蘗之多寡，對於產量關係甚鉅—作者遂就試驗田內任選十行，每行任選一穴，其結果計算如下：

播種方法	行數	株數	分蘗小枝	角數	備　　註
移植	10	1	7	75°	以每穴爲單位
點播	10	5—6	，26	98°	行平均所得數字

每株油菜果實之多寡，長度，粒數與產量亦有影響，按上述方法採取，其所得數字如下：

播種方法	採取個數	長度測定										每莢粒數測定										平均莢角數（一株）	平均長度	平均粒數
點播	10	1.1寸	4寸	4.8	3.5	4.6	4	4.2	4	4.8	4.7	35	32	31	29	21	26	27	26	33	39	980	4.27寸	29.9
移植	10	3.6寸	3.9寸	4	3.5	4.4	3.5	3.4	3.1	4	4.5	21	26	39	25	19	30	22	24	25	30	750	4.79寸	28.1

收穫期及每畝產量列表如下：

播種方法	收穫日期	脫粒日期	每塊產量	差異
點播	5/20	5/23	1.75市石	5 市斗
移植	5/14	5/16	1.25市石	

氣候對於油菜之影響最大者有三種：(一)霜害：農民稱曰「露桿」，大半在二月二十日左右，油菜開花之際，若有露降，卽停止開放，抑被浸死全部或一部。(二)氣候驟寒，或連日陰雨：農民稱曰「受症」大半在開花或結果實之際，遭此病害，花柄及花枝脫落或生長停止。(三)風害：農民稱曰「小菜籽」，因油菜揚花時，遇此大風，將花粉吹散，或莖植株枝別，偃伏，致其生育，不能健全，而籽粒不能砲滿，遂有變爲小粒的現象。

四、品種的類別和檢定

(甲)品種的別類——油菜品種甚多，因能力器械關係，不能作詳細分類，本段所述，純就作者視察及田間採集而得，大部材料，亦以温江爲對象，茲分列於后：

(A)以植株形態而分

(a)一籠雞——整個植株橢圓形，高約四尺五寸，分株及小枝均矩，莢果亦短小，唯生長密佈，似羽毛狀，故名一籠雞，此種成熟甚早，產量盛豐，種者頗盛。

(b)樓梯子——植株高立，分株及小枝分析顯明，中間有空隔，卽似樓梯形狀，故名。

(c)高架子——植株特高，有達六尺以上者，下部多不結實，中上部結實，莢細而長，如清瘦之工長人。故名。

(d)倭架子——植株倭，最高僅三尺五寸，滿給果實莢短而細，皮厚，成熟期稍遲，因倭而得名。

(B)以果實及籽粒而分

(a)羊角尖——此項品種，適宜點播，植株普通高約四尺至五尺，分蘖力極強，莖部粗而壯，宜於肥田，每一分株約有十餘小枝，每一小枝有莢二十至五十，莢長三寸至五寸，全圓形狀上下均勻，唯尖端稍端，着生不甚密，但每莢籽粒大而多，普通有三十粒，特殊情形有四十粒者，成熟期略遲，以其莢果似羊角頂尖，故名，但此種不甚普遍，頗有推廣價值。

(b)金菜籽——籽粒顯金紅，大小中等，油量較差，栽培亦少。

(c)黃菜籽——籽粒顯黃色，大小不一，含油量最多，故栽種廣，唯成熟期不一致，品種混雜過甚。

(d)黑菜籽——籽粒較大，色黑而夾有紅色，含油量甚差，最宜移植於低濕之田。

(乙)品種檢定

今根据上列所述，及實際田間生長情形，以羊角尖產量最高，品種最優，適於點播，可以推廣。移植則以一籠雞爲有把握。

五、改進意見

(甲選擇優良品種——成都平原之油菜，因栽種普遍，面積寬廣，品種極多。同時油菜屬常異花作物，又非食粮作物，言農業改進者亦鮮注意及此，而農民又不知自行選種或改良，遂致品種混雜，往往一田之區內，有數類品種，不但影響產量，而且品質差異，成熟期亦不一致，收穫之時難免意外損失。故其品種，實有選擇之必要。但察前章所述各項品種，其中有不少優良者，如羊角尖，一籠雞二種，非僅產量較高，并具有成熟期齊一，籽粒甚大，抵抗力強等優點，尤以羊角尖品種經李昌祺先生施行混合選種；並加以較詳審之測定，更復劃定種籽區，專為繁殖推廣，另有數處作小規模示範，雖本年氣候不佳，但視察產生情形，產量仍較一般高出，成熟期比較一致，植株健全，所以決定本年在溫江舉行局部推廣，肥潤對於土壤，施用點播至潮溼低窪浸薄之土，則適宜一籠雞幼苗，作移植推廣，但不宜點播。

(乙)改良栽培方法

(A)實行點播——現時有多數農民，對油菜，仍舊施用移植方法，不但減低產量，且多消耗人工和肥料，曷若改為點播，對於虫害預防治理，并時注重間拔灌水，若人工有餘，則可以在幼苗寸許時，加以捕捉保護，或旁加以保護作物，均可避免害虫。

(B)移植時間宜稍緩——有許多農民在預計移植之油菜苗圃，盡量施放氮肥，使幼苗生產時特別茂盛但移植原當時難免不有萎黃現象復速加追肥，以促其生長能力恢復在苗圃時之狀態，因此一部形成早熟性，開花稍早，適遇霜害變成空枝，蓋由於移植過早，氮肥過多之故。

(丙)增加磷鉀肥素

一般農民素不重視肥料三要素之配合，專重氮素施放，如每畝油菜有時施放油餅及人糞尿達二千斤，而磷與鉀素則絲毫全無，是故在幼苗軟嫩時代易遭虫害，生長時代植株盡量向上徒長枝葉，底部甚少結實，開花早遲不一，莢果黃綠不勻，一遇霜害及氣候影響，毫無抵抗能力，皆因缺之磷與鉀素之肥料，若能加以適當配合，或少量施放，決可減少損失，避免一部害虫或加強本身抵抗力 現溫江已極力提倡施用骨粉及草木灰，來日或可樂觀。

(丁)改進收穫方法

現在農民收獲方法，據作者普遍觀察均不合理，而且遭受許多不必要的損失，一般農民收獲油菜，待全田的莢實大部黃熟，用手連其根部將植株拔起，以槓敲去泥土，排列成堆，當敲打之時，不少過熟之莢，多自行脫落或散失，若遇陽光過烈之時損失尤甚，茲舉補救方法於后：

(1)提早收獲——待莢果多數現黃時，即可將其拔起，放置於田坎坟山屋宇內，使少數青綠莢果藉陽光變黃，無必等待全部皆黃，如此可減少損失，若能用收獲芝麻之方法，拔取之後，輒成一束，立於乾燥之空地，則更妥善。

(2)用鐮刀割刈——待油菜成熟時，自底部用鐮刀輕輕割斷，勿須用槓敲打震動，亦可減少損失，同時將根部翻入土內，尚可變成肥料，或藉耙耙起，仍可作燃料

(3)晨間或傍晚收獲——晨間或傍晚因無陽光直射，並有露水浸潤，不致於笑而實落，故利用上列任何方法取獲，均可減少一部損失。

六、尾語

際此抗戰時期，煤油來路斷絕，軍運及機械滑油需要增加，市價高漲，故增進油菜產量，實為刻不容緩之舉，尤其水稻收獲行將竣事，油菜下種期瞬即復屆，深望社會人士各縣農業推廣所盡力提倡改進，俾油菜產量確能增高，不但造福農民，對抗戰亦有莫大補助。

我怎樣栽法國葡萄

陳慶受

我的家中有幾十根法國葡萄，是一個天主教的傳教士帶來給我們繁殖的，牠的優點有四：(一)成熟期較早，(二)產量高，(三)果形大而美觀，(四)風味甘香。

牠有了這幾個特點，便值得我們注意和栽培，現在把個人數年栽培的經驗寫在這兒，尚望先進的農友們予以指教。

一、氣候土宜　此種葡萄最適宜於溫暖氣候，砂礫土、砂質壤土（四川土名石谷子及砂地）向南斜坡而土脚深者為佳，過濕則不相宜。

二、繁殖　我多用扦插法（插技），於樹枝稍現芽苞時，大約在雨水節前後，取其一年生之強健枝條，剪為數段，長約一尺至一尺二寸（市尺），只留三芽，放全長三分之二入清水中浸泡三日至七日，俾使盡量吸收水分，容易生根發芽，此時觀其入水部之末端切口處，有類似糊粉狀之液體凝結時即可施行扦插，露出部分約三分之一為佳。（一芽現於土面）但必須用手壓緊，使與土壤密切結合，容易生長。上面再略覆鬆土少許，俾得含蓄水分，流通空氣，插好後即澆之以水，往後稍乾則早晨澆水一次，如是二十日前後便可發芽成長矣。

三、栽培　幼苗時必用支柱，利其生長，棚架搭法完全利用活李子樹栽植空行間（與葡萄同時栽）擇以粗鉄絲高九尺左右便於管理，待李子樹長到小酒杯大，即伐去所有枝條，切斷四周鬚根，免彼偷取葡養料，此種棚架至少能用三十年。開花時，必雇一人守護，免鳥類擾動或啄落花朵，致產量減低。花謝後果實大如小豌豆時必用人工剪去每團中發育不良之果實，以免防害其他好果之成長。待到葫豆大時又照樣施行一次。但須細心為之，否則極易傷害其他佳果。果子在成熟時間，不可直接感受陽光，以免果實變硬，味酸不能成熟。其所需要適合之陽光程度，僅以果實上面略覆一層薄葉為佳。如叶子過多，須用人工摘去過多叶。而已被陽光射著者，即須引其蔓至叶處可用蔴輕縛之。但須小心，不可弄折技條，免受損失。待果子成熟時，宜用人看守，免飛鳥啄食和引起病害。如發現有被鳥啄或受病者，即摘下帶回，放入爐中燒去，或埋於土中深處，充作肥料。果子甘香無酸味時，即算成熟，採摘過早過遲均非所宜，摘果時用剪剪下輕放入籃中，留心果友外部之霜粉勿使碰落，免損美觀而防礙銷路。

四、剪技　為了增進產量，把老技全數剪去。留着去年生之新枝。惟應特別注意者，剪枝之時期必須在樹液尚未流動之時，決不可在發芽時或發芽後行之，不然，切口處流出多量樹液，損失元氣，影響果實發育。

五、施肥　施肥期以陰歷臘月為合宜。先把泥土兵成直徑長五尺之圓坑，每株用人糞尿五十斤，吃糠之肥猪糞五十斤，蒸骨粉十斤，如無骨粉處可用狗糞十五斤代之。但隨時皆可用落叶雜草等堆於樹下，使腐爛後成為肥料。

工程與抗建

在峽區保幹訓練班開學典禮上的講演

袁栢堯

今天要講的題目，是「工程與抗建」，分五點來講：

（一）工程之定義：
（二）工程之分類：
（三）抗建之義意：
（四）工程與抗建關係之密切：
（五）對練訓班保甲長諸君之希望。

（一）工程之定義

社會一般的解說，每每認爲工程就是技術，技術就是工程。其實，技術是技術。工程自是工程，兩者有明顯的區分，並不可混爲一談。現在舉幾個明顯的實例來加以分別：譬如開汽車的駕駛員。駕駛技術儘管熟練，可是未必就能懂得汽車工程之原理和內燃機的構造，又如開火車的司機，能夠駛火車由甲地開到乙地，由乙地開到丙地，這在他是很容易的事，因爲他學到的是這種技術。假如要他到火車修理間去，做修理火車的工作，這對於他便是一件困難工作。爲什麼呢？因爲他對於蒸汽機的構造和火車工程的原理，未必了解。所以開駛便容易，修理便困難。這就是說，汽車的駕駛員，火車的司機者，所能做到的，祇是開車的技術，而不是工程，祇做到了「知難行易」的「行」字，而對於「知」字便無所了解。轉來看學工程的人便不如此容易，他不但要會駕駛會開車，並且要進一步的了解機車要求其知，要知而行之，總理「知難行易」學說的，「知行」二字，在本題來講是爲學工程的人預備的，所以工程師花許多工夫來求「知」，來做「知」的準備。「行」是技術，「知」便是科學。那麼「工程」的定義究竟是怎樣呢？現在拿美國一立大學教授史萬氏的定義來解釋他說：「工程，是以經濟之方法，利用自然界之定律，能力與材料，供給人類享用的科學與技術」，這就是說，工程師要有「格物致知」的精神和利用厚生」的技術。

總裁在「革命哲學的重要」中所解釋的「致」是研究是實行。致知是行其所知，「格」是分折，「物」是事物，「格物」是分析事物之理。心與物接觸過程中，用知識分析，知事之本末，物之始終，先後緩急輕重，一一分清，而後可以得到經濟的方法來利用天然的資源，不虛耗，不枉費。

我國北方的萬里長城，秦代化費了四十餘萬民工建築起來的。埃及的金字塔，有人估計每座要用人工三十六萬，尚需時二十年，例如這類的建築，浪費了多少資財，犧牲了多少生命，虛耗了多少歲月，而結果對於人少類是否果真需要，猶屬問題。所以一般的工程家不認他爲工程，而祇稱他爲奇蹟。現代工程應當講求「經濟」所謂經濟」就是以最少的資財，最短的時間，來完成一件最可靠最有益於人羣的事物。

（二）工程的分類

工程的分類，就我們國內各大學，關於工科的設置來講，約可分爲：

1.土木工程2.機械工程3.電機工程4.化學工程5.鑛冶工程、五大類。

土木工程做些甚麽呢？他的範圍最廣，水利、道路、市政、衛生、建築及結構等工程都屬之。

機械工程的範圍亦很廣，飛機機車輪船汽車以及紡織等工程都屬之。

電機工程可分爲電力工程及電訊工程，等項。

化學工程，則包括製革製糖釀酒陶瓷油漆造紙造鹹染色水泥硫酸工程等。

鑛冶工程也分兩大類，即採鑛工程與冶金工程。而各種鑛產冶煉各不相同又可分爲若干門類。

(三)抗建的意義

抗是抗戰，建是建國，我們抗戰到三年的今日，對於抗建的意義，每個人都有相當認識不必冗贅，簡單說來我們爲甚麽抗戰爲甚麽建國？是爲了解決民族問題，是爲了解決民生問題：就我們民族切身利益來講是如此，大而言之就全世界全人類來講，我們更是爲正義而戰爲和平而奮鬥，抗建的意義，可以說是最深遠最偉大！

(四)工程與抗建關係之密切

抗戰的需要，是武器，是軍需，是醫藥，建國事業也是以「國防建設」爲中心。離不開發展一切工業的基本的重工業。和國防上最重要的幾種輕工業。這些所謂輕重工業，以及武器醫藥等，離開工程，便無由產生譬如公路鉄路，要土木工程師來做，飛機大炮要機械工程師來做，醫藥毒瓦斯，要化學工程師來做，電報電訊要電機工程師來做，而開採鋼鉄，提煉汽油等又是鑛冶工程師來做，總括一句，抗戰離不開工程，捨工程更莫談建國，工程與抗建大業關係之密切可想而知了？

(五)對訓練班保甲長諸君之希望

昨天盧區長告訴說：峽區行政幹部人員訓練班舉行開學典禮，囑向大家介紹些工程方面的東西，並命題曰「工程與抗建」。因此今天得此機會與諸君相見，甚感欣幸！四川爲我民族復興之根據地，峽區爲川省，也可以說是全國的稀有的新興地，建設方面是處於先鋒的地位。諸位是峽區的幹部人才，諸位所負責任相當重大。今天關於工程所介紹諸君的不是當大家所希望者十分之一不過希望因此引起諸君對於工程方面多加注意，於格求行政之外，每位都了解此，工程常識，這是對諸君的一點希望！完了●

北碚三次被炸的損害及救濟情況

王培樹

敵人極端卑鄙無恥和野蠻殘暴的行爲，在對北碚鎮「五•二七」「六•二四」「七•三一」三次的濫炸，又陶鑄了一個鐵的證據，在北碚鎮房屋櫛比人口密集的商業區，樓房羅列的住宅區，遭受到三次燃燒彈，爆炸彈的肆虐，對于三次被炸的慘狀，我相信北碚的每一個市民都永遠不會忘掉的。

「五·二七」上午九時許，本區防空支會發出空襲警報，十八軍運動大會正在熱烈進行中，遭此臨時事變隨即從容結束，各部隊分別疏散四鄉，市區居民早有準備，屆時出外疏散，亦井然有序。歷一刻鐘後，又發出緊急警報，至下午三時二十分始行解除。二時左右有敵機一批計二十七架，盤旋於本市上空投彈百餘枚多落于北碚體育場，江邊，及黃桷鎮一帶。空襲剛要解除時，盧區長即率領區署全體職員及北碚防護團等立即出動搶救，將受傷者抬到衛生所江蘇醫學院附屬醫院醫治。江蘇醫學院附屬醫院，紅十字會四川第一流動空襲醫療隊，當即有男女隊員四十餘人，分赴各被害區域施行醫療，各隊員扶傷扛死，非常努力，服務精神，殊堪敬佩。四時許，市面已恢復原狀。重慶防空司令部，防護總團，空襲緊急救濟聯合辦事處，賑濟委員會及中國紅十字總會等均各派有代表於五時半抵此視察災情，紅十字總會並有担架一付，護士十六人，醫生一人同行來碚參加救護工作，死者傷者及街道清除等善後工作亦徹夜辦理完竣矣！

「六·二四」上午十一時後，本區防空支會據渝息：謂有敵機兩批入川已過巫山，當即發出空襲警報，正午發出緊急警報，市區民衆當即紛紛疏散四鄉，防護團搶救隊等齊集以備，約午後一時三刻有敵機二十七架高空飛過，未已又有敵機二十七架越縉雲山後，即降入低空，開始投彈，並用機槍掃射。金剛碑，菓園水嵐埡，魚塘灣，毛背沱及北碚市區均皆中彈，江邊投有燃燒彈數枚，曾一度延燒計有大小火頭二十七股，敵機尚未遠去，盧區長已率領區署全體職員官兵前往救火、時防護團，三青團，行政院非常時期服務團，澄江口防護分團等機關之工務人員，不下五六百人亦已先後到達分配工作，並指定標兵數名把守于交通要衝及樓頂山巔俾得消息之處，若發現敵機目標或聽到聲息，急速報知，以便疏散至各附近防空洞。當時以溫泉路口之火頭最大，該處房屋多係竹木所建，極易燃火搶救人員則奮不顧身，架起水龍，努力灌救，適水如泉湧而至，未幾參加搶救大明工廠之工作人員已將投在該廠的燃燒彈完全撲滅而趕來相助，各處火頭始見平熄。忽得敵機再襲之謠傳，遂一哄而散，待至再整隊伍前往撲救時，火頭已較前尤甚，漫延至嘉陵路，漢口路，北平路一帶。五時警報解除後壯丁亦多入市區搶救。盧區長令一部人撤除火巷，將較低易燃之房屋完全打倒，農村銀行幸係磚墻高壁，始將火焰隔絕。老弱之市民則担送茶水以解口渴，工作人員，如獲至寶，若牛飲一般，且人人皆汗流夾背，面部，手部……好像塗上紅色油漆。欧馬場防護團亦特馳至本市車站一帶工作。同時中央工業試驗所亦被焚，內有清華大學珍藏之絕版圖書亦已火化，幸有區署職員數十名，爲愛護文化精華，奮勇冒火搶救，始取出數十箱。江蘇醫學院，衛生所及中醫救濟醫院等救護隊則全體動員，工作情狀，非常緊張。入晚七時賑濟委員會特派曹建專車來碚視察災情，同時重慶市空襲緊急救濟聯合辦事處亦特派服務車一輛，來此救護。因驟大體業已就緒，於深夜即返。復旦大學于解除警報後，即出動招待難民渡江至該校住宿，並施發稀粥，該校回教同學亦出動服務，除招待難民施發食品外，並于新營房內設立代筆處，替難民寫信。各界民衆均爲親愛精誠，團結抗敵的精神所感動。更加提高抗敵的情緒。

「七·三一」午前十二時本區防空支會據電訊悉，敵機兩批將入川境，當即懸出預行警報旗，而市區民衆乃紛紛收拾衣物，關鎖門窗，準備遠避，孰料午後一刻，據鄰近合川等縣電悉，皆已發出空襲警報，本區亦同時發出，而市區大部民衆始出動疏散四鄉，又過十分鐘據各方可靠消息，發出緊急警報時間雖甚倉促，而大部民衆均已深入鄉村，餘者亦已避入防空洞，午後十二點三刻，第一批敵機三十六架即臨本區，越縉雲山直下低飛，在本市上空投彈三十餘枚，計南京路口之五月書店，中國文化服務社，公安隊第三派出所等均中彈，損失尤巨者為國立重慶師範體育科之門首，落一硫磺彈，殃及蟲宮照像館，建國書店，亞洲飯店等，財產房屋均付一炬。北新書局隔壁中一彈，國民兵團獨立分隊中一彈，房屋倒塌破片飛起，加以機關槍掃射，該處防空洞口，死傷數人，北碚防護團于敵機飛去七分鐘即行出動，奮勇搶救。憲兵隊，青年團及四鄉各鎮防護人員均先後前來協助，時國立重慶師範體育科之教室，火勢甚熾紅焰接天，亞洲飯店窗戶皆冒黃煙，當時由盧區長站立體育場之司令台前指揮一切，保安警察隊第一中隊隊長李爵如隊副王志綸內務股主任劉學禮等督導各隊員集中水力，淋熄建國書店後面小巷的火頭。並儘量搬運物品於體育場，其餘又以一部力量撲滅亞洲飯店之火頭，但因該處房屋建築全係木材，極易燃燒，又係高樓，不易拆卸，加以旋風時襲，雖運水如泉湧不絕，但亦無濟於事，後因鑒上海路街道狹小，恐建國書店一排倒塌，而再延燒，乃另派一部將郵局一帶引火材料，概行撤除，以資防範於二時半即將火焰撲滅。並將各交通路線整理清潔，當時並有本區衛生所救護隊，出動工作，後有中醫救濟醫院，江蘇醫學院相繼而至。傷者均于午後三時以前一律抬入醫院分別治療。惟于搶救時因集中精力，專心工作，火聲轟轟，有似機聲，常誤傳敵機又來，時而奔馳，深感疲憊，各搶救人員，如此反復者三，最後敵機來時，反致不信，繼續搶救幸未投彈，搶救人員得免於難。迄四時許始行解除，晚間各商店照常營業，市面如恢矣！

北碚是受到三次重大的犧牲了，它的損失，曾經用過很久的時間去調查，由保長，甲長及保幹事挨戶訪問被災住戶一桌一椅的損失都登記清楚，並估計現在的市價，另外還採取一種自動報告方式，由災民寫一財產損失清單，依清單而去清查，若有少數災民他遷，則由保甲長及鄰近之居民共同估計其損失。就這樣得到了統計的數字如后：

五月二十七日北碚鎮居民受災者計二十戶損失約七萬七千七百三十四元。

營業受災者計十九家，損失約三萬三千四百四十元。

黃桷鎮居民受災者計三十五戶，損失約十一萬二千八百六十元。

營業受災者計四家，損失約四萬四千九百元。

六月二十四日北碚鎮居民受災者計二百一十六戶，損失約二十六萬二千四百一十七元。

營業受災者計一百一十四家，損失約二十九萬一千八百元。

其他（包括機關、學校、工廠、醫院等）損失約十七萬一千二百五十元。

七月三十一日北碚鎮居民受災者計五十四戶，損失約六萬五千六百五十元。

營業受災者計三十三家，損失約三十萬三千七百六十三元。

其他損失約計二萬四千三百五十一元。

三次總計損失約法幣一百三十七萬八千一百七十五元。

至於人口傷亡的情形呢？當每次被炸後，就出動至各災區及醫院舉行死傷調查登記，並與各保保長所呈報之單據相對照，得到了下列的數字：

五月二十七日北碚鎮被炸死亡者計四十九人（內有男四十人，女六人，童三人）

【十六歲以下者謂之童】

重傷者計五十一人（內有男三十三人，女十一人，童七人）

輕傷者計四十一人（內有男二十八人，女二人，童十一人）

黃桷鎮被炸死亡者計五十二人（內有男二十八人，女七人，童十八人，不明者七人）

重傷者計十七人（內有男八人，女六人，童三人）

輕傷者計十七人（內有男十人，女五人，童二人）

六月二十四日北碚鎮被炸死亡者計四十四人（內有男十八人，女十三人，童十人，不明者三人）

重傷者計十六人（內有男十二人，女三人，童一人）

輕傷者計十二人（內有男八人，女二人，童二人）

七月三十一日北碚鎮被炸死亡者計二十七人（內有男十七人，女四人，童二人，不明者四人）

重傷者計二十五人（內有男二十一，女一人，童三人）

輕傷者計三十九人（內有男三十二人，女五人，童二人）

三次總計死亡者一百七十二人

重傷者一百零九人

輕傷者一百零九人

當敵機每次投彈去後，區署即飛電成渝軍政各機關報告災情，荷蒙中央賑濟委員會撥款發放無法維持生活之被難同胞，大口十元，小口（十二歲以下者）五元，重傷二十元，輕傷十元，最輕傷五元，死亡者發給家屬殮埋費每人三十元，茲抄發放賑款數目如后：

五月二十七日死亡（北碚黃桷兩鎮）受賑者九十二人計洋二千七百六十元

重傷（北碚黃桷兩鎮）受賑者六十二人計洋一千二百二十元

輕傷及最輕傷（北碚黃桷兩鎮）受賑者五十三人計洋四百三十八元

此次共發賑二百零七人計洋四千四百一十八元

六月二十四日死亡受賑者十九人計洋五百七十元

重傷受賑者十二人計洋二百四十元

輕傷受賑者六人計洋六十元

最輕傷受賑者二人計洋十元

童年無法維持生活而受賑者一一九人計洋五百九十五元

成年無法維持生活而受賑者三六七人計洋三千六百七十元

此次發賑款五百二十五人計五千一百四十五元

七月三十一日死亡受賑者十四人計洋四百二十元

重傷受賑者八人計洋一百六十元

輕傷受賑者六人計洋六十元

童年無法維持生活而受賑者三十三人計洋一百六十五元

成年無法維持生活而受賑者一百五十五人計一千五百五十元

此次共發賑二百一十六人計洋二千三百五十五元

北碚固然受到重大的損害了，但它依然是強有力的峙立着，受災的同胞在街上收拾着殘餘的東西，但是沒有一個人嘆過一口氣，更沒有一個人洒過一滴弱者淚，人們沉痛地收拾着親友的屍體，除掉咒罵敵人外，沒有第二句話。走遍受災的地點，看到這樣堅毅沉着的精神，令人興奮得幾乎流出淚來，大中華民族在這樣的艱苦中鍛鍊出來了，無疑的將要世界上獨立自主。永遠不會被征服的民族。

消防人員，救護人員的忠勇果敢，尤其值得敬佩安慰的，是他們在烈火中很鎮靜而速迅的服從領導者的指揮來澆出水龍，在場檣斷垣中尋求被難同胞，前面的同志受傷，後面一個很快的接上去，沉着而緊張。每個人都不惜犧牲生命去搶救大家的房屋財產。卒能使好多處巨大的火燄，很快的灌救熄滅。

從上面每次統計的傷亡人數來說，民衆對於敵人暴行的認識是清楚了，都能妥善的避入防空洞，以致傷亡一次比一次少，第三次如不是少數的人不守秩序，簡直是沒有什麼傷亡，這血的教訓，我相信會永久烙在每個人的心坎裏的。

光榮的犧牲者，你們的血決不是白流的，活着的同胞都會踏着你們鮮紅的血跡，為你們復仇，誰害死你們，我們就會把誰的血液來洗滌你們的恥辱，我們就會把誰的首級，來吊祭你們的忠魂！

死的，已經死了！燒的，已經燒了！未死的人，快把復仇的担子担起來，好好準備，多多努力！爭取勝利的明天！

一九四〇・九・脫稿于區署空聯處

五三抗屬慰勞大會的經驗與教訓

李洪崗

一、五三慰勞大會的意義

澈底優待抗屬是動員老漢勸兒孫從軍，妻子勸丈夫當兵的有效辦法。

三峽實驗區自廿八年四月下旬的總動員擴大兵役宣傳之後，正根據保甲兵役工作日程，準備快要抽籤的時候，出人意外的，四月二十一日在文星鎮由王德福十峽區志願兵的創始者，發動了第一期志願從軍的熱潮，接着第二期第三期志願兵如潮水一般的湧現出來，完成了峽區一、二、三期志願兵四百七十八人出征的光榮成績。

這一光榮成績的完成，固然由於總動員擴大兵役宣傳，並採用了老太太現身說法及志願兵現身說法的宣傳方法之後，燃燒起了許多民衆憤怒之火，大有「不上前綫殺敵，不算是好男兒」！的風尙。但最重要的原因，是由於我們澈底實行了優待抗屬條例。志願兵出發時，各發安家費二十元，以後每月發給志願兵家屬優待金五元，並免除了志願兵家屬一切臨時捐款。截至廿八年十二月止，即已發放優金一萬三千餘元。連同給予抗屬的特殊救濟，志願兵慰勞費，公宴歡迎志願兵及其家屬與每次發放優待金的席卓招待費等，開支總計已達二萬一千九百餘元。由於我們執行優待是切實的，是兌現的，絕不開空頭支票，出征將士便無後顧之憂，因而樂於從軍。同時一般老太爺，老太太，少奶奶都羨慕抗戰家屬，都鼓勵兒子或丈夫當兵。下面的故事，就可看出他們羨慕的心理。

「在去年舊歷的夏節，中秋，七七，雙十節等紀念日，曾聯絡了新運會，發動地力士紳，保甲人員，自動地捐獻法幣、臘肉、皮蛋、粽子、……，等禮品、用抬盒極藝術地擺着，火炮喧天，抬起遊街，後面跟着一大羣慰問的民衆挨次抬往抗戰家屬的家裏去致賀，當鞭炮怒吼的時候，後面跟了一羣喜氣洋洋看稀奇的男女老幼，市街上正在工作的店友夥伴們，都暫時停止了工作，來看熱鬧。這樣體面的排場，人人都爲之羨慕感動。抗屬們看見許許多多士紳前來恭恭敬敬的致賀，又得到許多的禮品，心中得到無限的愉快，臉上現出高興的顏色，感覺得有子當兵，眞能光宗耀祖。無怪一位老太婆，她看見這種情形，用手拍着他的女兒：「背時女，你是個兒也好啊！」來發洩他心中的感慨，表示生女不如生兒的好了，因爲生兒能當兵殺敵，享受國家的優待。」

這種崇高的優待與致賀，使全區人民都眼紅起來，無怪乎造成了峽區父母送兒子，妻子送丈夫的光榮模範和風尙。優待抗屬意義之重大，由此可以想見了。

今年五月三日是三峽實驗區青年運動週的第三日，在這天的中心工作就是擴大兵役宣傳，因此我們在今天來舉行抗屬慰勞大會是有這重大的意義的。第一期志願兵入營的時候，我們峽區三十幾個機關也曾聯合起來辦了一百多卓酒席，在北碚體育場上舉行過一次公宴大會，參加人數在一千以上。是第一次最熱鬧的集會。以後每次發放優待金也曾有小小的宴會。這一次抗屬慰勞大會到會的抗屬與來賓也是一千人以上，開會、演戲、公宴，極爲熱鬧，算是第二次最大的盛會。

因爲志願兵們在營中忍苦耐勞地學習殺敵知能。抗屬們在家裏忍受艱難困苦，人手少了，還得努力工作，增加後方生產。也太辛苦了！我們應該對抗屬表示慰勞。而且這樣的慰勞大會，可以堅定抗屬的抗敵情緒，可以鼓勵抗屬現身說法，去宣傳更多的父母妻子送兒子或丈夫從軍。這就是我們今天舉行抗屬慰勞大會的意義。

二、抗屬慰勞大會的經過

在公共體育場角，民衆電影院外的牆壁上，貼滿了抗敵漫畫和照片，這些鉄的隊伍，血的英容，吸引了無數的人羣在那裏觀賞。有的被這些畫報和照片所激動，怒目切齒，磨拳擦掌，就好像要動手去打日本鬼子似的。抗敵的情緒，在沸騰着的血液中交流。有的在批評：「峽區的兵役，辦得眞不錯！」

抗戰軍人家屬，由警衛區助理員帶領着來了。每個人的胸襟上掛着鮮紅的標誌，男男女女，老老少少，他們那油黑的臉頰上，刻劃出許多縐紋，透露着他們在艱難困苦中磨硬出來的，樸眞風度和戰鬥精神。招待員們，以十分崇敬和愛護的熱情，迎接他們入場。他們伸出溫和的手，扶着老年抗屬，好像兒女扶着自己的老邁隆鍾的祖父母似的，表示無限的親切。富貴貧賤觀念，在民族的父母兄弟妹前，被消失了。

會場上，每個招待員，均傾注了全力，用極通俗的話語，與抗屬們談起話來：「請問先生尊姓大名？……你家有沒有人參加本區抗屬工廠的工作？……你做莊稼沒有？要不要人帮忙耕種？……」在這些談話中獲得了不少的寶貴事實，詳見下文「從調查表格中得來的統計」。

時針指到十一點鐘的時候，大會開幕了，抗屬和來賓，共一千餘人，擠擠一堂，熱烈舉行，儀式畢後，民衆代表摯誠的向全體抗屬致敬，鞠躬的時候，均以「愛」和「敬」的眼光相注視，盧區長主席，正在報告開會意義，忽然天降滂沱，傾盆而至，但全場秩序，仍井然不紊，在嘩啦嘩啦的雨聲中，傾聽主席那雷鳴似的報告。接着天府公司代表講話：「大家只有一條心，把敵人趕出中國去，我們要學習蘇聯在諾蒙坎給日本以最大打擊的榜樣，把日本鬼子打出去！」其次是兵役協會唐幹事報告抗屬工廠籌備經過，并介紹廠長陳逸夫女士講話。她狹長而枯老的臉上，表現出堅強的精神。從鉄齒的口裏呼出：「我們的青年戰士，到了前線殺敵，抗屬婦女在家也應該努力生產。……」繼由抗屬吳從周提議成立「抗屬互助會」，當經全體通過，並推定各鎮負責人員。

三峽歌詠隊在會場靜寂時唱「我們是游擊隊」歌：張大哥李大哥我們都是游擊隊呀，日本鬼子打進來，殺得他乾乾淨淨呀，……」抗屬婦女都興奮的張開嘴笑了起來，充分的領受了這深刻的宣傳教育。又由平民小學演奏，其中有一小指揮，天眞活潑，甚得觀衆歡迎。

模範母親劉老太太，代表抗屬致謝詞，他伸長頸項用勁的說：「我們酬謝各位先生的優待，不只是說了完事，我們要勸我們的丈夫或子弟努力殺敵，勸我們的親友踴躍從軍。我們不要掛念他們，時勢是這個樣兒，掛念無用，我們女子，不要一定依賴男子，我們有手脚，一樣可以做事，求生活。」（全場鼓掌）

繼後散發優待金，志願兵抗屬一百七十七人各領五元，非志願兵抗屬二百五十二人各領四元，及志願兵李志芳夫人，贈志願抗屬，每人一塊毛巾。

抗敵工作團表演改良川劇「烈婦殉國」，演劇隊表演「岳母刺字」。

一直到午後三時半，由各招待員引導入兼善大禮堂公宴。但席桌只準備得五十五桌，剩下幾十個抗屬沒有席坐，臨時又無法添辦席桌，只得每人各發五角錢，請他們各自去吃點心。

傍晚，晴空一璧，在輝煌的夕陽光下，各抗屬一羣一羣的泛着笑容回去了。

三、大會的成績

（1）從慰問表格中得來的統計

在五三慰勞抗屬大會中，有一部份招待員慰問抗屬的結果，曾記錄在慰問表上，從這些慰問表格中得來了如下的統計。

1.發出慰問表格五百份。
2.填來表格三百五十一份。
3.慰問不詳細的佔二百四十三家。
4.抗屬的共同要求：
（1）要求幫助耕作者有四十四家。
（2）要求解決家庭經濟困難的有二十一家。
（3）要求救濟如醫藥、災害、安葬的有四家。
5.抗屬對出征將士的感想：
（1）贊成當兵的有七十四家。
（2）說當兵很好的有一百二十五家。
（3）鼓勵兒子或丈夫當兵的有六十二家。
（4）希望兒子或丈夫回來的有九家。
6.免了臨時捐款的是抗屬全體。
7.債主向抗屬收賬的有三十家。
8.房主催抗屬搬家的有十八家。
9.地方人士及保甲長對待抗屬的態度如何，全體抗屬都說好。
10願意參加抗屬工廠作工的有五十一人。
11願意入「抗敵軍人子女教養院」讀書的有五十八人。

根據這些殘缺不全的慰問表，雖然填寫慰問事項掛一漏萬，但是把它統計起來，仍然可以看出幾點值得注意的事實。

1.大多數抗屬要求幫助耕作，還需要我們大規模組織代耕隊打谷隊去幫助他們。

2.在澈底優待抗屬，使抗屬都有飽飯吃，幫助抗屬解決一切生活困難的情形下，峽區抗屬的抗敵情緒提高起來了。從慰問表上得來的統計可以證明。有二百五十一家很歡喜兒子或丈夫在當兵，只有九家抗屬希望兒子或丈夫回來。

3.鄉間尚有極少數的民族敗類，仍然不明大義，欺壓抗屬，被房主催促搬家的抗屬有十八家，被賬主追討欠債的抗屬有三十家。還需要我們嚴厲的警告那些不明大義不尊敬抗屬的民族敗類。

4.全體都說保甲長待他們很好，這是值得誇耀的，峽區的保甲長絕對尊敬抗屬，幫助抗屬，免除了一切捐款；沒有欺壓抗屬，勒派抗屬捐款的壞現象。

附：抗屬慰問表

三峽實驗區兵役協會慰問出征抗敵軍人家屬表

慰問者　　民國廿九年五月三日

（1）請問先生尊姓大名　　住在什麼地方
（2）家裏共有幾人　　出征的是什麼人
（3）你家裏有沒有人參加本區抗屬工廠作工，叫什麼名字　　男或女　　好大歲數　　與將士的關係

（4）你家有沒有六歲至十二歲的子女到磁器口抗屬子女教養院讀書，那裏的衣食住都是由公家担負，如有，叫什麼名字？ 男或女 好大歲數 與將士關係

（5）你家是不是免了臨時捐款的 有什麼臨時捐款沒有免掉

（6）你家有沒有佃主來收賬 叫什麼名字 欠多少元 有沒有別人欠你的賬 叫什麼名字 欠多少圓

（7）你家主人加租押或房租催搬家沒有

（8）你家和人家打官司沒有 和那個打 是什麼事情

（9）你家近月來遇天災人禍沒有 受人欺侮沒有 欺侮你的叫什麼名字 為什麼事 住在那裏 有沒有人幫助你

（10）你家種莊稼沒有 要不要人幫忙耕種 合作社的貸款是不是先放給你們

（11）地方人士和保甲長對你好不好，幫不幫忙 他們辦理兵役有沒有貪污的情形 是什麼事 有沒有證據

（12）你對當兵的感想怎樣

（13）你們還有什麼困難事情要我們幫忙的沒有

慰問要點

1.詳問上述狀況

2.贊許出征之光榮

3.講解當兵意義

4.報告最近的戰况

5.講解抗屬互助協會章程

（2）大會的優點

第一，會場外面的幾十幅抗敵畫報，抗敵照片，吸引了無數的觀衆，有的被這些畫報和照片所激動，提高了抗敵情緒。有的在批評贊許峽區兵役辦理之完善。

第二，會場佈置很周密，每個抗屬一進會場，就有連絡員引路，介紹給招待員招待，每一個招待員單獨負責招待七個抗屬坐在一排坐凳上，親切的慰問他們。將慰問的情形，填在印好的表格上面。使每個抗屬，都感覺是到了親戚家裏似的，有談有笑，一點都不感覺寂寞。

第三，三峽歌詠隊的歌曲如游擊隊歌，是農夫農婦所能理解的歌曲，使抗屬聽來興奮極了。平民小學的歌詠因為是小朋友，唱來也使抗屬感覺興趣。抗敵工作團的川戲「烈婦殉難」，是舊瓶裝新酒，頗富有殺汪鋤奸的宣傳作用。

第四，坐席的時候，由招待員帶領各自所招待的七個抗屬，列隊而出，整然有序，幾百個抗屬不致發生搶席坐的混亂現象。

第五，慰問表格是最新式的，慰問項目最具體，招待員照着印就的項目發問，不致感到無從問起的苦窘。並可供給統計資料。

第六，劉老太太的答謝詞最能鼓勵抗屬，尤其是抗屬婦女的抗敵情緒，因而得了全場的鼓掌。

第七，有的抗屬婦女不明瞭為什麼，有的抗屬得到一塊毛巾，而有的抗屬又沒有？全靠招待員耐心解釋，他們才曉得是第四期志願兵李志芳夫人轉贈的，因為贈者分咐，一定

給志願兵家屬，所以沒有贈送非志願兵家屬。

第八，招待員之盡責，是值得欽佩的。立信會計學校的三十六位男女同學特別努力，剩下幾十個抗屬沒有席坐，時間已是午後三鐘了，他們並不放棄責任，各自去進酒館，仍然忍着饑餓陪着抗屬，直到抗屬每人都領到五角點心費都走完了，他們才完結任務回到學校去。

四、大會的缺點

第一，對赴會抗屬人數沒有精確的估計。對第一次沒有領優待金的抗屬以及三個月來的常備兵家屬都沒有統計在內，以致準備的席桌不夠，尚有幾十個抗屬沒有席坐，發出怨言。後來才改爲對未吃飯的抗屬各發五角點心費。但這一來，有的抗屬本已吃過了飯，也走進會場去領錢，他說是領路費，結果要多耗費十多元，而且無形中發生對抗屬待遇不公平的現象。

第二，志願兵李志芳夫人轉贈三百張毛巾與各志願兵家屬，並沒有向各抗屬介紹這位慷慨好義的模範夫人，因此，沒有很好的收到鼓勵其他抗屬的教育作用。同時因爲沒有介紹，就不能引起抗屬的注意，在大雨聲中無法向抗屬解釋明白，以致有的非志願兵家屬還是嘖有煩言。

第三，各招待員都是臨時安置的，沒有事先召集各招待員開會，商討大會一切準備事宜。以致臨時步調錯亂。比如有的招待員將填好的慰問表交給抗屬各執一張，抗屬拿在手裏莫明其妙。慰問表格所規定的慰問事項，多被忽視，以致發給招待員之慰問表五百份，而收來的只有三百五十一份，就中竟有二百四十三份慰問不詳細。

第四，開會時，出席講演人都偏重於抗敵的理論，沒有預先指定專人作目前戰局的詳細報告或講述可歌可泣的抗敵故事，來堅定抗屬對抗戰有最勝利的信心。如像有的招待員一問及抗屬家中情形，抗屬就哭起來，這就急須將勝利的消息與及前線將士英勇作戰的故事，去解消抗屬的憂愁。

第五，食堂沒有座位，站起吃飯，人又擁擠，以致秩序異常混亂，絲毫看不出宴會的禮節。

第六，劇情沒有嚴加選擇，如濮劇宣傳隊公演的「岳每刺字，」劇情平凡，沒有刺激性，不能激勵抗屬的抗敵情緒。不如演「揚州恨「，將當時文武大臣畏敵投降的醜態及史可法忠勇殺敵的精神活現出來，更能收到宣傳教育的效果。

五、大會的經驗與教訓

這次大會的經驗教訓了我們，今後舉行抗屬慰勞大會，應該注意下列各點：

1. 抗屬優待金須預先分別封好，註明抗屬姓名及優待金數目，加蓋印章，不應臨時以大票子發給抗屬，要他找補，以致發生無錢找補的許多困難與麻煩。
2. 抗屬優待金之分發，應交與招待員在席上分發，以免兵役協會人員太少，延長了發放時間，使抗屬等得不耐煩，以致發生爭先搶領的混亂現象。
4. 應於事前召集招待員會議，商討招待事項及慰問要點及方法。以免臨時發生各自爲政，步調不齊，或對慰問要點忽視省略等現象。
4. 席桌應有座位，不應站起吃飯，以免秩序混亂。孔子提倡「席不正不坐」的宴會禮節，是有深厚意義的，應該遵守。

5. 席上應增加少量的酒，並由辦理兵役人員中派出代表，向抗屬進酒，禮節越是隆重，抗屬越是歡喜：因爲鄉間老百姓素來都崇拜官長，他們覺得官長都來向他們進酒，眞是抗屬的無上光榮。他們帶着酒與而歸，必然向鄰近鄉民高談闊論，無形中更收到了宣傳兵役的效果。

6. 開席時間應在大會儀式完畢之時，抗屬吃了午餐，然後入場看戲。

7. 如果席桌碗筷不夠，須分幾次開席。可於開戲之時，分組坐席。未曾輪到坐席之抗屬可留在會場看戲，會場亦不致冷落。

8. 多演以目前抗戰故事的劇材的話劇，少演古色古香的舊戲。抗屬最希望多知道一些目前抗戰的消息，要用現在的活的事實來教育他們，堅定他們對抗戰有勝利的信念。他們看了抗戰話劇，回家就有材料供給他們向大家擺龍門陣，這是最好的宣傳方式，這種宣傳是最能深入民間的。

9. 開會、吃飯、看戲、招待員都應陪着抗屬在一起，幫助指導禮儀，照料席桌，解釋劇情，直到任務終了時爲止。

10. 峽區志願兵及入營壯丁仍有逃跑的事實。應重新審查應受優待之抗屬。如果，有逃跑的志願兵，其家屬仍受優待，不但是公家的損失，而且是最不公平的。應停止優待，以增加忠實服役，在營忍苦耐勞的志願兵的家屬。

六、結論

(1)凡遇舉行慰勞大會，我們要有計劃的準備完善，不使臨時發生任何問題。

(2)我們要使抗屬參加慰勞大會受到良好的訓練，慰勞的目的就在於教育抗屬。

(3)我們要使抗屬不致發生厭倦赴會的心理。

(4)我們要隆重的毫不馬虎的舉行慰勞大會，以提高抗屬的抗敵情緒。

(5)我們要使每個抗屬都受到優待，決不使有什麼手續不完備，沒有領到優待金的現象。

(6)我們要優待金不致落到「兵販子」的家屬，不使眞正報效國家，忠勇從軍的抗敵軍人的家屬，被兵販子的家屬「拉稀了秧子」。

(7)我們要保持峽區優待抗屬的優良傳統，並發揚光大之，不以現在的成績爲滿足，還要力求更進一步的優待辦法。

我們總結這次大會的經驗與教訓，不僅是找出這次大會的成績，而且還要找出這次大會的缺點，我們在二次慰勞大會如何克服這次大會的缺點，使之不重演於將來的慰勞大會。

峽區抗屬工廠是怎樣創辦起來的

陳逸夫

一 創辦的動機

蘆溝橋的砲聲，喚醒了睡獅般的中國，激起了我們抗戰到底的決心。

愛好祖國的熱血青年，奮發的手執武器 踏赴疆場，尤其三峽實驗區內之好男兒，奮勇的投營學習殺敵的技能。甚至於那些白髮的老婆婆，紅顏的少奶奶，都鼓勵着她們的兒子丈夫前去從軍，希望我們的祖國很快的就得着勝利。

英勇的戰士爲了愛國而跑上戰場，離開了甜密的家鄉，辭別了慈愛的父母親愛的妻子弟妹要爲祖國爭取最後的勝利；但是要加強抗戰力量，須使抗戰將士們無內顧之憂，能安心地在前方抱着他們的槍，瞄準着敵人，把敵人驅出國土，所以中國婦女慰勞總會和三峽實驗區兵役協會，協同創立抗屬工廠，使得抗戰將士的家屬，對生活有相當的保障，國家多一份生產。

二 籌備的經過

廠址決定在北碚了，本年六月我帶領職員兩人，來峽籌備廠內一切。籌備處設於一個古舊而破爛的瓦屋中，住在裏面，與在露天中無異。而我們又爲異鄉客，人地兩生，所以對於當地機關民衆沒有怎樣認識與聯絡，所以辦事很不易辦理。我們不敢怠慢，每事必親自出馬，辦理一切，把廠舍積極的整理，傢俱也趕着購製。繼之各股主任亦已到齊協助辦理，大家都毫無停息的去幹。各種機器之預算金額，原訂太低，倘按時價去購買，相差甚遠，我們爲着節省起見，自己去購木料，找木匠，由技士指導去做，但還有一部份不能製造，只能去買，這樣的計算，才與規定之金額，不差幾何。棉花洋紗運輸不便，花了不少時間去搬運，方得購買原料而回。在這兩月的當中，雖然經歷了許多困難，遭受了許多挫折，但終於把它克服了。房屋也整理像個樣子，機器購製也差不多齊備了，貨品也已運到，抗屬陸續的進廠者也不少。眞好像才開了的鮮花一樣，且等待着它結出美滿的果實吧。

三 工作之開始

爲了廠址之狹小，所收之抗屬只四十餘名，暫開織布機，毛巾機，紡紗機各數部，予以練訓，而作將來之幹部，以助將士照料之不週。剛剛開始工作而敵機卻天天來渝轟炸，北碚也受了三次的狂炸。惟恐廠內也遭損害，抗屬受驚嚇，故疏散到鄉間，仍正式工作。

四 工作生活之訓練

親愛的抗屬們，多爲鄉間之農婦及少女，都是天眞活潑，且未曾經過團體生活，看來有點散漫。經過慢慢的訓練她們，已暫暫養成生活紀律化的習慣。除了每天八小時工作外，在休息的時間，使她們一切都劃一。例如：早上起床後，作柔軟操，以養成健美的身手。晚飯後，又領導他們唱歌。

中午休息時間，就教她們的書。使他們苦悶生活，變成有興趣的生活。這樣，無形中才走上軌道而貨品亦一天天的可觀了。

五　將來之希望

我們的工廠雖生長於風雨飄搖時間但大家抱定吃苦的精神，希望把它整頓得十全十美，使前方的將士不必顧慮他們的家屬，努力作戰。而在抗屬方面，教其怎樣養成良好的習慣，做個新的女性可以自立於社會。同時在國家方面又多一手工業之生產者，以增強抗戰的力量。

談談信用合作社的業務充實問題

朱　霞

吾國合作事業，推行至今，廿有餘載，效益所及，婦孺咸知。惟以時間空閒和人事機構關係，尚未能達到吾人之理想境地。例如有關抗戰建國與平抑物價的生產運銷與銷費供給等社，覺寥若晨星。而僅僅敷衍的普遍發展信用合作社。不過信用合作社，也有他的重要性，我們快不能以其普遍而即加以忽視，因為信用合作社，較其他合作社簡單，可做和作的初步。同時信用合作社，又為生產消費兩種合作社的基本源泉，所以有人以此三者——信用、生產、消費——比做一個等邊三角形，信用合作社即其底邊。生產、消費、則為相等之二股。可以隨信用合作社之發展，以至於無限。筆者，以此關係，同時又站在川省合作者之一隅，故不敢有所顧慮，便以此題供諸識者之一笑！

甲、信社業務不能充實之原因：

信用合作業務，過去多因開辦關係，對於應當規定業務，多未舉辦　僅僅辦到借款轉放，或少數儲金的業務，所以一般人有叫他做「合借社」的，實際上就是不明瞭合作的眞義，有辱合作的地位，尤其算是各級合作社的負責人的恥辱，但是為甚麼原因，僅辦到這點，而不能盡量的加以充實呢？檢討起來，約有下列三點：

一、社會環境之影響——農村文化，水準太低，對於合作事業缺乏認識，尤其是高利借貸與囤積居奇，使農村金融，日形枯竭，社員不願將款儲蓄，或者無款儲蓄，已為一般主要原因。

二、社員職員之影響——一般社員，對於儲蓄之習慣與興趣，大多缺乏，加以少數職員份子之不健全，——因系盡義務遂不熱心或者舞弊——一般社員，皆願將款死藏，不願儲蓄。

三、指導人員之影響——各地指導人員，為數太少，不敷分配，致使指導效能，不易發揮。因之雇用輔導人員，從事見習，對於技術方面，根本即缺修養，其成績之能否優異當然可以想見。

乙、信社業務之充實方法：

信社業務，不能充實原因，既如上述，一般人又以為輕而易舉，多不重視，現在要使其如何充實，如何矯正，大概也不外下列五點：

一、加強職員社員之訓練——各社職員社員，對於合作認識既多缺乏，而其對於合作社之信仰，當亦減少，所以亟應推行職社員之練訓辦法，使其有所認識，而後可以堅定信念，努力合作，在這訓練方法裏面，更應使其通行普遍，如成立合作社聯合社，創辦壁報，卽其通行之一例。

二、推行各種儲金業務——儲金種類，尚有多種，如生日儲金，季節儲金，按月儲金，實物儲金，合作節儲金，勞役儲金等等，均可由合作社規定一種或數種舉辦。一方面，可以養成社員儲蓄美德，救濟燃眉之急，一方面，合作社可以利用其舉辦小額放款，以作社員經營副業之用。

三、改善放款業務及手續——各社放款，每多手續麻煩，失去時效。應當於可能範圍內，簡單手續，幷隨時利用股本儲金及存款，舉辦小額放款和實物放款，以應社員需要。

四、辦理代款收付款項業務——此項業務之實行，雖較困難，但亦確爲充實信社業務之良好方法。如代繳社員田賦及代佃田地之類，可以替社員節省時間和一切的額外花費。

五、兼營其他適當業務——信社業務，可就當地情形，擇其適當者而兼營之。如本區地接重慶，水陸交通，均稱便宜，各地人士之疏散來此者日多，對於抗戰時期，各物飛漲，所需衣料，當然不少，就可由信社兼營織布生產業務，在濟經部平價購銷處採取棉紗，由社員個別生產。一方面，可使社員不受其中限制，在專營事業之外，幷可以從事於副業經營。另一方面，在這空襲嚴重時候，採個別生產方式，還可以減少空襲時之無謂犧牲，所以可稱最善。

丙、信社業務之捷要途徑：

我們舉辦信社所經營的業務，不外存款、放款、儲金諸諸種。但以經驗所得，還有比較捷要的途徑，値得注意！

一、儲金方面——零星儲金，手續麻煩，職員不願負責，而少數社員，亦以各種關係，不能按期儲蓄，或忘了儲蓄，並且許多地方，未能按期開會，儲金之授受，多在趕急時之茶樓酒肆中，職員忘於登記，往往發生糾紛，減少社員儲金興趣。最好採用「實物儲金」，規定於農作物收穫時，每一社員最少儲蓄某種（如稻或麥）產品若干，以當時市價折合記帳，用作儲金數目，事後產品漲價，所得利益，可作合作社之一種收益。

二、放款方面——放款可分信用放款，信押放款，小額放款……諸種。信用放款，則多由合作社集中申請，一律歸還，不大適應需要，應該辦到隨借零還爲最善，至於小額放款，隨借隨還，可以適應臨時需要，收效還是很大。

三、兼營其他業務方面——信社可以兼營的業務，如生產、消費、運銷、墾荒……等都是。信用合作社有了這些兼營業務之一種或數種，可以使合作社經常活動，增加社員興趣。究竟採辦何種，可就當地情形而定。

以上諸點，純係筆者管見，其餘可供貢獻之處尚多，茲僅截其片面，亦一拋磚引玉之計，請識者教之。

一九四〇、七、二六、於峽區合作室。

附載

農民教育制度實驗計劃綱要

（金陵大學為實驗農民教育制度特根據該院包望敏教授所著農業推廣教育制度擬具此計劃綱要特此補誌）

一、引言

農民為我國國力之主要資源，農民之前途，對國家整個前途，具有決定因素，因農業人口，佔全國人口率百分之八十，而國家經濟之基礎，幾全部建築於農業之上，故於當前之中國，欲謀國家之改造，非先謀農民之改造不可，欲有健全之國家，必先使農民羣衆趨於健全，有健全之個體，方有健全之羣體，我國現將日進於民治，使百分之八十農民仍屬不識不知，政治前途，決無清明之望，農民之訓練乃當前之急務。

即就農業發育本身論，農業教育之目的，在求科學農業理論與實際農事工作相溝通，以改進農業生產與管理，增加農民農場收入，以改善農民生活，穩定國家經濟基礎，然欲達到此目的，非廣大農民羣衆，能普遍應用科學農業方法於實際農業工作不可，故普遍農民新農事知識之灌輸，與農民技能之訓練，實為農業教育應有之中心工作。高級農業教育，中等農業教育，均應為此種工作而準備，前者為枝葉，後者方屬根本。

農民教育之重要，其理至明，然迄至目前，猶為農業教育界所忽視，政府前曾推行之民衆教育，及當前積極推進之國民教育，雖都包含農民在內，然此均以語文教育為中心，不足以適應農民實際生活之需要，教育之最大功能，在能改善其對象之實際生活，否則即難免於空虛而不切實用，受教育者，亦即決不能感覺教育上之需要與興趣，故今後之農民教育，必以農民生計訓練為中心，輔之以語文公民等教育，然後始能適應農民之需要。

二、訓練目標

農民訓練之目標，在用教育方法，改進農民之生產知識與技能，培養農民之公民意識與道德，以造就能應用科學農事方法之新農民，與具有時代知識之新國民，尤須造就真正農民領袖，使能領導農民自動，從事農村社會之改進與農民生活之改良，以完成農民訓練之使命，故農民訓練之目的在造就現代農民與現代公民及農村社會領袖人材以完成農村社會之改造。

三、訓練原則

農民訓練之實施，須注意下列數原則：

（一）應確定農民教育制度，開辦各級農民學校，為執行農民訓練之機構。

（二）農民學校可由農業教育機關與農業推廣機關合作辦理。

（三）推進訓練之機構必須系統化與普遍化。

（四）訓練之實施，應以真正農民為對象。

（五）應於訓練中注意組織，於組織中兼施訓練，使組訓合一。

（六）應以集體活動及設計教學為主要訓練方法。

（七）應就實際生活問題為中心，以引發公民訓練。

（八）宜兼重精神訓練。

（九）訓練之實施，應具高度之適應性。

（十）教材之之搜集應以當地農事與生活問題為中心。

四、組織系統

農民訓練偉大使命之完成，決非四至六個月之農民補習教育所能收效，因科學農事方法之學習，決非易事，而現代農民又多半未受國民教育，即將來農民能否均有受國民教育之機會亦屬問題，故欲養成現代農民與現代公民，自宜有較長之時間，且欲造就農村領袖人材，具有領導能力，尤非受較長時間之訓練，獲得豐富知識不可，故實施農民訓練之農民教育制度至少應有期限十年，可區分為四級，試分論之。

第一級為農民基礎學校，約於一年期限內完畢若干單元之學習，實施普通新農業知識與技能之訓練，養成「樂於接受及善於應用良種善法之新農民」對象為校區內之全體民衆，第二級為初級農民學校，期限二年，實施農業技術訓練，與公民訓練，期造就具有普通科學農事知識之農業經營者，及鄉村社會之基層領袖，對象應為農民基礎學校之優秀畢業生。第三級為高級農民學校，期限三年，實施農業生產技能農村組織技能及農村服務技能之訓練，以培植農民領袖，農村社會改進工作及農業推廣幹部人材，對象為初級農民學校畢業生，及各農村改進機關與農業推廣機關之練習生。第四級為農民學院，期限四年，實施農業技術，農業推廣，農民組織，農村服務及農事教學之專門訓練，培植高級農民領袖，低級農民學校師資，及高級農村改進與農業推廣幹部人材，對象應為高級農民學校，初級農業職業學校與初級鄉師之畢業生，及各鄉村工作機關與農業推廣機關之低級職員。

五、分論各級農民學校

（一）農民基礎學校

農民基礎學校在對校區內全體民衆，實施農業基本訓練，使能認識農業改良之重要，樂於接受改良之結果並能有效地應用此種結果於農事，以實現農業普遍之改進，故農民基礎教育，在造就健全之農業推廣對象，實施訓練期間，應加倍注意組織農民，俾便利訓練工作之實施，及加強訓練工作之效能。

（1）目標：農基校以養成現代農民為目標，受訓練學生，必須達到之標準：

（1）具有普通農業科學常識

（2）具有農業生產新技能

（3）能應用農業經營合理方法

（4）具有改進農村改善生活之思想與精神

（2）設置：農基校應以縣為單位，由縣農業推廣所主辦，惟須與省內農學院合作，俾能取得高級農業教育機關之輔導，每縣可設立一中心農民基礎學校，各推廣區則分設區農民基礎學校，以全區農民為對象，無論男女老幼，一但於初辦時可先從成年及青年男子入手）均須設法使其入校受訓，可按照調查統計，分期完成全區農民訓練，每一校區範圍其半徑宜不大於五至十里俾便於集訓。

(3)編制：　農基校以學習若干單元為限，全部時期約為一年，分農忙與農閒兩學期，以每學期為農單位，農閒期始業，約為四—六個月，餘為忙期，農閒期則集合教學，定時上課，農忙期則採個別指導，及定期集會方式。

(4)課程：　教材之搜集，宜以區內農事問題與農民生活問題為中心，即以每一種問題為一單元，收集各種有關材料，以能謀得該問題之適當解決為教學目標，則教材定富於興趣，課程可採混合編制，不分科目，單元教學次序，宜按農事季節性排列，每一單元應包括課文，實習活動，及討論問題三項，教學時間之長短，依單元內容而決定，全年應規安須修畢若干單元，學生連續或先後修畢規定單元後，即舉行測驗，發給證書，學生畢業後，宜悉組為農學團。

(5)教學方法：　農基校採講解討論示範及實習為主要教學方法，并須盡量利用標本圖表模型等教具，如能當演放幻燈片或教育電影片，尤為相宜，每一單元於講授之先，宜廣行通告，農忙期間之個別農事指導，事先尤貴有整個計劃，事後應詳細記載，每一月或半月宜舉行集會一次，應備有演講，時事報告，及遊藝節目。

(6)設備：　農基校應有合用之校舍，可利用當地小學校舍或租借廟宇或祠堂等公共場所，教具亦須敷用，校內宜有農場五畝以上，供學生實習，示範及繁殖種苗，如各推廣區設有推廣農場，亦可利用，外須設民衆茶園，壁報，問字代筆處及診療所等，使學校成為社會生活之中心。

(7)學生：　農基校學生以區內全體民衆為對象，但可集中注意力於區內十五—五十歲之男女農民，凡學生登記入學後，即可按照性別年齡分為兒童少女青年主婦及成人各班，各班又可按程度分組，每班以五十人為限。

(8)組織：　農基校可設置校董會，聘請當地農民領袖為董事，校內設校長一人，由主辦機關徵得董事會同意聘任之，下可分設事務，教導，及場務三組，教職員以由推廣區職員兼任為原則，必要時亦可聘請專任教師，當地之富有經驗老農，亦可聘請其 指導農事 技術。

(二)初級農民學校

初級農學民校，在實施農民直接職業訓練，並灌輸現代公民應有知識，以增進農民職業之效能，及公民之素養俾能担負農村基層領袖責任，或為農民組織之核心及農業推廣活動之據點，故數量應力求擴大，以爭取農業普遍之改進，農村普遍之改造。

1.目標：　初級農民 學校在訓練農業青年，使具有下列能力。

(1)具有現代科學農業知識與技能。并能應用於實際農事工作。

(2)具有改進農事之能力 可供一般農民示範之用

(3)具有贊助推廣工作之興趣與能力，成為推廣活動之據點。

（4）具有組織民衆推動基層農村建設工作之能力，成爲農民組織之核心。

2. 設置：每縣至少應立一初級農民學校，可由縣農推廣所主辦，惟須取得省內農學院之合作與指導，學校經費，可商請當地地方政府撥款協助。

3. 課程：初級農校課程分農業技術與農村服務，公民訓練則平均分配於兩學年內教學。

4. 教學方法：農閒時期採取集體設計及講解討論輔導實習等方法。農忙時期則採取家庭設計與個別指導等方法

5. 設備：初農校應有能容一百人左右之校舍，并須有教室實驗室書報室及寢室，藉供集制之用，農忙時期，即可利用校舍開辦託兒所農民俱樂部，及診療所，校內應有實習農場，面積應不小於五十畝，可區分爲示範實驗經濟生產及種苗繁殖三區。

6. 服務區：初農校爲養成學生服務能力，應設一服務區，其半徑約爲十里，區內可分設服務站，學生在教師指導之下，担任各種服務活動。

7. 學生：初農校學生來源首應爲農業校之優秀畢業生，年須在十五至二十五之間，并實際以農業經營爲職業者，在校膳費，應由學生自備，但學校宜多設貸學金，以資救助。

8. 組織：初級農民學校可設校董會聘請地方熱心農民教育人士爲校董，由校董會取得主辦機關同意聘請校長，下分設事務教導場務三部，及社會服務委員會，教員可由縣農業推廣人員担任或專聘，農忙期之學生家庭設計實習，可由當地推廣人員兼負指導實作。

（二）高級農民學校

高級農民學校在實施高級農業生產農民組織及農業推廣等技術之訓練，以造就農事指導，推廣幹部，及農民領袖人材，其不同於初級農民學校之使命，即在造就農村工作人員多具領導與主持作用，非若初級農民學校以下之農民教育使命，則任訓練農民多具有接受與贊助是也，後者訓練之目標，在使能多從事改善自身生活，前者之訓練，則在養成從事於改善他人生活之能力。

1. 目標　高農校之目標，在造就下列工作人員：

（1）較大規模新式農場經營者

（2）縣以下農業推廣機關指導及助理員

（3）縣鄉農會之幹事組長

（4）合作社之理監事

（5）地方鄉鎮以下行政人員（鄉鎮長及保甲長）

（6）農民基礎學校師資

2. 設置：高級農民學校，應由省府農業推廣機關商請省內農業專門以上學校，代爲辦理，每省至少應設立一所。

3. 編制：三學年結業，以每學年爲一階段，學生得連續或先後修業三學年，修業一學年者，可發給修業證書，修業三學年者發給畢業證書，每學年有四—六個月之集合訓練，其餘時間從事分組或個別設計實習，可於校內或家鄉舉行。

4. 課程：注重工作技術及精神陶冶，技術爲生產，農民組訓，及農業推廣三方面，精神訓練則注重服務及努力推廣事業，一年級以生產技術爲主，農民組訓技術爲輔，二年

級以農民組訓技術爲主，生產技術爲輔，三年級以推廣技術爲主，生產技術及組訓技術爲輔，精神訓練平均於三年內施行之。

5. 教學方法： 高級農民學校應以集團作業爲主要教學方式，即集團生活，集團生產，集團研究，及集團服務，以個別服務作爲補充方法。

6. 學生： 學生來源，應由省內各初級農民學校畢業生，各縣農業推廣機關之下級職員，練習生，及其他有同等資格與學力者，惟第一種學生應至少佔百分之五十以上，學生入校，須經入學試驗，學生在校費用，應由校方供給，各機關保送學生，則應由原保送機關供給。

7. 教員： 高級農民學校教師，可由主要農業教育機關及省農業推廣所人員兼任，惟亦可聘請專任教師，學生分散實習時，則應商請各當地農業推廣人員担任指導。

農民學院爲農民教育最高學府，首在造成農民組織上層領袖，故對學生之訓練，必須養成其具有行政管理能力，組織領導能力，教學技能，服務精神，及專業指導技能，農村建設運動之推進，端賴於有健全之農民領導者，並須其來自農間，較能真切明瞭農民之需要，對於農民福利之進求，當尤爲熱切，此種人材之數量，頃可較少，然其質地之標準須特高，因其地位與職務，常能影響整個事業，故非有高深之訓練不可。

1. 目標： 農民學院訓練之目標，在造就下列人材，惟對於農業推廣方法及農民組訓方法之研究，亦爲其本身應有之任務。

(1)農民上層領導者

(2)農業推廣高級幹部及縣以下推廣機構之領導者

(3)各級農民學校師資

(4)鄉村地方行政人員(區長及鄉鎮長等)

2. 設置： 農民學院應分區設立，我國目前似可分爲華東，華西，華南，華北及華中五區，由中央農業推廣機構，就重慶杭州廣州及武漢之附近鄉村環境，委託各當地之農學院代辦，農民學院，在首都所在地可先辦一中央農民學院，藉供示範之用。

3. 編制： 農民學院訓練時期，宜較長，須四年畢業，前二年爲普通訓練，後二年爲專門訓練，故可按事實之需要，分爲下列各組：

(1)推廣行政組

(2)專業指導組

(A)農事指導

(B)家事指導

(3)農民組訓組

(4)農校師資組

(5)地方行政組

每一學年須有四—六個月之集合訓練，餘爲實習期間，依一定計劃，在指導下從事個別分組設計實習，

4. 課程： 課程分公共必修及各科必修兩種科目，如農村社會，農事推廣，農業經濟，農村教育，農村問題，農民心理。農業政策，國語，史地，公民，音樂等，爲公共必修科目，餘如推廣行政，推廣督導，農事指導，家事指導，農村組織，農村自治，農村領袖，農業教學法，教學入門，合作學等爲分科之主要科目。

5.教學方法：以設計教學為基本方法，注重實際活動，特別須留意於自動及合作態度之養成。

6.學生：學生來源有三，一為高級農民學校畢業生，二為各級推廣機關幹部人員，三為初農及鄉師畢業生，然第一種學生，應不少於全體百分之五十，學生入學，須採取較嚴格入學試驗，在校費用，則悉由學校供給。

7.教職員：農學院教師，一部可由農學院教師兼任，各農民學院，得交換教師與學生。藉收互相觀摩之效。

農民事業之發展，端賴農民自身作自動之努力，苟悉假手於人，則難免有被動之嫌，一切實施，或難悉如農民之願望，故對農村改進事業之推進，端賴養成農民自覺意識與自動能力，使在適度輔導情形下即能努力求自身生活之改進，進求個人與團體前途之光明，則農村改進工作，始為一有生命有靈魂之事業，可以繼續不斷求進步而形成永生，惟自覺意識與自動能力之養成非藉教育方法，施行有效訓練，決難收效，農民需要之教育決非與實際生活無關之單純的識文教育或公民教育，故以生計教育為中心。農民教育制度之確立，實為造就新農民建設新中國之基本工作，政府當局，慎勿以收效較緩而忽視之，則幸甚矣！

為放水田種小麥增加糧食生產告農民書

農友們：現在百物昂貴，米價高漲，你們不是叫苦連天嗎？有不有辦法來解除這種困難呢？是有辦法的。只要你們放水田種小麥，收了小麥，又可收稻子增加糧食生產。你們就有小麥當飯吃了，並且小麥價錢是隨米漲的，不喜歡吃小麥也可拿去換米。又可賣了小麥，去買布疋雜貨。那就不怕百物昂貴了。因為你們有很多的小麥可以賣錢，這樣可以使你們的生活，更加富裕起來，並且，前方戰士流血抗戰，你們應該在後方多流汗增加糧食生產以增強抗戰力，這才算是盡了農民的光榮責任。不過你們對于種小的利益還是有些懷疑的，一定有些問題不大了解，須得向你們詳細解答，現在就根據你們的問題分別解答如下：

1.我國農田冬季關水，就是為了便於來年播種栽秧，如果農田無水，到了來年，怎能播種插秧呢？

這個問題，很容易解決，我們田中種了小麥，到了明年春季播穀種的時候，就在麥子行中，依一尺多遠的距離，點播穀種，等到小麥收穫秧子也就長到四五寸高了！那時我們若有塘堰，就灌水進去滋養他。若無塘堰，等落雨來灌溉也無妨，這個法子，過去我曾勸導北碚十九保住戶馮時齋依法實行，結果比較他人用栽秧的法子還好，收穫也比別人一畝地多一斗多。據他說，這法子在辛卯年天乾，有一貴州人曾經傳過，那年就照樣種過，成績也好。由這一點看來，水稻乾田直播法，真是有效，不但播種不成問題，並且還免掉栽秧的麻煩。這是再好沒有了！據科學計算，凡有乾地或山田十畝的場所，有四千零五十立方尺的水，即能預防旱災。我們依此標準，每窩秧子佔一方尺，需水六十六立方寸（大約半桶水）就夠了。可見需水量還是不見得多。又據一般農人的經驗，都說秧子在幼苗及成熟的時候是不怕乾的，惟在抽穗(出苞)的時候才要水，但是也不多，只要有點跑面水，就成功了。只要我們在放田種麥的時候先擇一二塊田，加高田坎蓄起水來，等到穀子抽穗才灌進去，那就萬無一失了。又如民國二五年的春季，水田本來關有冬水，播種栽秧，都無問題。可是自夏至秋都遭天乾，穀子還是沒有收穫，這是田裏關冬水無濟於事的明證。又看民國二六年春季因受乾旱的影響，連吃水都成問題，播種栽秧是更無希望，但是我們採用水稻乾田直播法，收穫還是很好。可見田裏沒有冬水，還是可以吃飽飯，這是你們過去親眼見到的實例。我們退一步說，就算沒有辦法，但是已經收了一季麥子，很足以抵償所收的穀子，這正是為防來年乾旱，穀子歉收的一個補救的絕妙方法。

2.種了小麥，再種稻子，往往收成不好，有什麼辦法呢？

種麥後，田就要減少收穫，這是肥料問題，不是產量減少問題，我們就這點來說，如成都的田，一年是種兩季，沒有聽說減少產量。就近來說，你們種的榜田，每年也是種兩季也沒有聽說減少收穫，再以你們的土面論，還有三季菜園種菜，還有種四次五次的，也未聽說減少收穫這更足證明的多少，不在乎種一季兩季，是在人事盡與未盡，與施肥不施肥的關係哩！又於種麥之前，土地就要深耕一次，又要鋤鬆耙平，然後下種，生長期間，又要中耕一兩次，經過冬季春初的凍融，隨時在耕鬆隨時在分解依漲縮的道理，土塊自然就破裂，來年種穀就不用犂耙，兼之土粒經風化之作用，把土中所有的無機質變為有效肥料，以供植物的生長，比較你用水淹着，空氣窒塞，水溢流肥，還好得多哩！

3.稻田關水可除虫害，開放之後，虫害必多怎麼辦呢？

水能殺虫，固然是對，但有些雜草(如鄉間所呼的水岸板剪刀叉等)反在水中能生活，有些害虫(如蜉蝣，水黽)能寄生。不但雜草耗肥，並且害虫仍是繁殖。我們開放種麥，燥濕異趨，環境變遷，那些雜草害虫，就不能生存了。兼之耕鋤之時，還可以把他埋覆土中爛死，可以增加土內有機肥料並且風霜冰雪浸入土中，也能凍死一切蝕秧苗的虫卵。這個方法，恐怕比你關水殺虫，還要有効些罷！

4.種小麥可以增加多少收入呢？

可以增加一倍的收入。一畝地普通產穀，一石上下，種麥可產五斗左右，就現在的市價，穀一石百元左右，麥一斗價十七八元，五斗小麥與一石穀子的價差不多，並且種穀的手續，比種麥要麻煩些，穀子的虫害，水旱害也要多些，小麥就沒有這些危害。又查本區稻田面積二萬石若於冬季插種小麥，最低產量可收八千石，每石最低價一百六十元，總計可以增加峽區農民一百多萬元的收入。過去黃桷鎮就有姓趙的農人照此施行，把他的水田六十多石的面積，放了水來種小麥，結果收卅多石小麥，那年每石才值三十多元，他就賣了一千元的現金，馬上就成了富翁。總理說過，人不要與人爭，要與天爭地爭，才有辦法，由上面看來，這話真是不錯，請大家趕快實行吧！

嘉陵江三峽鄉村建設實驗區署

廿九年九月十日

嘉陵江三峽鄉村建設實驗區署管理飲食店則規

第一條　凡在本署轄境以內開設飲食店營業者，均應遵照本規則之規定。

第二條　本規則所稱飲食店包括下列各種營業：

(甲)飯館食堂、酒家、飯店、餐廳、番菜館

(乙)點心舖、咖啡館、醬果店。

(丙)茶館、飲冰室。

(丁)其他一切專營兼營供人飲食之店舖。

第三條　凡營飲食店業者，須先向本區衛生所請領衛生執照後，再向本署請營業許可執照，方准營業，其在本規則公佈以前已開業者，經通知後，限一個月內，補行上項手續，逾期，予以停業處分。

第四條　飲食原料應多採用國貨，并詳列價目表上，以供顧客選擇。

第五條　店內廚師技工招待等均須選清潔康健之人，凡有宿疾者，不得雇用。倘有臨時發生皮膚或傳染病者，均應立即停止其工作。

第六條　店內服務之人，均應服裝整齊清潔，茶房招待，應編號碼，綴於胸前，其包頭跣足襤服污破者應從嚴取締，以壯觀瞻，而重衛生。

第七條　供顧客所用之餐具與毛巾等用過一次，即須以沸水洗清潔，方能再用。

第八條　放置生熟食品，應備冰箱、玻璃廚、及紗罩內，以除腐朽，及灰塵蠅蚋飛落。

第九條　飲用水必須經沙濾後，方准取用（沙濾缸做法按照衛生所規定）傳染病流行時，必須消毒後，方准取用。（消毒方法必須按照衛生所規定）

第十條　廚房客座，應與廁所便池有相當之隔離，並均須保持清潔。

第十一條　廚房中必須有通暢之暗溝，並應常加沖洗。

第十二條　應自備有蓋之垃圾箱、污水桶、及痰盂之設備。

第十三條　不得以腐爛或不鮮潔之食物，更加調製出售客人。

第十四條　無論經理店員，對於顧客均須態度謙恭，誠言和藹。招待慇懃，不得有粗暴傲慢之行為。

第十五條　店內營業時間，必須力求雅靜，不許大聲喊叫。

第十六條　顧客用畢飲食，應按照價目表之規定，開送清單，核實收費，不得有需索掌彩小費等情事。

第十七條　顧客如有尋釁挑剔不付錢款者，店員不得有妄加無禮之舉動，應報各警察或該管公安隊處理之。

第十八條　顧客如有遺落物件，應交賬房保存待取，其逾一月無人領取者，應送由該管公安中隊部備案登報招領，店員不得故意隱匿侵分

第十九條　關於飲食之整齊清潔，每週警察機關衛生所須會同派員警檢查兩次以上，如有指示　店主應

切實遵照改善，不得敷衍。

第二十條　倘有違犯本規則之規定者，依違警法罰則處罰之。

第二十一條　本規則如未盡事宜。得隨時修正之。

第二十二條　自公佈之日施行。

嘉陵江三峽鄉村建設實驗區署管理理髮業規則

第一條　凡在本署轄境以內。開設理髮店營業者，均須遵照本規則之規定。

第二條　凡營理髮店業者，須先向本區衞生所請領衞生執照後，再向本署請領營業許可執照，方准營業，在本規則公布以前，已開業者，經通知後，限一個月內。補行上項手續，逾期予以停業處分。

第三條　凡患肺癆皮膚花柳宿疾者，均不得雇傭爲理髮匠，其有臨時發生傳染病者，應立卽停止其工作。

第四條　凡理髮匠均應備具清潔白色衣帽及口罩，以備工作時戴用。

第五條　供顧客理髮時所用之圍襟，須用白色國產細布爲之，并須勤加洗濯，不得汚穢。

第六條　刀剪器具用後，必須消毒，方准再爲他人使用。

第七條　凡剪落之髮鬚，及用過之汚水，必須用器貯存，運至指定地點傾棄，不得任意潑洒，妨害交通與衞生。

第八條　室內須隨時打掃清潔，潮濕之地應鋪撒石灰粉，室內所設痰盂應勤加洗刷，并注入消毒藥水。

第九條　理髮價目，應列表懸於易見處所。

第十條　理髮工匠，絕對不許替打眼、刮鼻、挖耳、捶背燙髮、修甲，如顧客有要求者，則須婉言謝絕之。

第十一條　顧客脫下衣帽物品，應依座次編號懸掛，妥爲保管以免錯誤。

第十二條　對於顧客均須態度莊嚴，誠言和藹，不得有卑鄙傲慢輕佻勒索等行爲。

第十三條　顧客如有遺落物件，應妥爲保存待領，倘逾一個月不領者，應送交該管公安中隊部實施檢查，出示招領，店員不得隱匿俵分。

第十四條　違背本規切各條之規定者，依違警法罰則處罰之。

第十五條　本規則如有未盡事宜，得隨時修訂之。

第十六條　本規則自公布之日施行。

嘉陵江三峽鄉村建設實驗區署取締食品小販規則

第一條　凡在本區轄境以內，無論肩担或擺攤爲飲食品之售賣者，均應遵照本規則之規定。

第二規　售賣飲食品之小販，應於開始售賣以前，卽將飲品種類製法報告於本區衞生所檢查允准登記發統執照後，方准售賣。

第三條　開始賣後，如有增加食品種類情事，仍應續行報請核准。

第四條　廣告登記並不收費，惟於領取牌照時，應繳納印刷材料費。

第五條　牌照應隨時攜帶，以備衛生或警察人員之檢查。

第六條　食品於製成後，依其性質裝置於冰箱瓦罐玻璃篋或紗罩內，所有暴露食品，絕對禁止售賣。

第七條　無論生熟果實，不得剝削表皮，以保相當清潔。

第八條　瓜皮果屑，渣滓，必必置於自備有蓋之箱籠內，不得任客隨地拋棄。

第九條　未達成熟時期或達腐敗程度之食品，絕對不許售賣。

第十條　凡有妨害衛生之糖質及顏料。絕對不許攙入食品之中。

第十一條　生熟食品，不得任使潑洒生水，及爲類似之處置。

第十二條　凡病死猪牛羊鷄鴨及變色變味等肉類，亦不得售賣。

第十三條　各小販於營業時，不得怪聲叫賣，或用銳聲響器，擾亂安甯。

第十四條　飲食担攤，絕對不准置於廁所糞坑或垃圾附近。

第十五條　凡違反以上各條之規定者，應按其情節之輕重，取消其牌照，並依違警罰法之例處罰。

第十六條　本規則如有未盡事宜，得隨修正之

第十七條　本規則自公佈日施行。

嘉陵江三峽鄉村建得實驗區署屠宰場檢查規則

第一條　本署爲維持公共健康起見，凡在本區管界以內，其供人食用，屠宰獸畜，售賣肉類營業者，(以下簡稱肉商)悉依本規則辦理之。

第二條　屠宰獸畜，暫以猪牛羊三種爲限依地方習慣，分設兩場。

第三條　屠宰獸畜，應按指定場所宰殺，由檢查員檢查，確係無病，方准屠宰。

第四條　屠宰獸畜，應按左列之標準向屠宰場交納檢驗費。

一、牛每頭收檢驗費三元。

二、羊每隻收檢驗費四角。

三、猪每口收檢驗費六角。

第五條　肉商繳納檢驗費後，由屠宰場給予收據及准屠號牌。

第六條　屠宰工人憑准屠號牌，依次宰殺。

第七條　已屠獸畜於收拾清潔後，仍送檢驗員復驗，并於獸皮上蓋用「驗訖」戳記，收回號牌，始准出場售賣。

第八條　獸畜內臟，凡可供人食用者，亦須交檢查員檢

查，方准售賣。

第九條　凡非在屠宰場屠宰之獸畜，不准售賣。但在年關季節、四鄉屠宰獸畜得逕往屠宰場經檢驗員檢查給照蓋戳後，始准售賣。其檢驗員得減半征收。季節以節前五日爲限，年關以年前十五日爲限。

第十條　婚喪慶弔屠宰獸畜專備宴客之用者，准依年關季節之檢驗減半收費之辦法辦理之。

第十一條　屠宰檢驗收費執據及號牌式樣另定之。

第十二條　凡違反本規則之規定者，依照違警法法則處罰之。

第十三條　本規則如有未盡事宜，得隨時修正之。

第十四條　本規則自公布日施行。

嘉陵江三峽鄉村建設實驗區署管理旅店規則

第一條　凡在本區轄境以內經營旅店事業者，均應遵守本規則。

第二條　本規則所旅店，包括左列之各種營業：

(一)旅館、旅社、別墅、客棧、賓館、飯店；

(二)公寓、招待所、寄宿舍、流動職工下塌處；

(三)容留旅客之行棧、茶肆、酒社、飯館等營業。

第三條　凡欲開設旅店者，應於開業前依照各種營業規則呈報該管公安中隊部查報本署，發給營業許可憑，方准開業。

第四條　旅店如有改組或遷移時，仍應照前條之規定辦理。

第五條　旅店建築應依管理特種建築規則辦理之。

第六條　旅店雇用店員須有妥實舖保，并將其名額姓名年齡根貫舖保號字一併呈送備案。倘有更替，隨時呈請更改。

第七條　旅店門首須懸字號牌扁及門燈，並於顯明地點懸掛旅客一覽牌，書明房號旅客姓名根貫，以便查閱。

第八條　客房應分房編號，規定價目，暨客姓名等牌，均懸於房門左側，以資識別。

第九條　旅店之客房、庭院、雨道、應隨時洒掃，潮濕之處，勤墊石灰，痰盂之內，多注消毒藥永，以保衛生。

第十條　客房門窗，店員應妥爲照料，代爲關鎖。

第十一條　旅客寄存之行李、公文、銀物、應逐一點清，發給收據，倘有毀損，應負賠償之責。

第十二條　旅客存物逾六個月不取，或爲遺忘物品，暨拖欠店資，願以抵償者，均應報請核示，不得自行處理。

第十三條　旅店應備清潔廁所，明亮燈光，高大之晒台及消毒藥品，以便旅察，而策安全。

第十四條　旅店應備置旅答登記循環簿，凡旅客投宿，應欄詳填，於每晚九時前送請該管公安中隊部，以憑考查。

第十五條　店員廚役身體須健強，衣服須清潔，言語須和靄，如有皮膚或傳染病者，衣服骯髒及言語粗暴，態度傲慢者，應立即停止其工作。

第十六條 旅店店員不得有左列行爲：

(一)幫助或引誘旅客爲不正當行爲。

(二)欺侮誆騙旅客。

(三)巧目名堂額外需索。

(四)設計竊盜旅客財物以圖避免法律責任。

第十七條 旅客如有左情形之一者，須立即報告該管公安隊部。

(一)私帶軍械或危險爆炸品及一切違禁品者。

(二)攜帶大批書籍傳單而有反動嫌疑者。

(三)攜帶婦女幼童舉動可疑形近誘拐者。

(四)在旅店吸食鴉片毒品或聚賭者。

(五)招妓侑酒或非眷屬男女同居一室者。

(六)在旅店內患重病者或傳染病者。

(七)審知旅客有刑法上重大犯罪行爲者。

(八)旅客有漢奸行爲或形跡可疑者。

(九)旅客外出三日去向不明者。

(十)旅客遺留物品一去不返者。

(十一)晚九時以後任意喧嘩不聽禁止者。

(十二)外國人投宿者。

(十三)其他有妨害秩序風化及公共衛生行爲，勸告不聽者。

第十八條 旅店遇有旅客暴卒，必須報請檢驗，所有尸體衣物不得移動。掩埋後，仍須消毒。

第十九條 旅店遇有警察官檢查，不得拒絕，有詢問時，應據實陳述。

第二十條 各旅店應於每日午後十時閉門，十時半減燈。并派專人守夜，凡旅客在十一時以後返店，應予登記其歸宿時間，以備查詢。

第二十一條 違犯本規則之規定者，應分別情節之輕重，依法處罰。其有關於刑事或軍事者，則移送法院或軍事機關處理之。

第二十二條 各鎮公安隊部應逐日遣派員警前往各旅店查核訪問，如有可疑者，應報請長官實施細密檢查，不得敷衍。

第二十三條 凡旅店受勒令歇業之處分者，并應吊銷其許可證。

第二十四條 本規則如有未盡事宜，得隨時修正之。

第二十五條 本規則自公布之日施行。

北碚清道隊組織綱要及徵收清潔費辦法

一 爲辦理北碚市街清潔，提倡公共衛生，減少疫癘流行起見，特組織北碚市街清道隊。

二 清道隊應設隊長一人，專司調查街市清潔，及工作分配，並監督，指揮、訓練、考核全隊工伕事項。

三 清道隊隊長之下，設督工一人，担任帶工、督促工夫勤務事項。

四 清道隊設清道夫九人，專任北碚市街及公共場所洒掃及挑運垃圾，疏濬溝渠等工作。

五 清道隊直隸於北碚市政委員會，受公安第一中隊之指導監督。

六　清道隊經費由北市政委員會向市民征收撥發之

七　徵收清潔費依下列標準辦理之：

特等戶月納一元特大商店、富庶公館，或較大團體勸募之。

甲等戶月納六角用於商店店員在七人以上。或住戶男女傭工在五人以上者。

乙等戶月納四角用於商店店員在五人以上，或住戶男女傭工在三人以上者。

丙等戶月納二角用於商店店員在三人以上，或住戶男女傭工者。

丁等戶月納一角用於較小商店，能維持生活住戶。

赤貧免徵

八　征收清潔費理北碚市政委員會預製三聯單，（存根繳查收據）編號後，呈由實驗區署蓋印，再行徵使用。

九　每月所征費款，除隨時交存農村銀行外，并於次月十日以前，連同繳查暨收支清單，呈報實驗區署備查。同時公告市民。

十　各街市除由市政委員會於適當地點設置大垃圾箱，其商民公私人便計，得自行備置小型塵芥箱，加設掩蓋，每日由清隊派夫收運垃圾二次，但不得傾倒於箱外。

十一　此次征收清潔費爭屬剏舉，所有征收人員務須以最適當之勸導方式，使民衆樂於輸將。

十二　本辦法自呈准日施行。

本刊徵稿條例

一、本刊以反映三峽實驗區建設事業之進展情況，交換鄉建實施經驗，改進農業及生產技術爲主旨，歡迎投稿，其範圍如下：

1.峽區各建設事業進展概況。
2.峽區各項建設工作中的困難與克服困難的經驗。
3.全國各地鄉建消息及實施經驗談。
4.鄉村建設之理論著述。
5.世界各國建設故事。
6.生產技術改良實例。
7.科學發明故事。
8.自學成功者的學習經驗。
9.有關抗戰建國的名人講演。
10中國新與工業的介紹。

二、來稿須繕寫清楚，并加新式標點 標點佔一格。
三、譯稿請附寄原文或註明出處。
四、來稿本刊有修改權。
五、稿末請註明作者通信處，以便通信。
六、來稿請寄北碚實驗區署月刊室收

北碚月刊

第三卷 第五期

民國二十九年九月十五日出版

編輯者 嘉陵江三峽鄉村建設實驗區署月刊室

發行者 嘉陵江三峽鄉村建設實驗區署 四川北碚

代售處 北碚重慶各大書店

印刷者 京華印書館 北碚天生橋

每期定價五角

北碚公園之清涼亭

西山坪農場

漢藏教理院

温泉公園飛來閣

中央銀行北碚辦事處

北碚

第三卷
第六期

林森

民國廿九年
十一月十五日出版

襲擊前　　鞫鋒作

四川嘉陵江三峽鄉村建設實驗區署發行

本期目次

水稻苞谷展覽特輯

補白

轉載

附載

三峽實驗區二十九年度水稻苞谷展覽大會

農推所

甲 展覽大會意義

峽區全境耕地面積，在夏季作物中，水稻約佔百分之三十，玉蜀黍（苞谷）約佔百分之六十以上。故峽區食糧之增產改進工作，除冬作應以小麥爲主外，夏季作物則應以水稻與苞谷爲對象，乃能普遍迅速而收事半功倍之效。實驗區署有鑑及此，在數年前即有小麥展覽會與水稻苞谷展覽會之提倡，蓋欲從比賽觀摩中以激發全區農民之增產興趣，而從事此類主要作物之一切改進工作。本區農業推廣所成立以後，本此旨趣，爰擬訂本年度水稻苞谷展覽大會舉行辦法大綱，暨各項進行細則，呈准實驗區署及省農業改進所備案後，即由農推所進行籌備，並蒙省農業改進所合川試驗分場，四川省立教育學院農場及區內外各機關學校各界人士等之熱烈贊助，展覽大會得以完滿完成。

乙 籌備經過

本所於奉令核准大會舉行辦法後，即遵照計劃進行籌備，對外分函區內外各農事機關及學術團體，徵求展覽品與獎品，並曾派員分赴合川重慶向各機關學校商洽選送展覽品來峽，一面復於苞谷及水稻收穫期間分赴區屬各鄉鎮宣傳展覽會意義及參加展覽辦法，並實地指導農家選取其優良產品送會展覽；對內則一面從事本所農場水稻苞谷出穗標本之採製，一面繪製有關水稻苞谷之一切圖表淺說，至徵集之展覽品收齊後，復一一加以清除整理，書製標籤說明等，計自七月底起，至九月中旬止，歷時近兩月，本所職工大部分時力咸集中於此項籌備工作上。

丙 展覽情形

一、大會日期及地點　展覽大會原訂計劃係於九月十五日至十七日在北碚市舉行三天，並擬於事前由各鄉鎮自行負責分別組織農民若干隊於三日內輪流到會參觀，殊九月中旬正值農歷中秋節前後，敵機晝夜入川肆虐，北碚空襲警報頻發，以致影響會場佈置，原訂北碚市之展覽乃延期至九月十九日起至二十一日舉行。至各鎮組織農民到會參觀之舉，亦因此未克實現，故乃臨時改變方式於北碚展覽閉幕後，復將全部展覽品分期運赴各鄉鎮巡迴展覽，其日期文星場係九月二十六日，澄江鎮九月二十八日，黃桷鎮十月三日。

二、展覽品分類與會場佈置　大會收到之展覽品，計有本區農家水稻及苞谷產品七百五十份，省農改所合川分場標本圖表四百件，省立教育學院農場六十七件，本所農場三十四件，本區家畜保險經理處及本所之畜牧獸醫與家畜保險標本圖表等三十餘件。展覽時分爲本區農家產品，各地水稻苞谷良種標本，米質優劣評定標本，苞谷分類標本，各種優良肥料標本，病害虫害標本，加工製造品標本等數大類，分區陳列，每一標本之旁，皆置有標籤，圖表，或淺說等可以同時參閱。例如陳列水稻苞谷良種標本處，則有改良程序與方法，或該品種育成之經過及其優點之圖表與簡單說明；虫害標本旁邊，則有防治方法之說明；各種肥料標本旁邊，則有施用法與其特點的淺說。務期觀者能轍頭轍尾，瞭然此項展覽品之意義，而知所取法。

再本區畜牧獸醫事業，年來推行頗有成效，故此次展覽會特闢一地位，附帶陳列此類標本圖表。

會場形式因各鎮展覽地點之殊異，自不一致，惟其大概略如下圖：

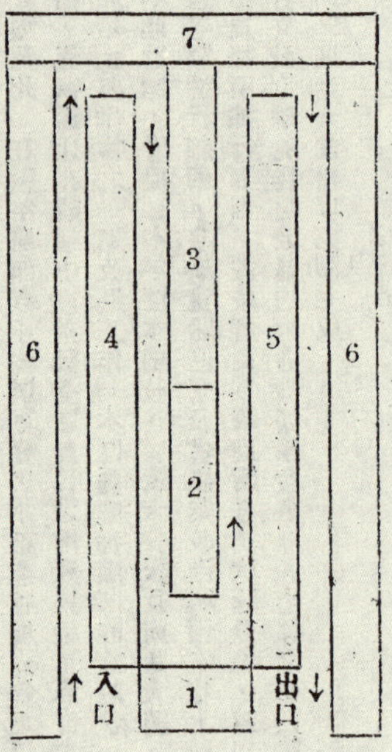

1. 獎品
2. 農家中獎產品
3. 肥料、病虫害及加工製造品標本
4. 分類標本及品質優劣評訂標本
5. 各機關出產良種標本
6. 四川各縣良種標本
7. 畜牧獸醫標本

三、展覽品解釋及大會觀衆：展覽大會除各項陳列品皆附有標籤圖表或淺說等，並編印參觀須知，於入口處分發外，復於會場分派人員隨時作詳盡之解釋與宣傳，使不識字之農友，亦能於參觀後，有完整的觀念。大會除歡迎自由參觀外，復曾於各鎮邀集保甲人員集體參觀，由解釋人對展覽會之意義，各類展覽品內容及中獎農家產品之優點等等，作有系統的報告，北碚展覽之最末一日——九月二十一日，適第三行政區沈鵬專員出巡到峽，曾由盧區長陪同到會參觀，四川省農業改進所農藝化學組彭家元主任因巡視川東肥料推廣事業，亦於是日經過北碚蒞臨會場，兩氏對於大會皆有所指示嘉勉，茲將各鎮參觀人數列表統計如下：

鎮別	參觀人數	農人百分數
北碚鎮	一七五〇	五六
文星鎮	八七〇	八五
澄江鎮	一二七〇	九二
黃桷鎮	二〇六	七二
合計	三〇六九	七六

四、農家產品評判與給獎　農家選送之水稻及苞谷產品共七百餘份，由大會製定評判表格，聘請農業學者及本地老農組織評判委員會，於北碚展覽之最末一日，當衆舉行評判，全區共取水稻及苞谷各十名，由大會將徵募之獎品獎金於事前分配妥當，評判結束後，於各鎮巡迴展覽時，通知該鎮得獎農戶到會，授給獎品。茲將中獎農戶姓名保甲及領受獎品獎金件數列表如后：

獎次	姓名	住址	獎品
水稻第一名	袁紹全	北碚十五保七甲	鋤一柄錦旗一面獎狀一張肥皂一連獎金三元

苞谷第一名	向秉榮	澄江十保七甲	同上
水稻第二名	秦玉發	北碚十五保五甲	錦旗一面肥皂一連毛巾一張獎金三元
苞谷第二名	龍海清	文星五保六甲	同上
水稻第三名	官九如	北碚十六保三甲	錦旗一面肥皂一連毛巾一張獎金三元
苞谷第三名	江仲安	澄江七保	同上
水稻第四名	玉君平	澄江、八保十一甲	肥皂一連毛巾一張獎金三元
苞谷第四名	艾長發	澄江十保八甲	同上
水稻第五名	熊少清	北碚七保十五甲	肥皂一連毛巾一張獎金二元五角
苞谷第五名	袁正和	北碚十四保	同上
水稻第六名	吳銀全	北碚十五保八甲	肥皂一連毛巾一張獎金二元五角
苞谷第六名	蕭全成	澄江十保七甲	同上
水稻第七名	李吉元	北碚十七保十五甲	肥皂一連毛巾一張獎金二元五角
苞谷第七名	彭萬全	澄江十保六甲	同上
水稻第八名	嚴炳全	北碚	肥皂一連獎金二元
苞谷第八名	牛星寺	文星五保	同上
水稻第九名	周炳雲	文星	同上
苞谷第九名	郭玉光	北碚十三保十甲	同上
水稻第十名	官少伯	北碚十一保一甲	同上
苞谷第十名	華美文	北碚三保一甲	同上

丁 經費收支

展覽會所有費用，悉在農業推廣所農場生產費內開支，其數額如下表：

項目	金額(單位元)	備考
宣傳費	二四・八〇	紙張印刷
陳列費	一六・一〇	圖釘繩索漿糊紙張顏料
獎金	五一・〇〇	
旅運費	六七・八〇	
雜支	七・六三	郵電費招待費
合計	一六七・三三	

（展覽特輯補白之一）

水稻苞谷展覽會參觀須知

峽區舉辦水稻苞谷展覽會，今年是第四次了，爲甚麽我們要不斷的年年舉行這個集會呢？這裏將本會的意義和希望，簡單的奉告於參觀諸君。

峽區每年的農產，只夠人民三個月的糧食，這些農產品中，主要的便是水稻和苞谷，由此可知區內糧食增產工作的緊要，亦可知以水稻和苞谷爲增產對象，其效果必能普遍而迅速，展覽的意義是要引導全區農友從比賽觀摩中發生增產興趣，從事改良的工作。

在這集會中我們所希望於參觀諸君——尤其是農友們的有下列三點：

第一，看見了別的地方的好品種或別人有好的出品拿來展覽，我們自己應許下願心，想法改良本地的品種，改良本人的生產。

第二，看見了各樣病害蟲害的標本，明白了防治他的方法以後，我們自己便要依法防治，轉告別人，須知減少損失，即是增加生產。

第三、看見了各樣加工製造品，我們應知道水稻苞谷除作食糧以外，其他的用途還很多——甚至它也是國防工業的原料品，所以從事改良增產工作，即是抗戰建國工作，勿小視自己的力量，勿放輕自己的責任。

三峽實驗區水稻苞谷展覽大會印發

（展覽會特輯補白之四）

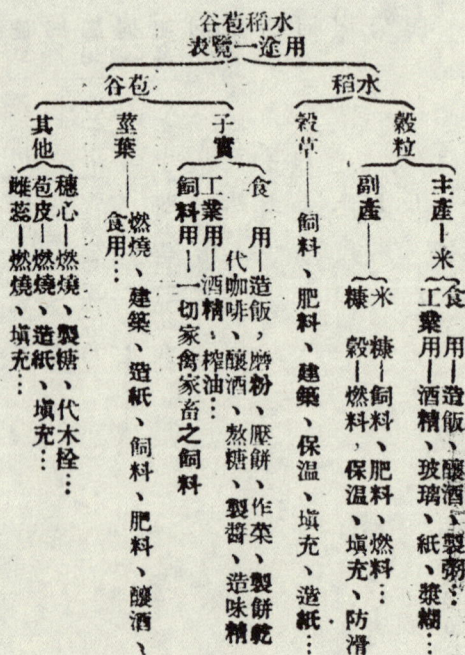

水稻苞谷用途一覽表

- 水稻
  - 穀粒
    - 主產—米
      - 食用—造飯、釀酒、製粥……
      - 工業用—酒精、玻璃、紙、漿糊……
    - 副產
      - 米糠—飼料、肥料、燃料……
      - 穀—燃料，保温、填充、防滑
  - 穀草—飼料、肥料、建築、保温、填充、造紙……
- 苞谷
  - 子實
    - 食用—造飯，磨粉、壓餅、作菜、製餅乾、代咖啡、釀酒、熬糖、製醬、造味精
    - 工業用—酒精、榨油……
    - 飼料用—一切家禽家畜之飼料
  - 莖葉—燃燒、建築、造紙、飼料、肥料、釀酒、食用……
  - 其他
    - 穗心—燃燒、製糖、代木栓……
    - 苞皮—燃燒、造紙、填充……
    - 雌蕊—燃燒、填充……

展覽大會苞谷評判標準表（引用省農改所製訂農家品種品評表）

1.品評項目及分數

品評項目	標準分數	各異樣標品實得分數																			
		1	2	3	4	5	6	7	8	9	10	11	12	13	14	15	16	17	18	19	20
整齊率	10																				

穗形	10																				
穗心顏色	5																				
子實顏色	5																				
健全	10																				
穗項	5																				
穗基	5																				
子實形狀	10																				
子實整齊率	10																				
行溝寬狹	5																				
子實重量	25																				
合計	100																				

2.品評項目說明

(1)整齊率：以穗之大小形狀及子實大小，如五穗中有一不同者，卽減二分，如一穗中只一小部不同者，酌減一分或半分。

(2)穗形：穗形以塔形爲佳，頂部不宜過大，基部不宜過長，五穗中有一不良者減去二分，如差異甚微可酌減。

(3)穗心顏色：應與原品種相符合，如五穗中有一雜者卽減去一分。

(4)子實顏色：應與原品種相同，如雜有不同子實，每一粒酌減1/10分，每穗以一分爲限。

(5)健全：包含成熟程度，子實飽滿，病虫害及子實穗心之緊密，如五穗有一穗不良者減去二分。

(6)穗項：穗項應滿佈子實，排列整齊，大小一致，如五穗中有一穗項部無子實者，減去一分，如穗項佈滿子實而有其他不良情况者，酌減分數。

(7)穗基：子實應排列成行，不合者酌減分數，穗基應向基縮小，如爲平直不縮小，一穗減一分。

(8)子實形狀：子實形狀應爲長方形或正方形，基部平直，兩側面應平行，如五穗有一不合者，減去二分，如爲圓杜品種以胚胎大小之整齊度而增減其分數。

(9)子實整齊率：每穗取子實二粒，考定其形狀，其形狀應與原品種一致，如五穗中有一不合者，減去二分，部分排列不整齊者減去二分。

(10)行溝寬狹：子實行間其緊密者爲佳，其行溝空隙達0.5分以上者，減去一分。

(11)子實重量：子實重量與穗之長度有關，馬齒型規定如下：

穗長	應有子實重量
23—26公分	350克
20—23	325
17—20	270
14—17	225
11—14	200

按其準標，每少30克者，減去2.5分，但每穗以五分爲限

籮石種若不依照此規定，大約以穗軸小，子實緊密，子實大而堅定，子實皮不厚者爲滿分，欠缺者卽酌量減少，

(展覽會特輯補白之六)

展覽大會水稻評判標準（引用省農改所製訂農家品種品評表）

一、評判項目及標準分數

評判項目	標準分數	各與賽樣品實得分數																			
		1	2	3	4	5	6	7	8	9	10	11	12	13	14	15	16	17	18	19	20
穗形整齊	15																				
穗形長短著粒疏密	25																				
籽粒形狀	10																				

不實度	10
健全度	15
糙米色澤	10
腹白大小	15
合計	100

二、說明

1.穗形整齊：以每組五穗長短大小一致者爲合格，記七五分，其中有一穗不整齊顯著者酌量減五分，五穗全長短參差不齊者加倍減分。

2.穗形長短着粒疏密：以長穗着粒密穗頸部分分枝多着粒亦多者爲合格，記廿五分，其中有一項不合者酌減分，有二項者加倍減分。

3.籽粒形狀：以全穗籽粒圓整保滿充實爲合格，記十分，粒形偏寬不飽滿者酌量減分。

4.不實度：以全穗上中下三部無不實者爲合格，記十分，其中間有不實粒者酌量減分，各部不實率多者加倍減分。

5.健全度：以穀色鮮明無病斑及充分成熟者爲合格，記十五分穀色暗淡略有病斑或不完全成熟者，酌量減分，病斑多者加倍減分，（麻穀者爲例外）

6.糙米色澤：以油潤透明有光彩者爲合格，記十分，色澤呆滯有青米及紅米者，酌量減分；（完全紅米者例外）

7.糙米腹白大小：以透明及腹白部分極小或全無者爲合格，記十五分，腹白中等減分，腹白部分視面觀察估計其大小，佔全粒 1/2 以上者，加倍減分。

峽區水稻苞穀栽培概況暨今後改進之途徑

鄭遠緒

峽區主要農作，厥爲水稻苞穀，豐歉增減，動輒影響整個農村，故亟應於可能之處，力圖改進，庶於抗戰建國期中，能增加一部農產。爰就本區水稻苞谷栽培概況，擬訂今後改進方針如左：

壹、產量 據本年度調查結果，峽區水稻苞穀產量表如左。

項目		鎮別 北碚鎮	文星鎮	澄江鎮	黃桷鎮	總計
水稻	產量(市石)	二一，七二二.〇〇	六，〇〇〇.〇〇	一三，七五二.〇〇	五，四〇〇.〇〇	四六，八八四.〇〇
	面積(市畝)	七，〇五〇，〇〇	三，〇〇〇.〇〇	四，九〇〇.〇〇	四，〇〇〇.〇〇	一八，九五〇.〇〇
苞穀	產量(市石)	一五，三〇〇、〇〇	四五，〇〇〇、〇〇	五，五八五.〇〇	一八，〇〇〇.〇〇	八三，九八五、〇〇
	面積	九，六〇〇.〇〇	七，五〇〇.〇〇	四，五〇〇.〇〇	六，〇〇〇.〇〇	六八，一〇〇.〇〇

貳、品種 峽區水稻苞穀品種，類別特多，玆就其名稱特性列表於次：

（一）苞穀品種

種名	別名	特性	分佈情形	備註
草白大方子		不擇土壤	北碚十九、二十等保微有之	
金黃子	黃苞谷	子粒充實磨粉成數較多	澄江五、六保特多	
金黃小方子	仝	仝	各鎮均有	
金黃大方子	仝	仝	仝	
白圓子	白苞谷	品質優良	文星較多	
白油條	仝	仝	各鎮均有	
白馬牙瓣		品質較劣產量特豐	北碚十一、十四等保有之	
馬牙瓣		同	各鎮均有	
百日早		成熟期早	仝	
白大糯	糯苞谷	味糯最宜食用	仝	
刺苞谷	洋苞谷	子粒堅硬易於爆炸	北碚較多	
可利		行列整齊子粒充實產豐	北碚極少數農民	

（二）水稻品種

種名	別名	特性	分佈情形	備註
鬚鬚粘	二號鬚鬚粘	有微芒米佳產豐宜低田灣田	各鎮均有且多而普遍佔全區稻種十分之五六足稱首要	由合川輸入已歷四十餘年
浮面跑		較鬚鬚粘早熟三五日宜高田	文星最多	
馬尾粘		桿硬、耐肥、穗長、粒大、產豐	北碚澄江有之	
紅線粘		桿粗硬早熟品劣	澄江略有之	
白線粘	北碚又名四輪谷	產豐遲熟宜低田	北碚八保十八保有之	
烏脚粘		米値飯漲性大	北碚澄江略有之	
釣魚蘭		宜低田	北碚略有之	

小葉粘		易倒伏宜高田米佳	二岩最多	
大葉粘		品劣宜低田	黃桷最多	
紅陽粘		產豐宜高田	文星有之	
葉下藏		產豐成熟遲宜低田	各鎮均有	
齊頭黃		品佳宜瘠田	黃桷微有	
等泡齊		米佳產量低易倒伏	北碚澄江略有	
四股齊		宜瘦田	澄江有之	
四輪穀		穗長桿強耐肥	各鎮均有	合川輸入
羅漢谷	白脚粘	品佳早熟產低	澄江微有	
大河穀子		產豐高低田均宜	北碚較多	
落花紅		成熟極早米佳宜低田	北碚十九保有之	
楊柳條		粒長不擇田	北碚微有	
白陽粘	黃桷名早谷	收穫早	文星黃桷略有	
雲南早		早熟產低米佳宜高田	北碚微有	
早穀		早熟產量低	澄江微有	
二發早		成熟最早宜較肥高田	文星黃桷微有	
南場早		早熟產低宜高田	黃桷澄江略有	傳自合川南場輸入
香穀		每穗着粒多宜低田	文星微有	
白殼糯	響殼糯	糯性大宜低田肥田	各鎮均有	
矮子糯		成熟早	仝	
黃殼糯		宜低田不倒伏	文星北碚微有	
鐵子糯	澄江又名大霸谷	粒大糯性少	各鎮均有	
旱糯谷		早熟產量低宜低田	二岩微有	
豬油糯		品質佳抗病虫害產豐宜低田	黃桷微有	

叁、栽培概況

(一)苞穀

九土:前年冬季即將土翻轉,翌年春分前十日再鋤土一次,即預備播種。

播種:春分前後,穴距以坭色而定,約為二—二、五尺,每穴播種七八粒,以預防土蠶之為害。

疏苗:苗出七五寸時,即疏第一次,約隔十日左右疏第二次,每穴留苗二株。

施肥:播種前先以人糞尿作基肥,以後施追肥二三次不等,視土壤肥瘠而定,肥地疏苗後即施第一次追肥,抽雄花前施第二次,瘠地須於將抽雄花時再施第三次。

除草:苞谷行不間種他物者,只於苞谷高二尺時除一次,苞谷行之間種甘藷者,須除草二次,第一次在苞谷高五寸時舉行,第三次生四月二十左右。

中耕:通常三次,第一次在疏苗後舉行,第二次在第三次除草後,第三次在雄花出後。

收穫:苞谷植科之各部乾枯時即成熟之徵。用竹籤至土內將已成熟之苞穀折下,運囘,除去苞葉,晒或晾乾,至子粒疏鬆時即行脫粒,脫粒：脫粒法有二：

1.連蓋脫粒法：是法工作較速，每人每日可脫粒二石左右，惟谷甚易脫致減收穫成數。（普通每石少五—七升）

2.人工脫粒法：是法用人力脫粒，每人每日約可脫粒二—三斗。

輪作制度：本地苞谷輪作方法，約有下列數種：

1.苞谷——甘藷——蠶豆——冇土

2.苞谷——冬豆——蠶豆——冇土

3.苞谷——粟——大小麥——苞谷

4.苞谷——粟——蕎麥——苞谷

5.苞谷——冇——各種蔬菜——苞谷

病虫害：

1.雷火虫　危害青苗生泡沫。

2.土蠶　切斷幼苗，取食嫩莖葉。

3.大螟　危害苞穀使枯芯死亡。

4.黑穗病　爲空氣傳染，熟時全穗均成黑褐色粉末。

老農經驗譚：苞穀生長期中，抽雄花時需雨，否則不易抽出，又抽穗時亦需雨水，否則穗均附於莖桿，不易長大，餘則以晴明爲佳。

（二）水稻

整地：通常當年秋收後耕耙二次，翌年驚蟄又耕耙二次，即俗謂「四犂四耙」。

浸種：大山田較壩田爲遲，小山田適居兩者之間，方法多用缸盛冷水，浸三—七日均可，浸種時間，據農諺云：

「二月清明莫在前，三月清明莫在後」蓋清明之在二月者懼寒，三月者畏遲故也。

育苗：撒穀前犂耙二次，再以板平田面，俟浸讚後播種，次晴即排水使受日光，至泥不粘手時爲度，天陰涼則不晒，且須灌水適度，其後如生長不良，則施以稀薄之人糞尿，四十餘日苗已長成，即可移植。

施肥：秧田如先施基肥一次，以後即可不施，如未用基肥，秧田須施肥料二次，移栽時田瘠者，秧根須沾以牛糞油枯等，然後插下，秧苗轉青時，須再用肥料一次，如於前年秋收後，即用廐肥耕入者，轉青時可不用糞。

移植：移植在芒種前，山田爲小滿，穴距由一—二尺不等，每穴由八—一五根，穴距與根數均視田之肥瘠而定。肥田穴距宜寬，根數宜少。

灌排：移植後即須排水，惟泥深之田及膀田留水五寸，轉青時灌水，以後即不排水，成熟明易倒伏之田，宜放水使乾，以防生秧虫。

耘田除草：五月前後耘田除草，同時進行一次，孕穗時再除草一次，如欲豐產者，須於第一次除草後距十餘日多行一次。本年因工價高漲，多係耘田二次。

收穫脫粒：早中稻之收獲多於處暑前後，晚稻約遲半月，脫粒時拖「扦斗」（亦稱拌桶）入田，二人割之成束，於斗中搭之，羅運回家。

留種換種：多於收獲時選生長優良之稻，約田之一角或數挑不等，（視種田面積多寡而定）撻下單獨保存，多有去雜一次而後取存者，至於換種則極少行之。

稻草處理：多以爲牛之冬季飼料，少量用以蓋屋鋪床製草鞋編物等。

病虫害：

1. 雷火虫 爲害青苗生泡沫
2. 螟虫 鑽入莖中吸收養液，致成枯心苗或白穗
3. 稻瘟 亦稱稻熱病，峽區爲害率僅0.1%。

老農經驗談：分蘗到開花期前需水較多，由開花至成熟須高溫，餘以乾燥爲佳。

肆、改進方策 峽區水稻苞穀產量既多，農民耕作復勤，農事當局檢出其急需改進者，約有數端，玆分別述之於後：

(一)關於苞谷者

甲、品種 峽區農家，多沿守舊例，品種改進，素不講求，現今農事機關之於苞谷育種，亦值進行期中，故尚無佳種發現，今後宜於地方品種中選其產量品質之較優者，推廣之。

乙、虫害 峽區苞谷病虫害，除黑穗病爲害較輕無防治必要外，餘如大螟、土蠶、雷火虫等，均非積極防治不可，惟須合乎經濟原則，工作簡單，無礙於事實者，始可通行農間而無阻，如以石灰粉防治雷火虫，以堆草誘殺法防治小土蠶，或於立夏後播種，則土蠶大螟可兼事防治，農諺云：「清明高粱谷雨花，立夏苞谷頂瓜瓜」此之謂也。

丙、脫粒 本地農家之脫粒方法，計有二種，已於前栽培概況說明，惟連蓋脫粒法每致減低收獲成數，人工脫粒法須較長時間，且多人工費用，相權之下，兩無佳果，是以今後脫粒方法，須應改用脫粒機，結構既簡單，工作復容易，不減低成數，能脫粒迅速，雖婦人孺子，每人每日均能脫粒二石左右，倡導農家應用，事實已呈必需。

丁、輪作 輪作本農事之常，惟自科學言之，最大目的在於養分之調節，其次爲病虫害之預防，以冀產量增加，峽區苞谷輪作方法已如前述，如以經濟爲目的，則以第五種爲佳，惟須多用肥料，合理想者爲第一種，表土心土之肥料皆可應用，可增進地力而不致耗竭，且冗土復可防治土蠶，第二種恐土中多積有機酸反致爲害，與三、四兩種均宜糾正。

(二)關於水稻者

甲、品種

1. 檢定品種 其目的在選優去劣，增加稻產，改進品質，而使地方品種簡單，並通用於該品種之適宜環境，是爲標準品種。
2. 引入優良品種 引入優良品種爲育種過渡時期之增產方法，今後亟須採用，如隆昌紅邊粘，於川東試驗結果，匯特環境適宜，產量更優於原產地。

乙、虫害 稻瘟之在峽區發現，僅爲0.1%，尚不足稱爲害，雷火虫之防治，與前述方法同，至於螟虫，今後宜採下述二法：

1. 摘除卵塊 螟虫多產卵於秧葉尖端，排列成爲塊狀，形如半片豆豉，每枚卵塊能孵化幼虫一〇〇

一五〇〇，如於未蔓前完全摘除，則可減少枯心苗或白穗之發現。

2.處理穀樁　水稻成熟收獲時，幼虫即匿於穀樁內，宜用改良劈刀或鋤取以作燃料，翌年爲害，必見大減。

丙、水利　本區塘堰，頗有建築，惟灌溉區域尙覺不寬，天雨過多，立卽形成冲刷，而以梯田溝田受害爲甚，天久不雨則禾苗乾枯，今後宜整飭荒塘堰，則無地質不適之弊，惟須全力以赴，藉圖振興水利，而備旱災，水稻增產，庶乎有成。

丁、消費　稻作改進，除於品種、虫害、水利各部積極進行外；調整消費，亦爲迅速有效，消極增產之要圖，地方積習，今後應力加改正。

1.限制食米碾白程度　稻每百斤可出糙米七五—八〇斤，可出淨白米六五—七〇斤，若限制其碾白程度，使米之胚芽受損較少，則可出米七〇—七五斤，卽如增加生產百分之五，其所含之蛋白質及生活素且較多，營養價値更大，實應亟力提倡施行者也。

2.提倡雜糧代米之食用　如以玉蜀黍、黃豆、黃粟、高粱等，磨粉混作食品爲食，其營養反較高於食米，峽區人民多以米穀爲食用大宗，如能採用此法，卽可自給自足。

（三）關於水稻苞穀之共通者

甲、肥料　作物之須肥料猶人類之須食糧，故今之言增產者，恆列肥料爲要課之一，蓋雖有良法美種，肥料竟可左右其結果之半，峽區肥料，供給極缺，而人糞尿一項，尙有鉅大缺憾，故今後之宜注意者：

1.倡導糞尿坑窖加蓋運動　農家之於糞尿，常多露天儲畜，坑窖附近，臭氣瀰漫，此種臭氣，乃極需要而寶貴之炭酸鹽，水稻苞穀需此，無以茂其莖葉，故宜急改進，凡坑窖所在均須建立茅屋，或設覆蓋，或設坑窖於房舍北面，以免風吹散失及日光蒸發，藉以保留此種重要肥分，俾益作物生長。

2.應用骨粉及速成堆肥　骨粉爲組成細胞核之重要原素，能使子粒充實，品質優良，用於水稻苞谷，效力特大，又應用速成堆肥，能使苞谷每畝增加產量五十斤，以最大養分律爲準，此種肥料應適宜增用。

乙、貯藏　農家於水稻苞穀收獲後，有因急需而出售者，有貯藏以待善價者，有儲備爲食者，惟貯藏地及管理漫不講求，稍儲過久，卽生虫害，損失之大，甚有全倉盡壞者，農民於此，艱困滋甚。今後對貯藏一事，宜特別致力改進，其方法如左：

1.切實改良民倉　地勢方面，務求高燥，設備方面，須有通風換氣等裝置，構造方面，力求不受外界溫度之影響。

2.指導管理方法　穀物入倉前，倉內須施行清潔去濕，潛伏之之害虫應施行薰治，入倉時，農產須力求乾燥，並須進行去雜優劣鑑定等工作，入倉後，應隨時注意倉內，倉外之溫度，並施行調節，倉內濕度之測定調節，並隨時觀察害虫之消長，鼠害之有無，發熱、發霉、發芽、等現象，以設法防治。

丙、倡導合作指織　自帝國主義經濟勢力侵入農村，資金流集都市，而農業經營上一切肥料、種子、勞力、防災設備等、均無力舉辦，又農民素有愚、弱、窮、私、散等現象，需要資金雖急，而投資者以其信用薄弱，故雖欲投資而不可得，是以須用合作爲其媒介，以流通農村金融，峽區過去以匪風過熾，農民生活低於水平綫下之最低點，近年雖已漸次恢復，然能極力倡導合作運動，則農業經營之料學化，必能先期完成。

此外稻苞穀之播種時期，與產量及受虫害程度均有密切關係，今後應探求峽區水稻苞谷之適宜時期，（舉行試驗作各種時期處理）以爲減少虫害損失增加生產之張本，俾能獲得水稻苞谷之完整改進。

五、結語　改進方策，如上述矣！惟今後施行時，尚須注意下列各點：

（一）施行前

甲、宣傳　務使社會人士，地方保甲，鄉村農家，均能澈底明瞭改進目的及預期結果，使其樂於協助或接受，

乙、材料　務須事先備齊，且必充實，如藥劑、肥料、應用器具、淺說、及其他有關材料等。

丙、計劃　應依改進項目之性質，分別擬定祥密實施計劃及步驟。

（二）施行時

甲、嚴守計劃及步驟。

乙、務求確切從事，完一事即須成功一事。

（三）施行後

甲、隨時視察，並糾正其錯誤。

乙、隨時慰勉農家，使對改進工作之成果澈底明瞭，並須養或地方風習。

能就上述各注意點，以從事於改進工作，則峽區水稻苞谷產量之增加，可拭目而待矣。

從三峽農民對水稻苞谷留種習慣的缺點談到農家作物選種法

唐啓紀

一 農民留種的習慣

三峽區夏季農作物栽培面積的比例，水稻估十分之三，苞谷估十分之六，大豆膏粱等合共祇估十分之一，這個數字顯示出水稻和苞谷在峽區農家經濟收入中的重要地位及其與農民生計關係之密切，基於這個原因，峽區的農友，除開冬季作物的小麥以外，他們對於水稻和苞谷的栽培管理及留種方法，，比起其他作物來，實在要考究精細得多——他們對小麥留種亦相當精細，惟非本文範圍，不贅述——但是富於固舊保守思想的農友，老是沿用祖傳的留種習慣而不去作更深一層的工夫，謀更遠一代的利益。本文特節述他們的留種習慣並檢討其缺點從而介紹到農家可能實行的選種方法。

農人對水稻的留種習慣，在峽區有小部分比較粗放疏懶的人或者只種幾畝稻田而兼作其他勞役不專靠種田維生的人，又或有是初次務農沒有種子和遷移田莊，因爲不便搬運種子，而將原種失去的這類農家，他的稻種常常是臨到要播種的時候，在自己的或向鄰居的倉內取出普通的穀子，再用風車重重的風選一次，便成了他的「穀種」，這是頂粗放，同說也是小部分人的留種法。不過他們在取種之先，總不忘記詢問這個穀種的名稱和宜乾田抑水田，肥田抑瘦田這兩件事，這比起對其他作物不問種不問性抓到手便播種的習慣要認眞多了。大部份農人的留種法是在上年水稻黃熟待收的時候，先巡視一遍自已的稻田，比較一下某一塊田裏某一部份的稻株發育最好，抽穗較多，子實較充滿，沒有倒伏，沒有白穗，估計這一區或幾區的收量足夠下年的種子，於是便決定以這一部分留作稻種了。進行收刈的時候，留種的區域常定是在普通田區收割完工以後，才另行割收，曬晒貯藏也是常在一處，而且風選也特別嚴格些。農家這樣留種的習慣，可說是用了相當的心力，但是牠的缺點：第一，發育較好的水稻集中在一區域內，常是由於這一區域的環境——地質、肥料、陽光、水旱、耕耘等——較好的緣故，由環境影響而獲得的效果是不能遺傳的，第二，概略的選取一區域而不精細分擇，難免仍有不好的單株和單穗混雜在內，甚或有因機械的混雜，使非本品種的稻穗亦生長在內，一經留作種子，則第二年的稻田內混雜的稻種更多了。

峽區農人對苞谷的留種習慣，除開少部分人亦如水稻臨時向旁人隨便購取外；一般都是在上年果穗全部籠從上摘收回家，曬晒場壩的時候，在每個品種中分別選出着粒完滿而頎大的穗若干個，另行脫粒曬乾，貯供種用。亦有更細心的人在脫粒的時候把穗的兩端的部份子粒脫去不要，而祇取每穗中部的子粒留爲種子的。這樣的留種，可說是穗選粒選的手續都有了，其缺點：第一，沒有顧到全株的形態和發育情勢。第二，果穗的大小是與生長環境和每株上穗數的多少有關係的，如果是因爲環境特別好或一株上祇有這一個果穗而促成牠碩大的，則以此子粒留作種用，下年的苞谷苗並不能有親代的優良性。第三，選穗時沒有注意到苞穀的長度和穗軸的顏色等品種特徵。

二　農民缺乏留種的科學知識

從上段所述農家對水稻和苞谷留種的諸缺點中我們可以看出全特經驗勞作的農人，有幾點關於留種的農業科學上的知識是他們所不知道或者忽略了的，在沒有說到選種法之先，這裏應把牠提列出來說明一下。

第一，缺乏品種觀念——任何作物的每一個品種，都各有牠的特性，而這特性是整個的表現於全株的根，莖、葉、花、果、種子各部分的形態，色澤長短，大小和生長期適應性等等各方面，而不是單取決於某一部分的。因此，留種的人，如決定留某一品種的種子，便須留心這種子的母株的各部分，對於其品種特性的表現是否確實。三峽農友對很重視的水稻和苞谷兩種作物的留種工夫，已沒有留意到上述各事，這乃農人品種觀念的薄弱。

第二，不明環境影響和遺傳現象的分別。遺傳現象即是上項說的每個品種所表現於各方面的特性，這特性是代代相傳，株株同樣，很難變異的；環境影響却不同，牠是由於某代作物在生長期間受了地質，肥料、光線、溫度、水溫、乾燥、和耕耘技術栽培時期等等外界因子的影響，而發現或好或壞的差異。但這差異仍受其原品種特性的限制而有其極度。同時這差異是只發現於遭受環境影響的當代作物，而很難遺傳給後代的。三峽農友留種時，只注意種子的本身，而不留心牠生長的環境，這是由於不明瞭環境影響和遺傳現象的分別性。恐怕難免勞多效少。但為農產的豐收計，栽培管理等一切環境條件，却仍當盡力使其優良，此應特別申明，恐滋疑慮。

第三，未嚴避異種雜交和機械混。雜植物異花受粉的現象，雖在自花受粉的作物如稻麥大豆豌豆等當中，也有百分之四的機會。如品種不同的作物有了這種現象——農人稱為「過花」，則種子成了雜交種而變亂了原品的種特性，於是失去了我們留取某品種作種用的目標。機械混雜的意思是說有粒種子雖雜交種，但因種子貯藏處理的不慎，偶爾混入其他品種的子粒在內，於是種入土內。非本品種的作物也同時生長起來了，到留種時又不留心，繼續把這種子混在一起作種，年年下去，遂使品種愈趨混雜，使我們弄不清牠的特性而失去原品種的優點。農友們因為品種觀念薄弱，異種雜交和機械混雜這兩件事都沒有嚴格的注意。「春種一粒粟，秋收萬斛糧」，年年混亂下去，作物品種就不定有退化的可能。

第四，未株選種子條件。農人對任何作物種粒的選擇，比起對種株如種穗的疏忽，具要進步得多了。但是他們對優良種子應具的條件，仍未有具體完善的觀點。

優良的種子應當具備：

1. 發芽力強
2. 完全成熟，種粒飽滿
3. 色澤好
4. 子粒大小均勻
5. 沒有虫卵病菌
6. 沒有其他損傷
7. 沒有雜草和異品種的種物

8.沒有其他夾雜物

二　選種方法

現在說到農家作物選種的方法，因爲各類作物受粉習性和栽培方法的不同，其選種方法亦各有差異。普通可以分爲自花受粉的作物，異花受粉的作物和無性繁殖的作物三類。稻、麥、大豆、蠶豆、豌豆等爲第一類，苞谷爲第二類，紅苕、洋芋爲第三類。玆舉水稻、苞谷、紅苕爲例，分類詳述如後：

(一)水稻選種法　根據自己稻田的氣候土質，決定適宜於環境，合乎自己的目標，而成熟期適宜的品種，於第一年成熟未收的時候，到這個品種的稻田內普通的選取品種特徵顯明，形態齊一，莖桿直立，生長較優，全穗谷粒充實而充分成晒，全播皆無病害虫害，割取其單穗或單株株同，脫粒熟乾，妥爲貯藏，到明年將此種子單獨種植於一區，生長期內注意芟除雜草和病虫害，並嚴行去雜去劣的工作，凡有不同樣的植株應隨時拔除，到成熟的時候，仍如上年選取單株或單穗，留供下年的種子區之用，而將其餘的作爲普通稻田的種子，年年如此繼續進行，則以前混雜的品種可以漸漸純粹，而今後這個品種也絕不致有退化的可能。

(二)苞谷選種法　苞谷選種的步驟也和水稻相同，不過因爲牠異花受粉的機會特別大，所以種子區應和普通的苞谷土相距遠些。牠的四圍尤不可種有不同種的苞谷，以避免異種雜交。同時，又正因爲牠是異花受粉習性的作物，自花受粉後所結的種子，其後代的生勢反會變弱，產量亦將低減。所以在種子區以內，我們又希望牠能行異花受粉，其方法卽是將種子區內的苞谷，在未開花以前，施行間行去雄（卽頂花），在去雄的行內選留下年種子區的種子，而以其餘的作爲下年普通苞谷土的種子。關於苞谷種子選擇，仍應在土內根据植株生長的大粗壯與直立而不可單憑穗的大小，再則穗形應取兩端大小相差不遠，穗內雖[illegible]向上，包皮須長，着粒整齊成行，雖穗端子粒亦充實飽滿者。

(三)紅苕選種法　紅苕是用塊根繁殖的。因其不經開花結實，所以不會有雜交的現象而發生變種。不過因多年粗放的留種習慣的結果，也許仍不免有機械混雜的事實，因此在選種之先，亦得確定目標，認清品種的特徵，選種的方法，亦是在紅苕成熟待穫之際，到準備選作種用的該品種的土內，選擇莖葉生長優良強健，品種特徵顯明的植株若干穴，然後小心將塊根逐一掘出，再一一的比較，取每穴的塊根數目較多，形狀齊一，大小均勻，色澤相同，沒有病害的各穴，留作下年種子區之用。在紅苕的種子區內，應特別留意病害的拔除，種子區收穫時，其選種法一如上年，將選出的作爲再下年種子區的苕種，剩餘的別作爲普通土的苕種。

上述三種作物的選種法，亦卽代表繁殖習性不同的三類作物的選種法，這都是簡單易行，最適於農家應用的。俗語說：「種瓜得瓜，種豆得豆。」這很可以借作遺傳現象的解釋，要想得豆，不能用瓜作種。要想得好的豆，則應選好豆作種。從三峽農人留種習慣的粗放疏忽與錯誤觀念，我們可以想念到農家作物品種將有日趨退化混雜的可能！當此全國高呼增加農產的時候，上述選種法，實有介紹的價值與必要。

（完）

（展覽特輯補白之二）

勸農家選種歌

撒穀子　生秧子　種穀要留好種子
好種子　很乾淨　不生蟲子不生病
好種子　很純良　大小顏色多一樣
好種子　比較大　米篩孔孔漏不下
好種子　比較重　沉在水中不浮動
純種子　淨種子　年年選穗留種子
大種子　重種子　種了都生好秧子
秧子好　生長良　結的穀吊個個長
穀吊長　穀粒多　多打穀子笑呵呵
今後不比往年樣　必須多打穀子增食糧

四川省農業改進所編

水稻包谷在家畜飼養上的應用

李本燊

一、引言

家畜飼料，其關係有二：一、關于經濟。二、關于營養。飼料太好，則適于營養而不合乎經濟；飼料太壞，則適于經濟而不合乎營養。飼養家畜者，在選擇飼料時，應注意糧食的市價，與家畜所需攝取飼料的成分，然後酌量取用之。飼料市價，常隨時隨地而轉移，同一種糧食往日貴而今日賤，北方少而南方多，這是一層。飼料價值與市價常不一致，因市價高的飼料，其飼養價值未必亦高。反之，市價低者，或其飼養價值反高。因其所含營養成分的高低，才是決定飼料價值的標準，這是一層。此外因家畜使用不同而需飼料的成分有別，種類不同而適口性的飼料須分，年歲與時期不同而飼料的配合有異，凡此種種，莫不以飼料之營養與經濟為依歸，以求達到使用的目標。飼養家畜者欲探尋此種道理，須有科學的頭腦，精細的考察，酌量採用，如意算盤，定操上分。

二、飼料的化學成分及其功效

要決定飼料的取捨，首先須研究飼料的組成，與家畜利用飼料所需的成分，再配以市價之高低而取用。飼料的組合成分，以食糧的種類不同而不同，所以各種飼料所含營養差異極大，凡性質或營養價彼此相似的各成分相集歸類，概括起來。一種飼料的化學成分，分為水分，無機物、脂肪、蛋白質及碳水化合物五類。茲就飼料成分在畜體內的功用分述如後：

一、水分：飼料在乾燥時所失去的部分，就是水分，又稱濕氣，完全除掉水分的剩餘物，就叫乾物（Dry Matter），飼料中含水的情形，以青芻類含之特多，其次為根菜及塊莖，再其次為乾草及藁桿。穀粒及其乾燥副產物，含水量極少。飼料中含水分量之多寡，關係很大。不但可以指示其飼料價值的高低，而貯藏能否耐久，亦可由此決定。

家畜各種組織中，水分佔半數以上，細胞及血液中均含有之，係畜體內大半化學變化的原動力，而係于各種養料的運輸和溶解，都是水分的功效。

二、無機物：飼料燃燒之後，其所殘餘的白爐即是灰分。植物飼料中的灰分，含有無機物，其最普遍者，有鉀、鈉、鈣、鎂、鐵、與錳之化合物，給磷酸矽氯等，此種物質均為根部攝取自土中，而入于植物之體內，因之有土質的情形不同，而影響植物含無機物成分與最上的差別。

家畜需用無機物的成分甚為迫切者，如組織系統，血液骨骼和毛角中均有之。如硫、鐵、磷、鈣、鈉等，為家畜身體發育不可缺乏之化合物，苟稍有不夠或缺少，即現佝僂，矮小與種種病理上的變態。因之體力薄弱，疾病繁生，凡欲骨骼毛角迅速生長，生殖正常，須給與充分無機物。此外關于蛋白質和脂肪的消化，蛋白質的溶解，亦賴無機物之存在方得進行。

二、脂肪：脂肪為甘油與各種脂肪酸的化合物，而脂肪有液體，半固體成固體之分，即視幾種脂肪酸存在的此例不同而定。飼料所含脂肪成分，以含油種子及動物質廢物，如油渣脂屑含之最多。其次則為各種油餅，如豆餅，花生餅等。又其次為穀粒，為包谷、燕麥、及豆科植物。至於根菜塊莖乾草，藁桿等，則含脂肪成分少。

脂肪在家畜體中地位，甚為重要。畜體之肥瘦，即決定體內所含脂肪的多寡。其生理上的功用頗多，如體內各器官之轉動，賴有脂肪而得圓滑適行，供給充分熱力，幫助生蛋白質的消化，和可以轉變為碳水化合物。

四、蛋白質：蛋白質，種類繁多，其性質雖一致，然均含有氮素。蛋之白，乳之酪，瘦肉麥膠，即為其中之顯著者。其含化學成分有碳、氫、氧、氮、硫及少許之磷鐵。飼料中以動物質殘渣，如肉粉，魚末或麥膠均含之最多。各種油餅、乾燥之酒糟穀粒，豆類、含油種子，乾豆莢，穀粒及其副產物次之。如禾本科所製之乾草，乾馬鈴薯，則缺少蛋白質，而藁桿粃糠中含量極少。

蛋白質在家畜中之功用在生長骨骼，供給熱力。

五、碳水化合物：碳水化物為無氮浸出物的主要角色，包括葡萄糖、果糖、蔗糖、乳糖、澱粉及糊精。飼料中以根菜塊莖及其副產，如馬鈴薯精及糖漿等含量較豐。穀類次之。動物飼料如肉粉末乾血等最少。

碳水化物在家畜體中含量較少，其主要功用，為發生熱力，亦可轉化為脂肪。

除上述成分外，飼料中尚有不可缺乏之維生素，維生素種類繁多，其中維生素A如缺乏之時，家畜發育即發生阻礙，且可促成眼炎，佝僂等病。又因對外界抵抗減弱，易于死亡。此種維生素，多存在于動物性油脂及植物的葉綠素中，遇酸即被毀滅。就生理上說，有促進發育力及幫助脂肪的代謝作用。維生素B如缺乏之時，家畜易生脚氣病，神經炎，便祕。幼畜缺乏，亦不能發育。因此種維生素對碳水化物的代謝作用，大有關係。維生素C含量多，吸收碳小化物量亦隨之大。維生素D如缺乏之時，家畜常發生便祕及脚軟瘋癱等病。維生素E如缺乏之時，家畜體內骨骼中的灰質及磷大起變化，骨骼即無支持體重的能力。維生素F如缺乏之時，則公畜生殖力衰退，母畜常發生死胎。飼料中以豆類含維生素F較多。

以上已將飼料組合成分與其對於家畜的功效，簡略說明一個大概。有了這個概念，飼料價值的鑑定，就有了標準。

總之，飼料價值的決定，應基於經濟原則來比量飼料(一)蛋白質的質與量是否完備？(二)主要無機物的含量如何？(三)維生素豐富與否？現在我們基於上述家畜飼養的知識，分析水稻包谷在飼料上的應用。

三、水稻包谷在飼料中的應用

家畜飼料可分四大類：一曰植物質飼料，富于碳水化物及纖維。二曰動物質飼料，富于蛋白質及脂肪。三曰礦物質飼料，爲無機物供給之來源。四曰特種飼料如綠飼乳脂等。水稻包谷屬於穀粒，爲植物質飼料，茲分述如下：

1.包谷在飼料中的應用

(一)包谷的品種及特性：包谷就是玉蜀黍，一名包蘆，又稱珍珠米，爲一年生禾本科植物。品種有四十餘，共分六大類(1)有稃種，粒實有包衣，葉生甚盛，雄花的穗有時結實，屬退化種，現已無人栽培。(2)爆用種，子實細小，爲橢圓形，一經受高溫，內部即爆裂，向外突出成爲雪白小塊。(3)硬粒種，爲普通農家所種者，實堅略具橢圓形，穗呈白色或黃色，間有紫色及紅銅色。(4)馬齒種，頂面有凹點，子實長度比寬度爲大，頗類齒形，白色或黃色多有之，間有紅色或斑色。(5)軟質種形狀與硬粒種相似，獨缺角質胚乳，其子實小者，略比爆用種大，顏色不一，此種非成熟過遲即有秀而不實的缺點，故少有種植。(6)甜味種，味甘而皮皺，狀帶透明，富于澱粉。以下六類，最普通者爲馬齒、硬粒、與甜味三種。馬齒種子實所含澱粉，半爲角質，半爲粉質，便于咀嚼。硬粒種子實所含澱粉較馬齒種多，唯富角質組織，并堅硬不易嚼碎。然二在飼養上的價值大致相等。甜味種子實中之澱粉，既多角質又粗且硬，在成熟前葡萄糖成分飽含之，待其成熟後，即變爲澱粉，在飼料價值上言之，澱粉與葡萄糖相等。甜味種味甘，較適家畜的胃口，至于所含營養，比其他種類多蛋白質，而少碳水化物。峽區包谷子實，顏色最常見者爲黃白兩種，二者用以飼養家畜，在營養價值上比較，與家畜健康大有關係。依據 Steenbock 在美國 Wisconsin 試驗場研究結果，黃色包谷比白色包谷所含之維生素A較多，包谷粒大概每百市斤中，含澱粉七十四斤，脂肪五市斤，粗蛋白質僅佔百分之十。由此可知包谷粒是一種富能力熱力及長油的飼料。在百分之十的粗蛋白質中，缺乏家畜生長所必需之鹽基酸。故包谷爲肥育家畜的最好飼料。而不能用爲發育家畜的飼料。因爲缺乏粗蛋白質及鈣的成分，不能促成家畜的發育。只有混和富于蛋白質及鈣的豆料飼料，方可適用。

(二)包谷飼養家畜的關係：

用於馬的飼養：包谷用以飼馬，除應注意補充蛋白質及石灰質飼料外，更須多運動，否則有肥育的趨向，不適役用，包谷并非馬之主要飼料，通常飼以燕麥粒，若改飼以包谷時，應漸次代替，不可突然更換，年老或工作勞若之馬，所餵包谷粒，宜搗以粗片，不可過細，細則難于消化。當冬季時，馬役用時間減少，可用炭水化物的乾草爲補助飼料。若在溫暖時期，專飼包谷粒及炭水化物的乾草，則因之缺少蛋白質，對于馬的體重有損失。

用于牛的飼養：包谷爲乳牛最好濃厚飼料，富于炭水化物，唯因缺乏蛋白質及石灰質，應補充富於蛋白質，及礦物質的飼料，否則結果不良。但用以飼養肉用牛，效果良好。

然因缺乏蛋白質，應補以豆科乾草，如用多量飼乳牛，蕃以製造乳油爲主要目的則不宜。僅可給與須少之量，否則製出之乳油女軟。

用於羊之飼養：包谷及豆科乾草，混飼綿羊，係肥育的唯一飼料，因綿羊所喂之粗糙品常富維生素A，故雖飼白色包谷粒，亦無不良之影響。肥育小綿羊，用磨粹的包谷粒，亦不經濟，最佳者喂脫殼。

用於猪之飼養：包谷粒爲肥育猪最宜飼料，維小猪若未要放牧或不放牧時，須補充其富胺基酸及灰質之飼料，爲脫脂乳血肉粉等，若放牧於苜蓿，金花菜等富於蛋白質之牧場，則結果極佳。茲將試驗結果錄如後：

甲、幼猪試驗結果：

組別		平均試驗日數	每日增重	增重每百磅應飼的飼料
1	三·五磅包谷粒	一二二	〇·五九	包谷六四三磅 血肉粉無
2	四·四〇磅包谷粒 〇·四八磅血肉粉	一二二	一·一八	包谷三八七磅 血肉粉四二

乙、大猪試驗結果：

組別		平均試驗日數	每日增重	增重每百磅應飼的飼料
1	五·七〇磅包谷粒	六九	一·〇三	包谷六一七 血肉粉無
2	六·一〇磅包谷粒 〇·六七磅血肉粉	六六	一·五九	包谷四〇三 血肉粉四〇

附註：第一組專喂包谷粒，第二組喂包谷及肉血粉

2.水稻在飼料中的應用

（一）水稻的種類及特性：水稻爲單子葉類禾本科一年生植物，分糯性與非糯性兩類。以栽培方法而分，有水稻與旱稻兩種，原係一種，因栽種習慣而成旱地作物。其子實去殼之米，爲我國主要食品之一，南方人所日需，製造粗米首先脫去粗硬纖維的谷殼，後去米糠，即米皮及胚芽，若再加工即得光滑之精白米，谷殼不能用爲飼料，常用爲燃料，米糠富於脂肪蛋白質及礦物質爲肉用家畜之飼料。未碾時稻粒含有蛋白質脂肪、澱粉、糠、礦物質纖維及維生素B，仍屬炭水化物的濃厚飼料，及碾成白米，因脫米皮結果，一部份蛋白質脂肪礦物質及所有維生素均隨之而去，僅剩少部分之蛋白質，脂肪及礦物質，而富於澱粉。就事實上言之，精米每斤所含之營養分與小麥粉相似。不同者只有蛋白質成分稍高，澱粉品質較佳，精白米的營養價值不及粗糙米。茲錄其所含化學成分量之比較如後：

	水分	蛋白質	脂肪	炭水化物	粗纖維	鈣	磷	鐵
粗糙米	一五·三七	七·一九	二·六六	七一·八九	一·五〇	〇·〇一四三	〇·四四五	〇·〇〇〇五六
精白米	一五·八一	六·〇〇	〇·五〇	七六·四五	〇·七三	〇·〇〇七一	〇·一五七	〇·〇〇〇一四

（二）水稻飼養家畜的關係：水稻脫殼之米，本爲人之主要食糧，少有用以飼養家畜，然在產米區，用以飼家畜者亦不在少數。其副產糠與稻草，則爲飼養家畜之常用料，以以各家畜所需分述如谷：

關於馬之飼養：谷粒常用以喂馬，因外殼特硬，應磨粹，亦可加大消化面積，飼養時須補助以富於蛋白質之飼料，米糠內含有米皮及胚芽，用以飼馬結果亦佳。

關於牛之飼養：稻粒或失少有用以飼乳牛，我國南方各省有用不適入食之粗糙米，飼肉用牛，爲經濟飼料，此外農友常用稻草飼耕牛，因其所含之蛋白質及脂肪成分極低，炭

水代物較高。喂牛時，以纖維質多，消費大量的消化能力，不宜多喂。唯多季寒冷，休息或輕役用之牛，可多給以稻草，使其因咀嚼消化等作用，含較多能力，可增加體溫。

關於羊之飼養：稻粒或米用以飼羊，事實少見，米糠以稻草爲山羊或綿羊適合飼料，米糠用以肥育綿羊，結果尙佳。

關於猪之飼養：經磨碎之稻粒，用以喂猪，可代替其他穀粒，唯殼中之纖維成分高，故每磅飼養價值不及包谷粒，據 Dvorachek 在 Arkemsas 試驗場經四次試驗結果，一百磅精米之價值，等於一百二十五磅磨碎包谷粒，唯肥育末期，精米的適口性不及包谷粒，如喂多量，又不適合，以預先浸水飼喂者爲佳，熟食者得例外。米糠喂猪適宜，但不可過多，否則多軟脂。碎米米糠作猪的肥育飼料，農民皆有用之者。其是否爲本地產品中之經濟飼料？農改所有過試驗，茲分錄加下，以資比較：

組別	試驗日數	總增重	平均每日增重	每增重一百市斤食量
標準組	一四〇	九八六・〇〇	〇・八八〇	五五一・三六九
米糠組	一五四	八七一・〇八	〇・七九八	五六五・九六二
農家組	一二八	九七一・〇〇	〇・六六七	六七六・五五〇

由統計數字可知，標準組所用飼料，爲肥育價值之較高者，米糠碎米組飼料用費低廉，惟肥育期較慢，但不失爲優良飼料，至於農家組飼料所具有之營養價值，去標準較遠。

四、結論

水稻包谷在飼料上的應用已如上述，現在再看峽區水稻包谷的產量與農家飼養家畜所慣用飼料的情形，三峽山多田少，水稻的栽培面積少於包谷的栽培面積。據本區農業推廣所二十九年調查估計，全區產水稻四六八八四市石，包谷八三九八五市石，這數字顯明指示水稻的出產不夠全區人口的食糧，稻粒或米飼養家畜，事實上當很少，所可應用的僅是米糠與稻草，但包谷均已普遍採用爲飼料，峽區的家畜，以猪爲最多，其次爲耕牛，爲數不過千餘頭，至於馬騾羊之飼養者極少，因之談到峽區的家畜，主要者要算猪隻，農家飼料，除少數胡豆糠、米糠、麩皮、青菜、猪草、猪能吃之野草，紅苕藤與紅苕外，濃厚飼料首推包谷。可是農民只知包谷是喂猪的好飼料，但不知包谷飼料成分的缺點與應用的方法，包谷是缺乏之粗蛋白質及鈣的成分，白包谷尤其缺乏維生素A，已如上述，所以包谷宜用於肥育猪而不利於發育猪。不可用以飼養種猪或小猪如不利用其他飼料混合補助其成分之缺點，就會感到不經濟而不良的結果，如種猪的產後癱瘓，仔猪的發育不全與種猪過肥，引起繁殖上種種困難，這種經濟的損失，計算起來，爲數不小，自然農民無緣學習家畜飼養的原理，更難找到飼料的分析，如何談得上飼料的配合。不過經驗告訴我者，猪的飼料以混合複雜爲好，單純的飼料，常有營養成分上的缺乏。

水稻苞谷的兩大虫害及簡易防治

唐紹祀

一 引言

病虫防治問題在農產改進事業上是和品種改良，肥料改良，栽培技術改良三者併列的。國父亦曾指示我們，病虫害爲發展農業的八大問題之一，在民生主義第二講內提到治虫問題說：「國家要用專門家對於害虫來詳細研究，要用國家的大力量倣效美國的辦法來銷除虫害，然後全國農業的災害才可以減少，全國的生產才可以增加。」這就是說直接的減少病虫害的損失，即間接的增加農業的生產。在動物界中，唯昆虫的種類最多，其爲害人類的勢力亦最大。因此，有人認爲現在的世界，惟人類與昆虫之爭爲最多。此應爲留心研究昆虫爲害虫狀況者所公認而非過激之詞。

中國自江浙兩省倡設昆虫局以來，十多年中，害虫防治已漸引起國人的注意。近自抗戰軍興，國都西遷以後，急待增加農產以充實國力，於是對於害虫防治之研究，中央農業試驗所及省農業改進所皆集中了很多專門家從事工作，兩三年來，由於諸專家的刻苦努力，在此物資缺乏的時期，發明了不少的國產殺虫藥劑和器械，大量製造推廣，而對於各類害虫的生活習性，及各地受害情形之調查研究，尤多有新的發現。

水稻和包谷爲峽區夏季的主要農作物，爰於此項展覽會專輯付印時，將爲害每一種作物最烈的害虫及所知的防治方法，擇其適於峽區環境者，輯成此文，以貢獻於閱者。

二 水稻螟蟲

甲、名稱和形態

螟虫在峽區多稱爲秧蛆，也有人叫做白線虫或穀椿虫的，這都是籠統的稱呼，實際上牠可以分爲三種，即三化螟，二化螟，和大螟。在昆虫分類學上，前兩種是屬於鱗翅目的螟蛾科，後一種是鱗翅目的夜蛾科的昆虫。牠們都是完全變態的昆虫——由卵化爲幼虫（蛆），由幼虫化爲蛹，由蛹化爲成虫（蛾），牠們的形態在卵的時期三化螟常是幾十粒至一兩百粒三四層積聚成堆，在距稻葉尖端的一二寸處，成爲卵塊，卵呈黃白色而卵塊上覆有黃褐色的絨毛。二化螟卵亦是幾十粒至百多粒集成卵塊，惟未覆有絨毛，除秧子的葉片上外，間亦有在葉鞘上發現的。大螟的卵常產生在葉鞘內，並列成條紋狀，每一卵塊的卵數比二化螟和三化螟略少，在幼虫時期，初孵化時都呈褐黑色，以後逐漸長大，顏色亦逐漸退變，三化螟變成黃綠色，二化螟變成淡黃褐色，大螟則呈淡紅色，二化螟的背上還有五條縱列的褐色條紋，三化螟和大螟皆無，充分成長後的幼虫，三化螟和二化螟長約六分，大螟可長七八分。在蛹的時期三化螟爲黃白色，二化螟和大螟則爲黃褐色，三化螟和二化螟蛹長約三四分，大螟則常達六分多。在成虫時期三化螟和二化螟的形態差不多，身約三四分，展翅七分餘，前翅近長方形，後翅近三角形，顏色呈白色而微黃。三化螟的前翅中央各有一黑點，雄蛾的前翅且有黑色斜紋二條，二化螟則全無，大螟的成虫體長約六七分，顏色爲灰黃色，與三化螟和化螟迥然不同。

乙、生活習性和爲害狀況

三種螟虫的生活習和爲害狀況各有不同，茲分說明如下

第一、三化螟——昆虫甲卵化幼虫，化蛹，化成虫，稱

為一代。三化螟在一年之內可以發生三代，牠是以老熟的幼虫在稻樁內過冬的，次年四月間幼虫蛹化，約經兩週的時間，由蛹化為蛾，化蛾的時間，多在午後，即在當晚，雌雄交配，次日雌蛾即開始產卵，雌蛾的生命只有八九天，每一雌蛾平均可產卵三百多此為第一代卵，卵生後八九天開始孵化為幼虫，到六七月之間，幼虫老熟化蛹，又由蛹化蛾產卵，此為第二代開始。當七八月間的時候，為第二代幼虫活動的時期，到八九月的時候，第二代幼虫又經過了一定的變化變成了蛾，所以此時又有第三代的幼虫發現了。第三代幼虫老熟時，正是穀子在黃熟的時候，牠便在水稻的莖內向下爬行到根的附近，撻谷以後，牠即在田內的谷樁心裏面過冬，等到明年四月間再化蛹成蛾，繁衍其種族。三化螟為害水稻是在幼虫時期，當幼虫出來的時候，隨即分散到週圍的稻莖上，每一虫侵入一株莖內，吃害莖心。第一代幼虫出現時，秧苗正在發榮滋長，一經吃害，遂變成了枯心苗和死心苗。第二代幼虫出現時，早熟稻已在含苞抽穗，中晚熟的稻則還是苗秧，所以前種受害後變成白穗，後種受害後又增多了枯心苗和死心苗。第三代幼虫出現時，則正在抽穗的稻株，都因受害而成白穗了。三化螟是單食性的害虫——專吃稻心而不食其他植物的，又因為初孵化的幼虫擴散的能力很強，所以牠為害水稻比二化螟和大螟都要利害些。

第二、二化螟——二化螟在一年之內，普通只發生兩代，也是以幼虫過冬的。不過只有一部分在稻樁內，而大部分是在稻草稈內，次年四五月間過冬的幼虫由稻稈內爬出，化蛹成蛾，此後蛾的交配產卵孵化，一直到第二代蛾的變成和第二代幼虫的發現，其經過都與三化螟略同。但也有兩點值得注意的：第一、是二化螟的幼虫在幼小的時候，常幾十條羣居在一莖內，至相當成長後，才分散各自侵入一莖。第二、是二化螟的幼虫，除吃害稻心而外也吃害稻苗的葉鞘，並且牠不是單食性——專門為害水稻，也吃害甘蔗，茭白等禾本科作物。

第三、大螟——大螟一年發生三代或四代，牠的生活情形和三化螟不同的地方：第一、大螟過冬的地方不特在稻樁內，也在靠近稻根的土內和其他雜草內。第二、大螟的幼虫亦常十幾條或幾條聚居在稻的一莖內。第三、大螟多先吃害稻的葉鞘再入稻的心髓，所以大螟為害的水稻，常有葉片折落飄浮水面——即所謂「流葉」。第四、大螟幼虫食性更雜，甘蔗、苞谷、高粱、茭白和禾本科的雜草都是牠的食料。

丙、防治法

螟虫在水稻虫害中為分佈最普遍為害最烈的一種害虫，我國農人認為這是栽培水稻不可免的一點損失，很少注意防治的方法，殊知積少成多，我們每年辛苦耕耘民食攸關的水稻，因螟的侵害而減少收穫，往往在數萬萬石以上。倘能選擇簡易方法，施行防治，其於增加食粮生產的助效，自亦相當可觀。茲特擇述幾種簡易的防治方法如下：

1. 秧田期防治法

秧田時期面積狹小，而且時值春季，為當年螟虫初次發現的時期，以後的螟害皆由這時的螟虫繁孳而生，所以這時的防治工作費事少而收效大，為防治的最好時期，施行防治工作的秧田，應每間四尺寬留出一條通路以便工作，再如能幾家或十幾家聯合將秧田集中於一處，使螟蛾亦咸集聚於秧田區，專門推舉一二人輪流担任防治工作，則更省時省事實。

第三、摘除卵塊　螟蛾飛集秧田，產卵葉上，須視田內，摘除卵塊，連續舉行三次至五次，每次相隔三天至七天，將摘除之卵塊搜回燒毀。

第二、捕殺螟蛾　螟蛾喜歡停匿水田稻葉間，可以徒手拍殺，或搖動秧苗使其驚飛而用紗布製成的虫網捕殺之。

乙、稻田期防治法

移受稻田（本田）時期秧苗分植於所有的田內，故防治費事較大，若非感覺當年稻由受害太大而急於拯救時，則進行此期防治殊不經濟。

第一、一面可仍繼續秧田時期捕殺螟蛾和摘除卵塊，一面可拔除已受害的枯心苗和死心苗而處死其中的幼虫，此項工作，可於中耕稻田（耨秧）時同時行之，或較省工一些。

3.越冬期防治法

螟虫越冬時期的防治，其目的在減少第二年螟虫的發生，此時農事稍閑，而螟虫在越冬的時候，活動力量很小，如能精細的進行防治工作，此實亦經濟而有效的適當時期。

第一、掘毀稻椿　水稻收穫以後，如係不蓄冬水的乾田，應即用鋤將田的稻椿逐一掘起，或即堆在田內燒灰，或運回作柴，或浸入冬水田及糞坑使其腐爛成肥料。如此則稻椿內的幼虫悉被治死了。

第二、處置稻草　二化螟幼虫多在稻桿內越冬，故稻草頂好能在次年二化螟尚未化蛹出蛾以前用完，如有不能及早用完的則應堆集屋內而密閉之，使螟蛾不能飛出。或者在室外改積堆草方法，將根端放置草堆中心，使草尖向外，亦能使螟蛾閉死草堆內，無法外出。

第三、清除田埂　大螟和二化螟幼虫也有在雜草內越冬的，故冬天清除田埂上的雜草，亦可以減少越冬的幼虫。

第四、蓄冬水田　水稻收穫以後，田內不種作物，蓄積冬水，則稻椿內的幼虫，全被浸死，此對三化螟的幼虫，尤屬有效——大螟和二化螟幼虫能於灌水以後逃出一部分到田邊雜草內越冬。惟當此抗戰時期，正應擴大冬季作物數積，以期增加糧食生產的時候，這個方法雖然簡易，我們却不希望有意的去進行。

三　苞谷地蠶

甲、名稱和形態

地蠶又叫地老虎，在峽區很多人叫做土蠶子，或簡稱蠶子的，書上多命名夜盜虫，在昆虫界內，屬於鱗翅目夜蛾科的昆虫。因為各地土名的互異，很容易和鞘翅目金龜子科的幼虫混淆不清——金龜子科的幼虫，很多人稱為土蠶，其實前者是夜間出土為害，所以叫夜盜虫；後者專在內食害植物根部而不出土的，所以叫稱根虫，這是首先應該分別清楚的。

地蠶也是完全變態的昆虫，成虫體灰褐色，體長六七分，展翅寬一寸四五分，前翅翅端自前緣至後緣有不規則的黑色曲線構成雲紋狀，翅的中部又有腎狀形，卵圓形，和劍狀形的斑紋各一個，後翅灰白色，由外緣至內緣逐減淡。卵為橙形，直徑約二厘，初產時黃白色，逐漸變濃，至孵化時呈褐黑色，幼虫體色多變化，初孵化時黑色，長約一分許，全體有毛，長達三四分時，體色變成綠黑，成齡幼虫長一寸四五分，體色背部帶褐、背面褐而密佈細小黑點，腹面淡黃褐。蛹色全體赤褐或濃褐，尾端有黑刺一枚。

乙、生活習性和爲害狀況

地蠶原有四種，常見的都是小地蠶，牠一年可以發生四代或五代，第一代發生在三月間，第二代發生在五月間，第三代發生在八月間，第四代發生在十一月間，普通是以蛹或老熟的幼虫在土內越冬，但是往往因氣候而變異其習性，在四川間或有不越冬現象的。成虫晝間潛伏葉裏，入夜活動，飛翔力和嗜光性都極強，常在午后七時到八時之間產卵在葉的裏面，成塊狀，每一卵塊的粒數，數粒至四五百粒不等，成虫的壽命約一週至兩週，每一雌蛾可產卵數百粒至一千多粒。卵產出後經五六天孵化。幼虫和吐絲的家蠶一樣有蛻皮的習性，自孵出至化蛹蛻皮五次，共有一個月長的時間。成齡的幼虫，在離土面約一寸的深度處作成土繭化蛹，蛹期半月，化爲成虫。

地蠶的一生，亦唯幼虫時期爲害作物。幼虫習性兇狠，遇缺少食料的時候，常常自相殘殺，甚有以手捉觸亦被咬噬的，「地老虎」之稱或即緣此，至其爲害植物，乃極雜食性，食物種類達四十五科一百餘種之多。在四川除爲害苞谷而外，其於棉苗和春播 菜苗的損害，皆極普遍。爲害的狀況，日間隱伏土內或雜草下，晚間出外在近土面處咬斷幼苗，咬食幼葉和餘莖，受害重的，常有至十幼苗悉被咬噬，須重行播種的，此即是使播種一畝地的苞谷而需要兩畝地的種子與人工。至於食害後補種稍遲，甚或錯過播種的時期，因而影響到苞谷的收穫量，更是不容易計算出來的一筆大損失。

丙、防治法

峽區地蠶爲害，極其普遍，一般農家不知考求防治的方法而偏昧於迷信，每年在苞谷下種的時候，到土邊去焚化香燭，禱告菩薩，以爲便可以驅除害虫，此情實在可憐可笑。其實防治地蠶有很多簡便的方法可以適行的。

1. 堆草誘殺

在春季苞谷未下種以前，或正下種的時候，利用整理土地的雜草，每距一丈堆成二尺見方，高約五寸的堆，每日清晨尋撿草堆下面，捕殺幼虫，每堆少者十幾頭多者數十頭，及到苞谷苗出土，虫害當可大減，否則亦可繼續進行下去。草堆的効力，以新鮮柔嫩者爲最佳，如日久乾去水氣，可在草堆上噴撒少量冷水以保持適度潮濕。

2. 改變播種期

幼虫活動常有一定的時限，而爲害苞谷又必須在幼苗時期，因此在不失季節的原則下，稍稍提早或延遲苞谷的播種日期，使當幼虫猖獗時苞谷苗已茁壯不能咬食，或尚未出土，皆可避免其爲害。据作者觀察，在峽區三月上旬播種的苞谷，其受害率比三月下旬播種的極小得很多。

3. 竹籤戳殺

地蠶夜間咬斷苗葉後，有拉到入土的穴口的習性。故在人工便宜的地方，可於每日清晨巡視土內，用竹籤自咬斷的苗葉近土的地方撥開泥土，即可尋獲幾虫戳殺之，峽區農人多習用此法，雖嫌費工而極切實，每一土內繼續巡視數晨，爲害即可大減。

4. 多播種子

此爲犧牲一部分種子，以節省防治工作的消極辦法，本來每穴只須兩株成活的苞谷苗的，播種時每穴卻播下七九粒種子，以備損害，此亦峽區農人素有的習慣，法誠安全，而經濟仍不免有相當損失。

四 結語

總括上述各節，提列爲要義九項，作爲本文的結語：

1，直接防治作物病虫害的損失，卽是間接增加農業生產

2，抗戰軍興以後，由於事實的需要，環境的逼迫與政府的提倡，國內農業界的諸專家在艱難困苦中對於各類虫害之調查研究與國產殺虫藥劑和器械之製造推廣，都有着顯著的進步。

3，螟虫爲水稻的極大虫害，全國水稻每年受螟害的損失，价值常在幾萬萬元以上，這卽是說以四萬萬人平均，每人每年耗去价值一元以上的食粮去養活螟虫。

4，螟虫有三化螟二化螟和大螟三種，唯三化螟爲害最烈且最普遍。

5，二化螟和大螟除爲害水稻外，亦爲害其他禾本科作物。

6，防治螟虫的方法很多，但以秧田期摘除卵塊和捕殺螟蛾，及越冬期燒毀稻樁和清除田埂各法，費事最小，而收效最大。

7，地蠶又名地老虎，又有人稱爲土蠶，但是牠是鱗翅目夜蛾科的昆虫，和金龜子科——亦稱土蠶，是迴然不同的。

8，地蠶食性極雜，除爲害苞谷幼苗外，並爲棉苗和春播菜苗等很多作物的主要害虫。

9，地蠶的防治法如堆草誘殺和改變作物播種期 都是極簡單易行，很值得提倡推廣的。但是用堆草誘殺法應當注意草的鮮嫩潮濕和堆集的距離厚薄等手續，效果乃著。（完）

嘉陵江三峽鄉村建設實驗區劃分市區計劃綱要

袁相堯

（一）導言

嘉陵江三峽鄉村建設實驗區，處巴縣、江北、璧山等三縣之間，嘉陵江橫貫其中，共轄五鄉鎮，江北三鎮，曰黃桷，曰文星，曰二岩。江南一鎮曰北碚，一鎮曰澄江，全境皆山，頗少坪地，各鎮鄉，依山傍水，據天然形勢，逐漸擴展，多成幽美之風景。

抗戰三年後之今日四川省爲民族復興之根據地，峽區之地位尤爲特殊，中央各機關與公私各學校，多相繼遷入境內，人口陡增，建築物擴展尤速，峽區之建設，實如雨後春筍蓬勃生長：

國內名勝區域，如青島北平，廬山西湖等處，不出於政府之經營卽由於外人之創立，其如峽區之不假他手，由地方獨力經營者，國內尚無一二例，此尤峽區歷史上之特點。以峽區歷史演進之特殊，與夫所處地位之優越，天然景物之幽美，其繁榮之可期，早爲人人默認之事實！惟是市鎮之發展若無一定之計劃，任其自然擴充，自由發展，每致政工商學，混雜相處，其街過狹隘，溝渠污穢交通不便市容不整，固

闊末節，各事因性質之不同，互爲阻障不便發展，以致再四發生改建遷讓，事之浪費，莫過於此，且如一區域內，參雜各種住戶及商店，治安維持既感困難，公安經費更需大增，公私經濟，均多影響，起程不便，事難盡述。

爲避免將來輾轉遷讓，改建之浪費事實。爲籌謀有秩序之擴張及發展與增進市行政上之便利及效率，對於共公之便利，對於各項人等等利益，統籌並顧，全盤計劃，擬將全區劃分爲若干地帶配備佈置。加以統制與指導，使將來之發展，不致感受任何困難，以完成一合於居住需要便利美麗之理想新市區焉。

（二）設計原則及擬分之區域

根據本區已成之形勢擬劃分全區，爲三大類，即住宅區工商區，與公共及半公共建築區是，依住戶之經濟情況及其居留之性質，住宅區又可分爲平民區、新村區，遊息區及避暑區，四種。前二者需遷就經濟情況與職業地點以選定之。後二者，則需注意於地勢之優，風景之美，氣候之佳，位置之適中，街道之清潔與環境之幽靜。商業區亦可分爲零售區，批發區　銀行區等，零售區，需要交通便利，地勢平坦，街道清潔，電光明亮。批發區需要運輸便捷，堆棧方便，接近零售。銀行區需要位於多人往來之地，以廣招徠，且以接近零售批發爲佳。公共及半公共建築區內，如行政區，以住於各區域之中心爲佳，以其易於統轄全城也，1.醫院、2.運動場、3.學校、4.博物館、5.圖書館、6.報館、7.旅館、8.戲院、9.電影院等則既需接近住宅區，又需接連工商區。常以經濟原則爲基礎，至於實業區內則輕重工業均受原料燃料與製造品銷售之輸送支配與原動力之所在地爲轉移也。

總之、無論商店、工廠、學校或住宅等等之位置配備，一則受經濟原則之支配，二則受社會關係之吸引，形成有定則之發展與佈置。彼此互相關聯，其區域之劃分不免交相錯綜。分界線自難期其整齊也。

（三）區域之劃分

劃分區域，當於全區測量及詳細調查之後　始可施行。惟是本區測量工作因限於經濟，雖在籌辦，完成之期尚遠，茲姑就已成之事實，與天然之形勢，將其區帶位置，簡括言之。詳細之分界，則有待於測量之後。

（1）工商區。

商業區—北碚場，黃桷鎮，文星鎮澄江鎮及二岩等五處同爲峽區，原始交易地段。今則北碚一場因地域特殊，發展極速，其商業之盛爲各鎮冠，擬即劃爲商業區，而以其臨江一帶爲零售區。新村北碚之間，爲批發區及銀行區，黃桷、文星、澄江、等鎮，仍擬保留其市場以爲零售區。

實業區—后峯岩，二岩等處產煤，觀音峽，及澄江對岸，產石灰，西山坪有農場，實驗瓜菓之種植，東陽鎮附近，有蠶桑改良所，研究改良蠶桑種子。種種實業機關，幾均分佈於江北各鎮，將來之江北地帶亦擬劃爲實業區，凡大小廠實業所，及研究機關等，來區建立者，均將歸於此帶地域。

（2）住宅區。

普通住宅當以新村爲主要地帶，南至天生橋東達觀音峽西接金剛碑均可爲發展之地域，益抗戰後異鄉客，遷來北碚者多營居於其間，多少巧小玲瓏之灰色建築，已點點立於萬綠叢中，雖不若青島濱海一帶，紅磚綠瓦景色之動人，而在抗建期間此種作風，尚有其特殊意味也。

金剛碑，澄江鎮，黃桷樹，文星鎮等處，多舊式住宅，可劃爲平民區，惟原有房舍，街道及溝渠等對於衛生多欠講求，尚需加以整頓與改良。

金剛碑至溫泉一帶以及縉雲山脚之運河兩岸山光水色，極盡幽緻，最適於遊覽休憩，故擬單闢一區，曰風景區，歡迎名人雅士之遊憩與功勳長老之息影。蓋金剛碑至溫泉之間地多傍山臨江，眼界至闊，觀音峽外，羣峯疊疊舉目在望。晨霧晚雲，有時結成一片汪洋，置身其間，頓有重登五老峯，觀雲海之感：入夜萬盞齊明，北碚與隔江之復旦大學，及蠶桑改良所等處之燈光點點，反映於嘉陵江上，流珠走串，更不禁若身到香港總督府隔鯉魚灣而觀九龍之夜景矣。其地更有特優之點，堪爲稱道者，一曰、有山泉，飲水勿需取諸嘉陵江。且其清涼甜潤，適口可人，不亞於廬山之泉水，二曰、有陰涼，其大部地域，皆係西背山嶺，絕無西晒之苦，下午三四點鐘後，即可無陽光。三曰、近溫泉，沿公路一二里而達溫泉，沐浴方便。

嘉陵江上，應有所謂遊覽艇，其艇專爲運送遊客往返於北碚，溫泉之間。目的非爲乘艇遊覽，蓋江流湍急，非但不適遊覽，且嘗易肇事出險也。運河之水竟闊平靜兩岸垂柳成陰，桃花成林，竹影叢叢，處處成影，經營之後，置別墅，造遊艇，遊憩者：乘陰散步，垂釣划艇，其幽雅閑，最適休養，可謂不必更思北平之南北海與西山之萬壽園矣。

縉雲山高聳羣峯，蒼松森立，月影疎疎，松濤雀雀，經而營之，開闢曲往，可以步明月，聽松濤亦一牯嶺之松樹路也，據云夏季，山上溫度，常較比碚低約華氏十餘度，氣候之涼爽宜人，爲楊子流域上游各地所稀有，闢爲避暑區，不但容納渝蓉人士，兼可吸收武溪游客，蓋由麓北溫泉，有公路可達，下山浴溫湯，至爲方便，其湯泉溫度之適可與對於皮膚醫療之功，固久爲社會所稱頌，將來添建標準游泳池，更可廣爲容納浴客。盛夏之期，湯泉池上，紅男綠女，會聚之盛，預度其景況，即不比大連之星個浦，青島之匯泉濱，灣亦可超彼曾經勝極一時，被稱爲國際游泳池之牯嶺蘆林池也，蘆林池，水寒侵骨，每令人裹足不敢輕於嘗試，是則武漢一般有游泳癖者，及一般想醫療皮膚者其時均將捨彼而來此矣，謂爲吸收武漢游客，豈無由耶。

（3）公共及半公共建築區。

政治區—區署原址，西爲溫泉，東爲觀音峽對岸東陽鎮，黃桷鎮等地，均在視界之下左顧右盼，適處中心，有河道，有公路，去文星鎮更有北川鐵道，與河道銜接。兩小時內，全區各鎮，均可立達，統轄全境，至爲便利。故擬仍以此帶爲政治區雖嫌地域狹小，將來向南部山坡推移，亦尚有擴展之餘地，且高處山嶺，則新村一帶，並可瞭望，据高臨下，四面八方，舉目皆矚，頗有主宰環境之氣概。

他如博物館，圖書館，民衆會場及郵局等項，爲謀全境民衆之便利，亦應設於交通中心同劃於政治區內，本區此項建築既多建於火焰山一帶，與政治區，不過一谷之隔，其一切需要之便利，無少差異，實仍一完善之配置也。

小學校運動場，菜市場書報室以及戲院電影院等，則需視各區域之環境與需要，隨時擇地分佈於各區。應時發展，因地制宜，如北碚場，除菜市場需要即時規定，其他各項，則均有其相當之佈置也。醫院、監獄、飛機場等，既不需集中，又不需分散，其原定配置，自無變遷之必要。

（四）結尾語

分區計劃既舉，更思峽區未來之發展，究將如何？茲依其地勢現狀等情勢之推斷，擬就概念如下：

1.峽區處嘉陵江畔而接近重慶，其工商實業等之發展，大部份均將以嘉陵流域為限，重慶以上之長江流域，自屬於重慶之經濟活動範圍也。

2.重慶為當今陪都，一切政治活動，多以此點為中心，峽區近處其邊，政治方面，恐不易有何特殊發展，而為一久遠之政治中心也。

3.峽區之繁榮，將以優美之風景與住宅致之，而其繁榮之大部份因素，又仍需因重慶之繁榮而繁榮。重慶之繁榮在今日為陪都，當無可疑，是以峽區年來，發展特逸。勝利後之重慶，更將加緊繁榮，蓋重要國防建設必為勝利後之第一要務，而其建設地域必將深入內地，不再復現於濱海，濱海與內地之溝通，揚子江為其主線，重慶操揚子流域之咽喉，其必繁榮，蓋可預卜。是以峽區之發展亦在把握之中。

依上列三點之分析　本計劃綱要，所謀繁榮峽區之重心，在如何建立一適合於居住之優美區域。以期符合於實際條件，非敢忽視工商實業等項也。

嘗聞歐美各大都市之為分區計劃也設委員會，以規劃之。其事之重要，可以推見，本計劃綱要，則出於筆者個人構思所得，雖經來區遊覽之工程界名流多人之指示，頗有契合之點，但以現代市政之活動，日趨專業化，社會環境之變遷，更日趨複雜化，市區劃分之妥善與否？與市鎮之發展前途關係，至為重大。筆者謭陋，不敢自是，惟希得專家之指正，而完成一良好之計劃，以建設一最適合於需求之新峽區。乃實為本文之惟一意旨也。

——完——

在艱苦奮鬥中的三峽志願軍（軍中通訊）

徐映函

光榮回憶

當敵人的殘暴鐵蹄，伸入到祖國的心臟的時候，澎湃怒吼的嘉陵江上，傳來了一片志願殺敵的呼喊！這震醉的呼喊它震撼了巍峨雄姿的三峽　響遍了祖國的原野，更號召了不少的志士和英傑！

他們是民族戰士的前鋒，是代表祖國的靈魂，他們拋棄了美滿的家庭和優裕的生活，在千百萬人的歡聲雷動中，英勇地踏進了我們的陣營裏來，他們是我們的好弟兄了，是同一戰線的戰友，第一次我們熱烈的握手，他們的活潑英姿，高熱的情緒，豪壯的意志，和報國的赤忱，使我興奮得迸出了幾滴熱淚來，內心尤其感覺到未來的祖國，是光明的，是有極大希望的。

這時間已經飛也似的過去一年多了，但誰都不會忘掉這深刻而光榮的回憶，常常惦念着這羣值得欽佩的戰士的凱音。

艱苦生活

軍人生活是多麼偉大磅礴啊！我們常常這樣的讚美着，因爲我們能夠忍耐任何人所不能忍耐的困苦。

大地當作餐桌，江泉成了極自由的浴盆，沒有山河險阻，也忘記了暑熱風寒，同志們的腦海裏，誰都充滿了新奇愉快！興奮，緊張。

軍號響了，朝陽的燦爛金光，照耀着健兒們草黃色的軍裝和黑黃的面頰，這是一幅極美麗而超俗的圖畫。我們整天的在和大自然搏鬥。課堂、操場、野外、射擊、……我們的血汗是跟着足跡在起伏的山巒深谷裏，和綠茵的廣場上，淌着，淌着！

同志們的體格，像鋼鐵般的健強起來了，技術更進步了，他們在迫切的等待着，希望着，到前線殺敵去。是的，這是他們唯一的志願。

開赴黔北

秋風帶來了南戰場（廣西）戰鬥吃緊的氣息，我們也就奉到出發的命令，正迎合了同志們的共通心理，大家歡喜得跳躍起來，個個都磨拳擦掌的感到無限的奮發！

隊伍似長蛇般的在川黔路上蠕動着！他們負了沉重的裝備行李，在連日大雨下，掙扎，奔馳！一天一天，開抵到黔北的遵義，忽然戰局好轉，我們是暫行停止下來，就地整訓。這消息，像比冰雪還冷的針芒，刺痛痛了每一個同志的心，使他們憤激！失望！徬徨！……

殊途奮鬥

一部急進的同志，意志非常的慷慨而倔強：他們理想中的樂園不在這兒啊！他們離開我們了，而自告奮勇的走上光榮的前線，其餘大部的同志，還安心馴良的忍耐着在極艱苦的冰天雪地中，學習殺敵的技能。這時，我深深地知道，我們的生活，並沒有比前方的將士舒服。

今年的春天。我們再轉赴川湘路，又經過一個艱苦的行軍，雖然我們現在沒有在最前線，可是在最近的將來，就會去拚着我們的血花，爭取最後勝利的。

明日光輝

我要告慰我們關心志願軍的親愛同胞們，他們決不辜負你們的熱烈希望，他們有的已經用鮮血寫下了光榮的史實，或者作了下級的指揮官，有的在後方正利用時間來究研自己的學術，準備着創造，未來的驚人的功勛！

看吧！他們——三陝志願軍——的血液始終是沸熱的，他們的意志，是堅強的，他們的呼號，永遠永遠地，像嘉陵江流一樣，澎湃着！怒吼着！象徵着，祖國的明日的光輝！

廿九・九・三〇・寫於××營中

嘉陵江三峽實驗區預防敵空軍陸戰隊與舉辦冬防計畫綱要

洪崗

一、為預防敵空軍陸戰隊及舉辦冬防，特擬訂本計劃綱要。

二、各保應設立守望所，組成嚴密之警戒網。

三、預防敵空軍陸戰隊兼負冬防任務，由下列各武裝力量負責。

(1)憲兵

(2)軍隊

(3)保安警察隊

(4)各保壯丁隊

(5)集訓後備隊

(6)防護團

(7)各礦警隊請願警察

四、兵力部署大要如左

(1)主力進擊部隊由十八師擔任。

(2)機動部隊由憲兵隊、執法隊、巡緝支隊、稅警隊、保安警察隊、各礦警所礦警隊負責担任進擊剿捕搜查等工作。

(3)防守部隊由防護團壯丁隊負責，分區擔任協助構築工事堵塞要道及其他救護等工作。

五、關於防禦敵機降落部隊具體辦法規定如左：

(甲)事先防範

(1)舉行戶口清查嚴密保甲組織，以防敵探漢奸之活動。

(2)嚴密旅館車站囤船及其他場所之檢查，對形跡可疑之人，澈底盤問，加以監視。

(3)檢舉無業游民遊方僧侶乞丐及散兵游勇等，實行登記，必要時得驅逐出境。

(4)對敵進擊剿捕部隊得控制汽車自行車數輛，以期機動出擊。防守部隊得於事先選擇陣地，構築據點，封鎖交通要道，並須施行檢查，有不妥之處，即予改正，以期確實控制敵人，使之無法活動。

(5)各警戒哨如發現敵空軍陸戰隊有降落之徵候，應即報告區署或發出信號通知各部隊及市民防備。

(6)規定電報局遇敵空軍陸戰隊下降，如得通知或信號，或逕知該項消息確實，應不待請求，迅速電告重慶衛戍總司令部，渝北警備司令部，十八師師部及憲兵團，並請示處理辦法。

(7)北碚河壩佈置障礙物，以免敵機降落。

(8)舉行民衆宣傳，務使民衆對敵空軍陸戰隊有充分之認識與準備，茲特定宣傳辦法三項如左：

一、通知各學校當局徵空軍陸戰常識講座，向學生或附近民衆講解。

二、印發空軍陸戰常識小冊，以廣宣傳。

三、于公共場所或人多地點舉行公開講演，喚起民衆注意。

四、其他如利用戲劇歌詠圖畫等，廣爲宣傳。

(9)發出佈告規定市民應注意之事項如左：

一、民衆隨時注意行跡可疑之人，加以細密觀察或監視，通知憲警注意，但切勿告知鄰居朋友，以致走漏消息。

二、如遇敵空軍陸戰隊下降時，全市即行戒嚴，斷絕交通，民衆可在原地蟄伏，不准騷動。

三、敵空軍陸戰隊下降時，所有民衆私用交通工具如汽車機踏車自行車及糧食或地圖等，儘量收藏封鎖，或毀滅，不得供敵人利用。

(乙)事中剿捕

(1)根據下列各項敵空軍陸戰隊降落之情形，各防衛機構應迅速處置。

(1)奸細——保甲挨戶搜索清查。

(2)小部隊之成集團者——包圍殲滅。

(3)較多部隊——一面包圍，一面電請增援。

(4)散兵之待集合者——分別堵截欄擊。

(5)敵機——設置可能降落場所之障礙。

處置辦法由區署擬編一參攷資料，散發各防衛機構，以作參考。

(2)當敵機來襲時，確知其有使用空軍陸戰隊，或發現此種徵候，應立即電話報告重慶衛戍部，澂北警備司令部，十八師師部，憲兵團部，請示處理，並通知附近各機關部隊準備後，再作如左之處置；

一、防守部隊迅即進入陣地，佔領據點要道，即派步哨，嚴密警戒。而其餘部隊則立即準備車輛，待機出動。

二、洋細觀察敵軍降落之方向，地點，人數，即行幾則，以期各個殲滅。如係小部活動，則逕行逮捕之。

三、視敵空軍降落離地三百公尺以內，得以火力包圍而殲滅敵人于空中，但不在射擊距離內，不得射擊。

四、對敵探漢奸之策動內應，得專任便衣隊搜捕撲滅之。至便衣隊之組織與訓練法另訂之。

五、敵人降下後，如因被迫脫逃時，應努力搜捕，並通知各方協緝，務須拿獲。

(3)剿捕敵空軍陸戰隊應行遵守之事項如左：

一、各部隊如受敵人壓迫，應死力抗拒，非得指揮官之命令，不得擅自撤退或他調。

二、凡本市上空一遇敵空軍陸戰隊降襲時，即不待命令施行戒嚴，斷絕交通。如有故意奔馳或徘徊街道者，逕予逮捕之。

三、本隊遠離北碚之各分遣單位，非至判斷敵空軍陸戰隊確係襲擊北碚而有增援之必要時，不得赴援，以致影響自己警戒區域之安全。

四、如敵人着地後，據要頑抗，或因敵衆我寡，且已集結佔領要點時，應集中火力，決死抵抗，並請示區署或衛戍部，迅速增援，全部殲滅之。

(丙)事後處理

(1)確知敵空軍陸戰隊已完全肅清時，應即恢復原有秩序、各部隊即返原防，照常服務。

(2)即將經過情形，敵我死傷情形，所有俘虜戰利品及敵我損失情形等，澈底清整，詳報備查。

(丁)演習

(1)關于防範剿捕之實際動作，應實行演習，其演習方案，臨時另定之。

六、關於冬防實施辦法如左：

(1)各保守望所，應視地理形勢及事實需要，設立一處至五處，使成犄角之勢，藉收策應維繫之效。

(2)守望所應儘量利用原有之碉樂及其他可資扼守之建築物，無則購築碉堡或蓆棚，其材料之征發，儘量利用廢棄公共建築物，不足時、得由保民大會（或保甲會議）議決，由各保殷實富戶等籌集不得苛擾。但須報由鄉鎮公所，報請區署核定。保與保間守望所，應取適當距離，組成嚴密之警戒網。

(3)守丁以服勤于該住所附近之守望所爲原則，必要時得由保隊長均匀撥遣之。

(4)守丁平時祇于夜間守望，日間酌量減併，遇警（包括盜匪災患及敵降落傘部隊等）及冬防期內，應不分日夜，盡力達到守望任務，攜帶警報器，遇警即報。如有疏失，得按被匪損失情形，及守丁之家庭經濟狀況，呈請責令賠償損失之一部或全部。其故意不報者，報請區署，依法究辦。

(5)守丁當值時間，無故不到或遲到早退者，應罰令加勤一日，一犯或累犯爲罰二日至十五日之勞役，但須報請區署備案，如因曠職致失事者，仍依前項辦理。

(6)守望時，遇有異言異服，形跡可疑之人，或散兵遊勇，務須嚴加盤查。如發現有盜匪或漢奸之嫌疑時、應遵國民兵各級隊維持治安辦法第五條之規定，立即扣送鄉鎮公所，轉解區署核辦。但不得故意刁難，以苦行旅。

(7)肅清鄰縣匪患，如有匪息，須依照下列步驟處理；

(甲)通知該地各鎮負責人，促其迅速解決。其通知步驟如左：

(1)用電話。

(2)用信。

(3)用公函。

(乙)呈報上峯。

(8)用提案方式，向上峯建議，凡各地有匪患而不能自力肅清者，應報請上峯限期解決，否則如有遺誤，定予各級連坐處分並賠償。

(9)運用防空部隊與辦法，鞏固冬防。

(10)力求恢復江合峽組織。

(11)冬防純由警察壯丁負責，憲兵軍隊各就地扶助。

(12)規定各鎮哨所據點位置，由區署召集各聯保編定，然後與各鎮駐軍妥爲聯絡，並分別繪製兵要略圖備用。

(13)各鎮盡可能組織冬防巡邏隊，担任附近夜間巡查，及哨所之考勤責任。

(14)各地如有匪警，須先行報請當地駐軍迅速予以扶助，同時報告區署予以最後之處理。

峽區戶口普查之經過及其結果

王崇本

戶口普查屬於戶口靜態調查，其目的在調查某一地方某一時刻之戶口靜止狀況，藉以編製各種統計，作為推進一般庶政之根據。我國古代戶口編審，如周制三年大比，清制五年編審，皆屬於戶口靜態調查之列。但其目的僅在於稽戶口以定徭賦之役，方法亦頗疎陋。歐西各國因感於人口統計為政治、經濟、社會各方面施政之重要根據，莫不定期認眞辦理，較之我國古時所行之「大比」，「編審」嘗有極大之差別。民國成立以來，因政體改革，以致一切庶務均煥然一新，戶籍本為普通行政中之一種，因之亦為政府當局及人民注意焦點之所在，國民政府建國大綱第八條：「在訓政時期，政府當派曾經訓練考試合格人員到各縣協助人民籌備自治，其程度以全縣人口調查清楚……始成為一完全之縣，」又地方自治開始實行法所列六事，首為清戶口，戶口既清以後，便可以從事組織機關，然後才輪到定地價，修道路，墾荒地，設學校。由此可知，戶籍行政在三民主義縣政建設中，所佔地位是如何重要！ 總裁自兼理本省主席以後，對於戶籍行政極為注意，並將「戶籍」定為目前民政三大中心工作之首項，俾為實施新縣制之根據以及一切政務推進之參考。

本區自二十五年四月由前「江巴璧合四縣特組峽防局改組以後，一切政務均以「鄉建」為中心，以期造成現代化之鄉村與都市齊頭並進，因之對於戶籍行政亦甚注意，故於當年夏季即辦理首次之戶口普查，並編組保甲，每月按級呈報戶籍異動。嗣以抗戰軍興，本區人口激增，黨政軍機關部隊學校亦陸續遷入，因之戶籍事務日漸複雜，故設置戶籍室專辦一切戶籍事務，並於二十七年作第二次之戶口普查及保甲整編。且依據普結果，作年齡、性別、教育、職業等等統計，所供租稅分配、失學救濟、養老卹幼等等之參考。及二十八年，渝市迭遭空襲，本區劃為遷建區後，戶口更較前激增，人事頻繁，雖有異動登記，但保甲順序，已因之漸呈紊亂之狀，為謀澈底整理及實施新縣制起見，遂決定作一次週密之調查。此事，曾於二十八年底商洽遷移來此之國府統計局，會同辦理，本年一月即將全部預算及各種表式文件編擬完竣，三月奉 省令准予辦理後，即正式開始調查統計，直至五月全部工作告竣，茲將重要各項，分述如後：

一 普查之時期

人之行動無常，今日在甲地，明日或已到乙地，必定規定一極短時期，以為調查之標準，方可避免重複與遺漏之弊。各國戶口普查，皆有「調查日」之規定，以該日人口狀況為調查之標準，本區定於農曆二月十五日夜間十二時（陽曆三月二十三日）為普查標準日期，蓋該時新年已過，人口已由動而靜，農事亦尚不甚忙，氣後亦漸溫暖，對於普查工作之適行，較爲適宜，再者川省鄉村民衆仍多沿用舊歷，故此次普查，亦仍以農歷爲準，以便查詢。

二 普查之組織與人員

保甲組織，原負有編戶查口之責；保甲人員，又皆屬地方士紳，旣熟知地方情形，亦易取得民衆信任，故此次普查之組織與人員，卽因襲原有保甲機構，以實驗區爲戶口普查指導區，原有之聯保爲編查區，原有之保爲編查分區。指導區設指導主任一人，由區長充任，指導全區戶口普查事宜；副主任一人，由區長指派區署高級職員充任，承指導主任之命，辦理全區戶口普查事宜。每編查區設編查主任一人，由聯保主任充任，副主任若干人，由聯保辦公處之戶籍員及轄境內各警衛區之助理員充任，共同查核各該編查區之戶口普查事務。每編查分區，設編報員查記員各一人，編報員由保長或副保長充任，辦理編報工作；查記員由地方智識份子充任，辦理查記工作，平均每五個編查分區，場設候補編報員及候補查員各一名，以便遇必要時遞補。

三 普查內容及戶之分類

一般戶口普查，大多將「戶」分爲普通戶、船戶、寺廟、公共處所四種，而普通戶之內又包括住戶與商店，二者分野似欠明晰。此次本區普查，乃依戶之性質分爲「住戶」，「業戶」，「公戶」三種。以住家之戶，列爲「住戶」；以營業之戶，列爲「業戶」；以辦理公衆事務者，列爲「公戶」。除普查有關人口之家庭身份，性別，年齡，婚姻狀況，教育程度，職業等項以外，對於務農之住戶並兼查其耕種面積，田權分配與主要作物之收成數量，以窺其農業經濟概況，俾爲必要時之參考。

四 普查之對象

戶口普查之對象約有三種，一爲僅查現住人口，一爲僅查常住人口，一爲兼查現住及常住人口。現住人口易於調查，所得結果比較準確；常住人口較爲實用，舉凡辦理兵役，選舉等均以之爲有效參考。本區爲兼收二者之長，避免二者之短，故此次普查爲同時兼查現住人常與口住人口兩種。

五 普查之步驟與方法

普查工作，可分爲編戶查口之兩大步驟•編戶工作由編報員攜帶普查戶號，就各外區各戶，挨戶編臨時門牌，並將戶主姓名列入戶册，以便作爲查記根據。編戶告竣，卽着手查口工作。因鄉村交通，不若城市居民，又非聚集一處，挨戶調查，則時間頗多耗費於奔走，若遇戶內人口外出，更須久待。人力，財力兩不經濟，故採用戶主或代表按時赴各分區查記處報到，由查記員當面詢明，代塡於查記單。

六 普查人員之訓練

普查工作，事關重大，並非經常辦理戶籍事務之有限數人所能竣事，故抽調本署有關人員，採用逐級訓練制，先由指導區集中訓練編查主任暨副主任，訓練期間爲五天，再由各編查主任分別訓練所轄各編查分區之編報員與查記員。編報員受訓一日，查記員受訓三日。

七 普查結果之整理與統計

本區普查結果，採用卡片人工整理法。因劃記法之工作較費時間，且校核困難，卡片法雖須另製小型卡片，但因工作軟速，校核較便，不獨可以取得較爲精確之統計結果，而由於工作時間之縮短，亦反較劃記法爲經濟。以卡片整理後之材料，即着手統計，所有年齡、性別、職業、教育等等均有極詳盡統計，現正由國府統計局編輯「峽區二十九年度普查專刊」，出版之期在邇，故僅將重要數項，列表於後：

嘉陵江三峽鄉村建設實驗區戶口普查統計簡表

	保	甲	戶	口 男	口 女	口 合計	備考
北碚	20	300	4,500	13,244	11,021	24,265	
白廟	5	75	1,125	4,586	2,793	7,379	
文星	7	105	1,575	5,003	2,912	7,915	
黃桷	9	135	2,025	7,487	3,492	10,979	
二岩	4	60	900	3,275	1,851	5,126	
澄江	13	195	2,925	7,885	4,204	12,089	
合計	58	870	13,050	41,480	26,273	67,753	

八 普查時所遭遇之困難及其克復之經過

「戶口普查」乃近百年餘來之產物，歐美各國莫不定期舉辦，英美定爲每十年舉行一次，法德定爲每五年一次。反觀我國統計法，雖有「全國戶口至少每十年應普查一次」之規定，但至今仍未實行，考其不能實行之故，乃在於「困難」太多。本區爲「實驗區」，對於任何有利於國家、社會、人民之行政，莫不依據中央法令遵照辦理。本年普查，一方面雖爲全國普查前之「實驗」，一方面亦可藉此作施政之根據，同時編組保甲。亦可作實施新縣制之強本。本區人口達六萬七千餘人，各界人士及黨政軍學校部隊均有由他處陸續遷此者，實爲整個國家之縮影，對於普查工作，本區雖曾作種種宣傳，但充以國人對於此項工作之一向漠視，故在事後，亦復有種種拒絕調查情事發生(略)。歸結一語，實乃彼等不悉「戶口普之意義及人口統計何以爲施政之張本？」今以本年普查所遭遇之困難，克復困難之經過及今後普查前應有之準備，條列如後；

(一)普查前應廣爲宣傳　普查目的，在求人口靜態，因是普查範圍內之人民，均應完全在普查標準時限以內，依照表列各項，詳細塡查，不得有任何一個機關，任何一個人有拒絕調查情事發生。——此爲最理想辦法，爲謀達到此種理想，除作一般宣傳以外，並須作個別宣傳，如對於重要黨政軍機關部隊學校等等，在事前宜以公函通知爲最佳，對於缺乏普通常識及一般鄉愚，儘可繪製種種圖表，作爲宣傳資料。此外聯絡當地言論機關　請其著文論述「普查」事宜，亦為緊要之事。

(二)普查時應多為改正　此次普查之編報員及查記員，大多為當地一般較有知識而有聲望人士，予以普查訓練後再行考核成績，今派充任者，但普查表格之填寫，仍不無錯誤之處，如姓汪之填為姓王，姓賀之填為姓貨，姓夏之填為姓下。他如年齡、籍貫、教育等均有錯誤情事發生，若不隨時查核改正，一俟時過境遷，實難再行更正，至於重行前往覆查，則費時費力，反不如隨時更正之有效。

(三)普查後應即辦異動呈報　普查目的，既是在求人口靜態，但亦可根據普查結果，按時辦理異動呈報。能如此，則普查除負有人口靜態調查之目的以外，亦可作為動態調查之根據。若果不在普查告竣之後接着辦理異動，則時間略久，人事變動(如出生，死亡，遷入，遷出等)，則無法再知人口確數，勢必再行普查，浪費人力財力，實莫此為甚，本區因各保設有專任幹事一名，故每月二日以前，由保幹事各就該保上月人事異動，依「戶口異動呈報表」統計完畢，呈報鎮公所，復由鎮公所根據各保所呈繳之「戶口異動呈根表」，於每月五日以前，統計完畢呈繳區署。因此，本區人口確數及人事動態，實瞭如指掌。

(四)表格填寫宜用簡語及符號　此次普查表格極多，加以各查記員及編報員僅予以三日普查訓練，故表格填寫時有錯誤發現，為謀減少錯誤起見，故表格填寫，兼採簡誤及符號。如「教育程度」一欄的，若遇有曾讀私塾十年者，僅在該欄填寫「私十年」，以資簡易迅速。他如婚姻欄內之「已婚」、「未婚」，則各以「巳」、「未」代之，鰥者以「夕」代之，寡者以「⺍」代之，筆劃既簡易，而含意仍同樣示出。

本區既有此次週密戶口普查，今後峽區政務推行，當以此為施政之南針，戶籍行政亦必日漸走上正軌。每月戶籍異動呈報，決本「迅速」「確實」兩大則，按嘉陵江三峽鄉村建設實驗區戶口異動實施暫行辦法辦理。本區戶籍室現已製備戶櫃十個，專作儲藏戶册之用。除按保、甲、戶之順序放置外，並利用本年普查時所用之查記單，將「公戶」、「業戶」按性質分類儲，「住戶」按性氏以「四角號碼」分類儲藏。因之，今後既可按巳知某人居住何街何巷或編入何保何甲，檢出戶口調查表，查知該人之年齡，籍貫，教育，職業等，復可首據該人姓氏按「四角號碼」順序，檢出戶口查記單，亦可查知該人之年齡，籍貫，教育，職業等，處此百物昂貴之際，本區打破各種經費上之困難，製備全區戶單及戶櫃之用意，厥在明瞭戶口實際情形，使之日漸趨入科學化之途徑，備作施政之南針，實行新解制之張本。

附注：承北碚月刊社函囑，選述本年普查文稿，適以奉令舉辦縣以下戶籍競賽辦法及抽查保甲戶口，工作異常忙碌，匆促之中草就，錯誤遺漏之處，尚望讀者諸君指正。又本人來此甚暫，選述此稿時，參考「三峽實驗區戶口普查計劃綱要」之處頗多，特此註明，未敢掠他人之美也。

二九，八，三〇・北碚

四川水利工程

四川水利局擬在成渝各地設立
高地灌溉機器製造廠
製造各種新式吸水機

全川旱地有五百萬畝可改為水田
年可增加稻子產量約二千萬市石

水利為開發資源，福國利民之主要事業，四川於二千二百餘年前，功效已著，自秦蜀守李冰父子導治岷江，築都江堰，鑿離堆，分水為內外二江，既免水患，復資灌溉，其利足溥於民間。此種舊式偉大工程，即當之近代工業，亦無愧色。據竺可楨博士統計中國歷史上之水旱災，自一世紀以迄於十九世紀，四川不過十六七次。

四川地勢，四週高而中部低，號為盆地。盆地內部，係多數淺邱組成，成都附近始為真正之平原，他形平坦，水量充足，溝渠紛紜，以都江堰為灌溉之總樞紐。灌溉區域，計有灌縣，郫縣彭縣，崇甯、新繁廣漢金堂，新都，成都、華陽、溫江、崇慶雙流及新津等十四縣，溉田約五百二十餘萬畝。如三台新近完成之鄭澤堰 綿開去年完成之天星堰及今年八月二十一日竣工放水之龍西渠，受益田畝約八百畝以上。眉山之聽泉渠，樂山之楠木堰等均分別積極興建中。水利局之三年計劃，擬定開建之新堰，尚有：遂甯南北堰，彭縣官渠堰，廣漢老鴉林，青神普濟堰，大邑都江等項工程。據四川省政府統計：舊有灌溉工程，灌田畝數計二、一二、二○○畝。新興灌溉工程之正在興建或即將興建者，受益田畝計九四、五二○畝，在計劃測量中者，受益田畝計三九一、○○○畝。

四川究係多山之地，僅兩部盆地有大片平原及各大河流兩岸山麓有小部份平原。其餘不為高山即為邱陵起伏之地，幸經古人憑其智力，毅力與經驗，凡能開渠引水之處悉使之設法灌溉，否則或開闢梯田，利用山泉；或安設筒車龍骨車起水；或挖塘蓄水，以備亢旱。是以全川一萬三百餘萬畝農田，其中水田約四千三百七十萬畝，佔百分之四十二，旱地為五千七百九十萬畝，佔百分之五十七。此類水田，除接近水源，易於灌溉者外，餘多全特天年，又何況於佔百分之五十七以上之旱地。防旱之道尚不僅一端，而就水利言，則高地灌溉尚焉。據四川水利局之估計，如利用高地灌溉方法，五千七百九十萬畝之旱地中，約有五百萬畝可改為水田，年可增加稻產二千萬市石，常年則有裨於民食，旱年亦可減輕天災，因是，該局現決組織高地灌溉工程處負責進行，派員勘測全省各高地及辦理實施工程，分三年完成新塘水田一百六十萬畝之計劃，第一年實施華陽沙河堡，成都昭覺寺，三台北壩等地工程，第二年實施射洪大榆溪，雙流牧馬山，遂南安居河上工程，第三年實施仁壽蓮花壩工程，並繼續進行雙流牧馬山，遂南安居河工程，同特設立高地灌溉機械製造廠於成渝及各專署所在地，再推行於各重要地點，製造該局新近發明之各種水力畜力新式木質吸水機。如利用水力之改良筒車（提水高度可達七公尺，灌溉面積可達千畝），提水環車，複級式離心抽水機，水力激水機，水力唧水機，利用人力之單式吸水機，複式唧水機，以及應用畜力之提水環車，唧水機等九種：河流之處，應用水力，井水塘水，即應用人力獸力，升高地灌溉，可由二公尺以至二十公尺，灌溉田畝，視各機之性能而異，造價亦極低廉。此項計劃，如果實施，四川之水利事業，自可更進一步。

四川利用水力，除灌溉外，尚有土法之水輾，水磨，水礁、及筒車等項，殊未盡其利。在積極興辦工業之今日，原動力之需要，至迫且急，據省政府統計，川省各河流域已發現之水力電量，約七、〇〇〇、〇〇〇馬力，未經專家之勘測者，尚遠不止此數。而現在已經開發之電力估已經確實發現者不及萬分之一，如成都僅利用二百餘匹馬力，華陽僅利用六十四馬力，金堂僅利用五十四馬力，瀘縣僅利用二百三十四馬力，以及安縣長壽兩處而已。是以興辦水電廠，供給輕重工業及礦業之需要，實刻不容緩之圖。例如灌縣白馬堰，水頭十二公尺六寸，常年水電流量，每抄七十五立方公尺，總發電量為六千瓩，以供給周圍一百公里內之電燈，電力，電化之用，綽有餘裕，綿陽齊審子，水頭七公尺，常年發電流量每秒八十二立方公尺，總發電量為四千瓩，足司開發綿陽、廣漢、江油、德陽、羅江等縣之工業，他如三台柳林灘，敍永永甯河、遂甯南北堰南充青居街等處水力電量均極豐富。近聞水利局擬以四百七十二萬元工程費預算，分別於三年內開發白馬堰柳林灘，南北堰青居街四處水電。至於中小規模十數百匹馬力之水力，隨處皆是，即可用以供給城市電燈及小工業。

轉載

工作競賽芻議

中國國民黨中央執行委員會訓練委員會編

前言

工作競賽，為增進工作技術，提高工作效率的有效辦法，為求三民主義加速實現，在此抗戰建國偉大的前程當中，確是迫切的需要，本書係酌取蘇聯社會主義競賽原則，參照我國情形，設為方案，以供採擇試行。惟參考材料，極感缺乏之，甚盼讀者不吝指教。

一 緒論

工作競賽，就是以比賽競進的方法施用於各種工作，以期自動的提高工作的技術，加強工作效率。競賽的辦法，先由競賽者訂定競賽規約，規定種種條件：如工作的質和量，守時，不浪費材料，及某時期內完成某種工作等。競賽結果，按照規約審查，凡如約執行者爲優，超過規約者爲最優，沒有完全執行者爲差或最差。優勝者予以獎勵，低劣者則予以懲罰。以同樣的方法，在每個機關內舉行相互的競賽，以至各個人間的競賽，由產業機關的競賽推而至于一切政治、經濟、文化，以及任何個人或團體工作的領域。

這種競賽方法經常施行的結果，在個人方面（一）可以改變工作態度；（二）提高工作的積極性與創造性；（三）養成互助合作的熱忱；在國家和會方面，即（一）生產由此發達；（二）國民生活增進，（三）國民文化水準和技術水準亦由此提高。所以這種方法是有利於國家社會和工作者三方面的方法，也可以說是革命的工作方法。

但是要推行這種方法，也有許多困難，這許多困難，只有在以下的途徑中求得解決：

第一爲國家和社會的協助：工作競賽，從它的性質說來是個人的，同時又是社會的和國家的。個人參加競賽與否，完全由工作者的自願，不必由國家來強迫命令，國家和社會，只可以從旁加以協助與監督，但是苟且偷安的惡習，是最大的障礙。第二爲勞資合作：在產業方面，需要企業家與工人的合作；在農業方面，需要農民與地主的合作；在商業方面，需要店員與店主的合作；沒有這種合作，仍舊由保守主義支配一切，工作競賽便不易推行。第三爲科學與工作聯合：在現代複雜的工作機構之下，尤其產業的工作機構之下，於一定的時間和地點，發動我們一定的工作，處處都需要科學的協助；所以在工作競賽下，必須使科學與工作聯合，打破科學的神秘專利觀念。第四爲生產發展，必須有效的反映于工人生活提高：工作競賽的結果，凡百生產（指廣義一般工作的生產）發達，這時工人的生活亦應比例地提高，不然的話，工作競賽就不易有效地推行。

中央於最近倡導工作競賽，若干機關亦已實行工作競賽，本會目的，就在根據前面的敘述，就工作競賽一般的方法組織和運用三者略加研究，以爲今後實行競賽者之參考。

二　競賽分類

推行工作競賽，首先要能分別各種形式的競賽，然後在某種競賽下需用某種組織和某種方法，纔有確切的把握。各種形式的競賽，通常可分爲個人競賽，機關（或團體）競賽，聯合競賽，連環競賽及區域競賽等五種：

個人競賽　個人競賽，即甲和甲或甲和乙的相互競賽。如工廠裏面的工人和工人，或工人與職員。個人賽賽代表兩種形式：其一爲原始的形式，即最初競賽開始時的形式。普遍的或大規模的競賽，最先是由少數人引起來的，即甲和甲或甲和乙的競賽引起來的。除非競賽已風靡一時，一個工廠或機關沒有開始時就引起全體參加的可能。其二爲基本形式，任何團體競賽必定包括團體內各個份子的相互競賽，否則團體的成績和效率就會大大地低落，集體和互助的熱忱便不易形成，工作者的積極性和創造性便不易提高，每次競賽結果，勝利或失敗所以使每個人感到深切的重視，因爲這件事的意義，不僅關係團體，也關係到每個人。

機關（或團體）競賽　機關競賽也包含兩種形式，其一爲機關內的各個部份或各個部門的互相競賽，例如紡紗廠中的粗紗間和細紗間，學校裏面的甲級學生和乙級學生。其二為機關和機關的競賽，這裏又分同類（或稱同業）機關和不同機關兩種。如紡紗廠和紡紗廠為同類機關，紡紗廠和師範學校為不同的機關。同類的機關，其組織、管理、和技術均大體相同，競賽標準和進度極易確定，競賽結果，在技術和方法上極易謀相互的改進，所以機關競賽，又是以同類為原則的。但是一個地方不必有兩個紡紗廠和師範學校，一個國家也不會有兩個教育部或經濟部，所以紡紗廠和師範學校，或教育部與經濟部，仍舊可以相互舉行。

聯合競賽　聯合競賽，就是擴大的同業競賽。例如全國紡紗廠和紡紗之間。織布廠和織布廠之間。聯合競賽不同於機關競賽，就在他只有同業的限制，而沒有地方的限制。凡屬鐵道、航空、郵電、輪船、學校、軍隊等，均可聯合舉行。

此外如同一航線的各輪船，同一鐵道的各次列車，其相互的競賽，亦可稱為聯合競賽。

連環競賽　把工作上具有聯繫性的若干機關聯合起來，彼此舉行相互的競賽，為連環競賽。例如省政府與各個縣政府，高級軍事機關與各個部隊，教育部與各級學校。至於生產機關，則可將半製品與原料品各機關包括在內，例如軋花廠，紡紗廠和織布廠。紡紗廠不供給一定數量的棉紗，則織布廠就會減少生產；同樣，一個縣政府沒有執行稅收計劃，則影響全省的財政政策。這種競賽具有強烈的完整性與強制性，為較完美的，却也是較艱難的。

區域競賽　即單純以區域為單位的競賽，例如甲省和乙省，甲縣和乙縣，或一個縣內的甲區和乙區。把一個區域內的大小或零整的工作綜合起來與另一區域舉行相互的競賽，也就是區域競賽。在這種意義下，區域競賽為各種競賽的最高形式，也是最後形式。

城市與城市的競賽，亦可列為區域競賽。

各種形式的競賽，普通都以機關競賽為主，逐漸發展為聯合競賽，連環競賽，及區域競賽等各種形式。如果機關競賽沒有成就，即行採用別種競賽，不但在理論上越級，實際上也辦不通。同時一切競賽均不能脫開個人競賽這個基礎。

三　競賽程序

前面我們說明了各種競賽的形式，這裏我們要說明各種競賽一般的過程。

從發動競賽，到競賽完成，這代表競賽過程中的若干程序，也構成競賽的若干方法。

競賽之發動　發動競賽，有三種形式：

一、積極份子倡導：由機關團體內的積極份子主持倡導，約請其他份子共同參加；

二、服務隊之宣傳：由業已成立服務隊（見本書第五章）之機關團體赴另一機關團體籲請組織發動；

三、別處挑戰：由業已進行競賽之機關團體的另一團體舉行競賽挑戰；被挑戰之機關或團體，即在「他們做得到，我們也做得到」的鼓勵下發動起來。

最初發動競賽往往採用第一種形式，以後不妨採用其他形式，或各種同時採用。我們發動某種工作，普通都由上級主持，這在工作競賽下應盡可能予以避免。因為競賽注重自願，由上級發動，有時即不免因勉強而流入於形式化的危險。另外在某些情況下——如地區偏遠，工作者的積極性太差

——發動競賽前，還可預先提倡兩種運動：

一、假日工作運動：利用假日作最艱難最低賤的工作；

二、紀念日工作運動：選擇某紀念日，作某種無代價的工作。

假日工作運動，給我們以勞苦奮鬥，及不畏難，不休閒等前進的感覺；紀念日工作運動，則給我們以協作互助，及勞動服務等道德與榮譽的感覺；兩者在推行競賽前都能給我們以誘導作用，故在特殊情況下，可事先採用。

競賽會議　競賽發動後，凡參加競賽者可預先舉行競賽會議，或競賽代表會議，（在聯合競賽以上的各種競賽，可用代表會議）以討論各種有關競賽的一切問題。如競賽機關之設立，競賽目標之決定等，均可提交競賽會議，或代表會議。

競賽會議主要作用，在培養競賽者的集體責任觀念。集體責任，就是個人要對團體負責，個人要負團體的責任；實現這個集體責任的方法，就是集體討論，集體批評，集體工作，也集體學習。

競賽條約　由競賽會議，可產生競賽規約，（或稱競賽合同）不論個人競賽，機關競賽，都要競賽雙方（或多方）事先訂定競賽規約，這條約的內容包括三點：

一、競賽日期：包括競賽起迄日期，與檢查日期。起迄期間，係按年月節季，或工作程序，及自然工作過程規定；檢查日期，可規定每月或每週一次，屆期互按計劃，檢查進度及執行結果。

二、競賽內容：包括全部工作有關的各個方面，如工作紀律，工作精神，生產數量，原料節省，勞動管理，勞動狀況，及工作者的文化水準之提高，技術之發明與改進等，均可列為競賽內容。

三、決賽標準：就是把規約內容，列成標準計算。這裏又可分為三項：其一為速的決賽，如某項工作規定三月完成，則定期完成或提早完成者勝利；其二為質的決賽，凡工作產品超過原有品質者勝利；（紀律、精神、發明、改進等在內）其三為量的決賽，在同一時間內能生產（指工作的生產，不限于生產品之生產）更多的數量者勝利。

評議與評議會　競賽結果，由評議會舉行公開的評判。評議會的組織可規定為競賽雙方（或多方）的代表，黨的代表，工會代表（假定競賽者為工人的話），廠長或機關主持者。公開評判前，競賽雙方代表各自提出規約內容及執行結果的報告，然後評議會按照執行結果評定優劣。凡超過規約者為「最優」，如約執行者為「優」，沒有完成者為「差」或「最差」。

評議的意義是教育的，獎勵或誘導的。評議在鼓勵勇氣，扶植失敗，如果評議的結果，勝利或失敗者大多數都得着反感，那就是評議的失敗。

不斷競賽　「不斷競賽」可作為競賽的一種口號，也是推行競賽的一個必需辦法。它的意義，在防止兩種可能弊病的發生：其一是連續勝利的結果，勝利者看不中它的對手，因而發生驕惰，遲緩等現象；其二在相反方面，因連續失敗的結果，也許消極停滯下來，因而中止競賽；這兩種可能弊病的發生，在工作競賽下，雖然有種種預防的方法，如服務隊的方法，但「不斷競賽」也是有力的方法之一種。

不斷競賽，給予我們兩種暗示，就是鼓舞勇氣和檢取教訓，由此我們得着種種機會，勝利者可獲取更大的勝利，失敗者也可以捲土重來。

四　競賽與獎懲

從開始競賽到競賽完成，還可依工作的表現和工作結果，定出種種獎勵和懲處的辦法。此種辦法有出自國家的，社會的，有屬於工作者自定的。獎懲作用，在予競賽者以各種精神物質的刺激和鼓勵，主要者有下列諸種：

壁報　凡實行競賽的機關或團體，必須由競賽者自己主辦一種壁報這種壁報的責任，就在經常以文字或漫畫批評每日每週的競賽情形，以至各競賽者的工作情形，例如某人無故遲到，某部機器的保險裝置不當，某人怠工或浪費材料，凡屬營私、舞弊、惡意、不良習慣，懶惰或單純無效率，都當作被攻擊或指責的對象。在另一方面某種新發明，某部提早完成了工作計劃，某人爲工作努力者，紀律優良者，通常也被當作揭舉或歌頌的對象。壁報的內容是多方面的，它不僅批評工作狀況，有時還可批評機關的管理狀況及管理人員，它對一切貪污腐敗及官僚化的枉法行爲都需要指摘。

工作法庭　除壁報外，競賽機關或團體還可設置工作法庭，前者在執行經常的自我批判，後者則在實行一種公開的譴責。

工作法庭的組織，普通可作爲臨時的，非正式的。在工作法庭裏面，審判和受審者可以充分熱烈的辯論。爲施行必要的懲戒，工作法庭可制定一種工作法律，把各種有意或無意的錯誤，規定予以一定的懲戒，從極小的警告，到罰工，強迫勞動以至開除。

這種公開譴責爲處置普通小錯的極好方法。由工作者自己來立法司法，其結果使每個人都自覺的實行他們的責任與義務，團體更担當了監視執行這種責任與義務。

榮譽獎勵　競賽本係一種榮譽的工作（爲國家爲社會並爲自己而工作）故亦有榮譽獎勵的規定，榮譽獎勵有左列幾種：

一、榮譽牌：每次競賽結果凡優勝的個人或優勝隊，可列名于紅色榮譽牌。

二、榮譽稱號：給與「勞動英雄」「工作英雄」或「英雄隊」等稱號。

三、榮譽勳章：製備各種勳章，如中山勳章等給予紀律優良者，工作努力者，或工作質量兼優者。

四、榮譽會員：技術發明，科學發明者，選拔爲最高學術團體的名譽會員。

其他如報章雜誌之稱頌，邀請赴公共集會演說，與政府社會領袖合攝肖影，均可作爲榮譽獎勵。

報酬　成績優異者，更可給予左列報酬：

一、獎金：規定各種成績的標準，給予各種金額。

二、特別假期：給予例假以外之假期，假期中并得至公共休養處所休養。

三、國外遊歷：由政府社會或原工作機關資助國外遊歷。

四、社會保障：給家屬或本人以各種社會保障，如兒童得優先入保育院或老年撫恤金等。

五、額外報酬：視額外工作時間多少，給予額外報酬。

六、晉級或加薪：增加薪金，或提高原有職位。

落後工作者之處置　在競賽中，凡以種種原因（例如文化程度低落或五官殘缺等不可避免的原因）而致工作成績一時無法提高者，稱爲落後工作者。對此落後工作者，須有特別獎勵與扶植的規定。在獎勵方面，可注重工作紀律或工作精神，使落後工作者能在紀律與工作精神方面獲取優勝。至於扶植方法，改變適當工作，調遣服務隊（見本書第五章）協助，及加強個別教育等，均可使落後工作者增加工作知識及能力，這樣他們的工作成績，就此便可逐漸提高，因而參加競賽的熱忱，也隨着不斷提高，落後工作者能普遍積極地參加競賽，工作競賽自然可以廣泛的展開起來。

失敗工作者之注意　失敗工作者不同於落後工作者，他們是努力工作，然沒有達到規定成績而被宣告失敗了的。因此對失敗工作者的處罰，普通祇限於極輕的處罰，——列名於黑牌（或黑表）的處罰。對失敗工作者也如同對落後工作者一樣：必須研究失敗原因，指導獲取致勝的方法，其目的則在防止連續失敗或完全失敗。因爲連續失敗或完全失敗的結果無論個人或團體，往往容易灰心消極下來。防止的方法，在獎懲方面爲獎懲的標準多樣化，例如把工作的質、量、時間、工作方法、紀律、精神、及工作者個人品德，工餘進修等，規定各種標準，這樣工作者雖然在某些方面遭致失敗，在某些方面，仍舊可以成功。連續失敗或完全失敗的現象，由此就可大大地減少。

詳細的方法，自不限於上面所說的各項，主要者還在事先釐定獎懲標準，根據標準，確定方法，使被獎被懲者確實感到詳實公正，這樣不但可增加效率，并可收揚清激濁之效。

五　服務隊與工作競賽

獎懲的方法，特別由工作者自定的方法，固然可以收到許多效果，但是，一般的說來，這種效果仍然是有限的。在工作競賽下，爲使工作者的積極性更易發揚，創造性更易提高，換言之，爲使工作競賽格外容易推進，還有組織各種服務隊的方法。

機關服務隊　首先一種最普遍最基本的服務組織，就是機關服務隊的組織。機關服務隊爲機關競賽的幹部，由平日工作做得好做得快做得多的份子中拔選出來。不過這種選拔，通常要經過競賽大會提出，由全體競賽者予以承認的手續，但在某種情況之下，凡競賽者確信他的工作做得好做得快做得多，也可自己宣佈爲服務隊隊員。他們以五人一組，若干人爲一隊，在一定機關的領導下，舉行定期的服務會議，以討論加強學習，及如何領導競賽者從事競賽等問題。

機關服務隊的「工作生產力」經常要超過普通的標準，這樣他們的第一個任務就是要勵行自我紀律，第二要學得更高的技術，第三要努力改進和發明，第四要參與一切工作計劃或勞動計劃。此外還有第五個任務，即激發并協助落後工作者，自動從事規定工作以外之工作。

爲了協助落後工作者，機關服務隊可從甲地方派到乙地方，或甲部門調乙部門，教落後工作者如何改良他們的工作技術，組織，管理，和方法，使他們的紀律，精神，文化水準，及工作生產力能同樣提高。所以機關服務隊的一個重要口號，就是「自己要做得好做得快做得多，同時使他人也做得好做得快做得多」。

機關服務隊的組織和任務雖然大體一樣，其名稱却以工作對象而有種種不同。例如農場裏有剷草服務隊，墾荒服務隊，選種服務隊，工廠裏面有翻砂服務隊，或紡紗服務隊，及機關裏面的文書服務隊，或會計服務隊等。

聯合服務隊　其次在聯合競賽下，亦可組織聯合服務隊，以各機關中最優秀的服務隊員組成。假定全國有十個鋼鐵生產機關，那末就可以十個鋼鐵服務隊中的優秀隊員組成聯合鋼鐵服務隊，其他如合作，牧畜，紡織等，均可有聯合服務隊的組織。

聯合服務隊的任務有三：第一爲收集并報告各服務隊的工作狀況，例如勞動狀況，紀律及工作精神等，使各服務隊能藉以彼此明瞭；第二爲介紹工作方法，例如甲地服務隊有某種科學發明，或技術改進，聯合服務隊得約請其他服務隊共同採用；第三爲參與聯合競賽計劃或聯合生產計劃。

聯合服務隊每年得定期巡閱各服務隊一次或兩次，目的專在聯絡考察并輔導各服務隊的工作。遊巡完畢後得向各服務隊提出建議與報告。除出巡期外，仍從事各人原有的工作。

聯合服務隊，有時還可聘請專家協助或指導。

社會服務隊，除前述兩種服務隊外，還有經由文化人，知識份子，組成的一種社會服務隊，目的專在協助并提高工作者的知識文化或娛樂。我國工作者的文化程度，一般都很落後，尤其產業勞動者，在工作競賽下，大規模的組織各種社會服務隊，利用休息假日，或工餘時間以從事各種服務，這又構成工作競賽的一種服務制度——社會服務制度。

社會服務隊也可能有種種名義的組織，例如識字服務隊，專以協助工人識字爲目的；文藝服務隊，專以教導工作者從事淺近寫作爲目的；戲劇服務隊，或遊藝服務隊，則專以協助組織俱樂部，或簡單壁報爲目的。社會服務隊可在工廠農場或軍隊中，從事種種活動。此外如體育、拳術、武技等亦可組織社會服務隊，以從事各種服務。

在社會服務制下，還可動員大批科學家，工程師，技師，及其他專家學者，從事各種服務，這種服務，可推廣至任何方面，例如在技術上，工業機關可以協助農業，工人可以協助農民。凡以進步的扶助落後的，熟練的協助生疏的，均可稱爲社會服務，所以社會服務隊的一個重要口號便是「自己會，使別人也會」。

服務隊與「互助制」，根據服務隊自己好好做，使他人也好好做的精神，各種服務隊還可推行廣大的互助制度。例如革命隊在休閒時可協助農民的收割，教農民以軍事技術；農民則協助軍隊的谷米和菜蔬；甲工廠或機關在某種需要下，可約請另一工廠或機關的協助等。

這種互助的推行，也採用競賽形式，規定某項工作完成，作爲一部份互助的義務。互助爲公餘以外的工作，完全無給；但有時也看工作規模的大小，酌予獎給，受給者不以分爲個人的私有，而以移充公共的福利。

六　工作競賽與機關設施

工作競賽要緊的自然是工作者的自動努力，但是生活環境的優良與否，直接影響工作者的身心狀態，間接影響於工作效率。所以要謀事業的發展，普通機關，平時就很注意機關裏面的種種設施，目的不外使工作者生活滿足，以增加工作能力。推行競賽的機關裏面的工作者因爲努力從事各種各式的競賽，其所耗精神和體力比平常更多，所以各項的設施，更不得不注意講求。

衛生設施　今日的機關生活，對衛生及健康有害之處甚多，要免除這些危害，使競賽者時常保持身心健康，只有從各種衛生設備入手：下列各項，是比較普遍易行的：

一、公共食堂：飲食和健康是息息相關的，由機關設置公共食堂，對於食品管理，食品分配，食品選擇等，均可用專人指導主持，對營養與經濟，二者也同時顧到。

二、診療所：無論機關設備如何完善，衛生如何講求，疾病總是難免的事，診療所的設置，一面可以就地診治，免除重大的病症，防止病症的蔓延，一面也可節省出外醫治的時間，免誤工作。

三、環境改良：機關裏面的各種設備，和陽光、空氣、溫度、潮濕等，均直接影響身心的健康，空氣的清濁，和溫度的高低等，隨時都應留心研究，并加意改良。

四、精神衛生：衛生的事，主要的還在精神方面，良好的工作精神，寄托在良好的精神衛生上面，施行心理指導，講授精神衛生常識，是極淺近易行的工作。

文化設施　參加競賽的人，時常要獲取工作勝利，以除努力工作外，還要努力學習和進修，所以文化的設備是最不可少的。各種文化設備，普通的有左列三種：

一、圖書室：簡單的圖書室裏，可購置若干必需的雜誌圖書及報紙。書報對於工作者的功用有二，一在供給工作上必需的參考或常識，二是補助業餘的消遣或進修　這對於工作競賽的發展，都有着直接關係的。

二、補習學校：補習學校不限於普通的識字補習，還可用作達成各種目的的教育工具。例如競賽者的國家意識薄弱時，我們可用以施行政治教育，紀律觀念不旺盛時，可用以施行團體教育，同樣，在缺乏勞動觀念，或節約觀念時，可用以施行勞動教育或生產教育。

三、科學講座：目的在舉行各種科學演講或科學常識的灌輸。我們在緒言裏就已提到，工作競賽，必須使科學與工作聯合，這對工作競賽有特別意義。工作要做得好做得快做得多，離開科學原理和方法，是不成功的。推行治河競賽就延請專家演講水利問題，如果是建築競賽就演講工程問題，在其種需要下，就給以某種科學演講，這就是科學講座的責任與目的。

娛樂設施　娛樂是一種消遣，正當的消遣，可以保全工作者身心的健康，增加工作效率，所以娛樂設施一項，機關裏也有講求設置的必要，我們且舉出極普遍的三種：

一、運動　運動包括一切體育的工作，如各種球類運動、爬山、游泳、賽跑等是。在普通的實業或辦公機關如（一）工作開如前的五分至十分鐘的運動，（二）離開工作場所前的日終運動，一般的都可採行。

二、游藝　游藝的效用，初不限於簡單的身心健康方面，人類的若干高尚德性，都可從游藝中陶養出來的。游藝包括歌唱，戲劇，影片，音樂等，這些在機關裏面，都應盡可能的設置，或協助工作者共同設置。

三、俱樂部　俱樂部在調劑生活上有重要的功用　前述各種設施有時都可包括在俱樂部裏面。我們可把它當成教育的機關，娛樂或研究、進修的機關。俱樂部又是可大可小的組織，普通人數極少的機關也可設立。

安全設施　在工作中發生危險的事，也常常免不了的。

採用機械工作的機關裏面，因爲機械裝置不當，使用方法的錯誤，時常發生危險，不用機械的機關裏面，工作環境中，如門、窗、工具等有時也能傷害職工，所以講求安全設置，也是不可忽略的工作。

一、安全教育：保護安全，普通從教育着手，凡工作環境，使用的工具中常易出危險的地方，事先予以明白解說，用種種方法提醒注意，這就是安全教育的責任。

二、安全工程：安全教育，只是保護安全的一種措施，要因還在安全的工程：例如能捲掛衣服的機輪，可用鐵罩蓋上，飛散塵渣的機器，可設置收斂筒等，這些都屬於安全工程，只有安全教育與安全工程同時并重，纔可收安全的效果

七　工作競賽的組織

組織是佈置事情的技術，凡舉一事必需相當的組織，然後責任的分配，事業的進行，方不至發生顛倒錯亂等現象。工作競賽，是廣大的同業競賽，與各業的競賽，其範圍包括全體所有的各種工作。各種競賽如何統一指揮分別進行，都屬於組織範圍。根據前面所講的競賽分類，我們可把工作競賽的組織，分成(一)基本競賽組織，(二)各級競賽組織，及(三)聯合競賽與連環競賽組織等分別討論：

基本競賽組織　在競賽分類裏面，我們曾把機關競賽、作爲競賽單位，所以這裏的基本競賽組織，自然是機關裏面的競賽組織。一個機關裏面競賽者和非競賽者，在競賽者中有服務隊和競賽隊，在服務隊和競賽隊之上有競賽委員會，而這個委員會，又經常受着黨的代表工會及機關主持者如經理或廠長等的協助與指導，所以一個機關的競賽組織——基本競賽的組織，是相當複雜的。爲便於明白起見，我們最好分開敍述：

一、競賽隊和競賽分隊：個人參加競賽與否，這可決於個人的自願，但是，既已加入競賽，就須受共同的指導，守共同的約束，這就是把競賽者組織成競賽隊的簡單理由。有了這個組織，還不能順利地推行競賽，因爲各種競賽最後都是以個人作單位，以個人的工作爲對象的。況且龐大的競賽隊，在指導與約束上都不便利，所以還可依各人的工作對象，分成五人以上，十人以下爲若干分隊，其劃分標準有左列三種：

(一)按工作單位分，依照工作單位(或工作部門)如紡紗廠中的粗紗間，細紗間等劃分；

(二)按工作程序分，依照工作的進程，如棉紡織廠中的清花，扦棉，棉條，粗紗，細紗，併線，撚線……等劃分；

(三)按人數分，無前述標準者，依人數劃分。

有了這樣的分隊組織，各項競賽就容易順利地推行：例如個人競賽，可在分隊以內的各隊員間舉行，而由分隊長負責領導，各分隊間的競賽，可在一個機關內普遍舉行，而由服務隊與競賽委員會負責領導；分隊的作用，就在把廣大的競賽者分成小的集團，從而一切個人的團體的競賽就容易推動。

二、服務隊與競賽隊：服務隊是推動競賽的幹部，每個競賽分隊長的人選普通就是服務隊隊員，服務隊也分成若干小組，每組轄若干隊員，等於每組下面控制若干的分隊。這樣一切競賽的工作都可透過服務隊直達各競賽隊員。一個機關裏面，只要有優良的服務隊組織，那末一切工作都容易推

動，至於服務隊的詳細工作，我們前面已經討論。（見第五章）

三、競賽委員會：在競賽隊與服務隊之上，有競賽委員會，負責管理全機關的競賽工作，委員會內，可按工作的性質，分爲各股，分別担任工作。此種分股，按舉辦的工作多少不同，如根據我們前幾章的討論大致可以分別如下：

（一）計劃股　計劃股的功用有二：一是編製競賽計劃，二是監督計劃的執行。在編製計劃方面，首先要根據機關原有工作計劃，按競賽者的勞動能力，技術能力，原料供給等，製成計劃原則，各組各隊再按照原則製成各組各隊的個別計劃，以至各個人的計劃，然後合成總的競賽計劃。在執行的監督方面，一面可責成各組各隊，經常將競賽的情形，向計劃股報告，一面由計劃股經常派人赴各組各隊作實地的檢查。至於計劃的內容，有時可注重生產成本的減低，有時可注重生產品質的提高，一切計劃方面的設計研究，都應由這股負責。

（二）技術股　技術股的責任也可分爲下述幾種：一爲技術的輔導：凡競賽者發生技術的阻礙或困難時，技術股負責予以解决指導。二爲技術的研研：如研究怎樣改良工作方法，生產方法，使工作或生產的效率提高。三爲技術的介紹：如某工廠或某部門有較好的技術或方法發現，技術股就須設法試驗採用，並介紹使別人採用。四爲技術的訓練：如開辦短期訓練班，科學講演，及其他有關技術的展覽或參觀等。

（三）文化股　凡關於競賽者的文化教育娛樂等工作，均應由本股負責。前述圖書室的管理，補習學校，及俱樂部工作的進行，都由文化股主持指導。此外文化股還負有提高競賽熱忱的責任，如標語口號的擬訂，生產宣傳隊之組織等。

（四）福利股　此股的職務，即是代表競賽者，在某種需要下盡獲取各種福利的責任。如機關裏面的安全設備，及衛生設備，工廠法，勞動法，職工保險，分紅，老年職工的處置，假期休息時間，凡屬職工應享的權利，福利股都要盡量辦理。

（五）考核股　有計劃而無考核，計劃必不能完全實行，或實行的給果不夠，所以定期考核，是專由考核股負責的。考核的結果，一部份就是獎懲的根接，所以壁報的編輯，工作法庭的組織，和評議會的組織，（見第三章）均應由考核股負責主持。

（六）服務股　領道服務隊舉行對內對外的各種服務，是服務股的責任。服務股與各股的關係都非常密功，所以推行各種服務時，還需要與各股合作。

四、黨代表，工會代表機關主持者：競賽委員會統管機關的競賽工作，我們在前面已經討論，但是這些工作，有時也許涉及國家法令，社會福利與勞資爭議等問題，遇着這些問題，委員會就不能單獨解決，而須聽從黨的代表，機關主持者的協助與指導。黨在某些意義上可代表國家，工會代表工人（假定是生產機關），機關主持者代表機關（如經理或廠長），這樣三者形成一種機構，由這個機構來協助指導，委員會的工作便可順利地推行。

各級競賽組織　基本的競賽組織，僅僅是各機關裏面的組織，其作用也祇限於各個機關裏面。如果把競賽的範圍擴大至一縣一省，如同區域競賽（見本文第二章）所以講的甲省和乙省，甲縣和乙縣，那末競賽的組織同樣要擴大至各縣各省，而由最高機關加以系統的控制。因爲工作競賽係以全國工作爲對象，以各種工作的相互競賽相互扶助爲範圍，所以在基本組織以外，建立縣、省以上的各級組織，也是十分必要的。假定這個最高組織爲全國競賽委員會，以下爲省競賽委員會，縣競賽委員會，其組織和任務我們可以大體分述如左：

一、全國競賽組織—全國競賽委員會：全國競賽委員會，爲綜理全國競賽的最高機關。它的任務，在設計全國的競賽計劃，改進競賽辦法，頒佈競賽法令，規定獎懲，以及勞動狀況之改進，職工生活之改良，勞資問題之處置等。它根據黨的政策，領導全國工作者從事競賽，爲國家社會增加福利。爲順利執行這些任務，它應由下列機關的代表組成：

（一）國家計劃機關　推行工作競賽，首先要有全國規模的工作計劃，這就有賴于中央計劃機關。這計劃要根據全國資源的統計報告，各公私企業能夠生產和實際生產的報告，各專家，工程師，技師和熟練工作者的實際數目及能力等製成。這計劃應規定完成時期的總數，及每年每季應達到的數目。有了這種計劃，工作競賽纔有準則，「一定期完成」「提早完成」，或「超過原計劃百分之幾」，纔有依據。

（二）國家監察機關　保證計劃順利地施行，防止偷工減料，及各種可能弊病的發生，這又有賴於中央監察機關。中央監察機關，要以遍佈全國的監察網，監督每月每週的進行狀況，這樣計劃才能保持常態的進步，不至變成文字的或靜止的東西。

（三）全國總工會　領導全國工人直接的組織爲全國總工會，在工作競賽制下，這成了它對國家對自己的唯一主要工作。總工會一方面可代表職工要求勞動改良，生活的改善，他方面可根據全國競賽委員會決定，發佈種種命令，教導競賽者或工人遵守。

（四）政府有關各部　鐵道，輪船，郵電方面競賽，需要交通部合作，鋼鐵，紡織，煤礦，化學，然料方面的競賽，需要經濟部合作，同樣軍事方面需要政治部，學校方面需要教育部，根據凡工作都參加競賽的原則，政府有關各部，都應派人參加到全國競賽委員會內。它的作用，一面在保持自己在競賽中的若干特殊性，一面在協議統一的方案，遵守共同的辦法，使全國競賽能夠得到更廣大的協助與推行。

（五）全國產業聯合會　這是指企業家或工廠廠主等的聯合最高組織。企業家或工廠主的目的，固然在生產的發展，與利潤的獲得，但在工作競賽下却有一定的條件，就是生產的發展，必須有效的反映於工人生活之提高。這裏包含着種種勞資問題，在工作競賽中，勞資問題的解決，必須根據於國家社會的需要，產業發達，及工作競賽自身的需要三者來決定。全國競賽委員會，在推行競賽的時候，一面需要與企業家工廠主合作，一面也要規定種種法案，要企業家和工廠廠主遵守。

其他如商會，農會，婦女會，均可成立自己統一的組織，於參加競賽時加入全國競賽委員會。

二、省競賽組織—省競賽委員會：省競賽組織，爲主持全省競賽的最高機關。它同樣由黨的代表，省政府各廳代表，及各種職業團體勞工團體的代表組成。它的任務在管理并領導全省的競賽，尤其省營事業的競賽。省競賽組織，應隸屬於全國競賽組織，一切要根據上級規定的原則與指示。它可以製擬全省的競賽計劃，但要呈報上級，它可頒佈特法殊合，處理特殊的勞資問題，但要得到上級的批准，它一方是承轉機關，一方又是領導并執行的機關。

三、縣競賽組織—縣競賽委員會：縣競賽組織與省組織原則相同。不過範圍較小，責任更重而已。縣競賽組織，除了主持并領導縣營事業外，主要的還在發動并組織廣大的農民來參加競賽。它要熟悉全縣各種工作狀况，製備詳細的調查統計，於競賽開始前有確實可行的競賽計劃，開始後，有每月乃至每週進行狀况的報告，競賽完畢時，還要有精確的檢查。縣競賽是各級競賽的基礎，直接領導各個機關的競賽，這基礎不穩固，那末各級競賽也不會穩固。

聯合競賽與連環競賽組織　聯合競賽與連環競賽的組織形式相同，卽由各組織單位的代表組成聯合競賽委員會，或連環競賽委員會。例如國有鉄道每線可成立一競賽委員會，合各線代表便成立聯合競賽委員會，聯合競賽委員會，對各鐵道競賽委員會關係，一如省競賽委員會對縣競賽委員會的關係。

聯合競賽與連環競賽，不必以全國爲範圍，一省一縣乃至一區，可均按工作對象，分別組織。

八　工廠工作競賽

上面我們說明了工作競賽的方法組織，這裏我們將略談工作競賽的運用。

工廠是主要生產機關，所以工作競賽特別置重於工廠方面。不過工廠所包含的門類很多，其組織技術十分複雜，因之我們的敍述祇限於一般的與原則的方面，同時工作競賽辦法，在基礎上大體一樣，所以我們的研究，也祇限於方法的運用，而不在一般方法之重述，我們祇能就下列幾個主要問題加以探討。

競賽內容　競賽內容，普通說就是競賽的目標，工廠的競賽目標，通常因工廠性質而有種種不同，一般的有下列諸種：

一、生產：以增進生產數量，提高生產品質，減低生產成本，勵行生產節約等爲標的；

二、技術：以技術之發明改進，保護機器，儘量使用機器，及技術之熟練等爲標的；

三、勞動：以加強勞動紀律，工作精神，及勞動狀况之改進，勞動強度之提高等爲標的；

四、組織：以各個組織間或一個組織內的各個部門之合理編配，與靈活運用等爲標的；

五、管理：以關於人事，勞動，財務，經營及技術等管理之合理化料學化等爲標的；

六、文化設施：以增進工人文化程度，料學知識及體育、游藝等之設施爲標的；

七、生活改良：以實行工廠法，勞動法，及促進工資、工時等之合理規定爲標的；

工廠競賽的內容，雖然大體如上述，但競賽時詳細具體的規定，在一個工廠內者須取決於工廠競賽委員會，在各工廠間者，須取決於聯合競賽委員會，屬於全國者，則取決於全國競賽委員會。

競賽辦法　競賽內容，僅僅是工廠競賽的一端，要實際推行，還靠我們的辦法，依照本會第二章的討論，可把工廠競賽辦法分成三種：

一、工廠個別的競賽：個別工廠競賽，即一個工廠內各個部門，或各個部份的相互競賽，這種競賽，爲工廠競賽的基礎，除了依照普通的方法以外，實際進行時，還要注意下列各點：

（一）先就工廠組織，設備，技術，工人等逐加調查研究，以決定競賽可能，及何者應先行競賽。

（二）依工廠部門，或技術部門，或工作程序，從事宣傳，發動，組織。如棉紡織廠，其作業基本步驟爲淸花，拚棉，棉條，粗紗，細紗，拚線，撚線，經紗，漿紗，織布，漂白，染色，印花等項，各依該項從事組織，或甲乙兩項共同組織。

（三）競賽發動前，職代表，工會代表，工廠經理等，事先舉行協議，討論一切有關競賽的問題，如工廠獎金之儲備，競賽設施，競賽費用，及其他有關國家法令，及勞資爭議等問題。

（四）各競賽分隊，各服務隊小組，各競賽者個人，事先立定工作計劃，製定競賽規約。此種計劃與規約，應分共同的與各別的兩部，共同的如生產之增加，紀律之提高，各別的如某種技術的熟練，發明或改進，但計算時須有共同的標準。

（五）競賽時間，決賽標準，依參加人數。及其能力，技術，與積極性之強弱決定。大抵初次競賽，時間不宜太長，標準規定，亦不宜過高。

（六）競賽進程中，利用壁報，隨時舉行工作的批判，提高競賽熱忱，并利用木製進度表，隨時報告各組，各分隊及各個人的工作進度。

（七）關於工作法庭，工作法律，獎懲條例等，須預先公佈，并舉行競賽大會，預先討論。

（八）工廠經理，職員，就個人業務，同時舉行競賽，目的在配合工人的競賽，惟內容須注重工廠設施之增進，及組織管理之改良。

個別的工廠競賽，主要的在培養工作者的競賽觀念，學習工作紀律，工作技術，以奠定工作競賽的基礎。所以一切辦法的運用，都要注意重循序漸進，保持它的長久性和固定性，違背這種原則的任何方法，都不可以採行。

二、工廠間的聯合競賽：個別的工廠競賽推行至相當時間以後，使可舉行各工廠間的聯合競賽。工廠內的競賽，係以工廠內各部門爲單位，聯合競賽，則以各工廠爲單位，所以下列各項，特別要加以注意：

（一）聯合競賽的工廠，至少須三個以上，或十個以下，愈多則愈有精神，愈能發揮競賽效力。

（二）聯合工廠，最初宜以區爲範圍，逐漸擴展以縣爲範圍，省爲範圍，最後以全國爲範圍。

（三）縣以下的聯合競賽，可採用聯合競賽委員會的組織，綜理各項工作，縣以上的聯合競賽，卻不必有單獨的組織，必要時可用通信競賽。（以通信方法從事競賽，代替交通不便，或地區偏遠的困難）交由省縣或最高競賽機關主持

（四）聯合競賽，除共同的競賽規約外，甲工廠與乙工廠可單獨訂定規約，爲單獨的決賽。

（五）聯合競賽開始前，各工廠可行社交訪問，或通信訪問。

（六）聯合競賽之結束評定，須有政府及社會人士參加的優劣標準。

（七）在聯合競賽下，各工廠內，仍舉行各部門的競賽，及各個人的競賽。

（八）聯合競賽，須注意各工廠在技術，管理，及組織上之特性。

聯合競賽的目的，第一在擴大互助的範圍，這種互助，不僅及於生產方面，有時還可推及於原料或銷售方面；第二在交換幷提高工作技術，同一紗廠組織甲廠效率或較乙廠效率爲優，或甲地較乙地爲優；第三在以進步的生產協助落後的生產，我國工廠組織異常複雜，採用新式組織，管理，及技術的工廠自然可以幫助舊式的工廠；第四在達到生產的合理化，以進步的協助落後的，以甲的長處，補乙的短處，其結果進步的更進步，落後的亦進步，結果生產上的各種差別、缺陷自然減少，達到工廠生產的合理化。

三、工廠間的連環競賽：連環工廠的競賽不限於同類工廠的範圍，它的主要目的，在以不同的技術，不同的工作，以達到同一生產速度。

連環競賽，可組織連環競賽委員會，其方法，與聯合競賽略同。所不同者，就在各單位的組織、技術、勞動均各不相同，所以必須有一種計算標準，以計算各種不同的勞動。例如參加競賽的人，可能有單純的體力勞動者，粗工、細工、技術熟練者和高等技師等等。假定體力勞動者勞動八小時爲一工，粗工八小時爲一個半工，細工八小時爲二工，熟練者爲三工，合計甲工廠的工數，以求得對另一工廠工數的比較，纔能得出確實的生產速度，由這種速度，纔能判出實際的優劣標準。

此外連環競賽，還須有各種精密的測算，如對於各種不同的機器動力、原料及產品等的測算，此種測算同樣須有共同的標準。由於這種測算的不易，所以聯合競賽普通也不容易舉行。

上述二種辦法，在最初競賽時，都須遵照一定的程序：即最初由工廠內的競賽開始，逐漸擴大爲工廠間的聯合競賽與連環競賽。以後各種競賽，即不妨同時併行。

服務隊之運用　服務隊的重要，在此已無須說明，我兩且專就其運用方面來加以研究。

一、工廠服務隊：工廠服務隊的運用，可分爲對內對外兩個方面：在對內的方面。視工廠工作的需要，可隨時變更工作任務或工作方法。例如競賽開始的時候，競賽者往往缺乏團體的工作紀律，那末服務隊，就要提高紀律，自己在紀律上負領導與模範的責任。如果競賽注重的是生產發展，那末服務隊就要負責發展生產，幷協助落後工作者增加生產。這樣服務隊的任務，極不固定，因之其名稱亦有種種不同，最要者爲下述諸種：

（一）提高標準服務隊——專以改良生產技術，製造超等品爲目的。

（二）連環生產服務隊——專以聯絡各部工作，促進每部生產效率爲目的；

（三）提高生產服務隊——專以提高效率，使生產數量增高爲目的；

（四）減低成本服務隊——專以減低生產成本爲目的。

這四種服務隊在一個工廠裏面，可以同時組織一種或多種。例如紡紗比織布的產量較高，則在織布間可組織提高生產服務隊，使它的產量增加與紡紗一樣時爲止；同樣，染色和漂白的品質較差時，可組織提高標準服務隊，使二者的品質進度，與全紡織廠的生產配合爲止。

在對外方面，工廠服務隊，可在「服務輔導隊」的名義下，對鄰近工廠作種種的服務，輔導的對象，主要在於技術方面，如改進的生產技術的使用、設置、管理及熟練等等。其他如文化、生活娛樂等，亦可作爲輔導的對象。

二、聯合服務隊：各工廠舉辦聯合競賽時，即有聯合服務隊的組織。聯合服務的對象，包括工廠服務隊的生活及工作兩方面，聯合服務隊則負指導協助聯絡及考核之責。其服務方法約有三種：

（一）服務巡迴團　集結各工廠的優秀服務隊員組織服務巡迴團，每年定期巡閱各聯合競賽工廠一次或兩次，巡迴團每到一處，即由實際視察結果提供改革的意見。巡迴者并分別負責研究某一問題的責任如技術改進，管理效能等等。巡迴完畢後，可印發一種評論，詳述視察結果，予各服務隊以公開的指導或批判。

（二）輪替服務　聯合工廠服務隊，有先進的與落後的。在某種需要下，先進隊便可派遣一部赴落後工廠服務，同時落後的工廠亦派遣一部至先進工廠實習。此種輪替辦法，可使落後工廠變得很快的進步，在國營工廠裏面，隨時可以採行。

（三）服務通信　服務巡迴與輪替服務，時常有時間及地域的限制，例如過遠的地方，輪替就不可能。服務通信，則沒有這種限制。聯合服務隊，倘能規定每月或每週通信一次，交換各服務隊工作及生活狀況，即此也可收到聯合服務的效果。在縣以上的聯合競賽，服務通信，更可經常採用。

三、連環服務隊：連環服務隊的組織大體與聯合服務隊同，其目的則專在指導，聯絡并協助各單位的生產效率方面。其服務方法，除輪替服務外，服務巡迴與服務通信，均與聯合服務隊一樣。

九　工作競賽與本黨和青年團底領導問題

最後來研究本黨和青年團底領導問題。

推行工作競賽，直接有賴於組織，方法和運用，但一切在基礎上是依照黨底意志來決定的。工作競賽能否順利推行，可說最後取決於黨和團的領導。黨與團可說是工作競賽底工程師，組織者，力的來源　動的來源。

黨和團用什麼方法來實現它的領導呢？

工作與學習　領導競賽、首先就要能夠參加競賽——在競賽中去工作和學習。工作競賽，係一種工作形式，它的主要特點，可歸納爲集體責任，與個人創造兩項。由於集體責任，所以一切競賽要互相扶助，互相督促，而不是互相猜忌和互相傾軋，因此它與普通的運動比賽或自由競爭不同。由於個人創造，所以每一競賽者要在工作時間以內努力工作，工作時間以外特別勞動，因此它與簡單的工資勞動不同。在這種新工作形式下，要樹立新的工作觀念——爲自己，同時爲國家爲社會而工作的觀念——新的紀律，乃至新的精神等等。這些都要我們從實際中工作，從工作中去學習的。我們只有徹底理解競賽，纔能組織競賽，運用競賽，因之也纔能領導競賽。工作和學習，是領導一切競賽底前提與基礎。

教育與輔導　黨與團不僅工作而已，學習而已，還要以工作學習所得教給別人。傳給別人。在工作競賽下，每一競賽者都不是單純的工作者，他們需要高度的人生觀念政治認識，和高度的科學技術。沒有前者，集體的熱忱便不易形成：沒有後者，個人創造亦無從創造，所以黨和團必須成爲自覺的教育和輔導者。在教育輔導中，黨與團特別要注意那些落後工作者和競賽失敗者。黨與團要努力淸除對人生政治認識的薄弱，和對科學技術的無知。

模範與監督　模範與監督，也是不可或少的兩重義務，模範就是榜樣，就是黨與團要在一切競賽中表明他是先進者和領導者。他應以身作則，遵守集體紀律，不做劣貨，不曠工不遲到早退。在工作，生活，學習等各方面顯出優秀的成績，卓越的精神，爲所有非黨羣衆的模範。至於監督，那更是不可忽的。每次競賽，從開始到完成，黨與團都負有全盤監督的責任。凡屬惡意，懶惰，偷工減料，營私舞弊等不良現象，黨與團都要儘量予以淸除或指摘。

全部的黨的領導，自不限於上面所說的各項，可是實際領導的方法，却不能離開上述的原則。

附載

二十九年雙十節北碚第四次被炸災情

一，被炸情形

十月十日午前十時三十分，實驗區防空支會據各方消息，謂有敵機襲川，當卽發出預行警報，過一刻鍾，又發出空襲警報，至十一時廿五分，發出警緊急警報，北碚民衆早已疏散四鄉，留居市區者，此時均已避入安全之防空洞，十一時四十分，敵機二十七架，分成三批，飛經西山坪及溫泉公園而來，第一批在黃桷鎭投彈後，卽向西南方向飛去。第二三批均在北碚投彈而去。此次敵機投彈全係低飛，距離地面僅三百餘公尺，機上敵人，淸晰可見。空氣震動，竹木嘯搖。計第一批在黃桷鎭投下輕重爆炸彈燒夷彈卅餘枚，第三批在北碚投下燒夷彈二十餘枚，爆炸彈五十餘枚，總計投彈百餘枚。區署周圍中彈二十餘枚，職員宿舍中一燒夷彈、立卽撲滅，燒夷彈多枚皆落河岸，未被延燒，區署及電力房、大明染織工廠均被炸燬。

北碚先後被炸四次，總計投彈五百餘個。

二，搶救情形

敵機去後將一刻鐘，區署全體職員兵伕、本區紅十字分會救護隊，北碚防護團等立卽紛紛出動搶救，立將受傷難胞抬送江蘇醫院及區署衞生所重傷醫院治療、其餘房屋被炸之受難同胞約數十人，區署當晚卽在旅客服務處賽粥，抬至受災區域，招待難胞，繼續數日之久，直至各難胞食宿問題各解決時爲止。交通道路，立卽淸除，恢復原狀，以利行人。並請某部技術兵拆去未爆炸彈計七枚，有昭和十四年九月九日製造等字樣。

三，修復房舍

震毀房舍，立即蓋上殘瓦，以避風雨，暫免餐風露宿之苦。同時動員六十餘土木石工人，趕工修復空洞口及區署房屋，總計三日之內，即將區署辦公室，會議廳，會客室，宿舍，廁所，禁閉室完全修復，照常辦公矣。吾人痛定思痛，再接再勵，決以建設答覆破壞，以努力抗建答覆轟炸爆行。

四，各方慰問及捐助

被炸之後，承蒙重慶防空司令部劉總司令，胡副司令，特派謝克北先生來碚視察，並撫慰難胞。國民代表大會選舉事務所徐義衡先生，及賑濟委員會盧德安先生，新運會婦女工藝社陳光生，天府公司孫總經理，杜扶東先生，京華印書館郭經理，抗屬工廠陳亞蘭先生，國立體專校張校長，重慶江蘇醫學院胡院長，重慶師範馬校長，親臨慰問，並蒙京華印書館捐助區署修復費洋一千元，及十八師捐助難胞救濟費四百廿三元，似此親切關懷，捐資扶助，無任銘感！

五，損失情形

此次被炸，北碚黃桷兩鎮死亡四人，重傷九人，輕傷十七人。被炸損失戶數，計損失重大者三十六戶，損失輕微者五十九戶。大明廠中彈十餘枚，中有五百公斤之重磅炸彈，廠房機器，損失極鉅。區署房屋損失約五萬元，北碚電力房損失約萬元，學校民房損失約十餘萬元，總計損失約四十餘萬元。

六，發放賑款

本區賑濟委員會暨代表空襲緊急救濟聯合辦事處救濟四次被炸災民，特在北碚鎮公所發放賑款，由區署代表唐碧賓，振濟委員蔣少楫，北碚保安警察隊長李舒如等，當場發放。死者二十元，重傷二十元，輕傷十元，受災同胞大口十元，小口五元，總計已發振款一千〇九十五元。

嘉陵江三峽鄉村建設實驗區署印

民國廿九年十月十日

嘉陵江三峽鄉村建設實驗區署十月份民政建教工作概況

甲　民政

一　禁煙

一、總檢舉烟民前次全區舉行總檢舉烟民計煙民二六八人完全送交三分水洞子勒戒，經醫生檢查，脫癮後始舉保釋放。

二、勵行吸烟聯坐，凡一人吸烟或設燈供人吸食均實行五家聯坐，以期絕對禁絕。

三、實行槍決依限禁絕，本年三月份早已屆滿，復經屢次檢舉勸戒，犯三次以上者，本署決請上峯依法執行槍決，望各煙民決不可再祕密偷吸。

二、公益

一倉儲

一、購買積谷填倉，本區舊有穀子原爲推陳儲新及平糶米價，把牠賣了，現在已由區署派北碚模範保長馮時齋赴合璵岳廣等處買穀還倉。

二、徵收田畝積谷，本區田畝應徵募之積谷自十月一日起，開始徵收，限十月底掃解，現在時間已滿，如其已收清楚了的，應特別核獎，如期逾期過久的，應從重處罰。

三、徵收商民積谷，商民積谷按房租及其他生產事業以全年收益徵募百分之六，營業稅，照徵一月，從十一月一日起開徵，十二月底，掃解清楚。

二救濟

一、請振濟委員會設法收容本區流浪兒童。

二、籌募振濟基金，本區振濟會原籌募千元基金，倘有北碚，文星未繳，現在上峯規定，以後凡被炸振款，應由當地籌募，所以本區振濟會非先籌有一筆基金，不足應付非常於萬一。

三衛生

一、請衛生署發痘苗，現在正由本署去電衛生署，請發痘苗，一俟領到後，即行派員點種。

二、登記惡性瘧疾病人，本區澄江鎮，八塘之間，發現惡性瘧疾病人，俗名大頭擺子，除先由鎮公所登記，衛生所檢查治療外，並由區署電衛生署，請發惡性瘧疾針，望大家都注意，有染惡性瘧疾者請到各鎮公所去登記後，告知衛生所，即派醫生診治，可保生命安全。

三　治安

一、區境剿匪，密查合川屬之太和場及江合邊區白峽口等處有匪十餘人，除電知合川縣府外，本署派陳隊長新齋率隊前往查緝，結果查獲匪二人，寄押士主鎮將送江北縣府懲辦矣，餘匪已逃散。

二、規定扒手小偸案必報，本區各鎮各保無論市街或四鄉人民凡遇扒手小偸案，無論已偸未偸均須由保甲人員層報區署，否則以後查出惟該保甲人員是問，並負賠償責任。

三、管理及按十家連環切結，本區民槍一律登記，一經取具連環切結後，不得再有一枝私槍發現或落入匪手，尤其不得更有一支民槍未經烙印登記。

四、注意冬防，本區年年在冬防期內，必由保甲督飭壯丁守夜，以免發生刼案扒手小偸案請大家都特別注意1注意偵查匪情2有情必報3管理疑戶4嚴密保甲。

四　人事

職務、交接務須清楚，本署奉層峯令從縣長起無論交代或接收職務，雙方必須交接清楚，嗣以後，凡本署各級人員，或保甲長等，無論交代與接收務須清楚，違則依法查辦。

五　防空

1. 公共防空洞入洞證第二批編配手續，本月份已辦理完竣，自下月份一號起，無證者以及不遵照指定洞號者不准入洞。

2. 第一二兩號防空洞之護牆，於雙十節，被炸損壞隨即修復，并在洞內加做木料支架，保持堅●，又將洞壁刷白色灰漿，減少洞內黑暗。

3.鼓勵事業機關開鑿防空洞，本月份完成者計有新村盧公館後山及龍鳳山劉家院兩處。

六 兵役

1.徵送壯丁，本月份已交撥之壯丁有兵工署兵額五十名，至於二十八補訓處兵額一二〇名，現正徵集中，月底可望撥清。

2.籌劃後備隊：人事方面，由中隊長至特務長，均已物色齊全，現正請委中，隊址現定黎家院，隊上長官曾親往一度勘查，現正設置隊必需用具，公佈每保甲送壯丁辦法，草擬教育計劃，每期訓練一八〇人時間兩月第一期定十一月一號開始報到。

3.慰勞十八師；國慶日慰勞十八師將士，各機關贈送禮品，計有錦旗十四首，肥豬兩頭，黃牛五隻，信封兩千個，信箋四千張，肥皂乙箱，明信片六百張，郵票五十元，其他禮品甚多，已於當日點交，有現金二千五百二三元，該師堅絕不收，特贈此款予被炸受難同胞及各機關學校。已照數分函各機關持據前來具領，日內即可結束。

4.徵募寒衣，本區，現已募得法幣乙千餘元。

乙 建設

一 農業

1.提倡放水田種小麥：除由本署撥地五畝與農推所實地試驗以作示範外，餘爲黃桶鎮各保甲及中心小學校，其他短期學校東陽鎮莊子小學均已遵令辦理。

2.整理青北公路行道樹：上年動員國民兵團及保甲人員於該路兩旁植有法國梧桐一三四七株，嗣以天氣人事關係，只活成八五四株，現已偏製竹籠，糾正樹姿，並飭有關機關人員，嚴加保護外，更於最近的將來選擇上頂優良苗木，增補缺株。

3.統計打谷運動成績：本年秋季，鄉間感受人工缺乏之故，本署特令各處組織打谷運動工作隊，幫助抗戰家屬及一般農民打谷，自八月十四日起九月卅日止動員一六二八，打谷八一一，四舊石，計幫助人戶六五家。

4.統計各鎮新舊存積糧食：本署爲明瞭全區新舊糧食數量計，特裝定表式令發各鎮調查明白，塡報來署，以憑核查，除北碚鎮未據呈報外，餘均調查完竣，由署統計清楚，計新收谷一六九二五，七六市石，小麥三三五·一三石，玉米四一九三·一四石，高粱九九·二一石豆類二三二·〇二市石黃桶鎮舊存谷一八五·七石小麥一六二石，玉米一六六，五石，高粱一〇·七五，豆類一·一八石。

（七）舉辦水稻苞谷展覽會，計北碚舉行三日，其餘各鎮各一日，參觀團體四備，參觀農民五百餘人，共計展覽一千二百八十餘件，參觀人數三千〇六十九八 發出獎品四十六件，獎金五五十一元。

（八）繁殖蔬菜計有花柳菜、塌菜、雪裏紅、抱子甘藍、皺葉甘藍、榨菜等六種，每種約一百株。

二 家畜

1.診治病畜計牛二頭，豬五十三頭。

2.增加投保猪隻五十九頭。

3.發放苕子種籽五百零二市斤，種地五十畝。

4.猪肺疫預防注射一百四十二頭，猪丹毒預防注射六十五頭。

5.花黑土種母猪調查九十四頭，施行淘汰者六十五頭，已發榮昌母猪替代者五頭。

三　交通

一、公路，北溫公路燧道行將完成，現在重鋪路面，日內當可通車。

二、電話，本區電話線原長四五三里，現更加長至四六一里，但以空襲瀕繁，電話器材損失甚鉅，區署經費拮据異常，裝設電話，費用頗巨，數月前曾發出募捐啓事，玆暫結束，共計收到三一七〇元，尚有資源燧川全濟三公司，刻間尚未收到。

四　市政

北碚市政本月工作成績如下：1.共塡土四〇六立方2.共挖土五一二立公方3.共運鵝石子一三三〇〇斤4.共安階簷石及水層石三九五公尺5.共安下水道長一八六公尺6.全市撤退街房現已完成7.協助工務處完成全市測量工作8.規劃河街建築路線幷指導建築，現河街房屋已成就十分之八。

五　糧食管理

1.本區糧食向不敷用，奉命成立糧食管理委員會，各鎮分設糧食供給問題，同時佈告禁以谷米袞酒。

2.本區食米因上流阻斷，恐慌萬狀，特由區署籌出穀谷一千市石以資調濟，緊急恐慌時曾於溫泉二岩暨北碚消費合作社等處，籌製食米共計六百市石，以資平糶。

3.聯合採購，目前食米上漲，大部係供給不敷；一部份係奸商操縱，區署爲解决食米供給，特聯合各事業赴上流各縣採購，計有天府公司復旦大學，江蘇醫學院等，各事業並指定北碚消費合作社，成立米業股，大批採購，以資供給。

六　合作事業

1.本月十五日會召集本區合作聯社代表開籌備會，推選籌備委員三人，並假旅客服務處，爲區聯社籌備處。

2.北碚消費合作社，爲供給社員主要生活日需品，現已成立農業股，米業股，選購煤炭粮食，以資接濟。

丙　教育

1.完成上學期，(二十八年度上期)教師，成績考核，除每人加以評語外，幷列爲超上中下劣五等，月薪加額亦分爲八元六元、四元、二元、一元、五角，計加八元六元者占二分之一以上，又前金剛初小校長杜英，石廟短小校長馮超特別熱心各獎現金八十元，北碚小學校長朱鏡堅，澄江小學校長唐愉，石龍初小校長，萬緒一，亦均能埋頭苦幹，各獎五十元。

2.全區所有學校除北碚等六鎮、各改爲中心學校外，其餘之各初小短小一律改爲保國民學校，如該保有二校卽以比較適中及規模較大之一校改爲保國民學校，其餘一校卽做該校分校。

3.召開全區第一次國民教育研究會，報告新縣制實施後，國民教育辦法，并研究今後各國民教師之責，非一方面係多方面了。

4.請各鎮長保長，儘量租借民房作爲校地，實行取消半日制二部教學。

5.請各鎮長飭各保召開保民大會，商討國民教師，公請辦法中之樂捐問題。

怎麼樣做事——爲社會做事

~~~盧作孚先生長峽防團務局時代之舊作~~~

做事不怕慢祇怕斷！

事貴做得好莫嫌小！

做事有兩要着：大處着眼，小處着手。

我們應一致反對的是空談，應一致努力的是實踐。

天下事都艱難，我們如能戰勝艱難，天下便無艱難事。

事求妥當，第一要從容考慮，第二要從容與人磋商。

無論做什麼事，事前貴有精密的計畫，事後尤貴有清晰的整理。今天整理出來的事項，不但是今天的成積，又是明天計畫的根據。

做事要免忙亂，總須事前準備完善。

可靠工夫須從實地練習乃能得着，學騎馬須在馬上學，學泅水須在水上學。

人不貴徒有抽象的知識、貴能隨時隨地解決具體的問題。

書祇能介紹知識，却不是知識，讀書祇能作求知識的幫助，不能祇從書上求知識。

我們應從野外去獲得自然的知識，到社會上去獲得社會的知識。

人每每有透徹的知識，深厚的感情，但不能影響自己的行爲：所以每每貴從行爲上增長知識，培養感情。

我們天天從辦事上增加經驗，從讀書上整理經驗，從游戲上增進我們身體底健康。

做事應在進行上求興趣，成績上求快慰，不應以得報酬爲鵠的，爭地位爲能事。

人生興味在困難中，不在安泰中。最有味的是一種困難問題的解決，困難工作的完成。

做事不應怕人反對，但應設法引起人的信心同情，減少人的反對。

我們對人有兩美德，一是拯救人的危難，二是扶助人的事業。

對人誠實，人自長久相信，好還欺飾，人縱相信，祇有一次。

從行爲上表現自己，自得人佩服，從口頭上表現自己，徒討人厭惡。

人有不可容的事，但沒有不可容的人。

消滅社會上的罪惡，不是消滅在罪惡裏面的人，是要拯救出他們。
~~~

給人飯吃，是教人吃飯靠人，不如給人一種自找飯吃的能力。

但願人都為園藝家，把社會上布置成花園一樣美麗，都為建築家，把社會上一切事業都建築完成。

好人只知自愛，不顧公衆的利害，結果便是讓人愈壞。

我們為社會努力，莫因事壞而不管，效緩而不為，事惟其壞更應設法弄好，效惟其緩，更應設法提前。

我們第一步要訓練的是組織！怎樣分工？怎樣合作？怎樣合議？

目前的中國，是一切人不能解決問題，不是一切問題沒法解決。

要在社會上享幸福，便要為社會造幸福，社會不安甯，絕沒有安甯的個人或家庭。

苟安是成功的大敵。應該做的事情，每因苟安終於不做，應該除的嗜好，每因苟安終於不除。

我們要隨時隨地轉移社會　不為社會所轉移。

我們要改造社會環境，應從我們一身的週圍改造起。

今天以前的社會興趣，在以個人的所有表現於社會上，今天以後的社會興趣，應以個人的所為表現於社會上。

我們應以建設的力量作破壞底前鋒，建設到何處便破壞到何處。

人要在餓的時候才知道飯的味。在乏的時候才知道睡的味，所以人生的快樂不貴有太豐的享用，貴在極感需要的時候才享用。

事業的失敗不為病，祇病不求失敗的原因，不受失敗的教訓，事應着手做的，便應立刻着手，不可今天推明天，今年推明年。

我們的時間，便是我們的生命，時間過去一天，便是生命減少一天，我們愛惜生命，更應愛惜時間。我們工作與休息應調勻，用心與用力的時間須常交換。人應當愛惜時間，所以應當不輟的做事，尤應愛惜經驗，所以應當不輟的做一樁事。

人貴有不拘於習慣的習慣，貴能立刻養成良習慣，去掉不良習慣。僥倖是誤事的大原因，人因為有僥倖的心，便常做莫把握的事，常坐待禍免，或坐待事成。

我們做事應取得利益，但應得自幫助他人，不應得自他人的損失，人對人的行為，宜找出好處，對自己的行為，宜找出錯處。

辦事須盡力延攬人才　更須盡力訓練人才。望人做好一樁事業，自己應在前面指導，不應在後面鞭策。

搜尋人的壞處，不但無由望人好，到把自己的思想引向壞處了。

對人說話須先想想，使人了解，并須使人感動才有力量。

我們最可惜的精神是不做事而對人，專門防人圖己，或更專門圖人。

我們應努力於公共福利底創造，不應留心於個人福利底享受

本刊徵稿條例

一、本刊以反映三峽實驗區建設事業之進展情況，交換鄉建實施經驗，改進農業及生產技術爲主旨，歡迎投稿，其範圍如下：

1. 峽區各建設事業進展概况。
2. 峽區各項建設工作中的困難與克服困難的經驗。
3. 全國各地鄉建消息及實施經驗談。
4. 鄉村建設之理論著述。
5. 世界各國建設故事。
6. 生產技術改良實例。
7. 科學發明故事。
8. 自學成功者的學習經驗。
9. 有關抗戰建國的名人講演。
10. 中國新興工業的介紹。

二、來稿須繕寫清楚，并加新式標點，標點佔一格。

三、譯稿請附寄原文或註明出處。

四、來稿本刊有修改權。

五、稿末請註明作者通信處，以便通信。

六、來稿請寄北碚實驗區署月刊室收

北碚月刊

第三卷　第六期

民國二十九年十一月十五日出版

編輯者　嘉陵江三峽鄉村建設實驗區署月刊室

發行者　嘉陵江三峽鄉村建設實驗區署　四川北碚

代售處　北碚重慶各大書店

印刷者　京華印書館　北碚天生橋

每期定價五角

嘉陵江畔的石灰窰　　靱鋒作

四川嘉陵江三峽鄉村建設實驗區署

三十年度工作計劃專號

改建中之北碚新街市圖

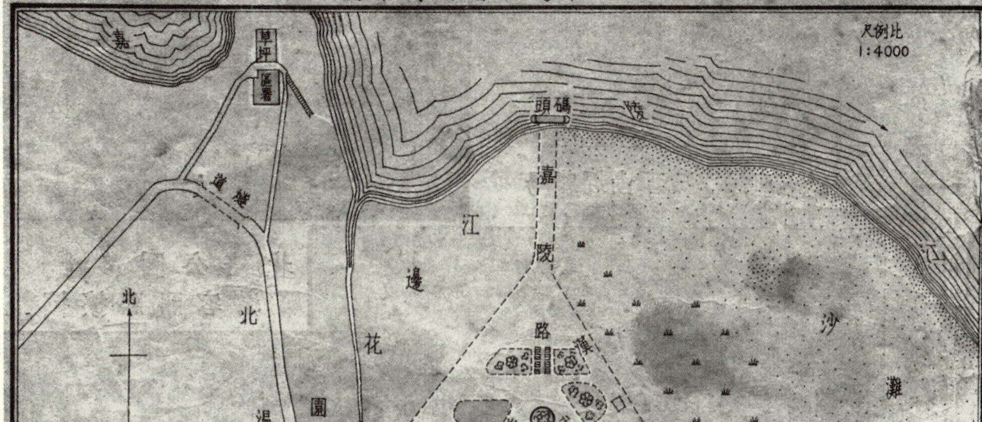

北碚月刊　第三卷第八期　民國三十年元旦日出版

西山坪農場↑ 西瓜馳名產地

北碚中央銀行↓

北碚公園路上
游客熙熙攘攘↓

花木陰森的火焰山↑

←高坑岩瀑布——水力約
五百匹馬力

總裁訓示

我們要克服一切的危險，担受任何困苦與艱難。我們不怕艱難，就沒有不可克服的艱難。

我們所有的努力，一定要爲羣衆，而不能僅爲個人；一定要利他愛羣，而不能自私自利。

我們要成就革命事業，領導民衆奮鬥，發揚團結精神，就要能過集團生活，要把我們自身列爲羣衆中的一員。

富强是我們建設的目標，勤儉是我們精神動員的根本。此日之痛苦犧牲，卽來日勝利成功之代價。

此日多忍痛一分，將來成功增加一分。

勝利的目標愈接近，我們的奮鬥便應該更艱苦。

嘉陵江三峽鄉村建設實驗區署三十年度工作計劃專號

北碚月刊　第三卷　第八期　目次

內務股三十年度工作計劃

目錄

甲、人事

（一）組織

一、保持正確名牌：

1.分別寫製名牌：以現有各股室、各中隊、各鎮保、各學校、各事業全部人員計，共約七百名，平均每日寫製百名，共須七日。擬自一月十五日起廿二日完成，以後即繼續保持正確。

2.清理調查書表：各級人員之保證書未齊者於廿九年收齊，以後即每半年復查整理一次。應於卅年內六月及十二月內辦理。調查表則以保管室現印新表發填，於一月中旬發出，月底繳齊，以備籌辦各項福利事業之應用。

3.呈報銓敘任審：凡應補報銓敘任審各員，均從速催齊證件，力求於一月底前依法辦理完竣。

二、編訂職務守則

以廿九年各局所擬報告爲藍本，仿民生公司職務卡片辦法分別進行會商確定。平均每日商討一部門，計區屬廿餘部門，擬自一月上旬起辦，於一月底商完成，於二月初彙編整理兩週，(約二百餘頁)再發交各員繕正三份，以一份自存，一份存檔，一份存內務股。全部須於二月底前彙收齊全。

三、強化工作聯繫

1. 澈底靈活電話及傳達。

a. 電話：實行各股每日必與各鎮及所督導之事業互通電話一次之辦法，並須指定專人專機播接，每處接通之後，必須使各股輪談完畢而後已，自一月一日起實行。

b. 傳達：除特殊緊急者外，區署對各事業機關，及區署對各鎮保之傳達，均須「定人」「定時」「定線」傳遞，並逐級「定人」「定法」「定時」考核，儼如郵政然。蓋必使公文命令或情報之傳遞迅確，而後始能無礙轉動機能之增強也。

2. 充分利用會議及報紙：

a. 會議：除每日之例會外，特別注重星期四（主聯會前一日）之會議。遵照層峯頒發小組會議及公私生活行爲檢討辦法之規定，對工作，讀書生活各方面加以檢討及計劃，並訂定最高及最低之進度標準。尤須着重各項會議之檢討及執行。

b. 報紙：內容須着重建設性工作之描寫，或統計數字之發表及新知之介紹，必須一方面足以鼓勵工作者之更大努力。一方面能刺激他人之繼起直追，其新聞之線索，可於各股室每日之電話檢討及以往之記載中求之。特重大者，則須親往實地觀察，作成特寫，擬自一月一日首由本股作起，每日至少必有一條新聞或短文供給報社。

(二)訓練：

一、執行各項規定：

清理以前所有之新規定而能繼續適用者，訂成完整辦法彙印成爲「本署服務須知」小册，以作訓練及執行之準繩，擬於三月份內完成之。

二、充實讀書內容

1. 介紹讀物：凡新到或新出版之圖書、雜誌、報紙，只要與工作有關者，均仿本署檔卷分類辦法，由圖書館製成索引，按期通知有關方面閱讀或報告，其應用表件，擬於一月上旬備齊，自一月一日起補齊，後即經常爲之。

2. 測驗心得，除評閱筆記外，擇[illegible]其通者舉行定期測驗，仿考試辦法，以比賽成績，擬於四月份起舉行之。

三、提高工作志趣

1. 逐步懸出前進標的：於各員工作範圍（即其經營之天下）確定後，即按其性質、與當前需要逐步提出其應努力完成之進度標準或須待其研究解決之問題，以爲工作前進之指標。一致強烈的要求達到，嘗不折回、亦不中止，加速如來不及，可以加時，再來不及，可以加入，一俟達到之後又馬上懸出新的第二個標準、如此、逐漸誘導走向「日新又新」「

精益求精」之路，其初步標的，與商討職務守則同時辦理。

2.搜集新知識廣播：以國防產業交通文化分類，每一工作卽盡力尋求其在世界上已達成之新紀錄，或新方法，新經驗而逐日逐月與之比較，已接近多少？尙差多少？以作殷懇並資激勵，是項介紹工作與編製讀書索引時同時辦理，並將此新紀錄列於各該員之工作動態統計表上。

(三)考核

一、製一記錄表格：在「表格」與「數字」乃最正確，最明瞭，而又最簡便之管理工具，故必須使之標準化以便應用及檢討，凡本署各項表册均分兩種性質，加以調製：

1.恆態記錄：如面積，歷史……等不能變動或甚少變動者則分別製成，統計圖表而張貼陳列之以爲各方隨時之參考，是項工作，協助戶籍室辦理擬於四月份內完成之。

2.動態記錄：如人口，氣象……等隨時有增減變化者則分別製一表式交其按日按月塡報，並隨時考察其正確與完備性，擬於商討職務守則時同時辦理。

二、厲行生活檢討：凡各員之工作，讀書，運動，娛樂……等均每日定時檢討，按其眞僞，正誤全缺優劣早遲，快慢，多寡，等事實或數字分別塡載於人事記錄片上，一面據以作研究幫助或指導之方，一面據以施行公平嚴明之獎懲，以勵善遏劣，其記錄片擬於一月上旬印製完成，一月中旬卽開始塡記。

三、熱烈欣賞成績：搜求活動之有特殊意義或特殊成績者，則組織有關人員前往觀摩欣賞，並爲之宣揚介紹，如能先發起工作競賽運動則更佳，以鎮爲單位，每週由鎮長領導所屬觀摩一保或二保，每月由區署組織一群人觀摩一鎮或兩鎮，一個或兩個事業，擬自七月一日起始正規實施。

(四)福利

一、統籌生活供應

a.原則 1.合作統辦：凡日常生活之一切需要均仿合作方式辦理之。

2.照價分攤：每人所消費之價值仍於各個職工薪金內扣除。其成績惡劣，薪金不足消費者則再降低其享用標準或由其家庭彌補，或則開除。

b.精神 1.提倡節約：

(一)研求合理經濟之使用：如煮「隨水乾」等。

(二)保持最低需要之供給：其標準在無礙健康之條件下斟酌其薪給定之。

2.提倡國貨：

(一)指導職工家屬自造者

(二)本區或本國事業出品者

c.標準

(度量衡單位以市制爲標準)

種類	物別	週期別	職員	兵伕	備考
飲食費	米	每	三五斤	四〇斤	
	炭		百斤	百斤	
	豬肉		二斤	一斤	
	板油		一斤	一斤	
	花鹽	月	一斤	一斤	
	菜蔬		按季定之	同上	
	酌料		同鹽價	同上	
	用水	日	五立升	三立升	
	計洋		四斗米價	四斗米價	
服裝	被蓋	五年	一床	,,	
	被單	,,	一床	,,	
	蚊帳	,,	一床	一床	
	制服	每年	哈嘰二套	棉布二套	
	襯衣	,,	二套	二套	
	寒衣	五年	一套	一套	
	制帽	每年	一頂	一頂	
	綁腿	五年	一雙	一雙	
	皮帶	,,	一根	一根	
	布鞋	每季	二雙	一雙	
	草鞋	,,	一雙	二雙	
	棉襪	,,	二雙	一雙	
	雨笠		一個	一個	
	計洋	每月	二八元	一七元	
衛生費	面巾	每季	一張	一張	
	牙刷	每季	一把	一把	
	牙粉	,,	一瓶	一瓶	
	手巾	,,	二張	一張	
	肥皂	每月	二塊	一塊	
	洗漿	每季	三〇件	二五件	
	理髮	每月	次半	一次	
	計洋	每月	七•五〇元	四•五〇元	
臨時	醫藥	每月	一元	一元	
	社交	每月	二元	一元	
	娛樂	每月	二元	一元	

費		共
預備	計洋	計
每月	每月	每月
二元	七元	四〇元
一元	四元	二五元
		飲食費在外

d.設施見第二、

二、解決家屬職業：

a.意義 1.解除職工經濟及精神之重累俾能全力服務社會。

2.以政府推廣之辦法，工具，品種……等首先做起，以為社會之表證。

3.逐漸擴大範圍，實驗新社會之組織。

b.原則 1.以適應區署各事業直接職工相互之需要為主，次為相互家屬，再次為對社會之普通營業。

2.集中各家屬現有人力物力財力，照合作或公司組織辦理，力量不足者，由公家給予借助。

3.每項事業各均會計獨立，最低限度亦須能自給自足。

c.事業 1.每鎮組設一公共食堂，其飲食品之質量分級標準化，(門市亦然)對職工及家屬之供應全照成本計算。

2.每鎮辦一合作農場，以蔬菜園藝為主或與鄉鎮中心農場連繫。

3.每鎮組設一紡織合作社(可採家庭分散制)織造棉布，毛巾，線襪等。

4.每鎮設一洗漿房，以蒸洗法消毒，並減輕衣料之耗損。

5.於區設立一縫級公司，縫製衣服及帽鞋。

6.其他原有之事業，則予以適當之調整或改進。

7.為適應婦女就業之需要得酌設托兒所。

d.組織：各項經營由職工家屬合作聯社統一管理之，設專任總經理一人下分左列各部。

1.總務：辦理文書，交際，貿易，會計等事宜。

2.供應：管公共食堂，洗漿房，托兒所……等事業。

3.農藝：統管各鎮農場。

4.服裝：管理紡織，縫級等事業。

e.程序：

1.調查：於清理職員調查表時，同時辦理。

2.計劃：根據調查統計結果，另開專門會議定之。

3.訓練：根據計劃需要，及調查情況或志願，對各家屬之職務，予以適當之安排及訓練。

4.設立：按照計劃及組織規章，分別實施。

乙、保甲　(另詳戶籍室)

丙、公益

(一)倉儲

一、儲足全區一戶一市石

1.進度：以全區戶數計，應儲足一七六八八市石，現已收足五千餘市石，已完成30%，如照廿九年征收之成績論，預計卅年度當可征收三千石，則兩三年內即可全部達到標準了。

2.時限：定於秋收後百日內征收完竣，逾期者則加繳滯納罰谷。

3.方法：由本股印製調查表，宣傳品，及通知書，發交各鎮，以保爲單位，以鎮長爲督導，利用各種機會普遍宣傳征收積谷之意義，標準及辦法，並藉內政會議，及保甲會議上訓練和檢討。

二、修建五千石容量之倉廒

1.進度：照積谷增收之需要計，尚須建築一萬二千石之鎮倉，擬於卅年度內完成下列三倉。

北碚金剛碑一座，足容三千市石

黃桷東陽鎮一座足容一千市石

澄江鎮一座足容一千市石

2.時限：北碚三月份完成，黃桷六月份完成，澄江九月份完成，補修舊倉，十月份完成。

3.方法：運動各鎮倉儲委員從事勸募，經費不足者，造報預算呈經核准後，由公費動支，如能購買舊倉材料。加以遷移，或裝修則更可省時節費。人力則可獎勵民衆，作勞動服務，從事搬運工作。

三、發揮倉儲效能

1.進度：依法每年應以三分之二的積谷，辦理借貸或平糶，一則發揮倉儲救災之效能，一則藉以推陳儲新，本區有積谷七千餘市石，則須辦理二千餘市石之借貸手續。

2.時限：於三四月份青黃不接時辦理之。

3.方法：(一)宣傳借貸辦法及手續。

(二)印製借據保證書介紹書等表件。

(三)按期歸收塡倉

(二)救濟

一、募足基金一萬元

1.進度：現有基金六五〇元，尚須籌募九三五〇元。

2.時限：擬於六月份內完成。

3.方法：由區振濟會籌劃，利用行政組織推動，廣爲勸募，或舉行游藝募捐。

二、建闢公墓一百畝

1.進度：依各鎮人口爲標準，及實際之需要，每鎮籌設公墓一二處，共計一百畝。

2.時限：於三月份內完成。

3.方法：(一)聯絡工程師勘查(二)運動慈善團體捐施。

(三)衛生 (另詳衛生所)

丁、禁煙

一、舉行煙民總檢舉

凡有祕密私吸或可疑流動煙犯而難拿獲者，則舉行總檢舉，由區署確定日期，密令各鎮隊同時一致行動，嚴密檢拿，務使無一漏網，如檢出有毒者，則送署依法治罪，擬於一，三月份內分兩次舉行之。

二、舉行煙民總抽查，聯絡黨政機關組織督察團赴各鎮保實地抽查於二，四，五，三月內各舉行一次

三、舉行擴大禁煙宣傳

1.日期：六三禁煙節分鎮舉行。

2.動員：(一)禁煙及社教機關，如三青團，新運會，禁督處……等。

(二)各級學校

(三)各級保甲人員

3.內容：着重宣傳半年來禁政實施狀況及禁煙治罪法令。

4.辦法：(一)焚燬煙毒煙具

(二)印製標語，漫畫，傳單

(三)組織宣傳隊深入鄉村作通俗講演

(四)表演禁煙話劇或歌詠。預先選供題材，聯絡各校準備

戊、警衛

一、換發民有槍照：本區民有公私槍炮共計兩千餘枝，已經兩度登記烙印給照，按規應每年換發一次，平均每日以換發四〇支計，預定於三四兩月內辦理完善，換照之後，即切實辦理異動，期能嚴密管制，

二、健全偵探組織：以保為單位，組設義勇偵探隊，施以偵探之技能訓練，以為政府之耳目，在保甲整編之後，最初每保只精選三名，共約五百名。訓練完成之後，再逐漸擴充，以期穩健，而杜流弊，訓練辦法，採分級分區制，先集中訓練各鎮幹部，再由各鎮幹部分區輪訓各保，全部組訓工作，擬於五月份內完成。

三、施行警察訓練

1.輪訓各隊警士：在不另增開支之原則下，以第一中隊為訓練隊，將各隊警士輪番抽調北碚施訓，以每三月為一期，預計明年內分三期調訓完畢，其訓練計劃另訂之。

2.組訓義勇警察：藉國民兵普訓或防護團訓練之便，加以警察實務之訓練，蓋此，一方面為國民應備之常識，一方面亦可在必要時組成義勇警察隊參加服務也，訓練材料於一月五日前編纂完竣，於一月十日前發交各鎮分別執行。

己、兵役（另詳兵役室）

庚、防空（另詳防空支會）

戶籍室三十年度工作計劃

甲　保甲

一、編組：以地形之完整，天然界線之劃分及法令規定之十進制為標準，並兼顧其原編制之歷史關係，重加整編，所需表册法令文件，於一月五日印齊，六日至十五日調集全區各級保甲人員，一致努力辦理，

，繼卽辦異動各項統計數字，並進於月底呈報。

二、測繪：保甲整編以後，當測繪各鎮保草圖，以作日後精確測量之張本，並供省外人士來區遊覽或參觀之參考，且於本署派員下鄉巡迴督導時，亦有所憑藉，故擬於整編後卽接着辦理。先由各編查人員共同實地草繪後，再由本室偕同該鄉鎮戶籍幹事實施複測，以期正確。全部於二月底前完成。

三、訓練：本區所屬各保幹人員雖曾加以短期之訓練，但仍須時加補習，且整編後，新選人員增多，尤須再行集訓。訓練辦法以採分鎮輪迴集中鄉鎮公所施訓爲原則，由區署協助指導，其期間與次數，則臨時斟酌需要定之。但至少每半年必有一次。

乙　戶口

一、機構：遵照戶籍室組織章程之規定，須增設事務員書記各一名，各鄉鎮公所設置專任戶籍一人，統限於一月份前編配完成。

二、異動：利用各種機會及各級組織，澈底宣傳，凡發生異動之戶口，務須依限呈報保辦公處，除更正冊籍外，並塡具異動報告表，每逢場期彙呈鎮公所登記後，每週彙轉區署，再於月終逐級呈報異動統計。

三、抽查：如要異動辦理澈底，必須抽查勤密，甲長必每五日淸查各戶一次，不得漏口，保長必每十日抽查各甲一次，不得漏甲，鄉鎮戶籍幹事必每半月抽查各保一次，不得漏保，本室必每月抽查各鎮一次，不得漏鎮，每月抽查結果，必照省頒戶籍競賽辦法評定成績，勵行獎懲。並項工作，擬於二月份起始實施。

丙　統計

一、表式：爲求統計之完整正確，必先求各項材料來源之適合需要，並避免重複缺漏，故擬於三月份分別與各部份將各項記錄表冊格式照標準訂正，以資一致。

二、性質：爲製表及應用之便利計，故以資料之性質分爲恆態及動態兩種。

1. 恆態統計：凡不能變動或不輕易變動者，如面積，機關組織等圖表，按需要之緩急，擬於四至六月份三個月內完成之。

2. 動態統計：由各方面自行塡載，只由本室按期收集材料製成活動圖表，使隨時可明瞭全區現勢，其各項記錄於一月份開始，至於繪圖表，則從七月份開始辦理之。

三、項別：本年擬完成下列各項圖表

1. 政治方面：本署暨所屬組織系統表，人事經費編制表，全區事業機關分佈圖，人口增減表，出生死亡率比較表，積穀之征收統計，運用統計，歷次發放振卹統計，診療疾病統計。

2. 軍事方面：全區治安配備圖，全區械彈統計表，全區壯丁役別統計，征訓統計，北碚防空設備圖。

3.經濟方面：全區面積耕地及農產量統計，糧食產消貿易統計，畜牧獸醫統計，全區煤產統計，北碚物價指數，全區交通線路圖，合作社分佈圖，社員，社股，貸款統計表。

4.文化方面：全區文盲學童統計，學校分佈圖，教師素質分析圖，高初小學歷年畢業學生統計。

四、發表：將極態統計，除繪製圖表懸掛本署外，並訂印成冊，發交所屬各機關參考，於八月份辦理之。在遇有重大集會機會時，亦將所有圖表舉行陳列展覽，以資介紹宣傳。

兵役室三十年度工作計劃

目錄

一　宣傳

1.宣傳目的

一、使民衆瞭解各種兵役法規，求國民兵役貫澈推行

二、使民衆明瞭服兵役爲國民應盡的義務及應享的權利。

三、掃除過去「好男不當兵」「好鐵不打釘」的謬誤觀念確立「良民爲良兵的基礎，良兵爲良民的模範」的心理。

2.宣傳資料

一、法令：有關各種兵役法令及刊物。

二、史料：我國歷代樂服兵役事蹟及現在國民應服兵役的史實。

三、文藝：有關宣傳之書報、課本、圖畫、標語、故事、歌曲等。

3.宣傳方式

一、勸導：凡對規避兵役或存畏懼心理的人，根據法令事

實及各種方法勸導感化之。

二、解答：凡對於各種法令及設施有不明瞭的人，應即根據事實及法令解答之。

三、示範：一切創製均應示以模範，建設國民兵應設示範區以資楷模。

四、講演：利用各種集會、紀念日、季節舉行。

五、戲劇：聯絡各學校機關、團體舉行。

六、其他：如歌詠、金錢板、蓮花落、說評書、標語、傳單、壁報、漫畫等，在茶坊、酒店、街頭、巷尾各種場合舉行。

4、宣傳原則

一、通俗化　二、趣味化　三、故事化　四、戲劇化

5. 宣傳人員

一、經常宣傳人員：

1. 組織兵役宣傳隊：期於三月底完成，照法定組織，負全區經常之兵役宣傳責任。

2. 組織兵役宣傳網：期於五月底完成，由各鎮兵役協會宣傳組人員，及各保國民學校校長教師，義務担任，與各級監查機關切取聯絡。

二、臨時宣傳人員：

1. 運用寒暑假：發動學校師生，深入農村宣傳。

2. 運用季節紀念日：發動機關、團體、學校參加宣傳。

6. 宣傳任務：

一、協助國民兵之調查、組織、管理、訓練。

二、監督國民兵身份證盤查哨流動清查隊之設施。

三、密查兵役情弊。

四、協助監督國民兵之抽籤、征集。

7. 宣傳研究：

一、舉行兵役宣傳講習會。

二、舉行兵役宣傳座談會。

三、舉行兵役宣傳競賽會。

二、調查

1. 調查事項：

一、壯丁調查：甲級、乙級、已訓、未訓、出征、應征、各項，一月份開始二月份完成。

二、役別調查：免役、緩役、禁役、停役、出役、服役、各項，二月份開始三月底完成。

三、在廠工人調查：普通工人、技術工人各項人數，三月份開始四月底完成。

四、在鄉軍官：調查人數、素質及異動，四月份開始，五月底完成。

五、樂服兵役史蹟：調查送子從軍、送夫從軍、送弟從軍、送友從軍、代兄從軍、代弟出征、棄官出征、削髮從軍、捐獻軍糧、捐資優待抗屬者，六月份開始七月份完成。

六、領卹情形：調查、正領、未領、請領、冒領、無人領卹者、領卹原因消滅者，八月份開始九月底完成。

七、其他調查。

2. 調查人員：

一、各級兵役人員，

二、保甲人員；
三、備役幹部；
四、已受訓之優秀國民兵；
五、各機關、學校團體。

3.調查辦法：

一、表格：照部頒式樣及調查辦法，由國民兵團、兵役室、印製分發。
二、時限：由國民兵團、兵役室、指定專人負責，照上列預定時間督催彙報。
三、統計：將各種調查數目，繪製統計圖表。
四、報告：將各種調查資料，編成報告專册。

三、征集

1.征集程序：

一、確定免緩各役：四月份開始，六月底完。
根據修正非常時期征集國民兵辦法：由區署一人，黨部一人，國民兵團部一人，民醫三人，組織檢查委員會，定期到各鎮檢查壯丁體格、證件、確定免緩禁停各役。
二、確定應征人選：每三月舉行一次。
照修正非常時期征集國民兵抽籤辦法，依中央指定征集之年次，分別到各鎮舉行抽籤，抽籤以壯丁親抽爲原則，抽籤後即照籤號程次編造名册，層報備查。

2.征集手續

一、入營手續：按國民兵團常備入隊調補暫行辦法辦理：
1.壯丁由各保按籤號次序依限征送各鎮，鎮公所須逐一加以審核。
2.鎮公所照征額依限征送常備隊，由兵役室派人到隊逐一加以審核，始行驗收。
3.每月各鎮壯丁入營齊後，聯絡有關事業舉行歡迎會一次，交接時舉行歡送會一次。
二、審核手續：
1.未入營者：應征壯丁到征集月次，如發生婚喪、疾病、訴訟等情，須依法申請，經各級兵役人員審核合格者，方准展緩征集時期。
2.已入營者：如被誤證或發生意外事件，合符免緩條件須經各層保甲人員，逐層負責證明，始准掉換免緩。

四、組訓

1.健全機構：限六月底完成。

一、成立經理委員會：掌理國民兵團經費之規劃，幷監督經費及糧食被服，物品之收支，使財力不致虛糜。
二、成立在鄉軍官會：組織在鄉軍人，幫助國民兵之組織、管理、教育、訓練。
三、成立幹部備役會：運用備役幹部，義務幫助組訓。

2.健全幹部：

一、人選：依能力甄拔各級幹部人才，使層層健全，事事推動。
二、訓練：定期輪流召集幹部施行短期訓練，加強工作能力。
三、懲奬：施行功過記錄片，各級兵役人員之工作，用科學方法之考績，按月記錄，務使各級人員用一分心，有一分之記載，有一分力，有一分之稽考，瀝功過記錄，按月按季施行懲奬，整肅綱紀。

3.整理編組：

一、地區編組：二月份開始，三月底完成。按區鄉（鎭）保甲之系統，各以其單位內之國民兵，從新整理，編爲區，鄉（鎭）隊、保隊、甲斑、造具壯丁名册，爲平時管理，召集及服役之用。

二、年次編組：三月份開始，四月底完成。按役期年次爲準，分編十八歲至四十五歲各年隊，（班），造具國民兵名簿，爲集合訓練及徵調服役之用。

4.加強訓練：

一、普訓：以保爲召集單位督飭保隊長隊附，遵照部頒訓練辦法，參加鄉士教材，層層督導，考核、施以嚴格訓練，以養成國民軍事化的生活，和團結合羣的習慣。

二、集訓：按年次由後備隊召集訓練，本年以訓練五期爲準，以增進國民軍事技能，準備海陸空軍常備兵之徵集，充實兵源達到國父指示：「訓練三千萬國防基本人才及建設永久不敗的國防政策」。

五、優待

1.應籌組者：

一、籌組征屬合作社：限三月完成，寓優待於生產。

二、籌組征屬服務隊：以中學校師生組成，每兩週到各抗屬家庭服務一次。

三、籌組代耕隊：以鎭爲單位，視實際需要組織若干隊。

四、籌組撻谷隊：以鎭爲單位，於收穫時期組成之。

2.應創建者：

一、創建忠烈祠：限六月底完成。

二、創建陣亡將士紀念碑：限九月底完成

三、創建榮譽亭：限十二月底完成。

3.應續辦者：

一、發放優待金：確定三個月發放一次，以三、六、九、及十二月爲發放時間。

二、申送抗屬子女：到中華慈幼協會抗戰軍人子女教養院免費就學，本年以申送五十人爲限。

三、介紹抗屬職業：視抗屬技能酌量介紹，期以三十人爲限。

四、舉行季節慰勞：定夏節、秋節、年節、爲慰勞時間，發動全區民衆自動獻捐禮品、金錢、慰勞抗屬。

五、勸募寒衣：於七月份開始，八月底完成，以一千件爲準。

六、辦理通訊：代在營將士收轉家書，代抗敵家屬書寫家書。

4.應清理者：

一、清理各鎭抗屬異動：二月份開始，三月底完成。

二、清理各鎭月指數目：一月份開始，二月底完成。

三、清理在營證明書：三月份開始，五月底完成。

四、清理優待證：六月份完成。

五、清理光榮門牌：七月份完成。

六、防逃

1.嚴密保甲組織：限三月底完成

一、限制異動：與戶籍室切取連絡。

1.遷入：凡遷入境者，須作遷入登記，并按地區年次編組。

2.遷出：凡遷出者，須作遷出登記，并按陸軍征募條例第四十七條之規定，通知遷入保甲。

3.出動：凡役齡男子有事出境者，應將事由報告保甲長轉報鄉（鎮）；隊核發身份證及路單，路單上注明有效時間，歸時仍然繳還。

4.到來：凡役齡男子到達新城址，如逗留時間在半月以上者，應將身份證繳存該地鄉鎮隊部，取據收存，同時報告當地保甲長，至事畢回原籍時，應向新地址鄉（鎮）隊部，申請發還身份證。

二、舉辦連坐

1.征集時應征壯丁逃逸者，連座全甲。

2.遷入，遷出，不報異動者，連坐全甲。

3.出動，到來，不報記者；連坐全甲。

2.實施身份證：限六月底完成。

一、設置盤查哨，盤查出港壯丁。

三、設置流動清查、隊清查流動壯丁。

3.舉行防逃運動：

一、擴大防逃宣傳：本年度於四七兩月舉行二次，使民衆對逃丁存痛深惡絕之觀念。

二、舉行逃丁檢舉：定期在區屬各鎮一致舉行，將檢舉出之逃丁遣回原部，或盡先征送，使逃丁無處立足。

三、舉行歸隊運動 各鎮平時遇有逃丁歸家，由兵役協會及鎮公所，派員親往慰問，并幫助解決其困難，促其自動歸隊。

教育股三十年度中心工作計畫大綱

目錄

甲、行政方面

1.改組學校

2.中心學校設施要則

3.保國民學校設施要則

4.學校編制

5.國民教育研究會

乙、教學方面

1.教學方法

2.教學示範

3.專家講演

4.教職員成績考核

丙、教材方面

1.教科書之採用

2.鄉土教材之編輯

3.補充教材之編輯

4.壁報之編輯

丁、訓導方面

1.公民訓練

2.時事講演

3.課外活動

戊、設備方面

1.建築校舍

2.建築材料及經費

3.添置校具

甲、行政方面

1.改組學校：本區保甲改編後，計兩鄉四鎮五十八保，除街保十二保外，鄉保共四十六保，依照第三區普及國民教育計劃大綱規定，本區應有鄉鎮中心學校六所，保國民學校四十六所，本區原有各級小學五十七所，相比尚超出五所，但因各校散佈情形與國民教育實施綱領不大適合，即新保中原有各校有達兩所或三所者，或亦有無一校者，決於二十九年度第二學期開始時，一律改組完成（三十年二月）。

2.中心學校設施要則：各中心學校，除為所在街保辦理國民教育外，并為本鄉鎮各保國民學校畢業生升學之所，校內設輔導部，專司輔導各保國民學校之責，是項學校責任至重且繁，故各中心學校校長決計專任，但均兼任各鄉鎮公所文化股主任，教員則兼幹事，以收政教合一之效。

3.保國民學校設施要則：保國民學校以一保設一校為原則，各保之面積遼闊，而村落疏散者，則選擇適當地點設立分校，以顧及學生通學路程，并可同時實施巡迴教學，各校長擬一律遴選具有修正小學規程第六十四條規定資格，或檢定合格人員專任之，如人才缺乏，則以保長具有小學校長資格者暫兼校長，而以原有代用校長任副校長。

4.學級編制：各中心學校，與保國民學校均設置小學部與民教部，小學部又分為幼稚班，短小班，初級班，高級班，除幼稚班為前期教育，可自由入校外，其學齡兒童必須由各校盡量收容之，倘人數驟增，教室，教師不敷分配，則設法修建或租佃之，務使本區六歲至十二歲之學齡兒童，一萬四千三百六十九人完全入學，倘有超齡兒童，可入各校之短小班，該班由各校視人數之多寡而定學級之多寡，務使本區十三歲至十四歲之超齡兒童，三千六百十四人完全入學，各校之民教部，則招收成人失學男女，分班教育，招生後，用戰時失學民衆強迫入學辦法，務使本區十五歲至三十四歲之失學民衆，一萬七千五百四十二人依次入學。

「註」本條所列數字係根據二十九年二月十五日全區普查結果。

5.國民教育研究會：關於國民教育研究會，由各鄉鎮中心學校校長，與各鎮長召集，各該鄉鎮所屬之保國民學校全體教職員，及各保甲人員一律出席，商討一切應興應革事宜及研究改進教法教材，及政教合一各重要問題，是項研究會，決於每月在各鄉鎮舉行一次，區長、教育股主任，教育視導，輪流分赴各鄉鎮參加，并函請戰區教師第三服務團第二分團團長及該分團輔導員，國立重慶師範地方教育輔導員同時參加。

乙、教學方面

1.教學方法：教學方法，除由本署教育股主任，教育視導員分別指導外，并由鄉鎮中心學校校長輔導主任，與國立重慶地方教育輔導員，及戰區教師第三服務團第二分團長，及該分團之輔導員幫同指導，北碚鎮中心學校之卡片識字教學，新二部制教學，音字教學，仍繼續在該校實驗，俟有相當結果後，再推行於各鄉鎮，預計在三十年下半年可以實現。

2.教學示範：教學方法，無論視導員，或各輔導員如何詳細指導，但事實上終難收圓滿效果，故決於三十年起，實行教學示範，以期指導效果，得以圓滿收穫，所謂百聞不如一見也，其辦法擬請國立重慶師範地方教育輔導員，各鄉鎮中心學校教員，或各保國民學校之優良教員，輪流担任示範教學，以供各校教員參觀，示範後舉行批評會，先由示範者陳述意見，然後由參觀者依次批評優劣各點，以謀教法之改進，是項示範教學，每月在各鄉鎮舉行一次，如時間不及，至少每兩個月舉行一次，舉行時除各鄉鎮全體人員一律參加外，所有各鄉鎮長教育股主任，教育指導及各輔導員均須分別參加，必要時亦得請區長，重師校長，二分團團長出席參加以指示。

3.專家講演：各鄉鎮中心學校校長，得擇定科目規定日期，延聘小學教育專家講演教育問題，以謀教育之刷新改進，但必於一週前呈署核准，始得延聘及召集開會；是項集會，教育股必派員參加，舉行次數視需要而決定。

4.教職員成績考核：各鄉鎮中心學校與各保國民學校之教職員，處理校務及教學方法之優良與否，每學期終了時，均須予以考核，考核方法，除依據教育視導員報告外，并參考各鄉鎮長及各校長之批評，考核結果即分別獎懲之，以鼓勵各教職員各就本位，努力苦幹，担負起抗戰教育之使命，以達教育建國之目的。

丙、教材方面

1.教科書之採用：二十九年度下期各校小學部，仍遵上峯命令，採用國立編譯館主編最新出版之教科書。但未印出之各教科書，在寒假前是否可出齊，先期呈省府請示，如不能出齊，則呈請教育部教科書編輯委員會最近完成之小學教科用書，并代為做實驗工作，民教部則仍用中華出版之民衆課本。

2.鄉土教材之編輯：無論兒童成人，對於根生土長之本鄉之一切現勢，不能不首先明瞭。但各鄉土教材，為一般教科書所不能詳細編入者，故鄉土教材必由所在地之學校自行編輯，本區之鄉土教材，決由各鄉鎮中心學校，與教育部教科用書編輯委員會實行合作編輯；完成後。呈請本署審定，然後印刷分發各校應用，是項工作擬於寒假期間完成。

3.補充教材之編輯：時事補充教材，亦決與教育部教科編輯委員會合作。一般普遍性採取該部所編輯者，含有地方性者。則由本署各機關分別編輯以補充之，教材內容須以足以激發兒童或成人之愛國情緒者為原則，并須適合各級之學習程度，各有關機關編輯完成後，送編委會修改之，是項工作亦擬於寒假期間完成。

4.壁報之編輯：為使一般民衆明瞭世界現勢，中國情勢，社會狀況起見，決由各校一律用淺顯之文字，鮮明之圖畫，按期編輯壁報，貼於要道，或三日一期，或一週一期，視各校教員之多少而決定，但時事報告則可用黑板，逐日寫出懸掛於要道，是項辦法，以前雖有多校已經實行，然未能普遍，決於二十九年度第二學期各校一律實行。

丁、訓導方面

1.公民訓練：當此抗戰時期，各鄉鎮中心學校及各保國民學校之訓導，除根據部頒之公民訓練標準實施外。幷特別訓以抗戰建國之需要，民族意識之培養，國民體魄之鍛鍊。

2.時事講演：各校之時事講演，應以第二期抗戰建國綱領，及國民參政會之宣言爲最高原則，而選擇日報所載之國內外新聞，及各項新知識做爲材料，幷於學月測驗中，加以時事測驗，其成績即加入公民科內，務使兒童與成人均能明瞭國家大事，世界動態。本辦法於二十九年度第二學期開始時實行。

3.課外活動：當此抗戰最緊關頭，各校應注重課外活動，課外活動之內容，當含有除奸抗敵之意義，及增加後方生產之事實，本區各校雖實行，本年應特別注意實幹。

戊、設備方面

1.建築校舍：本區原有各校校舍，多係租借民房或借用祠堂，廟宇，均不適用，且保甲改編後又多不適中，故須擇地新建校舍，在二十九年度第一學期新建築者，有北碚鎮澧房口一校，就原有廟宇改建者，有黃桷鎮石龍寺一校。已籌備就緒而未動工者三校，擬於本年內一律完成，由本股擬具保國民學校建築計劃，供各校參考，計劃如下（中心學校之建築計劃，俟建時請工務處主持之。）

一、有學齡兒童一百名之保國民學校

一教室兩個（每個三間容學生五十八）二教員及保辦公室一間，三寢室兩間，四廚房一間，五廁所男女各一間，六伕役室一間，七大禮堂一個（約需五間能容一百五十八）八民衆閱覽室一間，九體育場一方（約需地二畝）

「註」每間尺度以1.2丈×2.4丈爲準以下同此

二、有學齡兒童一百五十八保國民學校。

一教室三個（大小同前）二教員及保辦公室兩間，三寢室兩間，四廚房一間，五廁所男女各一間，六伕役室一間，七大禮堂一個（約需六間能容二百人）八民衆閱覽室一個，九體育場一方（約需地二畝半）。

三、有學齡兒童二百人之保國民學校

一教室四個（大小同前）二教員及保辦公室兩間，三寢室兩間，四廚房一間，五廁所男女各一間，六伕役室一間，七大禮堂一個（約需七間能容二百五十八）八民衆閱覽室一間。九體育場一方（約需地三畝）。

2.建築材料及經費：由各保組織建築委員會，爲修建工作之倡導，計劃實施機關，幷召集戶長會議，說明保國民學校之重要，及募捐方法，除募捐外，應盡量利用本保公有之木竹磚瓦，及原有校舍舊料，幷可商得保民之同意，折除不必要之破舊廟宇，如原有材料全無，可向保民酌量征收之，幷可以料代替捐款，至人工問題，則本保木泥石各匠及壯丁，均有應征服役之責，由修建委員會同保長征調，但技術工匠，應由修建委員依照當地情形酌供伙食，不另給工資，此項工程決於本年內陸續完成。

3.添置校具：各保國民學校，除原有校具，至少於本年開學時添置下列起碼的校具：一、旗杆一，二、黨國旗一，三、時鐘一，四、辦公桌八張數以每一教員一張爲原則），五、書架二，六、課棹椅（套數視學生多少而定），七、面盆二，八、手巾二，九、噴水壺一，十、紙屑箱（數目視學級數多少而定），十一、小黑板十，十二、毛算盤一，一三、本區地圖一，十四本省地圖一，十五、中國地圖一，十六、世界地圖一，十七、自然掛圖一，十八、防空掛圖一，十九、生理掛圖一，二十、抗敵漫畫，二十一、兒童讀物一百本，二十二、畫報二十，二十三、中央日報一，二十四、籃球架一，二十五、足球門一、二十六小籃球一，二十七、小橡皮球四，二十八、聯用遊戲器械一，二十九、林主席像一，三十、蔣總裁像一，三十一、急救藥箱一，三十二、簡報牌一，三十三、寒暑表一，三十四、衛生掛圖一。

防空支會三十年度工作計畫

1.工作

甲、增鑿防空洞

查北碚現有公共防空洞十二個，（私家防空洞不在內）可容八千伍百人，又三分水天然石洞，可容三千人，合計爲一萬一千人。市區、學校、機關、工廠、住民、約一萬三千人。尚有二千人不能容納。擬在杜家街、新橋兩處，各增闢能容一千人之防空洞一個。

乙、防毒事項

一、組織防毒委員會

由防毒會策動全區防毒事宜，各鎮設毒氣警報器。（大鎮由二個至四個小鎮一至二個用大鼓）皆於卅年一月內設齊，至於防護人員所需防毒口罩，由衛生所設法先行製造，交北碚保安警察隊担任發售，至人民防毒器具，由會統籌辦理，並擬訂防毒計劃，並編纂防毒教材等，以訓練民衆。

二、防毒宣傳

由各鎮學校教員爲導師，學生爲宣傳員，廣爲宣傳。

丙、防空消息之傳播

一、防空洞

過去防空消息，全賴發放汽笛，每感傳達遲緩，或稍遠者，即不能聽聞，此後擬就各防空洞安設電話，此項工作，定自二十九年十二月十一日開始裝安，限半月內安裝完成。

二、疏通四鄉消息

各鎮各么店子設置預行警報旗，及警報鑼，限於三十年一月份完成。

丁、防空洞之整理

一、清潔及秩序 每在空襲後，立將洞內垃圾掃除乾淨，每日三號舉行大清潔一次，並利用時機訓練洞員檢查入洞證。方法及安排坐次，與應注意之衛生事項，如勸告民衆，不吸煙，不隨地吐痰，不亂拋葉菓屑等，此項工作，限於卅年三月份完成。

二、避難民衆包裹物品之處理

每洞開鑿防空倉庫一處或兩處，以收容避難民衆包裹物品之用，限四月份完成。

2.經費

甲、收入方面

一、改善餐旅館消費防空捐辦法：

過去征收消費防空捐，皆由餐旅館填票每人一張，多費人力，物力，頗不經濟，又甚麻煩，定從卅年一月起，改良辦法，根據餘旅館日售帳簿，每月結算一次，出給總收據一張，以省手續。

二、繼續補征市街商業防空捐，及鄉保房租防空捐。查現時北碚市街，新開設商店約五十餘家，可收四千餘元，各鄉保房租捐可收一千餘元，作防空設備之用。

乙、開支方面

一、職員兵伕薪餉

現有職員三人兵伕四人月共支洋四百卅五元

二、辦公費

1.文具（紙筆墨）月需約貳百元

2.燈油每次空襲（各防洞）每小時須油五十兩約合柒元五角

3.修理費及雜支月需約五百元至捌百元

軍法室中心工作計畫

甲　行政方面的改革

一　處置犯人

一、要求　應確定對處罰犯罪者之新的認識，即：

（一）預防犯罪　刑罰爲防衛社會安寧秩序之一種手段，故刑罰權之行使，不在報復，而在預防將來犯罪之再發生。

（二）教育作用　對罪犯之處罰，應從教育觀點出發，即使不能教育其本人，亦應對大衆發生應有之教育作用。

二、實施　根據上述基礎要求，對處置犯人態度，決遵下列原則：

（一）目的不在懲罰或報復（所謂惡有惡報之說法）。

（二）要把犯人救出來，從新作好人。

（三）不是替社會除去這個人，是替社會挽救這個人。

（四）施以適當教育，知其犯罪行爲，爲社會所不容，一般人所不許，亦非其本人唯一可走之路，以根本改造其心理。

（五）培養其技術能力，出獄後能有謀生能力，不爲社會之累。

（六）對偵詢罪犯多採用個別談話方式

（以上限一月份開始實施，其詳細辦法列「罪犯生活管理之改進」項內，以免重復）。

二　結案時日

一、要求　爲增進行政效率達到辦事確實，迅速之標準並免久延羈押無辜起見，在不防礙偵察案情之範圍內，盡量縮短結案時日。

二、實施　（一）軍人犯罪自審理之日起，限五日內結案呈報。

（二）盜匪及漢奸案當日審理，根據口供即時進行偵查或逮捕，查明事實後，預定三日內判決呈報，並絕對實行採證主義，不用刑訊。

（三）煙毒案件，因調查考驗其有無煙毒，費時較長，如當時即可證明者，於二日內結案呈報，考證困難者十日內結案呈報。

（四）司法案件，本署對民刑訴訟，迄無審判權，僅可依法調解，如雙方不接受調解意見，刑事方面，於二十四小時內送該管法院，民事方面，責令具保逕向該管法院自行起訴。（自一月份起開始實施）

三 保障民權

一、要求 監督所屬非依法律不得私擅逮捕監禁處罰，務使民權有確切保障。

二、實施 （一）依法拘提罪犯，須具有拘提職權者，方得拘提之。

（二）提押須有提押票。

（三）各機關寄押人犯，必須將寄押理由送達主管人員開具押票，方能收押。

（以上三項實施辦法，與本署素來所行者相符，今再列出，以作今後之檢討目標而已）。

乙 罪犯生活管理之改進

一、要求 （一）基於一般犯罪原因係因教育不夠，及受不良環境影響，故罪犯生活應絕對學校化（即現代化），並要求比一般學校有更高之效率。

（二）負責消除罪犯再犯罪之原因。

二、實施 （一）日常教育

一 教育內容：識字、常識（着重公民教育）、新知識、修養（爲人）、體育等。

二 教育方式： 一般教育 特殊教育均可按水平高低分組集各（在偵察期內之罪犯，暫時須隔離者可不參加）行之，後者個別行之，施教內容針對其犯罪性質而定，採取個別談話方式，教師由看守人分別担任，我們新口號：「看守應教師化」。

（二）生活管理

1. 設看守一人分任犯人生活管理，即前項之所謂「教師」，（二月）

2. 看守對待犯人應是積極的教，而不是消極的管，應隨時幫助犯人糾正不良習慣，並及時爲其解決生活上可能解決而應解決之問題，（二月）

3. 犯人有疾病決對爲之醫療，由衛生所派醫於每週二・四・六往診三次，（一月）

4. 罪犯每日三餐，務使其清潔，菜蔬合乎一般營養，每月理髮一次，沐浴每月兩次，炎夏隔日一次（俟新獄舍建造計劃，實現可每日一次），衣服每週洗換一次，（三月）

5. 指導犯人從事勞作 一、勞動服務（包括清潔監獄內部或修路等）二、手工藝（在獄舍內先設小規模工場）三、農作（先在附近闢一小規模農場，先種植相當菜蔬）一月開始籌備。

6. 犯人之刑滿開釋，決盡量消除其將來重犯原因，如因失業而犯罪，開釋時應盡可能爲之介紹就業之路等等，（二月）

丙 建造新獄舍

一 監獄的類別

一、徒刑監 共建房十五間，分成男女兩部，男監需房十間，每間設雙層木床四架，每間八人，可容八十人，女監設房五間，可容四十人。

二、拘役監——看守所，共建房六間，男監需房四間，每間八人，可容三十二人，女監兩間，可容十六人。

二 管獄人員及其他設備

一、人員方面 設管獄員一人，總理全監一切事宜，習藝廠設技師二人，指導手藝工作，看守六人，衞兵四人，傳達一人，廚司二人。

二、辦公室，共建五間，管獄員二人，傳達室一間衞兵室一間，接待室一間。

三、教室飯廳共三間，(合用)

四、工廠三間。

五、沐浴室理髮室共二間，(合用)

六、廚房二間。

七、俱樂部、自治會、合作社、共二間。(合用)

八、設農場一所，(計用四十畝)。

九、醫藥、每禮拜由衞生所派員分二•四•六，往診三次。

第三節對於犯人管教養及工作辦法

一、管理方面，犯人須服從管理人員之指導，期其整齊嚴肅。

二、教育方面，(1)個別教育，(包括特別技能訓練，及特別事件教誨)，(2)一般教育，(包括識字、常識、讀書、新知識修養(為人)體育。

三、養育方面 每三日發，務使其清潔，菜蔬合乎營養，每月理髮一次，沐浴兩次，衣服每月洗換一次。

四、工作方面，(1)勞動服務，(包括清潔監內部，修路等事)，(2)手工藝(在工廠內學習)(3)農業(在農場內學習主要種植菜蔬)

三 經費之來源

(一)建築 勸募。

(二)囚糧 請款。

(三)其他補助費用，由合作社手工藝及農場等收益補助之，務使監獄學校化，現代化，以達到刑期無刑為主旨。

建設股三十年度工作計劃

目錄

二、工廠及工人登記
三、組織工會
四、組織北碚電燈自來水公司
丙、商業
一、規定北碚各業市場
二、劃一度量衡器
三、平價
四、組織商會
五、統計全年物價
丁、鑛業
一、調查
二、組織
戊、糧食管理
一、管理機構
二、管理糧食市場
三、調劑
巳、勵行職業教育

甲、交通
一、陸上交通
(一)公路
1.北温公路增建會車場
2.北温公路增闢視距線
3.北温公路製危險標識
(以上工作在一月份聯絡四川公路局辦理)
4.完成澄温公路——聯絡澄温公路建設委員會辦理在十月份完成
5.新測碚渝公路線(經由觀音峽蔡家場童家溪直達重慶最捷之路線)
6.規定觀音峽兩岸石灰窰戶掘取岩石路線
上兩項工作聯絡本區工務處及北碚白廟兩鎮公所在一月份辦理完善
(二)車輛管理
1.檢驗(人力車及板車)
1.檢驗標準——檢驗車輪是否完好是否安全檢驗車輛是否登記
2.檢驗地點——北碚保安警察一中隊
3.檢驗日期——在三月份以前由警察一中隊定期實施
2.指定停車場
1.規定各路段人力車停車處
2.規定各路段板車停車綫
3.規定各路段汽車停車處
(三)修訂車馬及工資力資
1.修定人力車價
2.修定板車運價
3.修定滑竿力價
4.修定大小力幫力價
5.修定騾馬力資
6.修定泥木石土各工工價
上述(二)(三)兩項督飭保安警察隊限三月份完成
二、水上交通

(一)增加船隻

1.函商四川公路局多加車輛往來渝碚民生公司多船隻行駛渝合段

2.籌設由澄江鎮至土沱短航

3.促成北碚毛背沱義渡

上述工作限四月份辦理完竣

(二)安全設計

1.調整汽船木船裝儎人數規定

2.檢驗木船

1.檢驗標準——是否完好安全有無保險線船主有無變動有無登記號碼

2.檢驗地點——各鎮公所

3.檢驗日期——四月底以前由各鎮公所決定日期實施

上述工作在四月份會同各警察隊各鎮公所辦理完竣

(三)修訂船運價目 限三月份辦完)

(四)補劃水表(聯絡船務管理局在四月份以前實施)

三、電話

(一)公共防空洞裝設電話

1.目的

1.每個防空洞皆有電話以明瞭敵機消息

2.每個防空洞皆有人管理消息以資交換出洞休息

2.方法

1.就防空洞附近警察派出所之電話機裝設

2.就各派出所派警士管理情報

(二)訓練電話兵十名

(以上工作在一月份以前辦理完竣)

(三)修整渝合間電線及區內各鎮鄉各事業專線

乙、工業

一、獎勵工業技術及小工業

(一)標準

1.對於各種製造品有特別改良者

2.對於工業方法上有新發明者

3.對於工作上有特殊效能者

4.應用外國成法製造物品確屬優良者

5.擅長特別技能製品優良者

(二)方法

1.舉辦峽區工業產品展覽會(進行辦法另訂之)

2.舉辦峽區工人效能競賽(辦法參考工作競賽方法另訂之)

(三)獎勵

1.精神的

1.呈請經濟部審核給獎

2.報上公佈

3.將製品人,發明人,有特殊效能者照片陳列民教館

4.將製品人姓名及成功史載諸鄉土教材

2.物質的

1.獎金

2.獎章

3.褒狀

4.匾額

(上項工作六月份以前辦理)

二、工廠及工人登記

(一)工廠登記 遵照經濟部頒布登記事項辦理之)

(二)各行傭工登記

1.製定表格，飭由各鎮公所經濟幹事辦理之

2.發給傭工登記證

(上項工作限於七月份辦理完竣)

三、組織工會

(一)方法——用社會運動方式，促成工人自覺，聯絡同一區域內之同一產業，工人在百人以上，或同一職業工人在五十人以上組織工會。

(二)宣傳——在各鑛場或產業區域，作文字的，口頭的宣傳。

(上項工作，會同各鎮公所，在八月份舉行)

四、組織北碚電燈自來水公司

(一)籌備——邀請峽區金融界暨熱心公益事業士紳，開會籌備。

(二)資本——地方自籌資本二十萬至三十萬，向金融界借款二十萬至三十萬。

(三)購置器材——商會工鑛調整處，對民生公司，天府公司向其分購。

(此項工作在二月份以前辦理完竣)

丙、商業

一、規定北碚各業市場（與市鎮會，工務處，暨保安警察一中隊，在二月份八月份辦理)。

(一)標準

1.各同業分別性質，集中開設。

2.肉市、菜市、炭市、限在市場外圍。

(二)方法

1.先行遵照指定地點交易者，予以優待。

2.宣傳消費者，赴市場購買。

3.在市場內，須辦到極清潔，極有秩序。

二、劃一度量衡器

(一)市場方面從新檢定

(二)鄉村方面普遍推行

1.標準——每甲有一套新制度量衡器

2.方法

1.各保甲人員，自動向指定新器製造廠購買。

2.在限定時期以前購買者，廉價售與。

3.由鎮公所強制分派

3.技術供給

1.函請四川省度量衡檢定所，派檢定員長駐本區工作。

2.聯絡全國度量衡局，派員指導。

4.新器來源

1.自設工廠製造

2.向鄰縣定購

上述工作，限十月份以前辦理完竣

三、平價

(一)商業情報

1.合川、重慶，每日報告市價數字。
2.各鎮、鄉，每日報告市價數字。
3.各市場，每日宣佈市價數字。

(二)平價管制

1.健全評價委員會

1.各行業，選派主幹人參加。
2.公正士紳參加

2.執行

1.警察隊逐日檢查行價揭示
2.宣傳民衆自行管制
3.各同業公會實行連坐

上述工作，每月聯絡保安一中隊辦理。

(三)食鹽公賣

1.組織

1.全區組織總銷處
2.每鎮組設公賣處
3.各中心地點，組設分銷處。
4.運用保甲公開分配

2.方法

1.各保甲製發購鹽證，計口售鹽。
2.各事業領取購鹽證，按職工數目購鹽。
3.嚴禁私行盜運

上述工作，限二月份以前辦理。

四、組織商會

(一)健全各同業公會組織
(二)定期籌備成立

上項工作，限十一月份舉辦。

五、統計全年物價

(一)製定表格調查
(二)訓練各鎮公所經濟幹事調查

此項工作，限十二月份辦完

丁、鑛工業

一、調查

(一)各煤鑛總藏量
(二)各煤鑛每月產量
(三)各煤鑛炭質分析
(四)各石灰窰戶，每月產量。
(五)各磚瓦廠戶每月產量

二、組織

組織全區磚瓦業同業公會
(一)組織全區石灰業同業公會
(二)健全全區煤業公會之組織

此項工作限十月十一月份辦理完竣

戊、糧食管理

一、管理機構

(一)本區糧食管理委員會
(二)各鎮公所設立糧食幹事

二、管理糧食市場

(一)登記糧食倉棧
(二)登記糧食商號

(三)登記粮食經紀

(四)登記粮食行棧

(五)登記粮食加工行業

三、調劑

(一)調查

1.調查全區消費數量

2.調查全區藏有公私存穀

3.調查產米區域行情

(二)供給

1.粮食管理委員會附設粮食購銷委員會

2.各事業食米託由購銷委員會運

3.各市民食米由北碚消費合作社購銷

4.自由購銷

(三)管理粮價

1.實施粮食情報

2.計算粮食運銷成本

3.規定粮食價格

4.登記價食買賣

(以上工作會同粮食管理委員會保安警察隊暨鎮公所在一月份辦理)

己、勵行職業教育

(另詳單行計劃二月份起實施)

北碚市場整理委員會三十年度工作計畫

目錄

一、道路建築

二、街房建築

三、填溝築路工程

四、市容之整頓

五、衛生設備

六、防火設備

七、公地管理

八、經費整理

九、市集之整理

十、洪水時河邊棚戶遷移之整理

十一、其他

一　道路建築

1.完成關禹廟新街(即廬山路)之建築：

A、此路長一二〇公尺，寬十三公尺，(汽車道八公尺，兩旁人行道各寬二公尺五。

B、自二月初開工月底完工。

2.完成全市各路路面及人行道。

A、各路路基已於廿九年度大致完成。

B、自一月份起開始鋪填各路碎石，限二月底全部完成。

3,完成嘉陵路加寬之石梯及兩路間之花園

A、於嘉陵路左旁配以潤寬之石級，兩間留一•二公尺寬之隙地。

B、兩路間佈置路心花園。

C、自四月開工，五月份全部完成。

D、此路盡量利用舊有石條，所需工資約三千元，由區署撥款辦理。

4,完成瀼口路之塡方，使御接南京路下段；

A、此路全長一八〇公尺，二十九年度已作就三分之二，現尚有塡方約五〇〇立公方。

B俟鐵軌車箱借到時，卽行開工，定十日內完成。

5,完成溫泉路之建築及上海路下段之建築。

A、與北平路略平行之溫泉路，一端直達新村，一端直達江邊團船碼頭。

B、上海路下段仍以同寬(十三公尺)街道接於溫泉路。

C、上兩項工程自六月份開工，年底全部完成。

6,修築中山路之道路；

A、按市街規定，擬具預算。

B、召集路側業主開會，攤籌建築。

C、此項工程可與塡溝工程幷進。

二　街房建築

1,完成廣山路新街房之建築；

A、禹廟之一段可修建鋪面二十三間，及米市房屋七間，已由工務處設計，繪製兩樓一底之房屋圖樣，幷於二十九年十二月開工，限三十年三月份完成。

B、關廟之一段可修建鋪面三十間，如時局安定，繪圖編號出售，人民按圖自築。

2,各路被炸街房之建築；

A、建築地段由公家繪圖設計，由人民按圖申請以歸劃一。

B、建築權之分配，詳爲調查，先開市委會分配之

C、再召集業主詳爲講解。

D、此項工程待來年春夏間，視空襲之程度而定

3,改修各路業已傾斜之街房；

A、中山路六號之兩樓磚房一角被炸，應首先改修，准予一月十日以前予以撤卸，由該房主自行修復。

B、北平路中段之街房木柱傾斜，形將倒踏，准予路面完成時(三月初)飭其撤卸改修。

C、此項工作，商同工務處斟酌設施。

4,學園路新街房之築

A、俟該地塡溝工程完竣，(五月初)卽開始出售地基。

B、地基出售後，卽召集開會，興工建造，無論合作單建均可，惟房屋圖樣，最好由公家統一繪製。

1,上列各項房屋之建築，均須受本會之監督指導，以期整齊劃一堅固美觀。

三　塡溝建路工程

1，第二總溝之建築（武昌路中段各路下水道集中通於河壩之大溝爲第一總溝）

A、沿體育場內邊，築大溝一條，以集納新村各路之水，通於河壩。

(一)工程：溝長三百公尺，土方一千二百立公方。

(二)材料：需砌溝石條二千五百根，石板一千五百塊，石灰一百担。

(三)人工：需土工六〇〇個，石工九〇〇個。

(四)經費：共需款二萬八千元，由關禹廟租售之款辦理

(五)時限：自一月份開工，四月份完成

B、由工務處設計，由本會施工辦理。

2，舉園路大溪溝之填覆

A，自會龍橋至中山路（民衆馬路）之大溪溝全部填平，改劃新街。

(一)工程：全部填方約二萬立公方，由河壩運石子填覆。

(二)作法：沿南京漢口兩路，安置鐵軌，用車箱運砂石填之，幷逐層夯實。

(三)人工：約需土工二萬個。（用車運當可減少二分之一）

(四)時間：俟漢口路完成，將軌道安好時，（一月份）卽行開工，限一百廿天完成。

(五)經費：預需款十萬元，由區署向川康農田水利貸款九萬元，以地價償還。

B、填好後卽改劃爲新街道，另按規修築下水道。

3，築南京路上段之下水道

A、南京路上段仍築下水道與下段銜接。

B、此段工程已於二十九年十二月份開工，限一月十五日以前全部完成。

四　市容之整頓

1，春季開始栽植已成街道之行道樹：

A、由本會購樹苗，農推所指導栽植。

B、行道樹由各舖家負責，須置堅固之架子保護，如有損傷卽飭其賠償購價，或自購新苗植之。

2，佈置路邊花園：

A、嘉陵路石級完工時，（六月初）卽於所留隙地，布置花園。

B、武昌路下段之路邊花園，俟該段路面完成時，（三月初）卽設計佈置。

C，培植中正路相稱之梧桐樹：

(一)中正路(卽公園路)之右側，配以相稱之梧桐籬樹，兩路間爲汽車道。

(二)上項工程第二下水道完成後，開工建築。

3，規劃河街新路綫：

A、俟洪水將河街淹沒後，另行按圖規劃新路綫。

B、路綫規劃後，各建築物務按規改造，以期整齊美觀。

4，商同工務處取締市區內不合規定之一切建築物，以壯市容之觀瞻。

五　衛生設備

1，全市新配置公共廁所五處：

A、自一月份開工，每月完成一所。

B、預於市區外僻靜處築較大之蓄糞池，以便夏日蓄糞。

2，每所預計需款一千五百元，由市民攤派。

3，街道完成後，各路適當地點安設痰盂，及果屑箱，由本會商同警察隊辦理。

六　防火設備

1，於各路口築能容水四百挑之太平池，二十九年十二月份已開工兩處，定三十年二月份全部完成。

2，商同警察隊修理原有水龍，及添購新水龍，以防萬一。

七　公地管理（限於河街）

1，實地丈量公地面積，及各家所佔面積。

2，分定等級出租，預定甲等地每方丈月租一元。乙等地每方丈月租八角，丙等地每方丈月租五角。

3，定級標準以嘉陵正路菜市街漢口路列為甲等，其他大街列為乙等，不當街面之地基統列為丙等。

4，所得收益與以一半作市場經費，以一半報署作教育經費。

八　經費整理

整頓碼頭租金

A、增加原定租金額，一律照原價額加倍征收。

B、征收橫順江船之碼頭租金：

（一）順江船由碚至重慶，磁器口，合川，沙溪廟，每船一元。至土沱，悅來，澄江，草街，每船五角。

（二）橫江輪渡船，每船月租二元。

（三）順江船之碼頭租金，每日只收一次，即在此碼頭住宿，次日裝載開船者，始照規納租。

2，擬征收市區市政經費：

A、根據法令，擬定征收房捐營業捐辦法，呈請層峯核准施行。

B、征收房捐後，即行廢出一切捐款。（如街燈費，淸潔費，保甲社訓費，街道建築費等）。

C、房捐商捐分兩季繳納，六月份繳下季。

九　市集之整理

1，米市雜糧市，移於新建廬山路街房內。

2，草鞋草帽市，暫定廣州路上段。

3，凡零售貨攤，皆設於人行路上。

4，麵市設在廬山路。

十　洪水棚戶之遷移

1，打鉄灣為第一遷移場。

2，新壩之滯道第二遷建場。

3，須預為劃線打樁。

工務處三十年度中心工作計畫

目錄

一　工作計劃

1.整理商區：（附商業區街道整理計劃書）

2.塡溝防洪工程：溝長一百八十餘公尺，寬平均二十五公尺，深平均六公尺，需塡砂石二萬五千餘公方，需款十萬餘元由三十年一月二日起開工，三月底塡平，至十二月底全部房屋街道，水溝完成之：（附1.三峽實驗區北碚鎮塡溝防洪工程意見書，2.三峽實驗區北碚市場塡溝築路建屋投資實施計劃）。

3.農田水利工程：

本區龍虎溪、明家溪、馬鞍溪、高坑岩、毛背沱等處，可以築堤堵水利用之處頗多，擬於三十年一月起，開始勘查，逐步推行，預計二年之內將全區可以利用之水源泉源與積水面積，全部開發利用之。（附三峽實驗區農田水利工程實施綱領）。

4.辦理土木工程班：訓練幹部人員四十名，與中華營造廠合辦，二月開辦。

5.北溫泉公園添建新村計劃：新村面積二百畝，地形測量二月起至三月上旬設計。三月中旬至月底，測繪釘樁，劃界。四月初起至五月底完成之。

6.北金公路工程：由北碚至金剛碑，沿江岸長約三公里，開闢公路後，除洪水時期外，年可通車五個月至七個月，在金剛碑下車後，換乘游艇，入溫塘峽，約一公里途程，即達公園，距特途程較北温公路約省一半，並可乘游艇以享受温塘峽中之水上風味，此項工程擬於三十年秋間開工三個月完成之。

7. 北碚第二新村計劃，地點在北温公路間選擇，地皮面積，約一千市畝，容二百戶，除公路外，每戶佔地四畝，建築範圍二畝。房屋建築標準化，地價房價標準化，擬於四月間，開始測繪，逐步實施。

8. 新村與北碚下水道新系統設計，至少添建總溝，一千市尺，二月開工五月完成。

9. 測繪新村與北碚戶籍圖—測量繪圖，利用員工空餘時間，逐漸補作。

10 整理新村公共廁所與街道—測繪設計，五月起造，年底完成之。

二 人事調整

1. 辦理土木工程訓練班：訓練幹部人員四十名，需要更多時，再接辦第二期，每期六個月，本年底可造成幹部人員八十名。

2. 關於取締建築，擬添勘查員一人，負責勘查繪圖。

3. 北温泉公園，添建新村，事務較繁擬添聘工程師一人，測工三人。

4. 辦理水利工程，擬添工程師一人或二人，工務員監工員一人，或二人測工三人至五人。

三 組織

1. 本處設主任工程師一人，工程師四人，工務員勘查員，監工員辦事員會計員各一人，測繪員二人，練習生五人至六人，測工，工役若干人。

2. 主任工程師，秉承區長意旨，總理一切處務，就區內環境需要，擬就各項工程計劃呈核施行。

3. 本處掌理一切市政工程及行政，即關於全區市與村計劃，建築取締水利工程，衛生工程等事項。

4. 本處對於各項工程負計劃測量設計及施工時關於技術督導之責，工人管理，交由市場整理委員會，負責辦理，市場以外之工程由本處直營或交包商承辦。

5. 本處工程師，由主任工程師分配工作，得專責辦理某項事務。惟仍須相互協助，或兼辦，對於佐理工作之員工，有隨時指示，訓導之責。

6. 工務員，監工員，勘查員，測量員，練習生等，協助主任及工程師，辦理一切技術事務。

7. 會計員辦理本處一切經常收支，及各項工程費，支付報銷等事項。

8. 辦事員辦理本處一切庶務事項，並協助辦理取締建築，填發執照等事項。

9. 本處重要事項，或技術方面有問題時，由主任臨時招開會議議決。經常每半月開處務會議一次。

10 本組織條例，如有未盡事宜，得由處務會議通過，呈區署修正之。

11 本組織條例自區署批准之日施行之。

四 財務

1. 經常費：由區署等分担月約四千元

市區街道交义路口拐角弧形設計例圖表

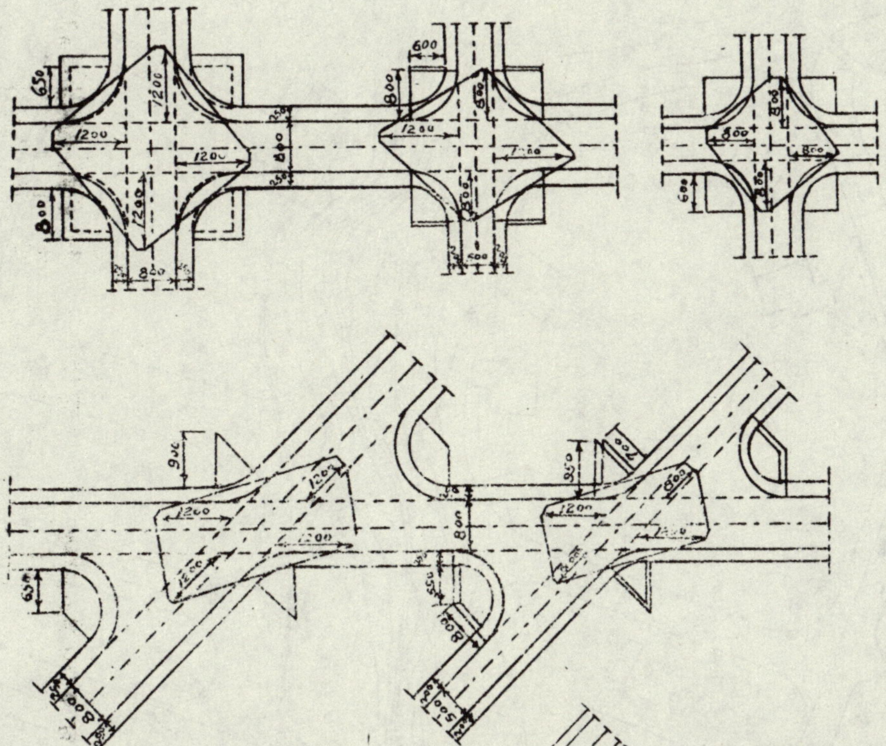

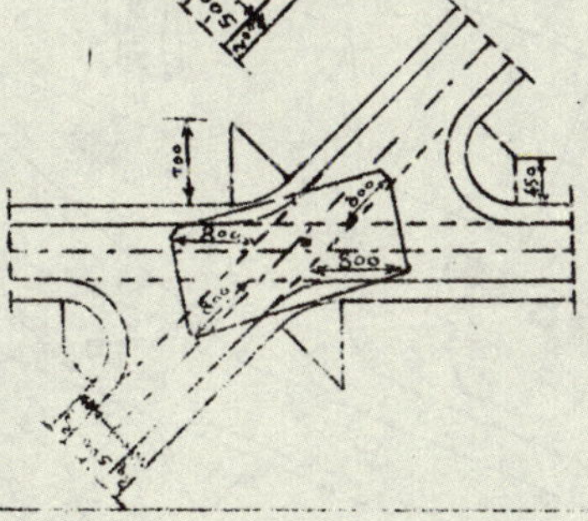

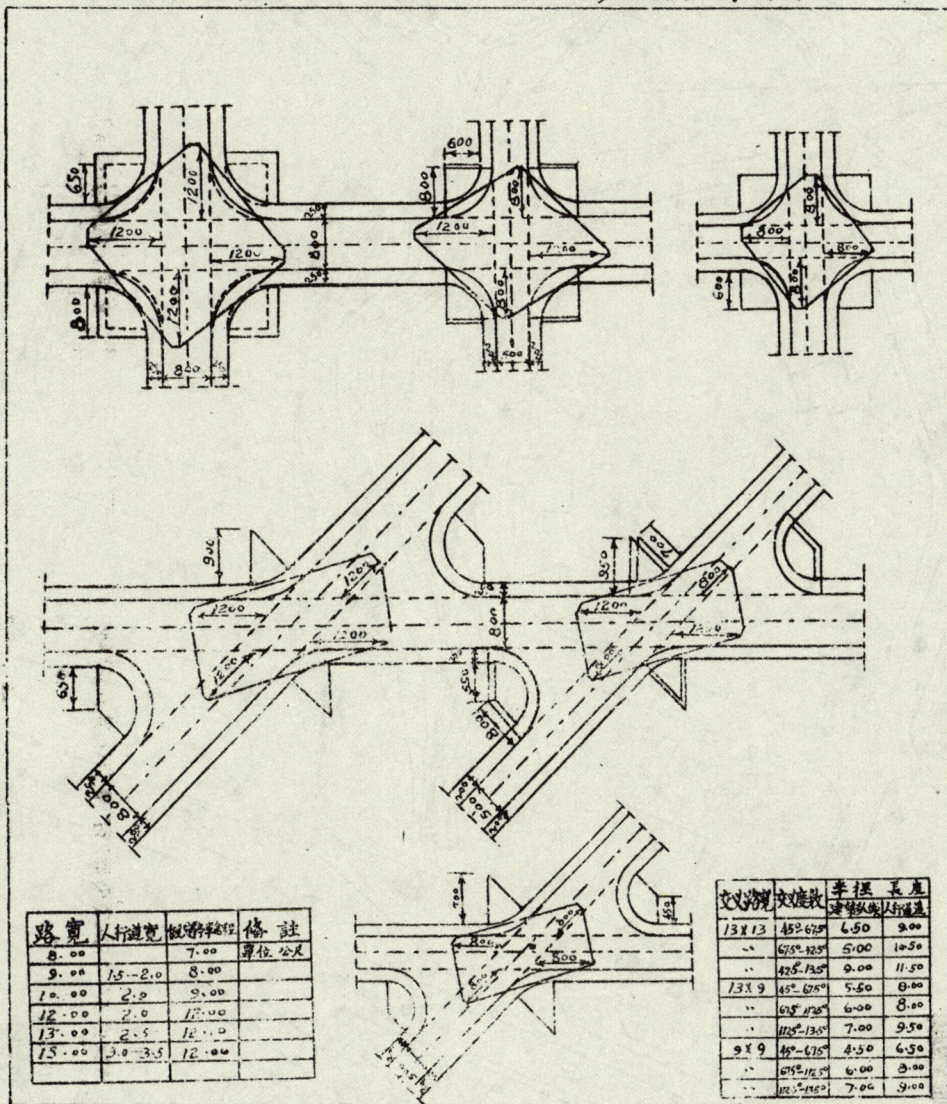

路寬	人行道寬	假定汽車轉彎半徑	備註
8.00		7.00	單位 公尺
9.00	1.5--2.0	8.00	
10.00	2.0	9.00	
12.00	2.0	12.00	
13.00	2.5	12.00	
15.00	3.0--3.5	12.00	

交义路寬	交义度數	半徑長度	
		建築線	人行道邊
13×13	45°-67.5°	6.50	9.00
〃	67.5°-92.5°	5.00	10.50
〃	92.5°-135°	9.00	11.50
13×9	45°-67.5°	5.50	8.00
〃	67.5°-112.5°	6.00	8.00
〃	112.5°-135°	7.00	9.50
9×9	45°-67.5°	4.50	6.50
〃	67.5°-112.5°	6.00	8.00
〃	112.5°-135°	7.00	9.00

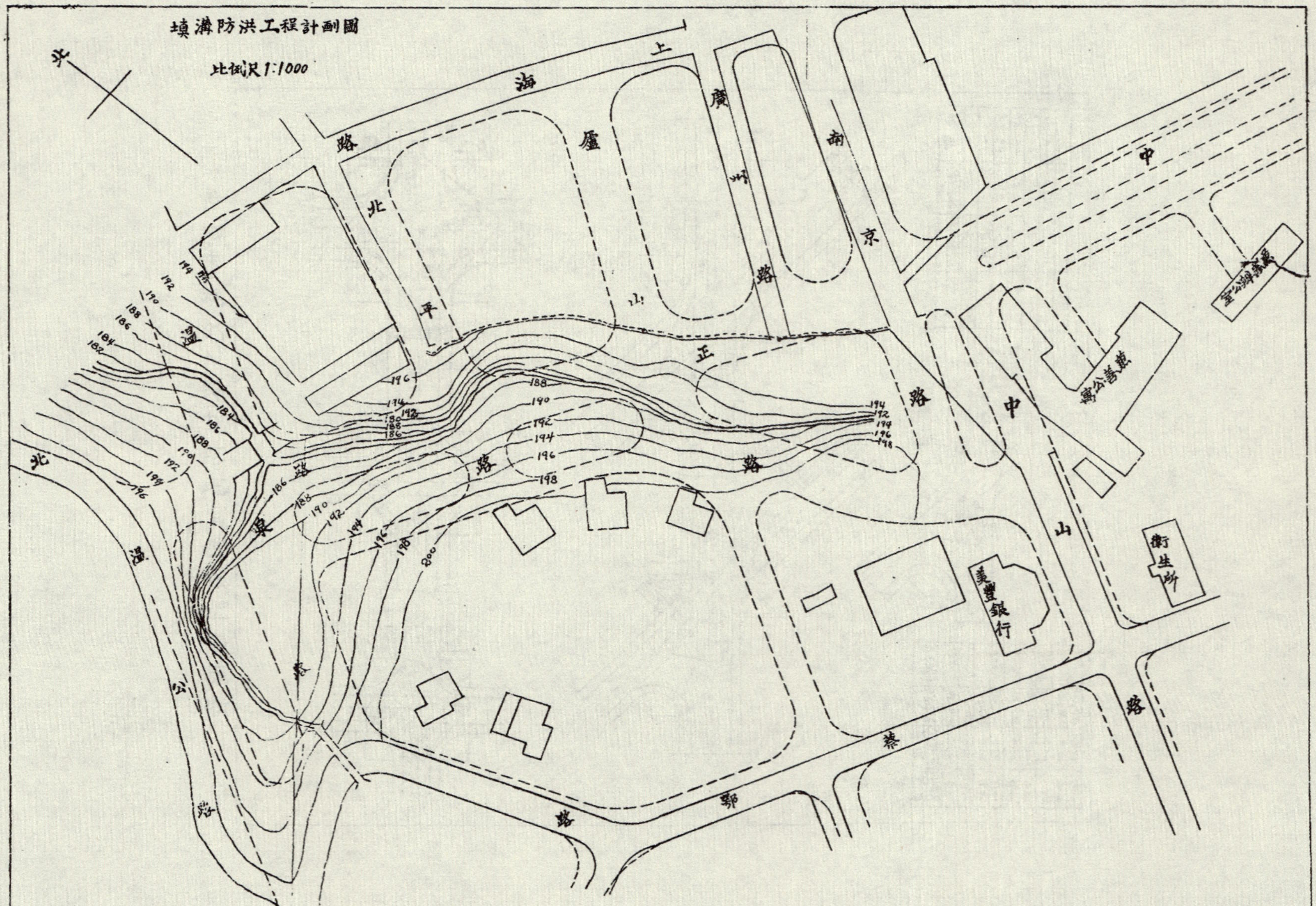
填濠防洪工程計劃圖
比例尺 1:1000
北
美豐銀行
衛生所

2. 工程費：北碚，市政工程由區署暨地方民衆等籌撥，如：

一、防洪工程，墳墊會龍橋上段大溝，工程費約九萬元，由川康水利委員會貸款。

二、建修房屋工程，需款四十餘萬，由中華營造廠投資承辦。

三、下水總溝，需工程費約三萬餘元，以售關廟禹廟地皮之價格款充之。

四、公園新村測量，設計費等，約需款四千餘元，由北溫泉公園籌備之。

五、土木工程班，訓練費，每月需款約二千元，由中華營造廠備款協助之。

3. 農田水利工程費，由川康水利委員會貸款舉辦之。

4. 其他臨時工程，臨時設備籌辦之。

北碚商業區街道整理計劃

目錄

一　前言

北碚場擬劃爲峽區商業區，前於峽區分區計劃綱要一文內業已述及，茲再將北碚場舊街道之整理，及斯街道之開闢，簡擬計劃，述其梗概，以供關心北碚建設者之指正。

北碚場東西約二百餘公尺，南北約二百五十餘公尺，全部面積不過五百餘公畝而已。舊有街道，沿嘉陵江岸自由發展，灣曲狹隘，錯綜無緒，抗戰後，屢遭轟炸，被燬部份，約達四分之一，未燬部份，近來折除火巷，闢爲方塊形式，其街道並稍爲加寬，已改舊觀，惟澈底之整頓與擴展仍有待於統盤之計劃與施設。

房屋建築段落之劃分

市區建築房屋段落之劃分，長短深淺頗無一致標準，即以美國都市之商業區與住宅區而言，其建築房屋之段落，長自一百二十八公尺至二百七十餘公尺，寬自六十公尺至一百二十餘公尺不等，長短深淺之差，如此之大，其建築物自難免參差不齊之弊，且段落過長，其優點在減少街巷，節省地皮面積，其劣點則頗多：

(一)屋宇櫛比，里巷太少，交通擁擠不便。

(二)空地既少，空氣陽光不充足，有礙市民康健。

(三)火災易於蔓延，損失必大。

(四)轉角太少，減少商店舖面，降低其商場之功能。

建築段落如過短，優劣之分適得其反，是過長過短，均非所宜，長短如是，深淺亦如是，尤以失之過深，弊實更多，違法喪德之敗壞行爲，每易發生於深長之里巷，影響於治安問題者甚大，簡而言之，段落過長或過深利少而弊多，過短或過淺，利多而弊少。兩相比較，甯可使之短或淺，不可失之長或深。基此原則，依本市現況及環境，商業區建築段落劃分爲若干大小不同之方塊，長度之長者，不過百公尺，短者約五十餘公尺，深度之深者，不過八十公尺，淺者約十餘公尺，將來新闢段落，長短深淺，界限擬定爲：

(一)長者——一百五十公尺

(二)短者——五十公尺

(三)深者——一百公尺

(四)淺者——三十公尺

（商區街道圖見前封面插圖）

三 街道之排列系統

嘗考街道之排列系統，普通可分爲不規則式，方塊式，放射式，及環式四種。方塊式，適用於無大發展之小市鎮，放射式係由交通中心點向外放射路線，圓圈式係就都市中心環繞許多圓形路線，組合放射線於其間，世界名都大邑多採用之。北碚市區面積極小，尚不能與大都市大城鎮比，舊街道極不整齊，整頓排列其系統自難拘於一格，更不得不遷就原形，截灣取直，留成方格形式。復以嘉陵江岸碼頭爲起點，取放射形式，築漢口路連南京路接新村之中山路，以達車站。更築溫泉路以接北溫公路，亦經新村以達車站。即將來北碚場與新村間之聯絡，及車站與碼頭間之銜接，均以此爲主要之車馬幹綫。而構成方塊式與放射式兩式混合並用之體系。採用方塊式者，取其街道比較簡單，直線整齊，相交多成直角，舖面較多而適於商業之經營。放射形式，不似前者之整齊，斜線或環形街道居多，惟可以增市區之美觀，與街道之功用，並能適應天然之地勢，既可便利交通，節省建築經費，更可遷就已成事實，免除折毀有價值之建築物。兩式合用，可以借長補短，相互爲用，故本計劃對市區街道之整頓辦法，具有兩種特質。

(一)重要交叉路口，設有各式之廣場，一則爲車輛轉環之用，以達便利交通之目的，二則廣場內佈置花園，可爲風景之點綴。

(二)方塊之格式，並未嚴格取其方正，大小亦未於定格，正爲遷就已成事實，避免折除若干較有價值之建築物。蓋以整個社會經濟觀點而論，避免折除高價值之已成建築，乃當然之事理也。

四 街道之整理與設計

(甲)街道之方向

街道之方向與市民之舒適及健康，關係至要。正東正西之街道，其北面終年不見陽光——北半球——是其缺點，與南北正線成六十度至三十五度之斜角者，最合理想，北碚場之南京路廬山路等，均未超出此項範圍，故本區商場街道方向，大致均佳。可爲將來發展之基則。

(乙)街道之闊度

計算街道之闊度，須依交通情況之需要爲標準，交通繁重之街道，不可過窄，窄則，有礙行車，阻礙交通，車輛稀少之街道，又不可過寬，寬則，非特靡費地畝，即養路修補洒掃等費，積年累月，亦所不貲。故街道之寬度，須有適當之推算。普通城市街道所佔面積，爲全部面積百分之二十五至三十五，近世新市區街道，比較寬闊，至少須佔全區面積百分之四十，美國大都市，且有達百分之五十者，則佔全區之半，似涉浪費。北碚現況，車輛絕少，預算將來即無繁重之大卡車，亦必多送往迎來之客車，與遊覽風景之小轎車，故擬定車馬大道，均須能容汽車往來會車，並且可容一人力車穿過，此種路寬，暫定爲十三公尺。即

雙軌	6公尺
停車或人力車	2公尺
人行道	5公尺

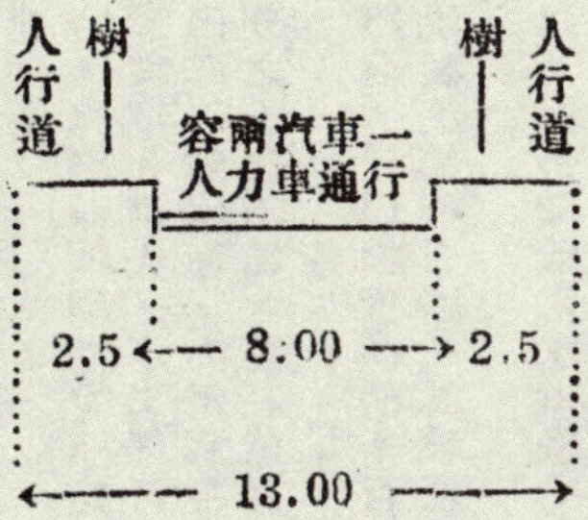

其次爲九公尺寬，可容一汽車，一人力車並行，即

車軌	3公尺
人力車	1公尺
人行道	5公尺

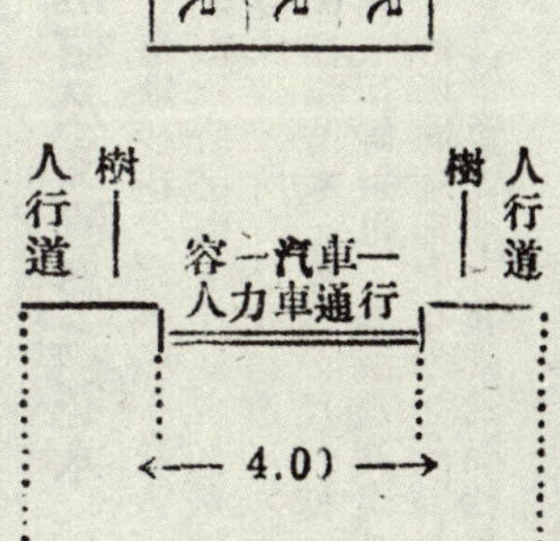

經此寬度之規定，全部街道面積佔全市區面積二十四分之一，似嫌稍小，以較美國街道寬度情況，相形之下，不禁有大巫小巫之感！茲簡舉一二，試一比較。

美國大都市最寬之街道，同時能容兩汽車之來往，一車之空間十呎，兩邊有停車地面各八呎，共計三十六呎，又有人行道各十五呎，共計六十六呎，折合二十公尺，寬者同時能容四汽車之來往，計八十六呎，折合二十六公呎。最寬者能容六汽車之通行，人行道同時亦加寬二呎，共計一百呎折合三十公尺。是本市最寬之街道，僅爲美國最窄街道之半，如果將來車輛有繁重之日，則本區街道之交通，定感擁擠，是以對於尚未開闢之溫泉路，將來擬加寬爲十八公尺或二十公尺，期能容三四輛車通過，其他各路既限於已成事實，自不便於一再折除更改，浪費公帑，都市計劃，故不限定於全部區域之通盤標準化，而於其新設施或有改造之機會時，逐步加以改進也。

(丙)街道之坡度

街道路面，如單爲交通方便着想，甯可使之平坦，不可使有坡度，惟其中另有一問題，即路面之水，如不設法排除，存於路面，車輛人馬通行之際，初起小坎坷，漸成大溝漕，全幅路面易於毀壞，故築路必須有坡，使水由坡宣流歸入

下水溝道匯總排洩。

路面坡度分兩種，曰縱坡。曰橫坡。坡度大小與交通情況，及所處區域，直接有關，分述如下：

(一)縱坡——以車馬之牽引力，與路面鋪砌性質而定，柏油路面，常極光滑，易致跌倒，坡度如過大，車馬難行，故須較小，常爲百分之二三。碎磚碎石等路面，光滑程度較差，其坡度由百分之五六以至百分之十二不等，要在能適合應用爲準。

本區商場一帶，昔多三合土路面，近因物價高漲，百物騰貴，石灰三合土路已爲不貲，現試築鵝卵石路，其坡度最大者，尚未超過百分之六七。

(二)橫坡即拱形，路中心拱起，兩邊微低使水由路中向兩邊分流，其坡度亦因路面之性質而異，通常柏油路面多爲三十公分之一，碎石路面，多爲二十分之一，至二十五分之一，本區現用鵝卵石路面，坡度約爲二十五分之一。

(丁)交叉路口拐角彎度之規定：

街道拐角，於行車視線直接有關，彎度不適合，每易發生意外事故，故拐角處之建築物，其弧度必須有確定之標準，吾國南京，上海，青島等市，對於此項拐角弧形之規定辦法不一，或規定半徑，或依截角線爲準，要在不防礙行車視線於緊急之際最短距離之間，停駛行車，免除危險爲原則。

本區商場各街，武昌路廣州路一帶，因昔無規定，拐角未能完善，最近數月，始按新訂辦法施行，其辦法爲依截角線而規定半徑，即根據交叉街道之寬，假定最小停車途程劃截角線，另以兩交叉路寬之和之四分之一爲半徑，劃成弧形拐角。如弧形與截角線相交，即該弧形有礙行車視線，需試行加大其半徑，至線與弧形相切或落於弧外爲適度，茲附圖於後，以明其例。(附圖二)

(戊)築路材料之選擇

北碚市區舊街道，昔多石灰三合土路，近今百物騰貴，石灰等材料之價格較昔亦漲價數倍，築三合土路，實屬不貲，現經試築鵝卵石以代之。蓋北碚場近嘉臨江岸，鵝卵石及河砂取之不盡，用之不竭，以之築路，可謂價廉物美，恰合時需，抗戰勝利後，經濟情況轉佳時，擬加以改善，則加潑柏油即成柏油路面，且三合土路面發生坎坷不平之處，修補極感困難，亦不若鵝卵石路面之隨時隨地可由江岸挑取砂石填補之易也。

(已)築鵝卵石路之說明

一切事務，基礎爲本，築路亦視路基之良否而定，路基堅實，路面始易保存。否則，路面雖好，必將與路基同體損壞，故築路須先整理路基或滾壓或人力打，使全部堅密均勻，而後鋪築路面，鵝卵石路面，分三層鋪築，下層鋪築十五公分，卵石直徑，最小六公分，最大勿過十公分。中層鋪厚八公分，直徑自二公分至五公分爲度。上層鋪河砂厚二公分，因鵝卵石無稜角，彼此不易結合，故需夾以泥沙填滿空隙，以資團結，每層鋪妥之後，以拱形板做成適當坡度，縱橫滾壓一遍，以資堅緊。

市區之武昌路，曾經以鵝卵石和泥沙試鋪一次，惟既未分層，又未滾壓，坡度且不合規定，而陰雨天氣，且不似三合土路之泥濘，相信如按說明辦法鋪築，其結果優良定可期也。

五　栽植行道樹及佈置路邊花木

市區之內，人口繁衆，每缺少花木之調劑，故人行道上栽植行道樹爲每一現代化之市鎮所必需。北碚氣候最適合於植物之繁殖，培養花木易見成效，所有已成街道之人行道上，擬值樹木兩列，採用法國梧桐苗木，每五公尺一株，兩邊交錯。間隔穿插，各成其排，互爲對角，其路邊爲山坡或市區邊地與路心之花壇等等，均擬同時佈置花木，安設長凳，遊客行人，隨時隨處可以乘涼或休息，非祇爲點綴風景已也。

六　下水溝道之施設

下水溝道之設施，對於市街之清潔，至關重要，近代都市下水工作，多設專人主持之，本區舊街道中，原有舊式石溝，因年久失修，多已淤塞。本年改折火巷，放寬街道之時，市場整理委員會，曾添建新溝約三百餘公尺，惟仍係舊式作法。繞建築週圍，環築石溝，接於總溝，輸送於江岸，既未置人孔，更少雨水斗之設備，其總出水口高處的江岸上游，在自來水設備未有之前，民衆飲料，完全取自江水，一面容納排洩之汚水，一面又汲而飲之，其於市民公共衛生，不無影響。

筆者本年七月間到區署時，正値北川公司工程師守爾慈先生在市場測量，關於下水溝道之改良問題，曾經數度之密切商確，研討結果：

(一)舊市街已成之溝道，遷就已成事實，暫時任其爲單獨之系統。

(二)擬築之街道，及新村一帶之溝道，重新計劃整個系統。另設總溝，經體育場而下輸至江邊下游。至於原舊街道，擬斟酌情形，逐步改歸新系統。

此種意見，筆者曾先後與遊碚各專家，徵求意見，多得贊同，獨惜時下經濟力量太受限制，不便即刻舉辦，因此新近完成二百餘公尺新溝，仍接於前項系統之內，而築溝方式則稍加改變，設置人孔及雨水斗。另外加築簡單消汚池，每五六家一池，則用舊石料接築分溝以通幹溝。住戶可用缸瓦支管，由院內敷設，連接分溝，並築簡單消汚池，以存留汚水中之沉澱物，而後方準接於公溝，否則，汚穢物質隨汚水流入公溝之後，久則必致淤塞，妨礙下水宣洩矣，

下水溝道，統此設置之後，清洩與淘挖雨水斗，及人孔內之沉澱汚物等工作，需有長工專責辦理，否則，積穢既多，一則淤塞溝道，二則，臭味易於溢揚於外，使滿街溝臭，妨礙衛生，反有違設備之原旨焉。

(七)公共廁所之改良

商區公廁，多係臨時性質，其本身構造缺點固多，而清潔兵伕，每不能按時清潔糞汚，以致廁所附近惡臭溢揚，路人掩鼻，且以公廁設置太少，每一偏僻地帶，輒多糞汚分佈，大好市區，經此點綴煞風景矣，以往限於經費，力量有限，不便苛求，改縣之後，此項清潔問題，似應首先辦理改良辦法：

(一)重新分佈廁所位置，依人口活動情形之多寡爲設置廁所之標準。

(二)舊有廁所，需要保留者，其構造加以改良。

(三)需要添設廁所處，按新設計添建。

(四)重要過路口處，設置小便亭，一則便利路人，二則點綴風景，近代新都市最考究之廁所，爲用抽水馬桶，本市無自來水設備，抽水馬桶自然無從談起，所謂改良設計之廁所，暫時祇有另覓途徑，可能做到者：

(一)廁坑，盡量加深，使臭氣在地下消融。

(二)大小便盡量分置，使不成稀漿發酵。

(三)廁所構造宜高宜通風，並置出氣管。

(四)坑口設置活動開關，隨踏脚板上下而開合，減少廁坑氣味冒入廁室之機會與時間。

(五)出糞口設於廁坑後方或側邊，與廁室出入門徑分道，使廁坑氣味減少入廁室之機會。

恭此原則，設計溝造改良之後，清理廁所之兵伕，仍須於早晚按時清除，保持清潔與完整，否則，終難期其盡善也

（八）清潔與垃圾之處理

北碚市區，現有清街兵伕，每日所清除之要道，祇限於街心部份，其餘邊角溝寖處所，污穢之存積與傾倒等事，尚不能注意及之，且以垃圾箱設備缺少，維持清潔，殊多困難，此種情況，由於兩種原因：

（一）峽區因抗戰疏散人口關係，年來住戶增加率太速，人口較昔，忽爾倍增。

（二）峽區組織未改原機構，不足以應付新變化新場面。因此處理辦法可分三類。

（一）機構要充實，改縣之後，清潔事項，如清除垃圾，洒掃街道，淘挖溝道，與送輸便糞，及其有關公共衛生取締等事項，似應專設清潔隊，隊分數組，分別負上列事項，由市委會指定隊長一人，專責，訓練，指導，並糾察全隊工作，以後關於清潔問題，無論其為溝為街道，為廁所，凡在該隊管轄區內，惟該隊是問，

（二）添設垃圾箱，因垃圾箱設備太少，市民貪圖方便，不肯為一垃圾而遠走街外，遂致順手傾倒門旁道側，時有垃圾出現。故必須設立固定之垃圾箱，並使住戶養成使用之習慣。

（三）指定垃圾傾倒地點，若干缺乏平地之大都市，常利用垃圾填低地以成街，本市商區面積狹隘江濱及大溝可以填平，而利用為街道之處頗多，此故一舉兩得之善策，必須加強統制，雖云垃圾最小，積年累月，因少成多，非不可能

也。

（九）其他公共衛生事項

本區市面出售之肉類，乳類，等項，品質優劣，與水分多寡，不合理之事，時有所聞，嚴格檢定，事甚需要，理髮店工具之消毒與理髮匠之需戴口罩，亦需有以管理之，此類事務，最好由衛生所指定專員負責查核，語云：「病從口入」防患於未然，勝於求醫問藥。

（一〇）取締建築事項

取締危險建築，為近代都市重要行政之一，所謂「安全第一」，衣食住行，人生四大要件之中，住之時間最長久，住要特別安全，因此建築物必須切實之管理，危險建築，必須認真取締，不合法規之建築物，不得容其復現，所謂「安全第一」，不祇是個人之安全，而是大家之安全，本區市街建築物之管理，向由建設股辦理，而江岸臨時蓆棚等等，則由市委會經管，因一向無建築法規之規定，又無專責管理之人，民衆對此項事務，又常漠視，因此未能貫澈所期，近由工務處，擬訂暫行建築法規百餘條，議決施行，呈府備案之後，即行公佈，使家諭戶曉，今而後市區之建築，當依照法規逐步改進，惟初行一事每多困難，尤以請領許可證時，需附圖樣，在本市尚無建築技師技副之今日，市民與辦理取締建築者，雙方均感困難，但此種困難，行之不久，即可克服，為公家安全着想，全區市容着想，暫時之一點不方便，必不為明達者所不贊同也。（法規另文公佈）建築法規公佈之後，擬分兩方面施行，即；

（一）對於已建築物，無論新舊，凡呈危險現象者，勘估情况，分別通知拆除或修理。

（二）對於新起建築物或修理工程，無論鉅細，均依規定手續，切實施行。

（一一）商區將來之擴展方向

商區面積狹小，一面臨江，三面山丘，將來擴展，頗受限制，可能之方向，决有二途，一為沿公路擴展，一為沿江岸擴展，一需開山，一需填河。兩相比較，填河較開山更為合宜。其理由：

（一）山丘凸凹，即開闢，亦難期其為良好之街市。

（二）公路運輸，較河道運輸昂貴，不適於經商目的。

（三）江濱灘岸，因廟嘴石礁，平時高出水面，水流轉變方向，冲刷不到，洪水時期，江水絜帶砂石，經過廟嘴，速度迅捷之主流，仍在彼岸，而臨商區之江濱，則因石礁之阻擋，水流變緩，無力絜帶其砂石，遂沉澱而成廣大之高灘，如在此灘能築丁字壩，冬季完成，次年洪水季節一過，即可淤墊，其工程因有上流暗礁之掩護，預料尚不艱鉅。

估計江邊灘岸面積，生草部份，東西長約九百餘公尺，南北寬約一百餘公尺，各計面積約九百餘公畝，可當現市區之二倍，未生草部份，面積亦如之，惟以其洪水時間稍多，不必與河爭地。

北碚非通商鉅埠，商區擴展之需要，不甚急切。此種填淤計劃，乃永久之謀，尚非短期所必需，應付近期之需要，辦法有二：

（一）填墊會龍橋上下之大溝。

（二）遷移運動場於他地，開闢原有運動場為市區，逐步達成築壩填江岸計劃。百年之後，沿江一帶，完全為商業區矣！

（一二）結論

先有計劃，而後有事實，計劃在先，事實在後，其事實乃不至違悖需求而發展，本計劃論列十條，均簡而易舉，根據總理知難行易之哲學，當有不可成功之事一除十條，所列尚非時需，有待於逐步推行外，其餘各區，最低限度，半年之內，可期完成！「事在人為」惟期整理市場諸同人，努力共勉，幸莫謂經費有限，瞭草將事也。

北碚填溝防洪工程意見書

本區北碚市為峽區商業與文化之中心地，商賈牆集，人才薈萃。雖以面積東西不過二百餘公尺，南北不過二百餘公尺，僅有五百餘公畝之峽小地域，然有各級學校，有圖書館，有博物館，日報社，公共體育場，衛生所，醫院，戲院，大旅館，大商店，零售店等，峽區精華幾全部萃聚於斯。惟其地濱嘉陵江邊，中部高而四週低，一遇嘉陵江洪水高漲，初漫岸邊，漸及四週低地，旋水環圍，大好市場，頓成孤島，民國二十六七年間，即成此景象，在此情况之下，全鎮市民，輒扶老攜幼，奪彼僅有之逃却途徑，由南京路而逃，爭前恐後，涉水而渡，晴天白晝，尚少危險，如遇陰雨深夜，巨洪暴發，則其逃避情況之慘苦，更難以言語形容，其最危險者，莫若從洪倒灌由下遊逆流而上，經體育場橫過南京路，注入大溝，向會龍橋方向而下，同時會龍橋以下，由上游灌注之水，亦經會龍橋奔赴大溝趨南京路向體育場而下，兩相交馳，迴漩鼎沸，由南京路逃命之危險艱苦，北碚市民，談論及之，莫不憂懼失色，如此大患，雖非年年皆有，但五六年之間，輒難免一次，早應設法排除，惟以限於人力，財力，欲辦輒罷，因此置彼數萬市民，於暴洪威脅之下，莫可奈何，值此川康水利委員會，積極興辦水利之期防洪工程，亦興辦事業之一，近據北碚市民一般之意，擬依貸款手續借款填溝，並填高南京路。估計填溝費，約需十一萬餘元，修街及建築房屋費，約需四十五萬元，房屋建築可以遲緩，填溝工程，關係重要，應即時舉辦，擬請水利委員會，特賜扶維，以貸款辦法，借款九萬元，由三十年一月起，每月撥支三萬元，以三個月撥畢，預計在洪暴發之前填墊完成築成街道，以填好之地皮售價償還貸款，利率八厘，年還三萬元，限三年還清，填平之後，不特免除洪流迴旋之危險，且加多市民逃避之途徑，至於開闢馬路，繁榮市場，乃其末事。實為本區當前唯一要政，一舉兩得之業也。(附實施工程計劃)

三峽實驗區北碚市場填溝築路建房投資實施計劃

(一)緒言
(二)現況
(三)工程計劃
(四)實施步驟
(五)概算
(六)投資損益
(七)結論

(一) 緒言

北碚市場位峽區中心，地據嘉陵江畔，扼水陸交通要衝，距陪都陸路繞青木關，僅八十公里，水路沿嘉陵江，不過六十公里，北十里有溫泉，素為遊覽避暑之勝地，對岸黃桷樹，煤鐵礦頗多，工商行旅，往來更衆，市場外圍十公里內，更有疏散之經濟文化各事業機關及學校，北碚市場儼然形成一中心商業區域。

基於已往地勢情況，北碚市場，乃畸形發展，房屋則錯綜無序，街道則彎曲狹隘，非惟市容不整，對於管理發展，障礙亦多，實驗區最近根據工程原理，實際商業情況，擬具街道整理計劃，逐項實施，以期合乎現代化之市鎮，計劃中較急迫而經濟者，即填墊會龍橋上下之大溝，本計劃即係指此而言。

(二) 現況

北碚地勢低窪，根據二十三年，二十七年之洪記錄，一遇大水時期，江水上漲，近碼頭一段房屋盡成澤國，而會龍橋一段溝道，江水倒灌，與新村交通為之阻塞，路心水勢迴漩，市民疏散非常困難，影響人民生計與安全，莫此為甚，況會龍橋一段溝渠，經歷年冲刷倒灌，溝道日益寬深，長此以往，非只阻斷交通，即兩傍原有建築物，亦將因下部刷空，地基日見沉落，而危及房屋之安全，綜上各點，實有積極填築之必要。

（三） 工程計劃

本工程可分下列三項

（甲）填墊會龍橋至中山路一段溝渠

本段長計一百八十公尺，深度自四公尺至八公尺，寬度自十公尺，至四十公尺，體積共約二萬五千公方，發動民工，借用天府公司鐵軌斗車以助運輸沙石，預計三個月至四個月，卽可完工。

（乙）修築路面及下水溝道

依據區署成例，由市場整理委員會籌辦。

（丙）建築房屋

此段溝渠，經填墊築路後，除路面部份不計外，能建築房屋之地段面積，有三六〇四平方公尺，合三，二四六方丈（其他非直接填墊地面未計）擬全部修建房屋，按一樓一底計算，可有單間舖房六十間至一百間。

（四） 實施步驟

填墊溝渠，所用土方以就地挖取山土及搬運江岸砂石參雜幷用爲原則，就目前商業狀況及施工便利計，擬由兩邊同時填築，蓋靠近會龍橋一段，可利用斗車運輸較便，靠近中山路一段，有山土可取，且一經填起，可立時起屋，不至影響商業之經營，修建房屋，擬先由靠近中山路一段着手。

（五） 概算

填溝共計土方二萬五千餘公方，每公方按四元計，共約十萬元，填面房屋依照構造狀況約需三十萬元至五十萬元。

（六） 投資損益

填溝築成之地面，除馬路佔用者外，可建築舖房之面積，約三百二十四·三六方丈，按每方丈地價至少三百五十元計，合十一萬三千五百二十六元。況此段一經填築爲標準馬路，市容改觀，繁榮之後，其價値當更不止此數。

房屋投資，根據正常時期，一般習慣，按租佃計算，三年至五年，可將本息（根據本金四厘至八厘計算）付清。過期後房屋卽爲純利，此街爲市場主要街道，其利潤當更不只此，如建築完畢，卽行售出，則資金之償還更爲迅速。

（七） 結論

投資業務，對地方建設關係至鉅，此項事業，尤具特殊重要性，將來造福社會、發展市場，裨益殊多，企業家幸勿以等閒視之也。

三峽實驗區農田水利工程實施綱領

（1）目的—在收積雨季山水，儲之於池塘，在堵存溪水或河流存之於澗谷，以備灌田防旱等用項：

（一）灌溉農田—要先調查各保甲已開發與未開發之地畝，估計每季每畝水田之需水量，某甲之需水量，某保之需水量，某一地帶之總需水量。其次更要調查天然水量之分佈情況，譬如某甲某地方有河流，某地有溪水，某地有池塘，雨季存水共幾何。旱季灌田若干畝？一年之內旱季幾多天？雨季幾個月？詳細之記錄，與精確之數目字，得到之後，方可設計，方可實施工程，方可盡量利用天然環境灌溉一切田地，以達到雨季水無外流，旱季地無缺水之目的。

(二)短途航運—國內多少小溪河流，常年水流潺潺，任其自由宣洩，不能利用，廢棄厚生，此亦一端。假如分段築壩，堵水存儲，提高水位，加大水深河寬，匪特可以灌溉，更可行駛船隻，分段聯運。當此交通困難之時，國人對於效能低微之驛運，且多倡議恢復，如能盡量利用大小河流，發揮天然力量，其效能當百倍之也。

(三)培養附產—池塘裏栽蓮放鴨，河道中培養魚蝦，於灌田航運，均無妨礙。却可額外增加生產量，可謂一舉兩得。

(四)推廣小工業—水自高地流下，衝動力最大，常可以利用轉動水車，作磨麵、碾穀、昇水，發電之用，如有此類天然水勢，可以利用者，或因築壩之後，水位加高，可以利用者，當盡量設法利用之，屬於甲者全甲用，屬於鄉者合鄉用。務使家家人人得其實惠。

為達到上項目的，須有下列之各種工程。

(2)工程：要因地制宜，拾合需要，要堅固永久，有利無害，端賴勘查，研究之後，悉心設計應用之。

(一)滾水壩—天然河流，水量而不甚大者，分段築壩，提高其水位，加大其水深與河寬，水滿之後由壩頂滾流而下，下段又築滾水壩，節節如是，段段節制，既利灌溉，更利河運。

(二)堵水壩—大小溪灘，平常或有水或無水；而雨季則有相當之水量者，築堵水壩，以蓄其水。

(三)蓄水堰—淺潭與低窪泉地，終年積水而不得利用者，築蓄水堰，以加大其水量，提高其水位，為灌溉下方水田之用。

(四)截水渠—荒山坡地，雨水分散，不得利用之處，廣闢截水渠，橫欄坡脚，收容坡上雨水，歸入溪谷或適當地點以存儲之利用之。如此則水無廢棄矣！

(五)引水渠—儲蓄之水，或在高處或在遠處，可築渠引流，以至灌溉區域。

(六)挖塘—無天然之溪水河流等可資利用之處，則擇地挖塘以蓄水，塘用之田，其代價由水戶分担。利益均沾，損失公攤，以期公允。

(七)田塘並用—低窪水田，存水時期，用以蓄水，放水時期，仍可種田，以期增加收穫。

凡此種種工程，費用相當浩大，籌款如無辦法，終屬紙上談兵，是故籌款問題必須解決，解決之方式為：

(3)方式—利益大家享受，義務大家負担。

一切水利工程費，暫由川康水利委員會貸款，款由區署暫代保管，工程完竣之後報賬。由用水各戶，組織水利協會，收稅還本，年利八厘，五年還清。

工款有辦法，工程要早完成，當此抗戰將近四個年頭之今日，百物騰貴，食糧尤甚！為謀早見實效計，為圖迅速復興我立國基本之農業計，峽區之水利工程，應有限期完成之預定！方可符合實驗二字。

(4)期限：興工要迅速，必須有迅速之辦法，竣工要迅速更須符合於事實上之可能性。

例如本區如龍虎溪、明家溪馬鞍溪，高坑岩、毛背沱等處，均屬可以開發水利之處，其他有待於調查利用之處尤多。假定從三十年一月起，以二年爲期全部完成之，可能乎？就常理分析，實爲難能，因水利工程，對於水流原狀，如流量，流速，含沙量，冲刷力，洪水位，低水位等等，必須先有確切之研究與認識，方可設計施工，工程完成，方不致發生意外之失敗。所謂意外之失敗：

（一）含沙量估計不確，築壩之後，易被淤墊失效。

（二）流量，洪水位估計不確，築壩之後，易成氾濫，良田被害。

（三）流量流速估計不確，工程設計，安全率不能準確。則工程本身易被衝毀。

以上幾種乃顯明看見之例，其他可能之意外亦復不少，不便枚舉，要之，設計之先，須有可靠之紀錄與精確之數字，乃必不可缺之手續，此項手續，謂爲一二年內準可得到，能乎？否乎？是一問題！例如嘉陵江每五六年一次大洪水。治洪防氾者，如欲得精確之紀錄與數字，非經若干次考查其洪水情況不可，則數十年之時間去矣！一二年三五年，何濟於事？惟處此非常時期，須有非常辦法，本區水利工程限期二年應曰可以完成！但非祇憑一二工程師，與三兩工務員之力可以成就，必須要大家合作。

（四）合作：要認清自己之責任，要認清切身之利益

因爲要縮短勘查與施工之時間，關於各保各鎮鄉各項水源之紀錄，紀載與數字，首先要各保甲長，各鄉鎮長負責搜集，負責供給，根據這種材料外加地形圖，工程師分別先後，實地履勘，詳細估計之後，再行設計，依水源之分佈，劃爲若干地段，繪製總圖，發交各鄉鎮保甲重予考慮之後，認爲妥善。即馬上分別施工，一經施工，工程之利弊即定，故日要認清切身之利益，更要認清自己之責任。工程完成之後，發覺對自己不利或有害。其責任應當自己負之。講到施工，僅局部進行，亦難期其如限完成，更必須要大家總動員。

（五）總動員，要分工合作，要各自完成自己應有之引水支溝。要協助公家完成公有之壩堰工程，設計圖樣，與地段分佈圖，認爲妥善之後，依各工程之大小或包工承做，或自己直營，各保甲各鄉鎮，均處督工地位，與協助地位。工程師工務員，或監工員，祇能巡迴輪流負責技術督導，不便全部監督，所以必須保甲鄉鎮，一齊總動員，由三十年一月起，幹到三十二年年底止共同完成，實驗區應有之使命，達到最後目的！

附各鄉鎮保甲調查當地水源情況表

河流或小溪調查表　　年　月　日

鎮或鄉　第　保第　甲　填表

名稱	經過區域	大水月	無水月	灌溉		航運		備考
	地畝里程	水深河寬	水深河寬	畝	月	月	里	

注意：

1.本表限三十年一月十五日塡齊送處，將來實施工程之先後，卽以本處接到本表次序之先後爲準。

2.各保甲鄉鎮塡本表之前須先招集有經驗有思想之農民開會，研究各項水利問題。

3.各保甲鎮鄉關於各管轄地內水利問題，歡迎提供新建議，新計劃，

4.本處對於各項提供之新意見，有斟酌利益大小緩急施行之權。

5.請塡下列之數子

(一)已灌溉之地畝……………畝

(二)未灌溉之地畝……………畝

(三)尙需增加之水量……………立方公尺。

(五)增加水量有何方法？

(四)每畝田，每季灌溉需水量……………立方公尺。

(六)請附地形草圖。並說明。

池塘泉源等調査表

鄉或鎮　第　保第　甲　年　月　日　塡表

名稱地點	水量		有水月		乾涸月		備考
	市升	灌溉畝數	月至月	共月數	月至月	共月	

注意：

1.本表限三十年一月十五日塡齊送處，將來實施工程之先後，卽以本處接到本表次序之先後爲準。

2.各保甲鄉鎮塡本表之前，須先招集有經驗，有思想之農民開會，研究各項水利問題。

3.各保甲鄉鎮關於各管轄地內水利問題，歡迎提供新建議，新計劃，

4.本處對於各項提供之新意見，有斟酌利益大小緩急之權。

5.請塡下列之數字。

(一)已灌溉之地畝……………畝

(二)未灌溉之地畝……………畝

(三)尙需增加之水量……………立方公尺

(四)每畝田每季灌溉需水量……………立方公尺。

(六)請附地形草圖幷說明。

三峽實驗區衞生所工作計劃

目錄

甲、衞生工作

、防疫方面

A.佈種牛痘，B.防疫注射，C.實施飲水消毒，D.設立傳染病室。

二、環境衛生：A.改善市街住戶之清潔，B.推行家庭衛生，C推行飲食業衛生 D.指導浴室衛生，E.指導理髮業衛生 F。實行獸肉檢查，G.整理市區廁所 H.保護水源。

三、民衆衛生教育

四、學校衛生教育

五、婦嬰衛生：A.推行姙娠衛生，B.普及助產工作，C.普及育兒知識，D.施行產後檢查，E舉行嬰兒健康檢查，F.舉行嬰兒健康比賽。

六、撲滅地方病。

七、推行勞工衛生。

八、醫藥之管理。

九、社會醫事。

乙、醫療工作

一、門診部：A.增設五官科 B.添置化驗室設備，C補充普通藥品 D.防毒及防疫，E.健全組織及人事，

二、注院部：A.培修病室，B.設立病人洗澡房，C.添製病人衣，被，褥，及桌椅，D.添加各科藥械，E.設立重傷醫院

三、籌設分診所

丙、訓練工作

一、訓練初級衛生人員

二、訓練保甲人員及教師指導各種衛生工作

三、訓練分診所醫務員

四、規定有計劃之讀書

五、每週召開所務會議一次

丁、經費預算

戊、組織改進及人員分配。

甲、衛生工作

（一）防疫方面：

A.佈種牛痘：

1.宣傳：A.聯絡各鎮共同宣傳；（一月份）

B.印製漫畫及標語；（二月份）

C.利用各種集會講解種痘常識；（一月份）

2.進行法：A.派人分赴區屬各鎮接種，（二—三月）

B.發給各鎮保甲人員挨戶接種，（二—三月）

3.接種人類：呈請衛生署春季配發痘苗二百打，計可施種一四〇〇〇人，秋季配發一百五十打，計可施種一〇五〇〇人，（一月初及六月初）

B.防疫注射：

1.宣傳：A.聯絡各鎮宣傳防疫常識；（五—九月）

B.印製防疫漫畫，標語，及壁報等。

C.利用各種會集講演防疫方法。

2.推進法：A,組織防疫隊，分區屬各鄉鎮宣傳防疫並強迫施注防疫針。或呈請衛生署協助。

B.設立檢疫站：分駐北碚團船，車站，民衆馬路，澄江，二岩，文星及白廟子團

船。其職責如下：

一、檢查往來行客，無防疫證者，卽強迫注射；

二、檢查傳染病者或屍體；

三、隨時報告傳染病之流行情形；

四、宣傳防疫常識及公衆衞生常識；

五、指導處置傳染病屍體，及其糞便等；

六、轉送傳染病患者入隔離病室；

七、會同公安隊指導飲食業衞生及管理水藥攤；

C. 實施飲水消毒：　（四—十月）

1. 利用口頭及文字宣傳飲水消毒之意義及方法；

2. 設飲水消毒站：分設消毒藥水缸於各鎮飲水供給處；各河邊地。派專人管理之。

3. 發給漂白粉：規定免費領取漂白粉辦法，以便各住戶或機關自行消毒。

4. 消毒數量：呈請衞生署配發漂白粉百磅，計可消毒飲水五〇〇〇〇〇〇担。

D. 設立傳染病室：　（五—九月）

1. 設病床四十間至八十間盡量收治各種傳染病人；

2. 凡關治療傳染病之各種設備，力求完善，以利治療。

（二）環境衞生：　（見環境衞生實施草案）

A. 改善市街及住戶之淸潔：（全年）

1. 利用文字或口頭經常宣傳環境衞生之重要；

2. 訓練衞生警察指市衞及住戶之淸潔；

3. 規定廢物處理：A. 塡溝，B. 掩埋，C. 火焚，

4. 規定每週星期六日舉行街市大掃除一次；

5. 商同公安隊添置街市棄屑箱及垃圾桶，每日由淸道夫除運一次或二次。

6. 每週星期二日會同公安隊舉行淸潔檢査一次，並評以『淸潔或不淸潔』等字句；卽以奬懲。

7. 禁止行人隨地吐痰或拋棄棄屑等。

8. 組織夏令衞生防疫委員會

9. 發動撲蠅滅鼠運動，

10 指導輸通陰陽溝渠以免蚊虫滋生；

B, 推行家庭衞生：　（全年）

1. 宣傳家庭衞生之重要：

A. 實施家庭訪問，普及衞生常識：

B. 規定每月十五日及卅日會同婦女生活改進實驗區召一般無知識之婦女講演各項衞生常識，已於二十九年十二月十五日起開始實施。

2. 推行方法：

第一步：訓練各保甲人員實地宣傳並指導

第二步：由各保甲人員訓導該管戶長實行。

第三步：由各戶長以身作則教導其子女妻子實行，如此，可使一般小朋友自幼卽養成衞生之習慣。

C、推行飲食業衞生：　（全年）

1. 利用口頭及文字廣爲宣傳飲食業衞生之重要。

2. 製表調査全區各飲食業並指導其經理人員改進衞生設施，（北碚已於廿九年十二月份開始辦理）並核發

衛生執照），（一月）

3. 訓練經理人員各種衛生常識，以備彼等隨時教導廚師茶房等。（二月）

4. 每月合同公安隊舉行清潔檢查二次，（五日及廿日）

5、印發飲食業管理規則及獎勵辦法；及衛生執照。

B. 指導浴室衛生：（五—十月）

1. 利用文字宣傳浴室衛生之重要性，及衛生之設施；

2. 辦法：A. 調查全市浴室並訓練其經管人員注重衛生之設施，及茶房工人之訓練。

B. 印製浴室管理規則及獎懲條例。

C. 每週舉行清潔檢查一次。

D. 印發衛生執照。

E. 指導理髮業衛生：（四月份開始）

1. 利用文字宣傳 指導理髮業 衛生意義，及對其之益處。

2. 辦法：A. 訓練理髮師，以各種衛生常識

B. 指導衛生設施：

C. 印發管理規則及獎懲辦法。

D. 頒發衛生執照。

F. 整理市區廁所：（二月）

1. 會同公安隊取締，或改建不合衛生之廁所。

2. 每日檢查廁所清潔一次，並督導當地民衆或機關隨時洒掃，由本所派人會同公安隊衛生警察負責辦理。

3. 商請農業推廣所，經常排除各廁所之糞便，規定每日清晨七時除糞。

G. 保護水源：（全年）

1. 經常以口頭或文字宣傳水源清潔之關係，及如何保護法。

2. 嚴禁區內民衆，傾投汚水垃圾，或糞便於區內河中，尤其本區之上游。

3. 商討市委會設法引導市街陰陽溝之水，於區外之下游洩出。

4. 禁止婦女於河邊之各飲水供給處洗衣等。

（三）推行民衆衛生教育：（全年）

A. 利用各種集會，以文字或口頭，經常宣傳，普通衛生常識。

B. 編製各種衛生宣傳材料，經常從事宣傳。

C. 舉行衛生展覽，各鎮分別舉行一次。（六月）

D. 映放衛生電影。

E. 設立民衆健康諮詢處（二月成立）

（四）推行學校衛生教育：（二月開始）

A. 宣傳學校衛生教育之重要，及如何施行等。

B. 協助全區各小學校，組織衛生教育委員會，及衛生室。

C. 編印教材，訓導各小校教師，教導學童實行：

1. 學校環境衛生之設施。

2. 普通疾病之傳染及預防法。

3. 飲食之衛生　D. 居住之衛生，

4. 衣履之衛生　B. 作息之衛生。

5. 各別指導家庭衛生，協助各校衛生室，舉行學生體格檢查。

D. 定期會同教育股，視導各學校之清潔衛生狀況，并於嘉陵江日報，公佈各校清潔之比較。

(五)婦嬰衛生(全年)

A.推行妊娠衛生教育：

1.宣傳：印製孕婦保衛表，載明婦嬰衛生意義，及如何注意，並利用各種集會廣爲宣傳。

2.進行方法：

A.聯絡各鎭調查全區孕婦，(北碚的現已調查完畢，共計一五七八，並自廿九年十二月十六日卽已開始施行產前檢查其餘各鎭正調查中)(一月)

B.施行產前檢查，全區各鎭定每三個月輪流一次，同時發給孕婦保健表並詳解說。

C.指導至本所生產之安全並有免費住院接生之規定。

B.普及助產工作：(四月及九月)

1.訓練產婆接生：　分夏秋兩季各一次，

2.規定赤貧免費接生辦法，

C.普及育兒知識：(二月)

1.印發嬰兒保健表，並詳加講解，

2.訓練保甲人員挨戶經常指導：

A.嬰兒疾病之種類及其預防法：

B.嬰兒健康與衣食住之關係：

D.舉行嬰兒健康檢查：

F.舉行嬰兒健康比賽：

F.施行產後檢查：診察產後子宮已否復原，及有無疾病傳染之危險。

(六)撲滅地方病

A.研究區內水腫病之原因，爲十二指腸鈎虫寄生所致，並製標本廣爲宣傳。

B.二十九年十二月調查北碚水腫病患者共一五四名，現正設法取製糞便，聯絡江蘇醫學院寄生虫教室，再事研究，並設法治療，其餘各鎭正調查中。

C.呈請衛生署補水腫病藥品，以便收容治療。

D.隨時藉嘉陵江日報公佈研究之結果及預防方法

(七)推行勞工衛生：(一—四月)

A.調查全區勞工疾病之種類，並推察其原因。

B.指導各工廠或礦場之衛生設施。

C.協助各工廠或礦場，灌注勞工衛生常識。

D.指導工童及女工之保健。

E.協助設立診療所，診治工人普通之疾病。

F.舉行勞工保健檢查。

(八)醫藥之管理：(八—十一月)

A.登記區內醫藥機關。

B.製訂藥或藥店管理規則。

C.登記醫療人員，取締不合格醫生。

(九)社會醫事：(十—十一月)

A.指導性病之預防。

B.防止酒精中毒。

C.指導結核病之預防及治療。

一、醫療工作：

(乙)門診部：

A.增加五官科：五官患病者至多，爲增進本所醫務，故有設立之必要。(三月)

B.添置化驗室設備：過去因化驗室藥品，及器械，多未

完善，以致許多疾病無法檢驗，故應設法添置，而利疾病之治療，

C. 補充普通藥品：藥品不足，影響診斷人數之減少，補充藥品，實屬急務，

D. 防毒防菌之設施

1. 鑑定毒气之種類，

2. 清除有毒區域，

3. 救治中毒龔者，

E. 健全組織及人事，

(二)住院部：

A. 培修病室，以應病人之要求：(一月)

1. 改小病室，

2. 每病室添置天花板。

3. 刷新屬壁，增強室內光線，

4. 重漆病床，以免潛伏臭虫於縫隙內，

B. 添製病人洗澡室(四月份成立)

C. 添製病室桌椅，及衣，被褥。

D. 添購各種器械。

E. 設立重傷醫院

(三)籌設分診所：分設於文星，黃桷，白廟，二岩四處，經常工作如下，(三月)

A. 診治普通疾，

B. 接種牛痘及注射防疫針，

C. 督導各鎮各項衛生工作。

D. 報告各鎮流行疾病。

B. 轉送病人到所，住院醫治。

C. 調查各鎮之孕婦，並指導保健常識。

D. 統計各鎮出生及死亡人數，按月報告。

丙、訓練工作

(一)訓練初級衛生人員。(三、月)

(二)訓練產婆。

(三)訓練救護人員。(七月)

(四)訓練保甲人員及教師，協助各種衛生指導工作：

A. 利用國民月會，及內政會訓練保甲人員，

B. 利用教師半月會，教師研究會，訓導教師，

C. 訓練教材，臨時編訂。

五、訓練分診所醫務員。

六、規定有計畫的讀書報告，藉作知識之訓練。

七、每週星期二日有所務會，檢討工作之進行及改進，

八、訓練護士

丁、經費預算

(一)經常費，每月支出如下：

A. 薪工：一、九三二、〇〇

B. 公費三四〇、〇〇

(二)醫藥費：每月支出如下：

A. 藥械費：九八〇、〇〇

B. 衛生材料費：六八五、〇〇

C. 赤貧醫藥補助費三〇、〇〇

(三)臨時費，三一二、〇〇

合計全月支出四五九、〇〇

戊、組織改進，及人員分配：

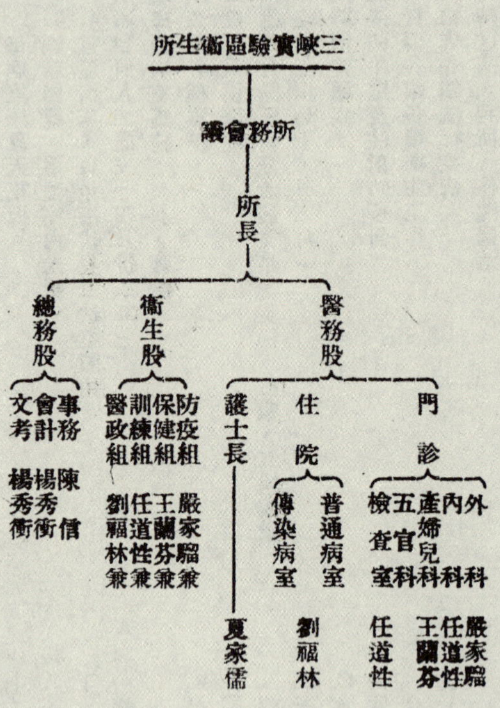

三峽實驗區衛生所三十年度工作月曆

一月份

1. 聯絡各鎮共同宣傳種痘意義；
2. 呈請衛生署核發春季痘苗；
3. 改善市街及住戶之清潔；
4. 宣傳家庭衛生之意義；
5. 調查飲食業衛生；
6. 劃定飲水區及洗濯區，
7. 調查黃桷，文星，白廟，二岩及澄江等鎮孕婦，與水癩病；
8. 培養醫院病室；

二月份

1 佈種牛痘（春季至三月底止）；
2. 實施家庭衛生訪問；
3. 對黃桷，文星，白廟，二岩，及澄江各鎮孕婦，施行產前檢查，
4. 實施產後檢查，並印發嬰兒保健表，並詳加解說（以後各月經常辦理），
5. 呈請衛生署發給水癩病藥品，
6. 協同公安隊，取締不合衛生之廁所；
7. 訓練給食業經發人員，各種衛生常識；

8. 宣傳獸肉檢查意義；
9. 成立民衆健康諮詢處；
10 宣傳學校衛生之意義及如何實施，
11 聯絡當地保甲，嚴禁飲水區內，及上游，傾廢倒物及糞便。
12 添設病人洗澡房；

三月份

1. 協助各學校，組織衛生委員會，及設立衛生室；
2. 舉行全區嬰兒健康檢查；
3. 商同市委會建築飲水碼頭，禁止挑夫赤足入水。
4. 改建公共厠所，
5. 籌設分診所；
6. 增設五官科
7. 收治各鎮水瀕病患者。
8. 訓練初級衛生人員。
9. 調查全市理髮業衛生。
10 實施獸肉檢查；（以後經常辦理）
11 印發飲食管理規則，及獎懲條例。
12 每逢十五日及卅日，召集一般無知識之婦女，講演衛生常識，（以後按月舉行），
13 定每星期六日舉行全市清潔大掃除。（每月照辦）

四月份

1. 設立飲水消毒站；及規定機關住戶，免費領用漂白粉辦法；
2. 舉行嬰兒健康比賽。
3. 規定廢物及糞便之處理。
4. 協助各學校衛生室，舉行學生體格檢查。
5. 發給飲食業衛生執照。
9. 指導改善理髮業之衛生設施。
7. 舉辦產婆訓練班。
8. 編印防毒防菌常識。
9. 訓練分診所醫務員。
10 發表水瀕病治療之結果及預防法。

五月份

1. 編製各種衛生宣傳材料，從事普遍宣傳。
2. 施行區內各機關及學校防疫注射。
3. 實施飲水消毒（至十月底止）
4. 設立傳染病室。
5. 訓練理髮師之各種衛生常識。
9. 組織夏令衛生防疫委員會。
7. 成立重傷醫院。
8. 實施廁所之消毒及管理，（以後經常辦理），
9. 調查全市浴室之衛生。
10 會同公安隊檢查各飲食業之清潔（以後按月一次）
11 會同教育股視導全區各學校之清潔及衛生狀況。

六月份

1. 設立檢疫站實施普遍注射。
2. 擴大飲水消毒工作及於全區。
3. 收治傳染病患者（至無患者發現爲止），
4. 指導改善浴室衛生。
5. 發動撲蠅滅鼠運動。
9. 舉行衛生展覽（自北碚開始；其餘各鎮分別舉行），
7. 呈請衛生署配發秋季痘苗。

8. 印發理髮管理規則，獎懲條例，及衛生按照等。

七月份

1. 實施強迫防疫注射。
2. 訓練浴室工人之衛生常識。
3. 檢查理髮業之清潔。
4. 訓練救護人員。
5. 施種秋季牛痘。
6. 會同市委會整理全市下水道，防止蚊虫滋生。

八月份

1. 擴大秋季種痘工作。
2. 調查全區鑛場及工廠之衛生設施。
3. 檢查浴室清潔。
4. 會同公安隊、新運會，舉行全市清潔總檢舉。

九月份

1. 舉辦產婆訓練班。
2. 指導工廠及鑛場工人衛生常識（以後經常辦理）
3. 檢查澄江二岩市街之清潔。
4. 檢查理髮業之清潔。
5. 印發浴室管理規則及懲獎條例。
9. 登記區內醫藥機關。

十月份

1. 繼續實施飲水消毒並統計飲水消毒數量。
2. 檢查文星市街清潔。
3. 印發浴室衛生執照。
4. 製訂藥房或藥店管理規則。
5. 指導性病之預防。
6. 徵集衛生教育影片。
7. 協辦各工廠礦場設立診療所。

十一月份

1. 檢查黃桷白廟市街清潔。
2. 指導結核病之預防。
3. 舉行勞工健康檢查。
4. 登記醫務人員及取締不合格之醫生。
4. 映放衛生電影。

十二月份

1. 辦理全區生命統計。
2. 造具全年工作報告。
3. 統計全區各種疾病數字。
4. 檢討本年工作，並擬具三十一年度工作計劃。

北碚市場環境衛生改善計劃

目錄

甲、飲水　乙、污水處理　丙、糞便處理　丁、垃圾處理　戊、蚊蠅防制　己、滅鼠除蝨　庚、消毒　辛、飲食品檢查　壬、居住及旅社衛生　癸、其他

甲 飲水：

(一)水源：

一、保護江水：

1.劃定飲水區：過去飲水區未劃定，各處取水無法管理，從今劃定廟嘴三號防空洞起至嘉陵碼頭一段為飲水區，以便管理。

2.建築取水碼頭：聯絡市委會建築取水碼頭。

3.禁止挑水夫赤足入水：聯絡警察隊水警嚴加制止。

4.上游附近飲水區兩岸耕田禁用糞便肥田，聯絡當地保甲監視。

5.禁止在上游及飲水區洗濯及傾倒糞便污物，聯絡當地保甲及警衛等，負責嚴加監視。

6.劃定洗濯區，在飲水區下游設一洗濯區以供洗濯。

二、保護井水：

1.在離江不便之地，應普掘水井。(井式另訂)

2.由各地保甲調查已開掘之水井。

3.已開掘之井水加以改善。

A 井口應高於四周。

B 井口應加蓋掩護。

4.禁在水井附近建造廁所。(廁所至少離水井卅公尺以外)

5.禁在水井四周洗濯及傾倒污水糞便等。

(二)消毒：

一、家庭飲用河水井水須用明礬沉澱，沙缸過濾，漂粉殺菌。

二、沿江岸邊挑水碼頭設消毒站(各站設備另訂)

三、經常派員赴各水井施行消毒(井水消毒法另訂)

(三)檢查：

一、由衛生所檢查室派員定期檢驗江水井水有無毒質。

二、定期檢驗已消毒之飲水，是否適合消毒標準。

三、蓄水池及家庭缸水檢驗，亦屬必要。

乙 污水處理：

(一)污水排洩：

一、下水道系統：

1.改建大明廠下水道：將大明工廠排出之污水，經穿洞引入市街下水道，排洩入江。

2.建造市內下水道連接下水總道。

3.改良疏通本市內溝渠，由工務處派工人施行之。

4.督導各住戶建造陰溝，通達下水道。

5.由工務處隨時派工人檢查各下水道，及各暗溝暗道，有無閉塞等情況。

6.在冬季嘉陵江水淺流緩之時，所排洩污水，應加以處置(處置法見下(二))。

二、灌溉：

1. 勸導住戶多備加蓋汚水桶。

2. 責成農家或挑水夫於每早沿戶收集而傾入耕地，以爲灌溉肥田。

3. 於北碚區外荒野各處，設置汚水坑。

4. 引下水道汚水通汚水坑。

(二)汚水處置：

一、於汚水桶汚水溝口下水道放置竹或柳製之篩子，用以濾去較大固體物。

二、家庭住戶設備冷水除油器，（器之製造法另訂）或在汚水缸或桶，先行去油層，則可不需除油設備。

三、暗溝道及下水道中設置洋灰池，使粗大物質沉澱。

四、由衛生所用漂粉製成消毒水，派工人加入汚水溝及下水道內（適用於嘉陵江冬季水淺流緩之時）

丙　糞便處理

(一)糞便處理下水道中排洩。

一、嘉陵江水漲流急之際可將糞便經由下水道中而排洩。

二、嘉陵江水淺流緩之際，則於排糞便後，以大量水冲刷之。

(二)化糞池缸：

一、在碚市郊外下游設化糞池缸（化糞池構造另訂）

二、農家肥田應用糞便，須存不透水有蓋之缸中，經十日後使用之。

(三)廁所：

一、公共廁所。

1. 依照市區人口比例建造市區內外公共廁所（廁所設計建築式另訂）靠近下水道建造之。

2. 建造地點，於沿江各碼頭，建造各一處，依體育場附近建一處，美豐銀行一處，公園內一處，新村南北各建一處，汽車站一處，體育場東首一處，共十處，建築廁所以離水源廚房卅公尺以外之地爲原則，（二月初開始建造）

3. 普設小便亭，約建廿處。

4. 經常由公安隊派清道伕掃洒廁所及四周。

5. 經常由衛生所派初級衛生人員消毒公共廁所。

二、私宅廁所或便桶：

1. 廁所及便桶須加蓋。

2. 廁所及便桶應加石灰消毒。

3. 由鎮公所責令農家或僱用人伕於清晨七時前，沿戶收集糞便。

4. 或由區署包商承辦收集糞便。

丁　垃圾處理：

(一)垃圾收集：

1. 市區內普設分桶垃圾、盛器、（分桶垃圾盛器式樣另訂）

2.市區範圍普設合桶盛器。（式樣另訂）

以上兩點，由衛生所、警察隊、鎮公所、共同商酎設置地點及數目。

（二）運輸：

1.由垃圾夫以車載有垃圾之分桶盛器運出，另調換一淨空垃圾分桶。

2.或由垃圾夫混合收集，或包商承辦。

3.傾出垃圾桶，常以熱水內外洗滌，刮淨剩餘附着物。

4.注意放置垃圾桶周圍清潔。

（三）垃圾處置：

一、飼畜。

1.將分桶盛器之能飼畜類之廚餘物飼牛羊猪等。

2.合桶盛器則需檢出，以飼畜類。

3.飼畜垃圾桶應常以鹹水洗刷，再用熱清水冲刷之。

二、焚化：

1.建造焚穢爐，地點以在人烟稀少，而距房屋遠者（建造式另訂）。

4.先行檢出可能焚燒之物質，盡行焚燒。

3.焚燒時間，以無風或有反市區方面之風始可。

三、塡塞窪地：

1.凡不易燃燒及腐爛垃圾，可利用塡塞新村窪地及嘉陵江邊兩岸，以提高岸身。

2.利用垃圾塡墊市區低窪之地及馬路。

3.塡塞窪地為建屋用者，則需埋於內部，外覆灰土。

戊 蚊蠅之防制：

（一）組織：

一、組織系統：

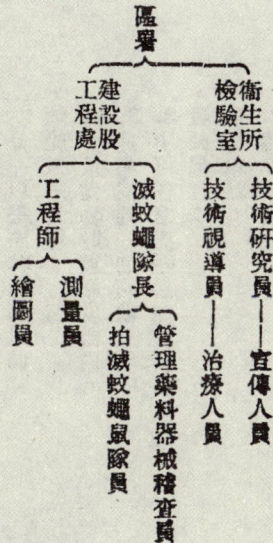

- 區署
  - 衛生所檢驗室
    - 技術研究員——宣傳人員
    - 技術視導員——治療人員
  - 建設股工程處
    - 滅蚊蠅隊長
      - 管理藥料器械稽查員
      - 拍滅蚊蠅鼠隊員
    - 工程師
      - 測量員
      - 繪圖員

二、職責分配：

1.區署負下述各項任務：

A 蚊蠅傳播疾病性質。

B 種類。

C 地點。

D 患病人之多寡。

2.衛生所負下列各項任務：

A 研究。

B 報告。

C 宣傳。

D 治療。

3.建設股負下列任務：

A 拍滅蚊蠅。

B 改善設計當地環境。

C 藥林器械之管理及製造。

（二）鏟除蚊蠅孳生繁殖處：

、蚊之防制法：

1. 防制孑孓法：

A 填塞池塘積水。

B 貯水器加蓋。

C 疏通溝渠。

D 鏟除雜草。

F 養植浮萍或撒布糠粃。

E 水田中養魚畜蛙。

G 設置排水工程。

2, 防制成蚊法：

A 應用蚊帳。

B 門窗裝鐵紗，或竹簾或紗布。

C 燃點蚊香。

D 噴射藥液。

3, 防止瘧疾原虫法：內服金雞納霜藥。

二、蠅之防制法：

1, 注意廁所清潔。

2, 廁所糞便經常消毒。

3, 毒藥殺蛆(方法另訂)。

4, 填塞清除污穢之地。

5, 斷絕蒼蠅食物。

6, 便桶污水桶垃圾桶加蓋。

7, 廚房廁所採用紗窗及紗門。

8, 食品加蓋。

9, 多備滅蠅器：

A 蠅拍

B 捕蠅器。

C 捕蠅紙

10 多備拍滅成蠅藥。

A 配製毒蠅藥液。

B 噴蠅藥液。

己 滅鼠及除蝨

(一)組織：(與前項同)

(二)鼠防制：

一、防鼠建築：(須由建設服設計)

1, 貯藏五穀倉庫：

A 地基及牆基以混凝土建造。

B 牆壁用板造，其地基及牆基，仍須用混凝土。

C 牆基須高出地面三公分，深入地下六十公分。

2, 住舍房屋：

A 地層用板造，牆基用混凝土或磚砌成。

B 以堅固物堵塞鼠洞。

二、斷絕鼠之食糧：

1. 少量食物貯放嚴密器內。

2. 搜集空地一切殘餘食物。

3. 不可任意拋棄暴露食物於空地。

三、殺滅鼠法：

1. 捕殺法。

2. 毒物誘食用。

3. 毒氣薰蒸法，(以上三法另訂之)。

(三)除蝨：

一、滅體蝨：

1.清除繁殖處。

A施行住房消毒及藥劑消毒。

B施行局部消毒即將集有蝨之衣服被褥物件等實行毒消。

2.講求個人及家庭衛生。

A勤洗浴換衣。

B以藥劑洗浴。

C地板傢俱及牆石用藥劑洗刷。

D房室設法多容納陽光。

二、除頭蝨及陰蝨：可行局部處置即有效。

庚、消毒：

(一)設立消毒站：地點以在北碚郊外爲宜，(消毒站設備另訂)

一、一般的消毒：

1.薰蒸消毒各種害虫。

2.施行各住戶房屋的薰蒸及藥劑消毒。

3.飲料水之消毒。

4.糞便之消毒。

5.汚水汚物之消毒。

二、病家的消毒：

a病者隔離。

b病者衣物等等消毒。

c消毒病者之吐瀉物。

d屍體消毒，地點設北碚郊外)

(二)設立火場，

一、焚化各種動物遺屍廢骨。

二、貧苦無歸之屍體焚化。

(三)開設殯儀館，設立較近碚區二處。

辛　食品之檢查

(一)食品之管理：由衛生所檢查，警察隊負調查監督懲罰責任。

一、檢查禽獸肉類有無腐敗及含寄生虫。

二、檢查罐頭食品類。

三、檢查菌類有未含毒。

四、檢查禽卵以鑑別佳良否。

五、檢查魚類之鮮腐。

六、檢查牛奶豆乳含否細菌及有未消毒。

七、查檢冰冷飲料類含否細菌。

八、查檢蔬菜瓜果類。

(二)飲食業之管理。

一、查調本區營業之飲食店，由警察隊負責。

二、給發衛生執照以便統制。

三、訂製衛生規則以資遵守。

四、由衛生所先行調查其環境及設備令其改善及添置。

五、每半月舉行檢查，是否遵行(檢查表另訂之)。

(三)訓練廚師茶役：(訓練章則另訂之。

壬　居住及旅館之衛生

(一)住居衛生：

一、各種房屋建築圖樣須呈區署建設股及衛生所覈核尤可。

二、發給建築衛生合格證書，以便建築。
三、房屋以建築朝南方向爲佳，東西次之，向北最不良。
四、已建造之房屋加以改善，聯絡工務處施行。
1.建築房屋須牢固。
2.建築房屋至多不得超過三層。
3.多開窗戶流通空氣。
4.房屋寬大容納光綫。
5.排水設備。
6.應有晒衣場或晒台。
7.其他一般衛生及設備。

(二)旅館衛生：
一、工役衛生之訓練(訓練章則另訂)。
二、住居房間內須有衛生設備。
三、督導旅館內被褥應常換洗及消毒。
四、發現傳染病者，應速報告警察隊及本所。
五、取締或改良不合衛生之旅館，由警察隊執行。

癸 其他

(一)公共場所：
一、浴室：
1.碚市設公共浴室兩處。
2.浴室管理(管理法另訂)。
3.工役之訓練(訓練章則另訂)。
二、理髮館：
1.應具有一般衛生設備。
2.理髮店之管理，(管理法另訂)。
3.理髮師之訓練(訓練章則另訂)
4.不准有違背衛生之處置及方法。
三、遊藝場或會場：
1.多置衛生設備：
1.痰盂、2.垃圾筒、3.廁所、
2.流通空氣。
3.一般之清潔。
四、防空洞：講求防空洞衛生(衛生法另訂)

(二)街市：
一、聯絡警察隊執行者如下：
1.清除瓦礫場及其他堆集物。
2.禁止沿街隨意傾倒污物瓦屑物等。
3.禁止隨意便溺。
4.取締赤膊，及露天睡眠。
5.平常市區不准有巨聲音嚮及叫販。
6.取締沿街設攤或其他障礙物。
7.多設門牌，指路牌，佈告欄。
8.禁止當街晒衣取締市招。
9.登記家犬，捕殺野犬及狂犬。
10設備水車，洒洗街道馬路。
11清道夫十八洒掃街道，馬路。
二、由工程處及市委會設計者，有下列各項。
1.房屋建築應整齊劃一。
2.多設火巷。
3.新村空地建築市場容納沿街攤販。
三、由農業推廣所設計者：

1.市街多栽種樹木花草。

2.新村再建一小規模公園。

（三）江邊草棚住戶：

1.劃定區域以在體育場江邊向下游一帶為宜。

2.棚戶建造不得相接連。

3.嚴格施行垃圾糞便飲水之管理及處置。

（四）舉行清潔運動：聯絡本區各公共機關進行：

一、每月初舉行清潔大掃除運動。

二、經常實行全市清潔大檢查：

1.宣傳及勸導衛生藉資市民注意。

2.製訂清潔調查表格及符號，以資考核獎懲。（各格式符號另訂之）

3.列舉各項種類清潔示範。

農業推廣所三十年度事業計劃

甲、農業生產方面

一、推廣優良麥種

二、提倡栽桑養蠶

三、推廣榮昌白豬

四、推廣番茄及其他名貴菜種

五、繁殖苗木並培育風景林

六、防治豬牛病疫

七、防治麥作黑穗病

八、防治玉蜀黍地蠶

九、提倡苕子栽培

十、推廣蒸製骨粉

十一、推廣元平菌速成堆肥法

十二、新農具示範試用

十三、提倡養魚

乙、農村經濟方面

一、協辦家畜保險社

二、協助合作組織

三、協助農業調查及農情報告

四、輔導各鎮鄉各學校團體等造產運動

丙、農村教育方面

一、輔導國民校學生生產訓練

二、舉辦農產展覽會

三、創辦農事陳列室

丁、農村社會方面

一、設置特約農家

二、組織獸疫情報網

三、指導組織農會

四、提倡鄉村衛生

戊　各項計劃之實施方法與步驟

一、宣傳

二、組織

三、訓練

巳、其他

甲、農林生產方面

一、推廣優良麥種　就上年本所舉行地方適應試驗結果之良種小麥一種，於區屬六鎮鄉各選特約農家五家，各種此項小麥一畝，共計推廣三十畝，需種籽二市石，於本年九月內發種，十一月內進行生長期第一次視導。

二、提倡栽桑養蠶　上年度承絲業公司川東製種場供給優良桑苗及蠶種於本區推廣，頗爲農家所歡迎。本年預計於春季三月份內推廣桑苗五萬株，推廣改良蠶種八百張，苗木與蠶種之來源，仍商請絲業公司川東製種場供給。

三、推廣榮昌白猪　繼續上年度榮昌白猪推廣工作，本年應完成事項如下：

1. 上年度推廣之母猪：本年計可抽回仔猪七百五十頭，以五百頭運供合川縣太和鎮推廣，以一百頭推廣於本區澄江鎮，補足上年未完數額，以一百五十頭推廣於本區黃桷北碚文星三鎮，以替換該三鎮之土種母猪，及劣種榮昌母猪。

2. 調查淘汰本區土種母猪，並檢定上年度推廣之劣種榮昌母猪，倣取肅清毒害之精神，期於本年使全區猪種一元化。

3. 繼續上年度公猪及母猪管制辦法，公猪至多每日只准配種一次，種猪年齡不滿八個月或體重不達一百二十市斤者，不得配種，期養成農家對種猪之合理配種習慣。

四、推廣蕃茄及其他名貴菜種　春季推廣蕃茄栽培面積二百畝，期於清明節以前完成登記發種工作。秋季推廣本所上年度引種名貴菜種六種中之適於本區環境者三十畝，期於七月份內辦理登記發種工作。

五、繁殖苗木並培育風景林，春季植樹節以前完成下列工作：

1. 繁殖法國梧桐及洋槐苗各二萬株，油桐十萬株。

2. 北溫公路長七公里半，兩旁以九公尺距離間植法國梧桐一六六六株。

3. 青北公路兩旁行道樹補植法國梧桐七五二株

4. 各鄉小學校及區署附近，造洋槐林共三〇〇〇株

六、防治猪牛病疫

1. 繼續上年工作，設立家畜診療室免費診治病畜

2. 繼續上年工作，指導各地保甲，嚴禁屠宰買賣運輸病畜肉

3. 七月至十月內舉行下列預防注射（即保險猪皆舉行下列預防注射）

（一）猪丹毒預防注射二千四百頭

（二）猪肺疫預防注射二千四百頭

七、防治麥類黑穗病　用剪除病穗方法防治，策勵全區保甲人員，及國民學校師生合力推進，分於麥作抽穗初期及麥作抽穗末期舉行兩次每次繼續進行一週。

八、防治玉蜀黍地蠶

1. 提早播種期　自三月中旬起，分赴各鄉向各保甲各學校各合作社宣傳指導，共同進行提早播種運動，期以清明節前播種爲原則。

2. 堆草誘殺　有因人工困難不及完全照上法進行者，則

指導用堆草誘殺法防治，策勵方式，仍如前項，時期自四月初旬始至五月中旬止。

九、提倡苕子栽培　上年度推廣苕子五〇七市斤（五十一畝），本年應繼續完成之工作如下：

1.以三十一畝供作綠肥施用示範區，於四月份內指導農家犂作綠肥。

2.以二十畝留為種子繁殖區，於五月內指導農家收穫種子；並即備價收買，預計可得七〇〇市斤。

3.收貯之種子七〇〇市斤，於八月內進行登記發種工作，並即指導農家播種，計秋季共推廣七十畝。

十、推廣蒸製骨粉　以合作社社員為對象，聯合合作指導室於春秋兩季貸款時，三月份內推廣三〇〇〇〇斤，七月份內推廣二〇〇〇〇斤。

十一、推廣元平菌速成堆肥法　於秋季七月內就各鎮山地推廣菌種五百斤，製成堆肥一萬担。

十二、新農具之示範試用　先期呈請省農所設計製造山地黏重土之深耕農具，於十月以前分發特約農家試用。

十三、提倡養魚　於三月內向合川魚場領取魚子，分發農家進行堰塘養魚。

乙、農村經濟方面

一、協辦家畜保險社　社務工作由本區保險經理處辦理，技術工作由本所協助。

1.繼續上年北碚澄江文星黃桷四分社猪隻保險業務，每月每分社投保五十頭，全區全年共保險二千四百頭。

2.舉辦各分社耕牛保險業務，以一至三月為宣傳登記期，期於年底全區耕牛一千二百頭皆須投保。

二、協助合作組織　除經常對於合作社社員生產技術之指導，及優良種子種苗之供給，皆由本所盡量予以便利外，並會同合作指導室推進下列各業務：

1.倡辦合作農場一處，以作農場經營之示範（詳見合作室計劃）

2.春秋兩季生產貸款，由本所選購實物折付（詳見合作室計劃）

三、舉行幷協助農業調查及農情報告　除承受層峯命令各方面之需求，隨時協助進行一切農業調查及農情報告外；並分於夏冬兩季舉行作物產量及栽培面積調查，冬季作物於五月內調查完竣，夏季作物於十月內調查完竣。

四、輔導造產運動　輔導各鎮選一保為造產運動示範區，選擇公地，組織農民、訓諫學生，進行之。以一至三月為籌備期，三月以後開始業務，其詳細辦法另訂。

丙、農村教育方面

一、輔導國民學校生產訓練

1.編造適合鄉土及與本年推廣工作有關之生產教材，呈准區署分發各學校採用，預訂種類及出版時限如下：

一　榮昌白猪（一月份印發）

二　肥料常識（一月份印發）

三　苗育與植樹法（二月份印發）

四　勸栽桑養蠶歌（二月份印發）

五　蠶室蠶具消毒法（三月份印發）
六　改良簇的優點和製法（三月份印發）
七　防治苞谷地蠶（三月份印發）
八　怎樣剪除麥黑穗（四月份印發）
九　蕃茄栽培法（四月份印發）
十　家畜要保險（七月份印發）
十一　防治獸疫（七月份印發）
十二　農會內新認識（十二月份印發）

2.參加一切教師集會介紹農業新知識與技術於教師

二、舉辦農產展覽會　於三十一年元旦至三日舉辦勸農大會三天，本年各月內隨時隨地注意採製徵集各種標本

三、創設農事陳列室　與本區博物館合作闢農事陳列室一間期於一月份內成立，以後並隨時充實其陳列品

丁、農○社會方面

一、設置特約農家　每鎮至少選擇一忠實勤苦富有農業改進志向之農民爲本所特約農家，一切推廣工作，先從特約農家做起，以作示範，期於二月份內分別約定之。

二、組織獸疫情報網　以保爲單位設置獸疫情報哨，各鎮公所爲獸疫情報站，家畜育疾病發生，卽由情報哨填送「獸疫緊急情報單」於情報站，轉送本所，經診斷爲傳染病後，凡同一單位內之第一名來報者，豬病獎洋五角，牛馬獎洋一元，發生病疫區域，卽予設法撲滅，（此爲上年已創始之工作）

三、指導組織農會　期於本年十二月份內區屬各鎮鄉皆有農會之組織，並能由該會倡導農家接受協助及發起各項推廣工作。

四、提倡鄉村衛生　除經常宣傳指導日常衛生事項外，並協助衛生所宣傳下列衛生工作：

1.婦嬰保健
2.孕婦檢查
3.家庭衛生
4.各種時疫預防注射

戊、各項事業推進方法及實施程序

本計劃中之各項事業除有需要專門技術或特殊辦法者：應由本所技術人員分別單獨進行外；其餘概以社會運動方式，策動各方面之鄉村工作人員以下列程序通力推進。

一、宣傳
1.入手　從各學校各保甲各合作社齊頭并進。
2.內容
一　工作意義（好處）
二　進行方法（新技術新辦法）
三　聯絡合作
3.方式　應用教學上之組織教學法

二、組織
1.調查登記
2.成績比賽
3.情報　簡報、嘉陵江報、月刊、月會、保民大會及各種集會

三、訓練

1.指導

一 訓練各鎮鄉保甲人員，合作社職員等負責推動的人員。

由負責人員貫澈戶長及全體農民。

學校師生。

2.徵求

徵求工作進行前後的問題以便解決。

徵求與革意見以求增進效率。

3.視察 寓幫助於視察中。

以上方法，採取層層節制層層負責的辦法，倣效軍事教育，工廠訓練的精神，注意成績數字及年月日之時限。

己 其他

隨時承受實驗區署省農業改進及所指定之推廣工作，並與區內外學術團體及事業機關取求聯絡，進行本計劃以外之切要事業。

合作指導室工作計劃

目錄

甲、工作標的：

本工作計劃在發展農村經濟，改善人民生活，完成理想之合作社會，務期逐漸達到「人盡其才，地盡其利，物盡其用，貨暢其流」為目的。

乙、工作項目：

子、完成全區合作網，
丑、增加各社股金，
寅、充實各社業務，
卯、設立合作農倉，
辰、興辦合作農場，
巳、舉行合作訓練，
午、創一會計制度，
未、分配督導工作，

丙、工作原則：

子、遵照中央頒佈之縣各級合作社組織大綱，及縣各級合作組織工作計劃綱要與　省頒各級合作社改組實施辦法，以為本區合作事業之準繩。

丑、遵照　省府各種指示，及本區各有關事業專家之聯絡，以謀各項業務之推進與發達。

丁、工作實施：

第一、完成全區合作網，

子、辦法：

1.按照本區五十八保，每保組織一個合作社，幷每戶家長參加，預計可有社員一萬人。

2.按照本區六鄉鎮，每鎮組織一鄉鎮合作社，幷使各保合作社加入，以作推動中心。

3.按照全區各社總數，復組織一全區合作社聯合社（改縣后即為縣合作社聯合社）。

丑、步驟，

1.以工作同人二人，各負三鎮責任，將全區六鎮分為兩組，第一組為北碚、澄江、二岩三鎮，第二組為黃桷、文星、白廟三鎮，改組時，即依前列順序及各保先後，次第推行。

2.鄉鎮合作社復依前列一二兩組順序，將各保合作社加入，組織六個鄉鎮中心合作社。

3.鄉鎮中心合作社成立後，再成立全區（或全縣）合作社聯合社。

寅、時間：

1.各保合作社，限於年終結算之后，於卅年度一月十六日開始，三月三十日完成之。

2.各鄉鎮中心合作社，於三十年度三月一日開始，三月卅一日完成之。

3.全區（或全縣）合作社聯合社，於卅年度四月一日開始，四月卅日完成之。

第二、增加各社股金。

子、增股時限：

各社均以上列改組成立時期為限，一律增加。

丑、增股數量各鎮預計如左：

1.北碚——二十社共增一千二百元，
2.澄江——十三社共增一千元，
3.黃桷——九社共增一千〇二元，
4.文星——七社共增一千元，
5.白廟——五社共增一千五百元，

寅、聯社股數及來源：

6.二岩——四社共增一千一百元，

1.以各社人數作比例，十五人認一股，不滿十五人在七人以上者，亦須認一股。

2.上列股額，以每股十元計，全區共可認購二千五百元。

3.此外由區署募集地方士紳之提倡股十萬元，逐年由各社增股退還之。

第三、充實各社業務，

現在全區所有各社經營業務均頗單純，不能適合社員需要，依上案規定，應以兼營為原則，茲將各社應辦業務，略述如次：

子、各社一致兼營消費業務：

1.兼營辦法——各社於改組成立時，即決定兼營日用品消費業務，幷先以食鹽公賣為主，逐漸達於食肉食粮公賣，擬定業務計劃及各種消費調查表（計劃及表式另定之），然後由聯合社統籌辦理，分配於各社。

2.業務聯絡——聯合社根據各社調查表，即逐向下列各處聯絡，按月購進用品。

A全國合作社物品供銷處（重慶大河順城街十七號）

B中國工業試驗所（本地中國西部科學院接洽）

C川康鹽務管理局，（重慶新街口）

D各廠接製造或生產消費品工廠

3.辦理時間——各社於上項改組完竣後，一月以內促成之。

4.營業總值——於業務開始之第一月全區即應達到乙萬元以上，開始後半年內，即應達到六萬元以上，一年內即應達到二十萬元以上，

丑、各社一致兼營養猪副業：

1.原則——以各社社員個別飼養為原則，

2.辦法——由聯合社向農推所直接商洽，於放款時直接發放小豬，其需要情形，由各社填製調查表交聯合社轉請準備之。

3.數量——全區各社於成立後開始半年內平均每一社員，應飼養兩隻白猪，全區共計應為六千隻白豬，一年以內，應發展到乙萬隻以上（推行辦法及調查表另訂之）

4.醫藥——在未達到保險時期，即與農推所聯絡獸醫人員，配給醫藥成本費，在可保險時，即規定加入保險社（辦法另訂）。

寅、兼營肥料供給業務：

1.原則——以各社集中經營為原則。

2.辦法——由聯社集中調查應需總數，向農推所大批購定骨肥原料等按月分配於各社，各社又於社員借款購買肥料時，以實物發放之。

3.數量及時限——全區於三月底改組後，四月一日即開始實行，半年內即應達到五萬斤以上，一年內，即應達到十萬斤以上之供給數

量。

卯、就各地實情兼營養蠶事業：

1.原則——以各社員個別飼養爲原則。

2.辦法——製定調查表格，作有計劃之進行，如文星鎮各蠶桑出產地，卽分別貸予蠶種及其飼養費用(詳細辦法另訂之)

3.數量及時限——因係試辦時期，就各社社員情況，分別舉辦，故暫以十社爲度，并於卅年三月開始籌辦之。

辰、專營石灰生產運銷業務：

1.原則——以集中生產聯合運銷爲原則。

2.辦法——聯合各石灰窯戶及工人組織生產合作社，再將生產品由聯合社運往重慶各地銷售。

3.數量及時限——先就沿江各生產戶組織十社於四月初開始，四月底完成。

第四、設立合作農倉，

子、原則——以收集公倉或就公地建立爲原則。

丑、辦法——於各鄉鎮合作社成立后，卽從事公倉公地之調查(表式另訂)，再由鄉鎮合作社負責接洽籌建之。

寅、數量——每鎮中心合作社，於卅年度夏季以前，卽應完成容量在一百石之合作農倉一所以上。

第五、與辦合作農場，

子、原則——以集中經營方式，并就現在天神廟牛奶場改組之。

丑、內容：

1.園藝部——三十年一月租佃土地二十畝，作優良蔬菜園藝之種植。

2.畜牧部——分牛羊畜牧，牛奶推銷，豬雞飼養三組，共畜母牛廿隻、山羊一百頭，白豬三十隻，母雞五十個，以供各鎮食用。

3.森林部——分桐樹栽培組，桑樹栽培組，共租土地四十畝，培植桐桑兩種苗木各五千株，分別栽植，并陸續播種推銷各鎮，以爲苗木供給之源。

4.作物部——租佃優美田土二百畝，以作普通高粱、玉蜀黍、油菜、稻谷等普通作物之改良種植。

寅、聯絡：

1.技術人員之聯絡——除本農場專門人才辦理各項問題外，并聯絡農推所，鄉建研究所……等各專門人才指導辦理之。

2.材料品種之聯絡——各種機器、肥料與各項品種之購買和改良，亦由本場聯絡各有關事業或各農場辦理之。

第六、舉辦合作訓練，

子、原則：

1.以集中訓練男女兼收爲原則，

2.以就各地情形，分別訓練爲原則，

丑、辦法：

1.集中訓練者，分考訓調訓二種（教材另訂）

2.分別訓練者，即就各保國民學校或各社開會機會訓練之（教材另訂）

寅、資格：

1.集中訓練者

A考訓學員，以曾在會計學校畢業，服務會計工作有證明文件者為合格。

B調訓學員，以現任各社會計及理事主席經理同各鎮保經濟幹事者為合格。

2.分別訓練者：

A各社社員，

B各國民學校員生，

卯、數量：

1.集中訓練——考訓廿名調訓一百廿名。

2.分別訓練——與各社社員及各學校員生數相同。

辰、時間：

1.集中訓練者——於三十年度四月份開始，其期間以四週為限，必要時得酌量延長或縮短之。

2.分別訓練者——於各學校開校而各社改組後開始實行之。

第七、劃一會計制度：

子、翻印部頒帳簿，收交全區各社使用。

丑、合作社會計人員由上項受訓者充任之。

寅、翻印經費由合作室商呈 區長撥墊後，仍就領用各社於業務開始時，備費承領，用便歸墊。

卯、帳簿預計三百册，約需洋六百元。

第八、分配督導工作。

子、指導：

1.由負責改組之工作人員二人，各負其改組合作社之指導責任，（改組分區見前）

2.每一指導員之指導區內，應指導一合作社為該區內之模範，以供該區各社之觀摩仿照。

3.主任指導員亦照前條辦法，於適中地域，指導一模範合作社，為全區域內各工作同人及合作社之觀摩和仿效。

丑、監督：

1.通令各鎮保經濟幹事，以監督合作社為中心工作之中心，并另頒其考績辦法。

2.通令各鎮保經濟股須國民學校教師監督或協助各級合作社辦法。

3.各監督或指導人員於工作之前，應填報公差單工作完畢，亦須取回所到地之證明單據，呈報 區長察核。

戊、工作經費：

本計劃之推動經費除訓練費由 省府規定核撥外，其餘各項經費之來源如次：

子、由各社籌集股金：

1.每一社員至少一股，至多不能超過每社股金總額百分之二十。

2.每股至少二元，至多十元，但在同一社內，每股股額必須一致。

丑、由合作金庫或以輔助農業，提倡生產爲目的之貸款機關貸之，其辦法及規定見各貸款行局。

己、附註：

本計劃呈經　區長核定後，辦報　省府核准施行之。

三峽實驗區民衆教育博物館三十年度工作計劃書

一、準則

甲、目標與範圍：

本館之工作目標，在供本區民衆養成健全之公衆，於其實際生活中，灌輸各能知能，提高文化水準，賢改善民衆生活，促進社會發展，至於工作範圍，先以本區民衆爲施教對象，漸及於區外，各種設施，盡量巡迴各地，以期普及。

乙、任務與方法：

本館之工作任務，除自身實施各種社會教育外，並負輔導本區內各社教機關及中心學校國民學校辦理社會教育之責，至於本館工作方法，根據民衆實際生活需要及其固有習俗，運用各種教材，教具，聯絡區內外黨政機關社會團體及民衆所信仰之人士，以增進工作效能。

二、工作要項

甲、教導方面：

（一）文盲調查　本區施行國民教育，對於文盲之調查，應極澈底其辦法如次：

1，由本館擬製調查表格及測驗文盲標準單，呈請區署發至各鎮負責調查。

2，特定日期，分區舉行調查。

3，參加調查人員以各鎮文化股爲主體，各學校保甲人員爲幹部。

4，監督工作，及統計工作，由本館負責。

5，舉辦期間，在本年五月底以前辦完。

（二）社教輔導　本館對於社會教育之輔導，爲本年度中心工作之一，其辦法如次：

1，由本館擬製本區各學校辦理社教視導表，交視導員視察後，逐項填明。

2，聯絡區署教育股視導員出發視導。

3，請託各鎮鎮長負責視察。

4，視導人員出發視察時，得攜帶本館選擇之抗戰教材，鄉土教材，及民衆讀物，發交各校，指導民衆閱讀。

5，每期自開學日起，普遍視導一次，隨時得由本館館長及各鎮鎮長抽查。

6，每期視導所得之問題，得提供會議討論，各校辦理社教之成績，由本館呈請　區署分別獎懲。

（三）巡迴施教　本為項本館中心工作之一，其進行辦法如次：

1，主旨　根據民衆教育工作大綱第五條之規定，得舉行巡迴施教，輔導鎮鄉各學兼辦社教，並調查一切有關社教事宜。

2，名稱　定名為「三峽實驗區民衆教育館巡迴施教團」。

3，組織　其系統如下：

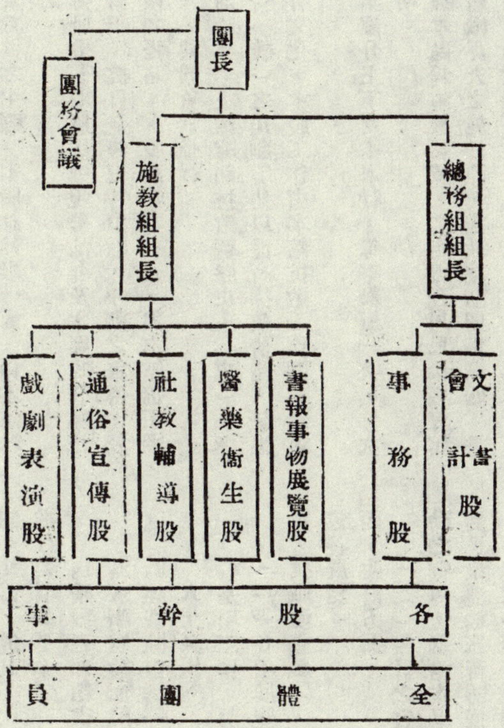

4，各股任務及工作人員

1，文書會計股——辦理施教團文書會計事宜設幹事一人由本館派人充任之。

2，事務股——辦理施教團迴巡運輸，器物管理及膳宿等事宜設幹事一人由本館派員充任之。

3，書報事物展覽組——辦理書報及物品展覽，指導民衆閱讀參觀等事宜，設幹事一人，邀請本區圖書派員充任之。

4,醫藥衛生股——辦理簡易治療，點種牛痘及各種衛生常識之指導，本股工作，邀請本區衛生所派醫師及護士担任全責。

5,社教輔導股——輔導中心學校國民學校辦理民教情形 指示課程分配教學要點，編製統計表，以作工作改進及考核之主張 本股設幹事一人，由本館派員充任之。

6,通俗宣傳股——舉將抗戰現勢法令及本區政令等報告 在街頭作抗日金錢板，山歌，小調之宣傳，及標語書報之張貼。本股設幹事一人，與本館抗工團團員數人，共同負責推行。

7,戲劇表演股——上演有關抗敵暨歷史上(忠)(孝)(仁)(義)之川劇，藉以提高抗敵情緒，發揚民族固有文化，本股工作由本館抗敵工作團員負責推行。

5,期間 本年度分上下兩季舉行，每季舉辦一次，每次以一月為期。

6,地域 先以本區為施教區域，若能與合川民衆教育館合作，得組織更大之施教團，施教地區則更廣闊。是項合組辦法，另行擬訂。

7,經費 施教團所需經費，除自籌措一部分外，得呈請主管機關補助之，用需經費若干另列預算。

(四)書報閱覽 本館所在地，每日遊人甚多，市區雖有圖書閱覽室之設置，但離本館過遠，故有增設書報閱覽室之必要

1,地點火焰山公園內。

2,內部設備：書桌二張，書架二個，坐椅六條，書籍大百冊，掛圖六十張，日報四份。

3,成立時期：二月底以前成立。

乙、藝術方面

(一)戲劇改良 本省地方戲之觀衆甚多，但川劇之劇詞，樂器，道具，化裝，燈光……等，均有改良之必要，其推行要項如下：

1,請教育部編審委員會戲劇組草擬改良計劃。

2,舉辦實驗劇院及川劇演員訓練班。聘請專家指導。

3,經費除自籌一部份外，須呈請層峯補助，並向社會熱心人士募捐。

4,是項工作，另有詳細工作計劃，茲從略。

(一)各項展覽 本年度擬舉行峽區物產展覽，兵役展覽，抗戰漫畫展覽，並聯絡本區農業推廣所，舉行本區水稻包谷展覽。

丙、生計方面

(一)生計之宣傳 在本年春夏之交，舉行家畜防疫運動之宣傳，聯絡本區農業推廣所及家畜保險社，共同進行，對民衆灌輸家畜防疫常識。

(二)生計之訓練 本年度擬集中家庭婦女，學習「七七」紡機，訓練各種技術，俾伊等於暇時從事紡紗工作，增加後方生產，

丁、總務方面

(一)造報預決算 本館三十年度預算，於本年度開始前一個月造報，二十九年度決算，於本年度一月份造報。

(二)購置各種設備 本年度舉行上下兩季迴巡施敎，

關於圖書，儀器，器物及各種展覽物品，尚有一部份缺乏，必須購置齊全，以資應用。

（三）修繕劇場及戲劇道具　本館本年度中心工作，有川劇改良一項，爲此，對於劇場及各種道具必須根據新原理修繕，以合使用，是項工作以於本年一月底以前辦完。

（四）其他　凡本館工作不關教導及藝術兩方面者，均由總務組辦理，因項目零雜，茲從略。

戊、博物館方面

（一）出借陳列品作爲教材　本館陳列物品，與自然學及社會科學有關者甚多，本館一一加具說明書，連同陳列品出借與本區各校，作爲教材之實物引證，以收直觀教學之效。

（二）交換陳列品　本館爲增加陳列品起見，擬向本區毗連各縣之民衆教育館博物館，互相交換陳列品，每半年互換一次，藉謀普遍而增參觀者之見識。

（三）峽區增闢物產陳列室　本館陳列品多係異地風物，與本地有關者甚少。故擬於本年度內，向本區各生產事業徵集物產，闢室陳列，以引起遊人研究興趣，而達共同改進之目的。

三、工作考核

甲、工作紀錄　是爲保存各項工作之實證，並考查推行之進度者，故施行本計劃時，各部及各員均須有詳細之工作紀錄，以備考核。

乙、各項統計　統計數且爲考核工作進行之正確與否，故本於實施是項計畫時，務須注意各種統計數目，以供考核。

民衆圖書館中心工作計劃大綱

目　錄

一、目標

1. 引起各界人士讀書興趣，提高民衆文化水準。
2. 使使圖書普遍深入於鄉村的民衆，大量增加民衆精神食糧。
3. 配合各方面積極領導社會建設工作，促進文化運動。
4. 周密的幫助各界人士，解決困難問題及各種事業機關工作之參考。
5. 培植抗戰建國的青年幹部。
6. 館中工作方法科學，館中同人精神振作。

二、民國三十年度工作的要求

1. 徵書　一萬冊
2. 圖書總檢閱二次，第一次三萬冊，第二次四萬冊。
3. 徵求讀書會員三千八至六千人。
4. 圖書流通借出八萬四千冊。
（一）總館二萬四千冊（以遞加平均數計算）
（二）六分館一萬八千冊。
（三）肆拾巡迴文庫二萬四千冊。
（四）圖書站代辦一萬八千冊。
5. 圖書館閱覽共三十九萬一千二百八。
總館十四萬四千八（以遞加平均數計算）。
六分館四萬三千二百八。
四十個巡迴文庫十四萬四千人。
十圖書代辦六萬人。
6. 服務參考三千二百一十八。
7. 圖書互借三萬冊（以十館平每館每月二百五十冊計）
8. 圖書陳列展覽：二百四十日參觀八十萬人，
9. 剪報片：二萬四千張。
10 索引：四萬至五萬條。
11 編目：新舊圖書一萬五千冊，書卡七萬五千張，樹記標目等在外。
12 修正編目分類：三千至五千冊改卡片二萬五千張。
13 籌設兒童圖書館一所。
14 協助設立各鎮分館分所。
15 參加編輯聯合書目，計可得十萬冊書目。

三、工作及時限

1 清點藏書

第一次　自一月三日起至一月三十一日止爲一次，本館圖書總檢閱，將已未編目圖書清點，并校對目錄及書卡書標登記號等約計三萬冊。

第二次　自七月一日起至三十一日爲第二次圖書總檢閱，將舊書一一曝晒，并修補之，計清點圖書約四萬冊，曝書五千冊，

第三次　自十二月一日起至十二月三十一日止爲第三次圖書總檢閱，辦法如第一次。

2 擴大募書，舉行「一萬卷書徵募運動」。

數量：圖書雜誌日報一萬冊（合法幣一萬元）

種類：1.一般讀物五千冊。
2.兒童讀物二千冊。
3.通俗讀物二千冊。
4.增補雜誌一千冊。
5.捐訂雜誌一百種。
6.捐訂日報二十種。

時間：一月一日至十五日爲籌備期，一月十六至六月三十日爲徵募期。

捐書人1.本區文化團體。
2.本區經濟事業。
3.本區富紳及寓居紳士。
4.文化界人士。
5.各校學生。

組織：1.設「一萬卷書徵募運動」委員會。
2.會以下分若干隊，各鎮各保皆設分隊。

3。會設「一本書捐獻運動」委員會以助徵募運動。

4。本會辦事人員以讀書會充任之。

宣傳：1。就一，爲報二，時刊三，簡報四，會集五，書訊報告各隊募書成績。

2。聯絡各文化團體人士，及本館讀書會員，普遍中募書宣傳。

3。製定標語，勸人捐書，讀書。

4。運用保甲學校人員學生勸捐。

3。組織讀書會

一、目標

1。提倡集體的組織的共學。

2。實行計劃的讀書運動。

3。養成普遍的讀書風氣。

二、組織

1。本館設讀書總會。

2。各鎮各團體設分會。

3。各保各小組設支會。

4。內設總務，組織，宣傳，服務。

三、會務

1。總會編各科書目。

2。編配讀書程序。

3。設立各科講座。

4。舉行各種問題研究。

5。促進讀書徵書宣傳。

6。每月開會二次，報告讀書心得或以筆記代之。

四、時間

一月十五日開始籌備。

二月一日成立總會。

二月二至六日成立各鎮分會。

二月七至十日成立各團體分會。

二月十一至二十日成立各保支會。

五、會員

總會　成立時，會員三百人，月遞增三十。

分會十個，成立時，會員共六百人，月遞增六十。

支會五十個，成立時，會員共一千人，月遞增一百。

全年可得會員四千人，推進得力，可達六千，約佔全區人口二十分之一。

4。推進閱覽外借：

一、閱覽之指導，

1。圖書之介紹，以廣告，書目，報紙，披露之，每月四次。

2。目錄檢查之幫助與索引之利用。

3。興趣之啓發(如圖書陳列展覽及學術講演座談每月二次)。

4。參考圖書之使用，俾讀者運用自如。

5。分館文庫，閱覽工作之輔導，每月巡迴視導一次。

二、外借之推動

1。印發書目五十種，計書五千册每月印發四種。

2。舉行讀書競賽(各科各級分別舉行)，每半年舉行考成一次。

3。預約借書之優待。

4。各鎮分館文庫外借之推動，每月增加新書一二十本，幷運動學校學生送書上門。

5。圖書之陳列展覽

一、圖書陳列

1。每月作問題中心圖書陳列一次。

2。每次陳列，必與北碚圖書館聯合會聯絡，徵求相關圖書。

3。每次陳列五日，巡迴五日，每日增參觀者二百人。

二、圖書展覽

1。每月舉行圖書展覽一次。

2。每次展覽必與聯合會聯絡。

3。每次展覽五日，巡迴五日每日參觀者二百人。

6。圖書之互借流通

1。與圖書館聯合會聯絡辦理館際互借。

2。與藏書聯絡寄存。

3。代購書報雜誌，促進購書合作。

以上流通數量，預計月四千册，年可流通四萬八千册。

7。服務參考工作

一、事項

1。增設參考室，就各種需要設立。

2。編製各科索引。

3。辦理剪報。

4。新知識廣播　來源：全國各書報雜誌。方法：摘錄上述書報雜誌中之新知識，在嘉陵江報，北碚月刊上發表。及在各學校讀書會，國民月會中報告。

二、實施

1。普通參考室，自一月成立，同時容參考者四八。

2。臨時應當前問題，設專門參考室。

3。就日報，雜誌，圖書，論文，編製分類，編製索引。

4。就索引要目，通知有關讀者利用。

5。將十種日報剪貼保存供給參考。

三、時限

1。專門參考室每月更換一次，一月設建國參考室，二月設兵役參考室，三月設農業參考室，（其他以後决定）。

2。索引三日通知各方一次，自一月十五日起。月編索引三千條。

3。剪報自一月十日起，月剪報二千題

8。編目

一、事項

1。未編舊書五千册。

2。新募圖書一萬册。

3。待整理雜誌公報三四千册。

4。修正分類編目圖書二三千册。

合計以上足有二萬册圖書之整理工作。

二、實施

1。人員：以每人爲日分類編目，書上二十册計（雜誌除外每人需書上片一百張）一萬五千册，需二人專工，一年可完。

2。經費：每書需卡片五張，每百張需費七元至十元，七萬五千卡片需費四千九百元至七千元，

爲他書袋，限期單，標目紙，亦需款至少一千
元。

三、時限

9，籌設兒童圖書館

以上工作自一月起按期完成。

一、地點設於北碚。

二、經費一萬元。

建築五千元。

圖書三千元。

設備一千元。

辦公費一千元。

三、組織

1，與婦女支會及其他文化團體合組籌備委會。

2，聘請專家設計。

3，聘定館長負責進行

四、時限

定一月起籌備，四月四日完成。

10協助各鎮設立分館，并配合讀進行。

前各鎮均有分館，後因事務無人主持，廢馳日久，今欲各鎮開展讀書運動，非設法立即恢復不爲功。

一、事項

1，聘任館長——以當地士紳爲館長。

2，設專人司管理——人選定後，可調本館實習。

3，籌經常費及創立費

每地就地月籌經常費三百元，以爲書報，辦公購置及人員開支，創立費，就地募集。

4，圖書雜誌由本館流通。

5，各館工作與本館切取連繫。

二、時限

各分館定於一月內完全成立。

11參加編輯聯合書目

一、事項

1，參加北碚圖書館聯合工作。

2，本館先將編目之一部書目交聯合會。

3，請各館提前交出已編目可供流通之書目。

4，努力募集印刷費。

5，由聯合會請託中央圖書館及文華圖書館專科學校幫助編輯。

二、時限：聯合書目定本年度出版十萬册書目。

四、進行步驟

本計劃進行事宜依照以下程序進行之：

1，研究與設計

2，調查與統計

3，組織

4，宣傳

5，實施——盡量運用社會運動方式

6，記載

7，傳聯

3，檢討與整理

9，結果報告

本計劃進行辦法根據上列步驟擬具詳細辦法進行之（詳細辦法另見）

北碚民衆體育場工作計劃大綱

(甲)目標：

一、增高民衆之平均年齡及健康率。

二、指導後方服務、與國防上軍事上之應用技能。

三、發揚勇敢、合作、忠誠、團結、奮鬥、犧牲之精神。

四、養成民衆以運動及遊戲爲正當娛樂之習慣。

(乙)工作要項

一、總務方面：

(一)撰擬文件及典守印信

(二)編製預決算

(三)掌管經費出納會計及票據帳册

(四)登記幷保管公物公產

(五)經管購置修繕及各項設備

(六)辦理其它有關總務方面之事項

二、指導方面：

(一)個別運動指導

1.兒童方面：着重安全訓練，指導遊戲方法，改正姿勢，注重秩序之管理等。

2.婦女方面：已受相當教育之女子，指導以有系統之運動方法，未受學校教育之家庭婦女，佈置良好之環境，以引起其興趣，利用訪問勸導宣傳其攜帶嬰兒入場活動先給以嘗試運動機會，漸漸教以正當運動之方法。

3.成人方面：分別就其興趣，能力，程度，教以正當運動方法，逐漸養成其喜愛運動之習慣。

(二)組織各種體育社團：組織方法以民衆職性質，及居住區域爲單位，就集團中選擇才能優秀者爲領導，訂定辦法，按時來場運動(各鎮暨各保之場)例如：

1.農民：以鄉村或保甲爲單位。

2.工人：以工會或工廠爲單位。

3.商人：以同業工會爲單位。

4.婦女：以住區爲單位。

5.其它：混合組織。

(三)舉辦各種運動訓練班，每年按照時季及運動性質分別舉辦，先用宣傳勸導方法，使民衆了解訓練之意義，樂于參加，然後用科學方法分組指導訓練例如：

1.國術訓練班。

2.早操訓練班。

3.機械運動訓練班(雙杠、單杠、木馬、以上運動等)。

4.田徑賽訓練班。

5.球類訓練班(分籃球足球排球等)。

6.游泳訓練班。

7.韻律活動訓練班。

(四)舉行運動比賽

1.運動員之種類

A公開運動會：以個人為單位，除職業運動員外，均可參加。

B民衆運動大會：學生，軍警，公務員等，均可參加。

C民衆團體聯合運動大會：以民衆體育社為單位，聯合舉行之。

D公務人員運動會：以黨、政、軍警，教職員等公務人員為限。

E兒童運動會。

F水上運動會。

G其它運動會。

2.單項運動比賽

A單項田徑賽。

B體操比賽。

C國術比賽。

D競走。

E越野跑。

F負重賽跑。

G武裝障礙跑。

H武裝越野跑。

I手榴彈擲遠比賽。

J手榴彈擲準比賽。

K鄉土遊戲比賽。

L爬山比賽。

M舉重比賽。

N騎術比賽。

O划船比賽。

P跳繩比賽。

Q踢毽子比賽。

R放風箏比賽。

S救護比賽。

(五)舉體育表演及集團活動。

1.國術表演。

2.機巧運動表演。

3.體操遊戲及韻律活動表演。

4.田徑賽，及球類運動表演（邀請外埠或過境之運動名家，或選手隊表演）。

5.其它特殊技術之表演。

6.遠足會。

7.登高會：郊遊，野餐。

8.野外音樂會。

(六)協助辦理民衆衛生之指導，與宣傳事項。

附：北碚民衆體育場民國三十年度活動預歷

一月　1.越野賽跑（凡三峽區壯丁民衆均可參加）

2.手榴彈擲遠比賽（軍警壯丁民衆均可參加）

二月　1.武裝越野賽跑（防護團軍警壯丁及民衆均可參加）

2.鄉土遊戲表演（鄉民團體及個人均可參加）

三月　1.舉重比賽（三峽區區民均可參加）

2.放風箏比賽（以兒童為限）

四月 1.公務人員體力測驗

2.小學運動會（分鎮舉行）、

五月 1.民衆運故大會（學生軍警壯丁公務人員民衆等均可參加）

六月 1.水上運動會A.跳水花式比賽B.渡江比賽（峽區區民均可參加）

2.民衆划船比賽

七月 1.國術表演及比賽（學校機關團體個人均可參加）

2.藍球比賽（學校機關民團等均可參加）

八月 1.救護比賽（衛生所醫院診療所及民衆均可參加）

2.負重賽跑（三峽區區民均可參加）

九月 1.爬山比賽（峽區區民均可參加）

2.騎術比賽（峽區區民均可參加）

十月 1.排球比賽（學校機、關、民團等均可參加）

2.健康比賽（峽區區民均可參加）

十一月 1.踢毽子比賽（分兒童組與成人組）

十二月 1.足球或小足球比賽（學校機關民團等均可參加）

（每星期日分別邀請各學校機關團體表演各種體育活動以引起民衆之興趣）

三 婦孺方面：

（一）指導婦女兒童之體育活動

（二）舉辦婦女與兒童之運動訓練班

（三）辦理婦女與兒童之運動競賽

（四）協辦家庭衛生防問及清潔檢查

（五）辦理其它關於婦孺體育之事項

四 推廣方面：

（一）調查并改進鄉士遊戲方法

（二）辦理體育測驗與統計（以保爲單位分期測驗並訓練）

（三）編輯簡易教材（三月底完成）。

（四）答覆各方有關體育之諮詢。

（五）舉辦各種體育團體登記並介紹比賽。

（六）舉辦峽區小學體育教師暑期講習會。

（七）利用中心學校體育教師，領導各該鎮體育活動，每月來場受體育訓練一次，並須報告各該鎮，每月體育實施概況。

（八）促進各鄉鎮組織體育協會。

（九）辦理其它關于體育推廣事項。

丙 建設方面：

一、本場添建婦孺運動部：地點暫擬在旅客服務處，及兼善實業公司前面，鋪以草坪，四周并栽活籬，內設兒童遊戲器械，如浪船，搖板，搖梯，巨人步，沙池等草坪一方，備婦孺操練之用，邊上接置堅固之長靠椅，此靠椅募大商號捐助，准在椅上用油漆繪製該商號廣告。

二、添設簡易運動場，地點：文星場，歇馬場（改縣後）靜觀場（改縣後），北溫泉（聯絡或函促）士沱，蔡家場金剛碑等地，人選：由聯保主任兼場長，當地學校體育教員兼指導。

三、本場添設跑道及田賽場：第一步雨後，用石灰將低窪積水的地方圈出，填平之并將跑道起終點路綫轉角等處用磚嵌在地面以作標記，而爲正式比賽時劃綫之根據。

第二步正式做成跑道一方，靠江的一方，將場填寬若干，另闢人行道不使行人隨在場中行走。

嘉陵江日報社三十年度中心工作計劃

一　本年度工作總要求

（一）編輯方面

一、籌備出版四開中張。

二、國際內要聞實行分類綜合編法，使其簡單明瞭，不同於重慶各報，以便文化程度較低大衆之閱覽。

三、特別強調本區新聞之質量及本省一切建設消息，使之成爲一具有地方特性之報紙。

四、充實新知識介紹的內容，以有益人羣者爲原則。

（二）營業方面

一、完成一千基本訂戶運動。

二、以發展文化而營業因此營業方針是：

1. 不依靠報費收入。

2. 增加廣告費收入補助開支。

三、解決基金卽經常費來源問題。

上述二方面總要求，如能澈底達成，則可謂本報已粗具一小型報館之初步規模了。

二　擴大編幅充實內容

（一）擴大篇幅的準備工作

一、敷設通訊網（分二期進行）

A第一期：

（一）建立區內各事業機關，社團基本通訊員，每單位至少一人，以個人志願及主管人指定併行之（一月十五日前完成）。

（二）建立各學校（以區屬各中心學校及保國民學校爲對象）農村基本通訊員，作爲本報農村發展之基礎（一月底完成之），以上二種通訊員建立完成後，每月至少分別舉行一次聯誼大會（學校通訊員聯誼會利用教師半月會機會舉行），討論工作之進行方法與檢討成績，以提高工作效率。

B第二期：

（一）建立嘉陵江沿岸（自廣元至重慶）各縣及重要鄉塲通訊員，第一步先在以上各地設立本報分銷處，使該地經常有本報銷行後，再行公開徵求通訊，一律按稿件費量酌給酬金，此項工作較爲困難，期變十節前完成。

二、搜集應用資料

A將本社現存之各種舊報，先行分類剪貼（二月底前完成）

B將本社現有之各種圖書雜誌編錄索引（三月底完成）

C購置必要參考圖書，以必須隨時置於編輯部參考者爲限，餘可利用民衆圖書館藏書。

D資料中增設「敵情」一類，來源：訂朝日新聞二份，

/收聽敵偽廣播，其他（三月中旬可開始）

E搜集當代各國名人傳略及軼事（二月開始搜集）

三、擴充編幅之內容設計

A國際國內要聞實行分類綜合編法，其方法：將本日收錄之中央廣播電台電稿，歸納為幾大類，再將過長，重復之電稿加以删減，合併，最後用顯明文字重新編復一遍，務求其簡單明瞭化，俾讀者費極短時間可對世界大勢一目瞭然，而對文化程度較低讀者更為便利，（三月初先就現在編幅試行）

B各版內容分配於后：

第一版：戰況及國內要聞佔三分之二，其餘為國際要聞；

第二版：本省及本區新聞佔四分之三，其餘為廣告（此欄專刊區署公告）

第三版：副刊文字佔四分之三，其餘為廣告，副刊內容許有農作問答、工藝問答、衛生常識、醫藥問答、法律顧問、新書介紹、三峽婦女、臨時專刊（如役、水利、防空，）等。

第四版：國際次要新聞、職業介紹、讀者信箱等，其餘為廣告（此處廣告可以增減，第二第三版廣告邊幅固定）。

四、覓定適當社址

A另覓社址之理由　霧季過後，敵機日夜擾亂自屬意料中事，根據過去經驗，每遇空襲印刷所工友均散避四五里以外之鄉間，停止工作至少達五六小時，且解除警報回所後，因身體疲勞關係，工作進行往往較為緩慢，而編輯部情形亦不能例外，在此情況上，出版四開中張因不可能，即維持八開小現狀恐亦難免脫期甚或間斷。

B理想中之社址　（一）離市區至少七里。（二）附近房屋稀疏，無任何目標。（三）沿公路傍。（四）社址附近構築簡單掩蔽工事，敵機轟時始停工暫避（編輯部亦如此），敵機過去復又繼續工作。如此，出報工作可不致受重大影響了。

C解決社址問題的可能辦法　（一）本社募集相當基金，按上述條件自建簡單土牆平房數間。（二）請區署協助按上述條件租用或徵用民屋數間暫用（四月前次解決）

五、補充鉛印材料改善印刷機

A如出版四開中張，字釘及鉛線、鉛條等均不敷應用須大機補充。

B目前所用之鉛印機效率太低，每小時只能印二百五至三百份，且常發生障礙須臨時停工修理，如不促印刷所立刻機以改良，則無法充版中張（四月前辦完）。

六、組織系統之新編列

本報擴版中張，工作較繁，為適應新需要起見，擬將各工作部門重新編列於后（二月份起開始實行）：

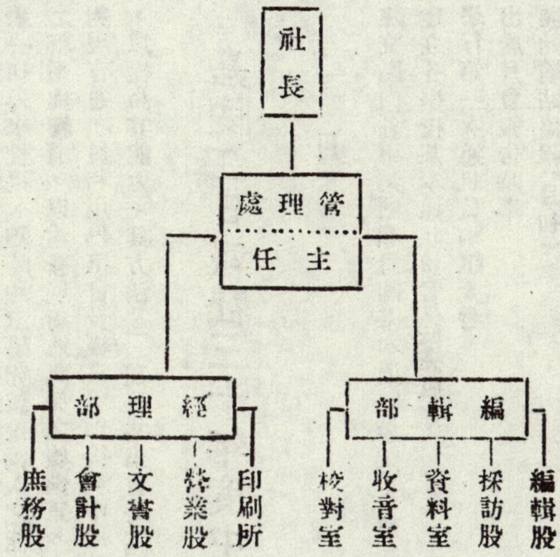

三 採訪技術之革進

一、利用電話尋求新聞線索：盡量利用電話與區屬各事業隨時聯系，如發現有新聞線線索時，電話上能詢問明確者，立即錄下，否則，即斟酌情形派外勤前往採訪，以經濟時間與人力而增加工作效率，一月份先局部實行，俟社址正式覓得，擬添裝交通部電話局新式電話一座，擴展電話聯絡網，陪都及碚市包括在內（八月份開始）。

二、根據採訪計劃追求新聞：根據「政教建工作曆」並配合當地時當地實際情況，由採訪股擬定每日計劃，按計劃追求新聞（一月份開始）

三、採訪新聞之深入化（一）採訪者應以參加對方工作之態度，採訪新聞。（二）切實動員各該單位中之本報通訊員，積極担任採訪工作。

四、本年度採訪之中心任務：本年度採訪工作，除一般外，更有發揮輿論作用，督促與鼓動各事業三十年度工作計劃每月每日之實施，並擬將全區工作曆，逐月刊列報端，當衆檢討，按月完成工作者宣揚之，落伍者輿論制裁之，（一月份開始）

四 發展一千基本訂戶

目標：通過各鎮保關係新發展基本訂戶一千，此一千訂戶係較長期不變性質。

方法：發動各保競賽，每甲至少訂報一份，超過者請區署獎勵，（三月份開始雙十節前完成）。

五 充實社會服務工作

一、担任月會 時事報告（由本社派員出席）

二、提供週會 及其他集會時事報告材料（內容於開會前一日與關係主管方面商定之）一月份起。

三、代各事業搜集某種特定與本報採訪對象有關之材料，以供參考（三月開始）

四、擴充收音範圍，除以中央電台廣播稿供本報發表外，同時有計劃，有系統，有定時收錄敵偽電台廣播，低供直屬主管人方面，作如下之參考：

A瞭解敵情（敵偽動態），知已知彼。

B判斷市上謠言來源與作用。

（三月中旬可正常開始工作）

五、本報於擴版後，定時刊載衛生常識、醫藥問答、農作問答、法律顧問、新書介紹、讀者信箱、職業介紹等文字，每週輪刊一次至二次。

六、隨時以書面回答區屬事業同人對軍事、政治、經濟、文化、時事等一般性問題之疑問。俟資料室工作上軌後，尚須再作相當準備，期七月上旬開始問答。詢問規則另訂之。

七、經常參加各事業（區屬）工作之設計，但須於早三日將該項新工作之意義，要求，與目的等要項通知本社，俾有所準備（十月份起）。

六　發展與訓練通訊員

一、對一切外來投稿，隨時注意研究該投稿人之能力，並與之聯系與輔導，以爲發展新通訊員之後備軍。

二、對現有通訊員利用聯誼會及經常工作接觸中加強其訓練，以提高其能力，其方法（一）在公共集會時（聯誼大會），每次均由本報派員出席報告新聞工作技術問題一則（擇當前一般人所欲知者），並發動公共討論，使該問題具體化，實用。（二）在經常工作中，對各通訊員投稿之優或缺點，均予以批評並指出更佳之方法。此外，經常供給各種技術自修之參考資料，（以上係本報經常工作之工，故無時限）。

三、編輯「新聞記者必攜」（各暫定）一册，內容將記者應具備之應用知識與技能均包括無遺，專作爲訓練通訊員之用，定二月編竣，三月內出版，以後繼續編印，擬每季出一種，本年共出四種，定名爲「公務員自修叢書」。

七　附註

一、本計劃係以擴版四開中張，充實內容爲中心，故重心在於第二項中所列六節，須頃全力以求實現，更盼各界熱心人士協助進行。

二、經費收支概算另訂，其餘次要工作暫略。

嘉陵江日報社三十年度中心工作歷

一　月

一、建立區內各事業機關社團基本通訊員（十五前完成）

二、建立各學校基本通訊員（月底完成）

三、舉行第一次通訊員聯誼大會

四、出席月會報告時事

五、開始剪貼舊報（月初）

六、訂敵報「朝日新聞」一份

七、利用電話尋求新聞線索（月初）

八、根據採訪計劃追求新聞

九、刊載本月份全區工作歷

十、開始提供週會時事報告材料

二　月

一、出席月會報告時事
二、參加國民教師月會
三、完成舊報資料剪貼工作（月底）
四、購世界地圖一冊
五、搜集當代各國名人傳略及軼事（月初開始）
六、實行組織系統新編列（月中）
七、刊載本月份全區工作歷
八、開始發展一千基本訂戶
九、編竣「記者必攜」

三月

一、出席月會報告時事
二、參加國民教師月會
三、編錄現有圖書雜誌索引（月底完成）
四、收聽敵偽廣播（中旬開始）
五、試行國際國內要聞分類綜合編法（月初）
六、覓定新社址
七、刊載本月份全區工作歷
八、基本訂戶
九、代各專業搜集某特定材料
十、出版「記者必攜」
十一約婦慰支會編「三八專刊」

四月

一、出席月會報告時事
二、參加國民教師月會
三、遷入新社址
四、補充鉛印材料及改善印機（月中完成）
五、刊載本月份全區工作歷
六、基本訂戶

五月

一、出席月會報告時事
二、參加國民教師月會
三、刊載本月份全區工作歷
四、基本訂戶
五、編完叢書第二種
六、約青年團北碚分團編「五四青年節專刊」

六月

一、出席月會報告時事
二、參加國民教師月會
三、刊載本月份全區工作歷
四、基本訂戶
五、出版叢書第二種
六、出「六三禁煙專刊」

七月

一、出席月會報告時事
二、參加國民教師月會
三、刊載本月份全區工作歷
四、基本訂戶

五、答區屬事業同人疑問
六、出抗戰建國四週年特刊

八月

一、出席月會報告時事
二、參加國民教師月會
三、裝新式電話一座，擴展新聞聯絡網
四、刊載本月份全區工作歷
五、基本訂戶
六、編竣叢書第三種
七、八一三四週年特刊

九月

一、出席月會報告時事
二、參加國民教師月會
三、刊載本月份全區工作歷
四、基本訂戶
五、出版叢書第三種
六、九一八特刊

十月

一、出席月會報告時事
二、參加國民教師月會
三、完成嘉陵江沿岸通訊網
四、刊載本月份全區工作歷
五、基本訂戶一千完成
六、開始參加區屬各事業工作設計
七、雙十節特刊

十一月

一、出席月會報告時事
二、參加國民教師月會
三、刊載本月份全區工作歷
四、編竣叢書第四種
五、三十年各事業中心工作預行檢閱專刊

十二月

一、出席月會報告時事
二、參加國民教師月會
三、刊載本月份全區工作歷
四、出版叢書第四種
五、三十年各事業中心工作總檢討專刊

北碚月刊社三十年度工作計劃

目錄

一、改進北碚月刊
甲、改進理由
乙、改進原則
丙、改進辦法

1. 設計及編輯
2. 出版及發行

二、幫助同人讀書與寫作

三、資料搜集

1. 剪貼參考資料
2. 搜羅書報雜誌

四、出版專書

1. 出版參考資料專集
2. 新編峽區遊覽指南

五、添設人員

一　改進北碚月刊

甲　改進理由

北碚月刊是指導峽區生產建設，文化活動的刊物，應切實宣傳指導並鼓勵區署同人與峽區民衆共同參加各種建設工作；造成鄉村建設的熱潮，尤爲區署同人，彼此交換經驗，貢獻工作心得於全社會之最佳園地。內容自應力求充實精粹，形式力求生動活潑。但自出版以來，距吾人的理想還很遠，它只負起了交換經驗，傳達政令的一部份責任，仍然與目前國內各級政府機關的「政務公報」一樣，存在着很大的弱點。

內容與形式，均未能顧到廣大讀者的興趣，只是將三峽實驗區的「法令」「計劃」「實施概況」（這個固然也是很重要的）采集排列而成。對峽區民衆在建設途程中所發生的，各色各樣的意見與感想，峽區人民在生產建設工作中的活動情形，倘未多方運用詩歌，特寫，雜感，鄉村通訊等等文藝體裁，活潑生動的反映出來。結果，北碚月刊的內容形式，不免令人感到枯燥單純，除供少數公務員或機關團體，用作必要之參考外，很難吸引更廣大的讀者。

這個缺點，若不設法改進，就不能使北碚月刊深入民間，就不能在建設途程中發生更偉大的推動作用。

根據上述理由，北碚月刊在三十年度的新年開始，應澈底改進，呈現新的姿態。

乙　改進原則

（1）不放棄一般政務公報的基本性質與作用，同時又採取一般雜誌在編輯技術上的優點。

（2）對外不僅是向各界人士報告區署的政績而已，還要宣傳鼓勵並指導峽區民衆，共同參加建設工作，造成鄉村建設熱潮。

（3）對內不僅是向區署所屬各機關傳達政務動態而已，還要使它成爲各級工作人員的研究資料，以逐漸提高其文化水準與工作效能。

丙　改進辦法

（1）設計及編輯

務使北碚月刊成爲一般讀者均樂於閱讀的精神糧食，生活指導，內容形式應宜新調整與改進；材料力求充實精粹，文字力求通俗有趣，圖表力求顯明美觀。務使專家看得起，人民看得懂。要求：

（一）內容調整

每期內容重新調整如左：

(a.)文字題材	字數
(1)峽區建設進展概況及工作經驗	八、〇〇〇
(2)政治經濟文化建設之理論著述	六、〇〇〇
(3)世界各國建設故事	三、〇〇〇
4 生產技術改良實例	二、五〇〇
(5 科學發明故事	二、〇〇〇
(6)峽區建設活動特寫	一、〇〇〇
(7)學習經費與方法	一、〇〇〇
(8)青年的人格與修養	一、〇〇〇
(9)抗建詩歌	五〇〇
10)名人講演	三、〇〇〇
(11)探險故事	二、〇〇〇
(12)醫藥衛生常識	一、〇〇〇
(13)世界名人選輯	二、〇〇〇
(14)讀書筆記選輯	一、〇〇〇
(15)信箱(反映人民對本區建設的意見及對此意見的解答)	二、〇〇〇
(16)中國新興工業簡明介紹	二、〇〇〇
(17)總計	四〇、〇〇〇

(b.)插畫圖表	幅數
(1)封面插圖木刻或美術廣告	二幅
(2)本文插圖木刻或美術廣告	二幅
(3)有趣味有參考價值的統計圖表	一幅

以上所舉內容，不過略舉大概，在編輯過程中，可視當時實際情形而酌予增減。

(二)全年出版四大專號

全年出版四大專號，特別增加篇幅與字數。計分：

(1)嘉陵江三峽實驗區署二十年度工作計劃專號

(2)區署成立五週年紀念專號

(3)抗戰建國四週年紀念專號

(4)實驗區署二十年度工作報告專號

(三)繪製圖表(所繪各圖，均用彩色石印印刷，力求美觀)

(1)峽區人口分佈圖

(2 峽區鎮保地圖

(3)峽區礦產分佈圖

(4)峽區農產分佈圖

(5)峽區事業分佈圖

(6)峽區交通圖

(7)峽區塘堰分佈圖

(8)峽區合作社分佈圖

(9)峽區學校分佈圖

(10)峽區家畜分佈圖

以上各圖最好每期月刊分登一幅，使峽區人口物產交通各情況，一目瞭然。

(11)峽區各鎮經濟建設競賽比較圖表

(12)峽區各鎮文化建設競賽比較圖表

(13)區署各機關工作競賽漫畫

以上各圖在實行工作競賽後，即開始繪製登載，每期月刊登載一幅以顯示前進或後退狀況，激勵參加競賽者飛速前進。

(四)設計期限

每月十五日，即開始計劃下期月刊內容，擬定文章題材及內容大綱，約定撰稿人；規劃插圖及統計圖表，特約木刻專家或統計專家作圖刻製。限期下月五月以前，收齊稿件及木刻。

（五）編輯期限

每月五日即開始編輯，十五日以前完成，立即付排。

（六）建立普遍全區的通訊網

在區內各機關各團體內，聘請特約通訊員，建立普遍全區通訊網，以期迅速而無遺漏的反映峽區建設活動。通訊員不支薪，以投稿所得獎金爲報酬。

（七）鞏固寫作獎金制

爲了鼓勵投稿人寫作熱情，增加稿件來源起見，必須鞏固現有寫作獎金制。區署在任何經濟困難情形之下，仍須繼續設法，每期支付獎金。

獎金等級分爲：

（1）特等　由評判員會臨時公議，五〇元起碼。
（2）甲等　二〇元
（3）乙等　一五元
（4）丙等　一〇元
（5）丁等　八元
（6）戊等　六元

來件一經發表，無論是文章插圖，圖表，一律致送獎金。

（八）組織北碚月刊評判委員會

（1）組織：以區長爲主任委員，各股室與各機關主管人爲當然評判委員，組織評判委員會。

（2）會期：於北碚月刊出版十日內以後之區署主幹聯席議開會時，即順便舉行評判會議。評判當期北碚月刊所刊文章插圖圖表之等級，確定得獎人姓名及其得獎數目，以示公允。

（3）提案：由北碚月刊社主任預先擬具批評意見，提請評判委員會公決。

（4）評判標準：寫的是實在事實，是積極性的，是自己寫的，無論寫的是自己崗位的工作或別人的工作，只要對社會有供獻、有教育意義，均須給獎，給獎等級之評定，以下列各點爲標準：

（1）形式方面：

文字生動有趣，簡潔精勁，條理清晰，枯燥的科學智識，能用美化的詞句，形象的描寫，表現出來。

（2）內容方面：

1.新的科學發明與發現。
2.農業，牧畜，及手工業改良的生產方法。
3.訂有詳細實施辦法，能保障實行的偉大計劃。
4.各事業機關工作中的經驗與教訓。
5.對本區建設事業最寶貴的批評與建議。
6.生動有趣，富有教育意義的，關於建設活動的特寫，詩歌，雜感或通訊。

（2）出版及發行

（1）出方版面

要求：

切實做到每月一日出版

辦法：

(1)向京華印書館特別交涉，請該館職員技師工友，一本愛護本刊之初衷，予以更進一步之協助，給予本刊以付排之優先權，稿件交到，立即付排，迅速完成，從付排到出版，排印時間，不能超過兩星期。

(2)派本社校對員在京華印書館終日坐校，並就地督催，以免往返傳送校樣，浪費時日或延誤排印日期。

(3)嚴守計劃及編輯期限，保障每月五日以前齊稿，十五日以前編完付排。

(2)發行方面

要求：

力求發行份數達到售出八五〇份，盡量減少贈送份數為一百五十份，總計一〇〇〇份，以減輕區署對月刊印刷費的負担。

辦法：

(1)建立獨立的發行部

過去月刊發行，係由區署收發室兼辦，每因收發室事務煩忙，致月刊發行延誤日期。從三十年度元旦日起，即應建立月刊室獨立的發行部專責經營，以期發行份數的激增。

(2)改良發行方法

1.根據原有發行地點，加以整理與擴充。

2.區署直轄機關，採用派銷法，調查並由區長審核各機關應訂月刊人數若干人，即指定派銷若干份，並將派銷份數及刊發清單，並送區署財務股，在各機關領款時分別扣除之。

3.建立鄉村發行網，以鎮為單位，每鎮設一代售處，由鎮長及文化幹事負責向民衆勸銷，務使北碚月刊普及民間，並以推銷份數之多少為考績之一。

4.本區公共場所或旅館設代售處，分設於旅客服務處，車站，囤船碼頭，滑竿停放處，溫泉公園，乘善公寓，青北公寓，隨時隨地刺激來峽客人，吸引客人購買。

5.特約本市及重慶各書店代售。

6.贈送各機關團體應以交換為原則。

發行份數估計

類別	份數
1.區署所屬各機關職員派銷	二〇〇
2.峽區小學教師派銷	二〇〇
3.各鎮勸銷	三〇〇
4.各書店代售	一〇〇
5.征求區外訂戶	五〇
6.交換	五〇
7.贈閱	一〇〇
8.總計	一、〇〇〇

(3)經費方面

減少支出：

辦法：

(1)減少月刊贈送份數，售出份數力求達到八百份。

(2)要求京華印書館承認每期月刊印刷紙張費八折實支再樂捐印刷費四〇〇元。

支出估計：

每月出版一期，頁數約四十頁，每頁二十三元合計，需洋九二〇元，加封面費三四〇元，總共需要印刷紙張費一二六〇元，八折實支為一〇〇八元，扣京華印書館樂捐四〇〇元，實支六〇八元。加上稿件及木刻圖表獎金約二〇〇元，每期實需經費八〇八元。

增加收入：

辦法：

（1）月刊收費。力求達到月刊售出八五〇份，盡量減少贈送份數爲一五〇份。

（2）招登廣告。向重慶各大公司及本區各公司　盡量設計招登美術廣告，既可使月刊美觀，又可增加收入。

收入估計：

（1）月刊費。月刊推銷平均以每本四角計，如能達到八〇〇份，則可收入三百二十元。

（2）廣告費。可望收入四〇〇元。

二　幫助區署同人讀書與寫作

甲　幫助同人讀書：

（1）經常提供區署讀書會之改進意見。

（2）介紹書報雜誌。

（3）解答讀書疑難。

（4）幫助同人擬訂讀書報告大綱。

（5）幫助區署讀書會擬訂專題討論大綱。

乙　幫助同人寫作：

（1）每月舉行寫作座談會一次，討論寫作的實際問題。

（2）幫助同人草擬寫作內容大綱，商討寫成作品的修改調整問題。

（3）隨時隨地留心同人工作情況，提醒同人注意搜集寫作材料。

（4）介紹家作寫作經驗與方法，以提高同人寫作技能。

（5）介紹寫作題材的參考資料，以充寫作內容。

三　資料搜集

（1）剪貼參考資料

廣爲搜羅散見於各書報雜誌，有關建設事業的文章圖表，分類剪貼成册，編製索引。有計劃的充分供給區屬各事業機關的參考資料，扶助同人加緊學習，提高寫作能力，以期北碚月刊更加充實活潑。

依據本刊實際需要，剪貼資料約分下列數類：

1. 國際情況
    - 政治
    - 經濟
    - 文化
    - 軍事
2. 中日戰局
    - 重要戰役
    - 各戰場現狀
    - 敵寇暴行
    - 敵方反戰運動
3. 國內建設
    - 政治建設
    - 經濟建設
    - 文化建設

軍事建設

4.農業

農場管理

農業倉庫

氣象

土壤

肥料

害虫

農具

灌溉

作物栽培

蔬菜園藝

果木園藝

花卉園藝

造林

畜牧

水產

蠶桑

5.工業

冶金工業

化學工業

機械製造工業

電機工業

紡織工業

造紙工業

製革工業

6.工程

建築工程

道路工程

水利工程

市政工程

電氣工程

7.交通工具

火車

汽車

電車

馬車

人力車

板車

汽船

木船

飛機

8.醫藥衛生

公共衛生

家庭衛生

簡易治療

9.商業管理

糧食管理

食鹽管理

燃料管理

運輸管理

10合作事業

生產合作

消費合作

信用合作

11教育

教育行政

國民教育

社會教育

工作與學習

12文藝

詩歌

小說

戲劇

文藝批評

13美術

攝影

木刻

圖畫

統計圖表

廣告畫

美術字

14日常生活

食飲

衣服

娛樂

15總裁言論

16名人傳記

（2）搜集書報雜誌

致函全國各書店，請求惠贈出版新書或交換刊物。

致函全國各建設機關，文化機關，學術團體請祈交換刊物。

務使有關建設之圖書雜誌，搜羅無遺。

四　出版專書

（1）出版參考資料專集

整編分類剪貼之參考資料，出版參考資料專集如下：

1.農田水利資料專集

2.改良栽培技術資料專集

3.畜牧獸醫資料專集

4.交通運輸資料專集

5.市政庭園建築資料專集

（2）新編峽區遊覽指南

將峽區遊覽指南及峽區事業概況，重新改編，增入新的內容，混合編爲一冊。參考香港遊覽指，南西湖遊覽指南，編排技術之優點，編製力求新穎醒目，文字力求生動有趣，圖表力求美觀精確，以供留心峽區事業，及來峽欣賞風光者的參考。（一月開始搜集材料，年底出版。）

五　添設人員

爲了保證完成本社計劃，决非主任一人兼理編輯校對發行等事務，所能勝任。必須添設最低限度之人員。

（1）統計員一人，辦理峽區生產消費各種統計事務，繪製峽區物產交通水利等類分佈圖表，資格須大學統計系畢業，月薪壹百元。

（2）編輯一人，助理月刊編輯事務，並搜羅各書報雜誌有關建設事業的文章圖表，分類剪貼，裝訂成冊，編製索引。資格以大學及高中以上學校畢業，普通常識豐富者爲限，月薪六十元。

（3）發行一人，經營本社發行部業務，兼理校對抄錄廣告設計等工作，資格中學畢業，月薪四十元。

最後，本社的基本口號是：

提供
豐富的，鄉村建設參考資料，
以提高工作技能與效率；
反映
活潑的，峽區建設競賽活動，
以激勵工作興趣與熱情。

三峽實驗區旅客服務處中心工作計劃大綱

一、調查本區事業（限一月份完成）與戶籍室會同辦理。

調查之重心：

1.事業概況
2.新近計劃
3.當前問題

調查之方法：

1.製定調查表格
2.函請各機關查填

二、拜訪聞人專家（限二月份完成）

注重：

1.生活概況
2.專門學術
3.經濟環境（士紳）

方法：

1.準備登記品贈送
2.會同教育股分區拜訪

三、成立江濱詢問處（限二月份完成）

1.詢問處：

A範圍—本區事業、交通、居住、物價、遊覽等等。
B方法—口頭、通訊。
C設備—本區地圖、刊物、指南、物價調查表、登記簿、辭典。

2.招待處：

A範圍—特殊的（本區有關來賓）普通的。
B設備—宿舍、餐堂、茶肆。

3.休息處：

A設備—坐次、書報、圖表。

本項工作，先召集關係會議，決定辦法，然後分頭進行。

四、成立職業介紹所（限三月份完成）

注重：

1.機關擬用人員之登記
2.個人求業之登記
3.失業者之生活指導

方法：

1.製定登記表格，

2.通知各機關及民衆，

五、整理水陸交通(限四月份完成)與公安隊會同辦理

1.工具的改良：

A本船坐次、設備。

B滑杆形式、設備。

C車輛編製檢查。

2.人員的訓練：

A人員—轎夫、力夫、車夫、船夫等。

B課程—服務常識、峽區事業……等。

3.行幫的調整：

A行幫種數；

a運輸行，

d木船業公會，

c轎幫公會，

d運力幫(大小)，

e其他野力，

B調查事項：

a調查登記；

b組織考察；

4.價格的規定：

A種類—水上、陸上、運力。

B原則—以時間、里程、數量，合理計算之

5.設置公票處：

注重：

A統制售票

B合理分配

本項工作，先召集各行幫代表開會，組織本區交通整理委員會，決定計劃，分頭進行。

六、組織舊貨公司，(限五月份完成)與公安隊會同辦理。

目的：

1.統一舊貨買賣，

2.取締沿街舊貨攤，

3.幫助難民售貨，

4.消滅中間剝削，

方法：

1.召集舊貨業開會，

2.由區佈告取締，

七、介紹租售田房業(限六月份完成)

目的：

1.建立新秩序

2.減低中間剝削

方法：

1.製定田房產租售與法定契約，

2.通告本區民衆週知，

以上工作進行步驟；分調查、準備、實施，三期，其各項事業，互有聯繫，可同時并進，限六月底前，全部完成，七月以後，爲整理考核時期。

嘉陵江三峽鄉村建設實驗區各鄉鎮三十年度工作計畫

甲　管理方面

保甲、

一、編整

1.重劃保甲界線——本區原有五十八保，依照十進制改編為一百三十六保，於本年一月底完成。計：

北碚—四十五保
黃桷—二十二保
白廟—十二保
文星—十八保
二岩—八　保
澄江—三十一保

劃界完成後，即補發門牌，繕製表册，刊發圖記，製發吊牌於二月底完成。

2.改選保幹人員—將原有保幹人員，依適當地域分配充任之，其餘補充保幹人員，由保民大會選舉合格人員，每保三人（正副保長及保隊附）報請區署核委。

3.健全各種會議：

一、鄉鎮民代表會—遵照縣各級組織綱要，於本年一月改編保甲完成後，即開始組織各保保民大會，限三月一日以前完成，準於三月十二日，各鎮同時舉行第一次鄉鎮民代表大會。

二、鄉鎮務會議—每星期日，召集鄉鎮公所全體人員暨有關保長士紳開會一次，討論工作進行事宜。

三、保幹會議—每月逢十，召集全鄉鎮保幹人員開會一次，檢討及分配各保工作。

四、國民月會—每月一日，除市街各保在鄉鎮公所聯合舉行外，鄉間各保，由保長校長召集，分保舉行，并要求每戶至少須有一成年之人出席，每人必須按時到會。

四、保民大會—在改編保甲完成時，即開始組織保民大會，限三月一日以前組織完成後，每月十五日舉行大會一次，其辦法如下：

子、每次月會必須點名，并執行遲到早退與缺席之處分。

丑、將預定要做的事情，配合民衆的要求，做成提案，規定幾個辦法：找出幾個對於問題較有關係的人去商量，使他們澈底了解及有所準備，以便他們在大會中自動提出。另一方面，對一般民衆事前作廣泛宣傳，以保證提案在會場中通過。

寅、鄉鎮保長事前應準備壹篇簡短有力的報告，或分析時事，或解釋討論有關的中心問題，所說的話要配合他們生活的要求，要與預定討論的問題互相關聯，說話要簡單明瞭，淺顯生動。

卯、對於出席人員的提案，鄉鎮保長要先予以審查整理，并排定議事程序，開會時，詳細預算開會時間，報告多少時間，討論多少時間，都要預定好，同時要將一切討論都要歸結到中心問題上，并準備一點餘興，以調和枯燥的會場情緒。

戶籍

一、清查—保甲整編原含有清查戶口意義，故三十年度之戶口清查，於保甲整編時，合併辦理。

1.要求（發揮以下各項之效用）

一、供應施政參考

二、確定人口屬籍

三、維持地方安甯

四、促進地方自治

2.方法：各鎮專任戶籍幹事，事前派赴區署戶籍室學習，并領取各種應用表册，各回本鎮，再於鎮務會議籌劃進行，并召集保幹人員會議，嚴密分配工作，限二月中旬完成，鎮長并於進行中逐保督導，實行抽查。

二、異動—已往戶口，清查之後，辦理異動不力，以致完全失掉戶口清查之效用，本年絕於清查之後，嚴格辦理異動登記。

1•要求（發揮以下各項之效用）

一、掌握戶口動態

二、確認人口身分

三、維持地方治安

四、防止壯丁逃亡

1.方法：

一、陳報：

子、規定臨時往來人口須即時呈報甲長。

丑、規定遷出之戶須於前一日陳報甲長。

寅、其餘異動事項，須於三日內呈報登記。

二、查報：

子、甲長隨時調查異動，每三日報告保長登記，改正戶册。

丑、保長每於逢十之保長會議，呈報鄉鎮公所彙報。

寅、每月國民月會，規定各戶隨帶門牌參加，挨戶訪查異動，即時改正門牌人口數字。

三、獎懲：對於匿不報之戶長，及查報不力之保甲長，遵照四川省政府頒發之四川省清查戶口競賽辦法之規定實施處罰。反之，則予獎勵。

三、統計—往年戶口調查，未與各項需要，實際配合，故所查結果，鮮有應用價值，本年調查絕與政治經濟教育社會各方面妥爲聯絡，以發戶口調查之效用。

1•要求（發揮以下各項之效用）

一、政治方面：可爲征兵選舉及維持地方治安之工具。

二、經濟方面：可爲分配租稅及統制糧食產銷之準據。

三、教育方面：可爲救濟失學兒童，及掃除文盲之參考。

四、社會方面：可爲養老卹幼救災濟貧及解決人口問題之依據。

2.方法—依據各項需要，製訂統計表格，按照統計項目，以劃正法統計之，并根據統計，修正本計劃。

禁煙

一、檢舉

1.定期檢舉、每兩月一次，時間臨時議訂。

2.隨時檢舉、執行同甲各戶暨保甲連坐，獎勵告發，懲罰檢舉不力之保甲長。

二、管理

1.嫌疑煙犯：派遣密查人員，凡查有可疑煙犯，而難拿獲證據者，即實行調驗，如果係私吸煙犯，同甲各戶，予以連坐之處分。

2.復吸煙犯：對於已經勒戒之煙犯，除取具妥保并於右臂刺定「戒」字符號外，并命令保甲長與同甲各戶，嚴密監視，以防復吸，倘果有戒而復吸者，一經查出，絕對報請槍決，如同甲各戶失於查覺，絕予連坐處分。

乙 教育方面

一、普及國民教育：

1.兒童教育 全區六歲至十七歲之兒童，總計二二〇五三八，統限於本年度上學期開學時，一律強迫入學。

2.成人教育 全區十八歲至四十五歲之成人，總計四五三九三八，本年上期應有二二六六一人受完成人補習教育。下期應有二二六六二人受完成人補習教育。

二、充實社會教育：

1.籌備圖書分館，并購置各種圖書，限一至四月完成。

2.規定各鎮講聖諭及說書的，應按日先報告時事，及英雄抗戰故事，限一月內開始訓練，并完成此項計劃。

3.整理民衆俱樂部爲通俗講演所，限二月內完成。

4.舉行巡迴圖書指導，聯絡圖書館於二月內開始實行。

5.每日張貼時事簡報。

6.組織兒童歌詠隊。

7.充實民衆代筆及問訊處

8.舉行民衆音樂會（三至五月內完成）

9.推銷北碚月刊，

1.北碚 七十份

2.黃桷 五十份

3.文星 四十份

4.白廟 四十份

5.澄江 六五份

6.二岩 二五份

10推銷嘉陵江日報：

1.北碚 二〇〇份

2.黃桷 一〇〇份

3.白廟 六〇份

4.文星 七〇份

5.澄江 一三〇份

6.二岩 四〇份

三、修建新式校舍 （暑假以前完成）

1. 中心學校

2. 1. 新建 文星，白廟各建一所。

2. 添建 澄江應添設寢室食堂禮堂各一棟，二岩須添建廁所浴室飯廳各一所。

2. 保國民學校

1. 新建（暑假以前完成）

一、北碚 二所（第六，七保）

二、黃桷 一所（第七保）

三、文星 一所（第四保）

四、二岩 一所（第二保）

五、澄江 三所（第四，七，八保）

2. 培修（二月底完成）

一、北碚 一所（十九保）

二、白廟 二所（四，五保）

三、黃桷 一所（六保）

四、文星 三所（五，六，七保）

五、澄江 三所（內十保二所，十三保一所）

六、二岩 二所（二，四保）

3. 租佃：（一月底完成）

一、黃桷 一所（四保）

二、文星 一所（二保）

三、澄江 四所（五，六，九，十二保）

四、提高教師待遇：

1. 徹底實行教師公膳，每月由區署津貼食米三市斗。

2. 恢復古代尊師遺風，規定學生於上期端陽節；下期中秋節，饋送教師節禮。

五、加強教育視導：

1. 選擇優良教師：選擇地方中初中或師範學校畢業，學識優良之教師，介紹區署教育股審核任用。

2. 考核教師成績：

1. 能力之強弱，

2. 品格的好壞。隨時考核有無不良嗜好。

3. 工作的勤惰 教師到校月日，及平時缺席，均由保長逐一登記，鎮長隨時抽查，以憑扣薪或議處。

4. 地方的信仰。

5. 教學的方法。

6. 訓導的方法。

3. 教師之獎懲：

1. 成績優良者—呈請區署給予物質獎勵：并將其優良成績在嘉陵江日報，及北碚月刊公佈之。

2. 成績惡劣者—呈請區署記過或停職。

4. 各學校成績之比賽：

1. 學業比賽（每學期終了舉行一次）

2. 健康比賽（四月四日兒童節舉行一次）

3. 清潔比賽（每月底舉行一次）

4. 講演比賽（每期行課第十週內舉行一次）

5. 運動比賽（中秋節舉行一次）

丙 養育方面

一、農業

1. 農業改良

1. 鹽水選種 （二月份）

2. 苞谷間行抽花　（五月份）
3. 剪除麥黑穗　（三月份）
4. 水稻苞谷展覽　（八月份）
5. 小麥展覽　（五月份）
9. 蔬菜展覽　（十一月份）
7. 推廣番茄及名貴菜種，
8. 推廣優良麥種（金大二九〇五）．
9. 新農具之示範試用，

2. 農田水利：

1. 開闢新塘堰　（年底完成）
一、北碚　塘一，堰一（廿保，十保）
二、白廟　塘二，堰二（三保）
三、黃桷　塘一，（一保）
四、文星　塘三，堰三（三．四．五保各一）
五、澄江　塘二，堰三（七，十保）
六、二岩　塘一，（三保）

2. 培修舊塘　（五月份完成）
一、北碚　塘一（廿保）堰二（十七，十八保）
二、白廟　塘堰各二（四保）塘二，堰一（五保）
三、文星　塘一，堰一（六保）堰二（七保）堰一（四保）
四、二岩　塘一（三保）

3. 家畜發展：

1. 推廣榮昌白豬：協助農業推廣所本年度完成白豬推廣頭數計：
一、北碚　八〇頭，
二、白廟　二〇頭，
三、文星　二〇頭，
四、黃桷　三〇頭，
五、澄江　一〇頭，
六、二岩　六　頭，

2. 推行家畜保險．協助家畜保險社本年度須完成家畜保險頭數計：
一、北碚　一二〇〇頭，
二、白廟　六〇〇頭，
三、文星　一〇〇〇頭，
四、黃桷　八〇〇頭，
五、澄江　一〇〇〇頭，
六、二岩　四〇〇頭，

4. 公共造產：

1. 造林　（植樹節開始）
一、北碚　植樹五〇〇〇株
二、白廟　點種桐樹五〇〇〇株於飛蛾山，横担山，碎石坪三處。
三、文星　植樹五〇〇〇株
四、澄江　植樹二〇〇〇〇株
五、二岩　植樹二〇〇〇株

2. 大量養魚　（三月份辦）
一、北碚　十六處（除一至四保外，其餘各保一處）
二、白廟　二處（四，五保）
三、黃桷　六處（除一至三保外，其餘每保一處）
四、文星　六處（除一保外，其餘各保一處）

五、澄江　十一處（除一至二保外其餘各保一處）

六、二岩　三處（除一保外其餘每保一處）

3.創辦農場

一、各鎮設中心農場一所

二、各保設試範農場一所

二、合作事業　（三月份完成）

1.各鎮鄉成立中心合作社一所—以各保合作社參加組織之。

2.各保成立保合作社—以各戶長參加組織之。

三、商業

1.糧食管理

1.管理機構　各鎮設糧食幹事一人，專司其職。

2.管理糧食市場：

一、登記糧食倉庫。

二、登記糧食商號。

三、登記糧食經紀。

四、登記糧食行棧。

五、登記糧食行情。

3.調劑

一、調查

一、各鎮調查消費數量。

二、各鎮調查蓄有公私存谷。

三、調查產米區域行情。

二、管理糧價：

一、實施糧食情報。

二、計算糧食運銷成本。

三、規定糧食價格。

四、登記糧食買賣。

四、交通

1.裝設長途電話　（二月底完成）

1.黃桷　商蠶桑改良場大鑫火磚廠裝設長途電話線及新式電話機各一部。

2.文星　商天府公司安設長途電線及電話機一部。

3.澄江　商山東省銀行，酒精廠，燧川，寶源，義瑞林場，商務日報社，廣利公司，棉紡織推廣委員會各製設新式電話機一部。

2.各鎮公私防空洞，均一律裝設電話。

3.促成澄溫公路通車。

4.修築道路橋樑。

1.北碚　聯絡澄江鎮修築金剛碑鋼房至北溫公路石板道計長三〇〇公尺（三月份完成）

2.白廟　修築麻柳灣至天台寺道路計長三公里（三月份完成）

3.文星　修築後丰岩至三王廟道路計長三公里（七月份完成）

4.黃桷　修築黃桷至白廟道路計長四公里（八月份完成）

5.澄江　一、閘船碼頭至公路道路計長三〇公尺（一月份完成）

二、澄夏兩處場口道路計長一公里（二月份完成）

三、塘房嘴至澄溫公路道路，計長五〇公尺

五、電氣工業（三月份完成）

1.北碚 協助籌備北碚電燈公司（六月底完成）

2.白廟 添設市街電燈六〇盞（三至四月底完成）

3.文星 安設市街電燈一〇〇盞（三月底完成）

4.黃桷 黃桷籌備成立電燈廠（年底完成）

5.澄江 安設電燈五〇〇盞（二月底完成）

9.二岩 安設電燈五〇盞（三月底完成）

六、倉儲

1.積谷 儲足全區一戶一市石，現已六鎮鄉戶數計，則應儲存一七六八八市石，現已存五千五百餘市石，已完成百分之三，本年擬再完成百分之三。

2.建倉（七月底完成）

1.北碚 兩口，能容三千市石。

2.文星 一口，能容五〇〇市石。

3.澄江 一口，能容一五〇〇市石。

4.二岩 一口，能容三〇〇市石。

丁 警衛方面

兵役

一、宣傳

1.目的

一、使民衆明瞭各種兵役法規。

二、使民衆明瞭兵役義務，及應享權利。

三、掃除「好男不當兵」的錯誤觀念，激發慷慨從軍的熱情。

2.方法；

一、組織兵役宣傳網—各鎮中心學校國民學校構成兵役宣傳網，各教師義務担任宣傳員，各鎮兵役協會負聯絡責任，宣傳材料由區署兵役室供給，幷實行比賽制，中心學校與中心學校比，國民學校與國民學校比，教師與教師比，務期父以教子，妻以勸夫，兄以勉弟，凡達兵役年齡者，無不樂於應征，此項工作期於六月一日以前完成。

二、組織兵役宣傳隊—運用寒暑假，發動各學校留校師生，組織宣傳隊，準備歌詠、金錢板、蓮花落，新書漫畫，等材料，出發各保宣傳。

二、調查

1.壯丁調查—各鎮甲乙級壯丁，已訓未訓壯丁，及出征應征人數，期於整編保甲清查戶口之便，澈底清查一次。

2.役別調查—關于免緩禁停出服各役人數，於三月底調查完竣。

3.其他如在廠工人，在鄉軍人，樂服兵役史蹟等調查，亦期於本年九月份以前，一一調查清楚。

4.需用表册由區國民兵團與兵役室製發，各鎮發動保幹暨學校人員共同負責進行，鎮負監督指導之責，統計由區轉理。

三、組訓

1.編組

一、地區編組—按各鎮鄉保甲之系統，各以其單位內之國民兵重新整理，編爲鄉(鎮)保隊，甲班，造具壯丁名册，爲平時管理召集及服務之用。二月份開始，三月底完成。

二、年次編組—按役期年次爲準，十八歲至四十五歲之壯丁，分編爲各年隊（班），造具國民兵名簿，爲集合訓練及征調服役之用，限三月份開始，四月底完成。

2.訓練

一、普訓—以保爲召集單位，督飭保隊長隊附，遵照部頒訓練辦法，參加鄉土教材，於每月逢十召集全保壯丁訓練一次，至農隙時之十，十一，十二月，則改爲每晨召訓一次，以養成國民軍事化的生活，和團結合羣的習慣。

二、集訓—按照年次召集轉送後備隊訓練。本年訓練五期，每期兩月。

四、優待

1.應整理事項

一、清查征屬異動，另造册籍，三月份完成。

二、清理月捐數目，勸募新戶，造具捐册，實施異動管理，一月份開始，二月底完成。

2.應辦理事項

一、申送抗屬子女入學，中華慈幼協會抗戰軍人子女教養院免費收容，本年各鎮以送五十人爲限，計：

北碚　一八人
黃桷　八人
白廟　四人
文星　六人
澄江　一〇人
二岩　四人

二、舉行季節慰勞—定農歷春夏秋節，發動全區民衆自動獻捐禮品，金錢，慰勞征屬。

三、辦理通訊事宜—代在營將士收轉家書，委託各學校教師義務担任出征家屬書寫家書。

四、幫助征屬撻谷代耕—以保爲單位，將壯丁組成代耕隊，於春耕時，設訂日期，幫助征屬耕耘，幷於秋收時，幫助撻谷，由鎮派人督導考核，幷實施獎懲。

一、要求：

1.做到各鎮境內無刼案發生，

2.逐漸消滅竊盜案件。

二、方法：

1.積極方面：

一、實行同甲各戶聯保連坐，以爲正本清源之計

二、澈底查報戶口異動，以防奸宄潛入境內。

三、復查民有槍彈，舉辦登記烙印給照，幷隨時清點檢查，以防止民槍濟匪。（三月底完）

四、佈置偵探網，檢舉奸宄，管理疑戶。（四月底完成）

五、調查游民，安置游民生活，以防止其饑寒之時挺身走險。

三、消極方面；

一、實施守望巡查聯防會哨—遵照三區專員公署所頒之

壯丁聯防會哨守夜辦法辦理。

二、組織保甲通訊網—遵照重慶衛戍司令部所頒治安聯絡通訊辦法辦理。

防空

一、要求：

1普遍防空常識；

2.減少無謂犧牲。

二、方法：

1.整理防護團隊

一、人員：除北碚市街防護團由保安警察隊指揮管理不計外，本年各鎮防護團隊，要求全區有精選整齊之防護團員二百三十三人，防護義勇隊員一千一百九十二人，於空襲時出而服務，計：

	（防護團員）	（防護義勇動員）
北碚	（未計）	五〇〇人
黃桷	七五人	一二〇人
白廟	四八人	九六人
文星	三〇人	一八〇人
二岩	二〇人	四八人
澄江	六〇人	二〇八人

二、裝備：防護團員添製一律草綠色服裝，每人配備步槍壹枝子彈五十發，各鎮皆有水龍至少壹架，消防班皆有火帽，有長梯三架，抓子叉子各貳十具，每保防護團皆有担架三乘，水桶四挑。

三、訓練：防護團隊每十日集中訓練一次，每三月以鎮為單位，聯合大演習一次。

2.整防空壕洞—防空洞除北碚可容全鎮人口不計外；其餘各鎮之洞，皆添鑿，計：

一、黃桷鎮現有四洞，可容二六〇〇人，本年增鑿一洞預計可容五〇〇人。

二、白廟鎮現有四洞，可容一九〇〇人，增鑿四洞可容一六〇〇人。

三、文星鎮現有五洞，可容一五〇〇人，增鑿一洞，可容三〇〇人。

四、二岩鄉開鑿兩洞，可容五〇〇人，

五、澄江鎮，開鑿兩洞，可容一〇〇〇人。

衛生

一、設置：

1.分診所—除北碚鎮外，各鎮皆設立分診所，由衛生所主持辦理，經費由各鎮自行募集，限本年五月底完成。

2.醫藥箱—除市街各保不計外；每保設一醫藥箱，由衛生所配備藥品，所需經費由各保自籌，並訓練國民教師醫藥常識，擔任簡易醫療工作，與分診所同時進行。

二、推行：

1.家庭衛生—聯絡衛生所，就保甲會議，指導保甲人員衛生常識，各保甲人員，再於保民大會實施普遍宣傳，每月由保甲長會同學校教師實施挨戶檢查一次。

2.婦嬰衛生—先由衛生所規定表式，交由各保學校及保甲長實施調查，再請衛生所派員舉行產前檢查，並指導孕婦以衛生方法，至少每三月輪到各保檢查一次。

3.防疫注射—(五月至九月)

一、宣傳：

子、運用各種會集聯絡衛生所講演衛生常識。

丑、聯絡各學校向學生講授，間告家人。

二、辦法：

子、聯絡衛生所防疫隊舉行強迫注射。

丑、協助衛生所在各鎮交通要道設立檢疫站。

寅、隨時報告傳染病流行情形於衛生所。

保安警察第一中隊三十年度中心工作計劃

甲　保安方面

一、調查戶口

1.要求：防止漢奸間諜及盜匪潛入。

2.方法：

A秘密偵查以明瞭人民生活狀況及品行之優劣。

B隨時抽查以明瞭轄境內人口數字及異動情形。

二、組訓義務警察

1.要求：協助防間鋤奸及防止反動工作。

2.方法：將轄區內佈置成偵探網，其組織依照戰時警察方案辦理之。(三月份辦理)

三、管理特種營業

1.舊貨業：(包括舊貨店，拍賣行，舊書店，舊貨攤等。)

依着管理舊貨營業規則嚴查有無違反規定事項(經常辦理)

2.旅店業：(包括旅館旅社客棧，寄宿社公寓貨棧之有住客者，酒館店之有住客者)查禁關於保安及衛生方面之限制事項，防止犯罪事項，(每夜經常派人檢查)

乙、秩序方面

一、管理交通

1.木船滑杆包車各業已進行售票將來辦到凡交通工具均統一售票，如板車大小力等業

2.指揮交通工具及行人(街道建築完成後專設交通警察辦理)

3.設置交通標誌(街道建築完成後辦理)

4.換發力夫證(一月份辦理)

5.商電力廠添設街燈路燈(一月份辦理)

6.整理木船號牌及保險綫(四月份辦理)

二、整理市容

1.管理各種廣告(一月份辦理一切不合規定之廣告)

2.編釘號數門牌(二月份辦理)

3.恢復各街路門牌(二月份辦理)

4.取締浮攤

三、維持風化

1.查禁流娼窩賭及遊蕩無賴之徒

2.禁止奇裝異服及頭纏白帕

3.查禁摸獎[illegible]

四、其他

1.檢查商店許可執照應換保者換保(每月十五日檢查一次)

2.協助建設股健全各行幫組織，成立商會——辦理調查物價，檢舉奸商，稽查囤積，管理各項建築工人等(未成立前由本隊負責)(於三月內組織成立)

丙、衛生方面

一、防疫

1.宣傳事宜由衛生所主持。

2.派警協助衛生所設立檢疫站(檢查有無注射證)設於囤船、車站、及民衆馬路三處。

3.防疫注射，勸導完成北碚三萬人之注射。

4.實施飲水消毒

A派警協助衛生所成立飲水消毒站於飲水碼頭用漂白粉消毒。

B井水由衛生所派專人施行消毒。

5.協助衛生所擴大滅蠅滅蚊運動

二、環境衛生

1.推行飲食店理髮業茶旅館業衛生

A一月份會同衛生所舉行上述各項之調查。

B二月份訓練經理人員管理衛生，訓練廚師茶房實施衛生。

C每月四日及二十兩日，由本隊與衛生所新生活運動促進會三機關聯合舉行衛生清潔檢查，每次均將最清潔與最不清潔者在報上公佈。

D理髮師在舊曆逢十之午后二至三鐘由本隊召集，到指定地點，請衛生所醫師講授各種衛生常識，指導衛生設施。

E由衛生所頒訂管理規則獎懲辦法及衛生執照，由本隊執行。

2.推行家庭衛生

a.宣傳

一、在各種集會上用口頭宣傳。

二、聯絡衛生所及北碚婦女生活改進實驗區實施家庭訪問(二月份開始)

b.方法

第一步訓練保甲人員實施宣傳並指導。

第二步由各保甲人員訓練該管住戶戶長督導其家屬實行

3.公共廁所之建築與管理

A現有之公共廁所(共六處)不敷應用，應請市場整理委員會從速完成濱口路及北午路之新式廁所兩所，要求在二月份完成。

B改建關廟後之公共廁所　(二月份辦)

C每日由清道夫盤潔公共廁所一次，並用石灰消毒。

D與蠶桑改良場訂定，定期排除各廁所之糞便。

4.街道之清潔

A以派出所(單位，每派出所設清道夫兩名。

B一、二、三、派出所區域內設置垃圾箱三個

C街道完成後恢復痰盂盒，果屑箱。

5.舉行清潔大掃除（舊曆每月廿日午前舉行）
a.室內由舖戶自行擔任。
b.室所由防護團員與大小力𫠦之力夫擔任。
C同時作挨戶清潔檢查，並在新聞簡報上公佈其好壞。

6.明暗溝渠之疏通
a.促成市街各戶於二月底以前，完成通下水道水溝。
b.隨時檢查溝渠有應疏通者立即疏通。

7.涼食攤擋之管理
a.禁售冷食與削皮之水菓。
b.經檢查合格後，領得許可執照，方准營業。

丁、防空與防毒（四、五、兩月辦理之）

一、—除防空支會發動各項宣傳之外，隨時利用各種會集，向民衆作口頭宣傳下列各點：
4.政府實施強迫疏散之意旨
a.空襲時民衆應注意之事項
b.各種防毒方法

二、疏散人口
1.配發居住證，實施強迫疏散（並補發防空洞入洞證以補助之）。
2.登記空房，限制遷入。

三、繼續訓練防護團
1.舊歷逢十，集中訓練一次，特別注意敵降落隊之應付。
2、藉訓練之便，加授警察實務之訓練材料，必要時可以充任義勇警察而幫助警察服務，其訓練材料採區署編訂之教材。

四、防毒設施與防毒教育
1一般民衆由防空支會統籌辦理。
2防護團員設備口罩及面罩，向重慶防空司令部訂購（在霧季期內辦好）。

五、防空洞秩序之維持
1派專人看守電話，傳達消息。
2編定洞內座位號數，有入洞證者對號入座。

戊、消防方面

一、設備
1請市委會在四月份以前建築太平水池四個；每個至少須能蓄水三百擔以上，南京路，上海路，北平路，濱口路各路建築一個
2勸導市民購置太平水桶（每戶至少有一挑）三月份以前備齊。
3添置出水袋二百呎其經費在板車售票同扣百分之五之手續費項下支付。

二、組織救火會—查搶救工作，本來已有各鄉保組織之義勇防護隊專任此項事務，惟因路途之遙遠，交通之不便，往往不能爭取時間，所以須有救火會之組織以補助防護團之不足，而達成搶救任務。
1時間：四月份內辦理
2人員：飲食業茶旅館業之傹倌么師，及泥、木、石、土、各行工人組成之。

3組織：泥、木工人組織成撤卸隊，石、土工人，及儘倌么師組織成運水隊（獎懲辦法另訂之）

三、其他

1配發救火證，以免發生火警之後，或有借名搶救，發生趁火打刧情事。

a.時間；四月份內完成

b.方法；每一商店或住戶發一救火證（斟酌情形大商店也可多領）上面註明商店字號門牌號數姓名——等字樣，發生火警時，某一段有危險，這時，那一段的人就可憑證入市。

2.消防演習（救火會組織成立之後舉行）

舉行消防檢查（經常辦理）

己　其他方面

一、民衆組訓

1.組訓各種力伕——包括車伕，船伕，轎伕，大小力伕（逢十訓練一次）

2.督導保甲。

二、民衆教育

1.公佈新聞簡報

2.擇建第六保國民學校校舍（就黎園小學原有校址建築）

3.督促成年文盲入學（中心學校成人班開學時辦）

4.利用機會灌輸防空防毒防火及清潔衛生等常識。

三、於車站囤船派專人幫助旅客代僱車船滑杆及力伕等事宜

峽區國民兵總檢閱

（特寫）抗戰三年半了，我們的力量是越打越強的，在今天我們來檢閱一下自己的力量：當然是有她偉大的意義的，同時國民兵營訓，又將要結束了，為要知道，受訓三月的成績，本區前奉令定民族復興節舉行國民兵總檢閱，因為當天下雨，始延至廿七日在北碚公共體育場舉行。

○○……會場素描……○○

昨天的天氣又不很好，陰慘慘的，好像又要下雨的樣子，在北碚的一個廣場上，正面佈置了一個簡單的檢閱台，正中掛着　總理遺像及黨國旗，在檢閱台上，擺着一張長方形的木桌，同時有十幾把籐椅，在木桌上又擺着幾面錦旗，正是各鎮鄉國民兵要爭奪的錦標，主席為盧區長子英，王副團長雨時，同時有來賓衛戍總部李萬里先生，糧食管理局盧德安先生等，參加檢閱。

檢閱禮本定午前八時半舉行，各鎮鄉國民兵，以北碚文星兩鎮到得最早，其餘各鎮鄉都是準時到的，合計到全區國民兵三千餘人，排列次序，是分鎮鄉站的，各國民兵都是穿的短服，並且很多都是穿的綠色制服，由正面望去，好像一塊塊的綠得可愛的草地一樣，

○○……隊伍雄壯 行列整齊……○○

在悠揚的軍號聲中，於是閱兵禮開始了。閱兵官由隊伍的左面出來，向着隊伍的右面走去，會場空氣，頓時嚴肅起來，隊伍雄壯，行列整齊，每個壯丁都挺出胸膛，向檢閱官們肅然致敬。

隨即分組檢閱，檢閱分精神、裝備、指揮、動作、清潔五大項，檢閱科目，又分排教練，班教練兩種，隨即由評判組審定及核算分數，以評定成績。

○○……游藝表演 節目精彩……○○

時間不早了，接着表演遊藝，兵士們都坐在地上，老百姓又在外面圍成了一座鞏固的城牆，重師女同學，表演的水手舞，首先獲得了雷動的鼓掌，瑞山小學的小朋友們，特到此地來參加遊藝表演，并且又能表演出「壯丁上前線的歌舞」，當然是要受到熱烈歡迎的。

○○……國體表演國術 全場掌聲如雷……○○

只要看過遊藝表演的人，一定都要聲讚，國體的同學們！表演的節目分兩種，一種是國術表演、一種是器械表演，（節目繁多，不能一一列舉），技術超羣，全場掌聲如雷，最值得介紹的是摔角同短兵術，因為是能提高我們勇敢同奮鬥的國術，也值得每個人的研究同學習，還有名國術家賴奎龍先生表演國術，也是最受人歡迎的，天色變了，細雨紛紛，於是，遊藝暫告結束了。

○○……戲院太小 人數太多……○○

但是，遊藝節目却並沒有因此終止，繼又在漢戲院同川戲院舉行，戲院太小，人數太多，兩個戲院都是人山人海的，漢戲院由漢戲宣傳隊表演「打漁殺家」復旦劇社表演「東北的一角，」川戲院由抗敵工作團表演「鎮華夏，」漢劇宣傳隊抗敵工作團等，為歡迎國民兵，節目都表演兩次，各國民兵並交換戲院，在漢劇院看的又換到川劇院去，在川劇的又換到漢劇院來，使每個人都不要失去了這個良好的機會。

並且又在新營房內展覽萬有圖片，萬有圖片，是本區舉行國民兵檢閱，特別歡迎到北碚來展覽的，展覽的圖片，可以分為蔣總裁生平，科學常識，抗戰婦女，抗戰藝術等類，觀者十分擁擠。

○○……評判結果 澄江第一……○○

評判結果，人數北碚白廟最多，精神裝備以澄江、二岩最好，指揮以澄江、北碚最好，動作以白廟、文星、北碚最好，清潔以二岩、澄江最好，總評判結果，澄江奪得錦標，區署各授錦旗一面，以資鼓勵，並以此留此紀念。

○○……繼續不斷努力 爭取更大進步……○○

這次的檢閱，給社會一個深刻的印象，我們力量是在生長中鍛鍊中！雖然我們是比過去進步了，然而我們的進步是還不夠的，希望還要繼續不斷的努力，爭取更大的進步，使我們的抗戰隊伍，更廣大強壯起來！

座右銘

本銘第一段係隨手採取中西名人格言，後半乃本生活經驗而寫成。蓋以記憶不堅致令實行時斷時續，茲爲此銘，聊效夫差報越令人逐日呼告「汝忘爾殺父之仇乎？」之義，用勵同人終身實行，庶免或忘耳！　筆者誌

一

△人生就是戰鬥——諾曼羅蘭

△每天更新的生活，正像你的生活，從這一天開始一樣——歌德

△從前種種譬如昨日死，從後種種譬如今日生——袁了凡

△人生於世，應有一目的，否則其所有能力，將屬浪費——彼得司

△我們每一個人，日曆上所有的，永遠只有這個今日——成功論

△革命（創造建設）是歷史的車頭——馬克思

△甚麼是路？就是在沒有路的地方踐踏出來的，從荊棘的地方，開闢出來的——魯迅

△何處有意志何處有前途——德諺（普魯士，德意志，都是這樣成功的）

△舜何人也，予何人也，有爲者亦若是——顏淵

△自信就是一種力量，可以移山——任說麼不足信，不可能的事務，都由那一般認識自力的人做成功了——成功論

△準備充分——唯有準備才造成機會，你究竟願意，含辛茹苦到何程度？——成功論

△現在之勞，未來之樂——拿破崙

△凡是不收穫的人，也是不播種的人——高爾基

△人欲享安樂，必然由困苦艱難而來——孫中山

△憂勞可以興國，逸豫可以亡身——歐陽修

△如果你能征服自己，克服自己，你就能比你所夢想的，更爲自由——普希金

△我們要習於法治——管子曰：「惟聖人能生法，不能廢法而治國」韓非子曰：「國無常強，無常弱，奉法者強，則強國，奉法者弱，則弱國」慎子曰：「法雖不善猶愈於無法，法所以一人心也」。英諺：「惡法亦法」暨「惡法亦勝於無法」

△臨事肯替別人（公共）想，便是第一等學問——史播臣

△人類之所以能認識種種事物全靠理智之力，而不是靠信仰之力——托爾斯泰

△知識便是力量，而力量就是知識——倍根

△無知識之熱心，有如在黑暗中的遠征——牛頓

△最有價值的知識，是關於方法的知識——尼采

△愈學愈發見自己的無知——笛卡兒

△不知者不能，由知而能，尙須進一級——德諺

△無論甚麼知識，不和實際生活相結，則沒有存在的理由——克魯泡特金

△智者不惑，仁者不憂，勇者不懼——孔子

△我們歌唱着，讚美着大無畏的勇敢——高爾基

△熱誠使我們長保青春，快樂；勇氣，則使我們克成偉績——成功論

△欲爲出類拔萃之人，必具獨立不撓之概——彼得司

△甚麼是失敗？不是別的，他只是走上較高地位的第一階段——菲力

△世間無事物之難易，只有能力的大小——蔣百里

△精誠所至，金石爲開

△成功祕訣之一，是在集中思想和精力於一事的中心點，用你整個靈魂和力量，向這中心點猛進，這一個時間裏，我們要忘記事外的一切，具着那「麋鹿興於左而目不瞬，泰山崩於前而色不沮」的能耐……我們當知道，不在焦點之下的陽光決不會起燃燒作用的。——職業與修養

△事業與學問，是以時間的累積而成，一切事業欲速則不達，無恆則不成，世界上許多成功者，他們都有卓越超人的恆心，對於自己的事業決不作朝三暮四，像哥倫布的發現新大陸，愛迪生，巴斯德，等的成功都是恆心的結晶，易曰：「君子恆其德貞」「以天地之大，不恆無物，事業之衆，不恆無成」——職業與修業

繩鋸木斷，水滴石穿。

二

△民財教建要絕對的羣策羣力分工合作，衆位一體，由小同而大同。

△工作如打仗，須層層負責，層層節制，層層努力。

△治事如治兵，用人如用將，故行政首長須如軍事將領之有三長——帶兵，練兵、用兵。

△行政組織，須鍛鍊成功，爲一部戰鬥之機器。

△科學化卽秩序化，秩序建設卽精神建設

△工作硬要嚴定課程，有如學校教育、或軍事練訓之須按表實施一般。

△使行動不但有計劃性，而且還應變成經常性。

△逐日檢點工作與生活，有無可數之成績與進展。

△抓着幾個中心問題，留心該問題之負責者，並檢閱其實況與數目字。

△我們天天必要照例料理我們的中心工作，有如天天要照例食宿一樣。

△聽取，看，問，觀察，欣賞工作的情報，要使大衆比賽，並要訂出所要求的標準。

△機動的服務，力求如何達到工作之目的。主動的服務力求如何達到工作之任務。

△吾人應養成自覺的紀律，自治的人格，自動的作業。造起建設的興趣，注意現代性。

△吾人應一致要求實現：一、工作學術化。二、生活現代化。三、長官教師化。四、管理民主化。五、事業社會化。

△愈艱難，愈奮鬥；愈窮困，愈努力。

△「艱難正是一種鍛鍊，多遇一次艱難，便多一次進步」，「苦鬥正是購置成功的貨價」，「難能而後可貴」，「勞苦而後功高」。

△憂勤足以興國，憂勤足以興業。

△加緊工作，促進建設，（倡導十小時工作制）。

△工作如打仗，生活如打仗，要求其戰無不勝，攻無不克。

△大無畏者，自易攻無不克戰無不勝！

△我們對於工作，也要積小勝為大勝。

△常人做事，每每是一折便回，非常人，則百折不回。

△百折不回，便是硬幹，便是強者。

△工作如打仗，我們要以一敵十的突擊上前。

△做事須如做文章，要慎重將事，嘗取大而棄小，萬不可細大不捐。

△我們要抓着事情的要點，方能作有效的推進。

△集中全副精神力量於系統的工作上。

△精神應求表現於物質行動上。

△思想，興趣，行動等，一切集中在自己崗位的問題上（要把自己的職務，排列成系統。）

△吾人應一切力量，集中建設，建設…………。

△民衆教育應教以大衆實用的現代生活能力等。

△政治完全是要助人民教育人民改進生活的。

△主管人應每日以半日之力，盡瘁於建教之設施。

△行政同人，在積極方面應習於經營佈置。在消極方面，應習於排難解紛。

△教育、學校、農業、市政、風景等，應各有其理想與共通花樣。

△時時刻刻創造理想，使其具體化，使其成為計劃，並徹底逐步去實現起來。

△建設事項，以農業與工程為中心，技術上應多由內行負責

△我們要學習丹麥的成功，他們有兩大動力，一是高等民教，一是改良農業，牧畜，合作，他們平均每人年收益六百美金。

△實際的工作（如農業家畜等）須與各教育事業（如展覽，講演，民衆合集等）連絡起來。

△造起本地方為一現代的模型。

△直接經營地方，即間接建設國家。

△事實上之愛國家者，須自愛公家，愛事業，愛地方起。

△吾人要求興國，則每一國人須要能興業。

△各從本位努力起，而救國，而建國，才是實實在在有效的作為。

△吾人工作，即「活路」。

△工作即事業，今後之動向，根本無私人事業，只有公共事業。

△我們盡忠職責，即是服務社會。

△我們努力鄉建，即是報効國家。

△我們要為中國爭取光榮，凡各列強辦得到的，都要加速的辦到。

△我們要為事業爭取光榮，凡新方法可利用的，都要選擇來盡量利用。

△努力鞏固國家的基礎，事業的基礎。

△一致克服國家的困難，事業的困難。

△抗戰成功，國家由弱轉強，社會由舊入新。

△奮鬥結果，事業由微至鉅，同人由苦入甘。

二二

△我們要一羣人的能力，重於一個人的能力

△我們要自強不息，羣強不息！

△我們要日新又新，時新又新！

△我們要羣策羣力，共存共榮！

△我們要共同創造，共同享受！

△爲公即所以爲私。爲人即所以爲已。

△爲人終爲已，害人終害已！

△尊人自尊，利人自利。

△寧虧已，莫虧人。

△有好因，終必有好果。有好心，終必有好報。

△有犧牲而後有享受。有義務而後有權利。

△愈有成績，愈有待遇，種瓜得瓜，種豆得豆。

△你能幇助事業（社會），事業（社會）才能幇助你。

△我們要革除腐習染——各顧各，各幹各。

△我們要養成新風氣——大家顧大家，大家爲大家。

△自助，人助，天助。

△正己正人，自愛愛人，自立立人。

△自覺自發自動，助覺助發助動，共覺共發共動。

△吾人須習於「即知即傳」之美德。尤貴自同事始，並養成「人人即先生」，「人人即學生」之新風氣。

△幇助人造學問，勝過贈送人以金銀。

△勸人之改過與爲善者，即服務，即助人，即君子愛人以法之謂。

△德莫大於恕。

△對人應取長補短，勸善規過。

△不究既往，不念舊惡，斯謂之眞正慷慨豪爽。

四

△我們要不負於天，不負於國，不負於父母，不負於自我，我們便該協力自造成功一個人才，共造成功一批人才。

△語云：「相從心變」，其實可謂一切無不從心而變。對人「人從心變」，對事「事從心變」。

△服務人格分三等，上等爲求服務而吃飯，中等不祇爲吃飯而服務，下等祇爲吃飯而不得不服務，願人人提高眞正的文化水準，都當上等服務的人物。

△今之革命鬥爭，是積極爲先，建設爲先，流汗爲先，平時多流汗，自無非常時，自無流血時。

△進步的革命者，對革命工作是只計意義，只求盡心盡力爲第一，成敗利鈍勝負得失，非所深計的。

△我們要戰勝敵人，首先要我們的精神戰勝敵人。

△我們要戰勝敵人，首先要我們的能力戰勝敵人。

△我們要精神重於物質，能力重於財貨。

△我們要精神重於辦法，人格重於技能。

△我們要未來重於現在，社會重於個人。

△先是非而後利害。

△自力更生，自求多福。

△眞理正義，終有最後勝利。

△我們要人人都學習現代英雄的偉大氣概；

△學習以天下事爲已任，學習以天下爲家：

△盡心盡力造公衆福 急公衆難！

△眞正合理化的公民，必須起碼具有左列四項資格：

一、新的社會思想

二、服務的意志

三、健美的人格

四、優良的技能

△我們的教育須如傳教士佈道一樣的熱忱。

△革命家猶宗教家（宗於人類的，宗於民族，科學的現代的）

△我們要求政治清明須自要求每個人一切生活清明始。

△我們要努力提高科學能力的水準，尤其道德能力的水準。

△培養如何應用兩大武器——管理與技術的能力。

△每一個人還宜多讀書，抓着要點，并介紹人，有的時事新聞，也須注意，因爲每每有名人的思想方式與現代思潮含在當中。

△我們要勤修廣義的能力——體力、精神、人格、思想、意志、學問、技能，成績等。

△共同努力提高能力，（幫助民衆之數目字）。

△我們要當一個廣義的革命者，對社會除舊佈新，首先要自己個人除舊佈新始。無論爲人做事之方法，精神成就，皆須求其日新又新，甚至時新又新。

△我們革命應各就本位始，從當前的生活始，要天天都在革命，要天天都有革命的成績。

△威莫大於克服自己的缺點。——貧、愚、弱、私。

△自己要跑到前頭，才能幫助人們上進。

△實行眞正廣義的新生活，須日新月異，常有發明與進展。

△人生應隨在皆有實驗研究發明的態度與要求。

△時夫不待！時夫不再！

△我們要求進步無已，便要奮鬥不息，努力不息。

附載　三峽實驗區北碚市區建築規則

目次

第四十條 變更用途
第四十一條 地區使用限制

第二章 建築通則

第一節 高度

第四十二條 高度量法
第四十三條 高度限制
第四十四條 寬深與高度
第四十五條 住宅區高度
第四十六條 樓層高度
第四十七條 防火與非防火材料高度
第四十八條 臨江廣場或風景區
第四十九條 交通工具高度

第二節 面積

第五十條 面積量法
第五十一條 空地比
第五十二條 普通建築最大面積
第五十三條 分離建築
第五十四條 超出規定面積建築

第三節 基地

第五十五條 水準
第五十六條 沿路高底基地
第五十七條 傾斜基地

第四節 牆垣門窗

第五十八條 牆基綫
第五十九條 牆脚寬度
第六十條 牆身高度寬度
第六十一條 牆身厚度
第六十二條 空心牆
第六十三條 分間牆
第六十四條 舊牆加高加厚
第六十五條 隔鄰牆
第六十六條 防火牆
第六十七條 圍牆
第六十八條 泥牆
第六十九條 載重磚柱
第七十條 露頂磚柱
第七十一條 磚石牆門窗
第七十二條 上下窗間距
第七十三條 拱圈楣梁
第七十四條 沿道門窗

第五節 屋面、樓面、樓梯、地板面、橫架梁、木接榫。

第七十五條 實鋪地板
第七十六條 空鋪地板
第七十七條 欄柵樓板
第七十八條 三合土地面
第七十九條 樓梯
第八十條 橫架

第六節 廁所、廚房、浴室。

第八十一條 廚房
第八十二條 烟囱
第八十三條 抹光通風

第一章　總綱

第一節　總則

第一條　根據　本規則遵照國民政府建築法，第四十四條之規定訂定之。

第二條　適用範圍　凡在本市區內、起造、改造、修理、折卸、公私建築物悉照本規則辦理。其有特殊情形者另行規定公佈之。

第三條　取締　凡市區內建築物，有構造不妥，或其他防礙市政情形者，依照本規則之規定取締之。

第四條　度量衡　本規則所規定闡表說明之度量衡單位，以萬國權度通制（即公尺、公升、公斤）爲標準，但得附註英呎折合數字。

第五條　市區分區　市區分區計劃，另定之。

第六條　市區道路綫　市區道路綫另行規定之。

第七條　鋼鉄鋼筋混凝土　鋼鉄工程，鋼筋混凝土工程之規範另定之。

第二節　請領執照

第九條　請照　凡在本市區內、營造、改造、修理、折卸、公私建築物者，應於事前向本區工務處請領執照後，方得開工。

第十條 執照分類 凡公私建築應行領之執照，按其性質，分爲營造、修理，雜項，折卸等四種。

第十一條 營造 凡起造、改造、修理等工程，有關載重者，均應請領營造執照。

第十二條 修理 凡粉刷、油漆、裝修門面、翻蓋屋瓦等工程，及其他修理房屋與載重無關者，均應請領修理執照，但室內粉刷及屋面修漏，得免請執照。

第十三條 雜項 凡編籬、築牆、駁岸、塡挖土石方、按置爐灶等工程，均應請領雜項執照。

第十四條 聲明用途 凡造公私建築物，用以充做廠房，裝設機器，或製造貯存危險物，或毒品者應於請照時預先聲明。

第十五條 請照手續 本市爲適應市政設施之發展，隨時在計劃改進中，故所有公私建築工程，第一步應事先向本區工務處請示，建築綫經比照計劃核定後，方能進行第二步之設計送圖請照事宜。茲將手續分列於下：

甲、請示建築綫

1.地形圖——凡起造、添造、修理建築、均應於事前委託曾在中央經濟部，或前實業工商兩部，登記核准之技師或技副，繪具實測五百分之一地形圖同式三份，載明基地，四至、邊長、畝分、方向、營造尺度、附近路名、里衖、及原有建築物情形，（添造者應將原有部份詳細繪明）水準高度，等高綫（相差在五十公尺以上者應繪明）等項。

2.建築綫請示單——向本區工務處索取空白綫建築請示單，同式三份，依式塡明起造人姓名職業、住址、測繪技師或技副姓名、住址、及建築物之用途地權證件等，一併連同地形圖送工務處審核。

乙、請照

工務處收到請示建築綫之圖件後，即從事查勘分別核定，通知業主，并發還圖表各一份，業主收到後，即可按照所指定各點辦理，如准予建築，應即繪圖請領執照。其手續如下：

1.建築物設計圖——由中央登記核准之技師技副，繪具百分之一以上之設計圖，同式三份，繪明建築物之立面，（前後左右各面。）平面，（基地、各層樓面屋面。）縱橫剖面，及二十分之一縮尺結構放大詳圖。

2.說明書計算書——圖樣，或工程計劃及進行中，有須要說明計算，或施工者，應另附說明書，計算書。

3.請照單——向本區工務處索取空白請照單，同式三份，依式塡明建築物各部之尺寸，構造、材料、用途等，連同設計圖說，一併送工務處核辦。

第十六條　簡單建築　凡小修理、折卸、而不涉及載重部份者，得免請示路界線，逕辦請照手續，凡造價在五千元以下之簡單建築工程之設計圖說得免由中央登記核准之技師辦理，但仍應請熟習土木工程人員繪具合式圖樣送審請照。

第十七條　造價　凡建築物之造價，得由工務處隨時比照市價，或折合建築面積核定。

第十八條　包工或自造　凡一切建築工程，應交由在本市登記核准之包工承包，小工程可僱工自造，但不得包與未在本市之包工承包，一經查覺，除勒令停工調銷執照外，並酌予處罰雙方。

第十九條　給照　凡請照之圖說證件工務處審核合格後，卽通知業主，業主接到准予請照之通知後，應卽到處交費領照，并領還圖說一份，開工建築，並須將核准圖樣及執照張掛工場，以備查驗。

第二十條　變更計劃　凡經核准之工程圖說，不得擅自更改，其必須更改者，應另行繪具更正圖樣三份，註明原領執照號數，送經工務處，核准後此項更正部份始得動工。

第二十一條　照費　凡領取執照時，應依中央規定，先遵章繳費，其規定如下表：

類別	單位	照費	備考
營造執照	造價在千元以內者	包工一・〇〇 自造二・〇〇	造價以承包合同或實估爲準
修理執照	平房三間以內，或累積建築面積五十平方公尺以內者	二・〇〇元	每增一間或二十五平方公尺以內者加一・〇〇元
雜項執照	每照 每十元以下	二・〇〇元 一・〇〇元	千元以上工程得以造價計
折卸執照	奉令折卸 自行折卸每三間或五十平方公尺	無 一・〇〇元	
更換圖樣	每加增造價千元以上者	一・〇〇元	千元以下者免費
執照展期	超過原定期限二分之一或三月以上	照原費加收 1/2	展限日期不得過原照日期二分之一
遺失補照	照原費	1/3	但至多不過百元並須覓保
完工補照			另有罰款規定見取締節

第二十二條　監工　凡雇工自造之工程，其造價在三千元以上，五萬元以下者，應另委託技師或技副監工（中央登記核准者）五萬元以上者，應委託技師監工。

第二十三條　報告開工　凡一切工程須按照規定，如期開工，開工排灰線時，並須由業主及包工雙方，向工務處書面報告（工務處印有空白格式備索）經派員查驗後，方得進行。

第二十四條　報告工程段落　工程開工後，砌牆脚，建牆立柱安屋架各工作段落中，均應報請工務處派員查勘，經驗訖合格後，方准繼續工作。

第二十五條　完工報告　一切工程完畢後，應報請工務處查勘。

第二十六條　完工出清　凡建築工程完工後，所有工場內外一切臨時建築物，廢棄材料等，應完全出清。

第二十七條　鷹架工棚　凡修造建築物所有拆卸舊屋、搭鷹架、圍竹籬、蓋料房等，應於請領執照時，預為聲明，得免另請執照，但沿馬路地方，起造房屋，應圍竹籬，其所侵佔人行道寬度，至多不得過一公尺，並應遮蔽妥當，以保安全，工畢仍須拆還原基。

第二十八條　路面公溝　凡因施工接通公溝，或其他特殊情形，必須損壞路面，人行道，及其他公共建築物時，應由業主貼費，事先報告工務處，派工代辦，不得自行動工開鑿，違者酌予處罰。

第二十九條　電線水管　凡因營造，修理拆卸等工程，而礙及原有電線電桿水管者，應由業主商洽物主辦理，一面報告工務處備查，不得自行剪截。

第三十條　執照限期　工程限期，應由業主於請照時聲明起造日期由工務處核定，自發照之時起算，過期未請展期本年或延不開工者，該項執照，即行調銷作廢。

第三十一條　違章罰則　甲、凡違犯本規則各條之規定，經查覺通知後，而不依限遵辦者，除調銷已發執照外，其違章部份并得停止使用還予封閉，或勒令拆除，或派工代拆，並予沒收材料，抵償工資。

乙、無照興工——凡未請執照擅自興工者，除勒令停工補請執照外，並分別輕重，處以該工程百分之一以下之罰金，或處以前條之罰則

丙、不領勘不領照——凡接到工務處領勘通知，擱置不理，或通知領照，延不具領者，處以五十元以下，或與照費同數之罰金。

丁、不報請查勘——凡工程進行至相當段落中，而不按第二十四至二十六條之規定報請查勘，擅自繼續施工者，處以該工程千分之五以下之罰金。

戊、超出範圍，變更計劃——凡工程超越核准圖樣範圍或變更計劃，密而不報者，處以百分之一以下之罰金。

己、執照過期，不請展期——凡逾期不申請展期之工程，處以造價千分之二以下之罰金。

第三十二條　責任　工務處之執照，不得視為產業所有權之證件，並不能解除或減輕技師，營造廠，或業主在施工時，完工後，發生危險所應負之責任。技師技副對所設計之圖說，應負計劃上安全上之完全責任，對監修之工程，應負遵照核准圖說上，施工之全部責任，並須於使用執照聲請單上，予以證明。營造廠或包工應負所承包工程之安全妥善，及遵照核准圖說實施之責任，並予使用執照聲請單上副署證明。業主自行雇工之工程，應自負其全部責任。

第五節 取締

第三三條 危險建築 凡建築物之一部或全部，有危險情形，經工務處查勘，認爲危害公共，或居住之安全者，得照下列規定處理之：

甲、危險部份，無礙路綫，尙堪修理者，限期修理。

乙、危險部份，不堪修理，或有礙路綫者，限期拆除。

丙、危險過甚，不及通知業主者，工務處得派工代拆，并向業主 追償工資，或以材料作抵。

第三四條 公共建築 凡公私建築之有礙公衆安全，公共衞生，公共交通者，工務處得派員查勘，按其情形輕重予以限期修理，或停止使用，或勒令折除，或派工代拆等項之處置。

第三五條 侵佔人行道 凡臨街路之建築物，除用防火材料，鋼鐵及鋼筋混凝土建築別有規定外，不得侵佔，或設置任何侵佔人行道之阻礙物，如石階、涼棚、晒台、洋台、爐灶等物，屋簷挑出牆面，至多八十公分，市招挑出牆面，至多不得過五十公分，下底距人行道路面須在三公尺以上非防火材料，並附有鋼鐵連繫物之牆身，不得有懸臂式或突出牆面，之裝式物。

第三六條 跨路建築物 道路上除因婚喪典禮，得請照搭蓋臨時彩棚、牌坊、或特准之紀念物外，不得建築過街樓，及其他跨越街道阻礙交通之類似建築物。

第三七條 道路交叉轉角 兩路交叉轉角之各項規定如下：

甲、路界綫——凡在兩道路交叉轉角處，其交叉角度在四十五度以上者，其路界綫之規定，以兩交叉路寬相加合之四分之一爲半徑，所成弧綫，與兩路直道路界綫相切，而連成之綫，爲路界綫，但防礙行車視綫時，則其半徑仍應加大，至不防礙爲止。

乙、建築綫——凡兩路交叉轉角處之建築物，應退縮至路界綫以外，（或與路界綫齊）

丙、假定行車途程——

路寬九公尺，假定行車途程爲八公尺。

路寬十公尺，假定停車途程爲九公尺

路寬十二公尺以上，假定停車途程爲十二公尺。

丁、截角綫——自某一路靠左一行之行車軌綫之停車途程起點，與左邊橫路靠左裏邊一行之行車軌道之停車途程起點相連成一直綫，以此直綫爲轉角之截角綫。

戊、行車視綫——凡兩交叉轉角處之行車視綫，應由兩路之假定停車途程起點，相連所成之截綫決定之。

己、取得對稱——凡在兩路垂直交叉轉角處之建築綫，路界綫，應四角退縮均齊，取得對稱，如某一對角，已符合上列規定，而與鄰角不對稱時仍應後退，至與鄰角對稱為止。

第三八條 里衖道路 凡建築物，除別有規定者外，不得侵佔或阻塞既有里衖，太平巷及其出路。

第三九條 退縮 沿路不及沿路之建築，於起造，改造，修理，或必要時得按本市路界綫之規定，退讓，或根據當地情形，加以相當限制。

第四〇條 變更用途 凡建築物，不依原建築用途使用，或工務處認為不適當時，或改變用途，而未經工務處核准者，必要時得取締之。

第四一條 地區使用限制

甲、住宅區風景區不准建造之建築物

1.常期工人在二十五名以上，及原動力憑機器發動者之工廠。

2.停車場庫，能容卡車四輛以上者。

3.大戲院。

4.倉庫貨棧。

5.屠宰場。

6.有礙公共安甯之建築物。

乙、商業區內不准建造之建築物

1.百人以上，或使機械動力之工廠、報館、印刷場、及有關公益者，得另定之。

2.平房或細鄉樓房

第二章 建築通則

第一節 高度

第四二條 高度量法 建築物之高度，以自屋外地平綫，或臨路人行道路面，量至屋簷，或平屋頂為準，（石砌保坎不得計入高度之內，但臨街道之面，不得建築保坎

地面綫以下，建地下室者，得不計入高度之內，但至多以一層為限，其本身高度，至多不得過四公尺，但牆柱地基，須從地下室最低處起算。

第四三條 高度限制 沿公路或商業區之建築物，其最高限度，不得超過所臨街路寬度之一倍半。

第四四條 寬深與高度 基地進深，或寬在五公尺以下者，其高度不得超過較窄一邊之二倍，並不得過三層。

第四五條 住宅區高度 住宅區之建築物，不得超過十二公尺，並不得超過三層。

第四六條 樓層高度 高度最低限制如下表：

房屋種類	層數	高度	備註
平房	一	簷高三公尺以上	
樓房	二	簷高六公尺以上 簷高七公尺以上	普通地帶 商業區
樓房	三	簷高九公尺以上 簷高一〇公尺以上	普通地帶 商業區
每層	一	淨高二・七公尺以上	
擱樓		淨高二・〇公尺以上	
地下層		淨高二・四公尺以上	

第四七條 防火與非防火材料高度 凡建築物之樑柱，樓

板，屋面，屋架，全用防火材料構造者，其高度至多不得過十八公尺，除全部防火材料之建築外，高度不得超過十二公尺，或三層。（磚柱磚牆者同此）。

木柱木梁及穿逗結構之建築物，其高度不得過八・五公尺或二層。綑綁房屋，其高度不得過六公尺。

第四八條　臨江廣場或風景區：凡臨江廣場，或風景區，或用以點綴風景，之建築物，其高度得另定之。

第四九條　交通工具高度：交通工具電桿電台等之高度，另定之。

第二節　面積

第五〇條　面積量法：建築面積，應以各層面積中平面最大之面積爲面積。

第五一條　空地比：各項建築之空地比如下：

甲、住宅區——住宅區內之建築面積，不得超過基地面積之百分之六十。

乙、商業區——商業區內之建築面積，不臨大街者，不得超過基地百分之八十，臨大街者，得盡量使用基地面積，但以不違犯本規則爲準。

丙、其他地帶——住宅區商業區以外，之建築物面積，不得超過基地面積百分之七十。

丁、高層房屋，過五層以上者，應起始退縮，各該層之空地比，另定之。

第五二條　普通建築最大面積：普通建築物之最大面積，每座以五百平方公尺爲限，其工廠，貨棧及公共建築物之最大面積，得另定之。

第五三條　分離建築：除沿街道里衖，或商業區外，其餘地帶之房屋，應分離建築，按空地比，平均留出空地，兩座間之淨距，並不得小於五公尺。

第五四條　超出規定面積建築：原有建築物面積，已超過本節各條之規定時，其超過部份，祇准拆卸，不得翻造或修理。

第三節　基地

第五五條　水準：沿道路建築物之基地地面，應高於所沿道路路面，至少二十公分。不沿道路者，應高於屋外地平面，至少二十公分，用途上有特殊情形者，不在此限制內。

第五六條　沿路高低基地：沿道路基地，高於路面標高，建築房屋時，須砌石保坎臨路一面，並應有十分之一之坡度，基地低於路面高標時，須將基地填高，夯實，有地下室者，以不超過四十三條之規定爲準，填土逾三公尺深度者，並應砌保坎，潮溼地帶，地基應填高夯實。

第五七條　傾斜基地：傾斜坡度較急之山坡基地，建築房屋時，基地槽應開成梯級形。

第四節　牆垣門窗

第五八條　牆基線：牆基綫不得超過基地界綫以外，牆基寬度，應以能承所負荷重及適合基地載重能力爲準，但須較牆脚每邊加寬，其有特殊情形者另定之。

第五九條 牆脚寬度：牆脚寬度，應倍於所載牆身之厚度，逐漸收進。

第六〇條 牆身高度寬度：牆身之高度，以從牆脚上面，量至牆身之頂爲準。牆身之寬度，以自左牆外邊，量至右牆外邊爲準，但中途有二十公分以上厚度之載重分間牆，或磚柱者，以量至分間牆，或柱之中心爲準。

第六一條 牆身厚度：實砌載重磚牆之最小厚度，平房或樓房最上層者，應爲二十五公分以上，其他各層逐漸加厚。

第六二條 空心牆：空心牆或空心磚牆，不得用以載重。

第六三條 分間牆：分間牆之用磚實砌於磚柱間者，厚度不得少於十三公分，長不得過五公尺，高不得過四公尺，如長或高超過時，其厚度應依六十二條之規定爲準。

第六四條 舊牆加高加厚：原有建築物，地基非經檢查重築者外，其外牆（卽力牆）不准任意加高，增厚其所增之範圍，亦以第六十二條之規定爲準，但原有牆身，不拆卸者，其原牆厚度不得計入，新舊牆間，並須有相當之連繫。

第六五條 隔隣牆：隔隣牆彼此相貼者，應用防火材料構築，除同時砌做者外，不得合用公牆，其已成房屋不合者，必要時，或修理時改正之。

第六六條 防火牆：毗連房屋，縱橫至多每隔二十公尺，應有防火牆一道，其牆須用防火材料並須高出房屋面七十五公尺，伸出房簷二十公分以上，（其用費由業主分攤之）

第六七條 圍牆：圍牆最高不得超過三公尺；每五公尺長，須有磚柱，或丁字抵力牆一道，牆身厚度，至少二十五公分。

第六八條 泥牆：泥牆除用一：二：四或一：三：六白灰沙，或洋灰淨沙三合土混築成，或附有木柱磚柱築成者外，不得用以載重，厚度不得少於三十八公分，高度不得過八・五公尺，每段長度不得過十公尺。

第六九條 載重磚柱：磚柱之用以載重者，須用灰漿或水泥漿實砌，不得用孤立方形斷面，須附帶適當串檔，其最小尺度如下表規定：

房屋層數	磚柱高度	磚柱中距	磚柱斷面矩形之短邊或直徑	備考
一層	三・五公尺以下	三・五公尺以下	二五公分邊或三五公分徑	
	五・〇公尺以下	五・〇公尺以下	三八公分邊或五〇公分徑	
		五・五公尺以下		
二層	八・五公尺以下	五・〇公尺以下	五〇公分邊或六八公分徑	

高度八・五公尺・中距五・〇公尺以上，不得用磚柱載重，柱身面積因放置梁頭，減少三分之一以上時，應設法補強，兩柱間用實牆砌築者，柱之高度，得自牆上端量起。

第七〇條 露頂磚柱：孤立露頂磚柱，其高度不得超過柱身最小寬度之六倍，有支撐者，不得過十倍。

第七一條 磚石牆門窗：磚石牆面，開闢門窗孔洞，除牆身有適當支撐，且每層有鋼筋混凝土牆箍者外，其每層每邊門窗孔洞寬度之合，不得超過該邊牆寬二分之一。

第七二條 上下窗間距：磚石砌牆，上下層門窗間之垂直距離，不得小於七十公分，下窗有鋼筋混凝臥梁者，不在此限。

第七三條 拱圈楣梁 磚石砌牆門窗上應有窗拱圈，或楣梁跨度在一・三公尺期上者，不得用磚砌平圈七十公分以上時不得用十三公分磚圈。

第七四條 沿道門窗：沿道路之門窗，應一律內開，必不得已時，其下底距人行道路面不得少於二・五公尺，窗之總面積不得少於室內地面積十分之一。

第五節 屋面、樓面、樓梯、地板面、橫架梁、木接樺

第七五條 實鋪地板：實鋪地板，應先做七・五公分厚之石灰三合土，或煤屑三合土一層，再排擱柵，其間須用石灰三合土填實。

第七六條 空鋪地板：空鋪地板之擱柵底面，距地面至少應在二十公分以上，地板下應留出通氣洞。

第七六條 擱柵樓板：樓板擱柵須砌入牆壁至少十三公分，並須有墊枕擱柵間之空隙，臨牆處應用磚砌實，擱柵寬不得少於五公分，中距不得大於四十五公分，其寬度在七・五公分以下者，並應加剪刀撐。

第七八條 三合土地面：白灰三合土地面至少厚度，應在十三公分以上，得分兩層澆築，地面填土，應先行夯實。

第七九條 樓梯：樓梯應照左下之規定：

（一）樓梯寬度，至少須在七十五公分以上。

（二）樓梯級高度，不得過十七公分，深度不得少於二十三公分。

（三）平台之深度，不得少於樓梯之寬度。

（四）上下兩平台間之垂直距離，不得過四・五公尺。

（五）樓梯轉角處，應用平台，不得用扇步。

第八〇條 橫架：橫架材料，如屋架，底梁，樓地板梁，窗門楣梁擱柵等，擱入牆身深度，須在十三公分以上，梁之上端，應澆砌拱楣，梁身闊度，不得小於十公分，樓板厚度，不得少於二公分。

第六節 廁所、廚房、浴室。

第八一條 廚房：一切建築，除因用途關係，特准者外，應有專設之廁所。

第八二條 烟囱：凡廚房均應備有單獨防火材料之烟囱。

第八三條 採光通風：廚房廁所，至少應有一面爲獨立外牆，其窗之面積，不得小於室內地面積十分之一。

第八四條 不滲水地板：廚房廁所，應有相當間隔，距離

，其地面均須用不滲水材料構築，不得用地板。

第八五條　廁所：衛生廁所，應備化糞池，做至地下深處，每年清除一次，普通廁所，應備化糞坑，並須用石板蓋起，每隔三日清除一次，不得露天，并應與水流或水井相距在十五公尺以上，化糞池，及糞坑之水液，不得流入污水溝。

第八六條　浴室；浴室地面，應用不滲水之材料，並須備具適當排水管，導入污水溝內，但不得導入糞池。

第七節　陰溝及明溝

第八七條　陰溝明溝：建築物基地上，應具有適當陰溝或明溝，以排洩雨水污水。

第八八條　接溝：臨路建築物，不得沿路挖孔接溝洩水，必要時，應用暗溝，報請工務處派工代辦。

第八九條　材料：接溝，應用水泥，或石灰漿，溝管，應用不滲水不易破碎之材料製成，支溝管內直徑至小十公分，主管內直徑，至少十五公分，與公溝接合，應具五十分之一以上之坡度，其平面接合角度，不得小於六十度。

第九〇條　窨井：凡私溝接通公溝以前，或私溝長度在三十公尺以上，及有轉角處，均應各砌窨井一道。

第八節　木工程

第九一條　穿逗：穿逗房屋之開間，最大不得過三·五公尺，高度不得過八·五公尺，並不得過二層，柱身須全用通料，最小直徑或寬，不得小於十二公分（參看四十八條）

第九二條　構架房屋：木質構架房屋，各接構接榫部份，應經過計算，足承載重，其高度，不得超過十二公尺，並不得過三層，梁柱須用通料，柱身最小直徑，不得小於十二公分。（參看四十八條）

第九三條　穿逗構架兩用：凡參用穿逗構架兩種構造之建築物，應將接連部份，詳加計劃，繪圖註明。

第九四條　竹木綑綁：綑綁房屋，祇准造平房及低樓房，高度不得過六公尺，地板以下，支柱高度，不得過五公尺，所用竹木料，須爲通料，小徑不得小於十公分；並須有斜撐。

第九五條　樓榫：凡木柱梁串及其他接構部份之主要接榫處，須用鐵件，或斜撐，串梁牛腿，及其他適當方法，補強以資堅固。

第九節　茶館、酒樓、旅社。

第九六條　防火構造：凡茶館酒樓，旅社，及其他公共居住之建築物，其房間超過七十間，或樓上下纍積面積，超過二十平方公尺，或容人數在千人以上，或高過三層者，其全部構造，須用防火材料，前項建築物，房間超過三十間，樓上下纍積面積，超過九百平方公尺，或達三層者，其所有樓梯，樓井，過道，圍牆，均須用防火材料構造，或另設遮斷樓梯。

第九七條　防火樓板：前項各種建築物，其樓下不得作汽車庫，但如堆置容易引火材料貨品，或爲出售油漆木作之商店時，其四面圍牆，及上層之樓板，均須用防火材料構造。

第九八條　太平門梯：前項各建築物，每三百人以上，至少應有寬一·五公尺之太平梯一道，通達街道或空地。

第九九條　廁所：前項建築物，每層須設備足供使用合於衛生之男女廁所。

第一〇〇條　面積：茶館酒樓，售座面積，在一百平方公尺以下者，每客所佔面積，不得少於一平方公尺，四百平方公尺以下，每客所佔面積，不得少於一·五平方公尺。

第一〇一條　後門：茶館，酒樓，樓上下售座人數在一百人以下者，應設有後門一道，直接通達道路或空地，並須有寬九十公分以上之樓梯二座.

第三章　附則

第一節　營造廠或包工

第一〇二條　根據：本規則依照管理營造業規則及建築法之規定訂定之。

第二〇三條　營業登記：凡在本市營業之營造廠或包工，均須遵照管理營造業規則各條文辦理營業登記履行業務。

第一〇四條　無照營業：營造廠在本市區未向工務處登記權自營業者，工務處得調銷或停發原委交業主之執照，並予營造廠以緩期三月准予登記之處分或罰款。

第一〇五條　營業範圍：各等營造廠應遵照管理營造業規則第十四條之規定承辦範圍以內之工程不得越越。

第一〇六條　罰則：工務處對營造廠除按管理營造業規則及第十五條之規定罰則外，並得視情節輕重予以警告或一月以上二年以下之停業處分，已發照者並得調銷之。

第一〇七條　停業善後：營造廠因事停業或調銷執照後，其所承辦未了工程應於一月內委託同等同業負責接辦，並會報工務處備查在前項手續，未辦清以前，不得另用其他營造廠名義牌號，申請登記。

第一〇八條　備案：本規則如有未盡適宜處，得隨時修正，並呈請備案。

第一〇九條　施行：本規則自呈署批准公佈之日施行。

將來的三峽

生產：

大規模增加特種農產、林產、和畜產。

大規模開發礦產——由土法採煤到機械採煤。

大規模創辦工業——由手工業到機械工業。

交通：

凡生產區都通輕便鐵路，文化區和風景區都通公路。任何村落都通郵政、電話、和電報。

文化：

每保都有保國民學校，成年補習學校。

全區有大的圖書館、博物館、和運輸場。

每保都有圖書閱覽室、展覽室、民衆會場、運動場和俱樂部。

人民：

皆受教育。皆有職業。

皆有現代的知識和技術。皆能爲公衆服務。

地方：

皆清潔。皆美麗。

皆有秩序。皆可居住和遊覽。

新書預告

參考資料專集之一　北碚月刊社出版

社會運動方法

彙輯者　葛向榮

本刊徵稿條例

一、本刊以反映三峽實驗區建設事業之進展情況，交換鄉建實施經驗，改進農業及生產技術為主旨，歡迎投稿，其範圍如下：

1. 峽區各建設事業進展概况。
2. 峽區各項建設工作中的困難與克服困難的經驗。
3. 全國各地鄉建消息及實施經驗談。
4. 鄉村建設之理論著述。
5. 世界各國建設故事。
6. 生產技術改良實例。
7. 科學發明故事。
8. 自學成功者的學習經驗。
9. 有關抗戰建國的名人講演。
10 中國新興工業的介紹。

二、來稿須繕寫清楚，并加新式標點，標點佔一格。

三、譯稿請附寄原文或註明出處。

四、來稿本刊有修改權。

五、稿末請註明作者通信處，以便通信。

六、來稿請寄北碚實驗區署北碚月刊社收

嘉陵江三峽鄉村建設實驗區署三十年度工作計劃專號

北碚月刊 第三卷 第六期

民國三十年元旦日出版

編輯者 嘉陵江三峽鄉村建設實驗區署月刊室

發行者 嘉陵江三峽鄉村建設實驗區署 四川北碚

代售處 北碚重慶各大書店

印刷者 京華印書館 北碚天生橋

本期特價一元

北碚平民公園一瞥

火焰山全景↑

倚欄看白熊↓

鉄欄中的豹吼↑

可愛的愛湖↓

未改建前之北碚舊街道圖

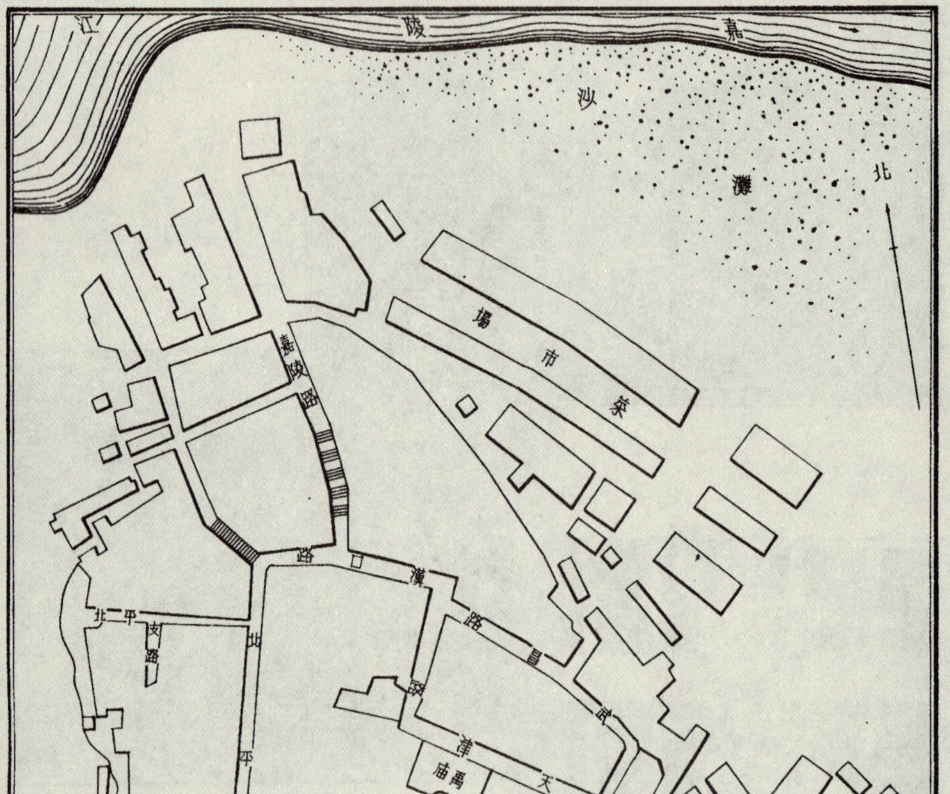

民國二十九年 工務處 繪製

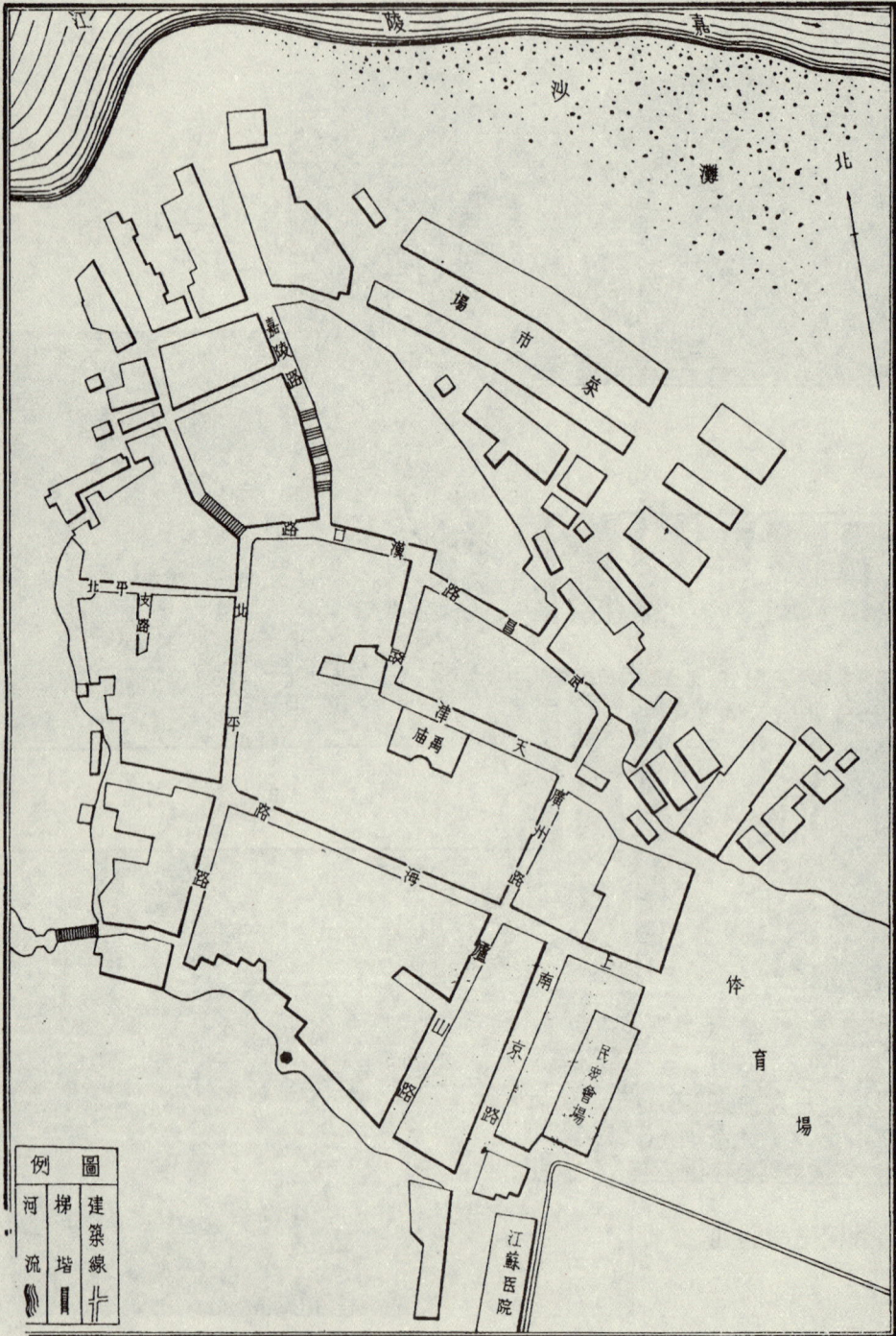

北碚

林森

第三卷
第九期

民國三十年四月十五出版

中大奶牛場
荷蘭牛與本地黃牛第三代雜交

美利奴毛用羊

A字式猪舍

第七批推廣的隆昌種母猪

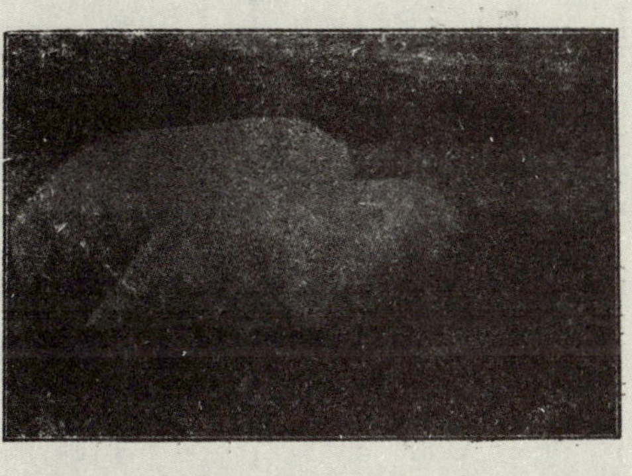

四川嘉陵江三峽鄉村建設實驗區署發行

北碚月刊三卷九期目次

三十年度四川糧食增產方針

趙連芳講演
唐尚紀筆記

本文係四川省農業改進所所長趙連芳博士於一月十四日在重慶區舉行之四川省行政會議席上，向全體出席人員的講演辭。文稿曾經恭請 趙所長修正，特投登本刊，以介紹於閱者諸君——記者誌。

諸位專員、縣長、暨在座諸同志：

本人今天要向諸位報告的，可以分為三項：

第一，增加糧食生產應有的要求 剛才盧局長、楊局長和種局長對於食糧的徵購、供給、運銷、管理、各方面已經談得很詳細，諸位當已聽得很清楚。可是諸位要曉得，這一切都是關於食糧問題治標方面的辦法；而治本的辦法則全在增加食糧生產。四川食糧供需的情形，據歷年來的調查統計和各方人士的研究結果，在平時是生產和消費兩方面可以勉強維持平衡的，但自抗戰發生以後，一則因為後方人口密集，再則因為前線軍糧供給的迫切，所以在四川我們應該要求一年的生產量除開能夠供給全年的消費而外，還要有四個月的餘糧，即是希望能達到古人所謂「三年耕而有一年之蓄」的現象，此即非常時期我們對於四川糧食增產應有的最低要求。

談到糧食，普通人多誤解為米糧，實則稻米而外，尚有小麥、玉米、大麥、紅苕、蠶豆、豌豆、黃豆等類。此項雜糧，幾佔四川全省民食三分之二。且四川稻作生產因受水田面積之限制，增加較難，要求技術的改進方面以求大量增加生產亦為事實所不能。因此，我們除開稻米而外，尤應從麥子、玉米、紅苕豆子等雜糧方面的增產去進行工作，乃能迅速收效。

第二，如何達到食糧增產的要求 為要達到上述食糧增產的要求，我們應該採取下面的四種辦法，同時併進：

（甲）限制非食糧作物栽培——不能供作食糧的作物，例如全省有四百八十餘萬畝的高粱，這都是用來釀酒而不可供食糧的，很可以此面積改種食糧作物如玉米或紅苕，或二者間種。又如冬季的油菜栽培面積，二十六年約七百餘萬畝，而二十八年冬季竟超過一千二百餘萬畝，這種產品亦是不能作食糧的，本年冬季頂好亦能縮小面積，恢復二十六年的原狀，使多種小麥和豆類。他如菸草花生甘蔗等 也應酌減少其栽培面積，如此則預計三十年度全省可以增加食糧生產面積當在四百萬畝至八百萬畝之間。

（乙）改良稻田利用及蓄水制度——川省稻田面積，在雨水少的年份為二千多萬畝，雨水多的年份達四千多萬畝，至蓄冬水田的面積恆在一千萬畝以上，此項多水田，一年只種一季水稻，其利用期間不過四五個月，且多水由在春季乾旱時耕種最爲困難，亟宜改善，其利用方法可有兩種：

（一）延長稻田利用時期——例如川東南一帶雙季稻之推廣，川東一帶——尤其是第九區所屬各縣再生稻之推廣，皆可以延長稻田兩三個月的利用時期，因以增加稻米生產而無妨於多水田的蓄積。

（二）改善稻田蓄水方法——利用低窪或有浸水的稻田加高田埂成爲假塘堰，增加其蓄水量，並可減少水的蒸發量——此稱爲立體蓄水，將鄰近較高的田水放入，而以放乾的田改種冬季作物如小麥蠶豆——此稱爲大小春兩用田。再則就更高的塍田或山田修築塘堰並加闢引水溝，以增加塘堰的受雨面積及其容水量。等到次年小春收穫後，再將上塘的水放一部分入兩用田中，仍可插秧。此項改善蓄水的制度，應造成一種運動，分年逐漸推行，本年度擬推行一百萬畝以上。

（丙）改進生產技術和稻麥品種——可分四方面進行：

（一）防治稻麥病虫害——本省麥作黑穗病和稻作螟虫爲害頗烈，重者有達百分之三十的，本年度擬在三台、射洪、遂甯、綿陽、德陽梓橦、彰明、安縣、仁壽等縣，防治大麥和小麥黑穗病，採用溫湯浸種和炭酸銅拌種兩法。後者應延用備定指導員負責推進。又擬在崇甯、郫縣、新繁、雙流、成都、新津、彭山、眉山、夾江、樂山、仁壽、崇慶、華陽、金堂、新都、樂至等縣，勵行防治水稻螟虫。一面運用政治力量，一面着重治螟教育，動員鄉村小學教員及學生，領導民衆大量採除卵塊，以減輕稻穀之損失。以上兩項合計防治面積亦在一百萬畝以上。

（二）推廣稻麥良種——經過本所檢定的本省優良稻穀有宜賓竹桠穀，合川滑粘，郫縣大葉子，及巴州谷等。本年擬以綿陽、德陽、羅江、安縣、三台、郫縣、雙流、崇慶、宜賓、富順、開江等縣爲中心，進行推廣。秋季則擬以第十二區第十三區和第二區爲中心，推廣二九○五號優良小麥，合計稻麥良種推廣當可達六十萬畝以上。

（三）增進地力——應盡量利用油枯，提倡養猪業以增加糞尿肥料，設廠製造蒸製骨粉，推廣綠肥作物栽培等，使農家肥料來源充裕。

（四）提倡短期補充作物——擇適宜地區在春秋兩季利用空閑的田地，倡導種植洋芋蕎麥等。此項補充作物，能在兩三個月左右成熟，此乃備荒良法。對土地利用尤爲經濟，產品可爲優良的佐食品。如人民尚不慣食用，亦可用來飼養牲畜，以免猪犬食人之食。

（丁）利用荒地進行造產運動——本省各縣境內，公私荒地當屬不少，應盡量開發，提倡造產運動，種植玉米洋芋等食糧作物。

第三，推進食糧增產的機構與要略　建設之首，要在民生，新縣制的主要精神在管教養衛四大部門之齊頭併進，關於養的方面，就中國的立國基礎和目前的需要來說，完全繫於農產品上面，因此無論那部分的食糧生產或整個的農業生產，我們都須要把牠列入新縣制的整個系統中。各位專員縣長應予以特別重視，在法令上、經濟上、教育上，警衛上、及社會組織上，均須全面配合共同推進生產專業，點應明白提出以促使諸位注意者一。各縣農業推廣所，雖是直接隸屬縣政府的地方機關，不過爲丁指揮的聯便和事業進行的系統與技術的指導起見，始也受省農業改進所的指導監督。關於這點，過去不免有許多人的誤會，而間有引起地方政府或士紳對輕歧視的。最近業經農林部擬訂此項縣農業推廣所的組織條例，令飭縣府務須切實督促扶持，以發揮其效用，此應特別提出說明者二。本省現已成立的農業推廣所經常費每月多在三百餘元左右，人員除主任一人外，每所僅有指導員一人至四人，人員既少，而因物價高漲，所有經常費幾乎只夠維持各該所員工的生活而已。要求推動事業，自極困難，故各項事業的進行，除係在全川整個策劃下所規定的工作，可由省農業改進所擬訂預算，專款補助者外。其在因地制宜，在各該縣自行發動的工作，則希望在縣經費預算內預先籌劃。至於人員的充實亦當於本年內盡力，以求此藥特發明大豆造汽車應報告者三。

此次和各縣縣長及各界人士會談問題的時候，很多人對於鄉鎮中心農場或保示範農場的問題，都急款早期設立。此種熱望樂成之心，至爲佩慰。但本人對於此事却有如黃任之先生昨日對於設立保國民學校同樣的顧慮，即是說本人希望應先從質上去打算，而不願意多多的掛起了農場的招牌，內容却極空虛。就目前情形看，具農業推廣的人力財力物力都未充實，縣農業推廣所本身的農場說不定還有不暇料理的情狀，縣農場既如此，更何能兼顧各鄉鎮的中心農場。依本人的意見，應先求縣農場內部的充實，經營的合理，以及人才的訓練培養，使達到相當程度後，再逐漸的分期設立鄉鎮中心農場及保示範農場。這是最後貢獻於諸位的一點意見，完了。

交通部在四川監造的新式木船

王沈

（一）緒言

自抗戰進入第二階段以來，我國經濟中心，逐漸西移；在這個轉變和從事新建設的時期，交通當然是最大要素，同時，交通的方法與工具，也起了顯著的變化。因爲西南各省，鐵路建設尚在發軔，公路建築，方興未艾，所以祇有水道運輸，才是最經濟最有效的交通方法。尤其川省河道縱橫貫通南北，現在既爲政治、經濟的中樞，那麼要利用這些水道來增強抗戰力量，與發展後方建設，其重要性自不待言。自從武漢退守後，長江下游大小輪船，進入川江的雖不在少，但是川江水道特殊，灘險林立，且河床迂淺狹隘，輪船能夠航行的，僅爲長江上游的幾段，其他各河航線，大半不能通航，都要靠舊有的木船，來担負這運輸的重任。因此木船的運用，便一躍而爲川江航運的主要工具了。考我國水運歷史，刳木爲舟，剡木爲楫，早已胚胎于上古，所惜風氣閉塞，進步甚鮮。迨海禁開放，，輪船勃興，舊式帆檣，相形見絀，漸被淘汰；不復爲世人所重視，更沒有人來提倡改造或建議改進了。此次全面抗戰，政府遷移，在大量物資由武漢撤退的時候，木船已表示了他的運輸力量和效能，今後爲長期抗戰，促進生產，務須充分利用川省的水利，故經交通部爲有建造大量木船的計劃。一方面固是增加水運工具，一方面對於造船技術上，也想乘此加以改良，因為舊式木船，經過每次運用之後，發現種種缺點，未能盡合於現時代的需用，並且川省木船的構造，比較他省更為簡陋，江道險阻，失事常聞，若不設法改良，補救缺點，殊不足以言保護戰時可貴的物資。我國人對於無論何物，墨守陳規，不喜變動，這實在是今日科學落後的最大原因。更有人以為區區木船，已是落伍的工具，不屑改良，這種觀念也不對的，科學的進步，並不定要從新奇偉大的着手，土法製造的工具，也未始沒有改革的價值，所以交通部創議需造木船，不但在量的方面盡力增加，在質的方面，同時求其改進，這點意義是重大的。

關於製造方針，交通部是採用貸款監造的辦法，本來由政府自行設廠製造，也未嘗不可，不過在這非常時期，有幾個困難問題需要考慮：一、政府自設船廠造船，因管理關係，勢須集中在一二處，對於募工採料，必感困難，二、以政府名義，雇工購料，所費恐較本地船商為多，造船成本難免增高，三、船成之後招雇船伕，經營運輸等事，都不及船商直接辦理為便利。現在採用貸款方法，除上述的困難可以避免外，尚有優點如下：(一)船隻雖由船商自造，但船式由政府規定，改良計劃，仍得實現，(二)貸放款額，最高祇達造價百分之八十，故所造船數，較政府自造者為多，兼可收官商合作生產的效果。(三)貸款發放以後，仍可收回，循環利用，永無止境。(四)完成船隻，主權雖屬船商所有，但經營運輸由政府統制監督，一旦緊急需要時，當能充分運用，按貸款造船方法，原是獎勵航業的一種政策，在歐西各國，早有先例，而在我國卻是空前未有的創舉，現在正當國家財政開支浩繁的時候，能拿出鉅額貸款來獎勵造船，這不但是航政上的光榮設施，也是我政府抗戰建國具有決心的表示。

(二)新式木船與舊式木船比較

新式木船的動機既如上述，在開始籌劃和設計之先，交通部主管長官，就指示了應該注意的數點，作為改良的張本。(一)能適合運輸特殊貨物，如軍用品，鐵路器材，及其他笨重大型材料。(二)川江流急灘險，船隻設計，須有防水及洩水設備。(三)川江灘漕狹隘，設計船身必顧及轉動靈活。(四)因須裝載笨重物件，構造應特別加強。(五)船隻設計時，須顧及將來的利用。根據這點原則，從事研究設計，陳舊的土法木船至此轉變而改進了，茲將改良木船與舊式木船的比較概述如次：

甲、舊式木船的缺點

一、船身粗笨，無合理計算。

二、構造過簡，僅以隔艙板數道為支骨，且船板接頭集於一線上，概易破傷。

三、隔艙板欠嚴密，如一艙漏水極易波及他艙，且各艙隔板間距離頗小，因着不動，難於裝置巨型物件。

四、艙內係水平式，無漏水孔與防水檔之設備。

五、舊式船舵，轉動欠靈活。

六、船用工具等均未經合理規劃，使用笨拙，耗費工力。

乙、新式木船的優點

一、船身——各種曲線，均經計算規劃，如排水量，載重噸位，浮立中心，縱穩定率抵力等有確切之預計。

二、結構——依大壳造船法計劃，有龍筋骨縱橫樑等，船板接頭成犬齒式，極爲堅固。

三、隔艙——設置力求合理，各自嚴密，使一艙漏水時不致波及他艙，和較大木船的隔艙板上部，並裝置活動艙板，以便裝載巨型貨件，適合非常時期的應用。

四、艙面——裝成慢坡式，使水易下流，且有洩水孔便於洩水，防水檔防水激入。

五、舵形——舵的截面成曲綫式，轉動靈活。

六、船具——各項船具另件，均經合理計劃，使用靈便，工力節省。

七、運用——船身靈巧，式樣美觀，如與同噸位的舊式木船比較，船伕數目相同，其速力可增加百分之三十。

新式木船的計劃經過與製造成績

交通部於二十七年冬，開始籌劃，并決定採用貸款監造方法，當時曾數次招集各有關方面開會討論，研究川省需要增造木船的數量。責成漢口航政局負責實施。在二十八年春，漢口航政局使積極進行，羅致造船人才，準備造船材料，設置各地造船機構，訓練技術工六。中間經過種種困難，才推動了這個新穎工作，經兩年來的努力，才有今日的成績，茲將計劃經過與造船成績分述如后：

一、技術研究與設計——在籌備時期，漢口航政局除已羅致造船人才着手研究外，又召集在渝的航務專家和各船商代表開技術會議，製成木船模型，予以公開的討論，然後繪成圖樣，發往各地依照製造。因爲凡一種新事業，在創辦的時候，往往會受到無謂的批評與指摘，改良木船在二十八年初度製造時，也曾遇到這種困難，但自從首批木船完成下水航行以後，各方面才漸漸瞭牠的優點。到二十九年春，因物價高漲，爲減輕製造成本起見，復經召開技術會議，採納各幫船商的意見，再加研究，繪成第二次各級改良木船圖樣，又派員到各河流實地考察，另外添繪眞江和黔江兩處特殊河流的圖，以求適合實用。製造木船而須經過這樣研究，計算，繪圖等科學化的步驟，眞可算是我國造船界的新紀錄了。

二、船隻噸位與分配——川江各河流情形不一，水流，水深，河寬，灘漕，各有不同。漢口航政局參考了各方對於川江水道的調查資料，同時觀察各地造船能力，選定應採用船隻的噸位，與分配造船地點如下：

航行河流	造船地點	採用噸位			附註
長江	××	六〇噸			行駛長江下游
	××	四八噸　一二噸	一八噸		行駛長江上游
	××	一八噸　一二噸			行駛長江上游及永甯河
涪江	××	三〇噸　一八噸	二四噸		
	××	一八噸			
	××	一二噸			
嘉陵江	××	四八噸　二四噸	三六噸　一八噸	三〇噸　一二噸	

	×	×	三六噸		
	×	×	二四噸		
	×	×	三六噸	三〇噸	
	×	×	二四噸	一二噸	
綦江	×	×	一二噸		
黔江	×	×	三六噸 二四噸		行駛長江及黔江

上列的是二十八年度所採噸位，經運用之後，因長江下游輪船暢通，木船營業較少，故二十九年度所採噸位，已將六〇噸及四八噸兩級取銷，另增六噸一級，最近仍感覺小噸位的不敷需求，故此後造船計劃，更要注意於小型木船，以備行駛嘉陵江及白水江岷江關河等上游航綫。

三、兩年度完成船數——自二十八年四月起至二十九年十一月止二十個月內經漢口航政局監造完成的改良木船共有三二二艘，計七〇〇二噸，均已加入川江各河流，經營運輸，其分配情形如下：

長江區	八三艘	合一五九六噸
嘉陵江區	一四六艘	合三六六六噸
涪江區	四六艘	合八四六噸
綦江區	二二艘	合二四六噸
黔江區	二五艘	合六四八噸

（四）貸款監造辦法

漢口航政局在各適宜造船地點，派駐管理員，負責辦理貸款監造改良木船，與監理運輸事宜。在二十八年度，計設九管理員辦事處。在二十九年度又增設一處，共為十處。所有各項辦法摘要如左：

1. 貸款——以每艘船為單位，貸款定額，并以估計造價百分之八十為限，其不足之數，由船商自行籌措。如三六噸級船在二十八年初，每艘造價估計三六〇〇〇元，貸給約百分之七十，實為二五九二〇元，二十九年度以來，因物價高漲，造船成本激增，貸款定額已有逐增加，船商在聲請貸款之前，應按照「交通部製造木船貸款章程」先填具聲請書及保證書，呈請核准，按工程進度，分四期付給，到貸款價訖，貸商應出借據，在三年內分期歸還，貸款利息，為年利四厘，隨本分期繳清。

2. 監造——貸商領得貸款後，自行擇定造船地點，招工製造，遵從航政局所派管理員的指導，一切式樣材料，都要依照規定辦法，并由航政局放製各項樣板分送摹仿，在規定期內製造完成，請由管理員或航政局派員驗收。

3. 運用——貸款木船完成驗收後，雖係交與貸商自行營運，但仍由航政局統籌支配，介紹營業。交通部定有監理木船運輸章程，凡貸款木船首次開始運輸前，須先請航政局發給運輸證及行程簿，此後航行往來，一切動態，均須由航政局隨時簽證，以備稽考。關於各機關團體徵用船隻，更訂有介紹雇用辦法。如有需要，均可隨時向航政局或所派各地管理員，商請雇用。（不收介紹費）對於軍品公物糧食等，尤有優先運輸權利。

監理運輸的成績

改良木船自二十八年九月間第一批完成下水，此後絡續完成三百餘艘，增强川江運輸，成效甚著。一年以來，除船商自攬的營業不計外，經漢口航政局介紹雇用的已六三二艘，裝運軍品物資，已達一五八六噸，數量大有可觀，堪稱後方交通的一枝生力軍。

（六）結語

在這長期抗戰，爭取勝利的過程中，怎樣集中力量，開發資源，首先要儘量發揮適宜的交通政策。在歐西各國，一遇戰爭時期，無不竭力擴充運輸事業，尤其對於水運部門，更大量增造輪船航行海外，維持軍民運輸，視爲決勝的必要條件。在我國因爲海岸被敵封鎖，談不到建造海洋輪船所以不能不力謀內地水運工具的改進，此次交通部創導製造大量木船，正適合了現階段的需要，可說和歐美各國的增造輪船，有同樣的作用，並且採用貸款方法，是我政府獎勵造船的創舉，倡導改良，是力謀技術的進步，作者承乏航局，躬與其事，將來我國造船事業，倘能由此而發揚光大，那麼製造改良木船的意義，就不僅在供獻抗戰而已了。

一年來峽區畜牧獸醫事業的回顧與前瞻

李本傑

一、導言

峽區的畜牧獸醫工作，發軔于民國二十五年，四川省家畜保育所在北碚文星灣成立江巴實驗區，開始調查全區的牲畜情形與獸疫狀況。至二十六年因經費與工作的困難，縮小範圍改名爲三峽實驗區，發動了表證與推廣工作，二十七年因家畜保育所合併於四川省農業改進所內，改組成立畜牧獸醫組時，隨即又換名爲農業改進所三峽實驗區，在工作的計劃上，未變一貫政策，直至農業改進所統籌全川各縣農業推廣制度，成立各縣農業推廣所，因之三峽鄉村建設實驗區，爲全川鄉建工作的先導，尤不能在例外，特組區農業推廣所，于二十八年三月九日成立，畜牧獸醫事業，亦併爲該所中工作之一，但因該所人員與經費的困難，而畜牧獸醫工作，仍由農改所派駐工作人員負責辦理，并劃定三峽爲白猪推廣管理區，因之三峽與三台成爲川農所川東南十六縣白猪推廣計劃中的先導，不但要做猪種推廣方法上的實驗，而且要樹立白猪推廣優良材料供給的泉源，這個重大的使命巳于二十八年作有計劃有步驟的的實施。今年是第二年了，推廣家畜不如推廣農作物種子一樣，工作沒有那麼單純，方法沒有那麼簡易，管理沒有那麼便宜，時間沒有那麼短促，尾隨種猪推廣的問題，就有猪隻病疫的防治，爲着要保障農民牲畜的資本就有家畜保險的推行；換言之，要推廣優良家畜，繁榮農村，就要防治病疫來減少推廣數字的損失，有了損失，就要家畜保險來保障農民的財產，能如斯，繁榮農村的目的方可達到願望，家畜推廣方可如意完成，三峽的白猪推廣工作，正是上述辦法的實踐，這算是全川或者誇大的說全國家畜推廣方法中較理想較完善的實施。

二、工作地區分劃概略

三峽全區分爲六鎮，即北碚、黃桷、文星、白廟、二岩與澄江是。黃桷、文星、白廟與二岩四鎮，位于嘉陵江之北，北碚與澄江兩鎮，位于江之南，全境一千八百方里，橫貫以大江，以其接近華鎣山脈，故境內盡爲山岳，崗巒起伏，峽中氣候，亦因山岳影響，空氣潮濕，而晴雨無常，爲便利工作，縮小範圍起見，依高山江河之勢，劃全區爲三個工作單位區，設立兩個工作站。北碚黃桷兩鎮爲第一工作地區由本所直接工作，文星白廟兩鎮爲第二工作地區，在文星鎮公所內設立工作站，駐員工作；澄江二岩兩鎮爲第三工作地區，在澄江鎮公所內設立工作站，駐員工作；這種地域的劃分，僅限於經常工作，如獸疫流行的防治，白猪的推廣仍有賴於合力推行。此外每月舉行一次各鎮工作檢討會，解決與聯繫各種問題。

三、一年來的中心工作

甲、白猪推廣的進展

本年白猪推廣工作，爲繼續峽區白猪推廣計劃中的第二期工作，在榮昌選購雙月種猪，至七月底止，共運區兩批，計一百二十七頭，按種猪分發計劃，文星與黃桷兩鎮，巳于二十八年度運區五批種猪，推廣結果。本年除繼續分發北碚鎮登記檢查合格的領戶外，又開始澄江鎮的種猪推廣，并推廣抽回領喂種母猪產仔第二窠仔母猪，共二十二頭，總計本年共推廣一百四十九頭，茲將分發情形表列如後：

鎮別	運區推廣數	抽仔推廣數	合計
澄江	四〇	五	四五
北碚	八七	六	九三
文星	—	一一	一一
總計	一二七	二二	一四九

乙、推廣種猪的管理

巳推廣種猪的管理，本年工作注重公猪配種與飼養的管制，母猪側重于畜舍清潔，母仔的飼養，以及領戶地址的變遷，轉戶的手續等的管理，推廣已結束的工作區，尤爲重視。

(一)種公猪的管制

本年以母猪推廣分佈情形與數量，酌量適中地點，完成公猪配種供用站，北碚鎮設立四處，黃桷鎮設立兩處，文星鎮設立兩處。凡公豬領喂農戶(供用站)，必須遵照下列規約配種：(1)公猪年齡在八月，或體重在一百市斤，方准應用。(2)每日只准交配一次。(3)一百二十市斤以下之母猪不准交配。(4)花母猪與黑母猪不准交配。(5)交配未受孕的母猪，應再行補配，但不能另取交配金。(6)每月份分上下兩期來本所或工作站投報交配母猪的畜主，地點，配種日期及體重等以便抽查。如能遵守上約配種，經抽查屬實者，即爲合法配種，每配一頭，獎金五分，違者每次罰金壹元，連罰三次，即收回公猪，并取消其營業資格。自去年十二月份起至本年十一月份止，八個公猪配種供用站，逐月每頭共配種次數，表列如左：

鎮別	耳號	十二	一	二	三	四	五	六	七	八	九	十	十一	合計
北碚	一〇	一二	七	一六	一五	二一	二八	二四	二六	六	五	一九	六	一八五
	一三一	｜	｜	一〇	一六	一八	二四	二〇	一五	一七	二〇	一〇	八	一四八
	二七八	｜	｜	一〇	一二	一三	一八	一六	九	一一	一六	一	一二	一〇八
	七七	｜	｜	｜	｜	｜	四	一〇	六	二	六	四	一	三三
文星	一三一	一九	一〇	六	七	九	一六	一〇	八	四	二	二	四	九七
	一三二	二〇	一二	一八	一四	一七	二〇	一六	一八	一七	五	一四	六	一七七
黃桷	二八九	｜	四	一〇	八	五	九	一五	八	六	八	七	二	八二
	六〇	｜	｜	｜	｜	四	五	一一	六	七	九	五	八	五五
總計		五一	三三	七〇	七三	八七	一二四	一一二	九六	七〇	七一	六二	三七	八八五

(附註)本年因推廣種猪尚未達大量繁殖期，本地土種母猪暫准其配種，交配頭數在內。

(二)種母猪的管理

推廣種母猪，全係農民自動登記領喂後，再加以檢查核定領戶，因之種猪分發星散，無法集中，在管理上有種種困難，今于困難中求得合理的辦法，以目前實行的，可分兩方面言之：一是依照區署的行政結構，以各鎮警衛區爲管理單位，警備區助理員應逐月督促警士及保甲人員清查該區內種母猪領戶一次，注意領戶與地址遷移及種猪的過戶；并督促病疫情報，按月填報「種猪管理月報表」(由本所印就分發兩份一份送總本所，一份存區備查。一是由本所或工作站，出動調查種猪生長與配窩情形，猪棬清潔與母仔猪飼養的指導，如此雙方併進，已在文星黃桷兩鎮實行，成績尙好，惜因區署改行新縣制，劃分保甲，更調人員，工作隨卽停頓，僅爲本所或工作站人員的調查，常有難以如願管理之感。

（1）白猪生長與土種猪對比的觀察

榮昌白猪生長的情形，有着不可思議的進展，在推廣猪中有十分之六七，因着突然更換環境，改變飼料，常有釋食及生長不良的情形。但經習慣以後，約在第一窠生產與第二窠交配的期間，恰是一年有多，以後生長較爲迅速，多在百二十至二百市斤者。以本地種母猪生長最重不過百二十市斤，拿來比較，誠不可同日而語。但其中有十之一二，生長不良，消瘦纖弱，易染疾病，究其原因，榮昌猪患蛔虫病（糟虫）囊虫病（水泡虫）及疥虫病（皮癩）者爲較普遍，影響猪之健康不小，補救之法，常指導飼戶消毒與清潔猪棬，藥物療治病根，農友們因智識與農忙的緣故，往往不能依照指示作到，以至收效甚小，淘汰之推廣猪，十之八九爲之。

（2）推廣母猪與生產仔猪在飼養上的糾正

峽區農家對于母猪的飼養，很少考究，配種過早，猪棬不適，這種傳統上的壞習慣不談。就母猪飼養上來說，很不合法，每到一家領猪戶觀察種猪，除見到滿棬糞尿淋漓外，就可看到食槽裏的殘餘飼料，都是猪草的蠹葉。由此可知農家喂母猪只是過拖，飼料的壞，差不多與只夠維持生命。因之母猪生長很慢，尤其榮昌猪吃慣了當地的碎米米糠，突然換了富於粗纖維的猪草或豆糠，當然不歡喜吃，就是混有包谷粉的飼料，仍是感覺不適口。精料缺乏，以至推廣猪初期生長不好，加之飼料的營養價值太低，而礦物質之含量又不能適應懷孕母猪的需要（苕糠含礦物質約百分之一〇、五三，至一九、九二〇。胡豆糠則達百分之十八、五〇）母猪產後常有發生四肢無力，或後肢瘋癱，而患者并不顯示其他病狀，常引起死亡。糾正的方法，除勸導增加精料外，飼料應少混米糠，少飼白包谷，飼料種類以混雜多種爲好，絕忌單純。猪草以靑料的爲好，這都是隨時提及的。

峽區農家對于仔猪的處理，很欠常識，除遇有母猪瘋癱時的停奶或無奶，由于代乳品不易獲得，仔猪死亡相繼外；第一個問題，卽是農家習慣在懷孕母猪產前與產後並不減少飼料，或多增加，小猪當有白痢的發生，損失很大，糾正的方法，勸其在產前一二天的飼料應減少一半，繼續至產後一週至十天爲止。第二個問題，卽是奶猪斷奶太早，這個習慣的養成，有兩個因子，一是農家想提早母猪配種，二是買猪喂的人，圖猪小相因，殊不知仔猪產下不到四十天，或最大四十天，正是哺奶期發育的時期，此時斷奶出賣，不過七八市斤，這種不但飼養生長不良，而且抵抗力小，易于生病。此弊糾正的辦法，限定仔猪產下兩個月後，才能斷奶。第三個問題，就是仔猪閹割期太遲，喂猪的習慣，凡不作種用者，皆不分公母一律閹割，但實施期不一定，飼母猪的農家，出售仔猪大都不割，買猪者自行去勢，有在四十多天閹割，有在六七十天閹割，一般情形，母猪閹割更遲。這種不合法的閹割，一是因公猪不早去勢，影響全窠仔猪的生長，乙是仔猪在哺乳期有了傷口，容易恢復，不至受痛苦。這種弊害的糾正，在限制公猪在四十天以前閹割。

（3）推廣種母猪配種與繁殖記略

榮昌母猪發情期早，三四個月的小猪卽可「吃食」（發情之俗稱），其情形少吃不安，常打猪欄，或有深夜逃亡者，約三週發情一次。管理困難，因之領戶時感難安，加之推廣種猪，必須在年齡八個月或體重一百二十市觔，方可達本所核發第一窠「准配證」的標準，有時發情次數竟達十餘次者，尚不能合乎本所規定，領戶以每發情一次，必須減輕體重，紛紛請求提早配種，解釋勸導，頗費唇舌。

去年鎖廣的第一二批種母猪，本年大都生產第二窠，配種第三窠。第三四批種母猪，巳生產第一窠，配種第二窠。第五批種母猪，大都第一窠生產，第二窠亦有配種者。本年推廣第六批種母猪，多在懷孕中，亦有第一窠生產者，第七批種母猪，漸近于配種期。一年各批母猪生產仔數，茲按月表列如後：

批次＼仔數＼月份	一二	一	二	三	四	五	六	七	八	九	一〇	一一	合計
一	—	三四	二〇	—	—	—	三五	六	—	—	八	—	一〇三
二	—	三二	一八	—	—	六三	—	—	—	—	—	二七	一四〇
三	—	—	—	—	—	五一	二一	一〇八	三七	三〇	—	—	二四七
四	—	—	—	—	—	—	一六	一四〇	八四	五八	六一	四八	四〇七
五	—	—	—	—	—	—	—	—	一一六	九八	五四	一五	二八三
六	—	—	—	—	—	—	—	—	—	—	—	一八	一八
七	—	—	—	—	—	—	—	—	—	—	—	—	—
總計	—	六六	三八	—	—	一一四	七二	二五四	二三七	一八六	一二三	一〇八	一一九八

丙、土種母猪的調查

本年調查本地土種母猪的目的，原係峽區猪種改進計劃中第二期工作的預定，其用意有三：（一）明瞭全區土種母猪情形及頭數。（二）推廣抽佃仔猪替換土種母猪。（三）統一峽區猪支品種。本工作在今年九月開始發動，其調查方法有二：一是參加各鎮或各警衛區保甲會議，除闡明白猪推廣意義，峽區種猪改進的目標，及替換土種母猪的的道理外，又詳詢各甲土種猪的數量。一是聯絡脚猪領戶，下鄉挨戶調查，勸導淘汰，替換榮昌種猪。本年因糧食價漲，小猪獨賤，農家亦樂于接受，但願替換者很少。又因人力關係，調查工作僅在文星北碚與澄江三鎭舉行，已有調查者共計四十四保，茲將情形及結果分述如後：

峽區土種黑或白黑花猪的分佈，以統計數字看來，全區花猪較黑猪多，花猪多見於北碚，黑猪多見于文星與澄江兩鎭。以鎭內土種猪相比，花猪仍多于黑猪，黑猪爲數尙少，交通不便及山坡地帶多喂黑猪，顯然可知峽區的最正土種猪原係黑猪。因交通便利地帶，白猪輸入漸多，黑白雜交，多有花猪出現，因交配的混亂，形成今日各色各樣的花猪。

土種猪調查的工作，僅完成了全區十分之四，目前仍繼續進行中，茲將調查數字統計，表列如後：

鎮別	保數	土種母猪 黑猪	花猪	淘汰數	替換數	備考
北碚	二一	二	一五二	九六	五	
澄江	一二	八	一一九	六五	一〇	
文星	一一	一五	四〇	三一	六	
合計	四四	二五	三一一	一九二	二一	

丁、家畜病疫的防治

本年家畜病疫防治工作，範圍較去年擴大，而工作人員地域範圍較去年狹小，全峽區以本所及文星澄江兩工作站爲中心，作有組織，有步驟的防治，可惜本年藥物儀器，由川農所實物供給，農推所無分文經費預算，因之供給不能應時，僅靠家畜保險社的藥費津貼維持，處此藥物儀器昂貴而缺乏的情形下，當然不僅感到不夠用，而且是根本沒有用，有時病疫發生，會使你感到束手無策，防治工作受到這種打擊，影響於工作推動不小。

(一)防疫方面、

(1 組織獸疫情報網

本年與峽區家畜保險社聯絡組織獸疫情報網，以嚴防猪牛傳染病流行。(A)情報的組織：系統分二，一是依三峽實驗區署的行政機構，以各鎮警衛區爲獸疫情報站，以助理員爲獸疫情報監督員，凡區內之保甲長皆爲負責的情報員。二是依家畜保險社組織系統，以各鎮家畜保險社辦事員，爲獸疫情報巡查員，凡社員得有督促鄰近非社員情報之責，定爲特別情報員。凡各警衛區助理員與各鎮家畜保險分社辦事員，應互相聯繫，皆有督促社員或非社員情報之責。(B)情報的手續：(一)凡情報員發現家畜有病症時，即往警衛區或家畜保險分社領取獸疫緊急情報單(由本所印就表格)，詳填姓名住址及各項病狀，并簽名蓋章(劃押亦可)，由助理員或辦事員將該情報單轉交本所或工作站，(二)本所或工作站得到情報單後，酌量情節前往診治。(三)獎金辦法：凡峽區應注意預防之傳染病，如猪之猪瘟猪肺疫及猪丹毒，牛之牛瘟牛炭疽及口蹄病，馬之鼻疽及皮疽，經獸醫證實情報之病症，爲上例各病之一者，以警衛區爲單位，第一名來報者，猪傳染病每頭獎金五角，牛馬每頭獎金一元，以上辦法推行不久，旋因改行新縣制，變更保甲，訓練幹員，以至停頓。在短促的四個月中，有報牛病診斷爲炭疽者，有北碚第五警衛區，猪病診斷爲猪肺疫者，有北碚第五六警衛兩區，及黃桷三警衛區，診斷爲猪丹毒者，有北碚第五警衛區及黃桷三警衛區。

(2)猪隻預防注射

本年計劃預防猪丹毒注射五百頭，不料在七八月舉行時，北碚黃桷兩鎮突然發現猪肺疫，疫勢猖獗，當時肺疫血清缺乏，爲免除預防猪丹毒後，偶然染猪肺疫以至死亡，有失農民打鍼信仰起見，猪丹毒預防注射工作，中途擱置，因之未達到預防注射的計劃，但增加了猪肺疫預防注射。茲將各鎮預防注射數字，表例如後：

種類/鎮別	猪丹毒	猪肺疫	合計
北碚	八七	一四六	二三三
黃桷	四	二一	二五
文星	八	五二	三六
澄江	八七	九	九六
總計	二八六	二二八	五一四

(二)診治方面

(1)一年來診治家畜病疫數字統計

月份/畜別	十二	一	二	三	四	五	六	七	八	九	十	十一	總計
猪	五六	四五	七一	五四	五八	四九	八二	七九	六五	五三	六一	五〇	七二三
牛	四	|	|	|	一	四	二	三	一	二	|	|	一七
馬	五	|	二	|	|	|	|	|	|	|	|	|	七
其他	|	|	一	三	三	一	二	一	一	一	二	二	一七
合計	六五	四五	七四	五七	六二	五四	八六	八三	六七	五六	六三	五二	七六四

(附註)其他一欄包括狗貓兔等獸類與禽類

(2)一年來診治猪牛病疫種類統計

病名/頭數/死亡情形	患病頭數	死亡頭數	死亡率%	備考
猪流行性感冒	五一	|	|	
猪流行性腸炎	四	三	七五・〇	
小猪白痢病	九八	一二	一二・二	
猪舟毒	六	一	一六・六	
猪肺疫	五三	二七	五〇・九	
猪腸胃病	一四	|	|	
猪疥虫病	六五	|	|	
其他	四七三	一七	三・五九	
牛炭疽病	五	四	八〇	其中僅血清醫治兩頭
牛瘟	八	六	七五	因當時血清未寄與
腸胃病	二	|	|	
其他	二	|	|	

四、一年來的事業效果

事業項目	工作結果	價值估計	備註
推廣榮昌白猪繁殖仔猪	一一九八頭	一一九八〇元	每頭平均以十元計算
繁殖白猪增產白鬃數量	五九九市觔	五三九一元	每頭產六兩每百斤九百元計算

猪瘟預防注射保障經濟損失	四〇九頭	三九二〇〇元	每頭平均以八十元計算
診治家畜病疫減少經濟損失	猪六四九頭　牛七	五二七六〇元	猪每頭平均以八十元牛平均以百二十元計（死亡者除外）
保險猪隻保障經濟價值	[illegible]七頭	五八九六〇元	每頭平均以八十元計

五、三十年度事業進展的向動

甲、完成峽區猪種改進工作

按照峽區白猪推廣計劃，工作已進展至第三階段，三十年份主要工作在於推廣猪之管理與檢定，強迫淘汰劣種母猪，替換油囘仔猪，統一品種，完成全區的優良榮昌猪種，以樹立白猪推廣之基礎，使繁殖仔猪得以源源供給鄰近各縣白猪推廣的材料。

乙、擴大白猪推廣範圍與數量

三十年度爲流通峽區推廣種猪繁殖仔猪的產銷，擴大白猪推廣區域，擬與合川縣合作金庫合作，以種猪貸款辦法，以合川太和鎮猪種供給合作社的社員爲範圍，在峽區選購優良仔猪，運該鎮推廣暫定數爲六百頭。又在峽區澄江鎮增加推廣一百頭，並預計在北碚黃桷文星三鎮，共替換土種或劣種母猪一百五十頭，完成峽區優良榮昌種猪五百頭。

丙、加緊獸疫防治工作

在各工作區域及家畜保險業務區內，加緊獸疫預防工作，側重猪牛防疫，擬定防重于治的目標。(一)加強獸疫情報網的組織，猪小情報管制，改鄉爲區爲保的單位，並作獸疫緊急宣傳。(二)嚴禁屠宰病畜及買賣瘟畜肉品及皮毛，以獎懲辦法督促之。(三)定期預防猪疫注射，擬定在工作區內，預防猪肺疫四百頭，猪丹毒八百頭。四、免費診治農家猪牛病疫。

丁、增加耕牛保險業務

依照峽區家畜保險社章程總則第二條規定，本社嘗以辦理社員猪隻保險爲業務，以後得添辦耕牛保險，三十年除擴大猪隻保險到合川太和鎮外，峽區至保險有效猪一千頭時，即開始耕牛保險業務，預期全年保險猪達三千頭，耕牛四百頭。

六、結論

綜上所述，一年來的畜牧獸醫事業，其進展與效果，雖不如當年理想計劃的要求，但是事業的形態，已遍佈了各工作區的每個角落，平心靜氣的回憶與檢討，亦未能抹煞行政的效能與指導方法的改進。如工作人員與農友們能打成一片，化除不少的隔膜與阻礙，提高了農友們的科學認識，啓發了農友們樂于接受指導的信心，立定了不可磨滅的基石。例如猪牛發生病症，很少農友去找鄉下的「牛太醫」或「猪郎中」，都知求診于本所或工作站的獸醫。自然有診治不取任何費用的便宜，但是處于信心的驅使，也是一個主要的原因。又如峽區基層行政機構的健全，各保小學教師的熱情宣傳與協助，直接或間接的有益于事業不少。來年工作計劃的動向，正是本年事業的引伸或擴大，我們工作的步驟，正按着我們計劃目標的節奏前進，等待明年今日事業的回顧，再不至有工作離合于計劃的要求。當然要靠工作者的努力與否來決定，我們應該提高警惕心，剛瞭無愧有志於鄉建者的前防，來完成戰時後方建設生產聲中，負我們應有的使命。

一年來峽區家畜保險之概況

陳祖貽

一 試辦峽區家畜保險之旨趣

家畜爲農家主要副業，關係農民生計甚大，川省地勢，以山嶺綿延，丘陵起伏，農民爲耕種便利起見，散居各處，極少成爲村莊，多以飼養家畜來解決肥料來源之困難。其中尤以猪隻爲最盛，根據農本局二十八年度川省輔設之合作金庫放款用途報告，社員借款購買猪隻者約占百分之三七・四二，購買耕牛者約占百分之二〇・三七，合計約占貸款總額百分之五十七，由此可以想見一斑，然農民困於經濟，對於畜舍不能加以改良管理又不注意，疫病流行，死亡甚大。因此，蒙受重大損失，大有每況愈下之勢。農本局有鑒及此，爲提倡農家飼畜保障農民副業計，認爲有積極提倡家畜保險之必要。三峽爲實驗區，舉凡各種新興事業，莫不積極推行，樂予倡導，爰於廿八年春與四川省農業改進所，三峽實驗區署三方訂立合約，合作試辦。

二 家畜保險社成立之經過

合約訂定後，關於行政，技術，經濟三方面分別由實驗區署，四川省農業改進所及農本局負責，廿八年八月中旬農本局即派員來三峽籌備家畜保險社，並會同區署共策進行，經一個月之宣傳，各鎮登記社員達六百人以上，乃於同年九月十九日假實驗區署禮堂召集代表開成立大會，嗣後爲便利社員投保起見，於北碚、黃桷、文星、澄江四鎮各設立分社一所。

三 家畜保險社之組織及其實施辦法

峽區家畜保險社，係採取合作方式辦理，其內部組織悉依合作社法規定，先就代表大會中選舉理事三人至五人組織理事會，選舉監事三人組織監事會，理事監事各推一人爲主席，再就各分社全體社員中推選五人爲代表，組織分社代表會，由代表中在推一人爲辦事員，辦理分社一切社務及業務，並聘請當地對於飼養家畜有經驗之農民三人至五人爲評價委員，組織評價委員會，另由農本局推荐一人任幹事，指導社務及業務，其實施辦法，約如下述：

（一）社員投保家畜，先向當地分社申請登記填寫投保單，然後由分社填報健康檢驗申請書送請獸醫查驗。

（二）獸醫接到前項健康檢驗申請書時，即按址前往檢驗畜體之健康情形，根據檢驗所得，填具健康證明書，送交分社。

（三）分社即根據健康證明書內檢查結果，分別通知社員，如檢驗合格，並請評價委員評定該家畜在承保期內可能肥育重量，折合當時市價，照章繳納保費，並由評價委員填報評價單。（按保險費率猪隻暫定百分之三，耕牛暫定百分之五）。

（四）前項家畜評價後，社員至遲應於十天內繳納保險費，由社填給保險單，保險即作爲有效（按猪隻保險期限暫定爲一週年）。

（五）保險社收到保險費後，爲減輕本身負擔計，經農本局北碚家畜保險經理處認可後，其再保險投保單向經理局辦理再保險，其保額以不超過原保額百分之六十爲原則，亦依照百分之三繳納再保險費，並由經理處填送再保險證及再保險費收據交保險社。

（六）社員投保之家畜在保險有效期內如患疾病，應立卽報告分社，並由分社填報診治申請書送請獸醫前往診治。

（七）前項家畜經獸醫診治，仍歸死亡時，社員亦應報告分社，並塡具賠款申請書，分社創塡報死畜檢驗申請書送交獸醫，經獸醫解剖後，分別塡報診治報告單及死畜檢驗單。

（八）分社根據前項死畜檢驗單通知評價委員評定死畜當時體重，折合市價，照章付給賠償金，並由社員出具賠償金收據，死畜則歸社方處理，同時社方填具再保險賠款申請書向家畜保險經理處申請賠款，並出具再保險賠償金收據，

（九）家畜投保在未滿期以前，社員如出售他人，應於出售後三日內連同購買人前來分社辦理過戶手續，保險仍爲有效。

四 家畜保險社業務概況

家畜保險社自成立以後，因整理內部，至十月下旬始開始業務，峽區農家以養猪最爲普遍，故其承保對象皆以猪隻爲限。茲將各項業務，分述於后，以明概況：

（一）投保猪隻與承保猪隻：社員申請投保之猪隻，經健康檢查合格評定價値後，應於十天之內繳納保險費，但農家猪隻變動性極大，因迫切需要費用在未繳納保費前卽行出售者，在所難免，茲爲明瞭實際情形起見，將一年來投保猪隻與承保猪隻數量列表以資比較。

表一、廿八年十一月至廿九年十月投保猪隻與承保猪隻逐月數量比較表

月份	申請投保猪隻	檢查投保猪隻	檢查合格猪隻	承保猪隻
十一	六七	四七	三五	三一
十二	九〇	四三	二二	一〇
一	七〇	九二	五六	四〇
二	七八	八九	八一	一
三	九	三四	三一	七一
四	一六二	一二六	一〇九	七九
五	二一三	一〇六	八一	八五
六	一一五	五八	五四	六三
七	九八	二一三	一六五	九四
八	二〇二	一九〇	一九〇	一七二
九	三〇	三〇	三〇	三四
十	六五	六五	六五	六二
合計	一一九九	一〇九三	九一九	七四二

上表申請投保猪隻總數爲一千一百九十九頭，但經獸醫檢查者僅一千零九十三頭，其餘一百零六頭，則於申請投保後卽行出售或死亡，檢查合格猪隻之總數約占檢查猪隻總數百分之八四·一七。檢查不合格之原因，以未達投保年齡者爲多數，承保猪隻之總數，約占檢查合格猪隻總數百分之八〇·七四。

（二）保額與保險費額：保額之計算，係根據投保猪隻

在承保期內可能肥育重量，折合當時市價而得。保費則依照保額徵收百分之三，總計一年內承保猪隻爲七百四十二頭，保額總值爲五萬三千八百三十四元，每猪平均保額爲七十二

表二、廿八年十一月至廿九年十月逐月承保猪隻保額與保費數量比較表

月份	承保頭數	保險金額	平均保額	保險費額	平均保費額
十一	三一	一二五三.〇〇	四〇.四二	六二.六五	二.〇二
十二	一〇	三五四.〇〇	三五.四〇	一七.七〇	一.七七
一	四〇	一六八三.〇〇	四二.〇七	八四.一五	二.一〇
二	一	三二.〇〇	三二.〇〇	一.六〇	一.六〇
三	七一	三八五三.〇〇	五四.二六	一五八.一一	二.二三
四	七九	五二〇三.〇〇	六五.七三	一五八.六五	二.〇〇
五	八五	六一一〇.〇〇	七一.八八	八三.三〇	二.一五
六	六三	四八二六.〇〇	七五.五〇	三八.〇〇	二.一九
七	九四	七六六五.〇〇	八一.五四	二三六.八〇	二.五二
八	七二	四三七一.〇〇	八三.五五	四三〇.八〇	二.五〇
九	三四	三〇四九.〇〇	八九.六七	九一.五〇	二.九八
十	六二	五四三五.〇〇	八七.六六	一六二.八〇	二.六二
合計	七四二	五三八三四.〇〇	七二.五五	一七二六.〇六	二.三三

(三)再保險額與再保險費額：再保險額係不超過猪隻原投保額百分之八十爲原則，再保險費亦依照百分之三繳納，一年來本社承保猪隻七百四十二頭，全部向家畜保險經理處辦理再保險，共總額爲四萬三千零六十元二角，每猪平均再保險額爲五十八元零三分、再保險費總額爲一千三百八十一元八角一分，每猪平均應繳納再保險費爲一元八角六分，本社所收保費除繳納再保險費外，僅餘三百四十四元二角五分。茲將逐月數字列表於后：

表三、廿八年十一月至廿九年十月逐月再保險猪隻保額與再保險費額數量比較表

月份	投保頭數	再保險額	平均再保險額	再保險費額	平均再保險費額
十一	三〇	九七〇.四〇	三二.三四	四八.五二	一.六一
十二	一一	三一五.二〇	二八.六五	一五.七六	一.四三

一	三九	一三一一·二〇	三三·六二	六五·五六	一·六七
二					
三	七〇	三〇〇七·二〇	四二·八六	一二四·九六	一·七八
四	八二	四二九八·四〇	五二·四三	一三一·六四	一·六〇
五	八五	四八八八·〇〇	五五·一七	一四六·六七	一·七二
六	六〇	三六六八·〇〇	五一·一四	一一〇·一一	一·八三
七	九七	六三二四·二〇	六五·一九	一九〇·一三	一·九六
八	一七二	一一四九六·六〇	六六·八四	三四四·八五	二·〇〇
九	三四	二四三九·二〇	七一·七四	七三·一八	二·一五
十	六二	四三四八·〇〇	七〇·一三	一三〇·四三	二·一〇
合計	七四二	四三〇六七·二〇	五八·〇三	一三八一·八	二·八六

（四）承保猪隻與死亡猪隻：本社承保猪隻保險有效期限暫定爲一年，在此期限內，如患內外科疾病，統由獸醫免費診治，按一年內承保猪隻申請診治者總數爲一百十九頭，約占承保數總額百分之十六。死亡者達四十二頭，約古承保數總額百分之五·六六。茲將各種疾病名稱及逐月死亡數量之比例列表於后，以供參考。

表四、診治猪隻疾病分折表

疾病名稱	診治頭數	全愈頭數	死亡頭數
猪疫	五三	二六	二七
猪肺炎	九	四	五
猪丹毒	四	三	一
猪腸炎	六	二	
猪胃炎	三	三	
瘋癱	五	五	
流行性感冒	六	六	
腸胃病	一四	一四	
消化不良	八	八	
乳房炎	一	一	
口膜炎	一	一	
子宮炎	一	一	
產後瘋癱	二	二	
其他	六	一	五
合計	一一九	七七	四二

表五：廿八年十一月至廿九年十月逐月承保猪隻與死亡猪隻數量及百分比

月份	承保頭數	死亡頭數	死亡頭數占本月份承保頭數百分比	死亡頭數占承保頭數總百分比
一一	三一			
一二	一〇			
一	四〇			

二	一			
三	七一		一·四〇	〇·六五
四	七九	一	一·二五	〇·八六
五	八五	一	一·一七	〇·九四
六	六三	七	一·一一	二·六三
七	九四	六	六·三九	三·三七
八	一七二	四	二·三二	三·〇九
九	三四	一一	三二·三五	四·七〇
十	六二	一一	一七·七四	五·六六
合計	七四二	四二		五·六六

由表四統計數字觀之，申請診治之病猪，以患猪肺疫爲最多，約占總數百分之四四·五三。腸胃病次之，約占總數百分之一一·七六。猪肺炎又次之，約占總數百分之七·五六。由表五統計數字觀之，投保猪隻死亡自三月份開始，以九、十兩月死亡率爲最高，約占總死亡數百分之五二·三八。

——（五）保險賠償金額與再保險賠償金額：承保猪隻在規定期限內死亡時，經獸醫檢驗後，社員即可向本社申請賠款，本社則根據死亡報告向家畜保險經理處申請再保險賠償，其賠償金額須視死亡時體重之大小而異統計一年內承保猪隻死亡總數爲四十二頭，賠償金總額爲一千五百廿五元四角七分。平均每頭賠償金爲三十六元另八分。再保險賠償金總爲一千二百二十九元另四分平均每猪再保險賠償金爲二十九元二角六分。茲將逐月數字列表於后：

表六：廿九年三月至十月保險賠償金額與再保險賠償金額比較表

月份	死亡頭數	保險賠償金額	平均數	再保險賠償金額	平均數
三	一	二〇·〇〇	二〇·〇〇	一六·〇〇	一六·〇〇
四	一	三六·〇〇	三六·〇〇	二八·八〇	二八·八〇
五	一	四〇·五〇	四〇·五〇	三二·四〇	三二·四〇
六	七	二二五·三〇	三二·一八	一八〇·二九	二五·七五
七	六	二〇三·七〇	三三·九五	一六〇·三七	二六·七三
八	四	一九七·一〇	四九·二七	一五七·六八	三八·六七
九	一一	三八二·七五	三四·七九	三一九·八〇	二九·〇七
十	一一	四一〇·一二	三七·二八	三三三·七〇	三〇·三三
合計	四二	一五二五·四七	三六·〇八	一二二九·〇四	二九·二六

（六）承保猪隻性質之分析．凡社員之猪隻，其年齡在四個月至五歲以內，經獸醫檢查合格者，皆可承保。茲將品種，年齡及性別列表於后，以資比較：

表六：廿八年十一月至廿九年十月承保猪隻性質分析表

月份	承保頭數	品種 榮昌	本地	其他	年齡 四月至一歲	一歲至二歲以上	二歲至五歲以上	性別 種用 公	種用 母	肉用 公	肉用 母
十一	三〇	七	二三		一七	五	八		二四	六	
十二	一一	四	七		九		二		二	九	
一	三九	一七	二二		三一	三	五	二	一六	一五	六
二											
三	七〇	四四	二六		七〇			一	四九	二〇	
四	八二	五一	三一		七四	四	四	二	五五	二五	
五	八五	一八	六一	六	七六	四	五	三	二六	三一	二五
六	六〇	四〇	二〇		五七	三		一	三七	九	一三
七	九七	一五	八二		八九	三	五	一	一〇	四〇	四六
八	一七二	三三	一三九		一五九	五	八	二	五一	六四	五五
九	三四		一二四		三三		一		三	二〇	一一
十	六二	七	五五		六〇	二			一一	三四	一七
合計	七四二	三三六	五〇〇	六	六七五	二九	三八	一三	二八四	二七三	一七三

由上表可以看出承保豬隻之品種以本地種爲多，約佔總數百分之六七·三八。年齡以四個月至一歲者爲多，約佔總數百分之九〇·九七。性別以種用母豬爲多，約佔總數百分之三八·二八。肉用公豬次之，約佔總數百分之三六·七九。

五　經費收支概況

家畜保險社以成立未久，資金缺乏，一切開支除收入保險費維持外，尚須仰賴提倡機關借入款來補足。茲爲明瞭實際情况起見，爰將一年來經費收支概況列表於后：

表七：廿八年十一月至廿九年十月經費收支概況表

收入部門

科目	金額
借入款	一〇〇〇·〇〇
基金	六九·七〇
保險費	一七二六·〇六
再保險賠償金	一二三九·〇四
補助費	六四〇·〇〇

支出部門

科目	金額
職員薪金	六三六·七九
生活補助費	一三二·三八
司役工資	二七·八四
文具印刷	二三三·二四
水電燈炭	三五·七一
郵電費	四·四一
調查旅費	九三·五〇

合計	四六六四・八〇

藥品儀器	三七四・八〇
獎金	一六・七〇
雜費	三三・八六
生財設備	三三・五〇
再保險費	一三八一・八一
保險賠償金	一五一五・四七
現金	一六四・七九
合計	四六六四・八〇

六　結論

家畜保險在我國尚屬初創，關於章則以及實施辦法不切實際，在所難免，綜上所述，關於社務業務方面，皆未達預定計劃，峽區猪隻據調查所得，總數爲一萬六千七百十九頭，每猪價值平均以五十元計，則峽區猪隻總價值爲八十三萬五千九百五十元，承保者僅達七百四十二頭，保額爲五萬三千八百三十四元，約佔總數百分之六・四三。農民以知識低落，推行之初，困難早在意中，目前保險社以經費有限，基礎未固，其一切經營尚不能自主，故今後應如何健全機構，奠定經濟基礎，實爲亟待解決之問題。然能切實做到（一）選拔熱心服務農村工作之青年擔任社內職務；（二）普遍防疫減低死亡；（三）禁止疫病家畜屠宰出售；（四）保甲長切實協助以身作則；（五）節省開支；（六）地方政府熱心倡導，循此推進，則自有，自營，自享之保險合作制度不難樹立，前途之發展正方興未艾。

峽區榮昌白猪購運之經過

劉茂修

一、前言：四川省農業改進所爲增加白豬生產，加強抗戰力量計，廿七年十月份擬定峽區榮昌白猪推廣計劃，廿八年一月份即派員前往榮昌購運，至廿九年四月份始購運完畢，費時年餘，共計運回種猪四四二頭，茲將購運情形分述如下：

二、選購：不論下鄉或上市選購，均依照下列之標準辦理：

1.年齡雙月。2.體格健康正常。3.同窠仔數八頭以上，乳頭整齊，至少十二個以上。4.頭部有黑斑或黑毛者（全白爲贅子，係先天性之遺傳，容易壓死小猪，不能留作種用）。5.體長而深，背直或上拱，及細而無皺紋。6.猪蹄修密顯明而光澤。

合於上列標準者，即以現金向農家或猪販購買，當時編剪耳號，并作下列之登記：

耳號	農戶姓名	住址	母猪情形	生日	仔猪毛色	乳頭數目	窠次	同窠仔數	體重	價格	備考

據筆者之經驗，在鄉間選購較在猪市選購爲佳：（a）母猪之狀況可以詳細觀察以便記載。（b）可以避免猪市上不衛生的環境，以免傳染疾病之機會。

但在鄉間選購亦有下列之困難：（a）經十餘里之途程前往選購，所觀察之仔猪往往不合標準。（b）至各飼養母猪農家時，仔豬業巳出售，或未到出售年齡。（c）每窠擇優選購畜主不願出售。

在鄉間選購因有以上困難，是以費時雖多而選購數目則少，故大量選購非往豬市不可。

三、選購之地點：榮昌產白豬之區域爲城區附近，及該縣所屬之安富鎮，古橋鄉，清江鄉，清昇鄉，雙河鄉，峯高鄉等地，故購豬工作人員多往以上各地選購。

四、選購之方法：凡購豬均由豬販（俗名豬媒人）介紹，在各鎮鄉逢場之期，即上街晤豬販，在茶館或酒店內略爲招待，取得相當連絡，購豬工作，當可順利進行。

五、疾病之防治：（1.）每日購得之豬，均運回安富鎮種猪場分別隔離飼養，隔離至四日以上，如均係健康則與健猪合羣。（2.）凡疑有病之猪即嚴密隔離，幷用石灰施行消毒。（3.）購足四十頭以上則施行預防注射，注射之血清，有時注射一種，有時注射二種或三種，均視季節或有無該項傳染病而定。（4.）在安富鎮隔離一週後，如均係健康即行起運。

六、押運：

（甲）起運前之準備：

1. 猪籠猪圈，棕索水蓋，及鐵棒等之購置。猪籠，棕索用以挑猪，猪圈係晚間用以圈猪，鐵棒用以固定猪圈，水蓋係在途中盛飼料喂猪之用。在起運之前上列各物均須妥爲準備。

2. 脚伕或人力車夫之雇請：

a. 脚伕之雇請：是項工作異常重要，如雇得之脚伕體力不強，途中運輸必有困難，且多費時日及運費。

b. 人力車伕之雇請：據經驗所得，用人力車運猪較用脚伕運猪爲佳：

（1）節省時間：由安富鎮至北碚，用人力車只需三日，用脚伕則需五日。

（2）節省運費：由安富鎮至北碚，用人力車運猪，每車可運八頭。需運費十六元，用脚伕運猪，每人僅挑四頭，則需運費九元以上。

3. 秤其體重：在起運前一日，每猪之體重均需秤量記載以便查考。

（乙）途中之經過：

1. 途程之規定：

a. 脚伕途程之規定：

第一日安富鎮—70里→峯高鄉，第二日峯高鄉—90里→永川，第三日永川—90里→來鳳驛，第四日來鳳驛—80里→青木關，第五日青木關—50里→北碚農推所。

b. 人力車途程之規定：

第一日安富鎮—160里→永川，第二日永川—140里→璧山，第三日璧山—80里→北碚農推所。

2. 每日到達目的地住地及飼料之準備：

每日由技工一名先行動身，首先到目的地尋定猪之住地，幷準備飼料，爲預防傳染病起見，猪之住地及裝飼料之器具，均用臭藥水（Creolin）或石灰水消毒。猪之飼料則用糙米煑成稀粥，混以少許之青飼料，使小猪易於消化。每日午後運到目的地后喂一次，晨早起運前喂一次。猪之住地周圍先用猪圈圈好，如係多日地上須舖稻草一層。

3. 途中猪住地之注意：

途中每距數十里之遙，則有牛棚猪舍，專供牛販及猪販宿牛宿猪之用，是項猪舍切不可用，恐係病牛或病猪住過，容易傳染疾病。

(丙)途中之困難：

1. 猪住地之困難：

數十頭猪住在一起，須佔相當之面積，大多數旅店均不易尋得，且被猪住後，地上污穢不堪，其他旅客不願進住，故店家均不歡迎，押運人員常用公家名義，請當地區署或聯保辦公處設法。

2. 脚伕運輸之困難：

在榮昌及北碚雇得之脚伕，有少數體力薄弱或吸食鴉片，亦或臨時發生病痛，往往不能担運，或担運過少，須用高價另雇脚伕運輸，每晨起運時，脚伕中常亦有我重彼輕之議，嚕囌不堪，如每挑秤過，則須費相當時間，如用人力車運輸，是項困難當可減少，(一切由車伕頭一人負責)。

七、後語：綜上所述，榮昌白猪之購運，其注意者不外猪種之選擇，與疾病之防治二事。如選擇猪種不合標準，影響猪種改良至巨。如猪病不加注意，則傳染甚速，死亡率頗高。其最重要者爲發現傳染病後，應即嚴密消毒隔離，或將病猪立即捕殺，以免傳染，萬不可因小失大。

茲將購運結果列表於后：

批數	頭數	購運時間	運輸方法	推廣地點	備考
一	六〇	廿八年一月份	趕走	北碚	一月十四日起運，廿六日到達，共費十二日
二	四〇	同右	人力車	北碚	
三	三二	廿八年七月份	肩挑	文星	
四	九六	廿八年八至九月份	肩挑	文星六九頭黃桷二五頭北碚二頭	
五	八四	廿八年十月份	人力車及肩挑	黃桷一九頭北碚六五頭	
六	三三	廿九年一月份	人力車	北碚	
七	九六	廿九年三至四月份	人力車	北碚卅三頭黃桷二〇頭澄江四三頭	

發時年餘，僅得上表之結果，我政府今後擬在各縣大量推廣榮昌白猪，增加生產，完成抗戰建國之計劃，尙希各同仁得有更進步之購運方法也。

峽區家畜保險的實踐

劉茂修

任何一件新興的事業，在開創的過程中，問題總是很多的，峽區的家畜保險，是全國第一次的創辦，當然不能例外。我們不怕問題多，只要能忍苦耐勞實際的去幹，當然可以迎刃而解。筆者從事家畜保險的獸醫工作和家畜保險的業務推進，已經足足的四月了。在這四月的實際工作過程中，雖然感覺問題頗多，但是沒有灰心，還是繼續不斷的幹下去，現在把這四月來工作的困難和工作的經驗分述於后：

一、推動方法的改進

辦理保險，原來是由辦事員先行到各農家去勸導登記，登記十五頭猪隻以上，再請獸醫一同去檢查健康情形，檢查及格後，再向各農家收取保險費，這樣辦法，費時太多，手續太繁，幷且完全是靠着人事的關係，要是辦事員在推動的區域內，能夠多認識幾位農家，那嗎就可以多投保幾頭猪隻，否則投保的猪隻過少，甚至於完全推不動。例如黃桷分社的辦事員袁宗全從前是黃桷第三警衞區的警士，所以他在那個區域內推行保險業務非常順利，幾個月內投保的猪隻，竟達一百八十餘頭之多。後來推動的區域換了，就簡直推不動。其他分社的業務，也是這樣的情形。長此以往，保險前途何堪設想。因此，業務的推動，不得不另設辦法。從本年八月初起，即改變方針，由辦事員，夥同獸醫到各農家一齊辦理登記、檢查，收費等手續，幷由區署通令各保甲長協助進行，每到一農家，就盡量勸導，每家至少勸其投保猪一頭。這樣進行，比較順利，單就八月份而言，北碚分社各農家投保的猪隻，已有一百六十餘頭，其中雖有農家以「我的猪兒要出賣」「我的猪兒不保險」等語爲借口的困難，但經保甲長及工作人員的勸導，都願意保險了。

二、疾病的防治

各社員投保的猪隻，共計七百八十二頭，患病者爲一百一十九頭，其病名計有十八種之多，惟患猪肺疫一病的猪隻爲五十七頭，差不多佔患病頭數的二分之一。本年九月及十月普遍的流行，大多數都是最急性的，發病後二十四小時內即死亡，因其死亡迅速，所以治療沒有什麼功效。爲了減低社員投保猪的死亡率起見，即採取緊急防治的方法，就是在某處現病猪後，附近所有的投保猪隻，完全施以抗猪肺疫血清預防注射，現在工作地點，社員姓名，注射頭數，以及挽回的損失列在下面；

工作地點	社員姓名	注射頭數	挽回的損失	備考
雙柏樹	袁正和	四	四五〇元	
風火牆	吳方井	一	一〇〇元	
同右	謝述云	一	八〇元	
同右	吳述甫	一	九〇元	
義和場	陳海云	一	一二〇元	
王家壩	譚興順	一	一三〇元	
何家壩	金左氏	一	一四〇元	

胡家嘴	左瑞生	一	一五〇元
高田坎	徐吉臣	一	一二〇元
石落坪	秦李氏	一	一四〇元
兩台山	肖漢臣	一	八〇元
柑子壩	李蔡氏	一	八〇元
會上田	王銀臣	一	八〇元
雙柏樹	凌海清	一	八〇元
同右	萬治成	二	一九〇元
風火牆	李吉安	一	八五元
同右	劉龍高	一	一〇〇元
雙柏樹	左森山	一	一四五元
兩台山	吳青海	一	一二〇元
項頭壩	謝洪順	一	一〇〇元
風火牆	黃義全	二	一六〇元
桂花樹	謝少洲	一	九〇元
學堂壩	王炳章	一	一五〇元
同右	王炳宣	一	一二〇元
石坑	廖春廷	一	一三〇元
天燈堡	馮炳臣	一	七〇元
謝家灣	馮時齋	一	九〇元
柑子灣	李靜華	一	一〇〇元
同右	同合云	一	八〇元
屋基灣	李勤修	一	一二〇元
土近堂	馮興慶	一	一三五元
石房子	譚海青	一	一五〇元
篾君壩	蔣太祿	一	六〇元
田壩子	丁炳全	一	一〇〇元
大灣	萬炳宣	一	八五元
張家之	徐海全	一	一二〇元
同右	萬金山	一	九五元
大灣	劉澤山	一	七五元
青龍灣	徐元明	一	八〇元
學堂灣	吳海明	一	七〇元
同右	謝少文	一	一〇〇元
李家灣	肖玉廷	一	八〇元
同右	劉海云	一	一二〇元
晒谷坪	彭漢青	一	一〇〇元
火燒寨	曾銀輝	一	八五元
杜家壩	萬炳云	一	一二〇元
同右	黃少柏	一	一三〇元
同右	袁少安	一	一二五元
楊家嘉	劉樹華	一	一四〇元
楚石灘	何青林	一	三五〇元（其品種為Yorkshire）
分水埡	馮海青	一	七〇元
同右	張炳臣	一	九〇元
劉家院	艾少榮	一	一五〇元
同右	艾明軒	一	一四〇元
新橋	艾寬文	一	一二〇元
廖家灣	周海廷	一	一五〇元
興龍嘴	李漢卿	一	一四〇元
合計		六一	六七七〇元

查上表[illegible]施行扶猪防疫血清預防注射[illegible]共計注射接保猪

隻六十一頭，挽回六千七百七十元的鉅大損失。因為獸醫及血清不成問題，患病頭數，當然可以減少。又因為大多數係最急性的猪肺疫，血清治療，亦無效果，以致死亡猪隻三十一頭。可見治療的功效，遠不及預防，西諺有云：「一磅的預防，遠勝於數磅的治療」，此言不錯！

三、將來的展望

據筆者的工作經驗，將來陝區的家畜保險，可以普遍推行，即農家所有的猪牛，悉數登記，合於保險之規定者完全保險，其辦法就是利用健全的政治力量，實施強迫保險，聘請并訓練大批家畜防疫人才，切實防治猪牛病瘟，充實大量的儀器藥品，以供給需要。倘能如此辦理，則峽區養猪養牛農家，都是家畜保險社的社員，所有的猪牛都可請求醫治與防疫全區農家的猪牛病死，均可領取賠款，農民因猪牛死亡損失，當可免除，峽區每年因猪牛死亡之十餘萬元的損失，不難挽回，於抗戰建國不無小補也。

雜種乳牛飼養法

郭顯嘉

一、雜種乳牛

戰時的大後方，尤其是四川省的成渝兩地，乳牛事業，相當發達！而一般經營乳牛事業者，或因經濟能力不夠，或因純種乳牛不易購得，多飼養中國黃牛與外國純種乳用公牛，採級進育種法所育成之雜種牛。

外國乳用牛的種類很多，但是今日國內所有者，多為荷蘭種（Holstein）及少數的娟姍種（Jersey）娟姍種乳牛與我國黃牛雜交的結果，據中央大學畜牧獸醫系前幾年在南京的試驗報告，雜種第三代每日僅可擠十磅牛乳，實在不能令人滿意。而荷蘭牛與我國黃牛雜交的結果，據作者調查所得，雜種第一代，在合理的飼養管理下，每日即可擠乳十至十五磅，其進步相當驚人！

現在一般飼養的雜種牛多為荷蘭牛雜種，所以本題所要討論的也是這一方面。以後所述的雜種牛，就只包括荷蘭種公牛與本地黃牛所育成的雜種牛。

雜種牛的好壞，當依所用的公牛與母牛的遺傳能力而定。普通比較好的黃牛，日產奶五六磅，奶脂含百分之五六，泌奶期四個月左右，若與一普通荷蘭種公牛雜交所生之第一代牛，日產奶可達十至十五磅，第二代第三代增加更快，幾與純種荷蘭母牛之產量相等。泌奶期也延長到一年左右，以後第四代第四代雜種，雖也有有進步，為量則有限，奶脂的遺傳，漸趨于中性百分之九五。

關于雜種牛體型的遺傳，第一代的體格比黃牛稍大，體態豐滿多肉，而緊湊（Compact）頸粗短，毛多為黑色。第二代以後，則體型，完全近于荷蘭種，體格增大，開闊，毛色也變成黑白花，唯有兩隻粗短而直的角，永遠保持黃牛的特點。這一根「狐狸尾巴」，大可供購牛者的參考，以免「魚目混珠」。

二、飼養

俗話說：「既要馬兒長得好，又要馬兒不喫草」很可以引起今日一般養雜種牛者的反省，雜種牛的產奶量每比黃牛多，前已述及。但決不可同黃牛一樣的行粗放的飼養。可是也不可以盡量的給好飼料，或與純種牛同樣飼養，而致得不償失。過與不及，都是不對的。

談到飼養問題，應當先明瞭飼料對乳牛的用途。用途普通分爲三種：

(1)發育和生長用的飼料——這類專用小牛身體的發育和生長，滋養成分以蛋白質最占重要，小牛飼養的方法很多，這裏只能介紹一個比較簡單而實用的例：

初生三月的小牛，依體重而定給奶的多寡，約計每二十磅體重，給奶三磅，但每星期須稱體重一次，按比例增加奶量。

後三月可用脫脂奶以代尋常牛奶，以減輕牛奶的負担，但同時須喂些嫩的乾草及磨碎的玉米，內加少許的食鹽骨粉，每週逐漸增加生料，減少脫脂奶，以便小牛習慣生料的食用。

六月大時斷奶，應該能喫到乾草及碎玉米各四磅。

附帶提及的，是雜種小公牛，千萬不可留作種用，藉免牛羣退化，那麽雜種小公牛的飼養，可酌量減少牛奶的喂量，斷奶後，最好賣出或作役用。

(2)維持生命的飼料——這類用途專以維持原來的體力，如乾牛（奶沒有了的牛）公牛只要維持其原狀，需要的滋養分以澱粉質爲重要。

(3)補充生產品消失用的飼料——這類用途，如乳牛專補充產奶的消失，奶中含蛋白質豐富，所以補充的飼料也要富含蛋白質的。

這裏介紹一個四川省可以實用的標準，供經營奶牛事業者的參考及試用：

精料：

黃豆三斤（磨成漿）

麩皮四斤

粗料：

普通用青草，青草缺時用稻草，切成二寸長的小段。

飼養方法：精料混合後，維持生命用三磅精料，乾牛公牛均同，產奶的母牛，每產奶三磅再加精料一磅。

粗料可任之食飽，稻草須加水調軟，加鹽增加味道。

此外應特別提出的是食鹽的供給問題，一般飼養者多不注意，以爲可有可無，乃由于不明食鹽作用所致，食鹽主要的作用有三：

(1)開胃。

(2)增進飼料的滋味，容易消化，這樣可以節省許多食料。

(3)調節血液與肌肉細胞液的壓力。

普通一班雜種牛每天需食鹽一兩。

三、管理

牛奶是供人飲用的，中國多數的飲奶者是病人與嬰孩，而且乳用牛抵抗疾病的力量較低，所以養奶牛者對牛與奶的衞生，應特別講求。

設備是管理的基礎，牛舍千萬不能因陋就簡，敷衍從事，至少限度要能蔽風雨陽光，空氣流通，地面宜用硬質者，如石板，洋灰，以便清除污物糞尿。運動場也不可缺少，以便奶牛活動身心。參雜種奶牛對牛的交配架更屬必要，因為荷蘭牛與本地黃牛的體格，相差過巨，自然交配，多有不合，不飼養公牛者，當可免去。

牛奶場每天的工作很多，最大的是擠乳，喂料，給水，刷牛四項：

(1)擠奶：擠奶的次數，依牛產奶的多少而不同，大概一個雜種牛（F_1或F_2）每天宜擠奶兩次，擠奶盡可能固定一人，在一定時間，最好上午六時，下午六時各一次。

(2)喂料：飼料按比例算後，將精料分為二份，上午擠奶時喂精料一份，擠奶後再飼粗料；下午同。以免奶中染有飼料氣味。

(3)給水：水最好用自來水，如不可能則用井水，河水不宜用，因有傳染病毒的危險。給水時間第一次在早晨喂料後，第二次在下午喂料前。

(4)刷牛：每日至少一次，在下午擠奶前行之，以防污物入奶。

對雜種牛，去角還算一步重要的工作，不僅使管理方便，免除牛們的危險，同時也比較雅觀。去角方法：最好在小牛生後十天內，角尚未出時行之。法先將生角部位四周之毛剪去，再把輕養化鉀棒着潮遍擦該部，至見血而止，十日後疤脫而癒。

四、疾病

牛是牛奶場最大的本錢，唯一的生產工具，一旦遭到疾病的侵襲，事業可整個崩潰。普通疾病的影響尚少，而在四川各地流行的幾種傳染病，為害頗烈，當然病已發生，只好求教于高明的獸醫，而經營奶牛事業者，所應知道的，就是「防患于未然」。

預防方法：

(1)購入新牛，應行隔離。因傳染病有一潛伏期，此期中並不顯任何病狀，潛伏期滿病方發生。隔離之後，如有病發生，可免傳染全群。隔離期至少二星期。

(2)避免傳染因子。如附近發生傳染病，當謝絕外人參觀，並不要購買市場牛肉等，以防帶入病原。

(3)飼料飲水的注意，飼料應清潔，飲水應消毒等。

(4)人工免疫。如當地牛瘟流行，可請獸醫注射牛瘟臟器苗，實行人工免疫。

病畜的處理，如發現因傳染病死亡，千萬不可貪圖小利，出賣肉皮，而遺害他人，損己道德，最好掘一深坑掩埋之。

五、尾語

關于雜種牛的材料，實在太缺乏，作者僅就個人調查所得，草成本篇，自知非驢非馬，尚望海內專家多所指正。

四川養猪事業之改進與推廣

戈福江

一、養猪事業在川省之重要性

養猪爲四川農家主要副業，家家戶戶幾無不就力之所能從事養猪。根據下列幾點事實即可證明：（一）溫江鄉村建設委員會調查該縣各鄉農會會員牲畜飼養概況結果，全部會員人數達二千九百四十八人，（每戶會員一人）養猪會員即達二千三百零七人，養猪數目共計八千一百九十頭，平均每戶養猪有三・五頭之多。（二）二十八年夏，四川農業改進所與中央大學畜牧獸醫系，在榮昌安富鎮及內江境內沱江西岸舉行養猪調查結果，平均榮昌每三・六六人有猪一頭，內江有三・七四人有猪一頭。（三）據農本局駐渝辦事處廿七年度業務報告，統計各縣合作金庫放款金額之用途種類，牲畜貸款佔全部貸款百分之五十二以上；再據一般農貸工作人員報告亦大部用以購買猪隻。由上列各種情形看來，足見四川農家對養猪需要之普遍迫切。至其主要原因不外下列兩點：（一）猪糞爲四川農家肥培作物，保持或增進地力之惟一要素，尤其在多山之區，土質瘠薄，需肥更屬迫切。（二）一般農家視養猪爲儲蓄，以低價購回小猪，利用野生猪草，各種副產飼料，猪養至出售之時，又可得到一筆較大之收入，集少成多，利益亦甚可觀。

因養猪既爲四川農家主要副業，飼養數量甚多，故每年猪隻屠宰稅收入亦頗可觀。據四川建設廳廿五年度編輯之統計，是年全川一四八縣猪隻屠宰稅爲五百四十九萬一千七百九十九元零九仙。查川省教育經費以肉稅爲大宗，設使養猪產量增加，肉稅收入自必隨而興旺，教育事業，當可因此而愈益發達。

此外，猪鬃一項，爲川省主要出口貨物之一，品質之優良，早已稱著中外，雖猪鬃之出產不限於川省，即湘贛諸省亦有大量出口，惟自武漢撤退，湘贛半成戰區，出口猪鬃亦惟川省是賴；二十七年度猪鬃出口總值，即達二千萬元以上，對平衡外匯，爲功甚大。

根據上述各點，可見養猪事業對於四川農村經濟、教育經費、國際貿易均極重要，在此抗戰建國過程中，推進後方生產事業，對於養猪之改進與推廣，實未能漠視。本篇目的，即將筆者此次參加本會輔導團巡迴川省東南二十八縣，調查農家及參觀有關養猪試驗推廣機關場所所得，並參考歷年來有關於四川養猪試驗計劃、推廣報告等編寫而成，藉貢從事畜牧改進推廣事業同志之參考，但遺漏之處，在所難免，尚祈指正。各方從事畜牧改進推廣同志，若能藉此而能將關於養猪推廣問題，加以商討，尤所歡迎。

二、川省猪種改進及推廣實施經過

川省有計劃之養猪改進與推廣事業，始於二十四年家畜保育所成立以後，該所之成立，除於獸醫方面，致力於血清製造、獸疫防治外，畜牧方面主要目的，在改良品質，增進生產，鑒於養猪事業在川省之重要，尤爲注重。抗戰後川省各農林機關聯合併爲農業改進所，原有之家畜保育所，改爲畜牧獸醫組，但事業計劃之進行並未變更，復因國立中央大學畜牧獸醫系西遷來川，與該所技術合作，養猪事業之改進更著成績，蓋中大自民二十五年即得美國洛氏基金之補助，在許振英教授主持之下，尊重養猪研究，因之成都畜牧場之設備及規模，至今猶爲全國冠，國內外著名猪種及試驗計劃，均甚充分完善。

論及四川養猪之改進，不外下列數項原則：（一）種猪之改良與推廣，以達到增加生產速率、增進飼料利用效能，改善猪肉之品質，及其副屬產品（如猪鬃等），增進繁殖能力，及小猪成活數之目的。（二）增進養猪數目，蓋四川農民對於養猪既頗需要，但因經濟週轉不靈，貧農尚無飼育機會，或飼育數目太少，此應設法採用牲畜貸款方式，舉辦養猪貸款，使貧農亦得普遍飼育，達到增產目的。（三）除改良猪種增加數量外，營養及管理亦應同時注意，始足以保持良種之優良性狀，並使農家養猪益趨經濟。（四）舉辦家畜保險，防治獸疫，減少農民損失，達到保持良種，增加生產之目的。

四川家畜保育所以至現在農業改進所即根據上列原則，舉辦以下各項養猪改進與推廣事業：

（一）一代雜種之試驗與推廣　在家畜育種上常利用兩不同品種之個體交配，造成第一代雜種，蓋異品種配合後，所生之雜種，其血液受刺激，生活力增強，性能之發展健全，在經濟上之利用效能可勝過父母。家畜保育所成立之初，爲適應當前之需要及增加農民利益起見，乃引英國盤克縣及約克縣猪種，中大來川更運進其他洋猪多種，利用此洋種公猪在成華榮隆三峽新都該所設立之實驗區與當地母猪交雜，利用一代雜種之遺傳優勢，使農民所飼養之一代雜種猪變，生長可以較快，飼料利用之經濟效能得以增加。此種辦法，甚爲便捷，如丹麥美國肥猪市場，大多採用此法而且有成績，即在川省經多處試行推廣結果，對生長較快及增加飼料利用經濟効能兩點而言，亦不無效果。成都畜牧場第一二號試驗結果，所有之雜交猪種與四川榮昌內江猪種比較，不僅試驗期短，每日增重快，且每增重百斤所需之食量反少（表中榮昌及內江猪爲四川本地種，他如大約克縣×內江，即表示大約克縣洋公猪與本地內江母猪交配，所生之雜種一代，餘類推。）

組別	1	2	3	4	5	6	7	8
種別	榮昌（本地白猪）	大約克縣×內江	內江（本地黑猪）	盤克縣×內江	大約克縣×榮昌	波支×內江	白加斯特×榮昌	盤克縣×榮昌
平均始重（市斤）	二八•三六七	二八•〇〇〇	四五•二六七	三七•二四四	四〇•六〇〇	四一•〇六七	二六•八〇〇	三九•五〇〇
試驗期長（天）	二三四	二〇三	二四〇	一八八	一六一	一七一	一七九	一八一
平均始重（市斤）	一八四•六〇〇	一八三•八四四	一八七•二一一	二八五•二〇八	一八五•〇六七	一八二•五〇〇	一八三•二五四	一八一•五四三
平均每日增重（市斤）	〇•六六九	〇•七六八	〇•五九一	〇•七八四	〇•八九七	〇•八八二	〇•八七八	〇•八二三
每增重百斤食量（市斤）	四八七•〇〇八	四七四•二〇〇	五三四•四五四	四二〇•二四〇	四八四•五九三	四二五•一九七	四四九•六一〇	四三八•八四三

據上表看來，雜種一代猪雖不無可取之處，但在四川欲求普遍推廣亦不甚適合實際情况。原因如下：1.雜種猪板油及花油產量較本地猪較低。2.雜種猪猪鬃似有退化之趨勢，惟其眞正遺傳因子，尚未得確記，結果或將素以猪鬃著名之川猪原有優良性狀，因交雜退化，殊非得計。3.雜種猪雖生長較快，飼料利用之經濟効能增加，但利用粗料之能力太差，每因農家飼養粗放，未能達到其合理的生長狀况。4.此種雜交，其遺傳優勢僅限於第一代，傳至第二三代雜交，即有返劣之傾向，如在雜種間再繼續交配，則其後代性狀混亂，多數變劣，因此所交雜之第一代雜種，切不可留着種用。在我國農村組織散漫，農民知識低簡，工作人才缺乏，推廣時若求農家全體一代雜交猪種閹割去勢，而免流傳，辦理恐有困難。（若眞正辦理完善，組織嚴密，則此點自可免去）5.洋猪之數目不多，短時間未能有多量種猪之供給，難收較大規模之推廣的實効。

（二）新品種之育成　除利用以上第一代交雜種之辦法外，自家畜保育所成立以後，即同時收集各方中外猪種之進行新品種育成，此項育種詳細辦法，因篇幅關係，未能詳細介紹，但其要點，乃就四川原有榮昌內江黑白兩大猪種，摻進國內外其他優良猪種之血統，而育成合乎四川需要之黑白新猪種。在黑猪方面乃利用生殖力強之江蘇如皋猪，生長迅速之盤克縣猪，骨架大猪鬃優良之內江猪，肉質細緻之彭山猪彼此之間，互相交雜，將以上四個品種之優點，完全集中，然後再將此雜種，實行近親育種，並逐代嚴格選擇，不難產生新的黑色品種之希望。在白猪方面，亦係利用繁力強之金華猪，生長迅速精肉最多之約克縣，猪鬃質優良之榮昌猪，如前法育成新的白色猪種，爲眞正能達到適合四川需要之猪種。此種辦法，實屬根本大計，但育種工作非短期所能奏效，或需一二十年始得成功，亦未可知，我國人事變動太大，經費復有限制，雖有大量數目，加以選擇，進行不免困難。目前此項工作仍在繼續進行，據該所記錄，不無成就，雖距純化及推廣爲期尚遠，惟自我國畜牧育種方面而言，決不能因其艱難，專顧目前實利，深信歐美著名猪種之育成歷史，無不集多數人才及數十年得失經驗，多數猪種血統混合而成，斷非一舉即成之事。

（三）內江榮昌黑白猪種之改進與推廣　一代雜種之推廣，既有困難缺點，新品種之育成，復因時間關係，緩不濟急，而抗戰之後，增加生產繁榮農村，爲當前急務，白鬃之能換取外匯，更有增產之必要，適該所根據多年猪種觀察試驗結果，四川猪种之生長速率，飼料利用之經濟効能，（每增重百斤所需之飼料）雖不及洋猪，然猪鬃品質，屠宰成績，均屬優良，滋生力雖不甚高，但亦居中上，且生長速率飼料利用經濟効能，自品系中加以嚴格選擇，未必無改進希望，尤以本省內江黑猪，榮昌白猪爲最優良，因此農改進所遂決定以榮昌內江兩本地猪種爲基本種猪，進行較大規模之研究試驗繁殖推廣，如內江種猪場及簡陽資陽資中榮昌隆昌內江六縣家畜保育促進會之先後設立，三峽實驗區及其他各縣之榮昌白猪推廣，均已積極進行，著有成績。以下當分別介紹其舉辦事業概况，在未曾介紹上列各處工作之前，因各處均以榮昌白猪及內江黑猪爲基本種猪，故對此兩種猪種，實有先行簡單介紹之必要。

內江猪：

1. 體型　毛色全黑，大型，成爲公猪二百三十市斤至三百市斤，或熟母猪可達五百市斤，背平，四股此較發達，腹線較直，體軀高大　鼻可分爲二，一爲短而圓者，所謂狠手頭，另一種鼻形稍長而微直。

2. 滋生力　農家平均爲八・二五頭，在內江種猪場繁殖力爲十四・二頭。

3. 生長率　農家於第八星期斷奶時約二二・八七一市斤，內江種猪場第八星期斷奶時，約一八・七三五市斤，（因每窩仔數多，故平均數反較農家爲低，實際上總重反多）喂至二四〇市斤屠宰，每日增重〇・九二八九市斤。

4. 飼料利用經濟效能　每增重百市斤需飼料四六三市斤。

5. 屠宰成績　百分之七九・三六六，板油百分之三，花油百分之四・五。

1. 體型　榮昌猪全身白毛，二目周圍黑色，黑塊面積間及兩耳；甚至額頂及頂背，左右銜接，遂成一片，尾帶及尾根臀部間有黑塊者，榮昌白猪亦有全白者，當地人以黑塊僅限兩眼周圍者爲最優，中等體型，成熟公猪二百斤，或熟母猪四百斤，鼻微圓、背亦稍圓，四股不甚發達，腹下垂，腹線不直。

2. 滋生力　內江種猪場試驗結果，平均每窠十一・七二七，榮昌農家據調查結果僅八，六〇二。

3. 生長率　八星期斷奶時約一八・七七二市斤，喂至二百四十市斤屠宰時體重每日增加重〇・八至〇・九市斤之間。

4. 飼料利用經濟效能　每增重百斤約需飼料四・二市斤。

5. 屠宰成績　屠宰百分率百分之八十二，板油百分之四・五，花油百分之五。

兩種猪種既已介紹，玆將其業務機關及中心工作介紹如下：

1. 三峽實驗區之白猪推廣

川農所爲增加川省白猪鬃產量，換取多量外匯起見，故積極推廣榮昌白猪飼料之面積，查川省白鬃生產區域計達十數縣之多，以榮昌隆昌合江瀘縣銅梁大足永川廣安大竹威遠等縣所產者爲上等，巴縣江北綦江樂至等處所產者較次，而以綿陽安縣爲最劣，論產量以榮昌隆昌合江三縣爲最多，幾普遍全境，其他各縣黑白花各猪均有飼養，故白猪產量爲數甚少，若果將白猪推而廣之，將花猪區域設法根絕其繁殖能力，而易以榮昌白猪，則白猪之產量自可大增。此種推廣已十七年即在川省三峽及三台兩地舉辦，本年復增加六縣，共計八縣，訂有整個詳細推廣辦法，玆因有多數縣分本年方才開始，尚未辦理完成，與三峽實驗區一年來辦理最有成績。此次筆者經過該地復曾參觀，故將該區辦理實際經過，詳述如下，其他各縣將來進行方法程序，亦必無甚差別。

（1）採購仔猪、峽區推廣白猪，係二十八年一月由川農所派人在榮昌安富鎮收購斷乳仔猪，一二兩批，因係交猪販運押，以致保護欠週，運到分發後即染病相繼死亡，同年七月再行購買，沿途由專門技術人員隨同監督管理，先後運輸五批，至本年春季已完成立五百頭推廣計劃。

（2）推廣辦法　A.免費發給仔母猪抽還仔猪：此種辦法，係根據三峽舊習，即貧農向富農領喂雙月仔母猪俟開始生產後，每窩繳還雙月仔母猪一頭，至十一窩爲止，其須繳還雙月母猪十頭，倘領猪不幸死亡，仍須照價賠償，條件雖苛，個喂者仍不乏人，可見貧農經濟困難及對養猪需要之迫。

三峽白猪推廣，卽採用此法而加以改良，以期農民收得實惠。

B.劣種猪之淘汰。爲免除猪種雜交，故本地脚猪必須盡先淘汰，然飼喂脚猪者大都年老赤貧無依之徒，爲體恤其艱難起見，先免費發給榮昌壹月白猪以替代之，原有脚猪准其使用五個月，一律去勢變賣，如是農民生計，不生影響，榮昌白猪，得以順利進行。目前峽區關於脚猪之統制已完全辦理妥當，飼養脚猪者亦樂於接受各種辦法，每月並將配猪畜主之姓名住址交配日期及窩次等報告一次，由推廣所派人抽查，如確能遵守條約辦理，每配種一頭收大洋一角，違者則罰洋一元，連罰三次，卽收回脚猪並取消其營業資格。此外如黑色花色或不良母猪一律去勢，自榮昌白猪推廣後，所有黑花母猪，所生仔猪，應斷乳前一律去勢，不使其再留作種用。

(3)管理規程　A　領喂種猪之手續。峽區內之居民須先請求領喂種猪，經核准後始得有領喂之權，原飼育母猪及脚猪者有優先之權，領喂種猪者均不取費，惟每戶請領公母種猪各以一頭爲限，凡經核准之領戶，應覓妥本所認可之保證人塡具保證書，交保長署名蓋章後，方可領取。B　領喂者應守之義務及規約：1.凡領喂種母猪者至遲應於領喂之種母猪分娩將前原有母猪閹割，倘有仔猪或已懷胎，准其分娩斷乳後閹割，至原有仔猪，不論公母，應一律去勢，又土公猪應於領到公猪六個月內去勢，以絕雜殖。2.凡領喂母猪，應向就地設立之牲畜保險機關保險。3.所領母猪由第二窩起至第六窩止，每窩須擇優繳還十日仔猪一頭，領喂公猪，不在此限。4.種猪年齡，未達八月及公猪體重不及一百市斤，母猪不及一百二十市斤以上者不准交配。5.領取種猪必須應用本所推廣之榮昌公猪交配。6.種公猪第一次配種，種母猪第一次配窩須經核准後方得利用。7.種猪遇不堪種用或須轉賣屠宰等情，應先聲請，經同意後方得實行。8.領喂之種猪或生產仔猪，本所認爲不堪種用者，得令去勢，以作肥猪。9.該種猪如發生疾病，應立卽報告本所，以便前往診治，畜主不得隱匿不報，或過期報告，致遭死亡，10種猪如發生意外死亡，如咬死打死壓死燒死淹死被竊及殺死等。視當時情節輕重，決定酌量償還。11種猪如因傳染病死亡，其屍體應聽從本所處理，不得自行處置或出售。12該種猪一切飼料管理及預防注射等事項，應接受本所指導。13領喂者違反本所辦法之義務及規定之一者，本所得將種猪無條件收回，或償還猪本及利息，其攤還法如下：第一年內還本金及利息，第二年內還三分之二及利息，第三年後免償。C　領喂者之權利：1.所生仔猪除照章自第二窩至第六窩止每窩繳還一頭外，其餘全歸領喂者所有。2.所領種猪經保險後，如因患傳染病及普通內外科疾病而死亡者，領喂人不負償賠責任。3.領喂者飼養得法管理週到，並服從本所一切指導者，每年酌予獎金。4.上項權利，領喂者商得本所同意後得隨種猪轉讓他人。

(4)獸疫防治與家畜保險　該所推廣白猪，爲減低農民損失，達到保持良種，增加生產之目的，故對防治獸疫，工作特別注意，於各警衛區設獸疫情報站，遇有農家牲畜患病，立卽報告，以收治療預防之效。此外，復與農本局合辦猪隻保險，農家養猪益多保障。

2.簡資資榮隆內六縣家畜保育促進會

榮昌隆昌內江資中資陽簡陽六縣，爲米麥或蔗糖產地，以是副產物甚多，用以飼猪，均甚相宜，因此養猪事業，而極發達，內江黑猪及榮昌白猪，即發源於此，惜人民經濟力弱，畜產無法增加，種畜不良，飼養方法不佳，生產成本高過收入，畜之傳染病流行，死亡頗多，損失鉅大。爲解除農民損失及增加後方生產，殊有注意之必要，乃於二十八年春，由四川農業改進所及四川省合作委員會、國立中央大學農學院、中國銀行，各派代表合組以上六縣家畜保育促進會，分工合作，各負專責，農改所負行政調查、品種檢定、種猪改良及技術指導事項。中央大學農學院負調查、品種檢定、種畜改良、及技術指導事項。合作委員會負組織及指導合作社事項。中國銀行則負貸款事項。主要事業爲種猪之改良，增加畜產數量、改進猪種，實施防疫，家畜保險，牲畜貸款。至事業進行之步驟則有：1.調查2.檢定3.組織合作社4.更換脚猪5.防疫6.運輸及介紹7.比賽會8.貸款。一年來該會關於事業進行，在調查方面，去歲已請中央大學同學會同中國銀行川農所在榮昌安富鎮及內江附近調查，得有詳細結果，已有專門報告發表。本年暑假，復請中央大學同學分在六縣詳細調查種畜改進事項，現中央大學農學院與川農所合辦之內江種猪場正在進行中。自本年度起，內江種猪場已在內江舉辦種畜推廣，將來簡陽資陽資中三縣，內江猪場亦擬先行供給種畜各三十頭，然後逐步推廣，比賽會去冬已在內江榮昌兩昌各舉行一次，惜該會目前調查工作尚未完畢，復因畜牧獸醫專才聘請不易，以致整個工作，尚未完全推動至理想步驟。

3.內江種猪場

川農所目前既決定注重榮昌白猪與內江黑猪之推廣，則關於此兩種猪種之試驗研究繁殖推廣，自有籌設專場之必要，因於二十七年秋與中央大學農學院合辦種猪場於內江聖水寺側。其主要目的：1.改良榮昌白猪與內江黑猪：2.改善榮昌內江一帶農習飼養與管理辦法：3.設立中心工作站爲推廣據點。該場成立兩年以來，在觀察試驗方面，如：1.榮內猪孕娠與分娩記錄：2.榮內猪哺乳期內之觀察：3.碎米屯肥試驗：4.生熟飼料比較試驗；5.糖泡子屯肥試驗。1 2兩項目的在求榮內兩種種猪之徹底認識，對研究及推廣之貢獻極大。3 4 5三項試驗已有專刊發表。此項試驗，完全根據榮昌內江一帶農家久已習用之飼養方法再加詳細測驗，決定其是否合理經濟，有無改善可能。例如四川農家喂猪飼料，如玉米碎米等等，均煑熟再喂，燃料及人工均多消耗，苟以全省計，其數實堪驚人，而事實上飼料煑熟喂猪，並不能增高其營養價值業經歐美學者多次試驗證明。該場爲證明此事實起見，特舉行生熟飼料比較試驗，結果飼料煑熟，不僅毫無益處，並且每增重每百斤，反較生料多需飼料百分之十一．六，而增重速率反減低百分之九，熟料不足取法，完全證實。如將此點推廣農家，勸其改善，不知能省下多少人力火力！該場其他試驗亦莫不針對農家實況設計進行，將來結果對四川農家養猪事業改良之大，不言而喻。

該場優良種畜之推廣，本年春季開始推廣內江黑猪，先在內江舉行，然後再推行及資陽資中簡陽各縣，因事屬初創，必需場方隨時監督管理，始可收效，藉作數縣推廣之根據。其推廣辦法：1.在公猪方面係分區擇定區域，統制公猪，蓋川省習俗，以爲飼養公猪爲賤業可恥不祥之事，以致飼養良多屬鰥寡孤獨之人，專以營利爲目的，公猪未達交配年齡，即行交配，交配次數又濫無一定限制，長此以往，猪種必見退化。再則內江爲黑色猪種，但有多數飼養公猪者，不知育種常識，飼養花色公猪。如此交配，則內江猪種必日趨雜亂。內江種猪場有鑒於此，故在推廣優良種畜之區域內先行取締雜色公猪，由場方無代價換以內江黑色優良公猪，進一步再取締不良之黑色公猪，如此則內江猪不數年內即可達到變雜爲純選優去劣之目的。2.在母猪方面，注重檢定農家母猪，遇有不良母猪，由場方贈送優良仔母猪一頭，仔母猪交配分娩，劣種母猪由農家以肥猪出售，不得再作種用，如是公母種畜均得佳種，猪種之改進亦成功於無形。

總之，內江猪場之研究目的，在於養猪事業之改進與推廣，而該場推廣之目的，又在於擴大研究範圍於廣大之農家，以期獲得更多之材料，故該場推廣種畜後，必與接受推廣之農家保持密切聯絡，詳細記載其飼養管理情況。此外，該場深感優良種畜繁殖之，若僅靠場方供給，數目太少，故推廣優良種畜於農家，即盼農家亦能保持優良種畜，而進行繁殖優良後代，供給他處所需，以補場方能力之所不及，收效更大。

三、結論

以上已將四川省養猪事業，扼要敍述。總之，我國整個之農業改進工作亦不過近十餘年來始具成績，而真正畜牧改良空氣尤爲近數年來所創始，加以改良畜牧，因繁殖數少，遺傳複雜，設備不易種種原因之限制，故較其他各種農業改進爲繁複，不僅所需之時間較長，而且所費之經費亦較多，川省養猪事業之改進，雖則仍未盡滿人意，但經各專家之籌劃推進，得有如此成績，實令人深表敬意。願再就個人所感者，略書如下：

（一）飼養公猪者大多爲年老赤貧無依之徒，所養公猪亦多早期交配，不僅川省情形如此，恐我國其他各省亦類多如此，今川省辦理取締公猪，進行結果，並無困難，其他各處，亦可效法，蓋公畜不良，欲求生畜品種之改進，實不可能。

（二）公猪如能取締，再進行檢定母畜，則猪種之得以改進，自無疑義，即以繁殖力一項而言，在內江種猪場之榮昌及內江猪，其繁殖力恆達十頭以上，而農家母猪之繁殖力據調查結果，至不一律，有少至二三頭者，平均不過七八頭左右，此無他，農家種畜不知選擇，交配過早，或交配次數太多有以致之。苟農家之公畜加以統制，母畜再加以檢定，使母猪每窩繁殖力得以增加，農家即得益不少。

（三）我國過去畜牧事業，過分相信外國純種，缺少試驗觀察，致畜牧場成動物園，以純種之花色鮮豔體大雄壯爲號召，即有推廣，因純種數目太少，所推廣者，不過少數採標本式之推廣而已，對於廣大之農民無益，往往更釀成其他障礙，今川省能以本地優良品種爲基本種畜，厘訂詳密計劃，以廣大之農家爲對象，並與農科大學、合作金融等機關打成一片，辦法可謂至善。

（四）畜產改進，必需根據當地畜牧實際情形，而後決定辦法，並非有一定成法，可以應用而不變者，例如一代雜種之利用方法本屬不錯，但未必適合川猪改進，即顯明之例也。

（五）畜牧推廣切不可過分依靠保甲及合作社等等機構，聽人散發，必需利用農會等組織專人或特約農家辦理，蓋家畜與作物種籽不同，必須管理週到，否則易生疾病，難收實効。且推廣目的並非散發良種即算了事，一方應嚴密監督，保持良種之不致退化，一方應於接受推廣之農民，保持密切聯繫，觀察推廣効果及其得失之處，隨時提供研究方面參考。

(六)有計劃之畜牧推廣尤以利用貸款方式，提倡畜牧生產，必有獸醫之設施，否則一旦發生傳染病，則良種損失，而農民非但未得貸款之利反增加其負債痛苦。

參考資料介紹

(一)許振英　一年來對於四川養猪事業之研究報告（二十七年）

(二)許振英　榮隆內江兩中心區養猪調查報告（二十八年）

(三)許振英　內江種猪場飼養試驗報告（二十八年）

以上係中央大學農學院畜牧獸醫系
　　　四川農業改進所畜牧獸醫組合出專刊

(四)家畜保育所畜牧科　四川家畜保育所二年來猪之育種記錄　中大畜牧獸醫季刊二卷三期

(五)四川農業改進所畜牧股擬　川東南十六縣榮昌白猪推廣計劃草案（二十七年）

(六)養猪專號　四川省建設廳建設週訊二卷十一二期合刊

(七)許振英姜玉舫　川縣中央大學農學院畜牧獸醫系專刊（二十九年）

(八)四川省榮隆內資資簡六縣家畜保育促進會組織簡章

(九)四川省榮隆內資資簡六縣家畜保育促進會計劃大綱

影響四川養猪事業之因子

朱宣人

四川省養猪事業素稱發達，全省猪隻達一千一百萬頭，而榮昌隆昌一帶所謂榮隆白猪及內江一帶之內江黑猪，尤為著名，政府為謀對外貿易之增加，正競競於榮隆白猪之推廣與繁殖，以增加，繁產，然川省養猪事業正遭受極嚴重之困難，著者旅川三年，敢將關於影響川省養猪事業之因子，就所見所聞，臚列於後，以期同道之商榷，政府之注意！

影響川省養猪事業之因子大別有三類：即遺傳育種，飼養管理，及疾病是也。

1.遺傳育種方面之因子：

四川各種猪種，歷史長短，頗難推斷，惟在各區域市場之適應性，已經確立、就現狀而論，苟無種別上之改變，則於市場之需要，似無影響。

近親交配為養猪事業習見之不良結果，川省公猪之飼養另成一業，即所謂飼養脚猪是也，少者每一聯保僅三四頭，多者每保即有三四頭，蓋其多少與各該區母猪數有密切之關係也，用區區數頭公猪，以與母猪交配，在某一時期內，有不少當為同父之仔猪，具有相同之血統達百分之五十，驟視之，似有近親交配必然之惡果，但考諸實際，未必盡然。第一，脚猪交配年齡常在生後四月，年達一歲，即行閹割屯肥，不再使用，故以後當無父女相配，遺成具有父親血統百分之七十五者，至多有同父異母之兄妹或姊弟相配而產生仍含有父親血統百分之五十者，何況以後之血統，將更形疏遠，故川省繁殖近親交配，絕不普遍，而近親交配之惡果，當然無由發生，所為害者，乃公猪交配年齡太早，交配次數太多耳。

公猪交配次數過多，實為亟應矯正之不良習慣，前節所提示脚猪太少，恐為其主因，但習俗輕視飼養脚猪，故只有一般赤貧無賴經營以糊其口，因此脚猪之體格，年齡，飼養均可置之不問；而一日之間交配次數，亦不加以限制；故母猪受孕率之減低，子代身體之減弱，乃為其必然之結果！（每三十頭母猪應有公猪一頭，公猪每天只能交配一次，如已經休息一日或二日，則可交配二次）。

農村所用之脚猪，年達四月，即令交配，達一歲後，閹割屯肥，以公猪本身尚未成熟，其精子之活力雖大但不健全，兼以交配過度，因此子代體弱而形小（公猪交配年齡、最好須達一歲；如生長良好，年達八月者，每日交配一二次，亦無妨礙）

公猪交配，既嫌過早；由於農村積習，母猪亦遭受同樣命運！通常年達六月，即令交配，故有一歲一窩之慣例，母猪交配過早，窩數小乃其必然結果，故第一窩仔猪數常常只有二三頭，第二窩第三窩稍有增加（約五至八頭）四歲至六歲大者，仔猪數達最高點，亦不過十四五頭耳，以後則反有顯著之降落，洋猪繁殖力素低，但比之於川猪仍無遜色。據美國 Smith 所作試驗，第一窩平均仔猪達七頭以上(7.788)，以後漸增，第四至第六窩時為最高(10.460—10.870)以後復形減少，至第十窩時平均只有八頭，至如土種猪（南京猪，江北猪及金華猪之通稱）在合理之飼養管理下（中大試驗）繁殖力亦不低，平均每窩達14.550頭，同時在同一情況下，洋猪平均每窩為9.143頭，但據四川省前家畜保育所在三峽，新都，榮昌及華陽所作調查，平均每窩仔猪數為8.797頭，單就此數字而言，其繁殖力與洋猪或其他土種猪之在合理管理情形下之繁殖力，並無遜色，惟就實際所見，川猪第三窩至第六窩每窩仔猪數如在合理管理的情形下，常在十二頭以上，在一般農村則公猪交配次數過多，母猪交配過早，窩數變小，故上述數字，當係第三窩以後每窩仔猪數增大所調和之結果！

故施行合理之管理，可減少此項因子之惡果至最低限度。

2.飼養管理方面之因子：

四川養猪，多在佃農，佃農有田農（其租地可蓄水耕耘穀稻者）地農（其租地多在山坡，不能蓄水以耕耘穀類者，只能栽植雜糧）之分，佃農年向地主繳納「田」內收入（稻）之百分之七十五以上（山地與成都平原各有不同，故此數並不能代表全省）賴剩餘之穀類以果腹，已不可能，故所能利用以飼喂牲畜者，僅雜糧之副產品耳，據四川省前家畜保育所調查鄉間猪料種類雖多，而大率為粗料，能利用之精料，僅蠶豆，豌豆，碎米而已，而年來糧價飛漲，前年豌豆一斗僅值3.129元，今則每斗十六元矣，小麥三元一斗，今則非十元不賣。故農民已無能力飼喂精料，所能利用者當為蠶豆糠，黃豆糠，酒糟，糖渣，花枯，油枯及苕糖而已，然此類飼料價格，亦遠非昔比，如黃豆前年每百斤僅售洋一元四角，今年則為三十餘元，油枯一塊為三角三分，今年則為每百斤三十六元，故僅僅飼喂粗料，亦勢難支持，去年糧價下跌，刺激猪肉價格高漲，農民競相養猪；今年糧價飛漲，民食已感困難，故猪價又跌，由去年活重每斤七八角降落至每斤四角矣，故戰時因糧價高漲，養猪事業暫時蒙受極大之限制。

胡豆糠黃豆糠為川省飼料之最主要者，其營養價值與堵貯肖稽相當，但飼料種類不多，而配合又不計及蛋白質礦物質及維太命之含量，故欲求猪隻生長優良而迅速，烏乎可得？據中央大學「農家，改良農家，與科學屯肥飼糧之試驗比較」證明農家飼糧組每百斤飼糧價值為 25.04元，改良農家飼糧組為25.91 元，標準飼糧組為27.04 元，三組費用，曾以農家飼糧組比較經濟；但每增重百斤所需飼料，三組顯有區別：農家飼糧組為 922.931斤，改良農家飼糧組為 815.957斤，而標準飼糧組為 509.950 斤，故第一組所費較第二組為高，而約為第三組之一倍！更就每日增重而論，第一組為0.424 斤，第二組為9.500 斤，第三組為0.972 斤，故知達到一定體重所需之時間，當以第三組為最少，由此觀之，飼養方式對於養猪事業之影響，決非淺鮮；就著者觀感所及，恐為養猪事業得失之最主要因子！

飼料之營養價值既低，而礦物質之含量又不能適應懷孕母猪之需要（苕糠含礦物質約10.53—19.92%，蔚豆糠則達18.5%但如豆腐渣則甚低 0.5%），母猪產後常有發生四肢無力，或四肢痲痺者，而患者並不顯示其他病狀，間亦有死亡者；惟常見者則為暫時的停乳或永久的停乳，由於代乳品之不易獲得，小猪死亡相繼，損失甚大。

農家習慣在懷孕母猪產前產後並不減少飼料，（產前一二天之飼料應減少一半，繼續至產後一週至十天為止）小猪常常發生白痢（White Scour）由此而造成之損失，亦不在少數。

小猪斷乳太早，因此生長不良，而以後所用飼料之營養價值又不高，故其生長亦無由改進，鄉間習例：年達四十日之小乳猪，即行斷乳（簡陽）亦間有稍為延長至二月或三月以上者（榮昌），惟仍嫌太早，而一般斷乳之體重僅為15至20市斤；竟有少於此數而僅有5至10斤者，觀乎飼喂標準飼料，同時在科學方法管理下母猪所生仔猪在斷乳（第十週末）時之體重平均達36.601斤者，當有遜色，曾見一窩仔猪（十五頭）在斷乳後出售共得洋十九元（當時市價每斤活重為0.4 元）平均每頭亦不過四斤左右；又見一窩仔猪（八頭）共售洋六十餘元（市價同上）平均每頭體重達十八斤左右；但猶去上述數字遠甚，此種種不良結果，吾人雖難斷定其原因，但仍不難臆斷，即飼料及管理所致之影響與夫遺傳上之因子使然也。

3.疾病方面之因子．

疾病所予養猪事業之威脅甚大，在申論正文前，請先論四川猪病之導因，一曰氣候：川省多雨，溫度較高，土壤多砂質，久晴則成灰砂，久雨則變泥濘，又因多山，氣候常常突變，此種種因子實足以令猪畜之抗戰力減低，而外來猪種，更難適應。二曰民情：川省民風般樸而守舊，僻處西北，文化落後：科學方法，迄未適應，故家畜之合理飼養與夫疾病之合理防治，雖倡導已久，猶未能獲得普遍之歡迎，坐令牲畜質量並減，疾病輾轉蔓延，殊可惋惜！

本節所提示者為川省流行或習見之川猪病，根據四省農業改進所防疫團之報告：為害最大者厥為猪瘟及猪丹毒二者，猪瘟流行區域甚廣，常有猪傳染性腸炎併發，迄今尚未發現單純之流瘟，猪丹毒則到處流行，而以都江猪流域爲最常見，自陰歷七月至十月爲盛行期，二十市斤至一百市斤之猪，最易傳染，二十市斤以下者，則少有發現，全年死亡損失達一百五十萬頭。其次當推猪肺疫，今年南充及簡陽均甚流行，最後著者將略示猪之蛔虫病，此病爲害，雖不及急性傳染病之劇烈，惟農家因此遭受之損失，亦復不小。

猪瘟及其控制：瘟猪之發生也甚急，豬羣中最先死者均屬最急性者，以後發生也緩，而死亡率常在百分之九十以上，所幸預防有法，不難撲滅，血淸血毒同時注射免疫法之功效，已無疑問，故身體健康之幼豬注射活力強大之血毒及効力優良之血淸，可獲得終身免疫力，然亦有因注射而發生惡果者何也？試請申述之：

惡果之發生，可爲血淸血毒力量不相當之結果 惟其製備如經嚴格之考核，則二者力量當可一致，證諸實際，豬隻身體狀況及其環境之變遷所致之影響，實遠甚於血毒與血淸二者所能發生者，故與惡果發生之關係亦較大。

影響完滿免疫之主要因子有二：第一須相當於高效力並且一定量血淸之優良而活力強大之病毒，第二爲豬隻免疫前之健康狀況及免疫後七至十日內之照應。

一般觀念向認爲免疫之成功，只需優良力強之血淸，此意仍然，但仍以獲得優良而力強之病毒爲首要也。病毒須先經適當之選擇，且有一定之毒力，同時須不含雜菌，然後可以決定其免疫力量之大小。行同時注射法免疫時，須始終注意者厥爲免疫產生之職責在病毒而非血淸，血淸在此法之功用乃暫時保護身體，避免生病，而允許病毒刺激或引致一種永久的或終身的免疫力，故免疫力之產生，大半與所使用之病毒之毒力或活力成正比。

優良病毒之維持，當先有適當之選擇，惟須繼以合理之保管，病毒須保存在冷藏室內，溫度約40°至50°F. 禁止暴露在日光或高溫之下；蓋病菌係一種離開宿主仍然生活之病菌，須有適當之處理及保存，才能保持其活力，至於血淸，亦應同樣置於低溫之下，但處理不合所生之惡果，則遠不如處理不當之病毒所致者之甚，是以欲免疫成功，血淸血毒之使用須有熟悉養豬事業及豬病之獸醫之指選，否則如血毒之使用，落入不熟諳者之手，則常常發生困難。

影響於完滿免疫之第一因子爲動物之身體狀況，而實際責任則在畜主及獸醫之肩上，畜主應當供給誠實而完全之病史；獸醫則辨別畜主所述各節是否將成爲注射後惡果之導因。

詳細檢查豬羣，有無傳染病或其他疾病之存在，可藉以預測免疫注射許多併發病如貧血，內寄生虫病，傳染性腸炎，副傷寒及肺部傳染病，均爲注射後併發病之有力導因，故不僅此類疾病可因注射而加重，並且在此種情形下，免疫力亦無法產生，個體往往發生豬瘟！

既經注射，則豬羣之管理與飼養非常重要，猪羣在運輸前行注射者，在24小時內倘使舟車擁擠或日曬雨打太甚，則常有死亡，如在到達後二三日內行注射者，亦常有嚴重之死亡，然欲避免此項損失，亦非難事，可在運輸前二三週內即行免疫注射。猪羣在注射後數日內應減少飼料，即在一週內禁止飽食；蓋飲食過飽爲造成注射後惡果之最合宜之途徑也。

猪丹毒（打火印）

二、猪丹毒俗稱打火印，蓋在慢性患者之皮上顯示紅色方塊，此病亦爲急性發熱傳染病，死亡率約爲百分之十至廿五，不死而轉成慢性或以後生長不良者亦達百分之十至二十五。猪之發生或爲敗血性或爲慢性，其表示之病狀在有經驗者看來當與猪瘟或其他猪病絡不同，但一般則極易混淆，分別診斷，非屬本篇範圍，不願列論，只略示猪丹毒患者所具之特點：行動殭硬，背部拱起，按摸其身體則有痛苦表示；體溫高；精神並不十分萎頓，刺激所生之反應亦不很大；胃口不佳；皮膚發紅，緊壓之則紅色消失；皮膚發生浸潤，或顯露壞死區；關節發炎；肝充血；胃及腸之漿膜有緊密之小點出血。

病後二三日內如注射抗猪丹毒清，則在二十四至四十八小時，倘無併發病，便有顯著之進步，故可用此幫助診斷，在臨診上如欲區別急性猪丹毒和由於猪霍亂桿菌（B.Suiqest ifer）或副傷寒病所發生之急性敗血病，則往往不可能。

傳染性腸炎，傳染性腸炎之發生亦甚普通，常與猪瘟併發，此病病名尚未統一，如壞死性腸炎（Necro or recrotic enteritis）副傷寒（Paratyphoid），炎腸窒扶斯（Swine typhus）和沙氏病（Salmonello-sis）實則病名雖異，其病則一。

其病原中最普通者爲猪霍亂桿菌（B.suipestifer）此類中其他如副傷寒，有時亦可爲該病之原，但大部份患者則歸罪猪霍亂桿菌(B.suipesifer)在未證實猪瘟之病原，稱爲 B.cholera suis.

口服此類細菌可得急性腸炎，但如注入肌肉，結果則否，患者常有猪瘟以及其他病併發，但單純腸炎之死亡率亦甚高。

臨診時所表顯者，因急性或慢性而有不同，故病狀及病理亦有異。

此病一但發生，猪羣中受害者不少，但其發生也不若猪瘟之引人注意，患者仍能飲食，精神並不十分萎頓，病初便祕，以後則有顯著之腹瀉，腹部皮膚發紅，雖加壓力，亦不消失，在病發生最初數日內死亡率最高，以後變成慢性。

預防之法無他乃適當之飼養，管理及衞生是也，新購進之猪隻，在未加入前，可注射一劑或二劑之菌液，療治方法頗多：限制精料，或換以乳品或用鹼性之燕麥和大麥之混合物，亦有人使用硫酸銅者，每二十五加侖之水，加硫酸銅一兩，據著者經驗，患者初期如有適當療治，可以復元；病至後期，則復元不易，如係敗血性，則死亡甚速。

出血性敗血病（猪肺疫）

此病散發者居多，常常發生於氣候驟變或長途運輸之後，晚近學者對此病之發生，見解不一；有認此病係初發性者，有認此病爲繼發性者，美國B.M.Lyon氏主張前說，曾有一猪羣，約千頭，向以殘羹爲飼料，數日內倒斃者達二百餘頭，氏被召前往，該項斃畜均係經過猪瘟免疫者，解剖並無猪瘟病痕，檢查血液發現純粹之巴斯德屬細菌，將其注射家兔，家兔翌晨卽死，由此復分離得純粹之巴斯德屬細菌

該場鄰近有一農家，養雞甚夥，亦以此殘羹爲飼料，據畜主謂每日常死雞八至十二頭，細菌檢查，分離得與前相同之巴斯德屬細菌，故此病係初發性病，當無疑義，並確知此項病原可令家禽得病。

猪之蛔虫病：

四川猪患體內寄生虫病者甚多，但爲患者並不若見，僅

蛔虫耳，蛔虫寄生在小腸之前段，虫數多少不一，多者阻塞腸腔，影響消化，患者消瘦，貧血，咳嗽（由於幼虫經過呼吸器官之結果）甚或腹瀉，生長停止，抵抗力降低，故此病所致之影響雖緩，而招致之損失則不小，治療雖有特效藥物，惟價昂，殊不經濟，最好預防於既發之前，牧場輪植，實爲取締此病之根本辦法。

最後與養猪事業與甚悠關之問題，厥爲牧場衛生，習俗認爲養猪爲不清潔之工作，不必注意衛生，殊不知牧場衛生，乃根除疾病之主要因子，防患於未然，乃牧畜之最聰明而經濟之辦法也。

言之，影響川省養猪事業之因子既如上述，則解决此項問題之責任，又將誰屬？著者敢謂畜主，獸醫及實驗室是也，相互合作，以解决當前之困難！著者學識淺陋，見聞不廣，猶祈我同志不吝指示。

參考資料

1. Smith: Pork Production
2. Morrison: Feeds and Feeding
3. 許振英等：一年來之養猪研究報告
4. 四川省家畜保育所：四川家畜保育所二十六年度總報告
5. 四川省農業改進所：防疫團報告
6. B.M. Lyon: Factors Limiting Swine Production (PP. 496—500 A.V.M.A. April, 1940)

川省家畜幾種重要腸內寄生蟲

許世璟

川省天氣溫暖，潮濕，適宜於寄生虫之繁殖。人畜因而感染者，累累皆是，今將重要者列述于后：

一：肝蛭：俗稱螞蝗牛羊貓患之者多，人貓之肝蛭同類，形小、體薄、寄生膽管內、吸血、防礙消化，故患者多貧血、消瘦、其幼虫生活于螺螄及魚類，人貓生食之則患，成都貓感染率達百分之三十，人因少生食魚類，患者僅佔百分之三，牛羊肝蛭，形大、體厚、亦寄生膽管內，在川省，其爲害甚烈，每取養料，刺激家畜，致生長不良，牛羊感染率約百分之七十，松潘一帶，更爲猖獗，以羊而論，每年死亡率有百分之二十，高達百分之九十，其幼虫寄生于潮濕之草，牛羊食之而患。

二、絛虫、俗曰帶虫，寄生于人與畜之小腸，人絛虫重要者有二：「有鈎絛虫」與「無鈎絛虫」是也，前者之幼虫寄生猪肉中，後者則在牛肉中，人若食不熟之肉，即可患，川省因熟食，患者極少，在畜類犬貓感染率最高，佔百分之八十以上，四川犬貓生長不良，厥爲絛虫患也，其幼虫寄生于牛羊猪鼠之內臟中，貓犬生食之即患，川省馬牛羊亦患有絛虫，惟百分率低耳。

三、蛔虫：俗稱糟蟲，全川極爲普遍，人猪之蛔蟲同類，惟不能相互傳染，體白、長、圓筒形，寄生于胃及小腸，患者消瘦，貧血，腹脹，腹痛，腹瀉及慾不振，川人感染百分之七十左右，貓佔百分之六十，其生活史如下：虫卵由糞便排出體外，經相當時期之發育、人、猪誤食虫卵所汚染之飼料，卽在體內發育而爲成虫。貓犬之蛔虫亦烈，成都貓卽有百分之四十感染，患者主要症象爲嘔吐，餘同猪蛔虫。川省馬牛亦患有蛔虫，數少。

四、胃圓虫：川省牛羊胃圓虫患頗烈，羊尤甚，牛感染率爲百分之二十一·三，羊達百分之五十八，該虫長寸許，惟虫體外現紅白螺旋紋，寄生于眞胃（第四胃）食血甚，刺激胃粘膜亦凶，患者多得慢性腸胃炎，有漿液性腹瀉、貧血，及逐漸瘦削等症狀。

五、鈎虫：寄生于人與畜之小腸，其頭彎曲如鈎，故名，川省人鈎虫患較微，感染率僅百分之二，畜類以貓犬最烈。犬達百分之七十三·三，貓估百分之二十六·患者體瘦弱，毛粗亂，精神萎靡，食慾漸低，搐搦、貧血、瀉、夾有血絲及粘液。羊鈎虫害亦凶，松潘綿羊中三大內寄生虫害：卽肝蛭胃圓虫及鈎虫是也，其幼虫寄生于潮汚之土地上，可由人畜皮膚鑽入或食入而患。

川省重要腸內寄生虫害已如上述，言及治療，頗不易，畜類困難尤多。一不經濟，二難以驅除淨盡，若不治，則家畜之養料，被寄生虫所奪取：生長力，繁殖力生產力，抵抗力，均日漸低減，損失亦大，欲避免之，最好方法，卽須重視寄生虫之預防。

家畜寄生蟲爲害摘要與預防方法

許世璪

我國家畜生長不良，容易死亡，寄生虫爲害乃一主因也，以四川爲例，川東之猪，蛔虫（糟虫）患及疥虫（猪皮癩）害，極爲猖獗，致小猪不易長大，大肥不易盹肥，榮昌一帶白猪，生猪皮癩者，估計有百分之六十以上，影響猪鬃數量甚巨，再觀松潘綿羊，無一羊無寄生虫患，肝蛭（螞蝗）爲害尤烈，每年因該虫而死亡，約百分之二十，卽不死亡，身體瘦弱，精神萎靡，致毛粗量少，値此抗戰期中，換取外匯之主要出口物，卽羊毛，猪鬃。如斯損失，能不急起振救乎？

寄生虫爲害情形極爲複雜，玆將要點綜述于後：

(1)奪取家畜養料：寄生猪食血與淋巴，致受害之家畜，營養不足，瘦弱、貧血、生長卽不易矣。

(2)刺激家畜：寄生虫有吸盤或、或刺、或齒、固定或行動時，俱可刺激家畜，令之不安。

(3)因寄生虫之傷口，可引細菌侵入，致生嚴重傳染病，大批家畜，因而死亡。

(4)寄生虫可分泌毒素，使家畜中毒。

(5)壓迫或阻塞器官之功能：如蛔虫寄生于小腸，多時，腸道爲之阻塞，消化卽不易進行。

(6)破壞家畜之體素。

寄生虫爲害，既如斯之大且多，言及治療，頗爲困難，因虫害乃普遍性，一羣家畜，欲求治療，須大量藥品，不合經濟原則，且有數重要虫害，藥力不易到達，故單言治療，不能得完善之結果，欲避免虫害，乃不得不愼重于寄生虫之預防，現將預防方法，摘要列出，以饗讀者。

(一)防止寄生虫卵之發育：

(甲)家畜排泄物須掃除清淨。

(乙)病畜糞便須以石灰或十分之一硫酸實行消毒。其污染之土，刮去表層，埋或燒之。

(丙)虫卵之發育，須潮濕之環境，若乾燥，即易死滅，故須：

(1)畜舍，牧場宜多設溝渠，以利排水。

(2)填設不平之地，以防積水。

(3)牧場宜滲透性強之沙地。

(4)時換墊草，使其保持一定乾度。

(二)防止寄生虫進襲家畜：

(甲)隔離病畜，使健畜不致接觸傳染。

(乙)撲滅有害之節足動物，蠅類、蚊、蚤、蝨等。

(丙)寄生虫藉畜舍，用具等傳染者，經嚴密消毒後，可免除。如畜舍，可以硫黄氣體消毒(每一立方公分空間，燒一百公分之硫黄)或先以沸水澆洗，次噴消毒劑，如石灰水或百分之二克利奥林。用具最好用沸水燙或煮；或浸入消毒劑十二時，場地可定期用石灰消毒。

(丁)藉食物傳播者，爲最普遍，預防法如下：

(1)食物須潔，熟者尤佳，飲水以清淨，流動者爲佳。若不淨，可加硫酸銅(一比百萬份之水)消毒。

(2)露水未乾之牧場，切勿放牧，潮濕之牧場，可以硫酸銅(每公頃用五百公斤)消毒。

(三)防止中間宿主中之寄生虫侵襲家畜：

有一類寄生虫之生活史可分二段，即虫卵發育後，須在中間宿主內寄生一時期，後爲確定宿主食入，始能變成虫，若不遇中間宿主，發育即止，吸虫(螞蝗)絛虫(帶虫)多屬之，故預防之道：

(甲)依照前述方法防止虫卵發育，則幼蟲緣侵入中間宿主。

(乙)消滅中間宿主，吸蟲之中間畜主爲螺螄及生魚蝦，故有螺螄之池沼、牧場、可以硫酸銅(一份對十萬份水)或石灰消毒。絛蟲之中間宿主，多爲動物，故動物之肉及內臟上，若有幼蟲，可以熱力殺死之。

獸醫藥物學淺說

石頭

(甲)藥物學概述

(A)定義

1. 藥物　凡可用以療治疾病之物質，稱之爲藥物，藥物之來源，大多取材於動植礦，其中以植物及礦物所佔之數較多。

2. 藥物學　研究藥物之來源，形狀，性質，成分及製造之法等謂之藥物學。

3. 藥理學 研究藥物在動物體內之作用及療治之用途，一名曰藥理學。

(B)作用

(一)分類

1. 刺激身體細胞活動：如興奮劑及刺激劑等
2. 抑制身體細胞活動：如鎮痙劑及安眠劑等
3. 暫時停止身體細胞活動：如麻醉劑。
4. 毀滅身體上不需要之組織：如腐蝕劑。

(二)作用之快慢與不同

1. 服藥方法：靜脈注射最快，肌肉與皮下注射次之，口服與直腸內用藥甚慢。
2. 幼獸對藥作用接收較快。
3. 反芻動物如牛羊有四個胃，用藥劑量須較大。
4. 家畜種類不同對藥之作用亦不同，如嗎啡易使犬安眠或麻醉，對牛馬則否。
5. 有孕家畜服猛烈瀉藥或收縮子宮藥易遭流產。
6. 產乳家畜服藥時，有藥能使乳改味或變其色。

(三)積蓄作用：凡在體內排出緩遲之藥品，久服之體內積蓄漸多而至中毒，為防止中毒，此類藥品連服數日後，應停服，若干日再繼續服用。

(C)服藥方法

(一)口服：口服之藥有藥粉藥水及藥丸等。

1. 無惡味或刺激性的藥：可和於飼料中或溶於水內任其自食自飲之。
2. 有惡味或刺激性的藥：須裝入膠殼內或製為丸或加於糖漿或蜂蜜內服之。

(二)注射：注射常用者為皮下肌肉及靜脈三種注射；藥液及用具須詳密消毒。

1. 皮下注射：地位在頸前後兩側或皮膚鬆薄之處。
2. 肌肉注射：注射於肌肉豐厚之處，如背腰。
3. 靜脈注射：在家畜多注射於頸靜脈。

(三)吸入：以藥品化汽，或藥品揮發之氣，由呼吸道吸入。

(四)直腸內用：將藥品由肛門放入直腸內。

(五)塗擦於皮膚：家畜身體有毛而不潔應先將毛剪去，洗去污垢而後塗藥。

(D)劑量

(一)規定標準：常以一種家畜所用之劑量為標準而推算其他。

1. 以犬為標準：40磅重之犬用藥劑量與150磅重之人相等，今若定犬之劑量為一，則他家畜之劑量如下：

貓為犬之1/2　馬為犬之16倍
豬為犬之2倍　牛為犬之24倍
羊為犬之3倍

2. 以馬為標準：中等大成年馬若定其劑量為一。

牛為馬之1½倍　豬為馬之1/8
羊為馬之1/5　犬為馬之1/16

(二)劑量差異：

1. 身體大小：太大者須增加，體小者應減少。
2. 年齡老幼：如以成年馬之劑量為一，三歲馬用其

1/2，一歲小馬用其1/4，六月小馬用其1/8 三月小馬用其1/16，一月小馬用其1/24

3. 身體強弱：體質太弱者宜減少劑量。

4. 有毒性的藥宜分劑量爲數次服之。

(乙)作用於循環器官及血液之藥

(A)強心劑：此類藥能增加心臟之力量，宜於心臟無力收縮或房室瓣與大動脈瓣關閉不完全，循環發生障礙時用之。

1. 洋地黃(Digitalis) 有強心利尿功用，凡因心臟衰弱而發生水腫者，用之尤效。反芻動物，口服此藥不顯療效，須行注射。

劑量(1) 洋地黃葉 Digitalis Folia

馬與牛 2—5gm 狗 0.2—0.5gm

(2) 洋地黃酊 Tincturae Digitalis

馬與牛 10—25cc. 狗 1.0—2.5cc.

(3) 洋地黃精 Digitonin

馬與牛 0.016—0.03gm 犬0.001—0.002gm

2. 海葱(Scilla)：利尿作用大於強心作用。凡因心臟病所引起之慢性腎炎，腎充血，水腫，以及因發炎而致胸膜腔腹膜有滲出液。用海葱有效。或以洋地黃與之合用。

劑量(1) 海葱流膏 Fluidextractum Scilla

馬與牛 5—10cc. 犬 0.2—0.5cc.

(2) 海葱酊 Tinctura Scillae

馬 15—30cc. 犬 0.3—2.0cc.

3. 樟腦(Camphora) 有強心提神及興奮呼吸之效。有心臟病而精神不振者可用之。此藥有刺激性宜裝於膠囊或製爲乳劑服之。

劑量(1) 樟腦 Camphora

馬與牛 4—15gm 犬 0.3—2gm

(2) 樟腦醑 Spiritus Camphoral

馬 45—120cc. 犬 0.6—16cc.

(B)血管收縮及舒張劑：此類藥是作用於小管血管。

一、血管收縮劑：經麻醉動物，發生精力虛脫或休免應用此藥能收縮血管與奮循環作用，並防止開刀後之出血。

1. 腎上腺素(Epinephrina) 有效時間不長。用氯化腎上腺素液爲皮下注射劑。

劑量 氯化腎線素液 Liquorae Epinephrina Chloridum

馬與牛 4—8cc. 犬 0.2—0.5cc.

2. 大腦垂體(Pituitarium) 效用與腎上腺素同。有效時間較長，除收縮血管外，凡腸胃子宮等平滑肌，亦可使之強烈收縮。

劑量 馬與牛 8—10cc. 犬 0.2—1.0cc.

二、血管舒張劑：能舒張血管，降低血壓，可以減輕心之工作。在血管硬化病者可用之。

1. 亞硝酸五烷(Anglis nitris) 液體藥洒於紗布上覆鼻外，令動物吸入其氣。

劑量 馬與牛 0.6—4cc. 犬0.065—0.325cc.

2. 硝酸甘油(Nitroglycerin) 用淡硝酸甘油爲藥

劑量 馬與牛 0.01—0.03cc. 犬0.0003—0.001cc.

（C）止血劑；此類能助血液從速凝而停止出血，可用爲止血藥分類如下：

（一）收斂藥類：

1. 鞣酸及其化合物

2. 白礬及氧化鋅等

（二）助血液凝結藥類

1. 氯化鈣（Calcii Chloridum） 服用可止內出血。

劑量 馬與牛 4—8gm. 羊與豬 0.5—2gm

犬 0.065—0.6gm

2. 白膠（gelatinum） 有止內出血之效，以此藥溶於溫熱之生理鹽水中（5—10%溶液）注射於皮下或靜脈內。

劑量 馬 8—30gm 犬 1—3gm

3. 麥角（Ergota）.—能收縮血管及平滑肌，母獸於生產時，子宮無力收縮，或產後出血，用之頗效。

劑量(1) 麥角流膏 Fluidextraotum Ergota

馬 10—25cc. 牛 25—60cc.

羊與猪 2—5cc. 犬 0.5—2.0cc.

(2) 麥角酊 Tinctura Ergota—劑量約爲菱角流膏之四倍。

（D）補血劑：凡能促進體內紅血球增加之藥品，稱爲補血劑。在家畜重病之後，或出血太多，呈貧血現象用之。

（一）鐵質Ferrum—用爲補血藥者如下：

1. 硫酸低鐵（Ferrisulpha） 須磨碎爲細粉和於健胃劑中服之。

劑量 馬與牛 8—12gm. 羊與豬 1—2gm

犬 0.13—0.3gm.

2. 氯化高鐵（Ferri Chloridum）—藥用者爲氯化高鐵酊 Tinctura Ferri Chloridi.

劑量 馬與牛 8—16cc. 羊與豬 0.6—1.5cc.

犬 0.13—0.6cc.

（二）砒質 Arsenum. 砒質能於紅血球缺少時，促其產量增加，且能使皮毛柔而光潤，普通用下列含砒之物爲藥劑。

1. 三氧化砒（白砒）（Arseni Trioidum）

劑量 馬與牛 0.6—1.0 gm. 羊與豬 0.065

犬 0.003—0.016 gm.

2. 砒酸鉀液 Liguor Potassii Arseni

劑量 馬與牛 16—60cc. 羊與豬1.0—5.0cc.

犬 0.13—0.6cc.

（三）魚肝油（Oleum Morrhuae） 魚肝油能增加紅血球外，並可用以治佝僂病（Ricktes） 及維他命甲缺乏症。

劑量 馬60—120cc. 犬4—8cc.

（E）血液量補充劑，動物於重出血後或猛瀉不止時，體內水分減少血液漸濃須由血管注入相等液劑，以補足之。

1. 生理鹽水(Physislogical Saline Solutiom)—乃以純氯化鈉 8.5gm 溶於 1000cc 蒸溜水而成，所需分量視血液失去分量而定。

2. 葡萄糖液(gluoose Solution） 用葡萄糖之水溶液。

(丙)作用於呼吸器官及呼吸作用之藥

(A)興奮呼吸劑：此類藥能刺激呼吸中樞，如動物卒然昏絕休克，精力虛脫等，有時呼吸暫停或甚微，須用此類藥以喚起呼吸作用，又家畜於患肺炎支氣管炎等病呼吸不暢者亦可用之。

1.錏 Ammon:a) 呼吸暫止者，吸入錏氣，奏效甚快。

2.馬錢子精 (Strge nine) 呼吸不暢者用之。

劑量(口服)馬與牛 0.05—0.1gm 羊與豬 0.002—0.005gm 犬 0.001—0.003gm 貓 0.0005—0.001gm

(B)抑制呼吸劑：此類藥能抑制呼吸中樞，動物在患呼吸器官病，有喘哮不甯或痛苦的咳嗽可以用之。

1.科台因 (Cod:ne) 此藥由雅片中提出，咳嗽劇烈而痛苦者，可用之止咳平喘。

劑量：馬與牛 0.2—2gm. 犬0.016—0.13.gm

2.溴鹽類 Br nides 溴之鈉或鉀之鹽，是能抑制中樞及和緩呼吸肌肉。

劑量 馬與牛 30—60gm 犬 03—4gm.

(C)祛痰劑：於患呼吸器官病時，此類藥能增加或減少呼吸道粘膜之分泌作用。

(一)增加分泌劑：此類宜於呼吸器官病之初期，呼吸道乾燥紅腫須增加分泌以潤濕之。又至後期有濃稠之分泌物，不易咳出者，宜增加分泌使其易咳出。

1.吐根(Ip:c cauahe) 有增加分泌及刺激作用故濃稠之分泌物易咳出。

劑量 馬與牛 5—10gm 豬 0.1—0.3gm 犬 0.01—0.05 m

2.氯化錏(Ammo i:m Chloridum) 能增加分泌及呼吸作用

劑量 馬 8—15gm 牛 12—15gm 豬與羊 0.2—5gm 犬 0.2—1gm

(二)抑制分泌劑 此類藥能減少呼吸道粘膜之分泌實際上需用者少。

1.顛茄 (B lladonna) 有抑制分泌及減退知覺作用，馬有喘氣病及犬喘哮病可用之。

劑量(1) 顛茄流膏 Flu:dextractum Belladonna

馬與牛 4—8cc. 豬與羊 0.65—1cc 犬 0.06—0.2

(2) 硫酸顛茄素(Atyoptnaesu phas)

馬與牛 0.016—0.03gm 豬與羊 0.01—0.016gm 犬0.0027—0.005gm

2.松節油 (Ol:um Tea:btnthtnae) 用於慢性呼吸器官痛有祛痰之效，有刺激性須製爲乳劑服之。

劑量 馬 10—100cc 牛25—250cc 豬與羊 5—25cc. 犬02—2.0cc

(丁)作用於消化道之藥

(A)健胃劑 此類藥能增進食欲輔助消化作用。

1.龍胆 (Gentiana) 味甚苦，能刺激消化液分泌增加。

劑量 馬與牛 15—30gm 豬與羊 4—8gm

犬 0.3—2gm

2.馬錢子(Nucis Vomicae) 有強心助消化等效，病後體弱消化不良服之有效。

劑量 馬與牛 2—8gm 猪與羊 0.6—1.3gm 犬 0.06—0.13gm

3)重炭酸鈉(Sodii Bicarbonas) 中和胃酸輔助消化

劑量 馬 30—60gm 牛 60—90gm
羊 5—10gm 猪 2—5gm
犬 0.5—1gm

人工鹽(Sal Carolinum Factitium) 本品以氯化鈉 18 無水硫酸鈉 44 分重炭酸鈉 36 分及硫酸鉀2分混合而成。

劑量 馬與牛 25—100gm 猪與羊 2—10gm
犬 0.25—1gm

(B)健胃驅風劑：在腸胃有發酵及脹氣，感覺不安時用此類藥可使腸胃氣體易排出，則痛苦減少。

1.辣椒(Capsicum) 內服覺溫暖爽快。

劑量 馬 5—10gm 牛 10—20gm
羊與猪 1—6gm 犬 0.1—0.2gm

2.生薑(Zingiber)味芳香

劑量：馬 8—30gm 牛 30—120gm
羊與猪 4—8gm 犬0.3—1gm.

3.松節油(Oleum Terebinthinae) 治馬牛急性腸胃脹氣頗有效。以松節油和於胡麻子油內，由直腸灌入。

劑量：前見

(C)催吐劑 此類藥服後能發生嘔吐，在家畜中馬與牛嘔吐困難，不宜用催吐藥。又催吐藥大多有祛痰功用。

1.鹽酸阿朴嗎啡(Apomorphinae Hydrochloridum) 此藥有三種用途

(1)催吐用 合用於犬及貓劑量犬 0.002—0.01gm
貓 0.02—0.05gm 皮下注射

(2)祛痰用 劑量：馬與牛 0.02—0.05gm
犬 0.001—0.003gm 口服

(3)治惡癖 牛有惡食癖綿羊食毛癖，以此藥治之頗有效。劑量：牛與羊 0.1—0.2gm 射皮下注

2.吐根(Ipecacuanha) 小家畜催吐劑

劑量 犬與猪 1—3gm 貓0.25—0.75gm

(D)瀉泄劑 此類藥能助腸內積物迅速排出體外於(1)便秘(2)，消化不良(3)痢疾以及救濟腦充血等應用之。

1.液體石蠟(Petrolatum Liquidum) 瀉泄力不強，僅能潤滑腸道，浸軟糞塊小家畜患慢性便秘者可用之。

劑量 馬與牛 250—1000cc 犬 4—16cc
貓 2—4cc.

2.胡麻子油(Oleum Lini) 用爲大家畜之輕瀉藥。

劑量 馬與牛 500—1000cc 羊與猪 180—360cc
犬 8—30c

3.蓖麻子油(Oleum Ricini) 瀉泄力較強，能刺激消化道分泌增加故發生稀瀉。此藥宜於空腹時服之。服後四五小時，即瀉泄。多用爲犬貓之瀉藥。如須用於大家畜宜在蓖麻子油中加入等量的溫熱水一齊服之。患慢性便秘用之不良。

劑量 馬與牛 500—1000cc 羊與猪 60—240cc.

犬 4—60cc 貓 4—10cc.

4. 蘆薈(Aloes)—此藥小量有健胃功效。大量方發生瀉泄。用為馬驢等之瀉藥較為合宜。但有消化道炎，發熱性病，懷胎家畜，均應禁用。此藥味不佳，宜製為藥球服之。服後(16—18)小時腹瀉，故在服蘆薈後48小時內，不可再服他瀉藥。馬服藥後 16—18 小時尙未腹瀉者，可牽出散步，至開始瀉泄止。

劑量(1) 健胃用

牛 5—10gm 馬 2—5gm

羊與猪 2—5gm 犬 0.1—0.5gm

(2) 瀉泄用

牛 45—75gm 馬 15—45gm

羊 10—25gm 猪 5—10gm

犬 2—5gm

5. 大黃(Rheum) 大黃在消化道之功用，因劑量大小而異——小量健胃，中量止瀉，大量瀉泄。

劑量(1) 健胃用

馬與牛 10—45gm 駒犢羊猪 2—5gm

(2) 止瀉用

馬與牛 25—75gm 駒犢羊猪 5—10gm

(3) 瀉泄用

駒犢羊猪 5—100gm

6. 硫酸鎂(瀉鹽)(Magnesii Sulphas) 此藥在消化道能刺激液體大量增加，故發生水瀉，用為反芻動物之瀉藥較為合宜。

劑量 馬 250—500gm 牛 500—1000gm

羊 60—90gm 猪 30—60gm

犬 10—25gm

7. 硫酸鈉 Sodii Sulphers 此藥作用與瀉鹽相似但不及其強，劑量亦相同。

8. 甘汞 Calomel 本品在消化道有致瀉及防腐兩種作用，用於痢病頗合宜。又以此藥與蘆薈相合為馬之瀉藥，較單用蘆薈者好。

劑量 馬與牛 6—8gm 犬 0.03—0.1gm

貓 0.006—0.012gm

9. 巴豆油 Oleum Tiglium 藥性猛烈。在消化道能使胃腸之動作過度及過量分泌故有腹痛及急性水瀉。有時於急性中毒，希望毒物迅速排出消化道，或腦極度充血時可試用以救濟之。

家畜中犬與馬對巴豆最易中毒，用時應小心。因此藥刺激性甚強，宜和於大量之植物中服之。

劑量 馬 0.6—2cc. 牛 2—4cc.

犬 0.015—0.12cc.

10 藥西瓜瓤(Colocynitus) 作用與巴豆油相似對馬與綿羊易中毒，可用於犬及猪。

劑量 猪 4—8gm 犬 0.5—2.0gm

(E)腸胃殺虫劑 消化道有寄生虫，可用下列各藥殺之。

1. 綿馬(貫衆)(Aspidium) 殺縧虫較有效，有刺激性，服過量能發生嘔吐，瀉泄及腹痛。比藥須製為丸或裝於膠囊服之，服藥後卽須另服瀉泄劑。以助虫排出。

劑量 馬與牛 100—250gm 羊與猪 30—60gm

犬 5—15gm

2. 卡馬拉（Kamala）用以除鷄及小家畜之蟯虫，須裝於膠莢內服之，不須另服瀉泄劑。

劑量 貓 2—15gm 羔羊 2—4gm

鷄 1.0gm 貓 0.6—1 m

3. 檳榔（Semem Arecae）用以除虫，須磨成極細之粉。可驅除蟯虫及蛔虫。服檳榔粉後三小時，須另服瀉泄劑。

劑量 馬與牛 100—250gm 駒 10—60gm

犬 5—10gm 貓 2—5gm

4. 山道甯（Santonin）能驅除蛔虫，價值太貴，僅用於小家畜。服藥前須空腹，服藥後須另服瀉泄劑——蓖麻子油。

劑量 馬 4—8gm 犬 0.06—02

貓 0.006—0.02gm

5. 土荊芥油（Oleum Chenopodium）有殺除蛔虫及鈎虫之效。常以此油和蓖麻子油（致瀉劑量）內服之。

劑量 馬16—20cc.

犬體重 10 磅以下用 5滴；10—12 磅者用10滴 20—30磅者用 15 滴30磅以上者用 20 滴猪體重 100 磅用 4cc.

6. 二硫化炭（Carbonei Bisulphidum）此藥能除蛔虫及馬蠅幼虫。氣味不良，最好用胃管送入胃內。服此藥前，須餓18小時，服藥後 2 小時，始可食物。不須另服瀉泄劑。第二日有寄生虫排出，繼續數日不斷。

7. 四氯化炭（Carboni Tetrachloridum）能殺鈎蟲，馬之胃虫（Strongylus）及羊之胃虫。雖可驅除蛔虫，但不宜用，因蛔虫受其刺激，上竄入胃，而至食管或咽喉，或由口鼻而出。亦可因此而團結腸內，造成消化道之阻塞。不合用於猪。

劑量 馬 12—25cc.

家畜服藥前毋須絕食，或於早晨空腹服之。服後2—3小時開始食物。此藥最好用胃管送入。服藥後隨給以瀉泄劑。

劑量 馬體重1000磅用 25—30cc. 牛 10—30cc.

羊 5—10 犬每體重 7 磅用 1cc.

8. 苦木（Quassia）有健胃及驅除蟯虫（pinworm）之效，先將直腸洗淨，以苦木沖劑和水灌注直腸繼續數次即可驅盡，如再口服山道甯等殺虫劑更爲有效

9. 硫酸銅（Cupri Sulphas）可用以治羊及牛胃虫病（Strongylosis）

劑量 用1%溶液一歲以下小羊每次 50cc. 大羊每次 100cc.

（戊）作用於排尿生殖道之藥

（A）利尿劑 此類藥能使尿分量增加，宜於（1）發熱病初期尿量減少（2）腎臟排泄機能不振（3）因循環不良發生水腫（4）因發炎而有滲出物等情形用之

利尿之藥，除前述之洋地黃及海葱外，再介紹數種於后：

1. 咖啡素（Caffeine）爲無刺激性之利尿藥，宜於患腎臟炎時用之。

劑量 馬與牛 1—2gm 犬 0.06—0.5gm

2. 鹽類（aline）如氯化鈉，硝酸鉀醋酸鉀等皆有利尿之效。

劑量(1)硝酸鉀 Potassii nitras

馬與牛 5—20gm　羊與猪 2—5gm

犬 0.2—0.5gm

(2)醋酸鉀 Potassii Acetas

馬與牛 30—60gm　羊與猪 10—15gm

犬 2—4gm

3. 多飲液體。

（B）刺激兼消毒劑　此類藥對排尿生殖道有刺激及防腐之效，故可用以治慢性之排尿生殖道之病。患惡性炎症者禁用之。

1. 巴吉香（Copaiba）　兼有利尿作用，裝膠殼內服之。

劑量　馬 10—25gm　牛 25—75gm

羊 4—8gm　犬 0.5—2gm

2. 退雷本（Terebinum）　可治排尿生殖器官之亞急性及慢性炎症。

劑量　馬 8—24cc.　犬 0.3—1cc.

3. 優羅平（Urotropin）（Hexamina）　有防腐及間接安撫之效可治慢性排尿生殖器官病

劑量　馬與牛 5—10gm　每日三次

犬 0.5—1.0gm

（C）催產劑　此類藥能使子宮收縮於母獸分娩時，有下列情形者，可用：(1)子宮口已開，無力產出胎兒(2)產後子宮出血，(3)產後子宮脫出。

1. 麥角　見（乙）項內（C）節

2. 大腦垂體　見（乙）內項（B）節

（己）作用於神經系之藥

（A）興奮神經劑　此類藥有與奮神經功效，於精神不振或於中毒時神精受抑制用之。

1. 咖啡素　有興奮中樞神精之效

劑量　見（戊）項內（A）節

2. 馬錢子精（Strychnine）　由馬錢子中提出能興奮中樞神經及循環與呼吸作用。

劑量　見（丙）項內（A）節

3. 北美黃連（金印草根）（Hydrastis）　作用與馬錢子素相似，能使子宮收縮，孕獸用之防流產。

劑量　(1)北美黃連 Tinctura Hydrastis

馬與牛 30—60cc.　犬 2—4cc.

(2)北美黃連素 Hydrastine

馬 1—2gm　犬 0.015—0.035gm

4. 疋羅卡平（Pilocarpine）　能與奮周圍神經末稍，故能使分泌尿及粘膜等分泌作用與旺。馬牛有頑固便秘或腸梗阻可用以治之。其他並有袪痰發汗之效。

劑量　馬 0.3—0.5gm　牛 0.5—0.8gm

（B）抑制神經劑　分下列數種

（1）安眠劑　此類藥有止痛留靜之效，家畜於痛苦不安時可用之。

1. 雅片（Opium），用於犬有安眠止痛之效。馬牛則否。但用以止腹痛之腹瀉有效。

劑量　馬 5—20gm　牛 10—25gm

羊與猪 1—3gm　　犬 0.1—0.5gm

2. 氯醛(Chloralis Hydras)　—安眠止痛之力頗強。常用於家畜施小手術，子宮脫出等，爲保持安定之藥。

劑量(1) 麻醉用

馬與牛 75—125gm　　（直腸注入）

(2) 安定用

馬與牛 30—60gm　　羊與猪4—10gm

犬 0.5—5gm

3. 印度大麻（Cannabis）　此藥止痛安眠之效，用於馬最顯著。

劑量　印度大流流膏

馬與牛 8—24cc.　　羊與猪 1—4cc.

犬 0.2—0.6cc.

(二)麻醉劑

a. 全身麻醉劑　大手術時用之

1. 哥羅芳(Chlorform)　抑制中樞神經及心臟之力頗強，初麻醉時用量多，易生危險。可用以除鈎虫，家畜每公斤體重用 0.2cc. 和於蓖麻子油內服之。

2. 醚（Aether）　麻醉上的危險性小於哥羅芳，可用爲小家畜之麻醉藥。有時亦用以止腹痛及除蛔虫。

b. 局部麻醉劑　此類藥能抑制知覺神經故有止痛止癢之效。

1. 普羅卡因（Procaine）　此藥水溶液經熱不分解，便於消毒，%4溶液爲局部麻醉用。

2. 阿立屏(Alypine)　局部麻醉用其2—4%溶液。

(三)抑制周圍神經劑　此類藥有減少感覺及分泌作用如(1)因平滑肌過度收縮，引起內臟器官之痙攣或劇烈性疼痛(2)分泌作用過甚(3)惡急性呼吸器官病等，可用以治之。

1. 顛茄（Belladonna）　治痙攣性腹痛及呼吸器官病可用之

劑量　見(丙)項內(C)節(11)

2. 黑莨（Hyoscyamus）　作用與顛茄相似

劑量　黑莨菪流浸膏 Fluidextractum Hyoscyami

馬與牛 15—30cc.　　羊與猪 2—4cc.

犬 0.3—1cc.

(庚)退熱及抗風濕病藥

退熱藥中，有不少既可平復體溫且有止痛及去風濕病（Rheumatism）之效，故合併言之。

1. 金鷄鈉皮(Cinchona)　內含奎甯(Quinine)其用途有三：(1)健胃(2)退熱(3)治原生動物病。

劑量(1) 金鷄鈉皮 Cinchona

馬 10—25gm　　牛 30—60gm

羊與猪 5—10gm　　犬 2—5gm

(2) 硫酸奎甯（Quinine Sulphas

馬 10—20gm　　牛 15—25gm

羊與猪 2—5gm

2. 醋酸醯基困（Acetanilidum）　能平抑體溫過高，又有止痛之效。

劑量（一次的） 馬與牛16—32gm 羊與猪8—16gm
犬 0.5—1gm

3.非那汀塞(Phenace Tiwvm) 性和平，止痛力較強。
劑量 馬與牛 10—20gm 犬 0.2—1gm

4.柳酸(Acidum Salicyllcum) 退熱作用不快。但保持有效時間長。多用以治肌肉或關節的風濕病。有消腫止痛之效。外用其酒精溶液，可治皮膚病。
劑量 馬 100gm 牛 150gm 犬 2—15gm

5.柳酸鈉(Sodii Salicylas) 功用於柳酸相同。刺逸性較弱，可代柳酸用。
劑量 馬 60—90gm 牛 75—150gm
羊 10—25gm 猪 5—10gm
犬 1—3gm

6.柳酸因(薩羅)(Phenylis Salicylas)(Salol) 本品退熱作用不強，用爲消化道或排尿生殖道之消毒及防腐劑效力頗佳。此藥最好用膠壳裝好服之。
劑量 馬與牛 60—90gm 羊與猪 10gm
犬 1—4gm

（辛）殺菌及防腐藥

常用之藥品分述如下：

1.石灰(Calx) 用生石灰和水製爲乳劑爲用具牆壁，排泄物等之消毒劑。已風化之熟石灰，亦可用消毒劑。

2.氯化石灰(Calx Chlorinata) 即漂白粉5%水溶液，爲強有力之消毒劑。以漂白粉及硼酸各 12.5gm 溶於1000cc.蒸溜水內，靜置三四小時後，濾取其液，洗滌傷口及膿腔。

3.昇汞(Hydrargyri chloridum Corrosivum) 昇汞1:500—1000水溶液爲用具及皮膚消毒之用。

4.福爾馬林(Formalin) 刺激毒性甚大，1—2%水溶液爲用具消毒用，或蒸溜爲氣，以消毒房屋。本品防腐能力頗大。

5.石灰酸(Acidum Caabonicum) 有腐蝕性。1—5%水溶液爲消毒及防腐。並可用以殺皮膚寄生虫（不適用於犬及貓）。

6.松焦油(Pix pini) 爲皮膚病之防腐及殺虫劑

7.克利少(Cresol) 由煤焦油中提出爲消毒及防腐劑

8.拉也瓊(Lysol) 皮膚及用具消毒劑

9.克利俄甯(Creolin) 毒劑藥，可以內服爲消化道消毒劑。
劑量 馬與牛15—30cc. 羊與猪 4—10cc.
犬 0.3—1.3cc.

10硼酸(Acidum Boricum) 硼酸2—4%水溶液爲眼鼻口腔陰道等處之洗劑。以等量之硼酸與滑石(Talcum)相合，可以治濕疹濕瘡等。硼酸軟膏爲和平之防腐劑

11硫酸銅(Cupri Sulphas) 有刺激性可用以治潰爛性口炎，結合膜消瘻管等病。與鉄合用治貧血病亦有效。

12黃氧化高汞(Hydrargyri Oxidum Flavum) 用此藥之軟膏可治創傷，鞍傷，濕疹及擦傷等有效。對各種慢性結合膜炎有特效。

13醋酸汞(Mercurochrome) 普通用其2%水溶液爲傷口創傷等消毒劑。

14過氧化氫液(Liquor Hydrogenii Dioxidi) 爲無刺激性

之消毒劑，可用以洗滌傷口及口鼻中之黏膜。

15阿幾羅(Argyrol) 水溶液爲潰爛性結合膜炎，尿道炎，喉炎鼻[illegible]炎等之消毒劑。

16過錳酸鉀(Potassii Permanganas) 本品1—2%水溶液爲傷口膿瘍，子宮，尿道，膀胱等之洗劑

17魚石脂(Ichthyol) 此藥之膏軟，可治皮膚病，火傷挫傷及淋巴腺或關節腫脹。

18硫黃(Sulphur Sublimatum) 硫黃軟膏或硫黃石灰水，可治寄生虫性皮膚病。

19碘酒(Tinctura Iodi) 先以碘化鉀5gm溶於5cc.水中，溶後加入7gm碘片，俟碘片完全溶解，再加酒精，使爲全量爲100cc.。用爲傷口之消毒藥。初起之紅腫，塗以碘酒可消散而愈。

20碘化鉀(Potassii Iodidum) 本品內服治放射菌病及甲狀腺腫有效。

劑量 馬與牛 5—10gm 羊猪犬2—4gm
犬 0.5—1gm

21碘仿(Iodoform) 可用以治傳染病性之膿瘍。

22氧化鋅(Zinci Oxidum) 有去濕收斂防腐等效。可用以治濕疹濕瘡等皮膚病。

23酒精(Alcohol) 用75%酒精爲皮膚消毒劑。

24木溜油(Creosotum) 呼吸器官病有惡臭之分泌物，慢性腸胃炎，此藥有防腐去臭之效，用之頗佳。

由猪鬃的漂洗方法

錢樹培

川省榮隆兩縣盛產白猪，鬃毛粗硬而具有彈力，色玉白略帶微黃，富光澤，長者達六吋許，品質之佳，遠駕各國白猪鬃之上，頗爲國際市場所歡迎。所產猪鬃，以前多由日本收買漂洗，轉售歐美各國。近年國人漸知其重要，在滬渝兩地設有小工廠數家，專事漂洗，此項新工業，正在蓬勃發展，前途未可限量。至于漂洗方法，以其產量不多，研究者甚少，不若羊毛棉蔴等已成爲工業，載諸文獻。而今之洗鬃工廠，方法互異，對外嚴守秘密。惟大概情形，猪鬃屬于動物纖維一類，可參酌羊毛之漂洗方法，加以試驗，其步驟可分爲四段，略述如次：

（一）梳洗：猪毛由鄉間收集而來，扎成小束，內中夾雜物甚多，有稻草穀片塵垢雜物，最好先洗刷去一部份雜物，而後解開其束，用清水漂洗數次，除盡夾雜物。

（二）弱鹼去垢：用清水洗滌之後，鬃毛表面上常附黏着油質，有礙漂白進行，須先用稀薄之弱鹼溶液洗滌。例如肥皂，重炭酸鈉，炭酸鈉等浸置一二小時，時間不可過久，以防損及猪鬃之光澤硬度，取出後用清水淡淨皂質，而後開始漂白。

（三）漂白：漂白原理，不外養化或還原作用，使有機色素變爲白色，氧化劑不可過濃，否則傷損猪鬃的實質。還原劑漂白後，在空氣中經氧氣長時間的侵襲，仍有變黃之虞。惟受氧化劑漂白者，則不受空氣的變化，普通取用之氧化

劑，為過氧化鈉，雙氧水，次亞氯酸鈉(Sodium hypochlorite)過錳酸鉀等，還原劑則有二氧化硫，酸性亞硫酸鈉，大蘇打等，茲任擇一法以說明之：

(四)雙氧水之漂白：將雙氧水冲淡至0.25—1.5%濃度，投入鬃毛，使其全部浸入液內，隨時注意其色澤，使其漂至玉白色為止，大約需十餘小時，取出，用清水漂淨，晒乾，即可開始整理。

(五)整理：漂白之鬃長短不等，且紊亂不堪，須加整理。第一將長短分為十七級，最長者六吋，次之五吋七分五，每隔二分五厘為一級，至二英吋為止。(二英寸以下之短鬃，不合市場須要)，然後將鬃之尖頭與尾根，分別排齊，緊扎成束。至此白漂之全部工作，可告完成。

煤炭氣車

陳學俊

『煤炭氣車』說起來在今天還算是一個相當新的名詞，雖然在我國已有着近十年的歷史，但是一般人對他，還不見得能夠有一個明確的認識。在歐洲各國，煤氣開始用於汽車上，也不過是二十多年前的事，比較有顯著成績的國家，只有法國一國。我國自從民國二十年以來，已經有許多人注意到這個問題，中間也很有着一些蓬勃的氣象，例如從事於煤氣發生器研究的人，有湯仲明，李仲振，余人翰，張登義，向德等諸位專家，各省公路局如江西，山東，浙江，湖南等省，都已大規模的採用，並且不斷的試驗和改進，全國公路交通委員會煤氣車試驗委員會，曾經試驗國外各種發生爐，還自造了一部煤氣車，參加京滇公路展覽，而且在漢口又設了中國煤氣機製造廠，一時間風起雲湧，如雨後春筍，頗極一時之盛，自從蘆溝橋事變，展開了神聖的抗戰以後，無形中似乎是消沉了一些時候，可是實際上却不是這樣，那只不過是在一次突然的大風暴中片刻的潛伏正如同靜海中，正在行駛着的船隻，遇見了意外的大風浪一樣，牠是正在惡劣的環境下，磨鍊和準備，牠將要同抗戰前途一樣的一天一天的走向光明路上，一天一天在發展起來。最近湊[illegible]氏改造高安爐成功，並在桂林設廠製造，陸子冬氏設廠[illegible]發生爐，並在重慶試車，昆明中央機器廠也在趕造煤氣機，其他許多愛國之士，煤氣車的專家們，努力者當不乏人，牠燦爛的前途，是可預期的，我們現在對于這個問題，的確不能再忽視了，無論在國防上，經濟上交通上着想，都有其價值在，目前應該積極的從研究改良製造三方面同時並進的實地去做才行，這裏大概的將煤氣車來看一看，簡略的向大家說一說。

一、煤氣車的一般構造

煤氣車簡單的說起來，就是將汽油車加裝一煤氣發生器，利用木炭木柴或煤焦等為燃料以代替汽油，牠的引擎部份，車身等同汽油車，沒有多少不同，此地暫且不談，至於煤氣發生器，可組成的部份，雖然各有不同，但是在構造上，作用的目的上，普通不外乎下列幾種：

1. 發生爐——就是發生煤氣的部份，用於汽車上是吸力式通常有順吸式、逆吸式，平吸式三種，發生爐包含有加炭門，有炭筒，爐膛，進風口和煤氣出管等，其燃燒狀況見附圖。

2.澎漲器——係一鐵皮製成的圓筒，煤氣由發生爐流出後速度很高且多灰塵，若不設法除去，必至堵塞氣門，煤氣經過膨脹器時，體積膨脹，較大的顆粒，沈降於內。

3.冷却器——也爲鐵皮的圓筒，煤氣由膨脹出來，從切線方向流入，繞筒中出氣管成旋風作用，同涼風掠過的外殼接觸而冷却，大部灰塵沈澱下來，冷却器的目的在散熱，使煤氣的溫度減低。

4.濾清器——立式圓筒再加套筒，內有鐵絲網與絨布，煤氣經冷却後，雖大部灰塵已除去，還有許多雜質，吸入濾清器，經過旋風夾層，細粒灰層，黏着四壁或沈降於底部，再經過絨布的濾隔微塵，冷凝的膠質，同揮發物水分等，都被除去，這時的煤氣已達到相當清潔的程度。

5.調和器——有三通道，爲空氣進口（內有空氣掩），煤氣出口和水分出口，煤氣經過冷却及濾清以後，再到調和氣，用調節桿，將空氣掩作適當的啓閉，使得空氣同煤氣有適當成分的配合，以達到最適宜的混合易燃氣體。

6.交換器——有三口，一通汽化氣，一通引擎進氣管，一通調和器，中心有兩個空氣門，可以關閉通汽油的一門，也可以關閉通煤氣的一門。

二、煤氣車在國防上的重要

我國的油田，本來就沒有多少蘊蓄的儲量（究竟有沒有，也還沒有人確實知道）陝西延長一帶的產量，沒有什麽希望，四川甘肅新疆西康等省也毫無把握，比較有油苗頁岩的地方，已陷入敵人手中。汽油一物，在我國可算是絕無僅有，何況採油礦或煤炭液化等，都還需要大量的資本；而且在短期內，也還不能收效呢！這次的抗戰濱海各口岸，悉被封鎖，汽油的輸入困難萬分，但是前方的戰車飛機需用汽油，後方的軍事運輸，也需要汽油，各公營民營汽車事業維持交通，仍然需要汽油，油量有限而用途無窮：要以有限的輸入量，來用在無窮的用途上，如果再不設法節制，設法代替，長此以往前途實在不堪想像，目前只有除飛機戰車必需用汽油爲燃料以外，各種運輸及交通汽油在可能條件下，應當一律加裝煤氣爐，在惜油應戰的時候，是應該這樣的做，一方面須得軍事上不致於感到汽油的恐慌，一方面使得交通上不致於發生阻滯，那麼在事實上已給了抗戰不少的幫助，國人對於這個問題，實應具有深切的認識及努力研究的必要。

三、煤氣車在經濟上的價值

我國在最近幾十年，公路的建設，一天天的進展着，路線縱橫儼同蛛網，交通的便利，可以說是一日千里。但是如果以汽油爲燃料，來源全部將仰給外國，抗戰前的統計，每年輸入的汽油價值四千萬元以上，數額的巨大，駭人聽聞，以後公路的繼續發達，是必然的趨勢，汽車數量的增多，也是不可避免的，事實，若是不設法將燃料的問題解決，那麼我國的交通事業，終有破產的一天。或者有人以爲用柴油，植物油，酒精可以代替了汽油，但是柴油仍然是舶來品同用汽油不啻是以五十步笑百步；植物油的產量不大，不但是人民的主要食料，且爲出口的大宗；酒精的釀造也與食糧，我國的食糧還沒有到過剩的時候，，也談不到以大量的酒精代油，最有効而又合乎經濟與國防的條件，只有用木炭煤炭爲燃料，現在將抗戰以前用木炭白煤及汽油的比較舉一例如下：

設某一輛一噸半的汽車、每天行駛二百四十公里每十五公里需用汽油一加侖，每天需用十六加崙設一年以三百天來計算，則可得下表：

「附」一担木炭相當於汽油十加崙，七百公斤白煤相當於一百加崙。

	全年需用量	價格	全年燃料費
汽油	四八〇〇加崙	每加崙一・二〇	五七六〇
木炭	四八〇担	每担二・五〇	一二〇〇
白煤	三三・五噸	每噸二〇・〇	六七〇

由表內的數目，可以知道所用汽油大約比木炭要貴五倍，比白煤要貴十倍，戰後，木炭白煤的價格增漲，但是汽油價格的飛漲，更是驚人，如以目前的價格單可得下表：

	全年需用量	價格	全年燃料費
汽油	四八〇〇加崙	每加崙一二・〇	五七六〇〇
木炭	四八〇担	每担七・五〇	三六〇〇
白煤	三三・五噸	每噸八〇・〇	二六八〇

由表內的計算，可知汽油的費用爲木炭的16倍，爲白煤的22倍，從經濟的觀點上來說，利用煤氣駛行汽車，也值得的嚴格注意啊！

四、煤氣車在交通上的展望

煤氣車將來在交通上的發展是可能的，而且也是必然的，現在大概的把牠分做三點如下：

（一）馬力的問題——汽油車是高速度行發，而煤氣火餘的速度較低，因爲煤氣同空氣混合物的熱力值，僅爲汽油同空氣混合物的百分之七十，所以馬力也僅爲汽油車的百分之七十，不過汽車的最大馬力亦不是平常服務時所需要，在一公路的交通上適當的速度，平均每小時爲25哩到30哩，但是現在的煤氣車，滿載行駛最高速度不能達到40哩以上，在交通運輸上，是綽有餘裕，若是遇到特殊境地，也有幾種方法去應付，例如參加水蒸氣，加入混合液體燃料，或是加用過供器等等都可以使速度增加，百分之二十以上的坡度，也可以爬行無礙了，話雖如此，但是還得我們的努力，在實用上才不致生問題。

（二）燃料的問題——木炭是由於三，五年所生的灌木燒製而成，我國山嶺多於田地，雖然沒有多少巨大的森林，然灌木林到處都是，以現在的產量，供給所有的汽車，不愁什麼缺乏，將來需要增加，農民必爭植薪炭林，只要是陽光可照，雨水不停，木炭的供給，决不會感到不足的恐慌。煤炭呢，只要所含的硫質少，灰份在百分之五六以下，都可應用。我國各省所產的煤，合於這種條件的很多，木炭缺乏的地方，就可以用白煤來代替，其他如木柴，鋸屑，蔗渣等等大都爲農田森林副產物，價値又賤，更可以使得行車消耗減低不少。

（三）煤氣爐的製造問題——煤氣爐的製造不需要大規模的設備，普通小機器，或冷作廠，均能製造，即或舊式的打鐵舖，只要略加指導，也可以勝任。何况又不需要什麼精良的技術，既不用化學方法，又不須特殊原料，而且每一個縣生爐，在抗戰以前，只三百元價格低廉，推廣起來，非常容易。

以上的三點，不過是犖犖大者，煤氣車的將來，在交通上估着重要的地位，是無庸疑義的。牠的發展，也是一天天的在進展着，只看人事上管理上和技術上的改進了。

結論

抗戰以經快到三年了，關於『抗戰建國』，戰事已經打得很好，建設還得要加倍的努力，一切事業的進展，都同交通有密切的關係，既然煤氣車有着牠許多的優點，而且在迫切需要的今天，更有待於政府的領導，國人的繼續研究。因然在目前不能否認的，牠還有許多缺點，牠的用途也還有着限制，例如生火費時，不適於間斷的運用，運輸時不能多帶燃料，爐身笨重等等，以及其他許多未經解決而有待研究的問題，但是只要在不停的努力以下，那是不難迎刃而解的，不久的將來，總有這麼一天，煤氣車的吼聲，會互相的應和在每一個鄉野的村落裏、

「演講術」

洪[illegible]

綱目

一、演講的重要性

二、演講的含義

三、演講的訓練

(1)反對訓練的三種謬論

(甲)演講天才論

(乙)技術主義

(丙)自然主義

(2)演講是由訓練而來的

(甲)初次破胆

(乙)熟能生巧

四、訓練些什麼

(1)怎樣演

(甲)演的三部份

1. 視線

2. 手勢

3. 身勢

(乙)演的禁忌

1. 切忌隱蔽手的動作

2. 一切手勢宜「柔曲」不宜「拙直」

3. 手勢的起落應和材料的宜講同時不可互爲先後

4. 掉換位置的時候應停止手勢

5. 不可隱蔽身勢和身靠講台

(2)怎樣講

(甲)怎樣處理講的材料

1. 演講與寫文章不同

甲、多用比喻插話

乙、多用重複

2.開頭怎樣講

3.末尾怎樣講

(乙)怎樣處理講的聲音

1.怎樣分詞

2.講話時的停歇

3.聲音的高低緩急

4.如何使聲音洪亮

5.發音機關的五種保護方法

(丙)怎樣使講的材料豐富精彩

1.要有豐富的經驗閱歷高深的學識修養

2.講演材料中的矛盾部份必須嚴加洗刷

一、演講的重要性

(一)一個民主國家的公民，應具備的起碼條件，就是要有發表自己的意見的能力，一個國家如果只有少數政治家外交家新聞記者能說會講，而廣大人民都是不會講話的阿斗太子，那個國家一定不會成爲文明國家。

(二)領導鄉村建設的各級幹部，如果沒有演講的能力，就不能向民衆解釋政府法令，向民衆作有系統的工作報告，就不能鼓勵人民熱烈參加建設工作。

(三)實行新縣制以後，會議更多，如保民大會，國民月會，一切問題都要用會議解決，如果地方幹部沒有演講能力，試問他怎樣領導這些會議？怎能在會議席上來糾正人民的錯誤觀念？

(四)一個小學教師如果不會講演，茶壺裝湯丸，有貨倒不出，就不能將自己的學問傳授給別人。這種教師也就不會受學生的歡迎。

(五)演講是「口頭作文」，沒有準確的講話習慣，就不能寫出好文章。

二、演講的含義

演講這一定名是非常正確的，因爲它指出了這一種說話的方式必不缺少的兩部份——「演」和「講」。但有許多人却把「演」的一部份忘却了。只「講」而不「演」，結果便不生動，不能吸引聽衆的注意。舉例來說，如：

(1)背書式的講演何以會使聽衆打瞌睡？我曾見看有些演講者站在台上同背書一樣的講着，身子動都不動，沒有手勢，也沒有面部表情，聽衆們由疲倦而步入了睡鄉，他這一番演講成了絕好的催眠術。這是什麼原因？只有「講」，可沒有「演」。記得萬縣「九五」慘案，我們初次出發宣傳便是犯了背書式的演講的毛病，儘管聽衆是親眼看見的慘案，宣傳的材料也很豐富，但聽衆本來在茶館喝茶喝得好好的，却一個個陰棱棱的溜走了。後來我們加上了「演」的部份，同樣的宣傳材料，他們聽了，却點頭稱是。可見演講是不能缺「演」的。

(2)無線電廣播何以搶不掉教師的飯碗？曾經有人提出解決中國教育經費困難，教師缺乏的辦法，就是以播音來代替教師在課堂講授，但爲什麼不能實行呢？因爲學生看不見先生的臉，身子，手勢，動作，就是缺乏「演」的一部份，便不能吸引學生的注意。

(3)人們爲何喜歡看有聲電影不喜歡無聲電影？儘管卓別靈

贊成有聲片，但有聲片還是取得影片的統治地位，就連卓別靈主演的影片，也不能不配音。因爲觀衆不但要「看」，而且要「聽」，「看和聽」交融在一起，才能發生深刻的印象。可見只有「講」，而無「演」，還是不能收得演講的效果。

三、演講的訓練

(1)反對訓練的三種謬論

(甲)演講天才論　以爲演講技能是天生成的，不是訓練可以成功的。我常常遇見這樣卓越的演說家，儘管是一個平凡的題目，一件平凡的故事，一層平凡的道理，在他的蓮花妙舌下講出來，就放出了異彩。他可以叫人坐聽幾個點頭而不知疲倦，甚至廢寢忘餐，甯可犧牲吃飯，演講不能不聽。這種偉大的演說家是怎樣成功的呢？有人說，他們是有演說天才的。這話對不對呢？我以爲不對！事實告訴我們，英國有個演說家原是一個口吃者，他曾在海邊與海潮聲音賽吼，結果他的口音也不吃了，成功了一位偉大演說家。中國每一次的政治文化運動，都產生了大批的演說家，因爲在這時期，說話的機會多了，就訓練成功了很多演說家。春秋戰國時代，蘇秦張儀之徒的口如懸河，是訓練成功的。五四運動訓練出了羅家倫等等演說家，抗戰時期，因爲許多智識青年參加宣傳工作，便產生了無數的演說家。有人說，盧次長根本就沒有學過演講術，然而他却能作出動人的演講，這話是錯誤的。我想最好請盧次長來答復，這個問題，看他在做成都民教館長時代與做峽防局長時代的演講，比較比較，看是不是最後一次的演講比前一次的好。他是否每一次演講以後，都曾暗自檢討演講的缺點？他曾否聽過很多的名人演講？就可知道盧次長之所以會演講不是天生成的，是經過多次的訓練成功的。

(乙)技術主義　以爲有了演講技術，隨便什麼材料，都可作出動人的演講。這種見解的錯誤，就在他把演講的內容忽視了，只看到了演講的技術。事實上凡是好的演講一定是演講的材料，和演講的技術統一起來的東西。舉一個淺近的例來說吧，曾經有一婦人遭受丈夫毆打，出來哭訴街坊，這時連說帶做，舉凡聲調，姿態，幾乎無不合式。這婦人也許連「演講」二字都沒有聽到過，可是他的哭訴成了優美的演講。這說明了演講的材料對於演講的技術起着主導的作用。說明了技術主義的錯誤。演講的材料，如不是自己所深知，是講不好的，同時言不由衷，也是講不好的，言出肺腑，就是一個不會說話的人說來，也能夠感動人。

(丙)自然主義　以爲有了好的材料，講來自然而然會感動別，人用不着學習演講技術。這種見解也是錯誤的，大家還記得秦主任報告的「乞留斯金號」探險故事嗎？那個故事本是極好的材料，但在秦主任口裏講來，却變成死的故事，假使換一個受過演講技術訓練的人報告出來，講到危急處一定會使大家的筋肉都會緊縮起來，替那些探險家揑一把冷汗。還就足以證明有了好的材料，假使沒好的演講技術，不一定能作出好的演講。

總之，談到演講的訓練，我們要打倒三種謬論：第一是演講天才論，第二是技術主義，第三是自然主義。這三種謬見不除，訓練是不能有什麼好結果的。

(2)好的演講是由訓練而來的

(甲)初次破胆　初學演講的人一走上講台，便好像上了落魂台，面紅耳熱口難言，魂靈兒飛在半天！心頭好像十五個吊桶，七上八下，噗隆噗隆！本來準備了很多的材料，却給這十五個吊桶一碰，什麼都碰掉了，結果望了一會天花板，難爲情的跑下台來。弄得鬨堂大笑！可是經過多次的破胆，以後就有勇氣演講了。就有演講的自信心了。有了勇氣，有了自信心，那時演講的材料不但不會忘記，而且還會在演講當中，講出平時意想不到的好材料。

(乙)熟能生巧　初學演講的人，往往手也動得不自然，講起話來也吃吃巴巴的滿口的「那嗎」「的時候」(如宋劍琴報告扶乩，)「這個」發生種種不自然的現象。使人聽了好笑。經過了多次的訓練，這種現象就沒有了，指劃口講便漸漸合了「拍」，一切難聽的口音也去掉了。更久而久之，便自會臨機應變，達到一個更高的境界。這理由說明了不值半文錢，俗語叫做「熟能生巧」。

四、訓練些什麼

(1)怎樣演

(甲)演的三個部份

1.視線——視線在演講技術中是最重要的一部份。我們批評演講，常常說某人講來有精神　某人沒有精神，所謂有精神沒有精神的一個重要標準，便是「視線的控制」。一個好的演說家，他能用視線去控制全場的聽衆，抓住聽衆的靈魂，使聽衆啞然無聲，洗耳靜聽，這就是視線控制的效果。這就叫「演講有精神」。什麼樣的視線才能控制全場呢？

第一、視線要向前。在一般演講場合中，聽衆總是在講者的前面，講者必須把視線向前攝住聽衆，才能吸引聽衆的注意力。有的人演講時，常常回頭去看主席，這是不對的，講者要照顧的不是主席而是廣大聽衆。如果講者時時回頭，不僅不能控制全場聽衆的注意，反而引起聽衆認爲是不禮貌，不莊重。

第二，視線要能控制後排的聽衆。有些人演講，視線向上望着望板，或者向下望着自己光亮的皮鞋，這些是頂不好的。只有在特殊的需要時，可以運用，如表示傲慢，思索，祈求，視線可以向上。表示羞怯，悲哀，視線可以向下。除此而外，視線必須稍微平直向前，照顧整個會場。最要緊的姿能控制後排的聽衆。否則，後排聽衆就會麼麼打打嘁哩咕嚕，像屎蚊子一樣的鬧得會場不甯靜。

第三、視線要流轉。演講員的視線，如果死死的釘住前面的聽衆那就會現出呆板滑稽的神情。應該對全場週遍的流轉，像探照燈一樣的弧形的流轉，掃射全場。這樣講者的視線就更顯得活潑，才能抓住全場的聽衆。

2.手勢　手勢分三個部位：(1)上臂(2)下臂(3)手。

一切力的動作須用上臂，使用上臂必須高舉過肩，甚或可以高過於頭的(如喊「打倒日本帝國主義！」)上臂必須高舉過肩，才能表現力量。有些女子練習這句話的手勢，上臂只是平肩揮動，所以沒有力量。

一切情感動作須用下臂，臂可抬起，但動作只可與肩相平，不可再高。(如擁抱，握手，假使把下臂舉得高高的去擁抱別人，或下臂伸出去直挺挺的去和別人握手，那是多麼難看的姿勢呀！)

一切說明意思的動作須用手。如手掌攤開，手豎直，手邊自上向下而動，是解釋一件事物時用的。(人們爲什麼會做夢呢？日有思，夜有所夢，吃飽了也是要做夢的。)又如手掌向上托，是表示擁護的(我擁護你的主張)。又如手掌向下按，是保護一件事物時用的。(手執武器，保衛民族，保衛國家，是中華兒女最光榮的任務！)又如手掌向外豎起，是拒絕一件事物時用的，(如一個人推讓別人送花生米給他吃，他口裏說「不要」，伸手拒絕，可是他掌心向上，手指微曲，你想他是要嗎？不要？)

手指張開，手掌向對象推去，是攻擊一件事物時用的(把日本強盜趕出去！)

手指張開而微彎，向着對象似乎撫摩着，是愛重一件事物時用的。(這小女孩，聰明活潑，太可愛了！)

「這眞是我們中國人全體的大恥辱，出了汪精衛這個妖精。他提出的口號是和平救國。——在敵人武裝保護之下談和平，這是什麼和平？在和敵人簽訂賣國條件之下談救國，這救的是什麼國？……毫無疑義的，汪精衛這一幕醜劇，只是日本帝國主義死亡前的迴光返照而已。」

「這是什麼和平？」「這救的是什麼國？」這兩句的手勢是「手指伸開，手掌向上。」是否定消極的表示。最後一句的手勢是「手指併緊，手掌向下。」是肯定積極的表示。

3.身勢

甲、立正姿勢　正常的身勢是立正姿勢，最忌諱的是兩足攤開，左右脚一前一後。

乙、基盤移動　演講者站的部位，如果始終不動，許多身勢必然無法施展，因此，變換是必要的。表示喜悅便轉身向着對象，不悅便轉身背着對象。一段意思講完了，另外換了一個意思，可以變換站的方向。原來站在右邊的，可以站到左邊去。

(乙)講的禁忌

1.切忌隱蔽手的動作，如手插褲袋，前叉手，後叉手。否則不但手勢的積極作用沒有了，而且還會使聽衆發生驕傲，輕率的印象。所以作手勢首先要把雙手放在一個坦直的自在的地位，使之便於運用，便於活動。

2. 一切手勢宜「柔曲」「而不宜挪直」。譬如伸開手指吧，伸展臂膀吧，都宜乎微微灣曲，顯出極自然的樣子，不宜直挺挺的，使人看了發生「生硬」的感覺。

3. 手勢的起落應該和材料的宣講同時，不可互爲先後。一句話說出的時候，手勢同時開始，等到話說完了時，手勢也必須停止。否則就會像有聲電影出了岔子一樣的，使人看了好笑。

4. 掉換站的位置的時候，應漸時停止作手勢。位置掉換定了，再作手勢，一面換位置，一面作手勢，是最難看的姿勢。

5. 站在講台後面以障蔽身勢與身靠講台，都是難看的姿勢。

（2）怎樣講

（甲）怎樣處理講的材料

1. 演講與寫文章不同

甲、多用「比喻插話」可以增加許多情趣，增加許多活氣。作文則貴簡潔。

乙、多用「重複」，有幾句話須要說得特別清楚，怎麼辦？就只有重複。文章却不宜重複。還是什麼原因？因爲文字是有形可見的，文章想不起，可以再看。演講是過耳便空的，過耳便空的聲音，不重複，聽衆就記不清楚。

2. 開頭怎樣講

開頭講話，切忌說一大套客氣話，應該開門見山，第一句話就打攏本題。

3. 末尾怎樣講

凡是一篇複雜的演講，末尾必須做結論，總括全篇的要點，淸淸楚楚的點交給聽衆，使聽衆對你所講的材料，具有淸晰的印象。

（乙）怎樣處理講的聲音

1. 怎樣分詞　演講發音基本的練習，就是唸詞，要唸詞唸得準確，唸得淸晰，就必須把長的話句，分開來唸，就是分詞。如：

「忠實執行抗戰建國綱領的便是三民主義的信徒。」

這一句話可以分爲四個部份來唸，便是「忠實執行〜〜抗戰建國綱領的〜〜便是〜〜三民主義的信徒」。這四部份都是詞，要唸詞唸得準確，就是不要把詞分錯，分錯了唸來便不會好。

2. 講話時的停歇，無論是詞或句，一口氣唸到底，是不可能的，每詞每句之間都須有停歇，大概句與停歇較久，詞與詞間停歇較暫。如

「手執武器〜保衛民族〜保衛國家〜是中華兒女〜最光榮的任務〜。〜只有〜偷生怕死〜無能無志的〜懦弱青年〜才躲在後方〜過着〜荒淫無恥的生活。〜〜表示暫停，〜〜表示久停。

3. 聲音的高低緩急　第二步基本工作就是定詞的高低緩急。大概重要的唸得慢唸得高。不重要的或表示悲哀的唸得低，唸得慢。和人爭論：「我說三萬塊錢，不是三千塊錢。」「三」字一頓，以後一步跳高。「千」字「萬」字要唸高音。一個悲觀的流亡者：「我的家被日本鬼子搶佔去了，兒女被日本鬼子殺了，完了，什麼都完了！「完了，什麼都完了！」要唸低音。低音是悲哀的情緒。

4. 如何使聲音洪亮　登台發音，須用多量空氣，他的發音機關，就必須增加活動。這時，應使用肺的全部，不可只擴張一部，應加大腹部的呼吸，而不可只用胸部。因此，演講者平時多多練習腹部呼吸，即深呼吸，以加強發音的效能，使聲音更加洪亮。

5. 發音機關的五種保護方法

甲、慢慢放氣，放砲式的時而甚響，時而又聽不見聲音，就會使聲音沙啞。

乙、不要亂叫亂喊。隨便亂叫亂喊也會使聲音沙啞。

丙、不要妄用氣力。人在站立的時候，肺臟容納的空氣最多，坐的時候，次之，睡的時候最少，睡在床上高聲大喊，是會損傷發音機關的。

丁、不要吸烟喝酒。有些人的聲音，天生就是甜的，清楚洪亮。可是有些人的聲音粗暴，嘶啞，沙嘎，難聽。這多半由於過度的烟酒所刺激，以致把本來悅耳的聲音弄壞了。

戊、要注意保持身體的健康。一個病弱的人他的聲音一定是病弱的。

四、怎樣使講的材料豐富精彩

1. 要有豐富的經驗閱歷，高深的學識修養。

一個偉大的演說家他必須有豐富的經驗閱歷，高深的學識修養，才能使他的演講材料，內容豐富，精辟動人。這就須要平時多讀書。多做事。多讀書是增加學識的修養，多做事是增加經驗閱歷。

2. 演講材料中的矛盾部份，必須嚴加洗刷。

如唐所長講演「以工立國？以農立國？」的題材，裏面夾些工業與農業的特性，這些特性是矛盾的，很好的一篇演講，却被這些矛盾部份破壞了。（如他說農業受地域限制，熱帶的植物不能移植在溫帶。工業則不受地域限制，隨便什麼地方都可開設工廠。但事實上恰恰有相反的例子。英國滿徹斯特因為溫度太大，適於紡紗，因棉花不易飛揚，消耗不大，故而成了英國紡織業的中心）。

寫作方法漫談

洪崗

寫作者的修養

一、要具備農業的工業的常識。一個對於栽培技術，對於家畜保育，對於紡紗織布毫無所知的人，要他寫糧食增產運動，寫家畜保育情況，寫大明染織廠，結果失敗是毫無疑義的。

二、要有銳敏的視察力，要耐心的作長時期觀察，要用眼睛觀察，不要只憑耳朵聽。因為有時候，走馬觀花式的參觀，或浮面簡單的訪問，甚或道聽途說。就不能使你了解那比較專門的設備，以及工作者內心的狀態。寫出來的作品，就不會是眞實的。

三、要經常不斷的閱讀各種雜誌報紙，各地方的社會調查書籍，如地方通訊，農村描寫，生活報告；各國的報告文學作品，如美國辛克萊的「屠場」，墨西哥領事愛狄密勒寫的「上海，冒險家的樂園」，研究他的寫作方法，以獲得淵博的參考，豐富的知識。

四、要搜集豐富的為大衆所了解所常用的語彙。其來原不外兩個，一是從古典作品中接受遺產，一是從活的語言中吸收新的要素。古典作品以金瓶梅、水滸傳，儒林外史比較接近一般老百姓的日常用語，但其中仍然還有相當的距離，所以，所謂遺產，只能作為一個基礎，而不能作為「拿來就用」的「現貨」。這裏不只是一個揀選的問題，還有重新改作的問題，因為古典作品中的語言，大體上都是上層社會，知識份子的語言，而不是廣大民衆的語言。活的語言，是不是可以拿來就用呢。也還不能夠。活的語言中，主要的有兩個缺點：一是表現得不明確，如「有心為善，雖善不賞，無心為惡，雖惡不罰」。所表現的意義就不明。因為「心」與「為」有幾個意思可講。於是單就「有心為善，無心為惡」二句話就有三種意思可解：

(1)有良心，便是善；沒良心，便是惡。

(2)有意去行善，無心去作惡。

(3)有心做事為善，無心做事為惡。

五、要牢記張天翼先生給初學寫作者的十條規則

1.多看多寫，每兩週寫作一篇，決不可少。

2.參加討論時，要多發言，不要害羞，不要怕說話，不要怕人笑。

3.提高寫作的自信心與勇氣，不怕幼稚，不迷信「天才」「靈感」之類，不抱「不鳴則已，一鳴驚人」的觀念。

4.人家批評我文章的缺點，不臉紅生氣，人家說我好，也不驕傲。

5.不寫我所不知道的，沒有研究過的東西，不抄襲或摹倣人家的東西。

6.要有耐性，不憚再三再四的修改與重寫。

7.寫文章不是為了出風頭，寫了的不能投稿，或投稿而

被退回不要生氣，更勿中餒。

8.對大家的優點不妬嫉，虛心地學習他。

9.投稿被登載了的，不要自命爲文豪。

10要瀏覽文藝部門以外的書籍，要多觀察書本以外的人物及生活。

形象描寫與抽象敘述

藝術的形象描寫是文藝作者用以表達現實的武器，也是他必須苦心孤詣地向現實去發掘出來，貢獻給讀者的珍寶。那末，他怎樣才能獲取這種珍寶呢？什麼才算是藝術的形象描寫呢？我們來舉些例子吧：比如我們想寫一首要喚起家庭裏的婦女起來爲戰爭而服務的詩，開頭：

起來，中華的女兒，

跑出你們的家庭吧……

這樣，我們的呼喚仍是無力的，倒不如：

跑出蛛網與煙塵所窒息的廚房，

去救護你們流血的祖國呀……

這樣，我們所要呼喚的是什麼樣的女子，要他們跑出怎樣的家庭，爲什麼而跑出家庭？都比較形象地描寫出來了。這比之前者，是比較動人的，有力的。

又如，某女士寫給她的愛人的一封信中，有這麼一段：

「電燈也閉着眼睛睡了，我還是睡不着。黑漆漆的夜色，瀰漫在空虛冷寂的房裏，萬縷情絲，網着我的頭，我的手，乃至我整個軀體。我用力掙扎，但總擺不脫這情絲的糾纏。就像落在蜘蛛網上的蜻蜓似的，越是掙扎，越是網得緊」！

這種用「萬縷情絲」，「像落在蜘蛛網上的蜻蜓」的形象描寫，是多麼動人的愛情信呀！也無怪乎，本來某先生對某女士是無所謂的，但這封信却在他的心坎上種下了愛苗。

假使換成抽象的敘述：

「電燈也熄了，我還是睡不着。我老實是思念着我可愛的哥哥。我竭力制止我的思念，但越是制止，越是思念」。

這樣就不能給讀者以深刻的印象，動人的情感。

氛圍氣的描寫

對於某一特定人物和特定的事件有關的環境，給予新鮮而且活潑的描寫，這就是所謂「氛圍氣」的創造。這是增加報告文學作品眞實性的藝術效果的最好方法之一。

所謂氛圍氣的描寫，就是要事件發生的周圍現象，如：風景，騷動的人羣，冷靜，荒涼，狹隘的背景，暗淡的光線；以及自然現象，氣候，黑夜，月光，暴風雨，陰霾晴朗等等，給以清清楚楚的描寫，用不同人物不同事件於不同氛圍氣的不同反應來加強作品的凸出性。這種氛圍氣的描寫應當是眞實的，像下面這個例子：

「綠焰的照明彈在空中盪動不止。星球一般，一時亮一時暗地閃着光的帶子，於是在夜的土路上，逐漸明亮起來了，照出一個踽踽慢行的，綳帶綑掩了整個臉，只露出一隻眼睛的漢子」。

這段短短的描寫，他把戰地夜景的氛圍氣描寫得非常動人。這「綠焰的照明彈在空中盪動……」「一時亮一時暗地閃着光的帶子」，都是戰地之夜的眞實景象，這描寫把戰地黑夜的色調和戰爭的空氣很濃厚的描畫出來。「照出一個踽踽慢行的，繃帶網掩了整個臉，只露出一隻眼睛的漢子」，「逐漸明亮」是強調「照明彈」的光亮，給與這個受傷的戰士悲壯蒼涼的「踽踽慢行」的孤獨凸出的姿態。

在描寫氛圍氣的時候，要將特定的情境中的特徵，作為描寫對象，像上面的「照明彈」是戰地之夜的情境的特徵。

使用語言簡樸明確

簡樸明確是語言的基本條件。所謂語言的簡單樸素明瞭正確，就是要使用少量的語言精確的表現更多的事物。

有些專門在詞藻上用工夫的人，使用語言往往裝腔作勢的弄得極為細緻，結果變得極為累贅，使讀者常常在大堆形容詞上纏住了腦子。比如下面的句子。

「那狂暴的，奔馳的，衝動的，飛越的風雨，籠罩了這一片廣漠，荒遠的，無邊際的原野…………。

這句子裏面，有好些形容詞都是多餘的，假如把這句子改為「那狂暴的風雨籠罩了這廣漠的原野」。這樣，不更明確嗎？

「笑充滿着鼻子」這種寫法，簡樸倒辦到了，但不明確。事實上鼻子那裏會表現笑容呢？這是作家濫用語言的毛病。

「嘴角眉尖露出微笑」——（矛盾：野薔薇），這是何等的簡樸而又明確呀！

「夜色深沉，層層的密雲在天空中移動着，海面平靜濃黑和油一般。水面上飄浮着潮濕的鹹氣，水浪輕濺着船身，和堤岸，使拆爾卡斯的船稍稍搖動着」。

這裏表現了夜靜的海岸上的氣氛，多麼的濃重而真切。如用「油一般」來形容濃黑而平靜的海面，用輕濺的水浪，和稍稍搖動的船身來加強夜靜的氣氛，都是簡樸而明確的描寫。

為答中央農業實驗所及四川農業改進所覆議放水田種小麥原呈致行政院秘書處公函暨辨論書

劉選青

一、行政院祕書處公函

案准

貴處陽字第二五四九六號公函稱：

「以放水田種小麥事難普遍推行，奉諭函轉，即希查照。」

等由，計節抄中央農業實驗所及四川農業改進所覆議原呈各一件，准此，查覆議原呈各節，賅賜拖要，惟少與宜傳書發生辨論關係，是所歉耳！既遇知音，何懈高山，特將覆職各項，辨論如后：謂予轉呈

院長鑒核，仍懇令飭該所研究，以歸至當，實紉公誼，此致

行政院祕書處

計附辨論書暨圖表各乙份

二、辨論書

甲、關於兩所矛盾之點

查中央農業實驗所第一項稱：「在春雨充足，或灌溉便利之處，農民固可在冬季種麥，反之未必相宜。」而四川農業改進所則於末後謂：「如在水源不足，或早春稀雨水少區域尚可推行，水源充足之處則否。」兩者互易其說，形成仁者見仁，智者見智之勢，惟宣傳書問題解答一二三各項返覆論列，無水固可行，有水更應行，誰主誰奴，尚待明斷！

乙、關於四川農業改進所者

(一)原呈稱：「如冬水田全部種麥，來年稻田必需之大量肥料，勢將無法供給。」此層本宣傳書問題解答第四問亦嘗顧及，不過係為鄉農就地取材而言；倘慮不足，何嘗無補救之法？我國城市鄉鎮於冬夏之際，每多剩餘人糞尿，傾瀉溝瀆中，再有地灰渣滓，飛揚泥濘，均為有礙衛生之物，而主持市政者常苦無法解決，若以之聚積製為糞乾，肥料不可勝用也！還有各地工廠之炭煙，亦可用化學方法，製成硫酸錏，此皆有補於淡肥者；而各地之磷礦石及獸骨等，亦不在少數，或用化學方法製成燐酸石灰，或用機械作用製成骨粉，則燐肥又何有窮耶？至於鉀肥，因鄉間以草木代薪，灰可供鉀，豈屬取之不盡，用之不竭，如是而謂肥料又何無法供給耶？尤有進者，種稻麥行，植在空隙，種麥冬田，時在休閒，互不相妨，且經耕鋤，又被風化，必有剩餘肥料，以供吸收，其較種雙季稻再生稻者，土層仍是其舊，而植株又不遷移，未聞有肥料無法供給之嘆而致不行也！

(二)原呈稱：「冬田土質，至少有一部份粘重，種麥後必致生長不良，並影響明年水稻之收穫。」按種麥土質之宜忌，已於宣傳書問題解答第四七問中言之綦詳，又據廿九年八月六七兩日大公報社論載有「再論增加川糧生產」一中云：「湖北棗陽南鄉因農民冬季種麥，不特增加生產，并且間接改良了土性，因為水田往往含有硝質，能窒礙禾稼生長，就是新生的青綠秧苗，忽現黃色（本地人稱為發冷驚）秧苗就枯萎了！改種小麥以後，就少有此病。」由上之說，該地土質，豈無粘重者，又以種小麥而減除稻作病害，可見原呈之「生長不良，及影響稻作收穫」之說沒有事實根據。

(三)原呈稱：小麥與豆類間作，亦可稍補肥料之不足」。此見極是！，但為鄉農行之熟矣！無須代謀。

(四)原呈稱：「良以水稻插秧管理上既可省工，而田且不易漏水也。」查農事耗工耗費，莫過於插秧，鄉農習慣，插秧之家，必聯合數家之工人以行之，不特工價倍增，或每日四五餐，每餐均饗以酒肉，所費實大，若插秧技術不良遇風雨，均能使秧根動搖，輕則窒礙生長，重則浮蕩水面，旱難灌溉，雨多虫螺，耗工耗費更不知凡幾？至乾田漏水，原以酷暑天氣，田成龜裂，隙縫過大，故不注水 若夫麥田，土耕成粒，遇雨即融合成泥，只於田埂稍加整理，即能注水矣！

丙、關於中央農業實驗所者

一原呈審議之一二兩項，已於前文及宣傳書問題解答第七問，言之綦詳，參閱自明！惟第三項之下列問題，茲為辨論如左：

(1)直播稻種之發芽問題　查鄉農播種稻穀，必先泡四五日，種已飽含水分，斯時天氣縱旱，亦不如夏季之酷烈，田土中亦含有相當水分，可資發育，不但無礙發芽，并且直播稻根，較插秧根深，將來生長，愈形良好，此於宣傳書中言之有據，又據農學家高維魏試驗之區種法，亦係直播，不但發育良好，稻根較普通田稻發達，茲節抄其說明，以供參考。

區田與普通田稻之發育比較

區田中直播株秧所發之稻，其長度較普通田所種者幾達一市尺

普通田同品種每栽（約共六七株秧）所發之稻，其分蘗數與區田每株秧之分蘗數幾相等

區田與普通田稻根之比較

區田每株秧所發之稻根，因不必插秧，故特別發達，入土亦深。

普通田之稻根、因插秧發育不旺，鑽土之能力甚弱

（2）直播後之耙田問題及（3）直播後之土壤及肥料問題，均於前文及宣傳書言之綦詳，茲不復贅。

（4）直播水稻之產量問題　查直播水稻，產量增加，不但宣傳書中已引例證明，更於農學專家高維魏之區種法又得一鐵證。茲將其實驗概況表照抄附查（表詳後）末謂「田未經冬水淹滅，恐致螟害加劇。」按治螟方法，不只水淹一種，有以改良劈刀，專劈穀樁以殺死越冬之幼虫，若種麥必先耕鋤，穀樁用作柴燒，即可全部殲滅，較劈殺尤爲簡便，又有以提前播種，免授螟虫鑽入之機，若用直播，則生長不息，莖易粗壯，螟虫自無潛入之機，其較插秧延緩生長，使螟虫得可乘之機，又爲愈也。又查民國廿五年由夏至廿六年春季，冬田因旱無水，廿六年稻作並不見螟虫加劇。又其他如成都黔西等地，均多年放乾冬田：亦未見螟虫加劇，此又何說？

區田與甽田種法成績概況表

號	項別／種別	區別	甽別	別
一	種植地點	縉雲縣璧鎮	同上	
二	種植地類	水田	同上	
三	種植畝數	五畝四釐市畝	四畝四釐市畝	
四	種子數量	一升半	同上	
五	下種日期	四月二十七日（直接播種）	五月二十日（插秧）	
六	收割日期	九月十四日	九月二日	
七	生長期	一百肆拾一日	一百零六日	
八	施肥次數	二次（第一下種前墊底，第二次油餅作追肥）	二次（第一次人糞作基肥，第二次桐餅作追肥）	
九	用肥數量	前項肥汁，人糞四担，油餅六斤	前項肥第一次人糞三担第二次桐餅五斤	

十	稻平均長	五尺一寸(市尺)	四尺三寸(市尺)
十一	稻穗平均穀粒數	二百三十二粒	一百七十五粒
十二	收穀量	七百四十八市斤	三百二十七市斤
十三	舂白米成數	百分之七十八(即百斤谷舂得七十八斤白米)	百分之七十五(百斤谷舂得七十五斤白米)

(註)因實驗哂田，租到爲時已遲，不能照區田直接播種，故改用插秧

再査原呈擬具之一二三項意見，早爲農民通行，已不成問題。惟宜傳書獨倡種小麥者，以在抗戰期中，軍糧民食，兩有攸賴，又以小麥爲物，用途寬廣，運輸便利，若與水稻乾田直播法，相輔并行，其補益抗建前途，良非淺鮮！再爲申述於后：

(一)竭盡地力　抗戰期間，淪陷區域人民，退往後方，人口大量增加，而後方土地面積，反形減少，生產日告不足，若將冬田開放，可望增加三分之一糧食生產，使未盡之地力，得以完全利用。

(二)增加生產　冬季種麥，已屬意外收獲，而稻種直播，又使稻根深入土中，吸肥充分，發育優良，產量增多。

(三)平衡勞力　農人冬季無事，春耕甚忙，若放田種麥，可使餘暇之農人，亦有耕作之機會，而直播稻種，又可緩緩從事，使閒者不閒，忙者不忙。

(四)省工省費　放田種麥與稻種直播，均爲婦孺所能，當此壯丁執戈前衞，正宜免掉插秧之煩，利用婦孺勞力，以代替壯丁之操作。免插秧之耗費

(五)防止旱災　直播之稻，根部滋蔓，可於耘土之際，加壅根土，保其水分，雖有旱災，稻苗不至枯死，收獲仍屬有望。

(六)有益抗建　產量增加，民食軍糧，無慮匱乏，社會安定，軍心奮發，長期抗戰之最後勝利，固屬於我，而生產所得之代價，又可爲鄉村水利墾荒土壤肥料虫害等之建設工作，一舉兩得，補益農村經濟，良非淺鮮。

(七)效速易行　一般增加生產方法，不外品種改良，技術指導，或興水利等，此在承平時代，固是科學家應有的態度，若在目前，不但大爲費時，人力財力，均有迫不及待之勢，故放田種麥，與水稻直播，工之輕易舉，即知即行，收效宏大，莫此爲甚！

査本法推行，固有困難之點，但非原呈所提之問題，而是主佃糾紛之問題，農村慣例，以穀爲租，倘田中種麥，地主恐於來年稻作有礙，減少其租額，故不願行。又以麥不在納租之例，所產全爲佃戶所得，利害亦有衝突。故難期實現。倘能於此由政府明定法令，調劑主佃之權利義務，未有行之不通也。例如政府提倡修築塘堰，歷有年所，然而成功無幾者何也？即地主以修築之費出諸已，而權利多爲佃月所享，僥倖於未必成災以致不修，佃戶本欲出資興修，又因田非自有，不能長久享受，擱置不修。是以政府雖有水利貸款之便，給予農民，而聞風請求貸款者，仍寥若晨星，此所以農村各項問題之不得解決者也。特附於此？聊供蒭蕘，有斯責者，敬乞鑒諸！

爲便閱者參考計，特將呈文及宣傳書行政院祕書處公函覆議原呈附載於后

行政院祕書來函

台端賚呈放水田種小麥宣傳書，請鑒核轉飭有關機關遵辦一案；經本院交農林部轉飭中央農業試驗所及四川省農業改進所研究，原書用意甚善，留供參考，但事難普遍推行，未便通令照辦，奉

諭函達，即希

查照。此致

劉選青君

計節抄中央農業實驗所及四川農業改進所原呈各一件

行政院祕書處

節抄農業改進所原呈

遵查該宣傳書宗旨在增加食糧生產用意甚善惟本省肥料來源有限如冬水田全部改種小麥則田內肥料減少來年稻田必需之大量肥料勢將無法供應且冬水田土質至少有一部份過於粘重種麥後必致生長不良並影響明年水稻之收獲但如能選擇適宜於種植小麥之田畝乾放冬季以小麥與豆類作物間作亦可稍補肥料之不足是以放水田種小麥一事如必普遍推行殊非所宜本所爲充分利用土地及增加冬季食糧並補救塘堰困難起見曾於四川省冬季食糧作物增產實施計劃內擬加高田埂以改善蓄水辦法並放乾一部份較可利用之冬水田增種冬季食糧如此辦理似屬比較安全而可靠至該宣傳書所稱在麥行間點種水稻一節如在水源不足或早春雨水稀少區域尚可推行假使水源充分仍以收割小麥後灌水插秧爲有利良以水稻插秧管理上既可省工而田且不易漏水也

四川省農業改進所所長趙連芳

節抄中央農業實驗所原呈

查原呈建議稻田在冬季放水種麥增加食糧生產其用意佳足徵該員頗能注意當地農情惟全國各地雨量及水利情形不同推行時似宜參照各地實際情形變通辦理至其所建議之水稻乾田直播法實行時亦有困難之處茲將審議結果列舉如左：

一、稻田放水種麥之可能性因各地雨量水利情形而不同蓋在春雨充足或灌溉便利之處農民固可在冬季種麥而於翌年春季收獲後灌田耕耙栽植稻秧但在春雨稀少或無水可資灌溉之處農民全賴冬季蓄水供翌年春季耕耙及栽秧之用如勉強放水種麥則次年是否有水供耕耙栽秧之用殊無把握西南各省春季常苦乾旱其間除灌溉便利之區如成都平源農民已知在冬季種麥以增收入外其他灌溉不便之區放水種麥未必相宜

（二）排水不良之地種麥難期發芽整齊部偶有出土之幼苗經雨水浸漬每易夭折故排水不良之稻田未必盡能放水種麥

（三）原呈中亦曾考慮種麥後無水插秧之困難故曾提出水稻乾田直播法以資補救惟查此法實行時有下列問題

（1）直播稻種之發芽問題——直播之稻種須有相當水分始能發芽發芽之後亦須濕潤始能滋長如水稻直播於麥田行中倘遇春季苦旱則稻種之發芽必均受影響且小麥畏濕在未收獲之前又不便常施灌溉以促使同一田中之稻種發芽滋長

（2）直播後之耙田問題——稻田之土壤須和水耕耙方可蓄水而不致漏洩今既以稻種直播於麥田行中則小麥收獲後因已有稻苗不便和水耕耙田土雖遇有雨亦不易儲蓄而聽其漏洩如此則稻苗易受旱害

（3）直播後之土壤及肥料問題——水稻直播於麥田行間因事先並未經過耕耙程序土壤必多僵硬似此則土壤之物理性的組織較劣肥力亦較多水田為差難免不影響稻穀收成

（4）直播水稻之產量問題——直播水稻之產量較移植者為低各地試驗場迭經證明且因直播田中害蟲產卵未經冬水淹滅恐致螟害加劇

按閣於冬季利用冬閑田地增種小麥原為戰時農業重要措施該劉選青悉心籌劃至堪嘉尚惟為適應各地實際情形廣收宏效起見對於原來建議擬具下列意見

一、凡便於灌溉之處農民應儘量利用可以放水之稻田栽種冬作並於春季冬作收獲後即行蓄水耕耙並加基肥以利水稻之生長

二、凡灌溉不便之處除由政府領導農民速興水利（若掘井築堰挖塘等）外並以旱田栽種小麥油菜而以易于排水及灌溉之田放水後種植蠶豆豌豆等綠肥以增收益

三、冬季提倡種植之作物除小麥外尚有油菜及蠶豆豌豆等均極相宜油菜為油類重要原料蠶豆及豌豆既可供食用頗能肥田其收獲期則均較小麥為早

本所對於提倡冬作向極注意抗戰以來對於利用各閑田地增加小麥及油料作物生產曾擬具實施計劃呈准施行自二十七年起即行派員分別協助西南各省辦理矣惟係根據各地情況分別進行例如在貴州係利用禁種罌粟後騰出之土地種植小麥油菜在川省則係在成都平原小麥適宜區域推廣改良種種以增進其產量及品質至關於稻田放水種麥在桂省亦經推行但係依雨量及水利情形而定其範圍並非各地一律施行也至該劉選青齎呈之放水田種小麥宣傳書擬留所供作參考之用

農林部中央農業實驗所所長謝家聲

為齎放水田種小麥宣傳書懇予鑒核飭遵呈行院文

竊自抗戰以還，國土日削，耕地減少；糧食問題，日趨嚴重，若不設法補救，影響抗戰，實屬重大，言念及此，殊深隱憂。青幼生田間，長習農事，嘗以我國農人冬季注水稻田，不能生產為憾，因一時未得補救善法，無由變更其習慣，嗣於民廿五年得水稻乾田直播法，於北碚合川兩處作救濟旱災之試驗，頗見成效，乃擴充其義，以改革冬季注水稻田之習慣，復於上述兩地作小規模之試驗，亦見成功（見宣傳書中）爰輯放水田種小麥宣傳一書，將其方法各項問題一一蒐羅，加以解答，刊印成冊，廣為宣傳。只以農人習性太深，不敢試嘗，致令利棄於地，殊為可惜，今值造產運動之際，正宜及時利用此種田地，大量增加糧食生產，使民食軍糧，兩得利賴，且係耕地利用，無須另闢，亦不須技術指導，另耗多資！只在鈞院一紙命令，飭國內農事機關及地方政府，勸導保甲遵照辦理，即可得迅速宏大之收穫，并可免除旱災，除將放水田種小麥宣傳書隨文齎呈外，理合備文呈請鑒核，如蒙採納，懇予翻印是書，令飭國內有關機關遵照辦理，以增生產而利抗戰；是否有當，指令祇遵。謹呈

行政院院長蔣　附放水田種小麥宣傳書一冊　劉選青呈

放水田種小麥宣傳書

一 引言

小麥栽培的手續很簡單、又不拘土質和燥溼，病虫害也少，價值又高，用途也廣，眞是一件很有利益的事，可惜一般農人，只知種在土裏，不知道擴大面積，把田的水排去都種起來，那就更有大利可獲，在往年因爲要顧及來春栽秧的關係，所以不得不把水關住，現在我們有了水稻乾田直播的法子。(法附後)就不怕乾(參看後面解答問題便知這道理)很可以在穀子收穫後，大胆把水放乾，等到秋末時候，把田犂鬆鋤細，通通種起小麥來，可以馬上得着比穀子價值還高的產品來。因爲穀子每畝的產量不過一石右上下價值不過十元左右，小麥每畝的產量，大約在四石以上，但他的價值要十二三元，可見是比穀子強些；所以田中種麥，不但可盡地力，而且補益經濟不小，那末事業上的振興，也得着多大的幫助，(和鬆土壤，墊槽買畜等)還有小麥的莖桿，可作草帽原料，麥根蕊墊又可增加肥料，都是有利於農家的，我們回想過去天旱年間，呼籲求救，或慈善家或政府施下惻隱，撥撥款子，賑濟成千成萬，但得大攤派下來，不過得二三元或四五元而已，其數雖微，一般被振者，都認爲是天恩浩大，感激非常，我們現在能夠利用這種隙地種植小麥，每畝就可得十餘元，若是十百千畝，那數目就更多了！總之呼人救得數元而已是相比起來，又那個好些呢？況且這事并不十分費力，又在農隙時候，人力畜力，都是來得及的，眞是再好沒有了！趕快實行罷！再麥穀價值，均以平時估計。

二 種小麥的好處

別樣作物要看地方出與不出，獨於小麥到處都能夠生長，我們中國裏地土爲適宜，這是第一層好處，小麥的特性能夠抗旱，不像水稻離了水田，就不容易生長了，無論何項土壤均有收成，這是第二層好處，小麥下種期間，都在降霜時節，水稻收穫過後，已經放水的旱田種了小麥明年仍可種稻，不會妨礙稻作栽培的時效，恰能彌補稻作的空閒，這是第三層好處，小麥栽培手續，不像種稻那樣麻煩，那樣費時，地畝的大小都覺得便利，工具也很簡單，這是第四層好處，新墾的荒地，池塘溪流及河邊的冲積地，均可利用來種一季小麥，算做廢地利用，這是第五層好處，小麥的莖桿，可以作草帽，農家婦女，利用空閒時間，作此項家庭工業輕而易舉，實是農家最有利益的副產，例如巴縣單就西里興隆歇馬兩鄉，每年草帽的出息，不下萬元，倘若各鄉農民多種點小麥，將此種副業推廣起來，每一縣數萬元的增加，可以預料，這是第六層好處，除小麥以外的別樣作物，都容易受病蟲害的危險，水稻防螟蟲，蝗蟲，棉吃棉花的蟲更多，荳類也怕甲殼蟲，祇有小麥的危險少，即有，也容易防治的，這是小麥第七層好處

三 種小麥的要訣

(一)耕地　地要耕得早，大約下種前一個月就要耕過來。初次宜深，再耕不要太深，耕後就用釘耙耙平，要把土面上耕得十分細碎，然後下種，這樣一來，發芽就很整齊了。

(二)選種　種子要大，要重，要堅實，而且要完全不霉壞，要純粹而不雜，外皮頂好是白色或黃色，最好用鹽水來選過，汰去輕浮與劣壞的種子，用重而堅實而下沉的種子，這樣不但生長很好，並且還可以漸少黑穗病，（比重大約一，三，配合）（鹽水也須依此標準）。鹽水的配合量是六兩鹽一斤水，經鹽水選過的種子，馬上就要用清水洗過，以免妨礙發芽。再如不用鹽水，用炭酸銅藥粉拌和使藥粉粘在麥粒面上，防止黑穗病，尤其有效。只要一兩炭酸銅，就可以拌和二十斤種子。

(三)下種　下種的時候，頂好在未下霜以前半個月，不得太遲天氣一冷，便不容易發芽了，要收成好，播種方法也要注意，最好用條播，就是將麥種播成條行，用撒播是不行的，點播也不如條播好，播下土中平常是一寸多深，天旱或係砂土更要播深點，兩條中間頂好有七八寸的距離，那嗎雜草便不能生長了。

(四)管理　冬天偶有雨水，應開幾條溝排去水分，可免小麥根部的冰結和冷壞，若恐土壤冰冷鬆動鬆根，可用鋤將土稍為鎮壓，種後不必用補肥，可以省一筆費用。

(五)肥料　看地方說話，通常頂好用堆肥，每畝四五擔，預備堆肥的法子，在一月以前，將馬糞十二担骨粉一担草灰二擔混合，稍加一點水堆在草棚裏，以後翻動二次，這種堆肥，在沒有播種以前，就要勻勻地撒在土面，然後耕到土裏面去，倘若沒有馬糞，用牛糞和乾的人糞也好，骨紛的用法在我們中國從無這種習慣，但從種麥的收穫上打算，這種肥料是萬不可少的。

(六)輪種　年年種一樣的東西，不但土力變壞，並使病蟲加多，譬如年年種苞穀或高粱，過幾年這塊地就瘦得不堪了，所以種糧食的土，要兼種小麥才好，種過小麥，就可以種旁的東西了，有人說，種過苞穀才種麥子，是很好的，又有人說，先種黃荳後種麥子才好，這都是老農經驗之談，說來都不錯，總之種麥子這一兩年裏頭一定一回荳子，不拘黃荳綠荳豇荳豌荳都可以，我們南邊收麥後種稻，收稻後種麥，這個法子是不成的，因為兩年不種荳子，田就要運用輪種的法則，來補救他。

(七)留種　如果自己有好麥子，最好自己留種，種要留好的，因為好種壞種，都要費一樣的工夫，一樣的錢，但使好種能夠收多賺錢，這留種不是很要緊的嗎，怎樣留法呢，麥子要熟的時候，拿一個籃子跑到田間去，見了個好麥子就摘了，放在籃子裏，現定一個標準，是麥桿很直很強壯健全的，穗子長大，麥粒多的，成熟得早的，無病蟲害的，就可以採下來了，曬乾之後，好好收藏起來，下年作種，那就能夠達到一子落地萬子歸倉的目的了。

四　解答問題

抗戰期間，後方糧食供給，應當設法激增，以充戰時的軍用及將來息戰後的救濟，愚曾以開放水田廣種小麥為增加糧食的捷徑，不料各方均認法雖可行，對於水田必多障礙，發生種種問題，觀望不前，愚為解釋各項感疑起見，特用問答方式，分述於下：

（問）水田開放明年即無水播穀種及插秧豈不是不種穀了？

（答）我們為增加生產，才想田中種小麥的辦法，若明年不種稻那就是顧此失彼，又何為增加生產呢？我們田中種了小麥，到了明年春季播穀種的時候，就在麥子行中，依一尺多遠近點播穀種。等到小麥收穫，秧子也就長到四五寸高了！那時我們若有堰塘，就灌水進去滋養他，若無堰塘等落雨來灌溉也無妨，這個法子，過去愚曾在北碚十九保馮時齋勸其實行，結果比較他人用栽秧的法子還好，收穫他也比別人一畝地多一斗多，據他說這法子在辛卯年天乾有一貴州人傳述出來的，那年就照樣種過，成績也好，由這一點看來水稻乾田直播法，眞是有效，不但播種不成問題，並且還免掉栽秧的麻煩，這是再好沒有了！

（問）秧子長成了若天仍不下雨又怎樣辦呢？

（答）據科學計算，凡有田地或山田十畝的塌所、有四千零五十立方尺的水即能預防旱災，我們依此標準，每窩秧子佔一方尺需水六十六立方寸水（大約半桶水）已足，可見需水量還是不見得多，又據一般農人的經驗，都說秧子在幼苗及成熟的時候是不怕乾的，惟在抽穗（出苞）的時候才要水，但是也不多，只要有點跑面水就能過功了；由學理與經驗對照起來都是一樣的，我們在放田種麥的時候，把自己的田，挖深一二塊，蓄起水來，等穀子抽穗才灌進去，那就萬無一失了！

（問）如自春至夏都不落雨，蓄水也沒有（如前年的冬旱樣），那又怎樣？

（答）民二五年的春季，水田是關有冬水，播種栽秧，都無問題，可是自夏至秋都乾，穀子就沒有收穫，還是田裏關冬水無濟於事的明證，又看民二六年春季，因受乾旱的影響，連吃水都成問題，播種栽秧是更無希望，但是我們用水稻乾田直播法及合作秧田法，播種旱秧法等來救濟，却就如願以償，可見田裏沒有冬水，還是要吃飽飯，這是你們眼前見到的實例，我再退一步說，就算沒有辦法，但是已先收一季麥子很足以抵償所收的穀子，這正是為防來年乾旱，穀子沒收的一個補救的絕妙好方法。

（問）種了麥子的田二季種穀子就要漸少收穫，這是不妙的？

（這）這話雖有理由，却是理想，不是事實，是肥料問題，不是產量減少問題，我們就遠點來說，如成都的田一年是種兩季，沒有聽說減少收量，就近點來說，你們種的榜田，每年也是種兩季，也沒有聽說減少收穫，再以你們的土而論，還有種三季，菜園種菜，還有種四次五次的，也未聽說減少收穫，這更足證明產量的多少，不在乎種一季，是在人事盡與未盡，與施肥不施肥的關係呀！

（問）水田收穫後要耕耙幾次才出種，種麥不能耕耙，田就瘦了，明年種穀，必定不出？

（答）這問題與只知二五，不知一十是一樣的，要曉得種麥之前，土地就要耕深一次，然後又要鋤鬆盤平，然後下種，生長期間，又要中耕兩次，經過冬季春初冰雪的凍融，時鬆時解，依漲縮的道理，土塊自然就破裂，來年種穀再用不作犂耙了，兼之土粒經風化之作用，把土中所有的無機質變為有効肥料，以供植物的生長，比較你用水淹着，空氣窒塞，水溢流肥還好得多嘞！

（問）稻田關水可除虫害，開放之後虫害必多如何是好？

（答）水能殺虫，固然是對，但有些雜草（如鄉間所呼的水岸板剪刀叉等）反在水中能生活，有些虫卵（如靑虫卵）也就借他寄生，不但草耗肥，並且害虫仍是繁殖，我們開放種麥，燥濕異趣，環境變遷，那些雜草虫卵，就不能生存了！况之耕鋤之時，還可以把他埋覆土中爛死可以增加土內有機肥料，况之風霜冰雪，浸入土中，也能凍死一切蝕秧苗的虫卵，這個方法，恐怕比你關水殺虫，還要有効些罷！

（問）水田土質不一，豈能完全放種？

（答）別的作物，就要地方出與不出獨於小麥是到處都能生長（除澇田不能排水外，不管是新墾地或池塘溪邊地均能用來種他，例如歐戰時，德國缺之粮食的時候，政府下令把城市的邊餘草地公園內池塘邊緣地及河岸山荒都來播種小麥；仍然生產很多，我們的稻田，雖說土質各有不同，若是播種小麥，那就算良田美土那有不出的。

（問）種小麥雖好但是沒有穀子出得多，還是不強？

（答）這是數量不是質量的話，我們一畝地以產麥與產穀的價值來比，就知道誰強誰弱；一畝地普通產谷一石上下，那種麥就可產四斗餘，就平時的市價谷一石十元左右，麥一斗價三元，四斗共十二元，比谷多二元並且種谷的手續，比種麥要麻煩些，穀子的虫害水旱害也要多些，小麥就沒有這些弊端，究竟是種麥強還是種稻強呢？再有一言，應前在嘉陵江三峽實驗區服務時曾調查該區稻田面積二萬石，若於冬季播小麥，最低產量可收八千石，每石最低價十六元（過去價三十元）總計又可獲十二萬多元，曾經以上年天乾，經許多調查旱災，說多少表册，申訴苦干苦況，打幾次電給政府，呼籲頻煩为竭聲嘶，幾乎人都要飢死完了，才得到政府幾千元的振濟，於是乎大家就認爲救命菩薩，彼比就活動，如果我們把水田放了，種季小麥每年有這十萬元的收入，可以說人人都要穿暖衣吃飽飯，這是地藏的利益，並不要人家給我，我又何不爲於是黃桷鎮就有姓趙的農人照此施行，把他的水田六十多石的面積，放了水來種小麥，結果收三十多石，又值麥價高的時候，每石值三十元，他就賣了三千多元的現金，現在就成富翁了！實驗區的農人，見這法有効，現在都做行起來。總理說過人不要與人爭，要與天爭地爭，才有辦法，照上面看來，這話眞是不錯，請大家注意罷！

五　効果估計

自抗戰以來，前線戰鬥的人員，已有相當準備，後方供給的物質，不能不有最大的進展，但物質的供給，又以粮食爲不可須臾緩的要圖所以研究此項問題的亦殆不乏人，將他分晰如下：

（甲）關於生產者

（一）耕地面積之擴充，（二）勸諭農夫婦女及閑人們等的一致歸耕、役使俘虜做墾殖工作，（三）組織農民自衛團以保護農地的安全，（四）農作栽培改良（五）倍增農業研究機關。

（乙）關於消費者

（一）組織食品節約勸諭隊，（二）限止個人食粮消費量（三）限止精米的碾磨販買及製粉率的規定，（四）禁止煮酒及食料的飼養（五）研究並倡導粗食代用品。

（丙）關於分配者

（一）管理粮食的供給買賣給領保管，（二）規定米價，（

三）食粮的運輸，（四）統制對外食糧的輸入。

以上諸端，可謂詳矣，但歸納來説乙丙兩項的辦法是治標的，甲項辦法是治本的，治本沒有好的辦法，治標無論如何完善，不但費力多而成功少，並且還是一樣的失敗，如歐戰的德國，是其明證，這且不説。

我們單就治本的生產方式第一項來説：是要生產的增加，必須耕地面積之擴充，這個原則，很是對的，他的主張是把各省的荒地，開墾出來，都種糧食，使他生產增加，這個法子，若在平時到是妙策，若是現在恐怕時間上有不容許吧！

第一若在内地開發荒地，地畝有限，且糾紛過多，反生麻煩，第二若在邊地辦理，却又資本耗大，交通不便組織管理，均發生問題，這眞是遠水難救近火！

在個人的意見，似不若將國內水田，在秋末時間，一律把水放掉，播種一季小麥，所謂實行兩熟制是也，一則面積廣大，二則見效迅速，三則閑人歸耕便利，四則運輸儲蓄均便，有此四利，較之墾荒政策，似高一籌。

不過有些人說將來田瘦水缺，難以恢復，此亦極易解決之事，只須政府嚴厲督修塘堰，人民多購肥料就夠了！這是不足担憂的。

我們把水田放了種麥，就覺有好大的効果，還須估計一下，據國府主計處統計局的估計，全國稻田面積為三三一，五六千畝，除東北四省及華北五省共一八五，五六千畝，尚餘三一五，七一〇千畝，再除去沿海戰區各地不能耕作者，估計佔十分之四，計一二六，二八四千畝，猶餘一八九，四二六千畝，每畝產麥四舊斗，可得七千五百七十七萬零四百舊石，每石最低價值以二十元計總計合洋一十五萬萬一千五百四十萬零八千元，每年農村增加如此大量生產，所得的利益，又如此大量的整批，農村經濟問題，想來也怕解決得了的！再以供給糧食而論，又看如何呢？假定每人每年平均食麥為二，七七舊石，上項產品數量，就可以供給二千七百七十一萬四千八百二十七人的糧食而有餘，日本全國人口七千萬，婦女除去半數，只三千五百萬，內有老弱估計佔三分之一，而壯丁僅二千餘萬，但他還沒有養此二千餘萬的糧食，而且他的人數還只有一個二千餘萬，就不像我們中國，可以來十幾個二千餘萬的人。照上面辦法，可以永久不缺這二千餘萬人的糧食，莫說長期抗戰，就是打到再出盤古，都不成問題的，所以我們要高唱放田抗日的口號！

六　水稻乾田直播法（此係曾博士所擬故仍署其名以表不掠人之美）

第一　整乾田，把乾田的坭巴挖起，弄得平平整整的，就打起很淺的窩窩，窩窩的稀密，跟上年栽秧遠近一樣，若是找得到水，就淋點水更好，不淋也要得。

第二　點穀種，打好的窩窩，如其是完全乾的，就點下七八顆乾穀種，若是淋過水或下過雨的，坭巴有點溼的時候，就把谷種先泡過三四天纔點下去，這是頂好的法子。

第三　蓋草灰，谷種點在窩窩內，就蓋草灰，若沒有草灰，就蓋點細沙沙也要得。

第四　時間，點的秧子比栽的秧子成熟得快，就遲一點時間，也不要緊，總在陽曆四月廿號內，都可以點的，若是你們不信點谷種的話，過了這個時期，就有求來也樣法子。

第五　灌水、谷種點在窩窩內，慢慢的發芽，長到三四寸高的時候，天若下雨，就可以淹一點水，若是再遲一些時候才下雨，因爲點的秧子比栽的秧子經乾得多，就是田乾開口了，秧子乾黃了，也不要緊，等雨水一來他就轉青了，所以祇要點下去，橫順就有收的。

第六　糧食田內點谷種，你們的田內，若是已經點得有麥子胡荳豌荳的時候，那就更好點谷種，照上面的法子在糧食的空空頭，一窩一窩點下去，蓋點灰，谷芽生起有遮陰的，更不怕乾，收了糧食，秧子就長起來了，這樣更收得多了。

第七　附點谷歌四首，以便從農民心理上增加些勇敢，與精神上得到些安慰。

第一首歌　有水田耙平來栽秧子，無水田打起窩窩點谷子，穀子點起蓋點灰，長成乾秧等雨催，乾秧遇雨大發威，長起穀子起堆堆穀子收來好喜歡，又有食來又有穿，纔曉得點谷種的好處呵。

第二首歌　乾田不怕乾，只要弄得翻，坭巴翻轉弄得平，打起窩窩點得成，一窩點下谷種七八顆，蓋點草灰就算妥，谷種發芽慢慢長，大雨來了就無妨，比看栽秧一樣好，秋天收來並不少，家家收來有飯吃，誰說天乾飢死了。

第三首歌　不怕乾不怕無水，拿起谷種點在你的乾田裏，蓋起灰生起芽，老天總要下雨，大雨一來，黃秧數起，（就是秧子乾黃了，下雨也要轉青）到了秋收，家家有米，不怕不怕真不怕，祇要你們肯信我這點乾谷種的話。

第四首歌　糧食田內一樣種，就從麥子空空點起走，谷芽生來有遮陰，此在乾田好幾分，糧食收了秧子長，大雨一來更無妨，吃完頭季收二季，你看這個方法好不好。

四川省立教育學院教授
農學碩士生物學協士　曾慎吉夫擬

七　尾子

在這長乎說焉之後，我們腦經已是煩悶了！再擬放田種麥歌詞一首，以作醒脾之資，可以因彼唱此和，無形趨於此種工作。

勸農人，莫要愁，田中關水是枉然，請看民廿五年冬水足，二年爲何無收天，民廿六年沒有水，也還收多半，第一滿堰要修好，第二水稻能夠直播在乾田。大家都把水放乾，種季小麥可得十五萬萬多元，你們若不信，請你試試看，服子放大點，包你賺現錢。

半路跌倒不是失敗

半路跌倒，不是失敗，也不是儒弱，只要你能爬起來，撫摸過創傷，再奮勇向前，路程就會爲你展開在前面，頂怕的，是跌跤之後，想爬起來。專等待人們的拯救。

——荊有麟

嘉陵江三峽鄉村建設實驗區署三十年二月份民政建教概況

甲　民政

一，保甲　本區保甲於二月底已編整完善、計北碚四五保、白廟十二保、文星十八保、黃桷廿二保、二岩八保、澄江三十保，共計一百三十保、在三月初旬即開始甄別保甲人員、凡自認合乎保長資額而樂意服務桑梓者、均可到各該鎮公所申請登記。

二，公益　一、倉儲1.：追收貸谷締欠、本署去歲貸出積谷，各鎮尚有一部未能還清者、由各鎮負責追收、並希各貸戶從速還清。

2.積谷貸金、除黃桷白廟收清外、其餘未完各鎮、從速掃解、希望各應繳之家、火速繳納清楚。

3.徵募積膳谷、尚有北碚一鎮至今未能掃解、務須從速掃解報署。

4.捐獻軍糧、本區軍糧定額五百石均自由捐獻、前由黃桷士爾昌捐一百石外、現由澄江公正士紳捐獻軍糧一百石、應由北碚勸捐一百三十石、黃桷六十石、二岩四十石、白廟三十石、文星四十石、希望各鎮從速勸捐、各士紳踴躍輸將、自由捐獻。

三、救濟1.籌辦貧民教養院、本區爲收容流浪兒童乞丐及孤苦無依被難災民、聯合峽區公益士紳王爾昌等籌辦貧民教養院、決定籌募基金廿萬元。

2.各鎮勸募當地士紳徵求官山一所、以資掩埋貧苦尸體、事關慈善、各鎮從速辦好、報署派人查勘。

3.本區紅十字會徵求會員、現正由正副會長蔣少權渭志舒李君實等徵求會員。

4.年關急賑北碚募米二石一升六、法幣三千九百六十六元五角、分發二五二五人、餘米九升二合五。法幣四百七十一元五、移作平民教養院用。白廟募米六石九斗、分發七十三人。黃桷募米二石〇二升五合、谷子七石五斗七升、又錢四十二元、分發二百四十八、澄江募米三石四斗八升、散發一百一十六人。二岩募米一石七斗六升，散發四百四十八。以成績論北碚鎮第一、以文星爲最壞、希望以後各鎮盡心盡力勸募、以利窮苦人民。

四、衛生　衛生署贈送本區痘苗一百打。現正準備點種、希望有小孩者、爲了預防天花起見、部要注意點種、成人每隔三年點種一次、才能預防天花危險。

二防止地方病、本區地方病即是水疾病、以北碚中心小學論、佔百分之二、以本區民衆說、平均佔百分之四、此種病非常危險、希望大家到衛生所去請醫師檢查醫治。

三捕鼠運動、奉上峯令、敵機於浙江等地播散鼠疫病菌、傳染最烈、爲防禦未然計、應早實行捕鼠運動、本區早已令各鎮鄉遵辦、希望大家從三月一日起，至十五日止、大家實行捕鼠運動、決對負責肅清、希望半月中切實施行、各鎮應列爲中心工作之一。

四、禁煙　一、檢舉煙民。大家要知道上峯對於煙民非常注意、規定層層負責、各機關每十天一報、同時又規定如有遮犯者、除依法治罪外、並連坐保甲、處以罰金、如發覺有運售吸者、除按犯依法嚴懲外、其餘五家連坐、並處罰金

五、警衛　一、奉省府令、賭博爲害至巨、不獨有干禁令、且足影響治安、須從嚴查禁、希望從今天以後、切不可再行賭博。

二、繼續辦理總清查、上峯對於總清查非常重視、卽是說(1)凡有戶口異動者必須呈報、規定人必歸戶、戶必歸甲。(2)共同管理監視疑戶、如扒手小偷及曾經犯過罪者、務須切實注意、不幸發生盜賊案件、大家實行分担賠償、並層層連坐負責人。

三、管理民槍。本區凡有公私槍砲者、必須登記烙印給照、方合規定手續。本年度現正準備換發執照、大家有槍砲者、都要注意領換執照、否則一經查覺、以私藏軍火論罪。

四、盜匪案件必報、上峯規定凡被匪綁架之人、應令飭家屬立卽報請軍警剿辦不得用錢贖票、以熾匪風、本署早已規定、凡聽聞或確實被盜匪者均須立卽報署。

六。兵役　1.慰勞抗屬!本區各鎭、在舊歷年舉行擴大慰勞抗屬、每戶平均得價值十元以上之禮物、如米、肉、糖、鹽、麵、法幣等、全區共用國幣五千餘元。

2.申送抗屬子女入學、爲救濟抗屬子女起見、特於本年又送第一批抗屬子女十名入教養院施以教養。

3.增加抗屬優待!卅年度出征抗屬、除照當優待外、並給出征壯丁安慰費五十元至一百元現正籌備優待金中。

七、防空　一、現霧季已過、各鎭防空洞、應加緊進行、除北碚杜家街、黃桷之龍井灣、新橋等處、刻正在開鑿外、並盼望各鎭機關團體、民衆多開闢防空壕洞、以減少空襲危險。

二、爲防禦敵寇施放毒氣、本會特編印防毒常識、散發各鎭保長、學校教師、以資普遍宣傳。

三、使防空消息靈通、已飭令各鎭、於交通要道、或人口密集之處、設置預行警報旗、及毒氣警報器。

四、四、五、六、七等號防空洞因地位甚高、洞口目標顯著、爲遮蔽視線起見、特於各洞口另做竹欄僞裝數幅。

五、杜家街第八保開鑿防空洞、由本會召集地方保長紳士開籌備會議一次、又由保長另召開保民大會、商討籌款辦法、及開鑿地址與施工計劃、本會派員出席指導、業已請工程師測量完竣現正設計中、在三月初卽可進行。

乙　建設

(1)栽植北碚新村行道樹——北碚新村公路行道樹、已於本月測定樹窠。挖鑿大半、現已栽植楊槐百數十株其餘、正在鑿窠栽植中。

(2)搜集展覽品!因新運會七週年紀念、業准新運總會函請搜集展覽物品、送渝展覽本區搜集展覽農產品、工藝品、商業品等各數十件、業經派員送往渝市展覽矣。

(3)檢查北碚木船!木船載運、關係交通、綦重如不留心、一旦失事、損失浩大、業於本月十六日、開始檢查、當經檢查木船二十五艘、其中五艘應停航修理、有一艘應改駛航線、有十九艘尚堪行駛、至於其他各鎭木船、一俟北碚檢查完竣、亦必繼續檢查。

（4（劃定北碚木船碼頭！北碚木船、原未分別靠岸、以致各船戶靠岸時、不特擁擠不堪、抑且各船民常發糾紛。影響秩序安甯、良非淺鮮、特於本月分別劃定米船柴船及渡船等靠岸碼頭。

（5）改組北碚木船公票處——北碚航行渝合者、早已由公會設處售票、惟以組織不完善、弊竇叢生、商船不便、業經召集船幫開會商討、重新改組。

（6）安設路道電燈——北溫公路隧道、業經增砌石牆、對於行人、可稱安全、惟苦無道燈。晚間往來、深感不便、特商絡大明工廠、安設電燈三盞、行人往來、均感比乃光明大道矣。

（7）指導成立經紀總行——本市人口激增、工商業亦日新月異、買賣交易、殊深繁重、特指導經紀業組織經濟總行、介紹買賣雙方交易。

（8）登記存貨——物價之飛漲、生活之高昂、多由奸商存貨囤積所致、本區奉令登記存貨、業經印發存貨登記表、訓令各鎮各所切實調查登記。

（9）登記糧食——為平抑物價、增強糧食管理起見、特從新登記糧食並佈告糧戶、從實報請登記、如有隱匿不報者、一經查出、即以囤積居奇論、並絕對予以沒收。

丙　教育

（一）舉辦本區國民教師寒假研究會、本區自實施新縣制以來、教育方面在亦積極改組、所有各鎮之完全小學一律改為中心學校初小、短小一律改為國民學校、為各中心學校及國民學校建設置要點。在在均有研究之必有、故特利用寒假舉行寒假研究會三天、（二月六日至八日）專研究中心學校及國民學校設施要點、并請區屬各機關供給研究材料、以便實行政教合一。

（二）招考國民教師從本區教育自改組以後缺乏教師甚多特在重慶中央日報合川大聲日報及本區嘉陵江日報登載招考教師啓事、為整頓本區教育起見此次招考限制較嚴、資格須師範畢業或中學畢業、籍貫須隸本區附近各縣者、故投考人數較少、計投考者十六人、錄取十五人、現尚缺乏教師、希望有上列資格者、繼續來署投考。

（三）提高國民教師待遇本期特別提高教師待遇、除每月學米三斗及節禮樂捐外、月薪定為三十元起至七十元止、（即年支三六〇元至八四〇）視資格及成績而定、每期考核成績特、除一般加升月薪外、成績特別優良者、可得獎金一百元。

歌舞劇

別嘉陵江

寫在前面

1.音樂節聽民衆歌詠團奏唱光未然洗星海的黄河大合唱很高興，此曲偉大新穎，急欲令瑞山兒童學習，又感覺兒童的智識及音域均不夠，且黄河隔遠，亦多不領學；乃摘其中六首，減唱二重，易以適合嘉陵江的詞（仍留很多原詞），飾以對話及舞蹈；兼以敝校爲財力人力所限，化裝佈景，處處皆發生問題，於是就可能範圍内，草成此編，削脚就履，未免貽笑。

2.嘉陵江三支流沙水，爲特有災害，每次暴發，沿江不識犧牲若干生命財產；但很少記載，亦鮮歌詠，兹特提及，以廣宣傳，藉資防範。

3.個人不諳音樂，不識戲劇，不習詩歌，何敢妄弄筆墨；兹以興之所至，率爾操觚，自知乖音錯節，謬誤重重，倘希閱者隨時斧正，不勝感激之至！

4.此歌舞劇適合於嘉陵江沿岸（或其他）兒童表演，若有採擇試演者，無任歡迎！惟表情舞蹈，要在神而化之，不拘一式，所謂運用之妙，存乎一心足矣，希導演者諒之！

5.此劇承刁乾利黄素娟二先生導演，曾在合川及北碚上演。

中華民國廿九年十月六日　　力聯寫於合川瑞山小學

別嘉陵江

冼星海原曲
陳方聯塡詞

佈景：嘉陵江畔原野，有水、有岸、有森林、遠屋、遠船。

人物：男孩（或女孩）六人——工廠學徒，本地人

男中音一人——稍子

女孩四（或六）人——山西流亡失伴者。

時間：二十九年夏季。

開幕：學徒六人，因下工休息，在江邊表情歌舞唱

（慢痛苦呻吟）　嘉陵謠　D 2/4（齊唱）

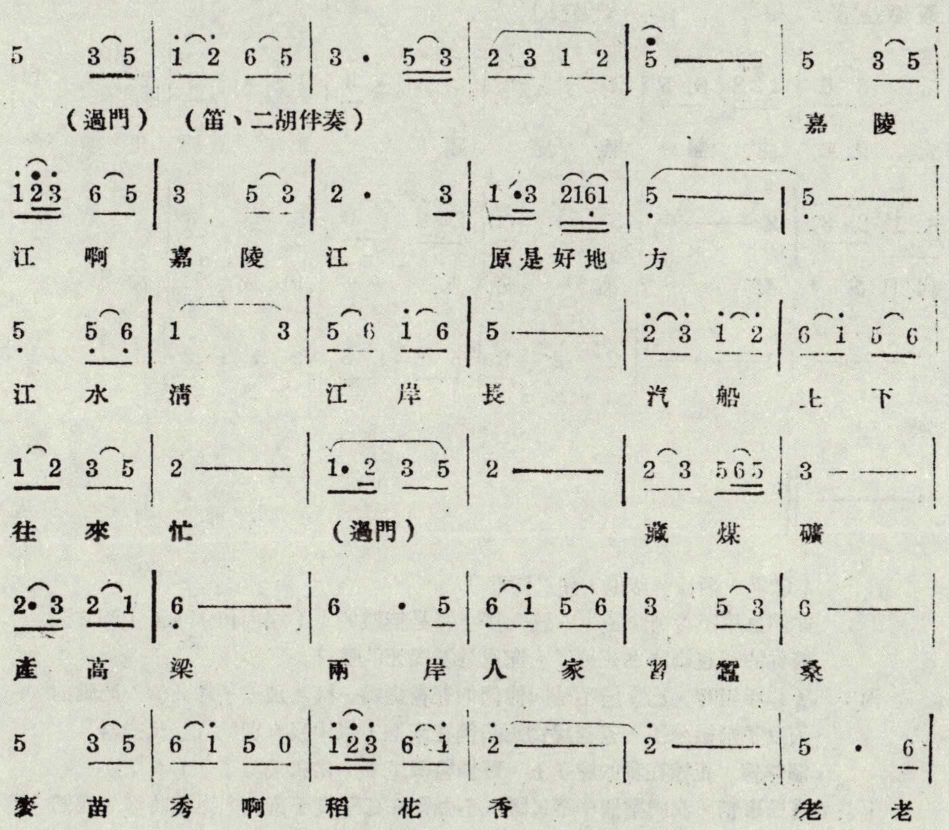
（過門）（笛、二胡伴奏）
嘉陵
江啊嘉陵江原是好地方
江水清江岸長汽船上下
往來忙（過門）藏煤礦
產高粱兩岸人家習蠶桑
麥苗秀啊稻花香老老

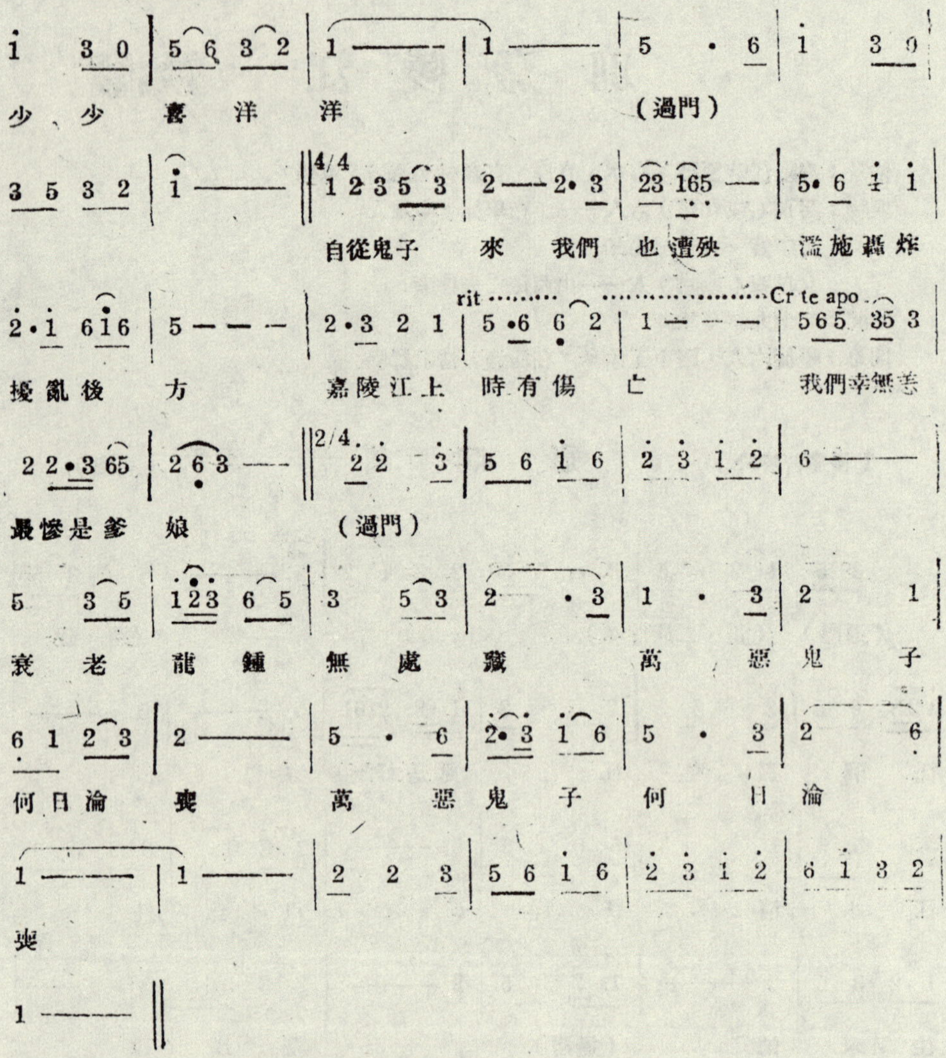
少、少 喜 洋 洋
(過門)
自從鬼子 來 我們 也遭殃 濫施轟炸
rit
Cr te apo
擾亂後 方 嘉陵江上 時有傷 亡 我們幸無恙
最慘是爹 娘
(過門)
衰 老 龍 鍾 無 處 藏 萬 惡 鬼 子
何日淪 喪 萬 惡 鬼 子 何 日 淪
喪

（歌畢，丙感慨悲傷，甲乙同悲）

丁：　你們也用不着傷悲了！人已死了，哭是無益的！（視丙白）王五！剛才聽着你的爸爸媽媽也死掉了，究竟是怎樣死的哦?!

丙：　（以手指甲、乙）還不是同他們的爸爸媽媽一樣，被鬼子炸死的：聽說前天鬼子飛機來了，爸爸媽媽正病倒在床上，家中沒有別的人扶出躲避個炸彈，正掉在我的屋子上，可憐整個屋子，化成飛灰了？（又悲）

丁：　這種事情，我們整個中華民國，不知冤枉死了幾千萬人？這個時候，我們似乎應該大家聯絡起來，替死者報仇雪恨才是呀!?也用不著哭了！

甲：　我想我們整個的國土，無一處不被鬼子飛機蹂躪到了的，卽是無一處是安靜的地方，爸爸媽媽！道已死去了，我們萬一有天沒有跑贏，也會同爸爸媽媽一樣寃枉死的！——我們也應該打個主意才好哪!?

乙：　不錯！不錯！這個時候，我想最好是到前綫去，等着機會，殺他幾個鬼子，就死了也還値得，若在後方白白的等死，未免太不値了！還怎樣能夠替爸爸媽媽報仇喲?!

丙：　這話很對！我們到前綫去，就說人小，不能參加作戰，總能幫助前綫士兵做些打鬼子的工作，爸爸媽媽在九泉下也要安慰些呀！

戊：　好的！但是我們要到前線去，也不是一個容易的事呀！我們怎樣去法？請大家坐下商量個具體辦法，好不好嘛？

衆：　好！坐下！坐下！（同坐下）（流亡女童，自小至大慢上唱）

流亡二部曲　A 4/4（二胡伴奏）

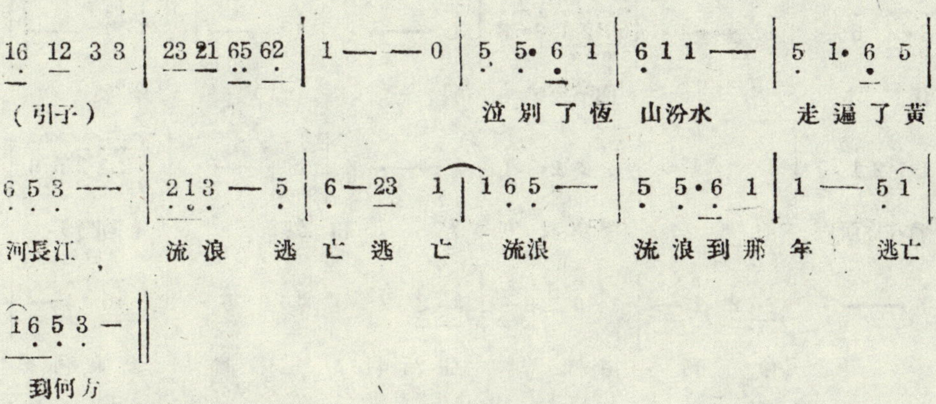

女丁：姐姐！風大得很呀！

女丙：妹妹！我們歇一會兒走就好哪！

女乙：姐姐我也走不動哪！

女甲：妹妹！你要想着爸爸媽媽被炸死那種傷慘情形，假如不走呀！這江邊是沒有遮蔽的地方，可以躲藏的，鬼子的飛機來了你怕不怕呀?!

女乙：我怕！我怕！我們要走到那兒去才沒有鬼子的飛機嘞？

女丁：我們動身的時候，姐姐呀！你不是說過四川有巫山雲霧，鬼子飛機不會來倘麼?!我們才費了千辛萬苦，走到這裏來，那曉得還是天天跑警報，躲飛機，比我們在家裏還要危險些！今後我們應該走到那兒去才好哦?!

甲：　（熟提攢眉）這怎樣知道哦?!（表情舞齊唱）（學徒漸起副作表情）

嘉陵怨 A 3/4

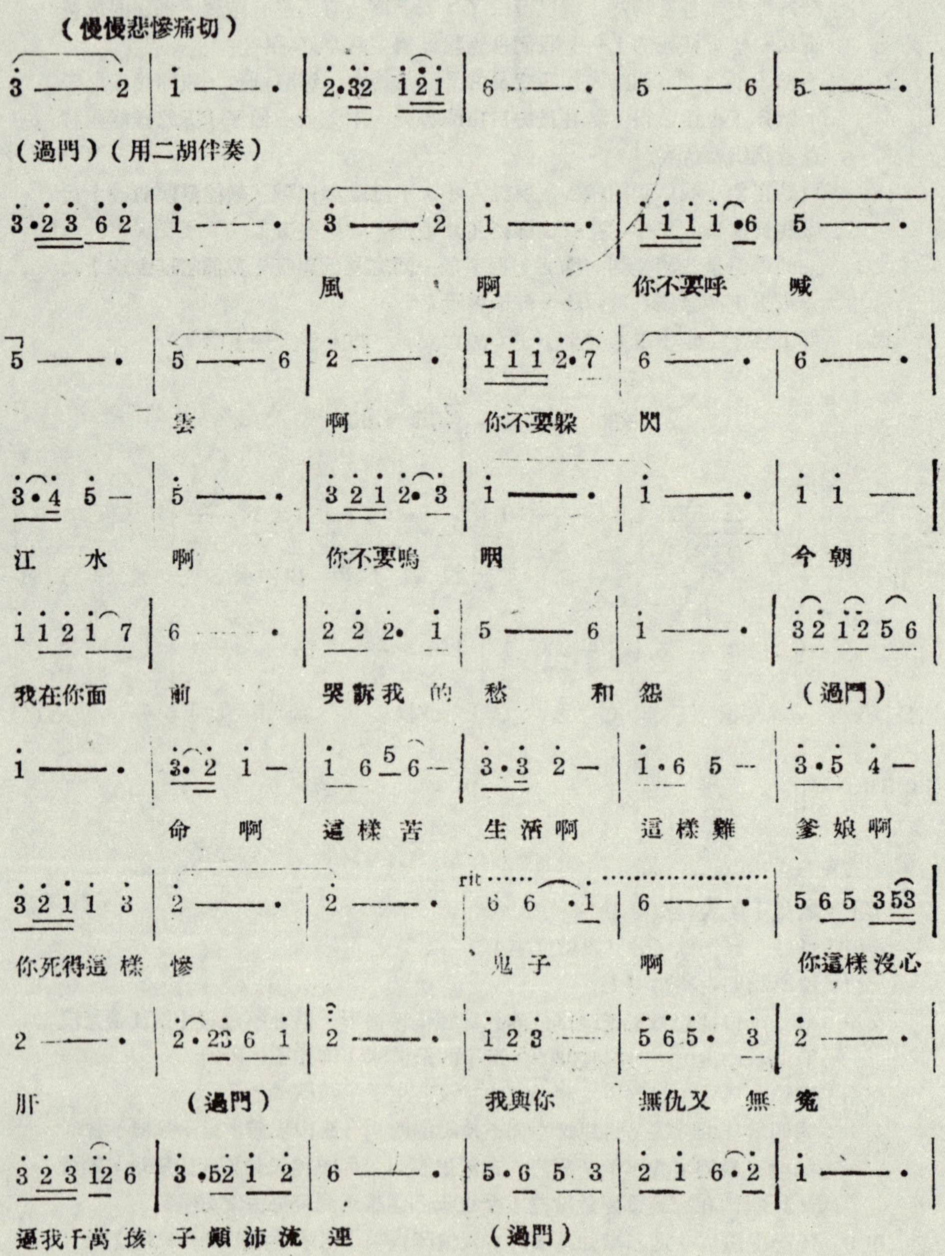
(慢慢悲慘痛切)
(過門)(用二胡伴奏)
風 啊 你不要呼 喊
雲 啊 你不要躲 閃
江 水 啊 你不要嗚 咽 今朝
我在你面 前 哭訴我的愁 和 怨 (過門)
命 啊 這樣苦 生活啊 這樣難 爹娘啊
你死得這樣 慘 鬼子 啊 你這樣沒心
肝 (過門) 我與你 無仇又 無冤
逼我千萬孩 子顛沛流 連 (過門)
rit

87 刊月倍北 (號九第卷三第)
警報啊 隨時在叫 喚 敵機啊 隨時在亂
竄 鄉村城市 啊 隨時被摧
殘 只說 流亡到此得 安 全
Cresc
又誰知 到處危險皆 一 般 (過門)
爹娘啊 隔九泉 哥嫂啊 散天邊 知道否 你 的
寶寶 這般的爲 難 而 今 只好隨江濤 湧到東京
灣 要上前去把 這筆血債 清 還
(過門)
(學徒齊上前，表情舞合問——流亡女孩表情舞合答)
(快・帶鄉土風格) 嘉陵對口曲 D2/4
(三絃)

0 　　0 ｜ 5·4 5 0 ｜ 5 5 1 0 ｜ i·i 6 5 ｜ 4 5̂4 1 0 ｜ i·i 5 6 5 ｜

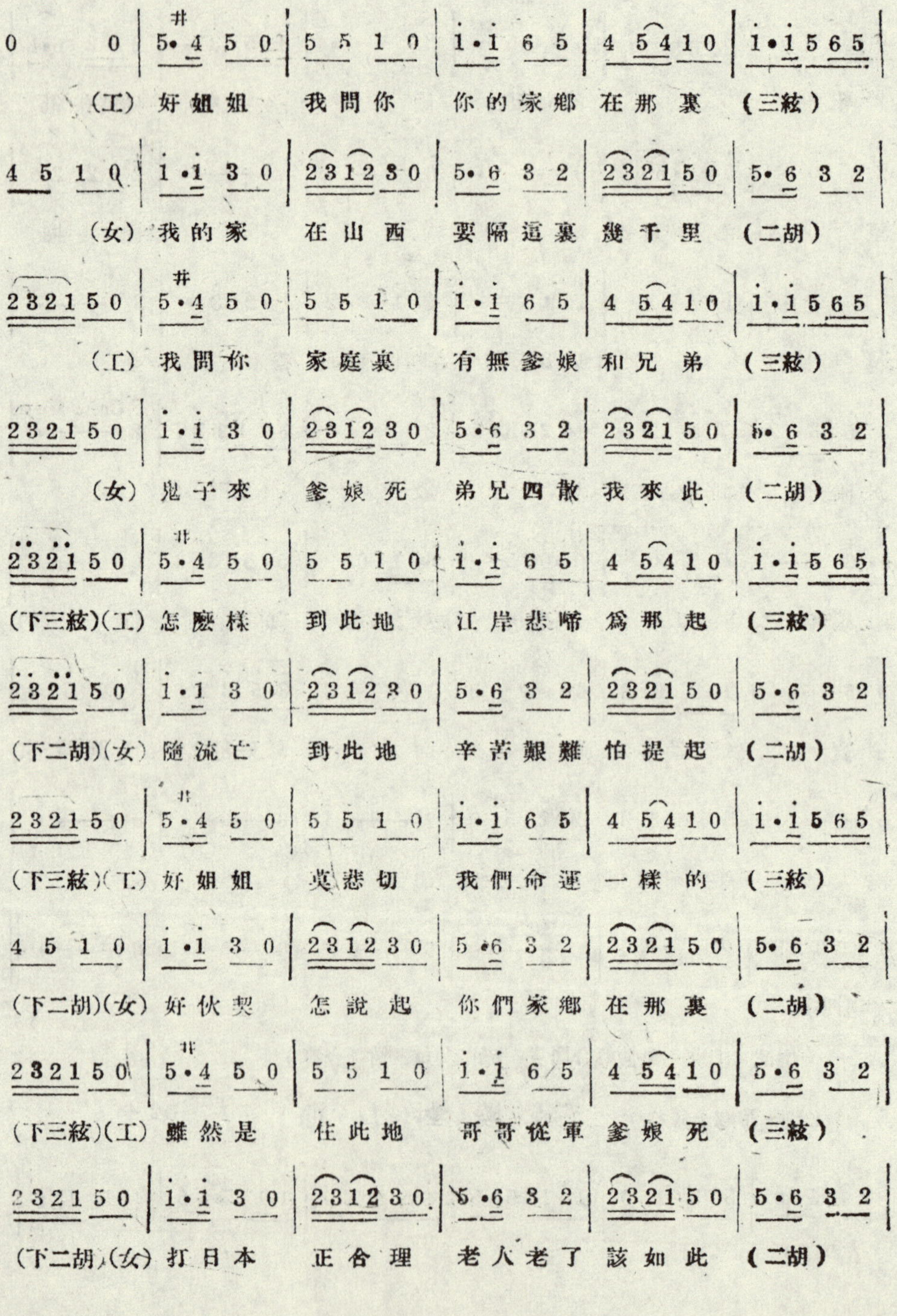

（工）好姐姐　　我問你　　你的家鄉　在那裏　（三絃）

4 5 1 0 ｜ i·i 3 0 ｜ 2 3 1 2 3 0 ｜ 5·6 3 2 ｜ 2 3 2 1 5 0 ｜ 5·6 3 2 ｜

（女）我的家　　在山西　要隔逗裏　幾千里　（二胡）

2 3 2 1 5 0 ｜ 5·4 5 0 ｜ 5 5 1 0 ｜ i·i 6 5 ｜ 4 5̂4 1 0 ｜ i·i 5 6 5 ｜

（工）我問你　　家庭裏　　有無爹娘　和兄弟　（三絃）

2 3 2 1 5 0 ｜ i·i 3 0 ｜ 2 3 1 2 3 0 ｜ 5·6 3 2 ｜ 2 3 2 1 5 0 ｜ 5·6 3 2 ｜

（女）鬼子來　　爹娘死　弟兄四散　我來此　（二胡）

2 3 2 1 5 0 ｜ 5·4 5 0 ｜ 5 5 1 0 ｜ i·i 6 5 ｜ 4 5̂4 1 0 ｜ i·i 5 6 5 ｜

（下三絃）（工）怎麼樣　到此地　　江岸悲啼　爲那起　（三絃）

2 3 2 1 5 0 ｜ i·i 3 0 ｜ 2 3 1 2 3 0 ｜ 5·6 3 2 ｜ 2 3 2 1 5 0 ｜ 5·6 3 2 ｜

（下二胡）（女）隨流亡　到此地　辛苦艱難　怕提起　（二胡）

2 3 2 1 5 0 ｜ 5·4 5 0 ｜ 5 5 1 0 ｜ i·i 6 5 ｜ 4 5̂4 1 0 ｜ i·i 5 6 5 ｜

（下三絃）（工）好姐姐　莫悲切　我們命運　一樣的　（三絃）

4 5 1 0 ｜ i·i 3 0 ｜ 2 3 1 2 3 0 ｜ 5·6 3 2 ｜ 2 3 2 1 5 0 ｜ 5·6 3 2 ｜

（下二胡）（女）好伙契　怎說起　你們家鄉　在那裏　（二胡）

2 3 2 1 5 0 ｜ 5·4 5 0 ｜ 5 5 1 0 ｜ i·i 6 5 ｜ 4 5̂4 1 0 ｜ 5·6 3 2 ｜

（下三絃）（工）雖然是　住此地　　哥哥從軍　爹娘死　（三絃）

2 3 2 1 5 0 ｜ i·i 3 0 ｜ 2 3 1 2 3 0 ｜ 5·6 3 2 ｜ 2 3 2 1 5 0 ｜ 5·6 3 2 ｜

（下二胡）（女）打日本　正合理　老人老了　該如此　（二胡）

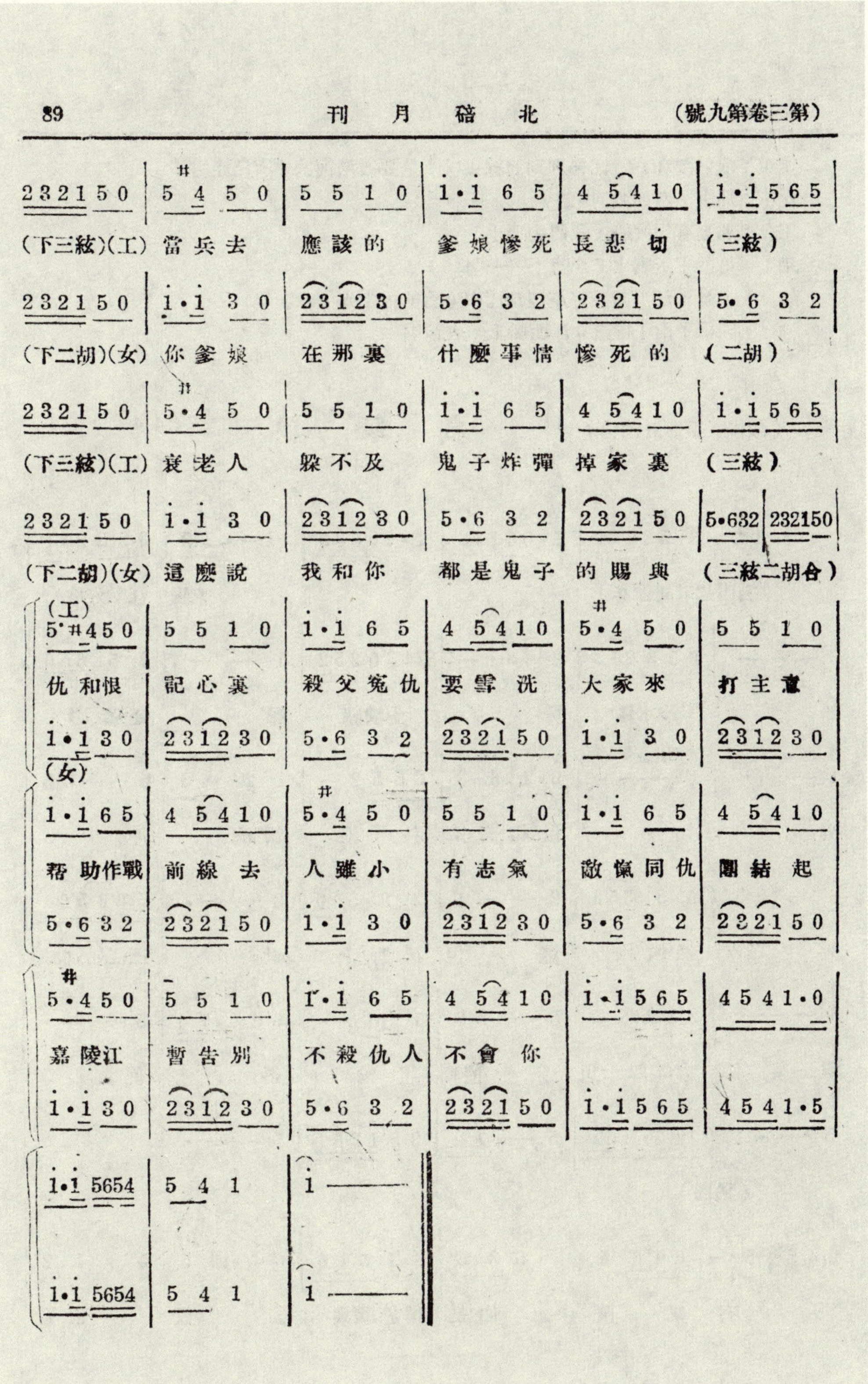

2 3 2 1 5 0 | #5 4 5 0 | 5 5 1 0 | 1·1 6 5 | 4 5 4 1 0 | 1·1 5 6 5
（下三絃）（工）當兵去　應該的　爹娘慘死　長悲切　（三絃）

2 3 2 1 5 0 | 1·1 3 0 | 2 3 1 2 3 0 | 5·6 3 2 | 2 3 2 1 5 0 | 5·6 3 2
（下二胡）（女）你爹娘　在那裏　什麼事情　慘死的　（二胡）

2 3 2 1 5 0 | 5·4 5 0 | 5 5 1 0 | 1·1 6 5 | 4 5 4 1 0 | 1·1 5 6 5
（下三絃）（工）衰老人　躲不及　鬼子炸彈　掉家裏　（三絃）

2 3 2 1 5 0 | 1·1 3 0 | 2 3 1 2 3 0 | 5·6 3 2 | 2 3 2 1 5 0 | 5·632 232150
（下二胡）（女）這麼說　我和你　都是鬼子　的賜與　（三絃二胡合）

（工）
5·#4 5 0 | 5 5 1 0 | 1·1 6 5 | 4 5 4 1 0 | 5·4 5 0 | 5 5 1 0
仇和恨　記心裏　殺父寃仇　要雪洗　大家來　打主意
1·1 3 0 | 2 3 1 2 3 0 | 5·6 3 2 | 2 3 2 1 5 0 | 1·1 3 0 | 2 3 1 2 3 0

（女）
1·1 6 5 | 4 5 4 1 0 | 5·4 5 0 | 5 5 1 0 | 1·1 6 5 | 4 5 4 1 0
幫助作戰　前線去　人雖小　有志氣　敵愾同仇　團結起
5·6 3 2 | 2 3 2 1 5 0 | 1·1 3 0 | 2 3 1 2 3 0 | 5·6 3 2 | 2 2 2 1 5 0

#5·4 5 0 | 5 5 1 0 | 1·1 6 5 | 4 5 4 1 0 | 1·1 5 6 5 | 4 5 4 1·0
嘉陵江　暫告別　不殺仇人　不會　你
1·1 3 0 | 2 3 1 2 3 0 | 5·6 3 2 | 2 3 2 1 5 0 | 1·1 5 6 5 | 4 5 4 1·5

1·1 5654 | 5 4 1 | 1 ——

1·1 5654 | 5 4 1 | 1 ——

工甲：我們要和嘉陵江告別到前線去呀！是要渡過河去才有路走哪！

女甲：那末，我們渡河吧！

工合：那裏有隻渡船，我們去嗎！

衆：　好的！走嗎！（全體下——閉幕）

換景：江岸叢生野草遮却江中（台的內半邊）水和船

開幕：稍子持槳立江面船上，表情唱

（頗慢，帶悲壯纏綿）　**嘉陵頌**　C4/4

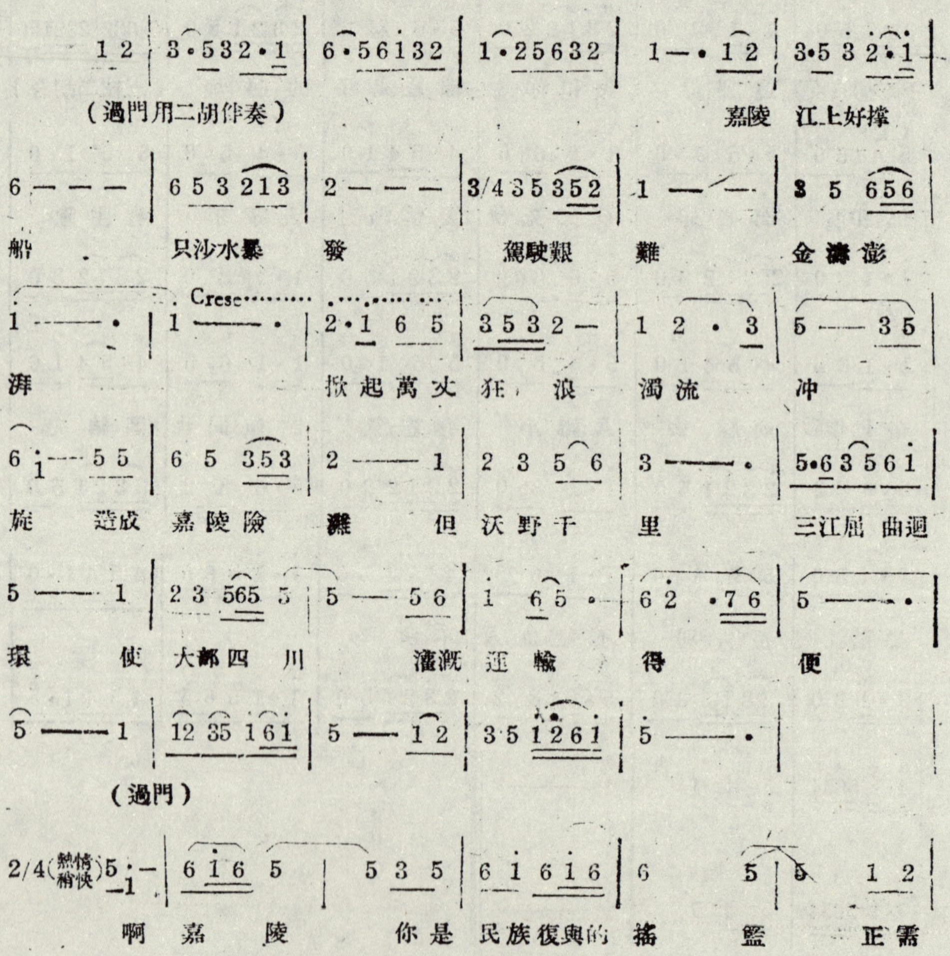
（過門用二胡伴奏）
嘉陵　江上好撐
船　只沙水暴　發　駕駛艱　難　金濤澎
湃　Cresc　掀起萬丈　狂　浪　濁流　冲
旋　造成　嘉陵險　灘　但　沃野千　里　三江屈　曲迴
環　使　大部四　川　灌溉　運　輸　得　便
（過門）
2/4（熱情稍快）
啊　嘉　陵　你是　民族復興的　搖　籃　正需

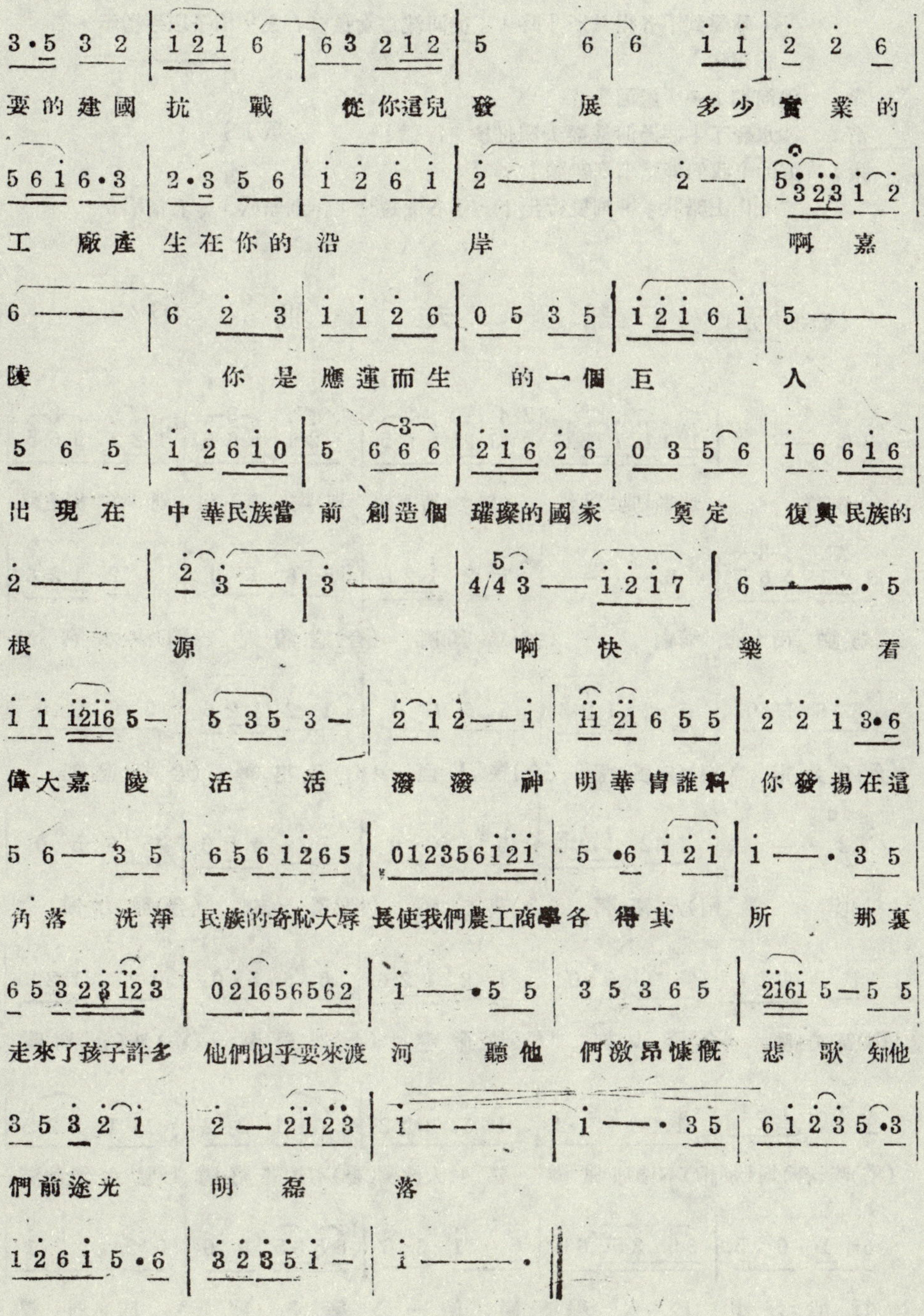

要 的 建 國 抗 戰 從 你 這兒 發 　展　多 少 實 業 的

5 6 i 6·3 | 2·3 5 6 | i 2 6 i | 2 —　　| 2 — | 5 3 2 3 i 2
工 廠 產 生 在 你 的 沿 岸 　　　　　啊 嘉

6 —　| 6 2 3 i i 2 6 | 0 5 3 5 | i 2 i 6 i | 5
陵　　　你 是 應 運 而 生 　的 一 個 巨 　人

5 6 5 | i 2 6 i 0 | 5 6 6 6 | 2 i 6 2 6 | 0 3 5 6 | i 6 6 i 6
出 現 在 中 華 民 族 當 前 創 造 個 璀 璨 的 國 家 　奠 定 復 興 民 族 的

2 —　| 2 3 | 3 — | 4/4 3 — i 2 i 7 | 6 —　· 5
根 源 　　　　啊 快 　樂 看

i i i 2 i 6 5 — | 5 3 5 3 — | 2 i 2 — i | i i 2 i 6 5 5 | 2 2 i 3·6
偉 大 嘉 陵 活 　活 潑 潑 神 明 華 胄 誰 料 你 發 揚 在 這

5 6 — 3 5 | 6 5 6 i 2 6 5 | 0 1 2 3 5 6 i 2 i | 5 ·6 i 2 i | i — · 3 5
角 落 洗 淨 民 族 的 奇 恥 大 辱 要 使 我 們 農 工 商 學 各 得 其 所 那 裏

6 5 3 2 3 i 2 3 | 0 2 i 6 5 6 5 6 2 | i — ·5 5 | 3 5 3 6 5 | 2 i 6 i 5 — 5 5
走 來 了 孩 子 許 多 他 們 似 乎 要 來 渡 河 聽 他 們 激 昂 慷 慨 悲 歌 知 他

3 5 3 2 i | 2 — 2 i 2 3 | i — | i · 3 5 | 6 i 2 3 5 ·3
們 前 途 光 明 磊 落

i 2 6 i 5 ·6 | 3 2 3 5 i — | i —

（歌聲到「各得其所」時，工徒同流亡女孩自右上，稍子以手指示，唱後四句）

衆：　過河喲！……過河！

梢：　沙水發了！要過河是要大家推橈才行嘞！　　狀））

衆：　好的！我們夥兒來划船罷！

（作上船狀，排列雙行坐下，手各持短槳，作划船狀）（表情唱）

（緊張有力）　船夫曲　D3/4

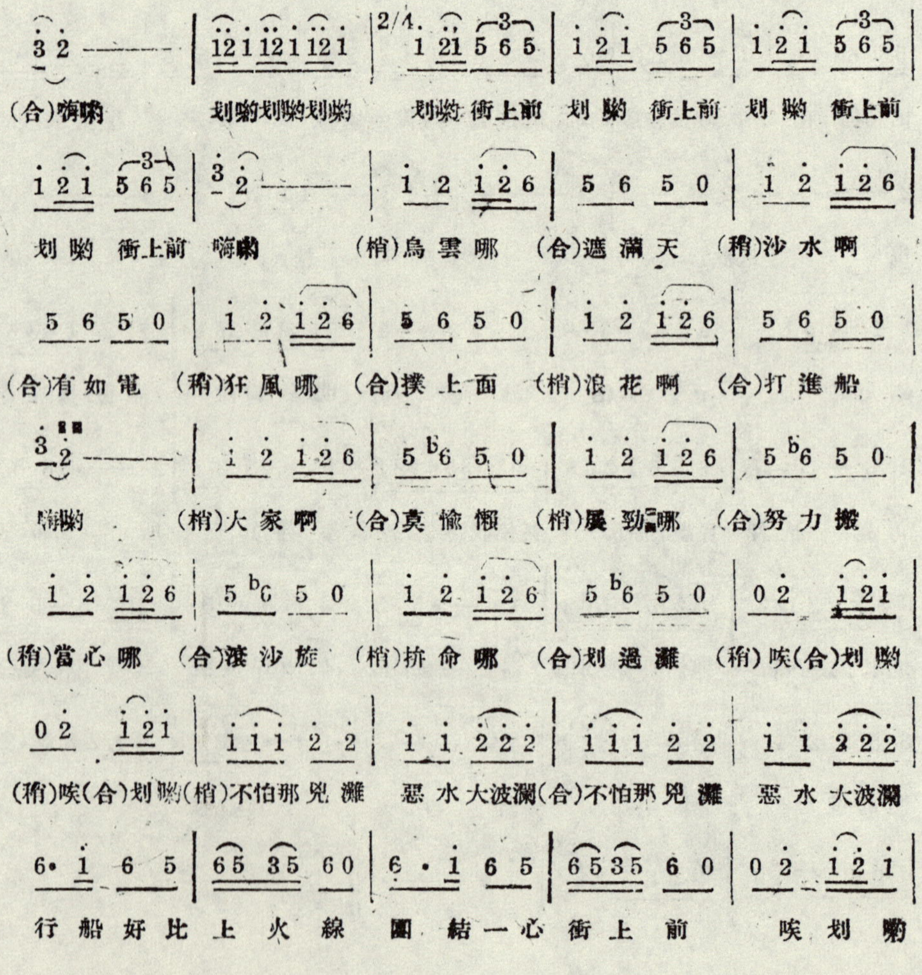

(合)嗨喲　划喲划喲划喲　划喲衝上前　划喲　衝上前　划喲　衝上前
划喲　衝上前　嗨喲　(梢)烏雲哪　(合)遮滿天　(稍)沙水啊
(合)有如電　(稍)狂風哪　(合)撲上面　(梢)浪花啊　(合)打進船
嗨喲　(梢)大家啊　(合)莫偸懶　(梢)展勁哪　(合)努力搬
(稍)當心哪　(合)滾沙旋　(梢)拚命哪　(合)划過灘　(稍)咲(合)划喲
(稍)咲(合)划喲(梢)不怕那兒灘　惡水大波瀾(合)不怕那兒灘　惡水大波瀾
行船好比上火線　團結一心衝上前　咲划喲

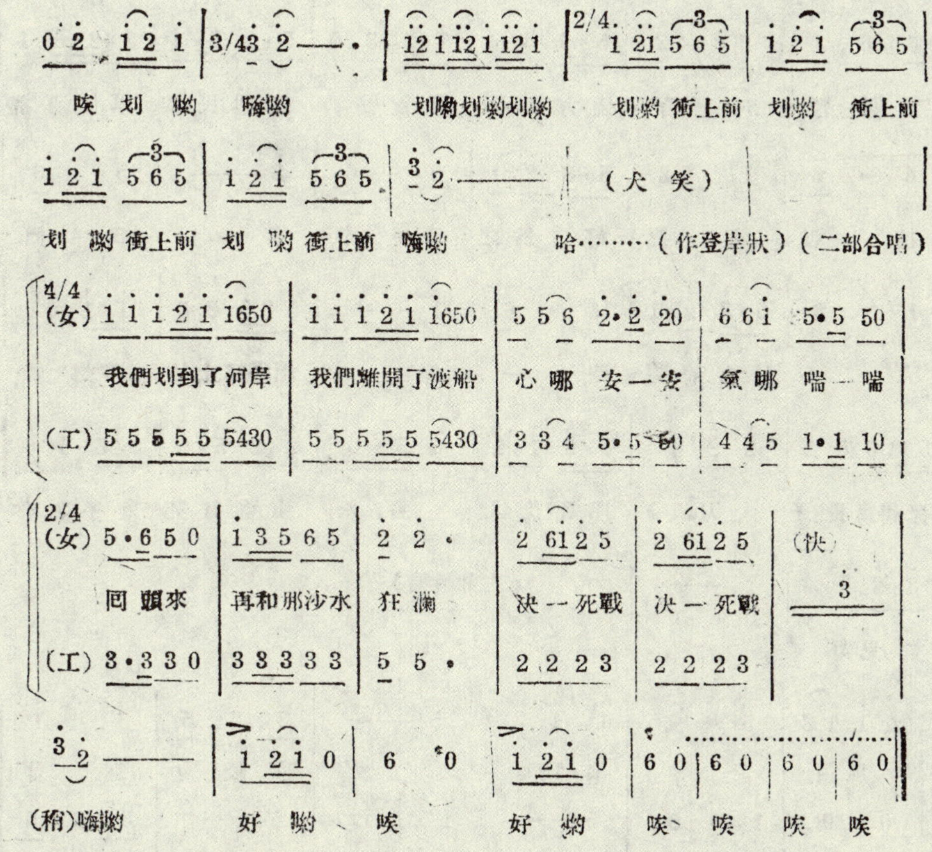
唉 划 喲 嗨喲 划喲划喲划喲 划喲 衝上前 划喲 衝上前
划 喲 衝上前 划 喲 衝上前 嗨喲 （大 笑） 哈………（作登岸狀）（二部合唱）
（女）我們划到了河岸 我們離開了渡船 心哪 安一安 氣哪 喘一喘
（工）
（女）回 頭來 再和那沙水 狂 瀾 決一死戰 決一死戰 （快）
（工）
（稍）嗨喲 好 喲 唉 好 喲 唉 唉 唉 唉

（稍子唱尾聲時，衆人排列向稍子，稍子便舉槳致送）

稍：祝各位小朋友前途勝利！

衆：謝謝你！

衆：（各行童軍舉手禮答謝，禮畢後向後轉跳舞唱）

（稍快有力） **別嘉陵江** C2/4（齊唱）

風蕭 — 蕭 浪淘 淘 嘉陵江 別 了

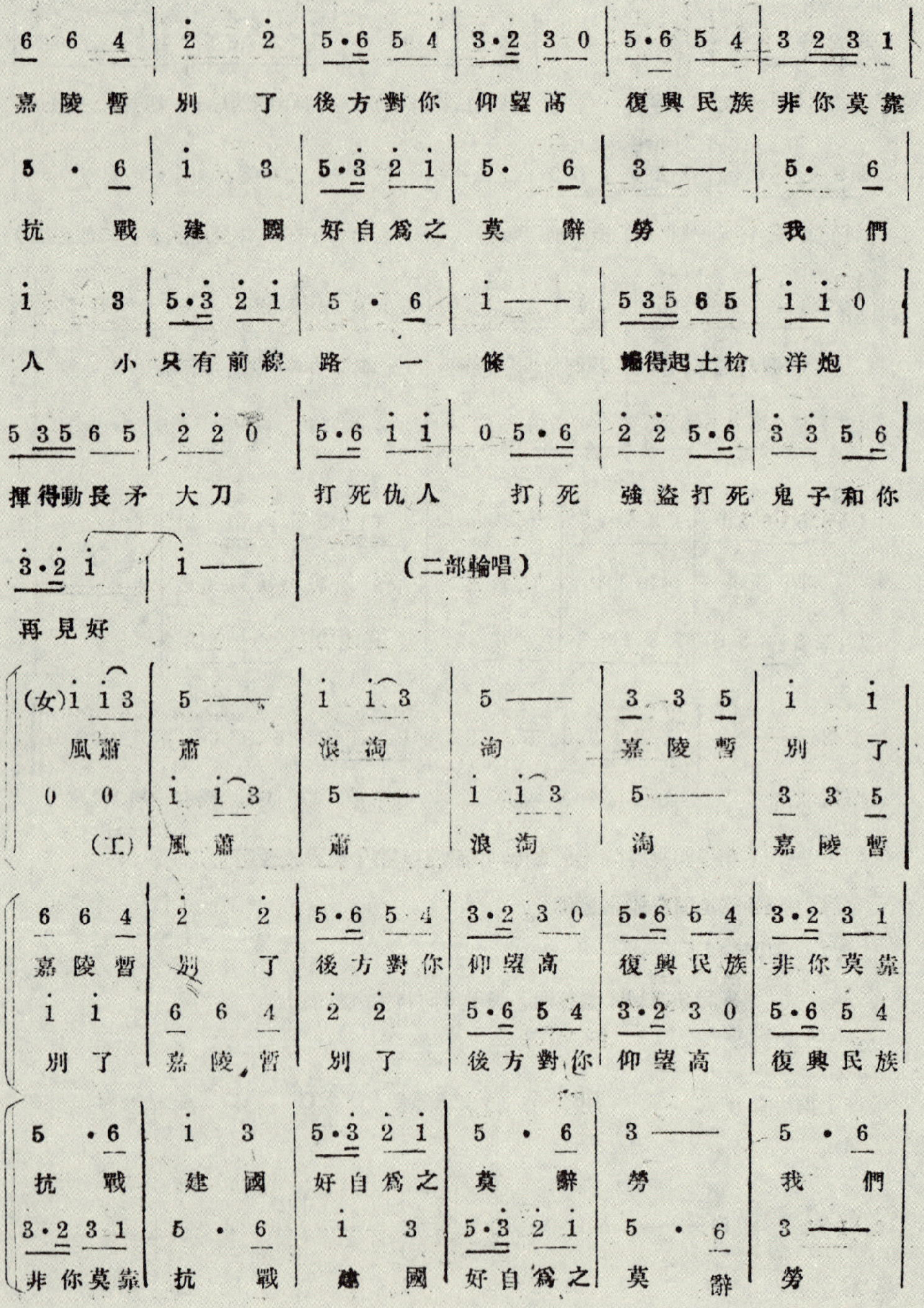

6　6　4 ｜ 2̇　2 ｜ 5·6　5　4 ｜ 3·2　3　0 ｜ 5·6　5　4 ｜ 3　2　3　1

嘉　陵　暫　別　了　後方對你　仰望高　復興民族　非你莫靠

5·6 ｜ 1　3 ｜ 5·3　2　1 ｜ 5·6 ｜ 3　— ｜ 5·6

抗　戰　建　國　好自為之　莫　辭　勞　我　們

1　3 ｜ 5·3　2　1 ｜ 5·6 ｜ 1　— ｜ 5　3　5　6　5 ｜ 1　1　0

人　小　只有前線　路　一　條　擔得起土槍　洋炮

5　3　5　6　5 ｜ 2̇　2　0 ｜ 5·6　1　1 ｜ 0　5·6 ｜ 2̇　2　5·6 ｜ 3　3　5　6

揮得動長矛　大刀　打死仇人　打死　強盜打死　鬼子和你

3·2　1 ｜ 1　— ｜　　　　（二部輪唱）

再　見　好

（女）1　1　3 ｜ 5　— ｜ 1　1　3 ｜ 5　— ｜ 3　3　5 ｜ 1　　1

風　蕭　蕭　浪　淘　淘　嘉　陵　暫　別　了

（工）0　0 ｜ 1　1　3 ｜ 5　— ｜ 1　1　3 ｜ 5　— ｜ 3　3　5

風　蕭　蕭　浪　淘　淘　嘉　陵　暫

6　6　4 ｜ 2　　2 ｜ 5·6　5　4 ｜ 3·2　3　0 ｜ 5·6　5　4 ｜ 3·2　3　1

嘉　陵　暫　別　了　後方對你　仰望高　復興民族　非你莫靠

i　i ｜ 6　6　4 ｜ 2　2 ｜ 5·6　5　4 ｜ 3·2　3　0 ｜ 5·6　5　4

別　了　嘉　陵　暫　別　了　後方對你　仰望高　復興民族

5·6 ｜ 1　3 ｜ 5·3　2　1 ｜ 5·6 ｜ 3　— ｜ 5·6

抗　戰　建　國　好自為之　莫　辭　勞　我　們

3·2　3　1 ｜ 5·6 ｜ 1　3 ｜ 5·3　2　1 ｜ 5·6 ｜ 3　—

非你莫靠　抗　戰　建　國　好自為之　莫　辭　勞

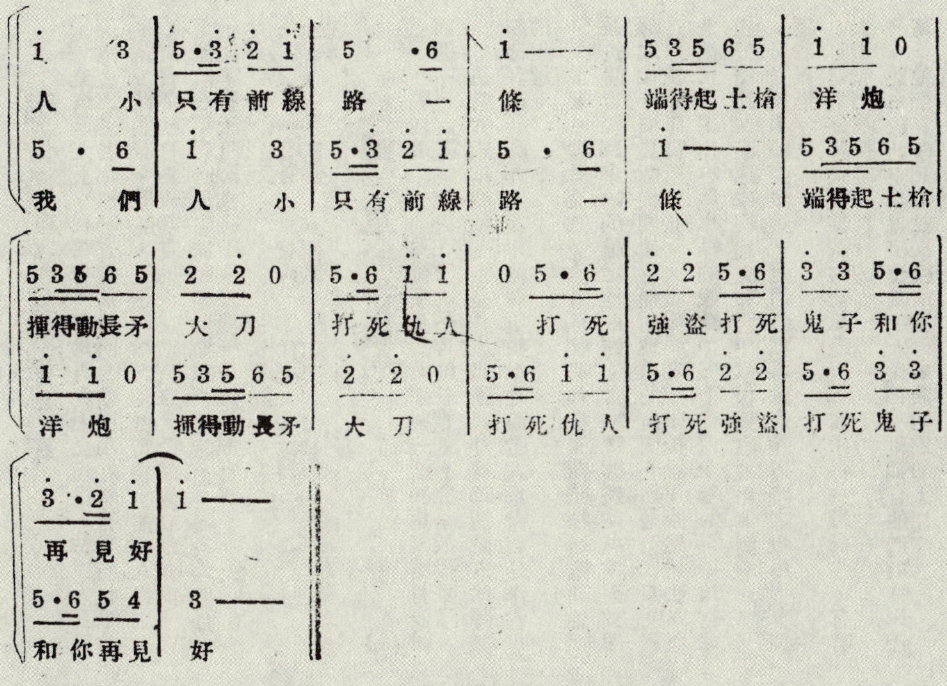
人 小 只有前線 路 一 條 端得起土槍 洋 炮
我 們 人 小 只有前線 路 一 條 端得起土槍
揮得動長矛 大 刀 打死仇人 打 死 強盜 打死 鬼子 和你
洋 炮 揮得動長矛 大 刀 打死仇人 打死強盜 打死鬼子
再見好
和你再見 好

科學發明介紹

煤炭氣燈試驗成功

二百支燭光每晚燃料費僅三角燃燈　手續簡單與電燈同樣方便

湘人徐傳眞君，研究七年所發明之煤炭汽燈，近已試驗成功，經于本月七日晚在衡陽社會服務處當衆試驗，成績異常美滿，該燈構造，係分發汽爐、冷凝器、通汽管、燈，四部。燃料係用百分之六十六的煤炭或木炭，百分之三十三的茶枯或茶子殼或木屑穀糠，攙合燃燒，上項原料，我國各處都產，據實驗結果，二百支光之煤炭汽燈，所發光度，超過普通煤油汽燈，每晚燃六七小時，所費燃料價僅三角，而同時間內，普通煤汽燈所耗燃料，價在二十元以上，相差七倍有奇。該燈之最大特色，即燈泡光度，由五十支光至二百支光不等。可以任意安置，且一通汽管可安燈數盞，與電燈同樣方便，所耗燃料，亦爲光度大小而比例遞減，燃點前二十分鐘，將發汽爐內燃料燒着，燃時點火即可發光，手續異常簡便，該燈發明人徐君，既經衡陽大剛報之協助，已正式設廠製造，開始預約，定價每盞連汽爐、冷凝器、通汽管、燈，合計壹百元，每加一燈，三十五元，七日晚在衡陽試驗時，當場即由各機關預約三十餘盞。

發明木材製糖

德國伯爾加博士

德國伯爾加博士，曾獲得諾貝爾獎金，發明用木材製糖，即鋸屑木塊，均可用爲原料，製成的糖質，與用萊菔甘蔗所製成的糖質相同。早已成立工廠，大量製造。

福特發明大豆製造汽車

美汽車大王亨利福特，前爲研究大豆用途，特種大豆數千畝，與著名化學師查爾斯羅明合作，現在所有福特汽車的車箱、開關器、盤舵、號角均爲大豆所製成。並有人推測，或許會將他已經成功加的大豆造汽車，改爲大豆造飛機。因而深信他從前所說過驚動全世界的一句話：「經過六個月準備後，每天可製成一千架飛機」可以如期實現。

國際要聞

德國陸軍的新戰術

（國新社）「砲隊掩護步兵衝鋒」「給養車緊隨着步隊前進」，這些老法兒在德國納粹的新戰術裏完全被拋棄了。

這新式戰術的第一步是用大批重轟炸機羣對敵人的陣地施行狂烈的轟炸，並用機關槍瞄準地面敵人暴露部分作密集的射擊。

裝足小型炸彈與放火片的輕轟炸機羣繼續摧燬敵陣地，並掩護着裝跳傘隊的輸送機前進。當輸送機將跳傘隊全數傾落之後，機裏的機關槍再掃射地上的目標。這是第二步。

跳傘隊降落之後，大批戰車在空軍掩護下疾馳過去，這是第三步工作（戰車隊的組織：三十至六十噸的重型坦克車担任中路，高速率輕坦克和裝甲車担任右左兩側翼）

最後方輪到步兵，他們繼戰車隊清除道路之後用卡車裝運着推進。

這就是新式攻擊戰的全部過程。其中每一段動作，都有大批戰鬥機掩護着進行的。」

跳傘隊的組織也很複雜，大致每一組都有他們的特殊任務。他們在步兵到達火綫前預先展開他們的工作：跳傘隊中有些衣襟上有五隻飛鳥作徽記的，執行着與地面的第五縱隊取得密切聯絡的任務。（第五縱隊，同時也是跳傘着陸時的保護者）襟上有四鳥徽的部隊，他們在敵人後方降落，襲擊敵人的背後。三鳥徽的跳傘隊着陸後立即攫奪敵人的汽油庫與給養站。佔領飛行場是襟上有二鳥徽的部隊所担負的責任。工兵跳傘隊的襟上祇有一隻飛鳥作徽記。他們的工作是折除障礙物，使步兵可以馳騁無阻。」第一批跳傘隊着陸之後，遣來二批輸送機，每機至少可投下三十至五十個傘兵，第二批傘兵降落之後，利用回頭的運送機將負傷將士裝到後方去。據某軍事觀察家說：「這種新式戰術，配備優良，動作敏捷，是要經過多年精密研究與訓練的。無怪乎某德國俘虜懷裏有一幅新德國地圖，圖裏有許多地方現在還沒有屬於德國的。由此亦可知德國人的自信力之強。（譯自紐約先驅論壇報）

德機夜襲英國

一夜投彈廿二萬枚

（國新社訊）英德空軍互襲，損失均甚慘重。據戈林本月十一日在德空軍總司令部演講稱，英國若干地點因受德機襲擊，生產已減少百分之六十至七十，全國總生產量亦已減少百分之四十或五十。德機於一夜中曾向英國投下炸彈二十三萬枚，其數量之巨，誠足驚人。戈林又謂德國去年生產煤五萬萬噸，鐵與煤池生產亦有增加云。

敵國人民營養不足

患結核病者百五十萬

（國新社東京特訊）敵人民因營養不足，患結核病死亡者日見增加，據統計最近一年患結核病之人數，至少在一百五十萬名以上，死亡者逾十五萬人，平均每百人中有二人患結核病。據東京朝日新聞估計，每人每日之醫藥費爲一圓半，事業損失爲一圓，家庭損失半圓，則全日本一年間之總損失，達十五億圓，此款可造戰鬥艦十五艘，若用以開鑿朝鮮海峽隧道，尚有餘款云。

本刊徵稿條例

一、本刊以反映三峽實驗區建設事業之進展情況，交換鄉建實施經驗，改進農業及生產技術爲主旨，歡迎投稿，其範圍如下：

1.峽區各建設事業進展概况。

2.峽區各項建設工作中的困難與克服困難的經驗。

3.全國各地鄉建消息及實施經驗談。

4.鄉村建設之理論著述。

5.世界各國建設故事。

6.生產技術改良實例。

7.科學發明故事。

8.自學成功者的學習經驗。

9.有關抗戰建國的名人講演。

10中國新興工業的介紹。

二、來稿須繕寫清楚，幷加新式標點，標點佔一格。

三、譯稿請附寄原文或註明出處。

四、來稿本刊有修改權。

五、稿末請註明作者通信處，以便通信。

六、來稿請寄北碚實驗區署北碚月刊社收

北碚月刊 第三卷 第九期

民國三十年五月一日出版

編輯者 嘉陵江三峽鄉村建設實驗區署月刊室

發行者 嘉陵江三峽鄉村建設實驗區署 四川北碚

代售處 北碚重慶各大書店

印刷者 京華印書館 北碚天生橋

每期實價伍角

全年十二冊陸元

北碚三峽實驗區

民族復興節紀念國民兵點閱大會↓

↓槓香山橋

←瑞山小學舞蹈表演

←國立重慶師範手巾舞

←國立體專某女士練拳

←國民兵跪下操練

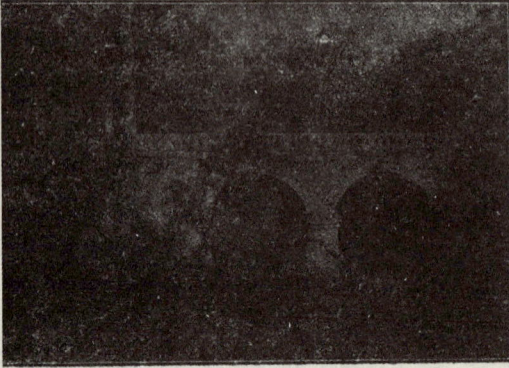

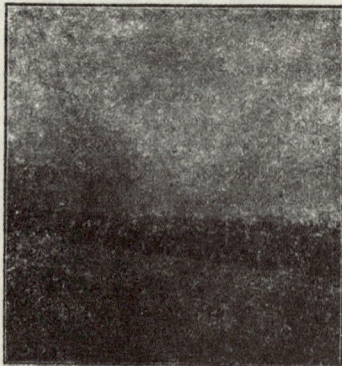

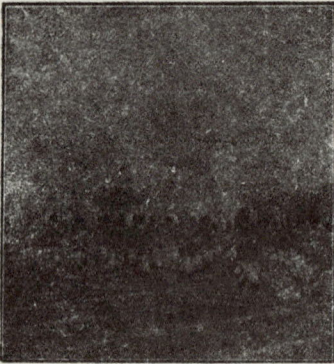

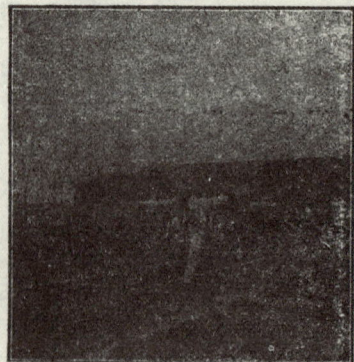

第三卷
第十期

北碚

林森

民國三十年
十月卅出版

北碚月刊三卷十期目次

四川嘉陵江三峽鄉村建設實驗區署發行

本刊重要啓事

本刊自廿五年秋出版以來，已五載於茲，出書凡三卷九期，其間雖未能獲得預期之效果，然同人等皆力竭棉薄，自審於鄉建工作或不無影響，惟自抗戰軍興，本刊以紙料及印刷種種困難，出版常常衍期，致備多數閱者之關切質詢，茲爲答謝讀者鼓勵之雅意起見，本刊擬自本期始，亟力致法按期出版。敬希讀者鑒察爲荷

北碚月刊社謹啓

北碚水積病之防治

胡定安
洪式閭

水積病爲北碚地方病，起於何時，雖不可考，然一提及「水積病」三字而本地人民莫不盡知，由此可見此病歷史之久遠與流行之普遍矣。所謂水積病之主要症狀爲全身無力，呼吸困難，皮膚蒼白，下腿浮腫，罹病者以農工居多，一般醫生不明病源咸認爲難治之症實爲一種寄生虫病，（學名鈎虫病）病原既明，治療自易。最近由區署通告全區各住戶，凡自認有水積病者，向北碚衛生所登記，計得五百人，取其糞便檢查，均發見鈎虫卵，竟無一例外。於是斷定本地所謂水積病卽係鈎虫病，然其流行程度之劇烈，實可驚人。

何謂水積病？爲因鈎虫寄生於腸內而起之一種疾病。就鈎虫種類言在本區病人中檢驗者有二種，卽十二指腸鈎虫與美洲鈎虫。十二指腸鈎虫口內具有兩對鈎齒美洲鈎虫口內具有與鈎齒相當之齒板，此爲鈎虫定名之由來，其所發症狀，並無二致，卽其外形大小，在肉眼上亦驟難區別，同爲細小之白色線虫。寄生於小腸內，以其口部固着腸壁，吸收血液，患者因失血以致貧血。本來健康人一竓血液中應有五百萬左右之赤血球，因爲患鈎虫者，往往減少，此次五百病人中，有減至八十四萬者。本來血色素量應占百分之百，因爲鈎虫病往往降低，此次五百病人中有降低至百分之十八者。因爲貧血身體逐漸衰弱，以致面黃肌瘦，心跳，脚軟，腹痛腰酸，足腿浮腫。每到春耕時，症狀加劇，或隔一年發作，或年年發作，有繼續至四十餘年之久者，最後因體力不支，以致死亡。因此病爲慢性症，故不爲人所注意，其實每年死於此病者爲數極多。卽就北碚第八保第七甲唐興富家言，其父母上年均因水積病死亡，兄弟三人現亦在病中，已不能工作，姑舉一例，以證明此病之嚴重性。

水積病在未斷定其爲鈎虫病以前，本地人民已知其與水有密切關係。或謂因工作關係手足浸於田溝汚水中過久所致，或謂因勞働後入溪溝冷水中洗浴而起，雖不能指出病源，而於傳染之道路，實已思過半矣。蓋鈎虫產卵於腸內，隨糞便排出散在於汚水中，或因用糞肥料之故，落到田中孵化爲幼虫，鑽進皮膚，侵入血管，隨血液循環至肺，因咳嗽復循氣道出喉過咽，經食道與胃而入小腸，發育成虫，吸取血液以爲生。所以凡皮膚與水或爛泥接觸之機會愈多，則愈易感染。此次之五百名水積病人，就職業論：農夫占百分之六五、八，礦工占百分之一四、四，其他各項職業共占百分之一九、八。若就本區六鎮分配比率言：北碚鎮占百分之三〇、二，澄江鎮占百分之二三、二，黃桷鎮占百分之一二、四，文星鎮占百分之一六、〇，白廟鎮占百分之一〇、八，二岩鎮占百分之七、四。其流行程度之高低，與水田之多少有關係。凡水田多處，水積病人亦多，漸至山地，則漸減少，所以此次檢查結果，以北碚鎮病人爲最多。總之，水積病在本區確爲一種最嚴重之地方病，而且患者多爲生產工作決不可少之人；假定百人中有三十人罹病，就本區人口比例，當有二萬病人，而事實上恐尚不止此數；每人每年損失姑以六百元計，全部損失卽爲一百二十萬元，直接影響農邨經濟，間接減削國力，現在瘧原既經驗明，亟須設法防治，茲擬定實施步驟，并附具概算如次：

一、檢查工作　就本區所有居民分鎮逐保按戶實施普檢，以四個月爲期。組織檢查隊，須有檢查員二人，勤務工三人。

1.檢查員月薪每人二〇〇元二人合計四〇〇元

2.勤務工工資每人一〇〇元三人合計三〇〇元

3.玻璃片及藥品消耗費約計六〇〇元

每月合計一千三百元四個月共需五千二百元

二、治療工作　暫定一年，以治療一萬二千人爲標準。組織治療站，須有主治醫師一人醫師一人、司藥一人護士三人勤務工二人。

1.主治醫師一人月薪二四〇元

2.醫師一人月薪二〇〇元

3.司藥一人月薪一二〇元

4.護士每人月薪一二〇元三人合計三六〇元

5.勤務工二人每人工資一〇〇元二人合計二〇〇元

6.消耗費與辦公費共約一〇〇〇元

7.病人藥品伙食費每人以三〇元計月治一千人共計三〇〇〇〇元

每月共計五千一百二十元全年共需六萬一千四百四十元

三、預防工作　爲欲達撲滅水積病之目的，第一須防治並重，治療時期經過後，尤須注意平時預防工作。如改良廁所即衛生宣傳等等均極重要，同時亦須大量經費。擬暫以五萬元爲預防費用之標準。

上列三項工作費用，共需十一萬六千六百四十元，而治療期間恐非一年所能結束，如能籌足十五萬元，則防治工作可以順利推行矣。

北泉籌辦文化事業計劃

鄧少琴

嘉陵江溫泉公園位於縉雲山脈，橫渡嘉陵江流之斷港中，水木明瑟，迥絕川東，遊履時至，不自今始，縉雲山傳爲黃帝合藥之所，路史黃帝有子曰縉雲氏，或爲此得名之由，惟舊簡欲闕文獻，有難徵之嘆，嘉陵江乃巴子之故宇，濮族舊沿以入奠於斯土者，此則近世考古家所公認，幾爲定讞者也，經此斷山成峽，削石爲峯，至劉宋伽藍漸起，遺塑尚存，唐宋石刻猶多可考，宋周濂溪，曾講學經此，至元憲宗以親攻釣魚城不克，一世之雄，竟崩於今公園中，至是溫塘之名，乃是著於正史，舊剎大佛殿爲明代遺築，觀音殿成於清同治中，雖歲月不遠，然全宇以鉄瓦石柱構成，工程偉巨，在今日即百萬金，亦不能辦矣，民國十五年，峽防局長盧作孚先生，利其有溫泉，以籌辦公園事委之江津鄧少琴經營，十有五載，備歷艱辛，乃有今日，自抗戰幕啓，其地密邇陪都，行在冠蓋休沐時，至四方學者，亦咸以此爲其藏息休游之所，一歲之中，過客無慮數萬，顧園丁之旨，原不以此爲一遊覽區域，遂不負江山之勝，且擬恢宏其在歷史上及地理上之特徵，舉辦文化事業，使於川東文化上成一中心區域，則北泉一泓，所沾溉於斯世者，將益廣且大矣，茲謹條列擬辦事業全部計劃如左，當就物力所及，次第興辦，期以十年，藉以大成，今也雖不能至心嚮往之，敢貢愚悃，以乞督導於並世之明達焉。

一、北泉圖書館

該館除備普通書籍供一般需要外，更側重（1）四川人著述及有關四川之圖籍，（2）中醫藥書，（3）各教經典及相關圖籍之搜藏，俾為（1）巴蜀史地研究所（2）中藥研究所（3）中國宗教史研究所作一準備。並使外間學者研究對象，與此相同者，得來此參考此項圖書，於十五年前，即開始蒐集，現有者已達二萬餘卷之數，一年內當可開館，關於川劇劇本，及民謠歌謠亦將由館加以搜集，並擬附設四川古書流通處及四川叢書刊行處，四川古書流通處專收存四川木刻板片代刷流通處，並代經售新舊圖書，四川叢書刊行處。陸續刊行川人未刊著作，最近擬先整理張石親先生遺著付諸剞劂。

二、北泉博物館

該館之主旨，與北泉圖書館相同，以搜集及陳列（1）代表四川文明史之遺物，（2）四川各地之風物土產，（3）中藥之原料及成品，（4）各教法物及相關物品，此外於一般常識上之實物或模型，亦擬酌備為社教之助，現有古器物已達千件以上，一年內亦可開館，並擬附設動物園，植物園，淡水水族陳列部，碑亭金石古器流通處。動物園及植物園將利用黛湖沿岸各地，養植各種動植物，淡水水族陳列部設於黛湖中小島上，而以黛湖為一大魚池，碑亭將築以庇藏，龍多山唐碑及溫泉與其附近歷史有關之諸碑金石古器流通處，為一代辦性服務機構，並得製造古器物模型以備各地方博物館之採購。

三、北泉美術館

該館及北泉音樂館設立之主旨，在使來此休游之過客，得於美術及音樂上得一高尚之陶冶，且使北泉自然之美，與藝術之美，音樂之美得一深度之調諧，美術館分書法，國畫，西畫，圖案，刺繡，印刷，金石，彫塑，建築，模型，城市園林布置等部，如已有字畫碑帖刺繡等數千件，一年亦可開館，並附設美術品流通處，及美術研究會，美術品流通處，代當代作家流通其作品研究會，則設有導師，有志美術者，可入會學習等。

四、北泉音樂館

該館設立主旨，已見前，則北泉美術館所述，將與北碚中等以上學校合作，定期奏演，中外樂歌劇，一年內亦可成立，附設樂器流通處，及音樂研究會，樂器流通處予有音樂者購置樂器，以便利研究會，則設有導師愛好音樂者，均可入會學習。

五、北泉體育場

本場不集中於一地，以北泉公園整個轄區為其範圍，有田徑賽場地，游泳池，競舟區，及各種競技設備，均有指導員評判員，予來游者，以指導及評判之便利。

六、北泉學園

北泉學園，暫分幼稚園，小學部，及林間學校三部，將來再行擴充中學等部，幼稚園及小學部，爲久居北泉之一般兒童而設，小學部因省外人士旅居此間者較多，故已先行於民國廿七年秋季成立，學童約有百人，將來小學部並擬設臨時補習班，及夏令兒童健康營，爲短期旅居北泉、或夏令旅居來泉之學齡兒童而設，使在此暫居一二月之兒童，亦得以補習性質爲個別教學，以免荒廢，其旅行期間之學業，至林間學校 Waldschool 其教師負有看護與教育兩重責任，專收虛弱兒童，一面就其體力担負之可能施以智識及道德之陶冶，使其不致因體力之闕陷完全屏絕於學校教育之門外，一面則就其身體之缺陷施以特殊之醫療補救，以圖恢復其健康，北泉松林甚茂，且中藥研究所附有療養院之設備，正宜加以利用，此於吾國尙爲創舉，然固極端需要也，此種林間學校以設於森林中，用露天教學法爲最佳，故亦稱露天學校，Open-air-school 或半露天學校（Semiopen-air-School），

七、巴蜀史地研究所

巴蜀爲民族複雜及移民次數最多之區，且以山川阻險，在歷史上常有特殊顯著之性質，在研究中國民族史及區域史上，實爲一重要之論題，在地理上，川省素稱天府之國，而此次抗戰尤倚以爲民族復興之要地，故關於四川地理之研究，在目前尤有其重大之意義，且自盧作孚先生設立中國西部科學院以來，對川省生物礦產研究資料之搜集，已有初步之進行，而於人文科學方面，則尙未着手，該所即所以彌此憾也，籌備之初，擬先編刊四川大事年表，四川各縣概況，四川人物志，四川經籍志等工具性質之要籍。

八、中藥研究所

中藥及各民間祕方，在醫療上之效能，有數千年數千萬方里數千萬人之證明，原不足致疑，所以不見滿於當世者，特以其效能無科學方式之說明耳，川省爲產藥特富之區，實全國民命之所關，而民間祕方，其有特效者，事實勝於雄辯，尤非口舌所可盡誣，況西藥爲工業社會之產品，對中國以農業社會爲主體之國家，無論以經濟上應用之便利上，及民衆之信仰上，均不如中藥之適宜，且値玆世界紛戰之時，西藥之來源益少，而國內西醫人才究不及中醫之多，即就選才而論，亦不如中醫之簡易也，中藥應稍加改良，且宜加以科學之說明，此爲不可否認之事實，必欲以其未有改良未有科學之說明而遂加以廢棄者，則不啻因噎以廢食也，中藥研究所設立之目的，在以搜集中藥及民間祕方而加以科學之分斷，再就分斷之結果，加以改良及說明，不惟於川藥前途關係甚大，亦舉國民命之所繫也，爲實驗及適應北泉旅客起見，附設製藥廠及療養院各一所，製藥廠即可成立出藥，療養院擬加入西醫合辦，以臻中西合作之效，此亦爲一嘗試性之事業也。

九、中國宗教史研究所

自科學昌明，人文主義代宗教信仰而興，宗教遂爲知識階級所鄙棄，宗教關於迷信及儀祇部份，固無足取，然其教理與修爲方法及其歷史上所起之影響，與今日尙在潛伏之勢力，因爲人類社會之一大問題，不可因垂棄宗教，而並其佛大哲理與佛大勢力而一併否認之也，川省宗教視他省爲複雜

，而民間宗教性之秘密結社，其勢力尤非他省之所能及，中國宗教研究所，固不以川省宗教情況爲其研究對象，然川省此種資料特多，實爲研究調查較便之地，本園以地域之便利，觀點上言，擬成立巴蜀史地研究所，從人類社會之物質需要一觀點上言，擬成立中藥研究所，更從人類社會之精神需要一觀點上言，擬成立中國宗教史研究所，此實爲本園文化事業之最後歸宿，世有巨眼人，當不以斯言爲河漢也。

新縣制下鄉鎮長應有的動向

高孟先

一、

地方自治之基礎，在於地方全體之人民，而各鄉鎮長，實爲地方自治之骨幹，自古論治之要，均謂「政由人與」，況以今日如此鉅大之民治事業，若非鄉鎮長竭盡職責，公勤快實，勇敢廉潔，須有善制，亦將徒法難行，四川爲抗戰建國根據依託，設或新縣制未能推行盡利，則影響國家前途，更非淺鮮。

二、

新縣制主要目的，在充實保甲，建設地方，鄉鎮長之職權加大，鄉鎮組織加強，故鄉鎮長之智愚賢不肖，實爲自治事業成敗之關鍵，我們要如何纔能使鄉鎮長奉公守法，盡忠職責，不致假公濟私，瀆職舞弊？這固由負責長官以身示範及感導得法，但更要考察其一般辦事弊病之所在，然後才能對症下藥，或設法嚴格監督作先事預防，或據情執法以繩，圖事補救，使人口免於爲善，努力從公，否則，如果我們不知道鄉鎮人員辦事種種弊病的實際情形，一切改革就無從着手，吾人感覺現在一般鄉鎮長普遍易犯的毛病，約有下列數端：

（一）假公濟私，營私舞弊！現在一般鄉鎮長及保甲人員往往有憑藉自己公務人員的地位和職權，在社會上作種種投機牟利的事情，如包徵稅收，開設館棧，……無非假公家名義，滿足其個人私慾，甚至還有包庇賭娼煙及私受賄賂的貪污行爲，此不但爲地方自治推行的障礙，而且引起地方人民的怨恨。

（二）倚勢招搖壓迫民衆：普通一般鄉鎮長及保甲人員，大抵沒有受過完善的公民教育，缺乏學問修養，以爲自己可以接近政府，就有權有勢可以欺壓民衆，對於當地人民，不能善爲勸導扶持，反而肆意凌人，以致各地有了鄉鎮長和保甲人員，一般民衆反而多受一層壓迫，這種倚勢招搖，欺負人民，完全是過去一般土豪劣紳的故技沒有改革，所以他與政府愈接近，對於人民的痛苦也就愈厲害。

（三）假藉名義，報復私仇：這也是常見的弊病，他們不知道作了鄉鎮長，就是公務人員的身份，就要作人民的表率，對於過去一切私仇私怨，都要完全捐棄，一秉至公達成任務，反而自以爲權力在手，對於夙所不快的人，藉端報復，或假借地位，排除異己，加以傾陷，使民衆敢怒而不敢言。

（四）派丁徵工從中勒索：現保甲人員，操一鄉一鎮執行政令之權，普通派工徵兵，都是由他們直接辦理，所以一般惡劣貪殘者，就可以憑此機會勒索窮苦，對於一般有錢有勢者，不僅有力可不必出力，有錢可不必出錢，而對無勢貧民，則苛派濫索，毫不顧恤，社會上有如此不公平之事，保甲制度，怎麼不爲一般惡勢力的鄉鎮人員所摧毀呢？如此，我們又怎能使一般民衆獲得政府創制立法的好處？

（五）徵收捐稅蒙混中飽：在抗戰建國期內，政府於人民之賞賜撫恤，（如抗屬之優待撫恤，）及人民對政府之捐獻，納稅，（如捐糧獻金，購公債，航空捐，及納各種稅款等）均由保甲人員直接經辦，尤以目前田賦徵收實物等，委諸地方，則更易發生，對上蒙混，對下欺騙的流弊！因爲一般人民不悉政府法令，明知保甲人員有所中飽，亦不願開罪於人，故易使貪婪者不知足厭，如此，地方自治，將永無實行之望，民衆痛苦，亦無解救之一日。

以上弊端，是目前中國鄉鎮保甲長一般的通病，政府與人民，均應嚴厲監督，消除流弊，地方自治，纔有健全的基礎，三民主義才可以眞正實行。

三、

鄉鎮長經常與民衆接觸，職雖卑而責重，俸雖薄而事繁，做鄉鎮長的，消極方面固應除去上面種種弊端，積極方面則應如何下悉民隱，上曉國情，內知所屬外識紳耆，使民得其所，事盡其宜，吾人希望做到一個好鎮長其動向大約有六：

（一）耳到：新縣制下的鄉鎮長，責任綦重，除了普通一般地方建設的工作而外，尚要努力於抗戰建國的工作，因此鄉鎮長不獨要知道本鄉的事，並且還要知道國家，和世界的大勢，否則他是一個時代底落伍者，鄉鎮長責重事繁，斷不能事事躬親，而須假手同事，如對於不負責的同事，營私舞弊毫無所聞，豈不會牽累自己，進一步言，就是盡職的同事，他也應該知道加以勉勵，鄉政才能因而進步。對於人民耳到尤爲要緊，因爲人民之疾苦，如有所聞，才能因利除弊，人民之冤抑如有所聞，才能加以昭雪，就是人民對於自己的毀譽，也應該有所聞，然後才能改過自新，或繼續努力，不過耳聞之後，必須認清所聞的之所自來，然後才能辨別眞僞，而不致爲人所蒙蔽，換言之，耳到之後，須繼之以目到，口到，心到，手到和足到，然後耳到的作用，才有意義。

（二）目到：古語：「百聞不如一見」可見目到還比耳到要緊，鄉鎮長對於屬下之盡職與否，耳聞未必眞確，必須繼之以目到乃辨眞僞，同時對所屬必須時常見面有功則獎，有過則勸，這樣人人奮勉，知所惕勵了。對於人民目到的功夫也很重要，第一因人民大多愚昧，不知鄉鎮長是人民的公僕，而認爲是一鄉不可侵犯的神祈，結果便是公僕失其所以公僕之道，而人民也忘其爲主人的資格，不加監督，假如鄉鎮長常常和人民接近，使他們曉得主僕之分，既不致有所畏懼，也不敢加以輕視，然後和衷共濟，促進鄉政的進步，其次人民的疾苦，鄉鎮長雖有所聞，究不若目見的親切，因此所定與利除弊的計劃，也必比較切實而可行。

還有一種最重要的功夫，就是多看書報，一般鄉鎮長的事情雖忙，每天抽出一二小時來看書報，總是可能的，此不但可以明了國家大勢，且可以促起自己不斷進步。

（三）口到：口到的功夫第一要用在所屬保甲人員面前，有過要苦口相勸，有善則須加以勉勵，這樣，鄉鎮保甲長之間既不會發生隔閡，並且比此的情感，可以維持長久，工作効率也可因而逐漸增進，曾國藩教導他的將佐：就是要勤口，要使聽者「耳熟能詳」不好不聽，這是很值得人効法的。愚昧的人民是不易勸導的，但鄉政離不了人民，無論人民如何愚昧，也得盡力勸導，否則，便會誤事，如築路，建街或取締某項事物，推廣優良品種……總不免爲某一部份人民所不滿，因而鬧出的大小風潮，這是常有的事，如果鄉鎮長不能切實勸導，徒靠政治力量來施行，總不免遇着非不可避免的阻礙，卽減少行政效率以不過口到的功夫是不易做到的第一說話要誠懇，才能使聽者有所感動，第二說話是中肯才能使聽者知所適從。

（四）心到：凡事耳聞目見未必眞確，固須加以思索才能辨斷，就是口之所說，也須經過「心慮」的程序，然後才有價值，可是一般鄉鎮長做事不用心（不用腦）而隨便亂做的很多，這是沒有做到心到的功夫之過。

心到也是心理建設，現在一般鄉鎮長，大都抱着得過且過的苟安心理，對於上級政府，只求怎樣應付，才可保持職位，對於人民祗求敷衍。才不致發生變故，至於怎樣才可以完成鄉政建設以期能抗戰必勝建國必成，大都是無動於心，結果，一切鄉政，非陷於泄沓因循，卽誤於枉庇曲循，所以今後的鄉鎮長非先從自己的心理建設痛下功夫不可，心理建設之要點，除行易知難外，就是要認識實行新縣制是以抗戰建國爲目的，——一個是要求民族的自由和解放，一個是要求人民生活的民生和幸福。應該具最大的決心，埋頭苦幹，不畏強暴，不避艱險，一掃泄沓因循苟且偷安的心理，凡事須有犧牲小我成就大我的決心，一掃貪污卑鄙枉庇曲循的心理，如果鄉鎮長能建設這樣心理，鄉政一定辦得很好。

（五）手到：所謂手到，卽手之利用，曾國藩常常教人要備一本簿子把人之長短，事之關鍵，隨時紀錄起來，這種手到的功夫，鄉鎮長們尤其要切實做到，手到的功夫也要用在文牘方面，鄉鎮公所雖有各股主任幹事和書記，但最好自己還要常常動筆，處理公文。此外如練習拳術或使用武器，既可鍛鍊身體，復可備萬一之用，又如修路開渠，種樹，甚至如鎮公所之佈置，市街之淸潔衞生……也不妨自己做，這種精神可以感化人民，無形收獲是很大的。

（六）足到：因爲耳聞，目見，口說，心思，手做都不能只限於一隅，一物或一事，必須擴大範圍於全鄉境內，然後見聞始廣，心口相應，而手之所做，亦因之愈有力量，要做到這種程度，就不能不兩足到的功夫。太史公司馬遷週遊「天下」其文益壯，便是足到的例證之一，鄉鎮長雖不比太史公，但是足到之後全鄉情形，當然更能了解，而所擬具的改革計劃，也一定更切實際，人民痛苦聞見較確，而民衆間的隔閡，也可逐漸化除，不過足到也有相當限制，決不能終年在轄境亂跑，因爲有許多事務必須在辦公室處理的。

以上僅提出鄉鎮長應有的動向之犖犖大者，每個鄉政人員必須照此幹去，才可達到吾人實行地方自治建設三民主義新中國的目的，

本區國民月會分區督導須知

葛向榮

第一部

甲 意義

(一)接近民衆：

(二)促進社會關係：建立友好情感相互瞭解團結

(三)教育民衆

一、宣達政府推行法令。

二、强調國民政治教育。

(四)動員民衆

一、促進國民精神之改造。

二、促進地方自治之推行。

乙 任務

(一)組織

一，推動原有組織（如保甲組織，自治組織公益組織防護組織等）

1充實：事的內容，人的配備

2健全：人的素質、事的分工、人的合作、事的秩序

二、以各該機關業務爲本，而有所運動

(二)訓練

1.訓練自己領導羣衆的能力

2.訓練幹部服務的態度，精神，方法，及技術

3.訓練民衆參加公共集會之習慣，辦理公共事務之能力

(三)考察

子、總務方面

一、人事：考察鄉鎮保甲人員之工作能力勤隋及生活紀律，有無：煙、賭、嫖、濫、貪污、苛派等情事（每督導員至少必個別問五位老百姓）

二、文書：對公文，報紙是否按期送達？妥當保存？分類登記？

三、財物　設備是否完善及合乎標準，保管是否妥善，佈置是否合適，地方是否整潔，經費收支是否記賬，並公開報銷？

丑、民政方面

一、戶籍：有無戶籤，戶牌，及戶册？查填是否正確？異動是否呈報登記？

二、社會：那些是熱心地方公益之公正士紳？有無哥老會及不法團體之活動？，有何不良風尚及習俗？有無賭場，暗娼？

三、衛生：人畜有何劇烈傳染病？有何最普遍的病患？有何亟待改進的衛生設施？

四、禁煙：有無煙犯及烟館？毒品販運之方法及來源？

寅、警衛方面

一、兵役：身份證是否發齊？征送有無流弊？對抗屬優待是否切實？

二、治安：曾否發生盜案或刼案及其次數？地方上有何

流氓及嫌疑？民有槍彈是否烙印登記？並堪應用？碉堡工事是否完整？

三、防空：人民是否能正確辨識警報信號？能否管制燈火及交通？防護人員及設備是否充實健全？

卯、經濟方面

一、農林：曾否實行田間選種？無水乾田，是否全種糧食？有無雜色猪隻？有無隨意砍伐林木？

二、工商：是否採用新度量衡器？食鹽，猪肉及其他物價是否正常？營業歇業是否登記？

三、交通：舟、車、力價是否遵照規定並懸掛價目牌？

四、合作：社員是否正確明瞭合作之意義？職員是否公正負責？貸款有無流弊？

五、糧食：有無上年度存谷，尚未售完？調查大春收獲陳報，是否確實？并催辦。積谷征收，有無短漏或舞弊情事？

六、財務：有無私擅募捐抽稅？有無漏稅及減稅？有何可經營之公共造產事業？

辰、文化方面

一、學校：校舍是否適中，適用？學級編制是否適當？校具及設備是否完善？佈置安排是否合理，民教部，已否成立？

二、教師：能力是否相當？是否盡責？是否獲得民衆之信仰？

三、學生：是否踴躍？是否有訓練？有何課外活動及社會服務活動？

丙 要求

要自出心才，并共出心才，以求成績之優越，以求有非常的成效：

一、工作皆有組織，有秩序

二、活動皆極充實，極精彩

三、內容皆極通俗，極簡明

四、方法皆極生動，極精當

第二部

甲 準備

(一)出發前

一、攜帶文件：督導須知，報告料材，分區編配表，開會報告表考察報告表

二、領取旅費，並預備攜帶簡單必須行李

三、電話聯絡：開會時間，鄉鎮指導員等候地點，經過路線，由鄉鎮指導員帶點名册

(二)到達後

子分工：召集鎮公所派出人員，保長，校長，教師，及當地機關團體首腦人員：開籌備會，討論：

一、報告如何分工？誰報告時事，報告工作，報告其他

二、佈置如何分工！誰掛黨國旗，寫程序，安台棹，借台布，編位次。

三、召集如何分工，如何通知各甲召集各甲率領赴會。

四、會務如何分工，誰任主席，司儀及記錄？誰準備表

演遊藝，或組織餘興？

丑、指導：

一、訓練出席報告人員，供給材料，講解內容，提示方法。

二、指導會場佈置方法，台上的安排，台下位次的編配

三、督促到會民衆守時，招呼早時吃飯，預定集合信號嚴定遲到缺席制裁辦法，須力求戶長本人或可代表者參加

乙　實施

（一）開會前

一、引導民衆依序入座（或站排）如各甲集合來時則依保甲秩序，自由來時則依先後秩序（務使行列整齊，井然有序）

二、招待重要來賓或資望士紳：位置前列，委婉交談其所參與或扶持之地方公益事務，并請教對地方建設之意見

三、宣佈會場規則，要脫帽，要保持安靜，要嚴守位次（不隨便移動）不隨地吐痰，不吸煙，發言要舉手或起立。

四、訓練唱歌或鼓掌或呼口號：要熱烈，要整齊。

五、須劃到或點名，并追究缺席及遲到原因，告知以後開會請假手續。

（二）開會時

子、開會程序

一、全體肅立

二、唱國歌

三、向黨國旗及　國父遺像行三鞠躬禮

四、主席恭讀　國父遺屬

五、主席宣讀國民公約全體須聲朗誦附國民公約：

△一不違背三民主義

△二不違背政府法令

△三不違背國家民族的利益

△四不做漢奸和敵國的順民

△五不參加漢奸組織

△六不做敵軍和漢奸的官兵

△七不替敵人和漢奸帶路

△八不替敵人和漢奸探聽消息

△九不替敵人和漢奸做工

△十不用敵人和漢奸銀行的鈔票

△十一不買敵人的貨物

△十二不賣糧食和一切物品給敵人和漢奸

六嚴解精神總動員綱領第五章及國民公約附綱領第五章精神改造要目：

△一醉生夢死之生活必須改正：

△二奮發蓬勃之朝氣必須養成

△三苟且偷生之習性必須革除

△四自私自利之企圖必須打破

△五紛歧錯雜之思想必須糾正

七、報告時事及其他有關本地生產消費風俗等（另詳）

八、臨時動議

九、呼口號

△一國家至上、民族至上

△二軍事第一、勝利第一

×三意志集中、力量集中
×四革除舊習染、創造新精神
×五實行三民主義
×六擁護最高領袖
×七擁護國民政府
×八中國國民黨萬歲
×九中華民國萬歲
十、餘興
十一、散會

丑、會場指導

一、報告時要絕對保持靜肅
二、隨時留意觀察聽衆的反應、而變換活動的內容及方式
三、報告時間如過長，中間要有相當時間的休息或調劑的活動。
四、討論時要引起民衆發表意見。
五、對民衆指導或糾正事項宜循循善誘，不可隨意處罰（以鼓勵代責備，以獎勵代處罰，）不可使稍有恐佈之感大，須防止早退及私溜（發現第一名即須加以制止以免效尤）

（三）開會後

一、清還借用東西
二、恢復會場原來形式
三、召集工作人員開一整理會，檢討本次缺點及下次改進方法並分配籌備下次月會籌備之活動及工作
四、測驗民衆瞭解程度及批評
五、防問當地民衆疾苦，及需要之幫助
六、視察或欣賞當地之建設及工作

丙　整理

一、開會經過除詳塡於報告表外，如有特殊情況或特殊有意義者則另作成特寫稿投交嘉陵江日報刊載。
二、考察所得觀感或民衆意見，經整理後提供有關方面參考。
三、彙列特殊出力工作人員及成績最佳者，報請分別予以適當獎勵，並通報全體工作人員及保辦公處。
四、於開會次日午前九鐘，在區署開一簡單整理會議，檢討本次發見之問題及下次應改進事項。

集體讀書運動

周述亨

說到讀書各人會有不同的感覺，有的覺得是一件樂事，有的會覺得是個苦境，有的會聯想到那迂酸的學究，有的會聯想到高車駟馬的尊榮，至於讀書的眞義在一般人是不大過問的，但我們要談到讀書運動，却不能澈底了解，倘若我們不把它弄個明白，就會成爲大海中一葉扁舟，沒有航行目的，自個前途沒有方針，更談不上遠涉重洋，立功異域，發現學問中的新大陸。

我們說到讀書先得了解圖書是什麼東西，簡單說：因爲

圖書之爲物，就是記載人類生活的經驗，也就是人類文明的遺產，再從縱的方面講，後人學得前人的經驗，運用起來，不但可以省却不必要的犧牲精力與時間，更可以發揚光大，產生更多更好的經驗，所以人類的文明進步，其時間與其影響適成反比例，卽最近幾年的進步，勝過前幾十年的進步，前幾十年的進步，勝過前幾百年的進步，前幾百年的進步，又勝過前幾千年的進步，理由就是前人經驗的累積，造成了後人進步的橋樑，這個承前啓後時代的橋樑，就是人類文明遺留下來的圖書，從橫的方面講，圖書是報導了同時各地各方面人們生活的經驗研究的心得，擴大我們智識的範圍，以更多更好的智識經驗，貢獻於人類生活，充實人們生活的意義。

從以上縱橫兩面剖視圖書的本質，也就明瞭了我們讀書的意義是：怎樣去承繼我們人類祖先遺留下來的這些文化的產業，同時怎樣的求得更廣深的智識經驗，以充實吾人之生活。

讀書旣是有這樣重要的意義，對吾人生活這樣大的作用，所以任何時代，任何國度裏，對於讀書都很重視，并且將人生最寶貴的少年時期青年時期列成讀書求學的階段，這樣自然很重視了，不過也有一種流弊，不免讀書與生活劃了一個界限，做，學，教不合一同時讀書與生活發生不協調的情形，往往會學非所用，用非所學，一般教育界的人士已很能洞悉其弊，盡力在設法改進，不過當前這種情形，還是普遍的存在。

吾人爲糾正時弊，於是圖書館教育尙矣，圖書館的教育乃以圖書的活動在人們生活中起教育的作用，提高文化水準，增進人生幸福，所以現代的圖書館不止於圖書之保藏出納，而採購，編目，閱覽，推廣等事務，亦莫不以求圖書之活動，達成其所負教育責任爲目的，至於怎樣使圖書活動以達到其教育之任務，在圖書館事務上除各項工作都以此爲中心的活動外，本文特提出讀書會一端，以爲促進讀書運動的一種方法。

在這裏我們可提起讀書會在圖書館事務的重要，就是集體讀書形式；

第一，強化讀物與讀者間有機的組織：現代的圖書館不是以帝王，和藏書家的藏書，「爲藏書而藏書」，現代的圖書館藏書，是爲讀者適用而藏書，（國立和省立的圖書館對於文獻的保存又當別論）讀者個別的閱讀，自然可以收到圖書給與我們的益處——智識的消化與營養，倘若我們有集體的組織，加強讀物的消化力，利用讀書會來謀讀者閱讀的共進，其作用比個別閱讀更爲有力。

第二，使圖書館業務發生高的效用：吾人已知圖書館業務的各項工作，無論是圖書的選擇，購置，分類，編目，閱覽，參考，推廣，及其他經營活動，皆以發揮圖書之效用爲目的，倘有讀書會之組織，可以將讀物作適當的配備，使讀者獲得計劃的進行閱讀，對其知識的增進，德行的修養，成績的追求，生活與趣的增強，裨益甚大。

第三，擴大圖書的影響，造成好學的風氣：有了讀書會的組織，讀者互相影響，提高了社會文化水準，造成好學的風氣，則社會的進步，就會成爲蓬蓬勃勃的氣象。

因此吾人對於讀書會——集體讀書的形式，應積極提倡，以爲促進讀書運動的要道，爲要使這種運動的普遍，特擬具讀書會辦法草案，以為推行之參考。

讀書會辦法草案

一、意義

1. 普及基本知識
2. 增進新知
3. 促進修養效能
4. 發展副學業與副事業
5. 培養寫作力與報告力
6. 強化個人意志精神人格
7. 增加生命活力及服務成績
8. 有計劃的進行讀書
9. 以分工合作進行研究提高討論研究的效率

二、組織

1. 讀書會設委員七人組織委員會
2. 委員會主持以下各事
   a 擬定讀書計劃
   b 擬定讀書大綱
   c 擬定讀書規約
   d 編配讀書要目
   e 擬定研究大綱
   f 編配研究問題
   g 聘請各科輔導及講演人員
   h 執行集會事宜
   i 審定讀書筆記與報告
   j 執行會務紀律
3. 設小組讀書會（分級分科）與小組聯席會議
4. 設立各種問題研究會及聯席會議
5. 設學術講演會
6. 設資料展覽會
7. 設審查會
   a 審查并計劃各會員閱讀材料
   b 審查各會員成績進展
   c 審訂各會員讀書筆記讀書報告或論文創作等
   d 審訂各會員作品並就嘉陵江日報北碚月刊或專刊發表

三、閱讀

1. 範圍
   a 關於作事者　與職業或職務上之技能有關者
   b 關於為人者　與思想意志精神人格等修養有關者
   c 關於社會問題者　與解決各種社會問題甚至國際問題有關者尤其富建設性者
   d 關於一般常識者　如自然科學社會科學等類
2. 方法
   a 確定研究問題大綱
   （一）應注意研究的獨立與聯絡
   （二）確定某一個人與某一單位的研究範圍
   b 搜集、鑑定、保管、整理資料（利用圖書館并須熟習運用參考圖書及治學之方法）
   c 筆記
   （一）提綱使系統明晰

（二）摘要整理使記憶深刻
（三）品評筆記以求精進
d 報告
（一）報告大意
（二）擇最精彩的片斷報告
（三）作書後或讀後品評讀物
e 考核與輔導
（一）列會員名單及讀物對照表以便考核
（二）就會員讀物及其研究事項之疑難加以輔導
f 應倡導之事宜
（一）新知廣播
（二）即知即傳（小先生劇）
（三）日必盡力學習一事（以軍隊下科目方式）
需有計劃性的

編查保甲戶口紀要

王崇本

一、前言

年來，由於新縣制之實施，地方自治之開展，及憲政運動之急切，自中央以至於各省，因事實之需要，均感覺到保甲在現階段下，應該有一個劃時代的整理。至「保甲」在新縣制實施以前，牠是聯保辦公處之細胞，在新縣制實施以後，聯保辦公處改為鄉鎮公所，其為鄉鎮公所細胞更為明鮮。基於施政設計，治安防範，征兵選舉等立場而言，「戶口」的清查與統計，的確也是件刻不容緩的事情。

本署自二十五年四月由前「江巴璧合峽防局」改組以後，因匪患始平，各種建設亟待舉辦，所以第一步工作，就是編查保甲戶口。嗣後每年經常地執行着戶口異動呈報，並且每年底舉辦一次澈底的保甲戶口之編查工作。二十八年，因重慶迭遭空襲，本區劃為遷建區後，戶口激增，保甲戶口因之呈現紊亂狀態。斯時，遷移來碚之國府主計處統計局為擬辦戶口普查實驗，商同本署舉辦一個在中國空前未有的戶口普查，同時，四川省政府以各縣在總清剿結束後，依照規定應賡續辦理戶口總清查。以期嚴密保甲戶口，故會同川康綏靖主任公署頒發「四川省清剿區各縣戶口總清查實施辦法」，令頒各縣（市）辦理具報。本署因感戶口普查與戶口總清查，雖注意點各略有不同，而工作性質則無異，故同時一併辦理。此項工作遂於六月底辦竣，嗣以　四川省政府以各縣（市）辦理總清查工作，多屬因循敷衍，未能實是求是，澈底完成，以致總清查結果，絕少成績可言。同時　國民政府軍事委員會為澈底肅清零匪，安定後方治安起見，特頒發「續訂陝鄂湘川康滇黔後方七省總清查實施辦法」並經四川省政府遵照前項辦法，參酌本省實際情形，「制定四川省清剿區各縣繼續辦理總清查實施辦法」，會同　川康綏靖主任公署通令遵照辦理。因其中規定不論是否清剿區，及前次總清查辦理完畢與否，均須繼續辦理，本區自當不能例外。二十九年十一月，本區正擬着手辦理時，又奉到　四川省政府頒發「四川省各縣實施新縣制整編保甲清查戶口法規彙編」，通令辦理，並令飭「繼續辦理清查」工作，與實施新縣制整編保甲清查戶口工作同時合併辦理，本署奉到以上各項法令後，按照「四川省各縣整編保甲清查戶口實施程序」並參酌本區情形立即逐步實施，其辦理程序，現分準備，實施，整理三期，分別述之於後。

二　準備

（一）研究法規　此次編查保甲戶口所根據之主要法規有：「限期肅清陝鄂川康滇黔後方七省土匪實施辦法」，「四川省清剿區各縣戶口總清查實施辦法」，「四川省清剿區各縣實施戶口總清查重慶衛戍區各縣補充辦法」，續訂陝鄂湘川康滇黔後方七省總清查實施辦法」暨「四川省各縣實施新縣制整編保甲清查戶口法規彙編」等合計共有十餘種之多，其中尤以四川省政府所頒法令彙編規定最爲詳盡。因此種工作，關係本區今後治安及新縣制成敗爲審慎起見，由本署財務股，內務股，暨戶籍室各主管人員分別詳爲事先研究，並提出疑義各點，相互磋商，以便辦理時，不致發生錯誤，同時亦就研究所得結果，補足本區實施注意事項。

（二）補訂法規　爲了適合本區各鄉鎮編查時易於遵辦及辦理時免除錯誤起見，特擬定本區各鄉鎮實施新縣整編保甲清查戶口特應注意事項十點，令飭本區各鄉鎮保遵照辦理。（注意事項附後）

嘉陵江三峽鄉村建設實驗區各鄉（鎮）實施新縣制整編保甲清查戶口特應注意事項

（1）各鄉（鎮）整編保甲，必須嚴守四川省各縣整編保甲清查戶口實施辦理（以下簡稱實施辦法）第六、七、八、九、各條所定之編制標準。

（2）各鄉（鎮）整編保甲方法，必須嚴守實施辦法第十條之規定。

（3）各鄉（鎮）整編保甲之立戶標準，必須嚴守實施辦法第十四條之規定。

（4）各鄉（鎮）之保番號，必須以市街或場上開始，再循序由左至右，進而推至各鄉村保。

（5）各鄉（鎮）編查保甲戶口除必須着重於戶之編查及口之清查外，並應着重於保甲之劃分。

（6）各鄉（鎮）保於奉到令飭整編保甲清查戶口，文到之日起，即開始研究有關各種飭令及着手一切準備事宜，並應積極推行整編清查工作，不得稍有延誤。

（7）各鄉（鎮）編查保甲戶口時，除區署將派人員赴各鄉（鎮）實地督導外，各該鄉（鎮）長（副）亦必須親赴各保實地督導。各鄉（鎮）長（副）民政幹事，戶籍幹事及助理幹事，必須附於此次整編保甲清查戶口工作劃爲當前中心工作，本署並以此事，列爲二十九年度下半年考核增薪之重要參考。

（8）保整整編工作實施後，各保必須填報戶口統計表，呈繳該管鄉（鎮）公所，并由鄉（鎮）公所，塡報鄉（鎮）戶口統計表。

（9）各鄉（鎮）編查保甲戶口時，對於法令如有疑義或任何困難時，得以電話報請區署內移取或戶籍室解決之。

（10）本署曾以內字第二七二號訓令，將四川省政府於廿九年民三字第三四三二一號訓令轉飭各鄉（鎮）公所絕對禁止因按征丁派款關係，而任意擴拼保甲，致蹈從前編查不實，成削足適履之通弊一案，各鄉（鎮）務必絕對遵守，不得以任何理由呈請更改或陽奉陰違，如查有任意擴併情事，除令飭全部重編或一部份重編外，所有此次因編查所需經費，得令由各該鄉（鎮）長及經辦人員負責賠償，並以違抗命令論處。

（三）翻印法規　使各鄉鎮易於遵辦，及查編時不致感覺頭緒紛繁起見，本署即將各種總淸査法令除與各鄉鎮無關者未翻印外，所有重要有關編查法令，均由本署翻印，轉發各鄉鎮保幹人員備用，並用活頁裝訂成册，內分「法」、「令」、「表」、三篇。冠以「保甲戶籍法令彙編」之名，並在封面註明：「重要法令，列入移交，不得私有」等字樣。其用活頁裝訂之意，乃係爲謀日後隨時增加或更正法令表式時，則可隨時加入或提出。至於註明「重要法令，列入移交，不得私有」之意，乃係爲預防時日一久，即將之遺失或於移交時，前任私行帶走，而使後任毫無法令憑據，以致無法辦理之故。

（四）印製表格　編查保甲戶口，需要大量表册。所以本署即將所需各表，有經常使用性者，則雕刻爲木板印刷，以資經濟，無經常使用性者，則用鉛印或石印以資迅速。同時，戶口異動呈報所需各種表册，亦於各種編查表册印畢以後，亦廢即趕印，以便等到編查工作完畢之次日起，即開始辦理戶口異動呈報，以免將編查所費「九牛二虎」之力，竟因未辦戶口異動呈報之故，以致將所有編查工作竟成曇花一現。

（五）編製預算　執行一種政令，必須動用經費，編查保甲戶口亦當不能例外。可是究竟要用錢多少？這不得不先行預算，作爲日後動支經費的標則。因此本署遵照「四川省各縣整編保甲淸査戶口經費支出預算標準」並參酌本區需要數量及市價，擬製本區編查保甲戶口經費預算總共爲三八六八八，九五元。

（六）遴選人員　二十九年十二月本署遵照　四川省政府令飭設置戶籍室，各鄉鎮設置各級戶籍行政人員以後，各鄉鎮除先後設有戶籍主任一人，由副鄉鎮長兼任外，並設有專任戶籍幹事一人，每一保或兩保（編查前之保區域）設有助理幹事一人。因此，每一編查區根據各鄉鎮助理幹事人數分爲若干編查組，以曾經本署於二十九年所設地方行政幹部人員訓練所訓練期滿成績合格之保長或副保長爲編查員，以助理幹事爲編查組組長，以戶籍幹事爲各該鄉鎮編查幹事，以兼戶籍主任爲各該鄉鎮編查主任，由區署內務股主任爲全區編查指導主任，內務股副主任暨戶籍室副主任均爲指導副主任，辦理全區編查指導事宜。並規定各組，各編查區以及區署指導人員彼此間隨時保持密切聯絡，並儘量利用電話。

（七）公佈編查　在以上六種工作開始舉辦告一段落或辦理完畢時，能公佈發表者，均先後在嘉陵江日報先後發表，以便藉報紙之宣傳力量，使人民對於編查工作有所認識，同時，使區轄範圍內各機關團體學校對於日後本區執行編查工作有所協助。此外，本署並將準備情形分別呈報　四川省政府暨　四川省第三區行政督察專員公署備查。

三　實施

（一）分鄉商討　待準備工作完成時，即積極着手實施，除指定編查指導主任留署以便在署利用電話隨時與各編查區，各編查組保持聯絡外，並派定編查指導副主任輪流分駐本區各鄉鎮公所查考各鄉鎮準備情形，並召集各該鄉鎮長，編查主任，編查幹事及編查組組長集議解決各別困難情形外並約定下列六點：

一　區署派定各組担任之編查區域，不得變更。

二、不得曲改法令，更不得變更法令，自定標準。

三、鄉鎮長應分赴各保巡迴指導。

四、編查期間各組應勤通消息，彼此隨時報告編查情形及解決困難情形。

五、各組組長應於每日編查工作完畢後，由各鄉鎮編查主任或編查幹事利用公餘時間，在鄉鎮公所舉行晚會，討論解決各種問題之方法。

六、各級編查人員，所領用表格於編查完畢以後，將未用完者，應全部呈繳鄉鎮公所，所領編查法規，應按照區署戶籍室規定，裝訂成册。

（二）　初步編組　根據商討結果及約定事項，各鄉鎮編查組即出發編查，並攜帶各保（舊保）原有之戶籍册作爲參考，實地挨戶預查，並根據十進制標準及天然界線之明鮮，先行預定甲戶順序，選定戶長。此種工作各組因編查戶數之互異，地區大小之不同，或三日或四日先後編查完畢後，卽由鄉鎮公所給具註有保之番號暨各保重要地點之新編保甲劃分草圖，逕報區署戶籍室查核。

（三）　實地復查　每一鄉鎮初步編查完畢後。區署復派編查指導副主任到各鄉鎮會同鄉鎮長，編查主任暨編查幹事等，督同全鄉鎮編查組長，到各保（新編保）舉行普遍復查，以新編保甲編制是否合理，保甲次第有無順序，保界劃分是否明鮮爲復查中心事項。同時，若發現有不合理，無順序，不明鮮等情事，則立卽飭予改正。此種復查工作，一方面問在考查各組辦理結果，一方面也是考查有無變更編查法令情事，因此種工作，關係至爲重大，且甚爲緊要，因每保每甲均須親身到達，所以花費時間甚多，一俟各保復查完畢，卽會同鄉鎮長副鄉鎮長根據保甲劃分草圖訂定保之番號，同時初步商討鄉鎮劃分事宜。

（四）　正式編查　前次復查工作，因俟全區各鄉鎮輪流由本署編查指導副主任復查完畢後，各鄉鎮始得正式舉辦編查，蓋因此種「編查」之整個工作係爲後方七省繼續辦理總清查與四川省各縣實施新縣制整編保甲清查戶口兩種工作合併辦理，其後者各鄉鎮雖可先後辦理，但前者因係「總清查」關係，全區必須同時舉辦，以防此查彼匿之流弊故本署遵照　四川省第三區行政督察專員公署規定於三月十日本區各編查區編查組同時開始編查，同日出發，風雨無阻。並規定由各編查區編查主任，編查幹事暨各編查組組長率領編查員，攜帶已改正舊戶口册爲參考，按照查口立戶，按戶編甲，按甲編保順序，實地挨戶清查，同時督飭各戶簽具聯保連坐切結並查驗及登記公私槍炮。

四，整理

（一）逐級抽查　在保甲戶籍方面，最有效的「考核」方法就是「抽查」和「辦理成績競賽」。所以本區按照「修正抽查保甲戶口須知」及「四川省各縣整編保甲清查戶口成績競賽辦法」逐級「抽查」。本區經　國民政府軍事委員會所派督導暨抽查總清查事宜之張督察專員灕川，黎參謀咸欽及柯助理員尊鈺，會同　重慶衛戍總司令部所派督導暨抽查總清查事宜之李督察員　萬里等於三月廿七日起至四月二日止分赴全區各鄉鎮保普遍抽查完畢。復於四月十三日，　國民政府軍事委員會委員長成都行轅派沈抽查員膺會同　重慶衛戍總司令部李督察員萬里到區督導暨抽查，於四月十七日抽查完畢。　四川省政府復派民政廳陳視查員傳賢自四月廿六日起至五月五日止，率同本署編查指導副主任馳往區屬北碚，黃桷，澄江，白廟四鄉鎮抽查完畢，同時並辦理競賽，實施獎懲分別呈報　四川省政府暨　四川省第三區行政督察專員公署。此項工作，表面上看來，雖然是一種消極作用，實際上則富有極濃厚的「教育作用」暨「競賽作用」：對於今後的工作實有極大的助力，同時，也健立了今後同級間工作相互競賽的基石。

(二)編製統計　在編查完畢，抽查告竣後，就輪到編製各種統計工作。戶口統計除依照戶口統計表填表說明辦理外，並先作戶之統計，再作保之統計，依次編製鄉鎮及全區統計。同時，本區公私槍炮登記工作已在編查保甲戶口時，業已隨同辦理登記，故槍炮統計，亦隨同戶口統計同時辦理，茲將此次戶口暨槍炮統計分別列具簡表於後：

(三)公佈結果，在縣各級組織綱要中，本有凡教育，警察，衛生，合作及徵收等區域應與區、鄉、(鎮)、保甲之區域合一之規定，所以編查保甲戶口以後，影響最大的，就是國民學校的設置，合作社之分配，積谷倉庫之建築及國民兵隊部之籌設等。至於其他政、教、建、財、無一不與之發生關係。因此，本署戶籍室將戶口統計表，保甲編製草圖鄉鎮劃分圖印製分發本署有關各股室及區屬各機關作為參考。同時為了本區民衆得以明瞭編查結果起見，亦在嘉陵江日報上先後發表各種編查結果之消息。

(四)分呈備查　所有此次編查保甲工作辦理完畢以後，本署即將辦理情形及總清查報告表。戶口統計表，鄉鎮調查表以及鄉鎮劃分草圖均遵照限期，按照規定，分別呈報　四川省政府　四川省第三區行政督察專員公署，現在已經先後獲得　四川省政府　四川省第三區行政督察專員公署分別核准在案。

五　結語

此次本區將保甲戶口週密編查告一段落後，所有補辦槍炮烙印換照，本署已經指定專人先後馳往各鄉鎮辦理完畢，而接續應該舉辦的槍炮異動登記以及戶口異動呈報已經着手實施，為了此種工作執行之澈底，以達到「登記」「呈報」之正確無誤起見，本署刻已決定於七月間再舉行一次戶籍講習會，召集全區各鄉鎮副鄉鎮長戶籍幹事助理幹事舉行講習會，以免前此編查工作之成效，竟成曇花一現不克繼續保持。此外關於此次戶籍講習會籌備的經過，訓練成效及辦理戶口異動呈報情形，因篇幅所限，俟諸異後，再行撰述，以求讀者指正。

三〇，七，七，北碚。

四川省嘉陵江鄉村建設實驗區戶口統計表

三十年三月 日

類別	項別	北碚鎮		金剛鄉		龍鳳鄉		白廟鄉		文星鄉		黃桷鎮		二岩鄉		澄江鎮		總計		備考
戶數	總數	2867		1455		1213		1278		2009		2515		789		3438		15564		龍鳳鄉10保101甲 金剛鄉12保126甲 北碚鎮21保244甲 黃桷鎮22保221甲 文星鄉18保183甲 白廟鄉12保114甲 全區共計130保1345甲 澄江鎮28保289甲 二岩鄉7保67甲
	普通	2714		1388		1165		1244		1977		2425		747		3324		14984		
	船戶	40		11		8		12				24		18		47		160		
	寺廟	6		7		6		4		9		8		5		7		52		
	公共處所	107		49		34		18		23		58		19		60		368		
口數 現住		男	女	男	女	男	女	男	女	男	女	男	女	男	女	男	女	男	女	
	總數	8085	6919	3734	3476	4008	3074	3115	2376	5208	4308	6499	5783	2976	1706	9317	3639	24762	34581	
	普通	5829	6158	2726	3414	3905	3037	2856	2320	4486	4142	4480	5048	2543	2632	3037	6584	33862	32330	
	船戶	52	34	20	9	14	4	20	10			31	25	32	9	78	87	247	128	
	寺廟	13	11	15	2	10	3	6	3	13	6	23	6	21	5	9	1	110	37	
	公共處所	2191	716	973	51	79	30	233	43	709	160	1965	709	380	60	2013	317	8543	2086	
	有職業者	6130	1107	3199	509	2906	397	2406	303	3902	902	4531	1302	2230	397	5913	805	31223	5722	
	識字者	4198	2832	2291	1073	2023	1061	198	993	3116	1213	3814	1401	1100	401	4316	1317	22466	10296	
	壯丁	1058		819		506		704		670		793		362		1012		5618		
他往		男	女	男	女	男	女	男	女	男	女	男	女	男	女	男	女	男	女	
	總數	1362	470	518	300	223	216	267	112	386	148	859	637	124	36	620	540	4123	2269	
	外鄉鎮	39	26	23	20	18	10	27	25	33	32	41	22	13	18	42	37			
	外縣	614	216	301	170	120	121	150	29	170	40	301	303	64	16	172	229	1892	1118	
	外省	709	234	194	110	85	85	90	58	183	76	517	312	47	2	406	274	2231	1151	
	外國																			

人生營養

劉福林

飲食非圖適口，且以養身，吾人之生長與健康，大部份有賴於完善之飲食，因飲食而影響身體，因身體而影響意志與能力。研究營養學者頗有創「吾人之飲食決定吾人之性能」之說，故飲食之充足與配合適宜，不獨能增進個人之健康，實有關民族之健全也。

一、營養素

吾人之生長端賴於食物中之營養素，食物中之營養素就化學言之，有脂肪，蛋白質，炭水化合物，無機鹽類及維生素等。故求身體之健全，吾人每日必需有：(一)充足之脂肪與炭水化合物以供給發熱量，以保持體溫及能力；(二)足量及良好之蛋白質以構造體內之組織及補充其消耗；(三)適當之無機鹽類以構造骨骼及調節生理：(四)多量之維生素以助生長，生殖及健康，茲特分別論之。

(一)發熱量

吾人之身體須有充足之熱量以保持溫暖及供給體力。其所需熱量之多寡，每因環境而異，如身體之大小，年齡之長幼，氣候之寒暖，工作之輕重，以及男女之分別，均能影響之，按營養學者實驗之結果，成人體重七十公斤，從事稍重之工作，其每日所需之熱量爲7000「卡」，其任重苦工作者應增至6000.8000「卡」，因居無所事且住于氣候溫和地帶者每日所需之熱量爲2400「卡」，此種熱量皆由食物中之炭水化合物脂肪及蛋白質氧化而來，一公分蛋白質或炭水化合物能發生之熱量約爲四卡，一公分之脂肪所能發生之熱量爲九卡，蛋白質之功用重在生長與補充身體之組織而不在生熱。故吾人之熱量，多取之於炭水化合物與脂肪也，惟此二者之分配，必須合宜，若脂肪成份過多時則有害身體，大約一公分脂肪，須有四公分炭水化合物配合，方能適合于身體之新陳代謝也。

(二)蛋白質

吾人身體之細胞，多爲蛋白質所組成。故生殖之資源，消耗之補充以及組織之維持皆有賴于蛋白質。蛋白質之來源，取自吾人日常之飲食。蛋白質爲多數之錏基酸連合而成。現在科學上已知之錏基酸約有二十餘種。此種錏基酸有爲動物營養上所必需者，有爲不需用者。各種蛋白質所含錏基酸每多不同，故其對人身之營養亦因之而異，若蛋白質內所含之錏基酸完全而充足則爲良善之蛋白質，否則爲不良善之蛋白質，大體言之，動物之蛋白質較優于植物蛋白質，故人每日所取用之蛋白質中三分之一應爲動物蛋白質。據專家實驗之結果，凡成人體重七十公斤，每日所需之蛋白質至少爲四十四公分，方足以維持其生長，若欲求健全之身體，應以每體重一公斤每日需蛋白質一公分爲標準。至於未成年者及妊娠或哺乳之婦女應以上表爲標準：

年齡	每體重一公斤每日所需之蛋白質

一至五歲	三、五公分
五至十五歲	二、五公分
十五至廿歲	二、〇公分
廿一至卅歲	一、五公分
妊娠及哺乳時	二、〇公分

(三)無機鹽類

所謂無機鹽類者，鉀，鈉，鎂，綠，鈣，燐，鐵，碘，等是也，其功用在構造骨骼，調節生理，且爲身體組織細胞中，之重要成份，因身體常將其排出，故食物中須有充足之無機鹽類以補充之，鉀鈉綠等在食物中有豐富之供給，可無慮其缺乏。惟鈣燐鐵碘則常感缺乏。故預備飲食時應特別注意焉。供研究之結果成人每日應需鈣〇、六八公分，鐵〇、一五公分，燐一、三二公分，碘〇、〇〇〇一五公分。

(四)維生素

維生素之功用，在增進生長，輔助正常發育，保持健康，及預防營養不良之病症，現在科學上已知之維生素有甲，乙，(包括己，庚兩種)乙丁戊等種，惟其化學性質不能完全鑑定是以吾人每日之需亦不能作定量之估計，吾人僅知某食物富於某種維生素某食物缺乏某種維生素而已。故吾人計劃飲食時應擇富於各種維生素之食物。

二、營養不良病之治療方法

上述之各種營養素對人身均有特殊之功用，爲生存上所不可缺少者，苟有缺乏，則有損健康，茲擇其重要者論列之。

(一)炭水化合物及脂肪缺乏

炭水化合物爲食物中最普通者，如穀類，糖及澱粉等均含有大量之炭水化合物，故少有缺乏之虞，如缺乏時，身體即呈衰弱之現象，且同時影響脂肪之新陳代謝，而發生酸中毒之病狀，炭水化合物缺乏時易發生傳染病及糖尿症，脂肪中含有大量之維生素甲與維生素丁，苟有缺乏即有間接發生缺乏此種維生素之虞。

(二)蛋白質缺乏

蛋白質爲身體構造之基本物質，若完全缺乏，卽絕對不能生存，也有僅食蛋白質食品而生存之人類，而絕無不食蛋白質而生存者，吾人食料中苟缺少蛋白質，卽發生水腫病，此等患者因身體內缺乏蛋白質，各種器官及肌肉均呈萎縮現象，因之各種生理上之動作均爲減退，患者自覺精神恍惚，全身無力，全身水腫，其水腫之原因，係血中之血清蛋白質大爲減少，因之血液之滲透力亦減少，故水份卽積存于皮下及各腔道中，此類病者，給以大量之蛋白質，其病狀可立卽消失。

(三)無機鹽類缺乏

日常食物中常感缺少者爲鈣燐鐵碘數種，如鈣燐二質缺乏，在成人身體一時不致呈若何病狀，若爲日長久，其骨骼及牙齒之鈣量逐漸減少而空虛，生骨質軟化症，因血中所需之鈣燐皆取自骨中也，鐵爲血色素之主要成份，人體之鐵有三公分，如缺乏時則血色素銳減，卽發生貧血病，人身體中含有碘約爲〇，二五公分，大部份存于甲狀腺中如缺乏時則甲狀腺漲大而發生甲狀腺腫。

（四）維生素缺乏

甲種維生素能預防乾眼病，增進身體之抵抗力，如有缺乏，卽發生夜盲症及角膜軟化症，乙種維生素（包括己庚兩種）能預防神經發炎，如經過長時期之缺乏卽食慾頓減而生急性或慢性之脚氣病，此種病症，在食米之國如中國、日本、馬來等地均時常發見，丙種維生素能預防壞血病，如缺乏時則牙齒鬆腫，骨節鬆弛，皮下出血，作斑點狀，此卽壞血病於小兒多見之，丁種維生素如缺乏時血中鈣燐之新陳代謝失其常態，患者如係小兒其骨與牙皆不能發育，以致背曲腿彎是爲佝僂病，若係成人其骨骼逐漸空虛，牙齒破壞是爲骨質軟化症，戊種維生素缺乏之時，男性之睪丸，女性之卵巢皆不發達，男性生殖細胞變性，發生不育症或胎兒早死症，庚種維生素缺乏，卽發生面部及兩手皮膚脫落呈癩皮狀，是爲陪拉格症。

茲將治療上述各種營養不良症之主要食品列表如次：

營養不良之病症	主要治療食品
水腫	肉、鷄、魚、牛乳、鷄蛋、豆類、豆製品、
貧血病	肝、臟、腑、瘦肉、鷄蛋、菠菜、油菜、紅蘿卜、西紅肺、
乾眼症	魚肝油、肝、鷄蛋、牛乳、西紅肺、菠菜、青葉之蔬菜、
脚氣病	酵母、粗米、米麵、肝、臟腑、腦髓、牛乳、鷄蛋、西紅肺、
壞血病	檸檬、橘桔、藕、紅蘿卜、青蘿卜、西紅肺、鮮果、蔬菜、
甲狀腺腫	海帶、昆布、海藻、魚蝦、
陪拉格	酵母、牛乳、鷄蛋、肝、臟腑、肉魚、豆漿、
骨質軟化病	牛乳、鷄蛋、魚肝油、青葉之蔬菜、豆類、
佝僂病	魚肝油、日光、鷄蛋

三、吾人飲食應注意之點

食物之種類繁多，其成份亦各有不同，有富于此種營養素者，有富于彼種營養素者，故欲求完全而有益身體之膳食必需混合數種之食物，配合得宜，方能收截長補短之效，然欲求配合適宜，應先明瞭各食料之性質茲列表如次：

食物種類	發熱量	蛋白質	無機鹽	維生素 甲種	乙種	丙種	丁種	庚種
穀類	上	中	下	下	中	無	無	甚少
豆類	上	中	中	中	中	無	無	甚少

油類(植物油)	上	無	無	無	無	無	無	無
糖及澱粉	上	無	無	無	無	無	無	無
肉類：肉	上	上	下	下	中	無	無	中
肉類：脂肪	中	上	中	中	中	多寡無定	下	中
卵類	中	上	上	中	中	多寡無定	多寡無定	中
乳類	中	上	上	中	中	多寡無定	多寡無定	中
蔬菜類	下	上少	上	中	中	中	無	中

吾國穀類食料中之重要者如米、麥、粟、黍等皆富于熱量，蛋白質亦不惡，惟吾國之食米麥者多淨去糠與麩，實爲大誤，因米麥之胚及皮含有蛋白質，無機鹽及乙種維生素極富，故今後宜改食粗米粗麵，豆類之甲種維生素及脂肪皆高于穀類，蛋白質亦較多其營養價值優于穀類，若能於膳食中以豆量代替米麵量四分之一則更善矣，油及糖類之重要功用在供給發熱量，肉類所含之蛋白質最爲完善，惟各種維生素均較少，臟腑類似含維生素較多，卵及乳類之營養素爲食物中之最完善者，其丙丁兩種維生素之多寡，視該動物之食料中所含此二者之多寡而定，乳類缺乏鐵質，而卵類則含鐵質甚富蔬菜類含無機鹽類及維生素均甚豐富，惟不能供給多量之蛋白質及發熱量，蔬菜之青葉所含之營養素較根莖爲多，故食時宜保留之。

關于烹調上亦有應特別注意者，吾國膳食多喜食燉煮者，各種維生素在高溫度中久煮，卽起養化作用而消散，至失其效用，故最好用烈火炒之，爲時短，則維生素雖有損失，決不如烹煮時之甚，且最忌放鹼，因各種維生素遇鹼性卽起變化也，因蔬菜帶有細菌，易于傳染疾病，故甚少生食，然煮之過久，維生素卽皆消失，爲求兩全之法，最好將蔬菜置沸水中煮五分至十分鐘，旣可消除病菌，又可保全營養，味料亦以在煮沸後加入爲佳。

茲附錄食品成分表及成品食物成分表各一以備注意營養問題者於配合膳食時之參考，表中所列爲日常易得之食品，其珍貴而不易得者不採焉。

各種食物之成分表(以一百公分計算)

食物種類	蛋白質 公分	脂肪 公分	炭水化合物 公分	熱量 卡	無機鹽 總量 公分	無機鹽 鈣 公分	無機鹽 燐 公分	無機鹽 鐵 公分	維生素 甲	維生素 巳	維生素 庚	維生素 乙	維生素 丙	維生素 丁	維生素 戊
猪肉	一七·四	五三·五		五五八	四·四	0·010	0·一八六	0·00二六	十	卅	廿	廿			廿
猪肝	二一·四	四·八	一·四	一三一	一·四				卅			廿	廿	十	廿

牛肉	一九·0	一九·一		二四八	一·0	0·00一	0·二0五	0·00二四	十	廿	廿	廿	廿	廿	廿
牛肝	二0·四	四·五	一·七	一三九	一·六	0·00八	0·三五0	0·00八一	卅	廿	卅				廿
羊肉	一五·五	二六·二		八八八	0·八	0·00九	0·0六七	0·00二三	士	廿	卅		士		
羊肝	二四·一	九·0	四·0	一九五	一·七				卅			廿			
雞	二一·五	二·五		一0九	一·一	0·0一三	0·二三一	0·00三三	士						十
鴨	一八·三	一·九		二四四	一·三	0·0一0	0·一九七	0·00二七					十		
鯽魚	一五·九	一·三	0·一	七六	一·0	0·0一七	0·一八三	0·000九	士	十				廿	
雞蛋	一三·四	一0·五		一四八	一·0	0·0六七	0·一八0	0·000三	廿	一	廿			廿	
鴨蛋	一三·四	一0·五		一四八	一·0	0·0六七	0·一八0	0·000三	廿						
牛乳	三·三	四·0	五·0	六九	0·七	0·一二0	0·0九三	0·000三	卅	十	廿	廿	士	士	十
豆乳	三·七	一·六	二·0	四四	0·四	0·0二五	0·0四五	0·00二五							廿
醣			一00·0	四00											
猪油		一00·0		九00					士						士
芝麻油		一00·0		九00											
魚肝油		一00·0		九00					卅						卅
白米	九·三	0·三	七九·六	三五九	0·四	0·0一八	0·一四0	0·00一三						士	士
糙米	七·五	0·四	七六·七	三四八	一·0	0·0四三	0·三四0	0·00一八	十	廿	十	廿		士	
白麵	一0·八	一·一	七四·六	三五二	0·五	0·0三0	0·0九七	0·00一0				士		士	
黑麵	一三·0	0·八	七0·四	三三七	一·五	0·0五九	0·五六0	0·00三七	十	廿	十	廿		士	
麵條	八·一	0·六	五六·五	二六五	一·四										
掛麵	一一·二	一·三	六九·三	三三四	四·一										
黃豆	三九·二	一七·四	二五·四	四一五	五·0	0·二三五	0·四七0	0·00六0	十	十	十	卅		士	十
黃豆芽	九·一	一·六	五·五	七五	一·五						卄				
豆腐	八·四	三·0	一·三	六六	0·九	0·一九0	0·二00	0·00二五							
豆腐渣	二·六	0·三	[illegible]	四四	0·七										

豆腐干	二四·九	九·五	六·八	一九六	八·九									
毛豆	一六·〇	六·一	八·七	一五四	二·〇									
芸豆	一八·六	二·六	六〇·〇	三五八	五·五	〇·一五〇	〇·三七〇	〇·〇〇七六	十			卅		土
蠶豆	二八·二	〇·八	五八·六	三一四	二·七	〇·〇七一	〇·三四〇	〇·〇〇七〇	十			廿		
扁豆	二三·七	一·八	五六·五	三三三	五·二	〇·〇四八	〇·〇五三	〇·〇〇一一	十	廿	十	廿		
豌豆（乾）	二四·六	一·〇	五七·五	三三七	二·九	〇·〇八四	〇·四〇六	〇·〇〇五七	十	廿	廿	廿	土	土
豌豆（青）	五·六	〇·二	九·二	六一	〇·七				廿			廿	卅	土
綠豆	二三·一	〇·八	五八·八	三三一	五·五	〇·〇六五	〇·三二〇	〇·〇〇五三	十			廿		
綠豆芽	三·二	〇·一	三·九	二九	〇·四	〇·〇四二	〇·〇五四	〇·〇〇一〇	十			廿		
粉條	五·一	〇·二	九六·〇	三九八	〇·三									
西紅柿	〇·九	〇·四	三·三	二〇	〇·五	〇·〇一一	〇·〇二六	〇·〇〇〇四	廿	十	十	卅	卅	土
海帶	八·〇	〇·一	五五·四	二五五	三·五	二·二五〇		〇·一五〇〇						
榨菜	五·八	〇·三	一三·九	七八	一五·〇									
大葱	二·四	〇·一	一〇·四	五二	〇·五	〇·〇一〇	〇·〇四七	〇·〇〇一〇	土	十			土	
蒜頭	一·五	〇·二	九·四	四五	〇·七	〇·〇四二	〇·〇三〇							
紅蘿卜	一·二	〇·一	九·七	四五	〇·二	〇·〇四二	〇·〇三七	〇·〇〇一二						
白蘿卜	〇·六		五·六	二五	〇·八	〇·〇四五	〇·〇一八	〇·〇〇〇九	土	十	十	土	土	
胡蘿卜	一·一	〇·四	八·二	四一	一·〇	〇·〇四五	〇·〇三六	〇·〇〇一〇	土	土	十		十	
大白菜	一·一	〇·一	二·五	一五	〇·五	〇·〇五一	〇·〇三三	〇·〇〇一〇						
洋白菜	一·六	〇·三	四·五	二七	一·〇	〇·〇四五	〇·〇二九	〇·〇〇一一	廿	廿	廿	十	土	
小白菜	一·四	〇·一	一·九	一四	一·〇	〇·〇六四	〇·〇三四	〇·〇〇一五	廿	廿	廿	廿	卅	土
油菜	一·四	〇·一	二·五	一七	一·〇	〇·〇六八	〇·九四四	〇·〇〇三八	廿	十	廿	廿	卅	土
芥菜	二·二		四·七	二八	一·〇	〇·二〇〇	〇·〇五九		廿			廿	卅	廿
菠菜	一·八	〇·二	一·八	一六	一·八	〇·〇九六	〇·〇四三	〇·〇〇三五	卅	十	廿	卅	卅	土
萵筍	〇·七		〇·八	六	〇·八	〇·〇八二	〇·〇五三	〇·〇〇二二	十				十	

芹菜	一·八	〇·二	一·〇	一四	一·八	〇·〇五八	〇·〇五九	〇·〇〇八	±			+	+
韮菜	二·一	〇·四	四·五	三五	〇·八	〇·〇五八	〇·〇〇六						
黄瓜	〇·八	〇·二	二·一	一五	〇·五	〇·〇一六	〇·〇五三	〇·〇〇〇二	±			+	++	±
冬瓜	〇·四		二·四	一一	〇·三	〇·〇二三	〇·〇三九	〇·〇〇〇三					
茄子	二·三	〇·一	四·一	二八	〇·四	〇·〇一一	〇·〇五四	〇·〇〇〇五	+			+	+
秦菽(乾)	一五·五	八·五	六五·五	五九一	八·〇				++			+++	+
山藥旦	一·八	〇·七	二六·四	一一八	一·一	〇·〇一四	〇·〇五八	〇·〇〇〇一	+	++	+		+++
紅薯	一·三	〇·一	一六·二	七一	〇·五	〇·〇一九	〇·〇四五	〇·〇〇〇五	++			+	
藕	一·七	〇·一	九·七	四七	一·一	〇·〇一九	〇·〇六七	〇·〇〇〇四					+++

此表選錄自陳桒非先生營養治療法

成品食物之成分表

食物	單位	重量(公分)	蛋白質(公分)	脂肪(公分)	炭水化合物(公分)	熱量(卡)
大米飯	一小碗	一四〇	三	〇	二六	一一六
大米粥	一小碗	二〇〇	三	〇	二六	一一六
饅頭	一個	七五	五	一	三七	一七七
包子(肉餡)	一個	三五	三	一	一五	八一
包子(豆沙餡)	一個	三五	三	一	一七	八九
包子(水喝餡)	一個	七〇	四	六	三四	二〇六
餃子(肉餡)	一個	二五	二	一	八	四九
餛飩	十個	一〇〇	一三	七	四五	二九五
湯麵	一大碗	五〇〇	一二	九	五九	三二〇
藕粉(甜)	一小碗	二〇〇	〇	〇	三三	一三二
煮雞蛋	一個	五〇	六	五	〇	六九
炒雞蛋	一個	五〇	六	六	〇	九六

此表選錄自吳憲博士著營養概論

本區教育視察瑣記

林峯

一、誰說「農忙」不能開學？

——澄江二十七保國民學校——

當我們知道一號就要開始視察的時候，我們了解行政當局對峽區兒童的光陰是如何般切的注意啊！

我們懷着一顆興奮而緊張的心分頭預備出發的應[illegible]的簿錄和表格，結果因爲警報使我們準備工作不能如期完成於是只好延至二日清晨，各按着分配區域進行視察。

午前十一時許我由三花石到達夏溪口在中心學校進午餐，約一時左右。乘運河木船、到孫家溝，高家灣，大黃溝等地視察保國民學校，當我從石岩又趕回夏溪的時候，已經是暮色蒼茫了，也許是滿載而歸吧？當時我覺得整日的收獲只是有點疲勞！

陰雲籠罩着整個夏溪市，也籠罩了所有的山巒，看形勢昨夜的暴風雨大有繼續之兆，我仗着有一把湖南雨傘，於是餐後，又開始出發，今天的目的地是大石塌，走出了市街，老遠的，就聽見砰砰的打穀聲，一路行來，到處都有着三五人羣，在田畝中梭動，雖然水浸透了整個下衣，他們總是裂開嘴在笑，從裂縫間我瞧見他們的牙齒是和金色的穀子一樣顏色，像滿含着豐收的快意，於是我也笑了，只是面部上沒有任何表情。

因爲農人們的指點，我循着石道約經四十分鐘的徒步，二十七保國民學校，望了，在它的周圍，也和旁的學校一樣，沒有什麼特殊的地方，它位於小山頂上，後面有幾座高的山峯，這青翠的山峯絕成一架美麗的圍屏，在前面是一塊廣闊的稻田，稻田的中央橫貫着一條溪流——它不僅是這兒稻田的乳漿！他也曾奶大了這兒千年萬代的居民，我想這所學校的功用一定會和這溪流一樣的偉大！

當我走近校門的時候，就聽到裏面講話的聲音，再一注意，才知道他們已經開課了我輕悄的走到禮堂的長凳上坐下，我不知道我在想些什麼，只聽見外面拍拍地打谷聲，當劉校長和另一位先生猛然裏在我面前出現的時候，我幾幾乎要擁抱他們了，他也和其他的校長一樣，我用很奇怪的眼光注視着他說『你就是校長麼』！

本校的學生一共有二十一個，分爲兩班，照一般的作法，他們很可以合着一班教，在時間上分工，因爲這樣他們就可以輪替着休息，許多人都用『「農忙」』而藉口不能按期開學，這兒不也「農忙」嗎？怎麼還有二十幾個學生呢？可是他們並沒有什麼特殊不同呀！

二、困難是怎樣克服的

——北碚十二保民國學校——

雖然在時間上有兩日的距離，但它所給予我們飽滿底興趣，是和二十七保國民學校一樣，甚或可以說：『猶有過之』，因爲它們外貌雖同，而內容確有着顯著的差異，所以特別在這裏提供出來，以爲『尚有所待』的諸校先生作一參考，在今天，我想也許不是多餘的罷？

他『——十二保國民學校——的外貌組成部份，依然是山巒，村莊，田園和溪流，初秋的太陽猶還着餘威，酷烈的射滿山谷遇看這樣的勁敵，默念『蜀道難』，真是別有一番滋昧在心頭，好在我從這兒所得到慰籍，似乎等於一個健全的休息。

這所學校處在三個學校的包圍中，左有黑石凳，右有石龍橋，和牠比鄰而居的又是××部附小，尤其後者，在設備上雖不能說完善，但比較我們的學校，要好多少倍，特別是書籍發收得少，這對於當地的兒童和居民，是一個巨大的誘惑力量，假使沒有過去的裴然成績和今天的繼續熱鬥，誰能知道他的前途是如何的呢！

過去的成績不能吸住和保存上季全部學生，這是很顯然的，所以如何爭取學生與鞏固學校，這就成了我們年青撲素的童校長和童先生焦慮僾思的中心了，也許是『人急智生』吧？他們終於想出幾條幷非『錦囊妙計』的平凡方法，獲得了超過上季的人數（百零十名）克服了當前的困難。

方法是這樣的；一、先期招生，預定九月一日開學，他們在八月二十六日就開始報名報到，二、請保長通知各甲，然後再由各甲通知各花戶，在本保範圍內，催促所有及齡兒童按期入學，這是得到了當地保甲的幫助，而眞正獲得政策合一的實例，三、利用小朋友間的友誼讓他們各自在其親友鄰居間相互要約，四、兩位童先生親自作個別家庭訪問，這四條妙計的運用，終於使他們得到了預期的效果，從這件鐵的事實來作『事在人爲』這句至理名言，又得到一次明證。

這是一個非常平凡的方法，只要都願拿出苦幹硬幹實幹的精神來，一切困難都是可以克服的。

三、在艱苦中努力奮鬥

——文星中中心學校——

在戰時國家財政經濟支絀下，整理教育經費困難，這是很自然的，峽區當然也不能例外，所以在這樣困難的狀態中，而欲舉辦一所略具規模的中心學校——只要沒有上漏下溼空氣流通，光線充足——而不影響兒童的學習與健康者，都非倚賴地方公正士紳之提倡，和與鄉鎮公所做到切實政教合一的地步不可了。

文星中心學校在今天雖不能說是創辦，但因爲本期學生加多，教室不夠分配與廟址的年久失修，同時還有許多須得修裝和增加設備的地方，然當目前物價高漲的情況下，中校長和蘇鎮長要做到他們最低限度的理想，那末，今天所給予他們的嚴重的課題，就是如何打破經濟上的難關，取得地方人士和事業機關的幫助，——特別是唯一經濟來源天府煤礦公司的幫助，——否則，他們理想的實現，是很少可能的因爲：

一、文星鄉是山多田少，地脊民貧的地力，據正確統計那裏最大地主，年收不過一百五十石，而像這樣的戶數，又只三二家，所以就不能做到，捐助的普遍性與平均性，假使捐助者不熱心教育，更難希望他自願拿出相當數目。

二、不是一個商業區域，除天府公司外，有的只是小小店舖和攤販，因此要在市場上尋求校舍建築費，是根本行不通的。

三、交通上雖有北川鐵路可以聯絡，但他是專門運煤的工具，幷非爲流通物資和便利商賈的往來而設，所以在運輸上也是沒有辦法的。

四、民衆文化水準很低識字人數僅佔百分之十五，對於教育平素漠不關心，而且根本也就不懂，他們的生活方式，絕大多數是出賣勞力的苦工，所以在他們的生產和工作需要上，不會有這樣的要求，假使想動員他們，不僅沒有這種必需，而且也不可能收到效果。

以上四種原因，是文星學校的特殊環境，也是他不同於其他鄉鎮中心學校的地方，因此自申校長接辦以來，是用盡了方法，向着他們的目標前進，就如江北縣屬的某玻璃廠和煤礦公司他都鑽到了，但是『杯水車薪』只能說『不無小補』現在文校之所以還沒有陷入失望的深淵，而我們今天特別值得提出來發揚的，就是還有當地的一位德高望重的胡原華老先生有力的贊助，胡先生是五十歲上的年紀了，如果從他洪亮而爽直的談吐和對公益的熱情上看起來，這與青年的富有奮鬥意志的申蘇兩位是沒區別的，但胡先生在地方上公正的威望及所能號召的力量是駕兩人而上之，據他對文校的將來有如下一個計劃。

一、校地接近礦廠，空氣不潔，擬選擇一稍合乎上意之較平闊處，建築新校舍。

二、與天府公司磋商，請其担任全部建築費七層，而地方與區署任三層。

三、以能辦一完全學校爲建築計劃，我們看了上面的計劃，估計天府公司素來對文化事業的扶植與胡老先生所能發動的力量，這當然是沒有多大問題的，不過我們最後還得提出一點希望。

一、天府公司，是文星鎮唯一經濟機關，而中心學校又在礦區以內，據精確統計，文校二百餘學生，有百分之八十是公司職工子弟，從這樣看來，那末文校名義上雖是區立，實際上等於公司子弟學校，我們的希望是，在公司主持人方面，對礦區四周文化機關，應該作一個整個的有計劃的援助，好像過去廈門陳嘉庚公司和現在星島的永安堂一樣，當然天府對本區教育事業，已經作過很大幫助，那也是不可否認的事實。

二、申校長在爭取援助的時候，首先應該樹立良好的學風，把過去學生一種罷課散漫的習慣一洗淨盡在行政管理上，應督促每個教師都像前線衝鋒陷陣的戰士，移風易俗的社會導師，使我們和兒童間，應有一種像父子兄弟的關係，雖然人家覺得應該幫助，我們要做到他樂於幫助，蘇鎮長我們希望他本着一貫勇於負責的精神，拿出鐵的肩背，担負和推進學校整個教育計劃，但我們更希望胡老先生積極領導，至少在今年年內，對新校舍的建築計劃，有一個輪廓的顯現。

大小涼山考察經過

曾昭倫講演
高孟先記錄

本稿匆匆記錄並不及交曾先生本人校閱內容難免稍嫌瑣碎，但其責在記者

大小涼山並非一謎

今天能同北碚學術界同仁見面，并報告大小涼山考察經過自己感到非常高興，此番余到大小涼山，亦不過科學界後塵，因該地曾有六個學術團體去考察過，外間人對於大小涼山雖還是一謎，其實並無新奇和特異的地方，只在人們少有機會接觸或深入那個社會而已！

到涼山兩種人可去 計由西昌經昭覺（一八〇里）再通過大小涼山而至雷波行程共約四百八十華里，九日卽可走過。（西昌到昭覺四日，昭覺到雷波五日）地理上并無大的障礙，只是交通稍受天然的限制，此外或爲少數人事上的困難，因人們皆畏夷人的凶惡和野蠻，因此形成內地到邊疆去的。只有兩種人，一是郵差，因爲他在任務上是於人有益無害的，一是西洋人……他是在不平等條約上似乎是特權的。

外人到涼兩件慘案 可是西昌與雷波間不通郵，而外人到大小涼山者多未深入，因曾經外人入涼山在歷史上發生了兩次慘案，第一次是在前清一英人入涼行至××關，被夷人阻殺，又法人曾在昭覺寺傳教，當時昭覺成一天主教區，惟夷人（玀玀）與漢人文化不同，伊們並非有宗教信仰，而目的在借此機會索取教堂東西，玀玀作了教堂 主教之後卽爲自己戚友代向教堂索取物品，及至將教堂物品要完尙不爲足，後來鬧到不相信神父，而把神父拖死在地上，此事變年以後才交出凶手治罪，前在昆明某報看得一消息，謂天主教勢力在大小涼山很大，其實這是完全錯誤，現在外人還是裹足，涼山仍是一特殊區域。

涼山造成特區原因 涼山造成特區的主要原因，則在夷人在歷史上卽未被漢人征服，漢朝的武力，雖達到邛都（卽現在的西昌）但漢官并未深入涼山，現在玀玀是否爲漢朝之遺族，當不可考，有人謂漢代之玀 已同化於漢人，而現存在者爲雲南移來，故多爲地理關係，是以歷史情形看來，漢人多擇低地及物產豐富之地而居，而夷人則喜高山，此種民族勇敢好戰，幾千年來，漢人常被其擾，不勝防禦，清康乾時代，時有變亂，皇朝雖曾征服蒙藏，而於涼山一隅，尙偶有失敗，如乾隆初大小金川發生變亂，皇朝曾動員七省兵力剿滅，後因阻於山險與交通，并乾隆聽受皇太后之命停止征討，繼四川總督擬平定涼山仍被皇上敕斥此後再無有澈底之征剿矣，凡夷人出擾，僅用重兵壓轉，惟漢人尙能控制其交通線，故夷人只能避處一偶，清末昭覺才建城，漢人約有數萬移居其間，民八年夷人在西昌昭覺大叛，（因當時漢兵招有部分夷人充任）殺死漢官及漢人，逃出者僅少數同夷人有密切關係之漢人，餘留一部漢人之坟墓未掘耳：當時夷人勢力，東至雷波，西至西昌，北至峨邊，其縣城全爲夷人所佔，昭覺縣迄至廿四年始收復，繼又一度淪入夷人之手，今年三月始再克復，現在西昌以北二十里雷波以西十里，卽入夷人之躬。

部落制度主奴階級 夷人社會組織分統治階級和奴隸階級兩種，統制階級，爲黑夷，卽純粹玀玀，奴隸階級爲白夷卽娃子（夷漢雜種）此或種族不同，所以形成了階級，吾人以其體格觀察，黑夷善戰，體格高大慓悍，白夷體格較小，多近漢人，但仍有近於黑夷者：其社會制度，仍爲落部社會，民族分若干支，家，私產制度雖然存在，但帶部份共產社會意味，趙爾豐平藏時曾有溝通雷建（建昌）通道之計劃，惟勘山隊長在大涼山爲夷人所殺，故此道路始終未能通達，目前所行者，悉爲舊有險道。

夷人之需爲鹽與布 吾人入大小涼山應準備事項：夷境以內一切交易多以物易物，法幣或其他貨幣夷人均不接受，暫有以生銀作交換者，故吾人入境有兩種物品必需攜帶一為布，一為鹽，尤其鹽最為夷人歡迎因其用途，大部用以喂養牲畜，人吃甚少，故鹽成為夷人勞力重要代價，至於布疋，多用九寸寬之榨布，且最喜有顏色者，夷人對量多不相信，布皆用方，每匹布約廿六方，（以對角一折為方）此外為針線，裝飾品，小鏡，小手巾，頭繩，等物（萬金油）及破膠鞋等辦為夷人所歡迎。

深入涼山要保險費 由西昌到昭覺，毫無困難，力夫為雇用漢人，昭覺至雷波，不僅力夫須雇用夷人，而要覓定「保頭」始可通過，「保頭」為有力之黑夷，須百分之十的保險費，并只能在勢力範圍內，每經一段途程當要幾經保送，始克到達目的地，且常有商人（尤其鴉片煙商）被保送之黑夷出賣作娃子者，（原每人可值很三五兩現一人仍值卅餘兩），不但如次，昭覺，雷波縣城居民常被夷搶刼出賣，不分男女老幼以爵成搶刼販人的風氣。

涼山之位置及交通 大小涼山位於昭覺雷波之間，昭覺在西昌之東稍偏北，雷波又在昭覺之東稍偏南，進行路線，由西昌至大涼山頂（黃毛梗）一段交通尚便利，而由黃毛梗至雷波，則較困難，因路道狹小，山勢甚陡，且雜草叢生，路徑莫辨，在趨風氣，但我們只要把線索找好，夷人對待還是客氣，因為究竟夷族立於被漢人統治的地位。

入山要打聽兩件事 入山時兩件事必須事先打聽清楚的：一為沿途站口，一為每站里之夷氏族，（支家）及領袖姓名，因為吾人住宿必須到當地黑夷領袖之家住且須近於黃昏時入舍，否則，即遭輕視，或引起夷人間之衝突，因為漢官到此，以住自己之家為榮幸事，夷人的生活情形，住的方面，普通房舍為平房三間，一間

夷人生活與漢不同 為家主住地，一間為牲畜住地，中間則係一長方形火坑（灶）這是夷人生活活動的中心其他如床桌椅凳等設備均無，少數人家僅有櫃子設備，衣的方面：男子內衣多與漢人同，惟外衣則係毛織毡衫，女子上著短襖，下着大裙，不着褲，外毡衫，男女均赤足，無被蓋設備，晚間即以毡衫覆蓋，食的方面：夷地多在山谷中，米谷產量甚少，低地所產為玉蜀黍，燕麥洋芋，高山產蕎子，每日只吃早晚二餐，麥，蕎，玉蜀黍均係磨成粉米作粑多用生水混和在健康衛生上飲水最成問題，食具全為木質（碗匙）食亦分階級，黑夷多食麥，白夷多食蕎子。

四足動物招待上賓 至於招待賓客，時間多在晚上，食品除谷米外用，動物並以四足為貴，如牛羊猪等，以其大小而定高貴之標準，雞鴨次之，且招待之動物，必獻於客人當面打死，以表與賓，烹調方法多近漢人，只在調味與生熟上不及漢人考究耳：

夷人禁忌與打冤家 夷人禁忌甚多，如賓客進屋不能坐於火坑側之僕奴地位，火坑之石不能用足踏，以至放屁亦為失體之事，此外打冤家，即一種仇殺之爭鬥，為夷人中最普遍的戰爭，其調解多為女子之力，因女子在夷人中較為尊貴，雙方「打冤家」每每為女子而起亦每每為女子而息者，如對抗之家，一女出而調解或嫁與敵對之家，則一幕悲劇可即轉為喜劇，且一事之妥協或主奴關係之調整及對漢人之找誠辱，其典禮儀式普通為飲血酒，特殊者則為鑽「牛皮」即

將牛殺後將皮繃於木架上，雙方代表人於其皮下鑽過以示信守。

夷人文字類似象形　至於夷人文字組織：夷人中識文字者名"筆目：即類似漢人之道士，文字構造，類似象形，如漢文「一，二，三，四，」夷文在寫法爲「一 二 三 目」數字大抵相同，惟其字母僅廿四個每字代表一物或一動作，字音有單音亦有復音，并寫的順序係從右至左，與英文從左自右不同耳。

大小涼山地質森林　大小涼山地質及森林情形：大涼山頂之西多土坡爲頁岩砂石，山頂之東，山坡很多，岩層多爲石灰岩，森林山頂多冷杉，山半多闊葉樹并有涯地宜畜牧，大涼山以西森林甚少，以東森林尚茂，名種礦產埋藏甚豐。

本區夏令衛生運動實施法

衛生所

甲宣傳：

壹，意義：

一、使民衆了解清潔衛生的利益。

二、使民衆具備清潔衛生的常識。

三、使民衆能切實照行。

貳、內容：

一、公共衛生。

二、家庭衛生。

三、個人衛生。

四、傳染病常識。

五、夏令衛生常識。

叁、方式：運用學校教師學生及保甲組織推行。

一、文字宣傳：

1. 印製衛生標語傳單張貼各處。
2. 印製彩色漫畫并分別講解。
3. 印製各種清潔衛生要項張貼住戶內使其易於檢討及實行。
4. 日報刊載衛生常識特刊。

二、口頭宣傳！

1. 運用標語掛圖擴大街頭講演。
2. 在遊藝會及國民月會等集會講演。
3. 下鄉挨戶口頭宣傳(用訪問方式)

三、展覽宣傳：

1. 用科學院製好之衛生模型標本。
2. 搜索各種衛生掛圖畫圖。
3. 繪製各種戶口死亡疾病統計表。

四、宣傳：

1. 設醫療院義務診病并說明生病之原因以提起清潔衛生之注意。
2. 組織清潔衛生服務隊，實行清潔工作，以爲民衆模範，而資提倡。

乙組織：

壹、組織全區清潔衛生推行委員會，由區內各公私醫院，醫學院體育學校，及區署共同組織之領導及推行全區清潔衛生事宜。

貳、各鎮組織清潔衛生推行委員會，由鎮公所保安警察隊及中心小學并有關事業機關共同組織之，推行全區清潔衛生事宜。

叁、清潔衛生推行委員會設委員五人至十人，由參加機關派專人負責担任之，本區區長及鄉鎮長兼任主任委員，以下分設總務，宣傳，推行，獎懲四組，每組視需要得設正副處長各一人，由委員兼任，組以下得設幹事若干人辦理一切會務。

肆、推行組以下設推行大隊，以鎮長兼大隊長，中心學校校長為副大隊長，保長兼中隊長，教師為中隊副，甲長及學生為隊員，負責清潔衛生推行任務。

伍、宣傳，以下設宣傳隊，展覽隊，醫療隊，服務隊隊長由幹事分別担任學生防護團員任隊員，負清潔衛生宣傳諸任務。

丙、訓練：

壹、訓練方式：

(一)、舉辦研究會由委員，幹事，保長教師聯合舉辦之。

(二)、舉辦講習會由保隊附，甲長，防護團員，學生聯合參加。

(三)、普通集會全體民衆在參加國民月會時施以普通訓練。

貳、訓練事項：

(一)、清潔衛生之內容及實施事項。

二、推行清潔衛生之方法及注意事項。

三、推行人員之修養及準備事項。

丁、推行：

壹、推行事項：

一、公共衛生。

1. 垃圾處理！

△門戶每日自行掃除須隨時保持清潔。

△由清道夫按時收集傾倒規定地點。

△垃圾每三日用火焚化一次。

2. 水溝處理：

△凡有陽溝一律改為暗溝。

△市區陰溝貫通總溝，并須有傾斜度使污水得以排洩市外。

△各水溝進水處安置竹濾，以杜粗大渣滓閉塞其內。

△水溝應每月疏通一次，以免污水外流。

3. 廁所衛生：

△取締市區不合衛生及地位不合之廁所。

△設計建築新式公共廁所。

△連絡農家每日晨早除去一次，過時禁止挑運。

△公私廁所，每日須掃除二次，并散佈石灰或臭水，每三日撒殺蛆藥一次，并禁止民衆隨地便溺。

4. 飲水衛生：

△畫定江邊汲水區并建築水碼頭

△禁止挑夫入水汲取，在本汲水區傾倒垃圾與洗濯等

△田水禁示施肥與洗濯，凡飲水均須用明礬澄清及沙缸濾清凡飲水均須用藥水消毒并飲用沸水。

5.市衛生：
△多設痰盂盒及果屑箱。
△禁止行人亂拋垃圾。
△規定廣告地點。
△店舖戶須隨時保持牆壁清潔。
△取締各行業不合衛生習慣。
△飲食衛生：
△訂定飲食店取締規則徹底實行。
△取締不合衛生之飲食店及零食攤。
△凡食品切須用紗罩保護以防微菌傳入。
△檢查食店廚房廚工一切用具之清潔
△禁止出售腐爛食品。

二、家庭衛生：

1.居室
△多開窗戶使光綫充足空氣流通。
△室內要乾燥溫度要調節。
△設備宜簡單以杜鼠子潛藏。
△每日須洒掃一次尤於牆壁角落，均須使之無污。
△剩餘食品不拋地上，食後必掃除一次。

2.廚房：
△廚房須與廁所隔開。
△廚房及食物藏入櫃內或用紗罩蓋好以免蚊虫飛入。
△水溝宜加蓋子不亂拋菜屑。
△飯後即洒掃一次。

三、個人衛生：

壹、常洗換常剪指甲，1.常理髮2.常漱口3.衣服被褥清潔常換洗內衣破爛即補好，被褥常常晒3.飲食的清潔不吃腐食物，不吃不清潔食物1.吃開水2.碗筷要乾淨3.習慣的清潔，不隨地吐痰4.不隨地便溺，不隨地倒垃圾5.種牛痘6.打防疫針7.不飲酒，五不吃烟，他人面巾不擦眼。

貳、推行日程：

第一日：清潔衛生宣傳日。
第二日：推行隊員比賽日。
第三日：公共機關清示範日。
第四日：公共衛生推行日。
第五日：家庭衛生推行日。
第六日：個人衛生推行日。

叁、推行方法：

一、倡導後及示範：
1.公共衛生由推行人員共同參加工作先由公共機關做起。
2.家庭衛生由推行人員家庭做起。
3.個人衛生由推行人員本身做起。

二、輔導及督導：
1.推行人員分區勸導。
2.派輔導員分區勸導
3.各隊長分別督導

三、檢閱與比賽
1.各住戶最清潔者及最不清潔者應由各推行人員及各機關前往檢閱參觀
2.制定檢閱表格執行檢查
3.戶與戶以達到最清潔者為比賽標準

4.甲與甲以優劣等級之比例爲比賽標準。
5.保與保鎮與鎮賽標準
6.市街與市街機關與機關 同業與同業分別比賽。（其比賽檢查表另定之）

四、獎勵與懲罰獎勵：

1.行人參觀介紹，及就日報，簡報，登載之。
2.集會報告表揚。
3.贈送書畫錦旗及清潔標示牌等紀念品
4.贈送劇卷，浴卷，及低費診斷證等
5.毛巾，手巾，牙粉、肥皂、瓷盃、等日用品。
6.蠅拍、掃把、痰盒，果屑抽水桶，等清潔用具。
7.救急水：八掛丹，萬金油，消毒藥水，等藥品。
8.享受其他優先公益設施。

五懲罰：

1.登報於簡報日報月刊。
2.月會及其他集會報告。
3.處罰釀製公共衛生器具。
4.如係營業性質者可停止其營業

六、持久與徹底

1.全區規定每星期六爲清潔日，舉行擴大宣傳，若遇逢場則提前一日。
2.每保出教師保隊附，甲長等輪流充任，每十日派值日舉行不定期清潔檢查一次，並報告檢查結果。
3.製定各種清潔取締規則命令實行，并隨時檢查嚴格執行獎懲。

△住戶衛生規則（參考川省會公安工作年報）
△個人衛生規則。
△取締飲食店規則。
△取締茶館業規則。
△取締水果業規則。
△取締菜園規則。
△取締熟食攤規則。
△取締浴室規則。
△取締理髮店規則。
△取締戲院規則。
△取締旅店規則。
△取締肉商規則。
△取締廁所規則。

4.清潔最清潔及不清潔最清潔等木牌隨時就檢查結果視其清潔程度給予懸掛門上以示勸懲。
5.凡担任清潔衛生工作任務者隨時皆施行檢查若有違規者先加報告，警戒，然後處罰如此經常執行則易於徹底持久。

嘉陵江三峽鄉村建設實驗區署三十年度十月份工作概況

甲　民政方面

一、倉儲

1.積谷今年征收積谷，黃桷文星早收完竣報署，其餘未完各鎮，規定截至本月底止，必須掃解，又本年征收積谷本署有三項調查：第一已納積谷而未得收據者，第二各鎮張貼諭示有無『無名字者』，第三所得積谷收據與納積谷是否相符，如以上一點有問題就是經收的保甲或幹事助理幹事的舞弊，人民可明密報告區署是有重獎的。

2.軍糧去年本區各鎮應徵募之軍糧值此本年秋收後，務須照勸募數字徵納清楚望各仲民要踴躍捐納。

3.貸谷金之徵收 本區除田谷已納外，如房租營業稅、等，亦準備開始徵收貸金，盼望勸導人民踴躍繳納。

本署奉令徵收優待谷公積谷等附加煤礦，每噸二元，現已印好說明書，內分為四點(甲)法令根據(乙)辦理經過(丙)實際需要(丁)理由四點，請各教師特別詳細閱看廣為解說因說明書實際需要欄中就有教師積谷，每年實際需要二千三百三十八石，佔全數百分之十三，其他抗屬軍糧積谷等，亦更重要，現在教師每月積谷尚虛懸無着，所以應向工商礦紳勸導踴躍徵納以濟急需。

二、警衛

1.嚴防扒手小偷， 現在冬防將屆，扒手小偷遂漸猖獗，除嚴密保甲組織外，大家應相互勸告，本署「夜夜防強盜」之精神，嚴密防範，根絕小偷。

2.明密調查嫌疑人家——我們為了萬一不幸有破盜情事，要立刻將全案破獲，即非平將附近周圍人們的生活情形逐一調查清楚和可疑的人加以明查暗訪，供給治安機關，然後偵查才有把握，獲得綫索，乃至破獲全案。

三、禁煙

1.勸導煙民，目前已到了絕對禁絕的時候，上峯一再令飭總檢舉，現又派來王視察員親赴各鎮抽查，如再有勸戒後偷吸或設燈供人吸食，一經查覺，絕對槍斃，望大家廣為宣傳煙毒之害甚於亡國滅種，值此抗建時期，決不容許有一煙民存在。

2.報請檢舉 如其煙民們經勸仍執迷不悟，即報鄉鎮公所或區署拿案辦理，財產查封充公，犯者依法治罪，報者按規給獎。

四、其他

徵求特效單方：本署奉令徵求中西藥特效單方，如經報請認為合格者，互訂協約，酌給酬資，一面給前方將士，一面節省巨資，望勸有特效單方者迅報請登記，不可保守秘密！

2.取締哥老會：一、四川清鄉會議 委座關於哥老會問題之訓示略謂：「哥老會乃一種不合法的組織和份子，絕對不能予以縱容，尤其是共產黨，現在對他們到處煽動誘惑，將來難免不影響社會的治安，我們政府絕對不能讓這種非法的組織蔓延滋長來防害社會，牽動大局，一定要澈底防止，以達到我們安定社會的目的」。二、政府又有明令規定所有哥老會一律解散，曾加入者須具退出切結，未加入者，亦應具以未加入切結，倘有不遵令辦理或秘密活動者，即受相當處罰，望大家互相勸告，不要受壞份子的愚弄。

乙、建設方面

一、推廣白猪 本區的白猪推廣計劃，已擬訂獸疫情報組織，暨獎懲辦法，以各保保長及各獸醫為情報監督員，凡飼有猪牛之農家或住戶均得為普通情報員，並規定報告猪有傳染病者每頭獎勵一元，牛每頭獎勵五元，有病不報引起鄰家損失者罰洋十元。

二、公債收據本署月前奉令募集軍需公債所發臨時收據、應予收回掉換正式收據，無如少數鄉民，不明此項公債性質，多將臨時收據遺失，本署乃變通辦法，將正式收據發交各鎮鄉公所按期換發，至十一月底截止，前發之臨時收據一律作廢，業已佈告并登報週知矣。

三、獻機捐款　本區勸募捐款獻機，雖經最大努力，然所得捐款，與預定二十萬元之數相差甚鉅，後經開會議決，舉行游藝募捐三日，并請旅店業，飲食業，及理髮業，及各書店義賣一日，共襄盛舉。

四、戴黃鐵路　三才生煤礦公司，建築戴家溝至黃桷鎮一段鐵路，請託本署協助征用土地事宜業經召集土地房屋評價委員會議，評定田土價值，惟各地主要求過奢，因此尚未解決。

五、保護電線　軍用電話線，關係戎機極爲重要，本署昨奉重慶衛戍總司令部訓令，切實負責保護以期通信靈活，本署業已轉飭各警察隊遵照矣。

六、規定力資　北碚河邊至市場及新村等處力資，前雖經本署規定，無如日久玩生，藉以物價續漲，不適合目前應用，本署特重新規定，印製力價單，分發各力夫，准客方報告保安警察隊懲究。

丙、教育方面

一、核定教師月薪：本期錄取新教師，截至十月份止計五十七人，內有三分之一係師範學校畢業，三分之一係中學畢業或肄業，三分之一係初中畢業，月薪數目已按照本署規定標準核定，最高者爲九十圓，最低者爲四十元，平均數爲五十元。

二、核定上期教師成績：三十年上期本區各教師曾經各鄉鎮長參照地方人士意見，將各校鄉鎮國民教師成績評爲三級九等，列表呈報區署，復由區長參酌本股主任及教育視導員意見作最後決定，是項手續已於十月份辦理完畢，并按照各教師等級分別加薪，最高爲三十五元，最低爲十元，合原薪計算有達一百一十餘元者。

三、發給優良教師獎金：三十年上期優良教師，應行給獎金者已參照各方意見議定如次：黃桷鎮中心學校校長杜英，白廟鄉中心學校校長唐愉，各給獎金一百二十元，北碚鎮中心學校教員秦廣德黃桷鎮第六保國民學校校長陶俊生、黃桷鎮第二十一保國民學校校長萬緒一，龍鳳鄉第七保國民學校校長張佐卿，澄江鎮中心學校教員江國英，陳德瑤，澄江鎮第二十二保國民學校校長馮超，澄江鎮第二十七保國民學校校長劉文蔚，各給獎金八十元。

四、第二巡迴輔導團蒞峽：四川省政府教育廳，國民教育巡迴輔導團第二團，一行六人於十月份來峽，第一星期在本區北碚鎮中心學校參觀，第二星期在北碚鎮中心學校試教，第三星期參觀本區各級學校，並於十月二十六日分別參加本區各鄉鎮國民教育研究會議、

五、參加地方教育輔導會議：國立重師範學校，於十月二十四日選行地方教育輔導區三峽實驗區輔導會議，本署教育股主任，教育視導員，民教館館長及各鄉鎮長，各中心學校校長全體參加，除各項報告外提案有重師與區署合提者一案，重師提出者四案，區署提出者三案共計八案，每案均加以詳細討論，結果甚爲圓滿。

六、舉行國民教育研究會議：十月二十六日分鎮舉行第一次國民教育研究會議，從本次起，辦法略有變更，即將本

會分爲下列六組(一)國算教學組(二)常識教學組(三)美勞教學組(四)唱游教學組(五)體育教學組(六)復式教學組各鄉鎮每學期認定一組進行討論，每次討論關於分科教學方面，照題爲限，其題目及討論大綱先期宣佈之，其他重要問題，亦得臨時提出討論，每組設指導員二人，由本署教育股主任教育視導員國立重慶師範學校教育輔導員担任之，每討論完畢時由各中心學校將討論結果，即發全區各校，並分別呈送本署及重師備查，

七、檢驗兒童體格：本署爲促進本區兒童健康起見，每學期必舉行兒童體格一次，本學期定於十月二十七日起，每星期一、三、五、午後一時至四時，在北碚衛生所施行，先期由教育股通知各校，按照編定時期人數，由教師率領來碚檢查，檢查後再舉行缺點矯治。

本刊徵稿條例

一、本刊以反映三峽實驗區建設事業之進展情況，交換鄉建實施經驗，改進農業及生產技術爲主旨，歡迎投稿，其範圍如下：

1.峽區各建設事業進展概況。

2.峽區各項建設工作中的困難與克服困難的經驗。

3.全國各地鄉建消息及實施經驗談。

4.鄉村建設之理論著述。

5.世界各國建設故事。

6.生產技術改良實例。

7.科學發明故事。

8.自學成功者的學習經驗。

9.有關抗戰建國的名人講演。

10.中國新興工業的介紹。

二、來稿須繕寫清楚，幷加新式標點（標點佔一格）。

三、譯稿請附寄原文或註明出處。

四、來稿本刊有修改權。

五、稿末請註明作者通信處，以便通信。

六、來稿請寄北碚實驗區北碚月刊社

北碚月刊 第三卷 第十期

民國三十年十月卅日出版

編輯者 嘉陵江三峽鄉村建設實驗區北碚月刊社

發行者 嘉陵江三峽鄉村建設實驗區署 四川北碚

印刷者 京華印書館 北碚天生橋

代售處 北碚重慶各大書店

每期實價伍角

全年十二册陸元

嘉陵江日報四大特色

一、每日必有抗戰收音消息
二、每日必有峽區事業進展消息
三、常有邊地的採集通信
四、常有國內外特約通信

訂報價目：
零售法幣一角
每月一元二角
國內郵費三角

廣告價目：
每日每方英寸一元
長期特大者面議

將來的三峽

生產：
大規模增加特種農產、林產、和畜產。
大規模開發礦產——由土法開採到機械開採。
大規模創辦工業——由手工業到機械工業。

交通：
凡生產區都通輕便鐵路。文化區和風景區都通公路。
任何村落都通郵政、電話、和電報。

文化：
每保都有小學校、成年補習學校。
全區有大的圖書館、博物館、和運動場。
每保都有圖書閱覽室、展覽會、民衆會場、運動場、和俱樂部。

人民：
皆受教育。
皆有職業。
皆有現代的知識和技術。
皆能爲公衆服務。

地方：
皆清潔。
皆美麗。
皆有秩序。
皆可居住和遊覽。

第三卷
第十一二期

北碚

林森

民國三十年
十二月卅日出版

北碚月刊第三卷第十一二期合刊目錄

四川嘉陵江三峽鄉村建設實驗區署發行

本刊重要啓事

本刊自廿五年秋出版以來，已五載於茲，出書凡三卷十期，其間雖未能獲得預期之效果，然同人等皆力竭棉薄，自審於鄉建工作或不無影響，惟自抗戰軍興，本刊以紙料及印刷種種困難，出版常常衍期，致備多數閱者之關切質詢，茲爲答謝讀者鼓勵之雅意起見，本刊擬自本期始，亟力設法按期出版。敬希讀者鑒察爲荷

北碚月刊社謹啓

嘉陵江三峽鄉村建設實驗區署卅一年度工作計劃綱要目錄

甲、原則

乙、綱領

丙、要項

一、民政方面：

(一)、實施地方自治

1. 嚴密戶籍管理
2. 健全保甲人員
3. 建立民意機關

(二)實行兵役政策

1. 宣傳
2. 調查
3. 征集
4. 組訓
5. 優待
6. 防逃

(三)完成防空事宜

1. 防空宣傳
2. 防空設備
3. 防護訓練

(四)維持治安秩序

(五)加緊根絕煙毒

(六)切實管理糧政

1. 清理積谷
2. 管制糧價
3. 建築倉庫

(七)強化警察訓練

(八)發展衛生事業

1. 訓練衛生人員
2. 恢復本區醫院
3. 擴大防疫運動
4. 增設治療分所
5. 宣傳衛生教育
6. 實施公共衛生
7. 舉辦健康比賽
8. 建築療養病院

(九)辦理社會救濟

1. 救濟方面
2. 組訓方面

(十)厲行國民月會

(十一)改進人事管理

1. 組織
2. 訓練
3. 考核
4. 福利

二、財政方面

（一）健全財務行政

1. 調整征收機構

2. 加強監察組織

3. 厲行公庫制度

4. 設立田賦管理處

（二）整理各項稅收

1. 田賦

2. 課稅

3. 公學產

（三）增強工作效率

1、實施內部牽制

2. 改進財物管理

（四）附屬事業督導

三、文化方面

（一）推行國民教育

1. 增設國民學校

2. 實行政教合一

3. 徹底掃除文盲

（二）提高教師待遇

1. 年功加俸

2. 獎勵優良

3. 實行供膳

4、厲行餽贈

（三）增培國民師資

（四）厲行輔導制度

1. 經常視導

2. 辦理週刊

3. 輔導研究

4. 示範教學

5. 數學演示

6. 巡迴文庫

7. 組參觀團

8. 舉行月會

（五）注意衛生教育

1. 體格檢查

2. 組衛生隊

3. 設醫藥箱

4. 健身運動

5. 厲行清潔

6. 防疫接種

（六）實行辦理社教

1. 組宣傳隊

2. 出版壁報

3. 勞動服務

4. 闢運動場

5. 設閱覽室

（七）充實學校設備

1. 造起建設運動

2. 增置圖書儀器

3. 設備應用校具

4. 徹底登記校產

(八)普及社會教育

1.民教館
2.博物館
3.圖書館
4.體育場

(九)擴大文化宣傳

1.嘉陵江日報
2.北碚月刊

四、經濟方面

(一)農林

1.糧食增產
2.推廣優良品種
3.推廣改良蠶種
4.防治病虫害
5.育苗造林
6.組織農會
7.設置特約農家
8.舉辦農產展覽

(二)畜牧

1.改良種猪
2.防治病疫
3.改良猪舍
4.指導飼養
5.提倡養羊
6.提倡養魚
7.提倡養兔
8.辦理家畜保險

(三)水利

(四)合作

1.普遍合作組織
2.發展各社社務
3.發展特產產銷
4.推進消費業務
5.籌設業務供銷
6.調整合作金融
7.普及合作教育

(五)礦業

1.煤業
2.石灰
3.耐火材料

(六)工業

1.改良小手工業
2.籌設機械工業
3.促進化學工業

(七)商業

(八)交通

1.道路
2.電話
3.電報郵政
4.船隻
5.車輛
6.輿馬
7.力伕

(九)度政

1.推行
2.檢定
3.檢查

(十)地政

1.土地測量
2.土地陳報
3.土地金融

(十一)市政

嘉陵江三峽鄉村建設實驗區署三十一年度工作計劃綱要

甲、原則

一、本計劃按照本署各部份事業之性質分為民政，文化，財政，經濟四部份。

二、本計劃斟酌本區人力，物力，財力，核實規劃，務以凡所設計，悉能澈底實行為主旨。

三、本署工作人員，本埋頭苦幹之精神，權衡輕重，先其所急於作始之時慎重考慮，計劃既定，即全力以赴，求其實現。

四、本年度以實施新縣制，完成鄉建模範區域為目的，故在消極方面：從肅清匪禍，禁絕煙毒，防預災患……先求地方之安定。在積極方面：從健全人事，調整機構，確立預算，普及教育，增加生產……次及地方之建設。

五、本署各單位，根據本綱要，再擬定實施辦法及工作進度表。

乙、綱領

一、民政方面：

(一)充實鄉鎮及嚴密保甲組織，以加強行政效率，促進地方自治。

(二)舉辦全區保甲人員訓練，以充實管、教、養、衛、知能，擔當推動戰時工作，及完成地方自治之任務。

(三)定期總檢查煙民，根絕煙毒。

(四)清理積谷，管制糧價，以充裕戰時糧食之儲備及調節。

(五)調整本署警察機構，改進長警質素，提高服務精神。

(六)訓練全區衛生人員，普遍推進公共衛生。

(七)切實預防本年災荒，舉辦社會救濟事業。

(八)組訓義勇警察及國民兵，以充實民衆自衛力量。

二、財政方面：

(一)整理本區財政，以鞏固地方財政基礎。

(二)整理本區稅收及公學產。

(三)健全財政制度，使收支預算臻於合法合理。

(四)整飭人事，增訂獎懲辦法，以增進財務行政效率。

三、文化方面：

(一)增設中心學校二所，國民學校十六所，以普及國民教育。

(二)充實並增設各級民衆學校，以發展社會教育。

(三)整理地方教育經費，以提高教師待遇。

(四)充實各校設備，厲行視導制度，督導教師進修，以改進學生之質量。

（五）配合各種建設工作，實施生產教育。

（六）充實「嘉陵江日報」及「北碚月刊」以擴大文化宣傳。

四、經濟方面：

（一）增加糧食生產，以安定人民生活。

（二）發展國際貿易產品，以換取外匯。

（三）開發本區鑛產，以增國防工業原料。

（四）整理全區水陸交通，完成通訊網。

（五）舉辦塘堰建築，以增灌溉。

（六）推廣合作事業，調濟農村金融。

（七）實施平價辦法，杜絕居奇操縱。

丙、要項

一、民政方面：

（一）實施地方自治：

1. 嚴密戶籍管理：隨時抽查戶口，嚴格執行異動登記，辦理各項統計。

2. 健全保甲人員：

（1）由本署分期調訓保甲人員，施以一月之政治及軍事訓練，於本年六月底完成。

（2）普查現任保甲人員，如有不負責或不能勝任者，予以裁汰，選拔地方優秀青年，依法定標準，遴選訓練補充。

3. 建立民意機關：

（1）本區各保保民大會及鄉鎮代表會，促其按時舉行，由鄉鎮公所或區署分區派員督導。

（2）籌組區參議會：照中央通令，依法成立（縣）參議會，選舉議員，幷定期開會，負責推動地方自治事務，以樹立憲政之基礎。

4. 籌設新劃鄉鎮：北碚鎮因轄境過大，為工作便利計，於本年度內，改劃為北碚、金剛、龍鳳三鄉鎮。

（二）實行兵役政策：

1. 宣傳：

（1）健全機構：

A 強調兵役協會宣傳組。

a 設專任組長一名，辦理宣傳事務。

b 各中心學校及保國民學校校長教師為當然宣傳幹事，接受兵役協會宣傳組之指導。

B 加強兵役宣傳組織：

a 運用地方士紳、抗屬、教師、學生，加以聯絡訓練深入鄉間宣傳。

b 設立兵役詢問處，以各學校設立一所為原則，指定教師一人負責。

c 各鎮公所，指定幹事一人，專任宣傳事宜。

（2）應用方式：

A 勸導：運用抗屬學生，及有聲望士紳等，分別對其接近之親友勸導服役，每年舉行一次。

B解答：運用兵役詢問處，凡對於各種法令及設施，有不明瞭的民衆，根據事實及法令，予以解答。

C展覽：收集各種有關兵役之圖畫照片實物作有系統之展覽宣傳，本年舉行二次。

D講演：運用各種集會，紀念日，季節，舉行兵役宣傳，本年舉行擴大宣傳兩次。

E其他：

a戲劇：全年巡迴各鎮表演二次。

b壁報：各鎮每月出版一次。

c特約：各鎮約定特約茶園一家，訓練說評書，及打金錢板者，經常作各種宣傳。

2.調查：

(1)調查人員：

A各級兵役人員。

B保甲人員。

C備役幹部。

D已受訓之優秀國民兵。

E各機關學校團體。

(2)調查事項：根據戶籍冊分別作下列調查：

A壯丁調查：甲級，乙級，已訓，未訓，出征，應征各項。

B役別：免役，緩役，禁役，停役，出役，服役各項。

C在廠工人：普通及技術員工。

D在鄉軍官：人數，素質及異動，

E樂服兵役史蹟：送子從軍，送夫從軍，送弟從軍，送友從軍，代兄出征，代弟出征，棄業出征，捐獻軍糧，捐資優待抗屬等。

F領卹情形：正領，未領，請領，冒領，無人領卹者，領卹原因消滅者。

3.征集：

(1)嚴格免緩聲請：全年舉辦聲請一次。

(2)既守三平原則：在征集壯丁時，由區署派員到各鎮鄉監督巡查。

(3)改善交撥手續：由鎮鄉直交接兵部隊，以省手續，而杜弊端。

4.組訓：

(1)成立在鄉軍官會：協助國民兵之組訓。

(2)成立幹部備役會：義務幫助組訓。

(3)健全國民兵幹部：甄選保隊附，淘弱留強，每季集中訓練一週。

(4)整理編組：全年澈底整頓地區，年次編組一次。

(5)加強普訓：預定全年於農隙時期，普訓五次，每次以訓練一百八十小時為準，由區署派員分區督導，由各學校教師協助。

5.優待：

(1)籌劃優待金：照部頒辦法，征收優待金。

(2)發放優待金：全年發放兩次，每次每戶發放二百元。

（3）籌組征屬合作社：寓優待於生產。

（4）籌組征屬服務隊：以中學校師生組成，每兩週到各抗屬家庭服務一次。

（5）籌組代耕隊：以鎮為單位，視實際需要組成之。

（6）籌組撻谷隊：以鎮為單位，於收穫時期組設之。

（7）創建陣亡將士紀念碑。

（8）補送抗屬子女免費入學。

（9）介紹抗屬職業：視抗屬技能而定，以三十人為限。

（10）舉行季節慰勞：定春節，夏節，秋節，年節，為慰勞時間，發動全區民衆，自動捐送禮品及金錢慰勞抗屬。

（11）辦理通訊：代在營將士收轉家書，代抗屬書寫家書。

（12）辦理歡送：凡壯丁入營，聯絡各團體，舉行擴大歡送會一次。

6.防逃：

（1）嚴密保甲組織：

A舉辦連座：凡逃逸，遷入，遷出，未經法定手續者，連座全保全甲。

B檢舉逃亡：每半年作防逃宣傳一次，檢舉逃兵一次，考其原因，解其困難，分別勸其歸隊服役。

（三）完成防空事宜：

1.防空宣傳：關於防空防毒，藉各種紀念日作文字圖畫及口頭宣傳。

2.防空設備：

（1）整理區內公私防空洞壕，并充實設備，（坐次，照明，風扇，電路，醫藥，書報……）

（2）開鑿防空洞，達到全區有可容七萬人以上之洞壕。

（3）防毒器具及防護設備，盡量充實。

3.防護訓練：照原有編制，分期集訓，隨時檢閱考核。

（四）維持治安秩序：

1.鄰境股匪：由本區會同鄰縣保安部隊及地方自衛武力，澈底清剿，必要時請駐軍協助。

2.區內土匪：由本署保安警察及地方自衛武力嚴密預防，不使區內有匪案發生。

3.本區邊境匪徒易於潛匿之區，（如壁山）商鄰縣設聯防辦事處，以防盜匪竄擾。

4.肅清小偷：保安警察聯絡當地保甲人員，嚴防盜竊，不使區內有竊案發生。

5.於本年三月以前，舉行總檢查一次，平時各戶籍區，配備步哨網，聯絡網，與巡查隊，以期盜匪永息，閭閻無驚。

6.禁止煙、酒、娼、賭、維持社會風化。

7.切實管理民槍：民有公私槍砲，依法登記烙印，檢驗各煙民戒斷。

(五)加緊禁絕煙毒：

1.查緝種、運、售、吸：聯絡保甲及憲警隨時查緝。

2.定期舉行煙民總檢舉，各鎮鄉同時動員，最後總抽查，由本區各黨政機關，分保抽查，如有犯毒者，依法治罪。

(六)切實管理糧政：

1.清理縣屬積谷：照每戶一石之標準，於本年內如數募足，其已依法移用者，設法補募足額。

2.管制糧價：

(1)調查存糧數量及銷售情形。

(2)厲行糧食到岸登記。

(3)限制囤積操縱。

(4)實行平價制度。

3.建築倉庫：本區各鄉鎮，均建築大規模倉庫一個，合計可容一萬市石之糧倉。

(七)強化警察訓練：

1.調整本署警察機構及其配備。

2.擴充組訓義警，各鎮鄉組訓義勇警察五十名到一百名，以充實自衛力量，維持地方秩序。

3.訓練本區自願警察，使其為地方服務。

4.市街、鐵路、礦山、水上、碼頭(囤船)等警察工作，重新調整配備。

(八)發展衛生事業：

1.訓練衛生人員：

(1)聯絡醫師公會，辦理中西醫師訓練班。

(2)辦理公共衛生護士訓練班。

(3)辦理助產人員(穩婆)訓練班。

以上人員，以足敷應用為度。

2.恢復本區地方醫院：恢復本區原有地方醫院於三月前，開始收容病人。

3.擴大防疫運動：

(1)春季普遍傷寒預防接種。

(2)夏季普遍赤痢霍亂預防防疫注射。

(3)組織防疫巡迴隊到各鄉鎮作救護工作。

4.增設治療分所：本區各鄉鎮，設治療分處，各備設簡易醫藥箱。

5.宣傳衛生教育：

(1)辦理衛生壁報。

(2)充實衛生書報閱覽室。

(3)成立衛生陳列室。

(4)改進并充實全區學校衛生教育課程。

6.實施公共衛生：

(1)舉行家庭清潔檢查。

(2)厲行市街清潔運動。

(3)改良公私廁所。

(4)取締不潔食物及飲料。

(5)處理污水及糞便。

(6)發起撲滅蚊蠅捕鼠運動。

7.舉行健康比賽：

(1)嬰兒健康。

（2）兒童健康，兒童節舉行。
（3）婦女健康，婦女節舉行。
（4）實施體格檢查，由學校學生及公務員起，再普及全區民衆。

8.建築療養病院；

（九）辦理社會救濟：

1.救濟方面：

（1）救濟難童：籌設兒童教養院或收容所，商同本區振濟會募足經費二萬元，限於本年夏間完成。
（2）救濟殘廢：籌設殘廢救濟院。
（3）職業介紹：設職業介紹所。
（4）慈善團體：調查登記，本區慈善團體并充實其業務發揮其效能。

2.組訓方面：

（1）管理集會結社：依照非常時期人民團體組織綱領及有關法令，對本區各種民衆，運動及社會團體，加以積極誘導及控制，限本年三月份先行調查登記，再申送書記及幹部人員訓練，俾能協助推行戰時各項管制工作。
（2）推動戰時服務：改組本區動員委員會，使發動區內各機關，學校及民衆分別組織各項服務隊，施以相當訓練，使能就地担負各項戰時工作，其進行則聯絡有關黨團辦理之。

3.禮俗方面：

（1）推行工作競賽：聯絡各有關機關團體，發動舉行工作競賽運動，本年舉辦二次。
（2）厲行節約檢舉：按季節及機會隨時或分期舉行，破除神權迷信，限制交際酬酢，取締查禁酗酒聚賭及取締一切人力，物力，財力之浪費虛耗情事。

（十）厲行國民月會：

1.普遍舉行國民月會，繼續實施督導制度，實踐國民精神總動員。
2.澈底改進民衆生活：革除舊習慣，實行新生活。
3.發動地方紳耆知識青年，領導社會，轉移風氣。

（十一）改進人事管理：

1.組織：

（1）調整編制：照本署各單位業務組織系統，調整人員及預定經費，在此抗戰艱苦時期，應本節約與一元化之原則，厲行緊縮不急之務，以增強發展與抗戰建國有積極關係之事業。
（2）釐訂職務：就本署現有各項職務之性質，分類分級列表編號，并訂出任用標準效率標準及待遇標準。

2.訓練：

（1）編印服務須知：三十年度內，爲應當前警察訓練之急需，已先將第三輯警察部份完成，印發備用，至第一、二總則總務兩輯，限於本年三月份內編印完成。
（2）提高文化水準：
A改進職員讀書辦法，并充實其內容。

B分別職員程度及職務性質，辦理補習教育，職員最低以達到高中程度，兵伕以達到高小程度爲準。

3.考核：

(1)辦理公務統計：三十年度內，已推行於文書人員，本年度內，遵照政府新頒辦法及表式，酌予應用，幷擴充其他各項工作人員，然後始能功過分明，賞罰允當。

(2)嚴格施行督導：利用國民月會督導機會，嚴格考核各級公務人員，推行政令，順逆或遲速之癥結所在，予以適當之幫助或解決，務期全區工作，辦到嚴整迅確。

2.福利：

(1)改進員役生活：

A調查員役家庭狀況，幷助其解決困難問題。

B管理職員膳務、舍務、差務：關於膳務改進方面，已於三十年度內施行。

C充實公餘生活：使日臻於秩序健康快樂之境。

(2)確訂救卹標準：使本區服務人員，均取得法定之資格，幷依照公務員，或軍警卹金之制度，凡服務年資在若干時限以上者，即按規給與救卹或膳養金，以爲本人或遺族之生活保障。

二、財政方面：

(一)健全財務行政：

1.調整征收機構：依法設立經征處，統一征收事宜，直接經收省縣各稅及地方公學產款。

2.加強監察組織：依法設立區財務監察委員會，監督經費收支事宜。

3.厲行公庫制度：遵照中央通令於本年內，實施公庫制度。

4.設田賦管理處：依法設立田賦管理處，接辦全區土地陳報，田賦征實及田賦管理事宜。

(二)整理各項稅收：

1.田賦：

(1)接管各縣交辦田賦征實事宜。

(2)舉辦全區土地推收事宜。

(3)建築倉庫八所。

2.課稅：

(1)舉辦新稅：

A營業牌照稅。

B使用牌照稅。

C行爲取締稅。

D房捐。

(2)辦理劃撥新稅：

A田賦。

B五成賣契稅

C三成印花稅

D二成五遺產稅。

E三成營業稅。

(3)整理舊稅：

A規費。

B特許費。

C屠宰稅。

3.公學產：

(1)測繪田地。

(2)清理管業證據。

(3)改進租佃制度。

(4)改善保管方法。

(5)擬定保管辦法。

(6)各縣所劃撥產款之洽商接管。

(7)整理荒地歸公。

(三)增強工作效率：

1.實施內部牽制。

(1)改進會計，要求切合政府會計制度。

(2)改善收支方法，要求切合公庫法規定之程序。

2.改進財物管理：

(1)公學產契約之登記及保管。

(2)公物之登記保管及清查。

(3)公物管理方法之改進。

(3)辦理全區資源統計。

(4)統一公物採購。

(四)附屬事業督導：

1.會計制度之改進。

2.款項開支之監督。

3.財務行政之指導。

4.增加預算之洽商。

5.公有財務保管之督查。

三、文化方面：

(一)推行國民教育：

1.增設國民學校：

(1)就新劃分之金剛、龍鳳兩鄉增設中心學校各一所，以達到每一鄉鎮有中心學校一所之規定，限本年度上期完成。

(2)就本區八鄉鎮分別增設國民學校十六所，以達到每三保有國民學校二所之計劃，限本年度下期完成。

(3)本區各國民學校之民教部，必須一律開班，限本年度上期實現，（各中心學校民教部已於三十年度開課）

2.實行政教合一：各中心學校校長由鄉鎮長或副鄉鎮長兼任，保國民學校校長，由保長或副保長兼任，以收政教合一之效，限本年度上期澈底實行。

3.澈底掃除文盲：全區學齡兒童，辦到百分之九十入學，失學民衆，辦到百分之五十入學受教，限本年度下期完成。

(二)提高教師待遇：

1.年功加俸：根據年功加俸辦法，提高待遇之於每學期成績考核後，分級加薪一次，力求達到每一教師待遇，為當地個人生活二倍之標準。

2. 獎勵優良：每期成績考核後，除分級加薪外，凡特別優良之教師，均給以現金獎勵，金額自百元起至百五十元止。

3. 實行供膳：促成學生家庭之富裕者供給該優良教師之膳食。

4. 厲行餽贈：

(1)每逢陰曆端陽、中秋兩節，由學生家長餽送教師禮金，以表示尊崇之意。

(2)鼓勵學生家長，實行贈送教師油鹽小菜薪炭。

5. 按期發放學米薪金，以安定教師生活。

(三)增培國民師資：

1. 聯絡國立重慶師範學校，訓練人才，每期招生多取附近峽區各地學生，每期畢業，多分派於峽區各校服務。

2. 聯絡教育部戰區教師第三服務團，增派合格教師四十人。

3. 徵求合格教師。

4. 招考學員三十人，呈送第三行政督察區師資訓練班受訓。

5. 逐漸廢除代原教師，使全區學校，均為合格教師，限本年度完成。

(四)厲行視導制度：

1. 經常視導：由教育視導員，分區負責，常川視導，並於每學期互調學區一次。

2. 辦理週刊：就嘉陵江日報，刊佈教育週刊、

3. 輔導研究：由各鄉鎮中心學校校長，研輔組主任，各鄉鎮公所文化股主任及國立重慶師範地方教育輔導員，戰區教育第三服務團第二分團輔導員，共同實施。

4. 示範教學：由各鄉鎮中心學校教員或國民學校之優良教員，輪流舉行示範教學，每學期舉行二次至三次。

5. 教學演示：商請國立重慶師範地方教育輔導員，繼續在本區各鄉鎮舉行教學演示，每學期二次。

6. 巡迴文庫：發送各校巡迴文庫內，大量配置教育參考書以促進教師進修。

7. 組織參觀團：組織教育參觀團，除在本區各鄉鎮相互參觀外，并赴各地有名之學校參觀，每學期舉行一次。

8. 舉行月會：每月在各鄉鎮分別舉行國民教育研究會一次，除重要報告外，必有中心研究問題，以討論之結果，印發各校觀摩。

(五)注重衛生教育：

1. 體格檢查：全區學生體格，每期總檢查一次，并按時矯治缺點。

2. 組織衛生隊：各校一律組織衛生隊，實行晨間檢查。

3. 設置藥箱：各校必備一簡單藥箱一個，以備急救及矯治缺點之用。

4. 健身運動：各校必須設置起碼之運動器械，以備學生健身之用。

5. 厲行清潔：各校應特別注意廚房與廁所清潔。

6. 防疫接種：全區學生，必須按期舉行種痘及各種預防接種。

（六）實行辦理社教：

1. 組宣傳隊：各校一律組織宣傳隊，利用課餘之暇，遵照本署規定作各項宣傳工作。

2. 出版壁報：各校至少每星期出壁報一張每日作時事新聞報一次。

3. 勞動服務：各校一律組織勞動服務隊，利用課餘遵照本署規定與指揮作各項勞動服務。

4. 闢運動場：各校必須開闢運動場，指導民衆運動，並組織民衆，成立各種球隊或國術班。

5. 設閱覽室：各校閱覽室，必須設法多置圖書，儘量利用時間，勸導民衆閱覽。

（七）充實學校設備：

1. 造起建校運動，用各種鼓勵方法比賽辦法激勸人民捐資修建校舍二十所限本年度完成。

2. 增置圖書儀器：本年度各中心學校至少增購或勸募圖書四百冊儀器一百件，國民學校至少增置圖書二百冊，儀器二十件。

3. 設備應用校具：各國民學校本年度必須配齊最低應用校具。

4. 澈底登記校產：凡校產必須澈底登記，并實施公共造產辦法限本年度一律實行。

（八）普及民衆教育：

1. 民教館：

（1）輔導工作：

A 輔導各中心學校國民學校辦理社教。

B 製訂輔導辦法及視導表冊，施行普遍視導，每學期一次。

C 召開輔導會議，每學期一次。

D 組織通訊研究網。

E 聯絡圖書館，配備巡迴文庫，供給參考用書，每校一個，每月巡迴一次。

F 組織巡迴輔導團，施行巡迴輔導，每學期一次。

G 辦理巡迴施教及巡迴展覽。

H 聯絡本區衛生所，農業推廣所，合作指導室及其他有關機關，組織巡迴施教隊，每半年巡迴各鎮鄉一次。

I 巡迴放映幻燈及陳列物品展覽事物與施教隊配合進行，每半年舉辦一次。

（2）民衆教育：

A 繼續辦理及改進本館附設民衆學校。

B 協助各鎮鄉設立簡易民衆閱覽室。

C 舉行通俗講演及時事報告，每週一次。

D 出版民衆壁報，每週一次。

E 設立民衆問字問事代筆處。

F 聯絡本區衛生所，舉行衛生宣傳及介紹特效藥方，解說特殊病症。

（3）游藝組織：

G 舉行抗敵宣傳，協助推進國民月會。

A充實本館音樂遊戲娛樂等器具。

B組織民衆歌詠隊，每鄉鎮組織一隊，半年公開表演一次，每年全區舉行比賽一次。

C指導各鎮鄉民衆俱樂部及民衆會場，并充實其設備與內容。

D舉辦美術展覽，每年舉辦一次。

E組織民衆集體旅行團，每半年一次。

F繼續辦理民衆茶園，并充實其設備與內容

(4)生計訓練：

A辦理商業補習班，每年舉辦兩期，每期至少招足學生五十名。

B協助辦理難童保育所，訓練生產技能。

C設立各鎮鄉職業介紹所及職業指導處。

D聯合舉辦本區農產品工藝品展覽會。

E協助宣傳農林、水利、合作事業，并介紹動物優良品種。

2.博物館：

(1)充實內容及設備。

(2)各鄉鎮設巡迴陳列室。

3.圖書館：

(1)徵求圖書：值此非常時期，採購書刊，特感困難，本館為完成後方文化之任務，應向各出版界及社會各界熱心文化人士，進行徵募，最低徵書一千册。

(2)分類編目：採購或徵募之圖書到館，須迅速完成分類、編目、排卡、等手續，期其早日供讀閱者。

A分類編目新書二千册，改編圖書五百册，改卡二千册。

B改換破爛卡片六千張。

(3)查對圖書：流通之書，必須每月輪類查對一次，每年普查二次。

(4)輔導推進：

A凡遇本區有特殊集會應成立臨時閱覽處。

B健全各鎮分館：由本館派員，每三月輪赴各鎮輔導館務，并代為採購書刊。

(5)圖書輪流：

A與北碚圖書館聯合會商，訂五借圖書。

B預定圖書流通借出五萬二千八百册。

(6)實施民衆講演：

1.聯合民教館每月實施民衆講演會二次。

2.徵求講演會員三百至五百人。

a總館二萬八千二百册。

b六分館二千八百册。

c配備巡迴文庫四十個，計圖書一萬零八百册。

d圖書代辦一萬十千册。

(7)閱覽人數預計：

A總館三十萬三千人，(以遞加平均數計算)

B六分館三萬三千一百人。

C巡迴文庫十二萬二千人。

D.圖書代辦六萬人。

(8)圖書館互借圖書二萬册(以十館平均，每館每月二百五十册。)

4.體育場：

(1)充實內容及設備。

(2)增闢兒童運動場。

(3)各鄉鎮設民衆體育場。

(4)各保設小規模遊戲場。

(5)舉辦全區運動會，作各種競技比賽。

5.公園：

(1)整理溫泉公園，火焰山公園，運河公園。

(2)增闢北碚江濱花園，開闢區內各遊覽處所。

(九)擴大文化宣傳：

1.嘉陵江日報：

(1)充實內容。

(2)改良印刷。

(3)增闢銷場。

2.北碚月刊：

(1)力求內容充實。

(2)辦到按期出版。

四、經濟方面：

(一)農林：

1.糧食增產：

(1)舉辦水稻小麥包谷混合選種——三百二十戶。

(2)調查水稻優良品種。

(3)示範改良麥種——十畝。

(4)推廣骨粉肥料——二千斤。

(5)推廣綠肥——一千畝。

(6)推廣優良菜種：

A蕃茄——一千畝。

B洋芋——一千畝。

C甘藍，花芽菜——二千畝。

(7)推廣改良蠶種——五百張計二百戶。

(8)防治病虫害，(小麥黑穗病，包谷地蠶)

2.育苗造林：

(1)繁殖法國梧桐、楊槐、白楊、油桐、松杉——兩萬株。

(2)輔導各鎮鄉暨各中心學校，保國民學校，經營簡易苗圃——五十處。

(3)輔導各鎮鄉經營公有林場——八處。

A調查官山荒地舉行造林。

B各鎮鄉劃設公墓舉行植樹。

C提倡種植桑樹——二萬株。

(4)栽植新村市街及公路行道樹——四千株。

(5)開闢果園——二十畝。

3.組織農會——八所。

4.設置特約農家——二百戶。

5.舉辦農產展覽會，春秋兩季，各舉行一次。

(二)畜牧：

1.改良豬種：

(1)檢定推廣豬種五百頭。

（2）管理豬種繁殖，保持全區白豬化。

（3）嚴禁飼養花黑母豬及售賣花黑子豬。

2. 防治病疫：

（1）防治牛瘟與牛炭疽。

（2）防治豬肺疫豬丹毒豬霍亂。

（3）推行畜舍衛生。

（4）實施獸疫情報網。

（5）繼續嚴禁宰殺暨售賣病畜。

3. 改良豬舍：

4. 指導飼養：

（1）指導豬隻飼養。

（2）指導養雞養鴨。

5. 提倡飼養乳羊——五十頭。

6. 提倡養魚。

7. 提倡養兔——安哥拉兔一百頭。

8. 辦理家畜保險——豬五千頭，牛二百頭。

（三）水利：

1. 調查并整理區內塘堰。

2. 組織各鄉區水利協會。

3. 利用本區溪河瀑布設立水閘灌溉農田。

4. 趕築黛湖堤壩限本年六月底前完成。

5. 向政府貸款興辦區內農田水利事業。

（四）合作：

1. 普遍合作組織：照新縣制組織綱要，普遍保合作社及鎮鄉中心合作社，並促成各級合作社之聯合，以加強組織力量。

2. 整理合作社務：

（1）解散或改組不合法組織。

（2）充實各單位社業務，增加股金。

（3）統一會計辦法。

（4）調整各社職員。

3. 發展特產產銷：組織各種特產產銷合作社，如土紙、蠶絲、織布、柑橘等。

4. 推進消費業務：

（1）改組北碚、黃桷、文星、各消費合作社。

（2）合併北碚公用合作社於鎮合作社。

（3）籌組各機關職工消費合作社。

（4）充實各鎮中心合作社之消費業務。

5. 籌設業務供銷：爲應各合作社業務發展之需要，特設業務供銷代辦處，以承各級合作社委託，代爲採購貨物，推銷產品，調查市場情況，供給交易情報，并按市場需要，指導合作社生產方針。

6. 調整合作金融：

（1）本區合作貸款，商請北碚農民銀行辦理。

（2）改善貸款辦法：使貸款數額，發放時期，歸還期限，以適合社員需要爲原則。

（3）設立簡易農倉八所：舉辦儲押貸款，以調濟農產價格。

7. 普及合作教育：

（1）職社員訓練。

A 分級舉辦合作講習會。

B 實行練習生制度。

（2）全區各校繼續增加合作課程，推行合作教

（3）利用嘉陵江日報，編刊合作週訊。

（五）礦業：

1.煤業：

（1）促起全區煤廠，計劃生產合作運銷。

（2）促起各廠作左列之改進。

A用電力排水打風。

B用機器開採。

C炭坑改用電光。

D改良礦工待遇。

2.石灰：

（1）促進全區石灰業計劃生產合作運銷。

（2）促起各廠改良設備，增加生產。

3.耐火材料：促起滑石耐火石泥各廠家大批開採，以應國防需要。

（六）工業：

1.改良小手工業——造紙、織布、淘瓷。

2.籌設機械工業：

（1）促起成立嘉陵紡紗廠。

（2）促起設立三峽鍊鋼廠。

（3）促起設立嘉陵造紙廠。

（4）促起大明廠，西南麻織廠，協與廠合作產銷。

3.促進化學工業：

（1）促起廣益硫酸廠，增加產量。

（2）促起長江玻璃廠，增加出產。

（3）促起設立大規模之陶瓷廠。

（4）促起各肥皂廠增加生產量。

（七）商業：

1.籌組北碚商會。

2.籌設北碚商場。

3.促起籌設北碚銀行。

4.促起籌設北碚自來水廠。

5.促進北碚電力廠。

（八）交通：

1.道路：

（1）完成澄溫公路。

（2）整理新村暨各市區馬路。

（3）修築各鄉區石板大道。

（4）協助完成藏黃鐵路。

（5）補測碚渝公路線。

2.電話：

（1）健全本區電話機構。

（2）完成本區通訊網。

A各事業均通電話。

B各戶籍區均通電話。

（3）訓練電工人員。

3.電報郵政：各戶籍區，增設郵務信櫃，未設電報鎮鄉，促設電報辦事處。

4.船隻：

（1）商民生公司，經常專船行駛碚渝線。

（2）整理本區各碼頭木船業。

A 調查公會。
B 改良設備。
C 訓練舵工船夫。
D 設公票處。

5.車輛：
（1）商交通部及四川公路局增加由碚到渝車輛及班次。
（2）管理本區板車及人力車。
A 車輛登記檢查及編制給照。
B 規定價格
C 訓練車夫

6.輿馬：
（1）規定輿馬站。
（2）改良設備。
（3）規定價格。
（4）訓練馬夫及輿夫。

7.力伕：
（1）登記碼頭力伕，發給力伕證。
（2）組織運力隊，訓練其服務方法，管理其生活
（3）規定價格

（九）度政：
1.推行：
（1）繼續劃一全區量器。
（2）取締舊有衡器。
2.檢定：
（1）復檢各有關機關團體度量衡器。
（2）復檢各度量衡製造商店所有標本標準器。
3.檢查：
（1）定期舉行全區總檢查。
（2）定時舉行抽查。

（十）地政：
1.土地測量：聯絡中國地理研究所，舉行本區土地測量。
2.土地陳報：辦理本區土地陳報事宜。
3.土地金融：試辦本區土地金融，由政府收購土地租佃或分售與貧農或佃農。

（十一）市政：
1.促進黃桷樹鎮、文星鎮、白廟鎮改建新市街。
2.恢復北碚被炸市場之建築。
3.遷建北碚關岳廟并設立忠烈祠。
4.改良及新建設北碚公共廁所。
5.管理本區公私建築。
6.建築北碚民衆會場。
7.完成北碚下水道工程。
8.完成北碚中山公園大道。
9.興辦北碚填壩防洪工程。

嘉陵江三峽鄉村建設實驗區署民國三十年工作概況

目錄

二、畜養

(一)養蠶

(二)養魚

(三)養豬

三、工商

(一)度政

(二)平價

(三)商會

(四)捐獻

四、交通

(一)公路

(二)舟車

(三)電話

五、合作

(一)組織

(二)貸款

六、工程

(一)堤溝防洪

(二)築堤灌溉

(三)市村經營

七、糧政

(一)協助徵實

(二)糧食管理

(三)倉儲積穀

戊、文化方面

一、學校教育

(一)視導

(二)師資

(三)輔導

(四)教學

(五)社會活動

二、社會教育

(一)民教館

(二)博物館

(三)圖書館

(四)體育場

前言

本署遵照省府三十年度施政計劃目標，預定工作，其最低要求：

一、為求人民之安居，須徹底肅清盜匪。

二、為提高人民生活水準，須增強人民生產能力。

三、須求人民皆有智識，皆受優良教育。

四、須求人民皆能為公衆服務，為公衆除痛苦，造幸福！

五、須求人人皆有正當娛樂。

本此原則，積極推進。惟以區內山多田少，地瘠民貧，主要出產之煤業年來又蕭條異常，社會經濟，頓呈不景狀態，百務皆受影響。兼以工作人員，待遇向薄，當此生活高漲之際，各員特應從公，難於繼續，因多離開事業。又三民主義青年團重慶青年夏令營，秋初設立於北泉，施行訓練，本署經派大部人員協助工作計時三月，凡此均於本年度工作計劃之完成，有所影響，常引爲疚者也，茲將十月來工作概況，分述如次：

甲、民政方面

一、戶籍

(一)戶籍行政 本署遵令設置戶籍室，主任(副)以及事務員書記等，業經分別委派。並經 四川省政府核准在案。各鎮戶籍主任，由民政股主任兼任外，每鎮並設有專任戶籍幹事一人，平均每四保設有助理幹事一人。

(二)整編保甲 本署按照「查戶立口」「按戶立甲」「按甲編保」「按保劃分鄉鎮」之原則，將本區調整爲八鄉鎮，一三〇保，一三四五甲，一五五六四戶，平均每鄉鎮十六保，每保十甲，每甲十一戶。

(三)戶口淸查 戶口總淸查，與實施新縣制整編保甲，淸查戶口工作，已於本年三月，一次合併遵限辦竣，經分別呈報在案隨於編查保甲戶口後，賡即辦理省頒十種戶口統計表報。此項工作，現僅籍貫統計一種，尙待整理，十一月底即可辦竣。

(四)異動登記 遵照規定於戶口總淸查後，接辦戶口異動登記，所有各月異動統計，已經分別呈報。並於塲期，舉行保甲長會談。

(五)戶籍講習 本署爲謀增進戶籍行政效率，及異動呈報儘速起見，除經常派員至各鄉鎮，實地督導外，茲遵照 四川省第三區行政督察專員公署所頒四川省第三區各縣(區)戶籍行政人員臨時講習辦法，召集本區各鎮鄉戶籍幹事，集中舉行戶籍臨時講習會一次。該會自十二月十五日起，至廿一日止於北碚新營房舉行，主要課程爲保甲戶籍。

(六)門牌編釘根據 四川省各縣編釘門牌辦法之規定，已將區轄各鄉鎮門牌，編釘完畢，全區共計統製門牌二三七二塊。

(七)確定地名 爲便於民衆明白地點及易於管理起見，本署已將各鄉鎮地名確定，每保以三個地名爲原則，最多五個 此項工作除黃桷樹二岩兩鄉鎮外，餘均先後編定完畢。

(八)印保甲經 省頒保甲三字經一種，已由本署印就，分發各保安警察隊各鄉鎮公所保辦公處，各中心學校各國民學校以廣宣傳。

二、衛生

(一)醫療 本區衛生所，因限於人事及經費等關係，自七月份後，卽已停收住院病人，茲將本年度收給人數統計如次：

項別	門診人數	住院人數	總計
收費	八〇六五	四六、	七一五三
免費	一二七五	一〇六	一〇七〇
共計	九三四〇	一五二	八三二三

(二)防疫

1. 霍亂預防注射：本年夏秋間共注射四七六二名。

2. 佈種牛痘、本年春季佈種三七二一八，秋季佈種牛痘，自十月下旬奉到痘苗後開始，刻已接種三〇二五八。今後每日午後，派人出外，挨戶接種

•至本區各小學學生，分別通知時間，派人前往放種，其有區屬各鎮鄉，現正派人佈種中。

3.關於本年下季舟車檢疫工作，係由衛生署澳宜渝檢疫所派人擔任，並施行普遍強迫注射，故本區未會發現霍亂。

(三)保健

1.環境衛生：

(1)飲水消毒，共發藥粉（漂白粉）七六二克，領用三三〇家。

(2)聯絡國立江蘇醫學院，附設共公衛生事務所，合組峽區公共衛生聯合計設委員會，以推動本區公共衛生事宜。

2.婦嬰衛生：

(1)產前檢查，計三七三次，接生計七九次。

(2)產後訪視，計二二二次。

3.學校衛生：

(1)舉行全區小學校學生體格檢查，現已檢查二五七名，餘尚待檢查中。

(2)檢查後分別予以矯正，並將檢查結果，通知其家庭注意。

4.民衆衛生教育：

(1)編製衛生壁報，自十月份開始，每半月刊發一次。

(2)成立待診室及衛生書報閱覽處，目前已有書報十九種，並正分函有關方面交換書報，以期充實。

(3)舉辦全區保甲長衛生訓練，現已擬定辦法，準備施行訓練，以期將來指導民衆衛生。

三、救濟

(一)籌設平民教養院，本區爲收容流浪兒童，避難同胞，及窮苦無依者起見，特邀集區內公正士紳，組織該院董事會籌備進行，議定分期募足基金二十萬元，刻已募得二萬元，一俟募足半數，即正式成立，現由鄉紳王爾昌先生慨捐樂善廟地基一幅，爲平民教養院院址。

(二)征求紅十字會會員，本年度協助本區紅十字分會征求會員一批，加強組織，又在中國紅十字總會領得藥品十一種，並設有門診免費治療，藉資救濟。

四、禁煙

(一)查緝　本區煙苗，早於前峽防局時代禁絕，至販運則尚未發現毒品及煙土運入區內。並聯絡憲軍警隨時嚴密查禁。禁吸工作，本年八月，奉令作第三次總抽查，計檢舉共有煙犯二百名，（戒後復吸及漏戒者）經　四川善後禁煙督辦處派王視察員政行來區抽查一次，所有煙犯，均經陸續勒戒脫癮。

(二)宣傳　本年六三禁煙節，曾分鎮開會，舉行紀念；並隨時利用各種集會，宣傳禁煙禁毒治罪辦法，使人民瞭解禁政之森嚴。最近並印製傳單佈告，普遍張貼。（如種煙者處死刑，種地充公之類。）

乙、警衛方面

一、治安：

（一）清剿股匪　區內年來早無股匪，惟距本區一百三十里之華鎣山，於最近突來小股匪竄踞山頂，現正設法清剿中。又本區不分畛域，在本年九十兩月，曾兩次派隊在華鎣山邊境協助清剿土匪，費時月餘，耗款五千元以上，（均係挪墊）結果將楊德周王三吉兩股約百餘人擊散。匪首楊德周竄至合川境內，被團隊擊斃。二十九師在江合邊境清剿，成績頗佳，不因調動關係，則該匪徒早已消滅。

（二）對敵空陸戰隊之防禦　本區對敵空陸戰隊之防範，早經遵照規定編隊組訓，並擬具計劃大綱，切實施行。

（三）登烙民槍　本區共有民槍（十步槍）三千枝，子彈二萬五千發，均經烙印給照，取具聯保連坐切結。

（四）組訓義警　區屬北碚鎮組織義勇警察一隊，計四十名，施以三月之學術科訓練，凡有集會及空襲，均參加服務，成績尚佳。現各鎮已逐步推行義勇警察之訓練。

二、防空

（一）防護組訓

1. 整編　按照規額，設置人員，計區團部官佐四人。各防護分團官佐，計北碚第一分團一三五人，第二分團一〇三二人，白廟分團一六七人，文星分團六五人，黃桷分團二五三人，二岩分團三三八人，澄江分團七四人，合計全區團共有官佐團員一七五九人，每保尚有團員二四人未計入，均經整編就緒。對敵空陸戰隊之防範，規定軍警為出擊部隊，保甲壯丁為防守部隊。

2. 訓練　軍事方面係按照軍事科目，施以簡單訓練，期必辦到整齊化一，行動一致。

3. 技術方面　係按照各班之性質任務，施以各種技能，訓練、如担架救護消防等，各就本位訓練，期其純熟。

4. 常識方面　編印防護教材，如防空須知，救護須知，防護團員守則，散發各員，人手一冊，作為佐右銘。以上各種訓練，時間均在早晚，以不妨礙各防護團員生計及作業為原則。

5. 檢閱　本年重慶防空司令部及陪都防護檢閱團來碚檢閱團員，及防護器材各一次，共計到團員九百人，水龍四部，担架二十架，水桶四十挑，救火器俱百餘件。

（二）防毒宣傳：

1. 翻印防毒常識歌三千份，散發民衆傳誦，使人人皆有預防毒氣常識。

2. 於區屬各鎮鄉重要場所，設置毒氣警鼓，以備敵人施放毒氣時，警報民衆之用。

3. 製造簡單防毒口罩，分發防護團員備用，並示範民衆仿製。

4. 宣傳防毒常識，除在集會及國民月會宣傳外，並飭全區國民學校教師負責指導一切。

（三）防空設備：

1. 公共防空洞：本年增鑿者，北碚二個，黃桷二個，澄江六個，共計十個，可容四千一百人，皆有護洞牆，坐位，廁所，燈亮，及電話，又機關辦禮堂鑿者七個，共計十七個，連去年完成之四十四個，總計為六十一個，而容四萬二千餘人。

兵役

（一）征募：

1.遵照三十年度征補兵員實施辦法，舉行抽籤典禮二次，按照中籤壯丁名册，於本年三月及十月初旬，共交清兩期，兵額計三六六名，現為適應補充需要起見，已於十二月份征撥三百一十名，每人給安家費一百元，共發三萬一千元。

2.藉本區整編保甲，清查戶口之機會，調查壯丁一次，全區計有甲級壯丁五六一八八，乙級壯丁四五八七八。

（二）編練：

1.召集十九歲至二十五歲之國民兵一三〇名，舉行集訓一期，照部頒教育計劃，施以兩月之在營訓練。

2.召集十八歲至四十五歲之國民兵，以保為單位，至十一月起，實施普通訓練，準備於本年民族復興節分鎮檢閱。

3.地區編組，業已完成，年次編組，尚待復查，國民身份證，業已填發。

（三）優待

1.三十年上季，發放優待金一次，每戶五十元，全區計發一萬四千餘元。現正籌劃發放下季優待金，擬每戶發放一百五十元。

2.本年端午及中秋節，舉行抗屬慰勞各一次，由各鎮統籌禮品現金，集合當地士紳及保甲人員，親往抗屬家中饋贈，並慰問疾苦，解決困難，代為通訊。

3.本年收穫時，組織各鎮民衆，聯絡各鎮駐軍，代區內抗屬義務收割，計收稻穀約二百餘石。

（四）宣傳

1.利用寒暑假，聯絡區內各大小學師生，舉行擴大兵役宣傳二次。每次三日，以勸導士紳公務人員子弟踴躍服役，防止逃兵，優待抗屬，建立國民兵為中心。

2.利用紀念日，及各種集會舉行兵役宣傳計七次。

丙、財務方面

本區經費支絀，歷年俱在艱苦中掙扎進行，以致影響事業不能盡量發展。新興事業，亦多停滯，一言經費，即感捉襟見肘，苦痛之深，無可言喻。茲將各費最近情形，略陳於后：

一、區署經費：區署經費，乃整個區署乃其附屬事業之行政費用，主要財源，為　省政府按月撥付之九千餘元。次為區內之有關事業協助費，為數不過千元。其外則少許罰金，雜項等費收入而已。本年度收支數字如下：

收入	一一七，五〇九，七五元
支出	一一八，〇〇六，九七元
迭欠	四九七，二二元

二、教育經費：本署自成立迄今，江巴璧三縣對劃入本區各鎮鄉收去之民政教建各款，絲毫未撥，在接收五鎮時，當設學校七所，隨後續增至七十九所，現因經費困窘緊縮至五十六所，經費之須大量增加，當不言而喻，乃當時收入僅有斗息秤息而已，是時本省大宗之過道猪捐，但不久即明令裁撤，無法彌款抵補，教育推動更感棘手，經一度整理之後，雖略有增加，但杯水車薪終不濟事，因進與各縣洽商，始得巴縣每年一千四百元，江北一千零一十四元之協助，璧山則毫分文拒付，視此無米之炊，現狀亦有難維，遑言發展，歷年經最大之努力，復承地方人士贊助，始能勉渡難關，比因抗戰影響，物價波動不已，教師待遇空前增加，迫不獲已，本年乃又重新整頓，第一以田土房屋地皮，價值增高，酌增租穀租金，第二斗息因投標後物價時有變動，乃收實物，第三接收區轄各鄉鎮之屠宰稅，（區屬各鄉鎮之屠宰稅，過去爲原轄縣份收用），因此本區教育經費頗有起色。此項經費自經整飭之後，收入雖較前有加，但生活狂漲不已，教師待遇日須提高，本年雖可勉強度過，來年能否平衡，尚屬難料，茲將本年度之收支情形列次：

收入 二〇三，二九〇，六三元

支出 一九八，五七九，七四元

三、自治經費：此項經費在各縣本隨田賦征收，原名保甲經費，本區成立各縣應將所收之款照數撥付，嗣竟收而不撥，致本區保甲經費無款開支，經迭次洽商，毫無劃撥誠意，乃於二十六年，遵照省令以動產及不動產每八十元征費二角五至三角之規定起征，困難始得稍紓，而各縣在二十六七年在本區仍隨田賦征收，人民感一稅兩征之苦，經一再據情聲請，始奉明令取銷，然本區山多田少該費收入，仍感不敷，歷年能以維持進行，實有賴於區內工商事業之贊助，但新縣制施行，物價飛漲，保甲人員遵照新縣制標準編造薪公開支，爲數龐大，本年收支，又難期平衡，茲將一至十月份收支情形列下：

收入 二九，八七四，六三元

支出 三五九，六一，四八元

迭欠 六，〇八六，八五元

以上三種經費一至十月之總收統支數字列誌如下：

收入 三五〇，六七五，〇一元

支出 三五二，五四八，一九元

迭欠 一，八七三，一八元

丁、經濟面

一、農林

(一)植樹造林：

1. 風景林：植有楊槐二九一六株，柏樹三〇〇〇株，松樹一〇二〇株。

2. 經濟林：植有桑樹一八二〇九株，油桐二九六〇株，青北公路植行道樹，法國梧桐一四七五株，育法國梧桐苗七〇〇〇株。

(二)粮食增產：

1.指導農民「豆麥間作」（計種小麥一千二百畝，豆類五百畝。）

2.推廣苕子一二〇畝。

3.推廣骨粉二〇〇〇市觔

4.剪除麥黑穗，二十八萬五千餘枝。

5.舉行水稻混合選種，計指導選種農民三三戶，共計稻種二九〇二市石。

二、畜養

(一)養蠶：計發改良蠶種五〇〇張計蠶戶一一六戶。

養魚：推廣稻田養魚，計鯉魚一四一四五尾。

(三)養猪：

1.推廣白猪：計榮昌白種猪五〇〇頭，子猪二二五〇頭。

2.淘汰花黑雜色種猪：計一九五頭，現已完成全區種猪白猪化。

3.防疫注射：猪肺疫，計四〇〇頭。

4.家畜保險：計保險猪隻二〇一五頭。

三、工商

(一)度政：本區度政，自本年度努力實施後，各鎮業已改用新制，惟新量器不敷供給，除飭各鎮增加廠商製造外，本年八月份特於重慶永川購製新量器三斗雙斗單斗升合各一百套分發各鎮應用。

(二)平價：本區物價評價委員會，以物價高漲，除於合川重慶設置市價情報員報告市價外，對於本區日需主要生活品，均予以統案管制，公告價格本年五月份當食鹽極感恐慌之際，特組織鹽商，成立本區食鹽公賣處，以資平抑。

(三)商會：本區計已組成同業公會二一二所，為管理計，特於十月份召集各公會主幹人員開會，籌設本區商會，目前尚未完成。

(四)捐獻：

1.勸募戰時公債：本區嚮應陪都推行戰時公債，勸募區屬各鎮鄉民，共承購一、三九八〇元。

2.響應獻機運動：本區奉令勸募獻機捐款，十萬元，由各鎮分別勸募，並舉行遊藝募捐，現已募得五萬餘元，尚在進行中。

四、交通：

公路：本署聯絡交通部省政府暨華洋義賑會，築建北溫公路（由北碚至溫泉）計長七公里半，已於春間完成通車，又澄溫公路（由澄江鎮至溫泉）計長七公里，尚未竣工，預計工程費四十餘萬元，由本區煤礦業，暨熱心建設士紳集資建築。

(二)舟車：區內舟車與馬均經分別登記，規定價格，以利旅客。

(三)電話：本區電話，除交通部設有北碚區電報電話兩局外，本署鄉村電話，計總機兩部，分機六四部，線長四六五華里，總合可直接通話，空襲時間，各重要防空洞，均裝置電話。

五、合作

(一)組織：本區計有信用合作社六六所，公用合作社一所，消費合作社九所，生產合作社三所，區聯合社一所，鄉鎮合作社一所。

六、工程

（一）填溝防洪：北碚鎮每於洪水時期，因鎮後大溝洪水倒灌，形成孤島，撤退匪易，倘洪水劇烈，鎮上建築有淹沒危險，特於本年五月份向四川水利局舉得防洪貸款九萬元，惟此項工程，須先建下水溝，始能填防，現已築成下水道，計長兩百粎，高一，五粎，寬〇，八粎。

（二）築堤灌溉：本區溫泉後山紹龍寺與縉雲寺間，山勢窪低，山水沿溪流下，倘將該處溪流，築堤防堵，可蓄水成湖，此不僅北泉愈增壯麗，而三花石及溫泉後山一帶田畝，（計八百餘畝）均得灌溉，本年秋由何局長來區指示，擬貸款三十萬元爲建築費，現側繪設計均已完竣，一俟貸款領到，即行開工。

（三）市村經營：

1. 本區市政：除北碚澄江兩鎮，於本年次第改建外，並正策動區屬各鎮：分別改建新市街。

2. 新村：本區自劃爲遷建區後，疏散來區事業及住家者甚衆，特於北碚建設新村，大部建築均已告成，近爲適合遷建需要計，擬在北溫泉建設新村，現已側繪完竣，正設計建設中。

七、糧政：

（一）協助征實：區屬各場征購實物，奉令由原轄各縣征收，目前已告完竣，所有本區協助工作如次：

1. 奉發征實工作各項法令，分別轉飭各鄉鎮於國民月會中詳細宣講，並印製征實標語，傳單普遍張貼，以期家喻戶曉。

2. 函請三峽實驗區新生活運動會，及北碚區黨部協助宣傳，並召請碩望紳耆開座談會，宣達中央改制征實之意旨。

（二）糧食管理：

1. 調查本年大春收穫陳報表及人口土地調查表，早經辦理完竣，茲將附表如次：

三峽實驗區夏季糧食作物收穫陳報表

鄉鎮別	稻穀（市石）	玉米（市石）	高粱（市石）	紅苕（市挑）	黃豆（市石）
北碚鎮	六四三二·三〇	一四六三·四〇	一六〇·七〇	六一六四	四五·五〇
澄江鎮	一四三七二·八〇	五一九一·四〇	一九·〇〇	三四三三	四五·一〇
二岩鄉	一一八八·一〇	七九六·九〇			一一·三〇
文星鎮	一四三三·七〇	九九〇·三〇	六·八〇	三三九八	四五·三〇
黃桷鎮	三四四九·八〇	八四三·三〇	七六·五〇	三三五五	六八·四〇
白廟鄉	一一五·七〇	七三三·九〇	三·三〇	五五五五	九七·四〇
合計	二七六八〇·九〇	六三一九·六〇	三六八·三〇	四九八〇三	三〇〇·八〇

三峽實驗區人口土地調查統計表

鄉鎮別	人口			戶數	土地			備考
	男	女	合計		水田	旱地	合計	
北碚鎮	14561人	14092人	28653	5767	12884石	2307石	14692石	

澄江鎮	黃桷鎮	文星鎮	白廟鄉	二岩鄉	合計
10348人	9117	5166	3526	2464	42512
7321人	5854	4417	2552	1777	36013
17669人	12571	9583	5809	4241	78526
3522	2603	2002	1330	819	16043
10824石	6165	2267	765	3799	36204
1472石	1526	1163	444	261	7173
12296	7692	3431	1209	4060	43380

2. 評價：本區山多田少，年產糧食不足三個月之需，所差全賴合川、渠縣、廣安、武勝等地供給，是以本區評價須根據各採購地之成本與合川市價酌加運輸、工資、利息、定爲本區標準時價，由本署糧政股會同米業公會按日照時價標準評定價額，公佈於米糧市，飭各商照價出售。

3. 倉儲積穀：本區積穀自二十五年清釐舊有及二十六年至二十八年征收共有積穀三六五一，七八市石除奉令平糶一四三八，八六市石共得價款四二，五二三，○四九，撥充抗屬優待金外，餘存一，九六一，三市石，此數二十九年春飢荒，純全貸與民間，現在追收中，至二十九年所征，因公穀由地方統籌關係，完全撥作公教人員膳穀，至三十年度約收積穀三千市石，目前各鎮尚未將收清楚，未得統計數字，茲將各鎮二十九年以前現存積穀數字，列如下表：

鄉鎮別	現存積穀數量	備考
北碚鎮	五二三 一一五	上列各鎮現存積谷數字全完因二十九年春飢荒貸出已於本年秋收收二分之一其餘正分別追收中至貸出與平糶報請省府有案
黃桷鎮	一五一 七〇	
文星鎮	一四四 〇〇	
二岩鄉	二五〇 七〇	
澄江鎮	八五五 二五	
合計	一九二三 七六五	

戊、文化方面

一、學校教育：

（一）概況：

1. 學校之設置：本區共有中心學校六所，均係就原有之完全小初小改設者，尙缺中心學校兩所正在籌設中，國民學校五十所，多係就有之初小短小改設者，已達兩保一校之數，擬於明年增設國民學校十所，正在籌劃中。

2. 學級之設置：本區各校之小學部，共有一百七十一學級，學生爲七千九百五十二八，全區學齡兒童約九千八，入學兒童已佔總數百分之八十一，民教部因本區山多田少，民衆多恃下力謀生，無暇入學，經最大之努力，本年暑假後，得以次第開班，各校民教部之已開班者，現已佔全區校數百分之八十以上。

3. 設備之充實：本區各校之校舍，多係舊有建築，尚有少數係租借民房，均不適用，本署乃積極設法並多方勸募，始得造成今年之建校運動，計已修建完成者，有中心學校一所，國民學校二所，其餘均在設法修建中，至於各校之圖書，儀器，標本，教具，簡單藥箱，運動器械等，均在積極設法充實，務求達到省頒之標準。

（二）師資

1. 師資之徵求：本區教師總數為二百一十五人，由教育部戰區中小學教師第三服務團派來六十四人，（均係合格教師）本署徵求者一百五十一人，合格教師九十五人，總計合格教師人數佔百分之七十四。

2. 待遇之提高：自物價高漲以來，一般教師生活幾有不能維持之勢，故本署極力設法提高待遇，除服務團員不在本區支薪只由本區每月發給學米三斗外，本署委任之合格教師，月薪自五十元起至一百二十元止，另發給學米三市斗（薪金學米每年均以十二個月計算）成績優良之教師於學期終了時，可得獎金百元左右。

成績之考核：本區國民教師成績，規定每月考核一次，每學期總考核一次，以定加薪與獎懲，為成績考核確實起見，每於期中由各鄉鎮長負責徵詢各學生家長意見，及平時各鄉鎮長視察情形，評定等第，加註考語，擬定加薪數目及應獎應懲者列表報署，再參照視導員之報告及各該校長之考核結果，作最後核定。

（三）輔導

1. 輪流視導：除教育視導員常川往各校視導外，各中心學校校長各鄉鎮長及文化股主任亦輪流分赴各該鄉鎮之各校視導，區長及教育股主任亦隨時抽赴各校視導。

2. 舉行示範教學：示範教學，由各中心學校負責舉行，每學期二次或三次，先由各中心學校推定教師，決定科目，按照本署規定日期舉行示範，各該鄉鎮全體國民教師出席參觀，區署亦分別派員參加，示範後繼之以批評會，先由示教者陳述意見，次由各參觀人批評。

3. 舉行國民教育研究會：本區國民教育研究會，定在每月下旬中之第一個星期日舉行，由各鄉鎮長會同中心學校校長負責召集各該鄉鎮全體國民教師在各中心學校舉行，除專事討論預定之問題外，並可臨時提出問題共同研究。

4. 參加重師地方教育輔導會議：國立重慶師範學校於本年十月二十四日舉行地方教育輔導區，峽區輔導會議本署教育股主任教育視導員各鄉鎮長各中心學校校長，均被邀參加，本署並提出議案四個。

5. 重師舉行教學演示：國立重慶師範學校輔導員，每學期在本區各鄉鎮舉行教學演示二次或三次，其辦法與本區各中心學校之示範教學相同。

6.教育廳巡迴輔導團蒞區輔導　四川省教育廳國民教育巡迴輔導團第二隊，於本年十一月間蒞區輔導，巡迴赴各鄉鎮中心學校，除輔導各中心學校外，並定期召集各鄉鎮之國民學校教師，來中心學校接受輔導。

7.舉行暑期講習會　本年暑假，將全區之代用教師五十餘人，召集來北碚舉行暑期講習，聘請國立重慶師範教師講課，使其教學技能加強，以提高教師效率。

（四）教學：

1.一般教學法：各中心學校，除特編一複式學級作輔導工具外，均係單式編制，所用教學法，多係啓發式，亦間有用自習輔導教學法者，各國民學校則除有少數學校採用單式編制外，餘均爲複式編制，採取複式教學法。

2.實驗新教學法：北碚鎮中心學校同時兼作戰區教師第三服務團實驗學校，故有卡片識字教學，音字教學在該校實驗，去年春季又實驗新二部制教學法，其方式係以一教師一教室教兩班學生，（一單式一百名）選優良兒童充任團長，班長，組長，一班在教室內上課，另一班卽由團長等領導其自動學習，此項教學法以少數教師可教多數兒童，爲推行義務教育之最好方法，尤其在抗戰期中，更爲重要，俟實驗求得結果時，本區擬廣爲採用。

3.衛生教學：衛生教育，每爲一般教師所不注意，致中國兒童之死亡率甚大，誠一憾事，故本區對於衛生教學特別注意，隨時隨地指導兒童衛生方法，組織衛生隊，舉行晨間檢查，使兒童有衛生習慣，講演預防[illegible]種種痘之重要，使兒童樂於注射預防針及種痘。

4.生產教學：抗戰期中以生產教育較爲重要，故本區各校除勞作科有生產教學外，復由本區農推所等派員巡迴赴各校舉行生產教學，計每週一小時。

5.社會活動：

（1）舉行懇親會及展覽會：本區各校除平時舉行家庭訪問及定期約各家長來校談話外，並規定於每學期結束時，舉行懇親會一次，同時并舉行成績展覽會，使各家長明瞭學生在校情形及其在校成績之地位。

（2）舉行各種紀念會：每逢「二」「三，一二」「四四」「五五」「五九」「六三」「七七」「八，二七」「雙十」「十一，十二」等紀念日，均由本署會同黨部，青年團，新運會，召集各界各機關舉行紀念會，學校則利用紀念日作各項宣傳工作與公共服務。

（3）組織宣傳隊：區屬各校及駐區各校，均組織宣傳隊，每於課餘或假期作兵役，民政，衛生，農業，等宣傳，遇各紀念日，則由本署供給宣傳大綱，使各校擴大宣傳。

（4）組織勞動服務隊：區屬各校及駐區各校，除組織宣傳隊外，更組織勞動服務隊，如剪除麥黑穗，慰勞抗屬，募集捐款等工作均由各校服務隊担任，本年各中心校、國民校服務隊之成績，以剪除麥黑穗爲最多，計共剪除二十八萬五千餘刁，各駐區中等學校服務隊之成績，以慰勞抗屬募集飛機捐爲優。

（5）改進國民月會：本區國民月會計分四十區舉行，開會地點多在國民學校內，由保長與校長負責主持，各鄉鎮公所派員指導，區署派員督導，幷由區署供給報告材料，會後由主持者塡表呈署備查。

八 社會教育：

（一）民教館

1. 設置民衆茶園：由館自辦民衆茶園一所，供民衆休息，內設圖書日報多種，任人閱覽，又特約民衆茶園二所，辦法由該館代爲規定，幷供給圖書日報。

2. 設置民衆學校：該館特設民衆學校一所，供各校民教部教師參考，計分高級成人班，初級婦女班，商業補習班，學生有男生七十九名，女生四十五名，設專任校長一人，兼職教員四人，均由館中職員担任。

3. 輔導各校民教及社會事業：區屬各校民教部，均由本館教導主任，往常巡迴輔導，幷輔導各校辦理社會事業。

4. 舉行巡迴施教：該館組織之抗敵工作團，赴各鄉鎮舉行巡迴施教，前後工作三十五天，受教民衆四萬餘人。

5. 組織民衆歌詠團：該館現正發起組織民衆歌詠團，以推進音樂教育，現正籌備一切，約明年一月一日可以成立。

（二）博物館：

1. 分類陳列：博物館門所有陳列品，均分類陳列，計有貨幣陳列室一，煤礦陳列室一，動物標準陳列室一，風物陳列室一，每一陳列品均覆有標簽，按時開放，以供民衆觀閱。

2. 飼養動物：動物均飼養在平民公園內，供人觀覽，所有動物多由該館徵集或人贈送，計有虎兩隻，豹一隻，熊一隻，野猪一隻，狐一隻，猴一隻，安哥拉兎十餘隻，刺猪一隻，孔雀一對，意大利雞十餘隻，鴿數對。

（三）圖書館

1. 組織聯合圖書館：聯合區內各機關學校十二個圖書館，組成一聯合圖書館，共有書十萬册，均能互借流通。

2. 徵購各書：本年計購買圖書八百六十二册，徵求圖書四百六十五册，此外定購日報十份，各報館捐贈六份。

3. 閱覽統計：本年室內閱覽人數，共十一萬〇五百一十七人，室外閱覽，計借出館書九千二百四十六册。

4.按時陳列各書：每逢紀念日，均將有關之各書專室陳列，供民衆閱覽，如革命各書陳列，抗戰各書陳列，國恥各書陳列等。

5，文庫巡迴：爲輔助國民教育起見，特配置文庫四十個，巡迴於各校，供員生及民衆閱覽，近又配置分科文庫六個，分置於各中心學校；備國民教育研究會參考之用。

(四)民衆體育場：

1.舉辦民衆晨間健身操：爲提倡民衆體育起見，特組織民衆晨間健身操，每晨於本署職員晨間運動之後，即行開始。

2.組織女子太極拳班：女子體育極難提倡，特先組織太極拳班，俾一般女子明瞭體育之重要，再作第二步之提倡。

3.開闢兒童游戲場：體育場南隅空地開闢一兒童游戲場，除重慶師範捐贈幾件運動器械外，餘由本場自行設置。

4.舉行球類比賽：本場爲鼓勵民衆參加運動起見，常發起各種球類比賽，如籃球，足球，小足球等，均以民衆爲主體，參加者甚爲踴躍。

北泉公園民國卅一年計劃之事工

小引

北泉公園，於民國十六年五月，自與溫泉寺僧，締結契約，即確定原則：公園與寺宇幷存，就其所屬範圍闢爲遊覽區，而使之成爲四川風景都麗之地。更欲躋之於文化之域，璀璨燦爛，以爲職志者也。回溯十五年來，格於地域之僻陋，交通之阻塞，經費之未贍，人力之不裕，環境之複雜，遭受之艱險，未能及時如願以償。湯沐游泳之效力未宏，食宿棲息之供應未備，坐令遊覽休沐其間者，每多缺望，自問尤深慚赧。然歷年建設，投資不細，已破費數十萬，負債十餘萬矣，自抗戰軍興，國府西遷，華中南北，敵騎馳騁，淪陷之區，文物已隨之殘破蕩佚而不全，縱有運存，多未啓封，憂時之士，欲參酌舊有文獻發爲宏論，以救時艱，每以典籍不具，望洋滋歎，加之空襲頻仍，偏於都邑，甯敢陳列，供獻灰燼，縱不冒險開館，亦多捲束防炸，未嘗備列，以是求書如失至寶，開卷如逢故人，指望難期，時日白費。中國文化之資糧有缺，而抗建力量之集中未普也。北泉十餘年間，就公私能力之所及，各方友好之捐輸，集書二萬册，古物三千件，方之國內有名館社，汗牛充棟，曾不足以比其萬一。然於國步艱難，圖書古籍，窖藏之際，鄉曲之中，休沐之暇，修有文物陳設，供人檢閱，未嘗不可以慰其心情，引之入勝，增大其事功。吾國神聖抗戰四年餘，太平洋風雲近又爲日寇掀起，英、美、蘇、荷、等國已能合力以御示暴，勝利不遠，太平可期矣。吾蜀文物，多聚於成都一隅，東川店藏者少，惟其少更應有所致力。自本年起同人不辭棉薄，勉效蟻負，關於園中日帝遊浴食住之設備，當力求改進，以應社會人士之雅望。至本園基本事務之推進，已詳「北泉發辦文化事業計劃」一文，刊之重慶市政公報及北碚月刊三卷十期以就正並世賢達，冀其加以指示而扶翊之，俾其得以逐漸成立也。而次第舉辦，則當爲自力是視，昔金熙宗有云：「太平之世當尚文物，自古政治，皆由是也」。熙宗胡人，尤重視爲此，現抗戰既已接近勝利，吾華冑衣冠文物之倫，能不爲之奮然興起者乎？

關於遊浴食住事項

一、園容　力求整潔，增設坐位，整理花木，平治道路。

二、浴池

子、露天游泳池　特別優待團體，并每週定期免票

丑、室內游泳池　增加溫度，發行月票，

寅、浴室改良水道，常使流通。

卯、浴廂　設計興工，以供家庭團體之包用。

三、餐堂

子、中餐力求改善，期於精潔便宜，便飯包餐皆合口味。

丑、西餐　多備菜數，予人選擇。

四、宿舍　多闢大間，可以集體合住。

多設小間，可人各自由。

勤求整潔使之合衛生，

五、游藝　多設棋類以較量智力，

多設游具以運用技能。

關於文化教育事項

一、北泉小學　擴大教室，多容學生，

增授童軍，注重發育

擴充書報，公開閱覽。

多作活動，訓練治事。

二、圖書館

子、設備　就本園萬有文庫一二集，四庫叢刊一二集，四庫全書珍本，四部備要、叢書集成，廿五史正編續編及私人藏書暫行開館。

丑、徵求　西南各省省志，縣志叢書，族譜地圖，金石拓片，月刊，週刊，特刊，以充實內容。

寅、借存　凡願將圖籍借存者本園願予接受，爲有孤名刻，未刊稿件而欲借藏者，應於事前而洽，

卯、寄售　應於事前接洽。

三、博物館　古物三千件分次陳列，惟參證品題尚待專門。

四、金石館　就古物中關於鐘金石刻，別立一館。

五、美術館　先開展覽，歷求海內名流手跡參加，代爲流通，并徵求金石拓片及歷代各賢遺墨，以資展覽。

六、音樂館　於古樂求能有所傳習。

於今樂求能集體演奏。

關於研究編纂事項

一、中藥研究　已與新亞藥廠商得同意，由熟習藥物者，貢獻中藥特效劑之秘方，供其科學化驗之研究，以加強中藥用途。

二、史地編纂　關於四川史地，為巴蜀上古之探索，有史以後之籌、四川歷年之大事，歷代建置之沿革，過去之人物，目前各縣之概況，山川之分布，河流之航運，金石文字之敘述，民謠戲劇均有相當材料，擬於一二年內纂集成編，公之於世，更欲於渝日報，闢一專欄，每週發刊一次公開研討，就正方家。

三、宗教研究　尚有待於材料之徵求。

關於提倡活動事項

一、由事務所主持者

子、舉辦老人康健會　延請八十歲以上老人來園，各述長壽之源，以期人人能同登壽域。

丑、舉辦音樂演奏會　弦管齊鳴比較獨樂何如衆樂。

寅、舉辦游泳競賽會　提倡人人能入水不溺。

卯、舉辦登高競走會　提倡人人能捷足先登。

辰、舉辦鹹菜比賽會　提倡婦女皆能操持家政。

巳、舉辦育嬰比賽會　提倡婦女能強種強國。

二、由圖書館主持者

午、展覽張石親先生史學大師遺著。

未、展覽吳碧柳先生愛國詩人遺著。

申、展覽四川歷代之金石拓片。

三、由北泉小學主持者

酉、兒童遊藝展覽會

戌、兒童講演比賽會

亥、小學教師作品觀摩會

關於刻板撥印事項

一、先集款籌刊張石親先生遺著

二、其他

中華民國卅一年元旦少琴草於北泉公園

本刊徵稿條例

一、本刊以反映三峽實驗區建設事業之進展情况，交換鄉建實施經驗，改進農業及生產技術爲主旨，歡迎投稿，其範圍如下：

1.峽區各建設事業進展概况。

2.峽區各項建設工作中的困難與克服困難的經驗。

3.全國各地鄉建消息及實施經驗談。

4.鄉村建設之理論著述。

5.世界各國建設故事。

6.生產技術改良實例。

7.科學發明故事。

8.自學成功者的學習經驗。

9.有關抗戰建國的名人講演。

10中國新興工業的介紹。

二、來稿須繕寫清楚，幷加新式標點，標點佔一格。

三、譯稿請附寄原文或註明出處。

四、來稿本刊有修改權。

五、稿末請註明作者通信處，以便通信。

六、來稿請寄北碚管理局北碚月刊社。

北碚月刊　第三卷　第十一二期

民國三十年十二月卅日出版

編輯者　嘉陵江三峽鄉村建設實驗區北碚月刊社

發行者　嘉陵江三峽鄉村建設實驗區署　四川北碚

印刷者　重慶印刷廠　北碚天生橋

代售處　北碚重慶各大書店

每期實價伍角

全年十二册陸元

將來的三峽

生產：

大規模增加特種農產、林產、和畜產。

大規模開發礦產——由土法開採到機械開採。

大規模創辦工業——由手工業到機械工業。

交通：

凡生產區都通輕便鐵路。文化區和風景區都通公路。

任何村落都通郵政、電話、和電報。

文化：

每保都有小學校、成年補習學校。

全區有大的圖書館、博物館、和運動場。

每保都有圖書閱覽室、展覽會、民衆會場、運動場、和俱樂部。

人民：

皆受教育。

皆有職業。

皆有現代的知識和技術。

皆能為公衆服務。

地方：

皆清潔。

皆美麗。

皆有秩序。

皆可居住和遊覽。

第四卷

第一二期合刊

北碚

林森

民國卅八年十一月卅日出版

北碚各界慶祝卅八年雙十節紀念大會專號

本期要目

北碚月刊社出版

北碚月刊第四卷第一二期

目次

頁數

第二部

第三部

肆　附錄（轉載自各報）

三峽煤藏

一、瀝鼻峽背斜地帶：所產煤是侏羅紀質，該煤為中級煙煤，總儲量為卅四兆噸。

二、溫塘峽背斜地帶：北起合川縣之太和鄉，南抵江津縣油溪，長約百公里，有侏羅紀岩層出露，寶源、燧川兩公司在此開採。煤層平均在半公尺左右，質為中級和低級烟煤，儲量約卅一兆噸。

三、觀音峽背斜地帶：以二叠紀煤為主，侏羅紀煤次之，前者厚四五公尺，為川中煤層之最厚者。二叠紀煤俱分佈於嘉陵江北岸，天府煤礦公司於此開採。在江南只有二叠紀岩層露頭，煤仍然在地下，而以侏羅紀煤開採為最多。質為煙煤及無烟煤二種，天府所採者可煉焦煤，總儲量約有三百九十二兆噸。

壹 前言

高向榮

北碚的經營，原不過想把它作成中國西部的一個小小博物館，在這窮僻的山澗水間，點綴着幾樁現代的文化事業和經濟事業，描摹出一幅現代物質建設和社會組織的輪廓畫，讓人們勾引起一個現代新中國的憧憬來。更想把它佈置成一個建設的溫床，培育出一些建設的種子，讓社會的和煦春風，把它散播於四方。

北碚廿餘年來，因了社會的愛護和扶持，能學爬學走的成長到今天，雖偶有所創製，也不過等於初小學生的勞作，說不上成績，更說不上貢獻，距離理想還非常遼遠。但也應該隨時亦徐地呈現於關心的社會人士之前，有如呈現於家長之前，請予以嚴格地批評和指導，予以強力地提攜和督策。尤其我們自己這一羣工作朋友，向着同一個目標，站在同一條戰線，更要藉此相互觀摩，相互影響，相互策勵，不僅是自我教育自我，更是大我教育了大我。

所以我們歷年從沒有放棄過這種活動的機會：在民國十七年秋，我們曾首次舉行過盛大的運動會，集中了週圍好幾縣的學生和鄰友。在民國廿八年的國慶日，我們更[illegible]了幾十個遷建學業，動員了成百的學者專家，舉行了一次盛況空前的事物聯合展覽大會。（詳見北碚月刊三卷二期，廿八年紀念國慶各界事物聯合展覽大會特刊，）今天又是民國三十八年的國慶了，雖然仍是遍處烽烟，仍是山河殘破，但我們絕不灰頹自餒，更不能徬徨自亂，要堅強我們「和平建設」的信念，要獻給浮動的社會人心一瞬希望的慰安！所以我們仍不妨苦中作樂，忙裏偷閒，再舉行一次擴大的紀念，利用十月九日的星期和十日的假期，熱烈地活動兩天。

我們這次籌備不過匆促的十餘日，所以碚也忙煞了不少參加演習的民衆，不少籌備展覽開放的公教員工，尤其忙煞了不少演習表演的中小學校的男女同學。只可惜會期接連大雨，使好多活動不能舉行，好多節目不能表演，好多觀衆難於蒞臨，空辜負了他們一番準備的心情，這是令我們感覺非常遺憾的。

我們祝福國家趕快走入現代建設的坦途，祝福北碚在民國四十八年的今天，有一個更進步更燦爛的光明遠景，並仍可看到比今天更熱烈更盛大的檢閱。

北碚溫泉峽口之風光

貳　計劃

（葛[illegible]錄）

一　工作分配

籌備委員會——主持全部籌備事宜。

第一股——總務方面

（一）文書組

1.往來文件之收發撰擬及繕印。

2.會議之通報紀錄及執行檢討。

3.工作人員之延聘分派標識及劃到等。

4.其他不屬於各組之事務。

（二）事務組

1.必需經費之收支保管。

2.賬務之審核紀錄報銷。

3.必需物品之採購借還保管。

4.必需食宿茶水之準備供應。

（三）警衛組

1.治安秩序消防之警備維持。

2.環境市容整潔之整理維持。

3.交通電話之管理控制。

4.急救救護之聯絡部署。

（四）宣傳組

1.新聞之採訪編輯刊印。

2.活動電影及照片之攝製。

3.標識指引概況統計圖表之製作陳列佈置。

4.會場標識佈置設計之統一規劃。

5.廣告及活動介紹說明之編製宣傳。

（五）獎品組

1.應需經費物品之籌募催收。

2.錦標錦旗及紀念贈品之統一規劃製作。

3.獎品之保管陳列及配發。

第二股——活動方面

（一）集會組

1.紀念大會程序之排定及執行。

2.會台之搭設及管理。

3.參加開會團體場地位置之規劃安排及指揮。

4.開會執事人員及講演報告之聯絡。

5.地方公教員工敍獎典禮之籌備及舉行。

（二）展覽組

1.參加展覽單位之接洽聯絡。

2.展覽品之搜集整理陳列。

3.展覽會場之部署佈置。

4.對參觀觀衆之解說介紹。

5.成績標準之擬訂及等級之評定。

（三）體育組

1.參加單位之接洽聯絡。

2.比賽程序規則之訂定。

3.表演節目之聯絡編排。

4.評判人員之聘請與分工合作。

3.體育遊藝用具設備之整理預備

（四）遊藝組

1.電影映放之管理，歡迎觀衆之編配。

2.播音幻燈之聯絡準備施放及報告。

3.音樂話劇歌舞雜技之接洽聯絡編配。

（五）演習組

1.自衛隊丁召集之準備。

2.會操閱兵式之舉行。

3.排連戰鬥演習之規劃及實施。

4.各種瞄準與實彈射擊之比賽及講評。

（六）服務組

1.各事業機關一律開放之聯絡接洽。

2.各團體來賓參觀之招待引導。

3.團體來賓食宿交通之指引及安排。

4.休息處詢問處及書報閱覽室之設置管理。

5.其他臨時社會服務事項。

二 人員分配

籌備會

委員兼主席團：

北碚管理局局長盧子英

北碚地方法院院長馬鎮燕

北碚地方法院首席檢查官劉朝陽

私立勉仁文學院院長梁漱溟

北碚兒童福利站主任章牧夫

長江水利工程處處長程志軍

北碚圖書館館長張從吾

中國西部科學博物館主任[illegible]

私立兼善中學校長張博和

國立女師學院附屬中學校長劉冀良

私立立信會計職業學校校長劉芷休

私立勉仁中學校校長雲頌天

私立玉峽中學校校長周熙琳

大明紡織染廠總經理查濟民

大明紡織染廠廠長朱己訓

北碚區黨部書記長王陰槐

北碚參議會參議員熊明甫

北碚市商會理事長馮智舒

委員：

聯合國文教組織北碚辦事處主任胡本德

北碚富源電力公司經理但濟先

中央農業試驗所場長李士勳

中畜所家畜保育站主任程紹民

華西實驗區衛生組主任王正儀

華西實驗區北碚辦事處主任田慰農

北碚溫泉事務所經理席朝杰

第十股股長：趙仲舒

（一）文書組組長：華文倫

1.收發：劉志誠

2.繕繕：李常、王光華、宗淮浦

3.繕校：栗適安、龍信誠

（二）事務組組長：何文將、陳華益

1.會計：陶洪江、饒若衡

2.出納：鄭鶴皋、鄧叔漁

3.保管：翁　舫、楊宏濤
4.採購：魏宣俊、鄧正榮
5.什務：夏遜輝、楊子玉
（三）警衛組組長：陳能訓
1.治安：張子揚
2.消防：黃克明
3.交通：李玉章
4.救護：劉瑞和
5.清潔：梁　崙
（四）宣傳組組長：高孟先、葛向榮
1.編輯：羅中典、陳治漠
2.設計：高孟先、梁白雲
3.繪製：陳作鼎、王德偉、房品章、馬少慶、趙樹蓉、胡
毅人、徐建夫
4.攝影：北碚各照相館
（五）獎品組組長：高孟先
1.勸募：華文脩、孫溪陶、黎繼光、黃子裳
2.經收：北碚銀行
3.製作：劉肇基
4.保管：鍾炳高
第二股股長：黃子裳
（一）集會組組長：劉學理
1.會務：周承祥
2.台務：高孟先
3.場務：范六亮
（二）展覽組組長：陳顯欽、劉文精
1.物產展覽：陳顯欽
（1）農業：陳顯欽、汪紹文、夏代緒、敖延銀、梁正立
任涵宗、黃仁修、李榮翰、張立平
評判員：李士勳、葉孝怡、吳旭東、王瀛州、汪紹
文、蔡芝生、趙映葵、袁正和、陳顯欽
甲、農業經濟組：周道牧、楊公驥、羅　城、曾月秋
乙、土壤肥料組：徐德光、唐正性、黃健龐
丙、畜牧獸醫組：陳紹明、王瀛州、吳旭東
丁、園藝組：葉孝怡、蔡芝生
戊、作物組：李士勳、趙映葵、劉淑瑜、劉德蔭
巳、森林組：羅良約、汪紹文、何[illegible]
庚、蠶桑組：中蠶所、蠶種場
（2）工藝：朱[illegible]
評判員：（總）何慶瀾、（副）朱己訓、伍玉璋、
彭光欽、高孟光、舒承謨、王可君、羅伯康
甲、紡織：舒承謨、張希侯
乙、化工：朱　霞、羅[illegible]康
丙、建築：王可君、楊世先
丁、食品：伍玉璋、曾有為、陳明德
2教育展覽：劉文精
（1）中學成績展覽：劉漢良、張博和、劉芷修、寶頤天
、周熙琛
評判員：（總）許季康、章牧夫，田懋庭、陳菊人
、李清昌（聯絡）
（2）小學成績展覽：唐　愉、陳興讓、趙　璧、韋濟成
、陳曉朗、明　恥、袁俊成、王緇志、陳熾昌
評判員：（總）程德一、劉文精、羅中典、李思成
、魯國中、張光錫、李成板、李青昌、胡毅人

3.美術展覽

(1)書畫展覽：健生藝專校

(2)圖片展覽：美國新聞處

(三)體育組：

1.體育表演：

(1)中學部：裁判

(總)范元亮、(相輝)胡理和、(附中)虞堯田、(兼中)楊克立、張其義、(勉仁)楊通一、(三峽)劉永文、孫淑華

聶勛鈺、蘇應奎、趙覺之

(2)小學部：裁判

(總)范文亮、虞堯田、楊克立、楊通一、劉永文、孫淑華、胡理和、羅中典、劉文精、唐 愉、

2.球類比賽：

裁判：賀逵仁、葉俊才、池洪鈞、胡繼維、印邦麟、楊政、周士如、熊經緯、賀照堯、羅幸麟、胡元祿、徐明德、甘國舜、管文光、劉澤木、李壽樵

3.國術：李建棠

裁判：藍伯熙

(四)游藝組組長、古輿熗

評判：(總)黃敦詩、古輿熗、李成鈹、吳定域、馮瑞琛

1.電影：吳定域、黃克堅

2.播音：樊澤民、馬客仁

3.歌舞：馮瑞琛、童 顯

4.音樂：國立女師院音樂系

5.雜技：軍中演劇十六隊魔術隊

(五)演習組組長：李德增、舒 傑　　總評判：左宗常

1.閱兵式：指揮官、左宗常

2.戰鬥演習：評判、各督導員

3.架上瞄準：評判、郭肇修、徐紹伯、劉文蕤、李爵如、蘇麟聲

4.据槍瞄準：評判、舒 傑、馮禹夫、羅任吾、龍肇章

5.實彈演習：評判、黎繼光、梁 崙、彭守誠、黃子明、許俊良

(六)服務組組長：周承祥，孫羨陶

1.引導：張善昇、朱 霞、陳漣漪、譚炳成、唐德禎、何淼川

2.招待：周承祥、孫羨陶、譚炳成

(1)旅食：唐德禎、王從新、陳 榮

(2)交通：劉子良、何淼川

3.聯絡：顏 暉、王文傑

三、經費預定

(一)來源：

1.各單位參加或出席，所需費用各自負擔

2.公共必需費用，向有關經濟事業募捐三分之一，由文獻會捐助三分之二。

(二)開支：　四五〇〇元。

1.展覽費用：　一〇〇〇元

(1)教育展覽：四〇〇元

(2)農業展覽：四〇〇元

(3)工藝展覽：二〇〇元

2.表演費用：　一〇〇〇元

(1)體育表演：五〇〇元

6
（2）游藝表演：五〇〇元
3.宣傳裝用：六〇〇元、
4.演習費用：一二〇〇元
5.建置費用　二〇〇元
6.雜文　四〇〇元

四 進度預定

月	日	擬辦事項
		第一股
		（一）文書組
九	二一	開始逐日召集各股組長會議
	二六	聯絡各組趕辦工作進度表及預排活動節目
	二九	請局長電話鄭主任祕書備左傳化來碚
十	一六	備收各組預排活動節目，七日會商
	一七	繕寫大會名牌及來賓與工作人員標識
九	九	聯絡本組工作人員集中辦公
	一一	召開工作整理會議
		（二）事務組
九	二六	召開本組工作會議
	二七	交涉辦公地址、準備辦公用具
	二八	（編造預算，請領需用經費
	三〇	準備炊膳用具，安置飲水茶缸
十	一	檢討本組工作辦理大會一切事務
	二	購買各組需用物品
	三	通知各組領款並說明手續
	四	聯絡各組必需代借物品
	一一	辦理結束事宜，清還借用物品
		（三）警衛組
九	二七	聯絡市委會整頓市容及花壇
	二九	研究清潔大掃除
	三〇	編配救護人員聯絡部署
十	一	計劃警衛部署
	二	完成新建警所內部佈置
	三	聯絡公園製保護花木牌
	四	發動清潔運動競賽
	五	聯絡檢查清潔
	六	督飭棚戶折遷指定地區
	七	調集長警施行臨時必要訓練
		（四）宣傳組
九	二七	召集照相業開會商攝製活動片及展覽辦法、清理前運動會所存之什物、內體育場佈置、商借用文教組工作人員
	二八	請託揚子江上游水利工程處繪製北碚路圖石印稿、（至遲卅日完成付印）洽借軍樂留聲片、購備宣傳用物、爲各組設計及寫畫圖表
	二九	設計作聯合指引牌、概況、標語、遊覽圖牌、舟車價目牌等
	三〇	佈置運動場，設計製作標識指引牌等
十	一	製作概況及北碚圖，勘定陳列地點，繪製物產展覽兩大畫像
	八	檢閱各部門宣傳佈置事項，並作修正充實。
九—十		攝製雙十節活動節目，出畫刊特刊
		（五）獎品組
九	二四	印發募捐便函

二五　商託各方捐款之聯絡催收人員
二六　聯絡北碚銀行代收捐款及辦法
二九　清理捐款收集事宜
三〇　催收未收捐款

十
一　聯絡各組需要獎品種類及數量
二—四　統一製作獎品
九—十　管理獎品陳列及配發

第二股

（一）集會組

九
二六—卅　趕拖體育場泥土
二八—卅　撤卸新修房餘屋

十
一　填平撤卸後之場地
二　通知參加開會團體
三　聯絡大會主席司儀紀錄指引等人員
四　彙列敘獎公教員工
五—六　搭設司令台
八　寫製大會程序單
十　舉行紀念大會

（二）展覽組

1物產展覽

（1）農產

九
二七　召開農業展覽會議、開始修理房屋、完成間作與輪作模型
二八　收集圖表資料、稻作油桐麥作等陳列品之準備、並設計圖表開始製標示牌
二九　水土保持模型設計完成
三〇　果樹施肥法模型設計完成

十
一　繪製圖表
二　家畜欄之設計與捆扎
三　各鄉鎮指導員回所工作，收陳各種農產及其種籽、整理標籤
四　收陳展品、製說明表
五—六　陳列室佈置
七　收陳家畜、扎農推所大門牌坊
八　收陳家畜、樹立各種標牌及指標、檢查各方佈置
九　展覽開始

（2）工藝

九
二六　開籌備會議、繕發通知
二七　造具預算
二八—廿九　接洽各工作者、聯絡各鄉鎮
三〇　檢討展品成果

十
一—二　催各鄉鎮收集展品
三—四　準備展覽工具
五—六　整理展品
七—八　設計並佈置陳列
九—十　展覽並解說

2教育展覽

十
一　彙集各鄉鎮成績展覽件數
三　統計成績展覽件數
四　印製成績評表
五　印製成績展覽標籤
六　分配陳列室解說人員
七　彙收展覽物品、製訂批評簿

九　九　引導參觀並解說、檢定成績等第
　　一〇　引導參觀並解說，分發獎品
　　一一　發還各校成績、開工作檢討會

3.美術展覽

九　二六　召開美展籌備會議
　　二七　洽商借用美豐銀行為展覽地址
　　二八　洽定陳列美國新聞圖片之茶社
十　三—六　搜集並整理展覽品
　　七—八　佈置陳列展品
　　九—十　指導參觀

（三）體育組

九　二七　規劃體育場設備
　　二八　印發體育表演註冊表
　　二九　擬定表演規程及給獎辦法
　　三〇　商聘評判人員
十　一　印發成績記載表
　　三　統計小學表演節目及來碚師生數字
　　四　聯絡事務組規劃小學表演來碚師生食宿
　　六　完成體育表演用品，統計中學表演節目
　　七　編配表演日程及次序
　　八　完成體育場之佈置
　　九—十　正式表演、記載表演成績、分贈獎品
　　一一　開工作檢討會

（四）演習組

九　二六　擬訂演習科目
　　二七　修正演習課目
　　二八　決定演習事項
　　三〇　擬訂演習計劃
十　一　核定演習計劃
　　二—三　付印並校對計劃
　　四　交製射擊演習器材、分發各鄉鎮演習計劃表
　　五　擬製印發各鄉鎮自衛隊駐地及給養分配表
　　六　擬製印發射擊比賽各裁判及統計人員
　　七—八　各鄉鎮開始在轄區內演習
　　九　預行閱兵式
　　一〇　舉行閱兵式及各種射擊比賽

（五）服務組

九　二六　印製車船輪馬價目表，召集組務會議，檢討準備工作，聯絡各事業機關開放。
　　二七　聯絡三休息處圖書及管理人員，召集旅食業會議
　　二八　檢查車船輪馬價目牌，聯絡服務組交通車，。
　　二九　調查旅食店住食人數，通知各事業準備解說人員
　　三〇　聯絡服務組辦公地點，聯絡教育科自衛隊兩處參加學生及隊員住址，配備導遊人員。
十　一　規定本組工作人員辦事細則，督促各旅食店整理清潔。
　　二—三　聯絡天一、仁義永、商會、休息地及佈置環境。
　　五—六　檢討交通工具及旅食價目之執行。
　　七—八　率集引導人員預先參觀，研究介紹。

峽中俚諺

『上峽石灰下峽碑，中峽磨兒經得推』，此因上峽（瀝鼻峽）產石灰，下峽（觀音峽）產碑石，中峽（溫泉峽）產磨石，故云。

叁 實施

第一部

展覽組

物產展覽

農業展覽

陳顯欽

一 概述

農業建設，爲最重要之國民經濟建設，本局向列爲施政中心工作。遠在峽防局及三峽實驗區時代，即積極推行品種改良，病蟲害防除，西瓜栽培，白猪推廣，家畜保險與防疫，以及合作事業等。三十六年訂立五年農業建設計劃，付諸實施，並開始錄用高農畢業學生，三十七年復增用大學農學院畢業學生二十四人，分別派駐各鄉鎮及各保担任民教與建設工作。採用教建合一方式，經常與經濟部中央農業實驗所，平教會華西實驗區，四川省家畜防疫工作站，等有關機關密切合作，以推進各項農建工作。年來賴計劃之訂立與人員之充實，在工作上稍有進展，尤以自三十八年農歷元旦，發動各種生産競賽以來更能鼓勵農民改進與向上。本年國慶，正值秋收完畢，生產成績如何，工作計劃進度如何，均要嚴加檢討，特舉辦農業展覽，並舉行各種比賽，以資提高農民警覺與生產興趣，尤期藉此得收機會教育之效，俾造成建設運動，由點而綫而面推及全局。展覽會共舉行四日，雖因雨使工作進行感覺困難，但卒以同仁奮鬥及服務之精神，使觀衆一八九九九人，均獲得深刻印象。誠恐因時間關係，本局農民或其他各界人士，未及來會參觀，或參觀而尚未知其詳，特再將籌備經過及展覽內容等，簡述於後：

二 籌備經過

此次展覽籌備會，係於本年九月二十五日召開，參加單位計有經濟部中央農業實驗所，平教會華西實驗區家畜保育站、四川省家畜防疫站，四川絲業公司製種場，及北碚管理局農業推廣所等單位。當即決議，各就有關部份限期於十月七日以前，切實準備完畢。展覽內容，着重有關北碚農業改進部份，作有目的有系統之介紹。自是經半月分別之努力，卒於十月八日完成全部陳列，於九日正式開幕。

三　展覽紀要

(一)農業經濟組

農經組方面，除有一具北碚管理局立體地勢模型外，餘均係圖表。內容可分為二部：一是本局現有農業概況，二是北碚農推所近年工作情形。茲分述如後：

1 本局農業現況

(1)地理環境

位置：東經一〇六度二六分，北緯二九度五分。

高度：最高海拔九七〇公尺。

氣溫：三五年至三七年平均溫度(攝氏)一八·七三度。

雨量：三五年至三七年平均雨量一一二〇·三公厘

霜期：三五年至三七年平均霜期為二一·七日。

(2)土地：北碚土地面積共計二一八、一五七、五七一市畝。計水田佔百分之一〇·八，旱田八·七，塥地〇·九，坡地三〇·二，山地一四·五，園地〇·六，宅地一·九，林地一九·一，池塘〇·二，坟地一·〇，沙地〇·三，荒地一一·八，又耕地為一四三、三八三、八一四市畝，其他為七四、七七三、七五七市畝。耕地使用權之分配，為佃耕地佔百分之六五·九五，自耕地佔百分之三四·〇五。

(3)單位農場面積大小分配百分比。

面積大小(市石)	〇→一五	→三〇	→四五	→六〇	→七五	→九〇	→以上
場數百分比	五〇	一八	一〇	六	五	四	七

(4)農民人口：全局共有農家七、二九五戶，有四二、二〇九人。(男二二、四八二人，女一九、七二七人)其中佃農戶數佔百分之六二·八，自耕農佔百分之三三·六，半自耕農佔百分之三·六。

(5)主要作物產量：水稻七九、八〇〇市石，玉米二六、六五二市石，豌豆五、七六〇市石，小麥一三、〇三〇市石，紅苕三、一九七、二九九市斤。

(6)牲畜統計：猪二〇、二七三支，牛一、六八九支，羊五四五支，雞一八、四六五支，鴨三、一六五支。

2 農業改進工作

本局農業改進工作，除有關各組，於各該組分別敍述外，茲特將行政及經濟部份簡述如下：

(1)農業建設五年計劃：本局自三十六年起，訂立農業建設五年計劃，開始實施，茲表列各項數字如下：

工作項目	計劃限度	三六年完成數字	三七年完成數字	三八年一至九月完成數字	備考
合作農場	八〇場	一三場	七六場	八二場	累積數
扶植自耕農	繼續工作	購地二一五畝	購地三八六畝	購地三五畝	
水稻良種推廣	二〇、〇〇〇畝	二〇〇畝	二、二〇〇畝	四、八六七畝	

推廣南瑞苕	二〇、〇〇〇畝	二、二二二畝	二、二三一畝	四、六八九畝	
推廣雜交豬	三〇、〇〇〇頭	一、〇二〇頭	一、一二〇頭	五六〇頭	實存數
推廣廣柑	一〇〇、〇〇〇株	八、五〇〇株	二二、〇〇〇株	一八、〇〇二株	實存數
發　鷄	一〇〇、〇〇〇支	一八、四六五支	一九、六五五支	一八、四六五支	實存數
植桐	三〇〇、〇〇〇株	二一六、八四七株	二四三、八三七株	三〇六、三四一株	
推廣骨粉	每年六、〇〇〇斤	七、六〇〇斤	二一、五九〇斤	五八〇斤	
貸款	三八、三六二萬元	八六六、七一一萬元 又金元一、一六〇元		二九、二八〇元	
繁殖推廣牧草	八〇〇、〇〇〇株	一〇〇株	七〇〇株	二一二三株	
防治蟲害	捕殺螟蛾 採滅螟卵	一〇一、二五三個 二〇、五九七塊	一九八、六七三個 三七、六六一塊	一七〇、八九五個 三七九、六一〇塊	
推廣魚苗	每年一〇、〇〇〇尾	一一三、五一〇尾	三、八八三、一八〇尾	一、七二九、〇〇〇尾	
預防豬瘟	每年七、〇〇〇頭	三、六六六頭	八、五四八頭	二、一八五頭	
治療畜病	有病即治	一、一五三個	二、六六六個	七三八個	

（2）農業建設工作機構：本局農業建設，由農業推廣所連絡各有關機關協助推進。農推所及各鄉鎮，均配備農林指導員一至二人（現係由平教會華西實驗區輔導員兼任）現共有指導員十二人。各保則有高農畢業，且經短期訓練者，充任民教主任，現共有一〇八人。採用教建合一方式，切實推進各項工作，故由農推所而鄉鎮而保，指揮靈活，工作推行亦非常順利。

3推行土地政策實現：

（1）扶植自耕農。

子、設置扶植自耕農示範區：計扶植自耕農七九戶，購地一四二八．四一畝。

丑、介紹農民向農行貸款購地，計扶植自耕農五八戶，購地一、一一四畝。

寅、介紹因天災負債之自耕農貸款以償還債務，計前後共介紹自耕農九五七戶貸款，以解除其高利債務。

（2）減租保佃。

子、三七年起停止公學標佃辦法，以倡導不加租，與不撤佃。

丑、徹底實行二五減租。

寅、嚴禁撤佃與僱人自耕。

卯、規定種植油桐收益歸佃農，換佃時新佃應補償舊佃，可以免除競佃現象。

辰、聯絡地方法院，由管理局租佃調解委員會，先行調解本局租佃糾紛。

已、退佃時押金，視主佃雙方經濟情形，按當時物價增加給付。

4.倡導農業合作。

現全局共有局合作農場物品供銷處一處，鄉鎮合作農場物品供銷處八處，合作農場八二場。凡個別農民不能解決之共有問題，由合作農場解決之。一場不能解決者，由鄉鎮合作農場供銷處解決之。一鄉鎮不能解決者，則由局合作農場供銷處統籌解決之。合作農場爲本局農建之中心，茲介紹其內容如次：

（1）利益：合作農場重在求其一切得盡其利，建設第一，衣食足而知榮辱，倉廩實而知禮義，綜其利益如次：

△安定使用，愛護土地。　△便於重劃，利用合理。
△水土保持，減少冲刷。　△改良農業，效率加大。
△過剩勞力得以善用。　△技術管理較爲進步。
△避免土地無理集中。　△避免耕者無理轉移。
△便於加工。　△便於消費。
△便於興利設施。　△便於經濟力之運用。

（2）沿革：北礦合作農場創始於三十二年農林部輔導處輔導成立之自耕農示範區合作農場，現本局進行是項組織之宗旨如次：

子、改良農場經營，以增加農民收益。

丑、調整租佃關係，以穩定耕地使用權。

寅、控制土地轉移，以達耕農所有。

其組織爲理事會之下設場長一人，下分總務、業務、財務、教育文化等股辦事，並任用會計一人司理賬務，各股之下，再分設各組，以統率全體場員。

自創始以來，因成效顯著，於三十三年及三十五年各增設一場，三十六年增設十場，三十七年六十三場，三十八六年場，現全局共八十二場，參加農民共計五七[illegible]七戶，達全體農民百分之七八、五。今後仍應繼續鼓勵所有農民全部參加，俾能共享其利。尤應逐漸加強組織，充實業務，以達合作生產，公平享受之目的。

（3）工作。

子、目標：利用科學方法，改良農場經營，以增加收益，改善民生。

丑、內容：以共同改良農業經營，共同修治農田水利工程，共同辦理農產加工及運銷，共同購置及利用生產工具，供應場員日用必需品，共同經營農業倉庫，辦理信用合作。

寅、方法：

甲、公共造產：實行集體勞動，公荒地及公有水源利用。並推行各種公營事業，以增加公共收入，俾能團結人心，並興辦各項農民福利事業。

乙、解決土地問題：

「一」扶植自耕農及幫助合作農場贖公田。

「二」實行減租保佃。

丙、改進農業生產技術：保土，換種，增肥，改良農場佈置，及防治病蟲害等。

（4）業務：本局推行之合作農場，係採用局部業務合作方式，現各場推進之公營業務，大多爲加工飼養，藉此以求解決場員缺乏肥料之問題。茲統計各項業務數字如左：

業務	養豬	消費	釀酒	磨麵	養魚	磨豆粉	集體耕作	織布	碾米	其他
場數	一八	一七	九	九	九	六	六	三	一	四

（5）合作農場業務競賽：此次利用展覽時間舉行合作農

場業務比賽，計參加者共八場。經評判結果，以文星鄉十六保合作農場，朝陽鎮十二保合作農場，及白廟鄉十一保合作農場，業務務實，而經營亦極適當，分別獲選為前一二三名。

（6）舉辦各種農業貸款

本局各種農業貸款，均以合作農場為主要對象，茲將歷年貸款類別及數字，表列如下：（單位：元）

年度	幣別	扶植自耕農貸款 購買耕地貸款	扶植自耕農貸款 解除高利貸務貸款	農業生產貸款	農村副業貸款	農田水利貸款	農產運銷貸款	農業推廣貸款	合計
三二	法幣	一九九五000		六0四二八八五三	八七二三五0	六四0000	三0三四		六二六0五三四三
三三	法幣	一七0000	一三00000	三四八六00	一三六九一00	三三八000	八00五九00	六00000	一三四五一五00
三四	法幣	三三三00000	三一00000	六三七一000	一三三三四000		三一三五六000	一三五00000	三0七五一00
三五	法幣	五三五00000	七六四00000	二五000000	四九二00000		三三00000		九0五九0000
三六	法幣	二六00000	一九一八0000	六四一三00000	七00000000		三一0000000	一九八000000	一一五八二八000
三七	金圓	一六	三0六	一八六六六七		三三三三三	一000	一八六六六七	三四九三四九
三八	金圓	六00		二六六八0	二00				二七四八

三八年係向平教會華西實驗區所貸。又三八年度農業貸款用途分配為：

項別	合作農場 農產加工	合作農場 購置公田	良種繁殖	洋芋	耕牛	母豬
貸款銀圓	一二三八0	六00	五00	四八00	一0000	二000

（二）土壤肥料組

北碚地居峽區，山多田少，地瘠民貧，保土增肥，實為最基本農建工作。展覽會中，特設土壤肥料組，茲將其內容簡述於後：

1.要保土，橫起種：在展覽會場中心地方，有一座假山，上立巨幅標語：「千斤河水六斤泥。」（經試驗嘉陵江混濁水含泥量為千分之五．五）山上長着青葱的小麥和豌豆。山之左面，表示舊法種植，點播，行路及水溝方向，均由上而下。因雨水直冲而下毫無阻擋，冲刷力極大，致泥沙流失，溝谷纍纍，使人觸目驚心。山之右面表示簡易改良種植法，豆麥間作，條播，方向橫行。雨水下流，處處遇阻，排水溝中，設有很多沙坑，冲力極少，泥沙沉留亦多。溝旁種有樹木，溝坎堅不易倒塌，兩相比較，使人一目了然於保土之重要及簡而易行之方法。非如此，則幾十年後肥沃可用之地，即變成石山一座，連草也不長，我們子孫祇有餓死了。此外，並在說明牌上，介紹一般的保土方法如下：

（1）傾斜最大的地方，種松杉柏。

（2）傾斜大的地方，種油桐，種果樹，種牧草。

（3）傾斜小的地方，將斜坡做成一梯一梯的梯田，以種莊稼。

（4）種莊稼用條播，方向橫行，不可由上而下。

2. 間作式輪栽制：北碚農民，在旱地種植作物，已習慣採用間作式輪栽制度，惟尚有若干缺點應改良如下，則不特可收增產之效，尤有增加土中肥料，及保護土壤，減少雨水冲刷等利益。

一

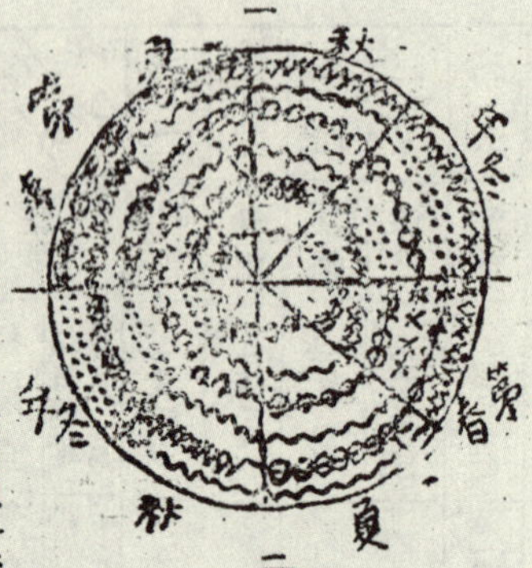

二

胡豆××××××

玉米————

黃豆○○○○○

美國矮四季豆（或洋豆）—×—×—×

紅苕~~~~

苕子—○—○—○

蘿蔔菜┆┆┆┆

註：如土較好，可去葫豆一行，以種小麥。

此種改良間作式輪栽制的利益有：

（1）可以防除雜草。

（2）可以保持土中有機物。

（3）增加土中氮素，豆科植物根瘤腐爛後，存留土中。且秋季加種苕子，初春季翻入土中，亦可增加氮肥與有機物。

（4）使工作支配得宜。

（5）能保持土壤。現在農民係將紅苕行間之土，於冬季深耕，裸露，待春天始種玉米，因本局土層甚薄，冬天裸露，土肥必多流失，應改種綠肥或飼畜用作物，以資護土。

（6）使土中各種養分平均消耗，不致破壞地力。

（7）減少荒歉。

（8）增加產量。

3. 美國矮四季豆：在間作式輪栽制中，每年春季於玉米行間先種下雙行美國矮四季豆，此種四季豆，無蔓，成熟早，產量高，無筋，肉質厚而嫩，豆夾先後成熟，可收穫數次，完全與本地蔓性四季豆相同。在玉米行間，互不影響於生長，故為極佳之間作作物。經此次公開介紹後，當不難普遍推廣全局。

4. 洋豆：又名雞肉豆。在間作式輪栽制中，亦可以洋豆代替美國矮四季豆，洋豆植株矮小，莖高一、五尺至二尺，直立無蔓，於春分前後一週內，在玉米行間行雙行條播。其豆子可煮食，如與雞肉豆同煮，味甚鮮美，且含營養價值極高。本所現正大量推廣，以資增加每單位面積之生產量。

5. 果樹施肥新舊方法比較：一般果樹舊法施肥，均在樹幹旁邊掘一洞，灌施大量人糞尿，因樹幹莖部少鬚根，吸收不易，肥料損失既大。且掘洞過深，根部直接浸於人糞尿中，易罹病蟲害與根部腐爛。因特介紹新法施肥，即以樹幹基部周圍大之三倍為半徑，繞樹幹周圍開一圓形溝，溝寬溝深均為五寸，又由樹幹基部向外掘輻射溝形數條，以氮燐鉀配合肥料，施於溝中，再行覆土，如此，肥料散遍於全部樹下，易被吸收，故能使枝幹生長均衡，結果多而肥料亦無損失。

6. 四種肥料之陳列

（1）過燐酸石灰——燐質肥料：含燐酸百分之一五至二〇，爲促進細胞繁殖，增加葉綠素炭化作用，增加籽實收量，且增强抗病力之化學肥料。

（2）硫酸錏——氮質肥料：含氮約百分之二十。易溶於水，肥效甚速，能使枝葉繁茂。但多施則植物成熟延遲，且枝葉因此柔弱，易罹病害。若年年用量過多，則土壤變惡，不適種植。

（3）苕子——綠肥：有籽實及植料，爲豆科植物，於水稻收獲之後撒播田間，於翌春翻入土中，作稻田綠肥，且其根部長有根瘤菌，此菌，可固定空中之氮氣，以增加氮肥。

（4）骨粉：亦爲燐肥之一。它可使生產加快，幫助種籽發芽與幼苗生長，提早成熟時間，增加產量，增加種實之燐酸含量，使果品顏色鮮美而味甘，少病害。

7.肥效比較：在一塊大木板上，上面扎着三束高矮不同之小麥植株。此三種小麥爲同一品種，在同一環境，同樣管理下，施不同肥料，顯出三種不同結果。施本地肥料者，植株最矮，穗子小，施硫酸錏與過燐酸鈣者：則植株高，穗大，由此可知此兩種化學肥料效力很大，本地肥料則較小。

8.作物所需肥料及土質：在牆壁上，懸着四幅廣大的圖畫，：（1）表示水稻宜生長在粘性的水田，需要多量的氮素，少量的燐鉀，適宜的肥料，爲硫酸錏，綠肥，人糞尿，厩肥，菜子餅，和其他油餅。（2）表示油桐宜生長溫潤氣候的山坡和谷地，需要適量的氮素和少量的燐鉀，適宜的肥料爲厩肥，油餅，硫酸錏，人糞尿等。（3）表示柑橘宜生長在細沙土裏，底土須排水優良，需要適量的氮、燐、鉀，微量的鎂鐵，適宜的肥料，爲油餅、厩肥、綠肥、骨粉、過燐酸鈣。（4）表示甘蔗宜生長在排水優良的肥沃土中，需要多量的氮、燐、鉀，適宜的肥料爲硫酸錏、人糞尿、厩肥、骨粉、過燐酸鈣。草木灰，油餅等。

（三）畜牧獸醫組

畜牧獸醫部份，分爲兩大部門，畜牧部份，在門前空地及動物園陳列，獸醫部份，在室內陳列。茲說明於次：

1.、畜牧陳列

（1）家畜：分乳牛、耕牛、乳羊、猪等，其內容如後：

「一」乳牛及耕牛

子、實物展覽：計有純種荷蘭公牛一頭，雜種第三代牛二頭，分別用標牌說明如次：

種別	純種乳牛	雜種乳牛	黃牛	備考
全年產乳量	七千至九千磅	三千至五千磅	六百磅左右	
脂肪含量	三·五至五%	四·五%	五%	
體重	八百磅以上	約七百磅	五百磅	
附註	產乳量脂肪量及體重，因品種及個體而不同。	乳量脂肪及體重，因改進程度而有多寡。	產乳期短，繁殖又少，應加以改良。	

丑、牧草——象草實物一叢，說明如後：

甲、功用：象草是緬甸的一種牧草，牛羊喜吃，營養價值極高，生長迅速，繁殖容易。本局於三十六年引入，經兩年試種，生長頗佳，對本地氣候亦極適宜，尤以產量特高。如每一農家均種數十株，則於農忙之際，割取以喂耕牛，不特可以節省人工，尤可增加耕牛體力，提高工作效能。

乙、種植法：

「1」分株法：於每年春秋二季，挖起[illegible]窩牧草，分成單株，以一株種一處，每間隔五尺種一株。

「2」扦插法：於春季將收草的莖，切成二節一段，以下面一節埋入土中，不久即發芽生長，另成新株。

收草適宜於各種不同土壤，凡坡地、荒地、林地、水溝邊、池塘邊、屋前屋後，均可種。

丙、收穫：凡長至兩三尺高時，即可於近地面處割取，以之喂牛羊，無不爭食。每株收草常分長若干株，高者割取，矮者生長繼續不斷，供應無缺。

寅、圖表：北碚各鄉鎮三年來養雜交猪增減圖　內容爲：

年別＼鄉鎮別	朝陽	金剛	澄江	二岩	黃桷	文星	白廟	龍鳳	合計
三六	一八〇	二〇〇	二七三	四八	二三〇	九九	四四	一八四	一二四八
三七	三一三	二〇三	三四五	一八五	二六四	八七	四八	二七三	一六〇八
三八	三三〇	二〇三	三五〇	一九六	二六六	一〇一	四八	二九五	一六八九

卯、影片：計有三十八年農歷元旦耕牛比賽一，二，三名，及其獎品照片一幅。

「二」猪

子、實物陳列。

甲、大約克公猪：本種猪原產英國，年齡四歲，體重四百五十斤，爲醃肉式、全身白色、頭長、耳立、背拱、身長、體寬、臀部發達，爲北碚雜交猪之父。

乙、榮昌母猪：爲榮昌猪種，原產榮昌，年齡三歲半，體重二百五十八斤，爲多鬃式，全身除眼部具黑斑外，餘均白色，身長，體寬，生長迅速，猪鬃多，爲北碚雜交猪之母。

丙、對照陳列各月雜交豬與土種豬。其體重比較：

重量＼月份	三	四	七	十	十一	十五	十六	十七	兩年
雜交豬	三二	四五	九九	一八二	一七〇		三三三	四二〇	五五八
土種豬	三四	三八	八二		一一三	一三八	一六〇		

上項陳列足以說明：雜交猪在八十斤以下，與土種猪相比，並無顯著差異。甚至四月份者，土猪尚較雜交猪稍重，但在八十斤以上者，則差異顯著，如何玉書所飼養的十一月雜交猪，較土種猪重六十七斤，袁正和與袁順欽所飼養之十六月者，相差一五三斤，至雜交猪之適宜宰殺時期，則在三百斤至三百五十斤左右，過此則猪之食量減少，生長速減低，反不經濟。

丁、飼料：收陳飼料十一種並說明配合飼料之重要性。

「1」米糠：富於蛋白質及維他命乙，但缺乏維他命甲、丁。

「2」蒸骨粉：富礦物質，缺乏維他命。

「3」黃玉米：富碳水化合物，缺乏蛋白質及礦物質。

「4」黃豆：富蛋白質，缺乏維他命。

「5」胡豆：富礦物質及粗纖維、蛋白質頗少，不易消化。

「6」石膏：富礦物質，缺乏維他命。

「7」紅苕：富碳水化合物，缺乏蛋白質。

「8」苕藤：富葉綠素及粗纖維。

「9」魚乾：富動物蛋白及脂肪適於喂小豬。

「10」麴皮：富蛋白質及纖維。

「11」食鹽：富礦物質，可以增進豬之胃口，但缺乏維他命。

此外並說明喂豬應注意之點如後：

「1」飼料應該是幾種配合，單喂一種不合豬體的需要。

「2」飼料應有適當調製，如浸潤、磨碎、切細發酵等。

「3」飼料內應加少許食鹽、骨粉、或石膏，以增加豬體礦物質。

「4」青菜類飼料應生飼，不必煮熟。
「5」飼猪應有一定時間，每日喂兩次或三次。
「6」猪槽猪舍應隨時保持清潔，勿使陳食殘留。
「7」夏天需水份較多，宜充分供給。
「8」發霉或腐爛物不宜喂猪。

丑、模型及圖表。

甲、改良猪舍及農家猪舍之比較：陳列改良猪舍及農家猪舍模型各一座，並說明二者優劣。

改良猪舍之優點：

「1」窗戶多，空氣流通，陽光充足。
「2」用石板建築，堅固耐久，並易清潔。
「3」有運動場，能增進猪之健康，促進猪之生長。
「4」糞坑與猪舍隔離較遠，舍內極爲清潔，合於衛生。
「5」因建築堅固適用，不易損壞，洋猪與雜交猪不易翻越。

農家猪舍之劣點。

「1」常當於房屋後進，無窗戶，空氣不流通，光綫也不充足。
「2」用木材建築，不堅固，不耐久，並不易清潔。
「3」無運動場，種猪及架子猪不能運動，致身體羸弱，生長極慢。
「4」糞坑置於猪舍下，臭氣蒸蒸，有礙猪之健康。
「5」日久蟲生，容易損壞，高低無適當尺度，洋猪及雜交猪均易翻越。

乙、北碚管理局各鄉鎮養母猪頭數比較表：

鄉鎮別 來源別	朝陽	金剛	澄江	二岩	黃桷	文星	白廟	龍鳳	合計
原有母猪	六〇	五七	一二三	一二	三五	二	一六	九九	四〇三
三十八年貸發母猪	七四	八六	[illegible]	七二	八七	七七	七二	七六	六八七
總計	一三四	一四三	二六六	八四	一二二	八三	八八	一六五	一〇九〇

丙、北碚歷年來推廣雜交猪統計表

年度	三三	三四	三五	三六	三七	三八	合計
數目	四〇	八一〇	一一三〇	一六三〇	二二三	三六〇	四一七三

丁、北碚管理局各鄉鎮現有雜交猪統計表

鄉鎮別	朝陽	金剛	澄江	二岩	黃桷	文星	白廟	龍鳳	合計
數目	三四七	九四	三〇	八	三三	二	三〇	九九	六三三

戊、北碚管理局各鄉鎮三年養猪數目增減統計表

鄉鎮別 年別	朝陽	金剛	澄江	二岩	黃桷	文星	白廟	龍鳳	合計
三六	二三六九	一八二五	四四三一	一〇〇五	二七九七	二五五四	一八八四	一七〇七	一八五九二
三七	二五七六	一九八七	三四九九	八七九	三五〇九	三四一三	一一五〇	二五二一	一九五三四
三八	二六四二	二〇九〇	三六五八	九五八	三六一三	三四九〇	一三二五	二五八七	二〇三七三

寅、影片：三十八年農曆元旦，農競會優勝者及其獎品照片一幅，榮昌母猪及雜交猪照片各一幅。

「三」乳羊

子、實物陳列：計有瑞士沙倫羊雌雄各一頭，溜濱公羊一頭，標牌說明品名、產地、特徵、優點等。

丑、影片：卅八年農曆元旦優勝乳羊照片一幅。

「四」家禽

子、來航鷄及其蛋：雌雄各一，年齡八個月，體重雄五斤，雌四斤，原產地意大利，性活潑，羽毛白色，啄嘴黃色，蛋殼白色，爲卵用種中最著名者。其平均產卵能力，比較其他任何卵用種爲高，最多者年可產三百三十枚，此種鷄生長迅速，齡五至六月時，即可產卵。因體質輕，行動靈活，游收力極强，常喜高飛，並至遠處覓食。不耐熱，除卵用外，並可作觀

賞用。

丑、澳洲黑鷄及其卵：雌雄各一，年齡五個月，體重雄四斤半，雌三斤半，羽毛黑色，有光澤，脚嘴黑色，蛋殼黃色，原產澳洲，屬卵肉兼用種，生長很快，成熟期早，易肥，肉質頗佳。抗病力强，頗能適應環境。

寅、洛島紅鷄及其卵：雌雄各一，年齡九個月，體重雄五斤半，雌四斤，原產美洲，羽毛絳紅色、脚嘴黃色，蛋殼黃色，屬蛋肉兼用種，鷄蛋大而耐菢性强。

卯、北平鴨：雌雄各一，年齡六個月，體重雄五斤，雌四斤十二兩，原產北平，全身白色，脚嘴黃色，蛋白色，係卵肉兼用種。

辰、建昌鴨：公鴨一隻，年齡八個月，體重五斤四兩，原產西康建昌，全身黑色，耳臉紅色，雄者尤著，胸腹腔小，園肉多。

巳、土鵝：雌鴨一隻，年齡八個月體重四斤四兩本地產。

午、鵝：共有土鵝七隻，鵝蛋三枚，其中以張濟云之花鵝一支體重十四斤四兩，奪得冠軍，並打破上屆十斤半之紀錄。

2.、獸醫陳列：

（1）獸醫種類：

「一」猪丹毒：有猪丹毒病理圖一幅，並說明其病原、病狀、及治療免疫方法等。

「二」猪肺疫：有猪肺疫病理圖一幅，並說明其病原、病狀、及治療免疫方法等。

「三」猪瘟：有猪瘟病理圖一幅，並說明其病原、病狀、及治療、免疫方法等。

「四」鷄瘟：有鷄瘟病理圖一幅，並說明其病原、病狀、及治療方法。另介紹藥方一種：先喂大蒜一瓣，然後將竹青一份，鐵烟一份，椒辣麵一份，用篦蔴油混合，給以五至一〇公分，最後再喂百分之二高錳酸鉀水少許，日服一次。

「五」有關牛瘟圖表

子、羅病牛之狀態。

丑、病牛唇齒齦粘膜上皮之壞死軟化脫離，形成爛斑圖。

寅、牛瘟唇齒粘膜上爛斑形成及出血圖。

卯、牛瘟胃粘膜潰瘍圖。

辰、牛瘟小腸粘膜壁綫狀及點點出血圖。

巳、牛瘟硬口蓋粘膜缺損及僞膜附着圖。

午、家畜細菌鑑別圖表二張。

（2）獸疫防治：

「一」北碚管理局歷年來猪疫防治表：

年別	三三	三四	三五	三六	三七、三八	合計
預防數	一八七一	四六六	一〇八五	三六六六	四九八二	三一八五	一四二五五
治療數	四八三	五〇五	五五五	一一五三	一五一三	七三三	四九四二

「二」北碚管理局卅八年各鄉鎮猪疫防治頭數統計表：

鄉鎮別	朝陽	金剛	澄江	二岩	黃桷	文星	白廟	龍鳳	合計
預防數	一四一六	一四三	二九四	一八二	一二六	八一	一〇三	八四〇	三一八五
治療數	三六六	八三	六五	五〇	四七	三〇	五七	三五	七三三

「三」獸疫防治之重要器具及血清菌苗實物陳列：

子、器具：玻筒注射器一〇西西四支，二〇西西二支，五〇西西四支，大小針頭四打，二西西皮內注射器一支，消毒鍋二個，酒精燈二個，本生燈一個，牛鼻鉗一把，聽診器一具，聽溫表二支，量筒二個，手用噴霧器一具，小型解剖台一個，試管三支，搪缽一個。

丑、血清菌苗及消毒藥等：預防猪丹毒菌液四瓶，防治猪丹毒血清二瓶，預防猪肺疫菌苗四瓶，防治猪肺疫血清二瓶，防治豬瘟血清二瓶，治療雞瘟血清藥五瓶，預防牛瘟疫苗一瓶。消毒藥液：碘酒二瓶，酒精一瓶，藥棉一磅，氯化鉀、檸檬酸鈉、甘油各一瓶。

寅、兔化牛瘟疫苗製造程序說明：

用三百代以上之兔化牛瘟血清（腸間淋巴十倍稀釋或血毒）○．五西西，注射於家兔之耳靜脈內。

第二日至第三日體溫增高至攝氏四○度至四一度，第四日，至第五日屠殺解剖。

採取家兔之腸間淋巴毒或脾毒，磨碎加生理食鹽水四百倍，稀釋濾過後製成疫苗。

注射量：每牛皮下注射約二西西。

功效：免疫力强。

優點：手術簡單，成本低，注射量少。

（3）防疫機構。

「一」四川省農業改進所家畜保育場北碚防疫工作站：設主任一人，技士一人，經常指導本局各鄉鎮防疫人員，積極推進八鄉鎮防治家畜病害工作。本年共計預防豬二一八五頭，治療豬七三三頭，治療牛五頭，治療其他家畜一八頭。

「二」中華平民教育促進會華西實驗區家畜保育站：設主任一人，技術員九人，事務員三人，技工三人，工人三人，製兔化牛瘟疫苗，防預巴縣、江津、江北、及北碚牛瘟。

（四）農藝組

展覽會場大門，是用黃玉米綴成「農展」二字，用稻瑞茗作成圓門，兩柱則用金黃色晚稻扎成，這表示北碚農作物，是以水稻紅苕及玉米三種爲主要，所以本組展覽亦以此三種爲重心，茲分別介紹於後。

1.水稻

（1）改良稻：中農卅四號，中農四號，勝利秈植科稻籽，糯米及熟米標本，計十二件，此三種稻子皆具豐產早熟特性，中農卅四號，較適於肥田，中農四號適於較瘦山田。米煮成飯的風味，中農卅四號是較遜於中農四號和勝利秈。

（2）土種稻：鈎魚齒和馬尾齊植科，與改良種比較起來差得太遠，植科矮小遲熟，容易受蟲害和旱災。

（3）圖表：北碚管理局卅八年推廣優良稻種面積統計：總面積五〇〇〇畝，佔全部稻田面積八分之一，又勝利秈佔推廣良種百分之二〇，中農卅四號佔百分之六四，中農四號佔百分之一六。

（4）陸稻：有白米和地禾兩種，是旱年備荒種，穀殼較黃。

（5）螟害：螟蟲爲水稻勁敵，除用捕捉等防治外，特介紹提前栽種法以避螟害。在本板上釘着三種不同時期，移栽的水稻植科，四月卅日移栽者無螟害，五月十五日移栽者受害輕，五月卅日移栽者受害最重。

2.小麥

有植科標本及種籽計七件，有中農四八三號，同中大二四一九號，及中農二八號三種，是本局決於今秋試種之良種。前兩種，均早熟，豐產，抗害，不倒伏，麥莖細可編草帽。試種辦法，爲在各鄉鎮每保選一戶或二戶，示範農家首先種植，如有損失，決負責賠償。至中農二八號，亦豐產、抗病、不倒伏，惟成熟稍晚，麥桿粗硬，不適宜編草帽。又麥黑穗病爲害小麥極厲，特介紹防除方法爲：

（1）拔除病株。

（2）溫湯浸種。

（3）選用無病區麥種。

3.玉米

陳列室中，陳列各鄉鎮選來參加比賽的八一單穗，台上寫著「誰是英雄」，「某某鄉鎮選手」，充滿了競賽空氣。評判結果，以文星鄉潘興海之玉米最佳，其單穗爲長圓筒形，黃色，磯石型，粒子飽滿，排列緊密而整齊，因以獲得冠軍，在廣播中在報端上皆有其姓名，藉能鼓勵農民努力生產，並使知選種之方法。又本局爲利用隙地，增加生產起見，特於本年引進秋玉米一種，用盆栽陳列植科五株，另附單穗兩個，結實雖不多但確堅實，且生長期間不過百天左右，故利用以作補充作物，或一年種兩季均可，秋季播種時間，爲立秋前後十日。

4.南瑞茖

各鄉鎮選來參加比賽產品二一件，圖表二張，今年因夏季天旱，且現在尚未至收穫時間，故成績不如往年。評判結果，以朝陽江鑫云一窩紅茖重三斤七兩獲冠軍。在陳列室牆上，懸着南瑞茖和本地兩種茖（地瓜茖和櫓尾茖）的樣料，一見便知南瑞茖有藤蔓短肥，葉粗厚，喂豬好，結茖多，皮薄味甜，纖維少，含水份亦少，耐貯藏，等優點，均爲其他兩種土茖所不及。因此本局決大量推廣，本年度推廣面積爲四六八〇畝，佔全部種茖面積九分之一。

5.洋芋

本局產洋芋不多，今年因天旱，稻子減產，紅茖亦受旱枯死很多，或因缺水而生長不良，爲賑救濟起見，特請平教會華西實驗區貸款四千八百圓，共購洋芋種七四、四五二斤，推廣全局八鄉鎮農民種植，預計收益當在八〇萬至一〇〇萬斤。

6.其他

在陳列架上，陳列有農家稻種三四瓶，玉米種一四瓶，麥種一二瓶，豆類種籽四〇瓶，白、黑芝蔴各一瓶，黃谷及高粱加工程序各一套，均各詳細註明其特性及產地等。是項生種，均各有獨特性狀，吾人均應予以分別研究與試驗。

（五）園藝組

本組標牌，用花卉作成，利用金雞菊黃色花瓣，貼成「園藝組」三字，再用葱蘭，繡四周邊緣，底板爲深藍色，顏色鮮麗，給觀衆以美的印象。內部分果樹、蔬菜、及加工品，分別陳列，並同時舉行各種比賽，展品凡一一四種。茲述其內容如後：

1.生產比賽

（1）南瓜比賽：參加農民廿餘人，共取五名，第一名南瓜重廿九斤半，爲澄江鎮農民印合林所種。

（2）絲瓜比賽：第一名瓜長二尺五寸，打破去年紀錄，爲金剛鄉農民劉方全所種。

（3）洋葱比賽：第一名球莖共重九兩，周長九寸五分，形狀整齊。

（4）洋芋比賽：第一名全窩重十五斤，爲金剛鄉農民劉一郎所種。

（5）柚子比賽：本局素以產柚子著名，品種複雜，最多者爲左氏柚，本局共有柚子八八〇二株，參加比賽柚子共有四二個，品種共有七種，每品種選優勝者一名。如下：

蓬溪柚：龍鳳鄉張德安。　沙田柚：彙善農場。

左氏柚：龍鳳鄉萬壽清。　夔府紅心柚：黃桷鎮鄧立會。

廣東香柚：澄江鎮王華。　梁山柚：黃桷鎮張運乾。

葫盧柚：黃桷鎮鄧炳修。

此外尚有二枝柚子，均爲一果枝上叢生果子五枚，且果實特大，頗能引起觀衆興趣。

2.良種介紹

（1）豌豆：本所今年引進四川大學農學院楊允奎教授，經五年育成之三種優良豌豆，均有植料、種籽陳列，並說明其性狀如下：

川大三〇一號無鬚豌豆：無捲鬚，葉托濃綠、肥厚，專作豌豆尖蔬菜之用，本局蔬菜缺乏，宜大量推廣。

川大三〇二號紫豌豆：本種在高山荒地可種植，原爲寧夏種，抗寒、抗瘠、耐旱、豐產。

川大三〇三號冬豌豆：本種早熟，比普通種早成熟一月，且豐產，早上市場，可稷高價，增加農民經濟收入。

本局山多田少，土壤貧瘠，故宜大量推廣豆科作物，增加土中氮肥以改良土壤，上三種豌豆，已分發各鄉鎮示範農家試種。

（2）柑桔：本局各鄉鎮現有廣柑計：

鄉鎮別	合計	朝陽	金剛	龍鳳	白廟	文星	黃桷	二岩	澄江
株數	一八〇三三	六九四八	六八二	一四六八	八五九	四三八	三六二八	三〇〇八	九九四

繁殖之優良品種，計有中農一號三〇一株、化州橙二一株，錢安橙二四株，新會橙三二株，華盛頓臍橙一一二株，溫州蜜橘三〇株，葡萄柚一九株，仍繼續繁殖中。品種來源，均係中農所及農民銀行江津園藝示範場供給。各品種均有果實陳列，此外並陳列檸檬品種，廣柑品種，柚類品種比較，及果樹主要修枝形狀等圖表，以供農民參考。至柑桔果樹之分類及果樹繁殖法等，均用標本說明如下：

柑桔果樹之分類：植株及果實標本，計有枳殼、紅桔、四季柑、柚子、甜橙、佛手、檸檬等七種。果樹繁殖法標本：計有壓條、扦插、芽接及枝接等四種。修剪用具：有枝剪、果剪、芽接刀、劈刀。接臘材料：有松香、黃蠟、獸脂、酒精、及其配製方法。除蟲用具：有劈刀、捕蟲鈎，看蟲鋏，鐵鈎，樹枝鈎及小刀。

（3）香蕉：本局香蕉爲安南香蕉種，陳列該香蕉三抓，單果重六兩，色香均佳，頗得觀衆好評。香蕉植株三種，結果株一，幼苗二，幼苗中一株爲廣西香蕉，均植室外，並附廣西香蕉果二個，大而長，有四輪角。此外尚有二盆，一爲香蕉，一爲芭蕉，並列有圖表說明，其異同爲：

芭蕉：莖高大，莖深綠，組織粗，葉鞘無白粉，果不能食。

香蕉：莖較矮，葉莖淡綠，組織細，葉鞘有白粉，果可食。

此外並附圖表，說明三種香蕉性狀如下：

「一」安南象牙香蕉：果小，皮薄，色黃，肉白嫩，現本局產一萬餘斤。

「二」廣東香蕉：果大，有四輪角，皮厚耐寒。

「三」台灣香蕉：新引進種，現正試驗中。

（4）西瓜：陳列本局品種最好之美國瓜、盆栽植株一株，果實一個重五斤（特別保存者）。西瓜種五瓶，爲三白瓜，新豐、馬鈴瓜、美國瓜、山東紅心瓜等，並附表說明北碚西瓜品種十三種，性狀如次：

「一」美國瓜：瓤與種子紅色，皮薄，深綠色，長圓形，爲本局最優良品種，年產八萬餘斤。

「二」金密瓜：果大，重三斤，種子黃色，瓤皮淺綠，有深條紋，水豐。

「三」馬鈴瓜：白底，網花，綠色，皮薄，味甜，種子紅色，瓤黃色，晚生種。

「四」新豐瓜：只重二〇餘斤，皮淺綠，有深紋，瓜長形，瓤爲黃色，種子黑色，有白網裂紋。

「五」德州瓜：皮厚中等，瓜長形，原產德州。

「六」平湖瓜：瓤籽皆白，皮有深綠條紋，皮厚，味香，瓜圓形。

「七」三白瓜：皮，瓤，籽，皆白色，故名三白瓜，圓形，纖維少，味甜。

「八」山東紅心瓜：皮深綠，子紅，瓤黃，皮厚，圓形。

「九」哈密瓜：種子細而黃，皮青或黃，瓤爲黃色，別名喇嘛瓜。

「十」酥瓜：性狀約同哈密瓜。

「一一」香瓜：皮肉皆黃。

「一二」雷驚瓜：皮薄，深綠條紋，籽紅，味香甜。

「一三」馬鈴瓜：皮白底細花，瓤籽均黃。

（5）蔬菜：本局於今年及明年推廣，彙齊大球廿藍（球重十餘斤）花椰菜，及正六角形大紅番茄，種苗三千株，種子半斤，均陳列其種子與植科，以期普爲介紹。此外並搜陳菜種三八種，新鮮蔬菜七種。

（6）其他

「一」草莓：陳植株一盆。

「二」金瓜及柿子：金瓜三枚爲朝陽及澄江鎮出產，柿子則有兩品系，一爲大方柿，一爲牛心柿。

「三」除虫菊：陳列植科，花及種子。

3. 防治病蟲害：

陳列北碚主要農作物害蟲標本十二盒，計有天牛，菜白蝶，大猿葉蟲，瓜守，螟蛉蛾，螟蟲，褐春象，蚜蟲，蝗蟲，黃鳳蝶及玉帶蝶等，病害有小麥黑穗病，及果樹褐腐病。

藥械方面：本局承農復會配發撒粉器八具，噴霧器四具，砒酸鉛八百磅，硫酸銅五百磅，自購噴霧器十具，（內有二具爲半自動式）已分發各鄉鎮，免費供農民作防蟲之用。茲特將各種藥械，一併陳列，並分別說明其用法，用量及藥劑取用地點等，俾農民均能適時取用，以防除其各種害蟲。

4. 果實加工品：

有葡萄酒，葡萄汁，葡萄醋，三種，均係澄江鎮寶灕農林公司出品，又本所自製橘汁一瓶。

（六）森林組

本組以北碚實際現況，推廣林木及首要害蟲，予以陳列展覽，藉資農民印象加深，興趣提高。茲說明如次：

1. 油桐

（1）油桐分晰

「一」品種：北碚現有米桐，柿餅桐，對年桐，千年桐，紫桐等品種，以米桐爲最佳，本局前後推廣米桐，現活三〇餘萬株，本年春，協助合川植桐一〇〇萬株。

「二」識別：落葉中喬木，樹皮灰白，葉互生，先端一尖三尖或五尖，花大，白色，頂生繖狀或總狀花序，果實球形，十月實熟。

「三」產地：產於溫暖多濕之地，以肥土，避風吹襲地位爲宜。

「四」種子：採種母樹以八年至一五年爲佳，發芽力可保持二年，發芽率九成。

「五」效用：果實榨油，爲油漆中之上等原料，油渣可以壅田。

「六」造林：

子、播種造林：播種期約自二，三月至四，五月，每隔六，七尺至丈許，挖大二尺之穴，播種子二，三粒，生長一年後留健苗一株即可。

丑、植樹造林：種子播於熟土，苗一年後即可移栽，間隔距離一丈三尺，并於每株旁八寸，植預備苗一株，供以後選留强苗之用。

「七」收穫：白露後即可採收桐子，剝去硬殼，方能榨油。

「八」榨油油量比較：

子、人工榨油百分之三〇至三五。

丑、機器榨油百分之四〇至四四。

（2）油桐標本陳列

「一」油桐植株

子、米桐：為光桐系中接近理想之品種，樹中型，分枝多，果叢生，豐產，惟隔年結果現象較為顯著，是其缺點，本局正研究改進中。

丑、千年桐：屬於油桐之皺桐系，樹形高大，果叢生，果皮皺縮，豐產，盛果期可達六十年至百餘年，雌雄異株，雄株多於雌株，是其缺點，惟可用芽接法改良之。

寅、柿餅桐：乃光桐系之一種，樹中型，果實硬大，果多，單生，故產量不豐。

卯、柴桐：亦屬於光桐系，樹中型，分枝較少，果單生，實大，產量最少。

辰、對年桐：亦屬於光桐系，播種後一年，即可試花結果，樹形較小，分枝低，產量豐富，惟樹齡短促，盛果期僅一二年至一五年。

已、中農一〇五號米桐：乃係中央農業實驗所北碚試驗場，歷年就米桐中選出之優良品種，果叢生，果皮極薄，豐產，歇年現象不十分顯著。

午、油桐之無性繁殖：

「1」方法：板狀芽接法。

「2」時間：七月上旬至八月中旬。

「3」接穗：一年生或二年生枝條。

「4」砧木：一年生或二年生苗木（多年生者可用高接）

「二」油桐果實

子、桐果品種陳列：

「1」陳列品種有：米桐果八個。柿餅桐果三個。對年桐果一〇個。千年桐果一個。柴桐果四個。中農一〇五號米桐果一六個。

「2」光桐含籽數之變異：一個果實中由含一枚種籽至六枚種籽樣品六個，又有由含七枚種籽至十二枚種籽樣品六個。

丑、本局出產果實陳列：

「1」小米桐：黃桷鎮一三保農民鍾家福，所種小米桐樹一抓，結果實三二個，打破本局以往紀錄。白廟鄉第八保鄧榮成所種之小米桐一抓，結果實一八個，產量頗豐。

「2」柿餅桐：黃桷鎮一八保桐農鄧伯英，所種柿餅桐一抓，結果實三個，大小形狀均好。

「3」本局各鄉鎮現有油桐株數統計表：

鄉鎮	朝陽	金剛	澄江	二岩	黃桷	文星	白廟	龍鳳	合計
株數	三、三二一	四三、〇二八	四二、〇〇五	三〇、〇〇四	三一、一九九	四五、一〇八	一三、八四八	三九、九四八	三〇六、三四一

2.棬子樹（烏桕）

（1）棬子樹分斷：

「一」識別：落葉喬木，樹皮褐色，粗糙，葉菱形似白楊，小嫩葉紅色，花穗狀長三，四寸，細小而爲黃色，果實成三稜形，三裂，有種籽三顆，外被臘脂白色。

「二」產地：我國中部各省均產，地勢高峻，迎風不能栽桐處而栽烏桕最宜。

「三」種籽：烏桕六，七月開花，十一月實熟，發芽力可保存二年，發芽量六七𣪴。

「四」效用：棬油爲製造肥皂最好原料，種籽百斤可榨油三十斤，渣可糞田。

「五」造林：實熟採下，種籽即可播種，或貯待來年早春下播，三四星期卽發芽，栽植之距離約丈許。

（2）棬子樹植株陳列：棬子幼苗一株。多年生棬子樹一株。

（3）棬子果實陳列：完整果實。瞈子種子。

3 避債蛾

（1）避債蛾標本陳列：法國梧桐避債蛾標本一束。柳避債蛾標本一束。

（2）避債蛾爲害：

「一」爲害植物：柴柏、梧桐、柳、柚子、廣柑、及瑞香科植物等，最易受害。

「二」分佈地：四川、雲南、廣東、廣西、湖南、福建、西康各省皆有之。

「三」爲害狀：幼蟲出生後，各結小囊於葉下或極間，身體藏於囊中，隨囊取食，一地吃光後，負囊遷食他處。

「四」防治法：摘取虫囊，夜間誘殺成蟲，在六月末，用除蟲菊石油劑，或砒酸鉛噴射之。

（七）蠶桑組

本項展覽，係由中農所與四川絲業公司製種場聯合展出，內容有黃皮蠶育成經過說明，蠶兒發育程序標本，各種優良種蠶繭標本，各種優良桑品種植科，枝葉標本，柞蠶標本，及飼養柞蠶之青杠等植科。

四 農產比賽

爲提高農民生產興趣，特舉辦農產展覽比賽，其紀錄與獎品，表列於後：

項目／名稱	優勝人 名次	優勝人 姓名	優勝人 鄉鎮別	紀錄	獎品
水稻比賽	一	黃朝炳	文星鄉	黃谷百窩容量七升六合，重量二四斤八兩。	錦標一個麥種一老升面巾四張骨粉二五斤。
	二	李森林	文星鄉	黃谷百窩容量七升五合，重量二四斤二兩。	麥種一老升，面巾二張，骨粉三〇斤。
	三	王林全	金剛鄉	黃谷百窩容量六升一合重量二〇斤八兩。	麥種一老升，面巾一張，骨粉二〇斤。

玉米比賽	一	肖興海	文星鄉	黃玉米一個重九兩，長七寸二分，周大五寸五分。	錦標一個麥種一老升面巾四張骨粉二〇斤。
	二	潘海全	文星鄉	黃玉米一個重八兩五分，長六寸七分，周大五寸八分。	麥種一老升，面巾二張，骨粉三〇斤。
	三	蒲玉成	澄江鎮	黃玉米一個重八兩長七寸二分周大五寸。	麥種一老升，面巾一張，骨粉二〇斤。
	四	劉福川	白廟鄉	黃玉米一個重八兩五錢，長六寸九分，周大五寸七分。	面巾一張
南瑞苕比賽	一	江鑫云	朝陽鎮	南瑞苕一窩，重三斤七兩。	錦標一個麥一老升面巾四張骨粉二〇斤。
	二	江順之	朝陽鎮	南瑞苕一窩，重二斤一二兩。	麥種一老升，面巾二張，骨粉三〇斤。
	三	江海清	朝陽鎮	南瑞苕一窩，重二斤一一兩。	麥種一老升，面巾一張，骨粉二〇斤。
	四	王維舉	朝陽鎮	南瑞苕一窩，重二斤一〇兩。	麥種一老升，面巾一張。
柚子比賽	一	張德安	龍鳳鄉	蓬溪柚一個重三斤二兩，高四寸四分，周大一尺七分。	骨粉六十斤，面巾一張。
	二	兼善農場		沙田柚一個，重一斤十三兩，高四寸五分，周大一尺二寸六。	骨粉四十斤，面巾一張。
	三	萬壽清	龍鳳鄉	左氏柚一個，重一斤十四兩，高四寸七分，周大一尺三寸三。	骨粉三十斤，面巾一張。
	四	鄧立會	黃桷鎮	變府紅心柚一個重一斤十三兩五分，高四寸四分，周大一尺一寸五。	骨粉二十斤，面巾一張。
	五	王華	澄江鎮	廣東香柚一個重一斤二兩，高三寸五分，周大一尺零八分。	骨粉十斤，面巾一張。
	六	張運乾	黃桷鎮	梁山柚一個重二斤一兩，高三寸六分，周大一尺四寸。	面巾一張。
南比賽	一	印合林	澄江鎮	南瓜一個，重二九斤。	面巾四張。
	二	賈仲成	文星鄉	南瓜一個，重二四斤。	面巾三張。
	三	袁炳實	朝陽鎮	南瓜一個，重二三斤。	面巾二張。
	四	明安祿	金剛鄉	南瓜一個，重二〇斤。	面巾一張。
合作	一	十六保合作農場	文星鄉	釀酒，磨豆粉，養豬。	錦標一個，雜交豬二頭。

農場比賽	二	十二保合作農場	朝陽鎮	磨豆粉，掛麵，養猪。	錦標一個，雜交猪一頭。
	三	十一保合作農場	白廟鄉	磨豆粉，養猪。	雜猪交一頭。
雜交猪展覽	一	江仲明	朝陽鎮	雜交猪一頭，養二年，重五五八斤。	錦標一個，面巾一張，雜交猪一頭。
	二	兼善農場		雜交猪一頭養、一年零五月，重四三〇斤。	面巾二張。
芋頭冠軍		劉一郎	金剛鄉	芋頭一窩，重一四斤四兩。	面巾一張。
絲瓜冠軍		劉萬全	金剛鄉	絲瓜一個，長二尺五寸。	面巾一張。
苦瓜冠軍		金鑫德	朝陽鎮	苦瓜一個，長一尺二寸，周大五寸五分。	面巾一張。
刀豆冠軍		唐四才	文星鄉	刀豆一個，長九寸，周大四寸五分。	面巾一張。
洋葱冠軍		黃炳臣	朝陽鎮	洋葱一個，重九兩，周大九寸五分。	面巾一張。
冬瓜冠軍		劉邦之	金剛鄉	冬瓜一個，重二九斤八兩。	面巾一張。
油桐冠軍		鍾家福	黃桷鎮	油桐一抓，結果子三二個。	面巾一張。
養鵝冠軍		張海云	朝陽鎮	養鵝一隻，重一[illegible]斤[illegible]兩。	面巾一張。
鷄蛋冠軍		朱紹拍	澄江鎮	黃殼鷄蛋一枚，重八一克。	面巾一張。

附註：其他農產展覽獎品面巾六七張。

五　檢討

此次農產展覽，因籌備時間短促，應為改進之處頗多，茲分別簡述如下：

（一）會場狹小：農業推廣所房屋狹小，四周又屬公園區域，陳列品難作最適當之佈置，尤以牲畜部份，苦無適當地點可供陳列。

（二）分工未清：各組人員均未能分清職責，致工作多有不連繫與鬆懈之處。

（三）分組解釋不易：解釋為極重要之工作，展覽之教育功能，是否能發揮，當以解釋之是否切實為定。以工作人員不多，不能與觀衆個別解釋，最好能將觀衆分組集體解說，則收效較宏，惟限於習慣與觀衆興趣等關係，是項辦法施行起來亦有困難。

（四）天不助美：本會開始之次日，天即下雨，繼續二日不時，不特使展覽牲畜受無情之打擊，亦使本會減色不少。

（五）未提前佈置：本組因係與中央農業試驗所，華西實驗區，家畜保育站，絲業公司蠶種場，彙善農場，省防疫站等機關聯合展覽，一切佈置均有待於各部份將展覽品全部送到以後乃能開始。惟以先後不一，以至截止展覽會正式開始後，仍在繼續補充陳列，徒增紛亂，極應改進。

（六）應多請農民參觀：農展會的主要對象爲農民，希望在農展會中，使農民能知道自己的生產方法是否合理，如何改進？自己的品種，是否良好，如何更換？所以最好能發動各鄉鎮農民全體分組來看，來共同檢討過去，籌劃將來，不然徒供一般遊人賞心悅目，實鮮意義。

（七）應加强服務：工作人員不特要將負責部份應解釋內容，預爲準備十分熟習，對全部展覽內容，亦應了解淸楚，知其輕重所在。此外對於號召觀衆，亦應採用各種方法，如在街頭路口宣揚，以養能吸引更多觀衆。

附 觀衆評語：

觀衆評語可爲本會之總檢討，茲特選錄如後：

增加生產，造福農村。 唐錦柏 繆成之 劉潤生 李寶根

具體而微之現在精神。 徐思平

加速進展，務使農產的增加，跑在人口增加的前面。 盧作孚

爲農民造幸福。 張默生

能吸收科學方法，善用政治力量，推行到鄉村去，故能惠及農民。 何慶蘭

增加生產數量，提高品質標準。 向賢德

此種風氣倘能普遍提倡，則國家不難富強矣！

中國素稱以農立國，如農業有如此進步，國家前途大有賴也。 李引

增加農產品之「質量與數量」同等重要。此次展覽使一般農民瞭解改善農產品質之重要，甚有其價値與貢獻。 潘大照

富裕農村，實惠農民。 陳在甯

老農國，少農村。 戴亮吉

實惠在民。 但齊先

牛大三百斤，現在猪都有五、六百斤，眞是有辦法！ 某農夫

種莊稼還有這樣多的明堂。抽水機便是好。 ——武勝船夫

工藝展覽

宋霞

一 概述

工業部門足供展覽與硏討者，固甚繁多，但能在本區範圍內開奇花結異果，直接間接與人民生計有關者，則寥寥不可多得。所以本屆展覽，僅就本區所有，而又可以一供硏討者，始行征集，幷非包羅萬象，集工業界之所有而陳列之。茲僅就其有關類別，分爲五組：其他不屬各組者，不在征集之列。以待將來更有大規模之展覽而辦理。

二 籌備經過

本屆展覽，因發動時間太短，與籌備人員太少，聯絡上諸多不周，甚有多數足供展覽之珍奇物品，因爲時間促迫，籌辦不及，未能應征，殊以爲憾。惟在短短籌備期間，所得結果，亦有可供參考之處。

（一）展品征集——各組展品，原經決議委託各鄉鎮公所

轉向各生產者征集。因爲各鄉鎭皆有其中心工作，故在預定期內，大多不能如願以償。結果幸賴各籌備人員分赴各地催收，與各生產者之踴躍應征，方達成此任務。

（二）展地分配——經歷屆展覽經驗，深悉展場分配，對於展覽影響關係甚鉅。如係集中一處，不惟不易覓得廣大地區以供運用，而且易使觀衆踴擠精神疲乏，所以本屆展覽，特就各組分別舉行，茲錄各組展場如次：

1. 紡織工業組——北碚印刷所內。
2. 建築工業組——北碚建築公司內。
3. 食品工業組——北碚銀行。
4. 化學工業組——朝陽鎭合作社內。
5. 小手工業組——北碚商會內。

（三）展場佈署——各組展覽，因係分別舉行，故於各展場門首，均貼以組別標幟，及該組展覽概要，展場分配，以便觀者，一目了然。至於各展覽品上，除以一致標簽，書明其品類，數量，及生產者外，並就各展品需要，加以詳細說明，或製造程序，與有關統計圖表。

三 展覽記要

（一）紡織工業組——本類展品，參加單位計有豫豐紗廠北碚辦事處，及大明紡織染廠，北碚織布生產聯合社，等出品之紗布原料及圖表等五十七件。尤以豫豐紗廠依照紡紗程序加具說明，將展品陳列於精製之陳列盒內，頗爲觀者注意。其次有棕蔴生產品及其原料等十二件，亦代表本區棕蔴編織之作品。

（二）建築工業組——本類展品，計有此間大鑫火磚廠，北碚建築公司及各石灰，磚瓦，紙筋等廠，出品之建築材料圖表五十四件。尤以大鑫火磚廠耐火磚及原料之分別詳列，與建築公司建築圖式之設計，頗爲精緻。

（三）食品工業組——本類展品，計有新源麵粉廠各級麵粉掛麵，與寶藏農場葡萄酒，上海志誠醬園廠醬油，一共四十六件。尤以新沅麵粉廠依其麵粉掛麵等之製造程序分別陳列，與寶藏農場所產葡萄酒之鮮美，最爲觀者光顧。

（四）化學工業組——本類展品，計有中工化學藥品實驗工廠，建國玻璃廠，廣利肥皂廠，廣益硫酸廠等化學藥品及日用品一百三十四件。因爲各展品項目繁多，且甚精美，觀者甚感興趣。

（五）小手工業組——本類展品，計有北碚皮革廠精製之各類皮革皮鞋，溫泉峽石所製之石硯石磨，以及藤竹陶磁等日用品八十九件。就中以久負勝名之溫泉硯台，及式樣新穎，革質精細之北碚皮革廠等出品爲最優。

四 檢討

各組展品，雖於事前曾聘各有關專家及經驗宏富者擔任評判，但於展覽之後，因大雨泥濘，各評判諸君，大多未能參加評議，殊爲憾事。茲將檢討後評判等級及獎品，分錄如后：

第一名豫豐紗廠——獎錦標一幅，大籐沙法一套。

第二名新沅麵粉廠——獎錦標一幅，小籐沙法一套。

第三名大明紡織染廠——獎錦標一幅，新沅麵粉六小袋。

第四名中工化學實驗廠——獎新沅麵粉四小袋電影票廿張

第五名建國化學玻璃廠——獎新沅麵粉二小袋電影票十張

峽中俚諺

「溫三千、禪八百，杉木園的和尚惹不得！」（清末峽中各寺聚僧衆多，並崇尚武功。）

教育展覽

中學成績展覽

劉文精
羅中典

一 概述

北碚區內，公私立中等學校，朝陽有國立女師院附中，國立實驗中學，立信會計專科職業學校，三所，金剛有私立彙善中學（高中部在龍鳳鄉毛背沱），私立勉仁中學兩所，澄江有三峽中學，一共是六所，學生在兩千人左右。這其中以彙善的歷史最久，所教育的男女青年，是來自附近十多縣，辦理的成績如何，我們單從一方面看，有時免不了管窺一豹，得不到一個整個的比較。教育關係着整個國家的命脈，也關係着一個地方的文化，中等教育，承基礎教育之後，為高等教育奠基，他是有着特殊的重要性的。國家在仰望着建設之路，在國慶的時候，我們能看一看各中級學校究竟教了些甚麼，教得怎樣？不管是不是有正在中等學校唸書的子女的父兄，其關心的迫切，恐怕是相同的。北碚國慶紀念大會籌備會，決定了舉行中小學成績展覽，是中小學學校當局與學生向社會人士報告的一個好機會，也是中小學校請社會人士作一次大檢閱總評判的好機會，至於各校間的互相觀摩，互相競賽，那也是一個很重要的意義。

二 籌備經過

九月十八日籌備會議決定了舉行中學成績展覽，並推出籌備的負責人員。籌備人員隨即展開工作，籌備一切，九月廿二日，假管理局會議室，邀請各中級學校校長舉行會議，到有三峽、彙善、附中、勉仁、立信各校，商決了中學成績展覽辦法，茲附於後：

（一）展覽時間：十月九、十日兩天。

（二）展覽地點：附師高中部。由女師附中規劃。

（三）參加單位：1.國立女師院附中附師，2.私立立信高級會計職業學校，3.私立三峽中學，4.私立勉仁中學。5.私立彙善中學。

（四）佈置辦法：以各校分別自行佈置為原則。

（五）展覽項目：

1.行政成績：

2.學生作業成績：作文、數學、習字、美勞及各科作業簿本。

（六）集中時間：十月七日。

（七）佈置時間：十月八日。

（八）經費由各校自行負擔。

展覽時間及參加單位已詳於辦法中，至評判辦法原由大會擬訂評判表一種（請參看小學成績展覽部份），為中小學所共同適用，但後來各校所送會的成績，並不完全一致，遂通過評判會議，改由各評判員就陳列資料，以作評判根據。

展覽室的分配，預定第一展覽室為彙善中學，第二展覽室為勉仁中學，第三展覽室為立信會計校與三峽中學，第四至九等六個展覽室為女師院附中。

三 陳列一般

籌備的工作，至此即已大體完備。

女師院附中因陳列地點在本校，取攜較爲便利，故凡會議中所議決應陳列的種類，都一一陳列。該校理化儀器室亦同時開放，其餘各校，則陳列者大致爲行政方面之規章表册及作業簿本。綜計其數目如次：（一）行政成績四二三件。（二）作業成績一，五八〇件。（三）美勞成績一、二八五件。（四）壁報成績，一一六幅，總計五千二百七十七件。

展覽因爲參觀人的衆多，臨時延期一天，在十一日始行完畢。參觀的人，以每日分計，九日爲四，一五四人，十日爲四三五六人，十一日爲二一六八人，因地勢稍高，前往參觀者，不及小學成績部份之踴躍。

四 成績評判

、在各評判員會商所得的共同的意見，其成績以甲乙判定如下：

「甲」國立女師院附中。

「乙」私立兼善中學。

「丙」立信會計校，私立勉仁中學。

「丁」私立三峽中學。

根據評判人的意見，立信校是職業校，與普通中學相較，不好取定一個標準，因此與私立勉中並列。就一般來說，女師院附中，在行政方面的各項表簿，整齊精細，各方面頗爲周到，是累積教育經驗的成果，固然頗爲可貴，其表現尤在學生方面的各項作業。美勞是顯日易見（美勞共兩陳列室），其他如地理科的圖，歷史科的圖表，各科練習，都十分認眞，不好新異，只求實踐，只求有效，只求進步，這是附中的長處。未進門先需見她們兩張大大的壁報（其實過去在街上也每每看見她們的壁報成績）就可看出一般的努力。勞作方面，小手提箱，是最多也最有用，人人作得來，便可人人不進店去買，這一種教法，這一種學法，都是值得提倡的。兼中校的各項統計表，可看出兼中的過去，未來，及兼中的方向，學生的成績，雖然是限於陳列地點及搬運困難、只選的代表作，但已可看出兼中精神。立信是職業專科校，其表現在職業，勉仁的日記，是學校精神之一，據說是，向來如此，從不會間斷過。三峽陳列，較爲清淡，因此，參觀的人，大多集中於附中及兼中的各室。

五 改進意見

中學成績的相互展覽，因爲內容和分量，都與小學不同，我認爲可以有兩個方式，一個是科別展覽，一個是依照人數的多寡，分班選出代表作，這樣比較容易看，也看得仔細，好讓大家多發表意見，也好互資鼓勵。此次的批評簿上，除了一些不着邊際的讚美語而外，對展覽找不出一句切實的話，這也許是中國人的禮貌，也許是有所顧忌。我以爲展覽不僅是外形，而在有內容，內容有時是裝飾不得的，如兼善過去的各項學生服務照片（救災、救水、救火、收養孤兒……等），以及活動紀錄，這是眞成績。又如地圖是有時間性的，縱畫精細，色調鮮明，裝幀美麗，未必是好成績，假如東北已成九省，而仍然畫出來的是奉天、吉林、黑龍江，那就叫人有點不知所云了。這些是學生的事，也正是先生的事，學校的事。所謂認眞，那才是認眞；所謂踏實，那才是踏實。我們是贊同隨時有展覽，甚至經常輪流展覽，對於學校的進步，對於學校的切合實際，都可能助益很大的。

△ △ △ △ △

小學成績展覽

一　概述

北碚管理局所轄的中心國民學校有十七所（計澄江五、朝陽三、黃桷三、二岩二、白廟、龍鳳、金剛各一）保國民校四十七所，私立小學五所（天府、大明、縉村、力行、天府水嵐埡分校），幼稚園四所，學生共一萬一千四百五十人，共四百一十個學級。在北碚十萬零七千五百七十四人口，一萬三千七百四十八名學齡兒童中，差不多入學兒童佔了學齡兒童百分之八十五以上。在全局一百二十四保中（朝陽街保九保，澄江街保七保，黃桷街保四保），在管理局面積一百六十平方公里中，每一保平均有一所四學級或五學級的學校，每平方公里的地面有七十二個學生，這樣一個比例，在全中國的小縣裏面，教育應算是最發達。但是教育的效果怎樣，辦理其事的人想知道，北碚以外的人，恐怕是更想知道，要一所一所去看學校，大家也許認為是不容易的事，把他們集合起來，觀察、檢討、比較、觀摩、那不是很有意思嗎？我們要紀念國慶，要把我們的成績拿出來，要把我們努力的經過，努力的結果，告訴社會，向社會作一回詳實的報告：學生學的情形怎麼樣？學生的智力體力，是不是在將來担負得了鄉建的大業？這都是國民非常重要的事。在國慶日，舉辦一次集體性的全局小學成績展覽（該說是國民教育成績展覽），在我們不是感到意義輕鬆，而是感到意義嚴肅。紀念國慶，怎樣才對得住國家，我們是想從這樣一個集體展覽中，得到幾個答案的。

二　籌備經過

小學展覽的籌備，是和中學成績展覽，同時進行的，許多部份，可以參看「中學成績展覽」，單獨有關小學的展覽辦法，和評判辦法，場地分配，展覽品物，食宿措施及其他各項，就當日籌備紀錄，分誌如次：

（一）北碚管理局卅八年雙十節小學成績展覽辦法：

1.展覽時間：十月九、十日兩天。

2.展覽地點：朝陽鎮第一、二中心國民學校北碚托兒站。

3.佈置辦法：以分區分校陳列為原則，（分為八鄉鎮）。

4.參加單位：（1）局屬各中心國民學校，及幼稚園：（2）局屬各保國民學校，（3）區內各私立小學，（4）北碚托兒站。

5.展覽項目：（包括小學部，民教部及幼稚園）。

（1）行政成績。

「一」各種規章辦法。

「二」統計圖表。

「三」應用表格（裝訂成册）。

「四」研輔資料，（中心學校研輔資料，全部參加；保國民學校，只參加研究資料）。

「1」教材教具。

「2」研究報告：論文讀書報告教法及一切研究資料。

「3」其他：如學校衞生設施，及不屬於上列項目者均屬之。

（2）作業成績：「一」作文、「二」算術、「三」習字、「四」各科筆記本。

（3）美勞成績：「一」圖畫、「二」勞作。

(4)壁報：每中心國民學校，及私立小學各一幅，保國民學校自由參加，但由第一中心國民學校，主持出版。

6.集中時間：十月七日。

7.佈置時間：十月八日。

(二)北碚卅八年雙十節中小學成績展覽評判表

評者判：

甲、行政成績 一〇〇分

1.各科規章辦法 二五分

(1)設置齊全 五分 (2)合乎原理 五分

(3)符合事實 五分 (4)具體實用 五分

(5)能配合其他設施 五分

2.統計圖表： 二五分

(1)內容確實 五分 (2)形式精美 五分

(3)製作合理 五分 (4)表示明確 五分

(5)各類齊全 五分

3.應用表簿 二五分

(1)設置齊全 五分 (2)項目明確 五分

(3)格式精審 五分 (4)切實合用 五分

(5)填寫詳明 五分

4.研輔資料 二五分

「一」教材教具 一〇分

(1)種類齊全 二分 (2)製作合理 二分

(3)內容明確 二分 (4)切實合用 二分

(5)保存得法 二分

「二」研究報告 一〇分

(1)包括完備 二·五分 (2)內容充實 二·五分

(3)寫作認眞 二·五分 (4)着重實際 二·五分

「三」其他 五分

乙、作文成績 一〇〇分

1.作文 二五分

(1)分量合適 五分 (2)批訂精詳 五分

(3)添改合理 五分 (4)寫字正確 五分

(5)符號統一 五分

2.數學 二五分

(1)分量適合 五分 (2)批訂精詳 五分

(3)清楚錯少 五分 (4)矯正得法 五分

(5)符號統一 五分

3.習字 一五分

(1)分量適合 三分 (2)批訂精詳 三分

(3)範字合理 三分 (4)練習認眞 三分

(5)符號統一 三分

4.各科筆記本 三五分

(1)分量適合 七分 (2)批訂精詳 七分

(3)內容簡明 七分 (4)書寫清楚 七分

(5)有練習效用 七分

丙、美勞成績 一〇〇分

1.圖畫 五〇分

(1)內容完備 一〇分 (2)選材普遍 一〇分

(3)創作特出 一〇分 (4)爲學生作品 一〇分

2.勞作成績 五〇分

(1)內容完備 一〇分 (2)選材普遍 一〇分

(3)創作特出 一〇分 (4)製作精細 一〇分

(5)爲學生作品 一〇分

丁、壁報 一〇〇分

(1)內容充容　二〇分　(2)書寫端正　二〇分
(3)編排特出　二〇分　(4)裝點精美　二〇分
(5)為學生作品　二〇分

(三)展覽室分配

1.第一成績展覽場——設在朝陽鎮第一中心國民學校

室別	校別	室別	校別
一、二	朝陽一中心校	三	朝陽十保校
四	朝陽十二保校	五	朝陽十五保校
六	朝陽三中心校	七、八	私立大明小學
九	黃桷二、三中心校	十	黃桷一中心校
十一	黃桷各保校	十二、十三	二岩一、二中心校及各保校
十四	龍鳳中心校	十五	龍鳳各保校

2.第二成績展覽場——設在朝陽鎮第二中心國民學校

室別	校別	室別	校別
一	文星中心校	二	天府小學
三	文星各保校	四、五	朝陽二中心校
六	白廟各保校	七	白廟中心校
八	澄江二、三中心校	九	澄江四、五中心校
十、十一	金剛中心校稻村小學及各保校	十二	澄江各保校

(四)展覽品物

1.行政成績

項別	件數	項別	件數
規章辦法	一、〇三一	統計圖表	三、五二〇
教材教具	二、〇九三	研究報告	一九五
標本	一〇一	民教表册	一五六
合計	七、〇九六		

2.作業成績

項別	件數	項別	件數
作文	二、九〇四	算術	四、〇五二
習字	六、二五八	週記	一、三一四
各科副本	一二、六六三	合計	二七、一一九

3.美勞成績

項別	件數	項別	件數
美術	一、六一六	勞作	三、三九八
其他	一五一	合計	五、一六五

4.壁報成績　四七幅

以上總計　三九、四九九

(五)食宿辦法

關於參加展覽的各小學，展覽品的收集，是限定在七日集中北碚，陳列要人，看守要人，記載要人，收拾要人，這些人要在北碚就擱五日到六日，學校多，人就多。這許多人，食宿是須得於事先作精密措施的，如在體育表演，參加單位是差不多的，食宿問題，也就便一齊解決了。

(六)指導文表

在參加單位，未到北碚以前，大會是必須知道每一個單位的展覽內容的，因此，大會有預報表的製發，展覽品必須貼上標籤，開放時一定須有人解說，這樣才會使參觀的人，對成績內容有更深的了解。至於幾個須得注意的事項，來參加展覽的，也非留意不可。大會在事先，對於以上種種，都會有周密的設計，茲附各種文表於後：

1. 北碚卅八年雙十節中小學成績展覽預報表

校名	行政成績		作業成績		美勞成績		壁報幅數	其他	
	名稱	件數	名稱	件數	名稱	件數		名稱	件數

校長　　蓋章

卅八年　月　日

附註：本表限於卅八年十月一日以前填報，由各鄉鎮公所彙收訂載成冊，送交教育科核辦。

2. 北碚三十八年雙十節中小學成績展覽標籤：

校名	品名	用途	著者	年級	導師

附註：如係教師作品，年級及導師欄不填。

3. 北碚卅八年雙十節中小學成績展覽解說人員須知

（1）解說人員須完全了解全部，及各展覽室陳列物品，並熟記之，以便解說。

（2）解說人員態度須誠懇和藹，使來賓樂於接受，以引起參觀興趣。

（3）解說人員須具耐心，一一爲來賓解說，使其完全了解。

（4）解說人員並負有招待責任，於來賓進出展覽室時，須表示迎送之意。

（5）解說人員於展覽時間內，不得擅自離開，或隨意請人代理。

（6）解說人員如不盡責，以失職論。由大會轉請管理局，予以懲罰。

4. 北碚卅八年雙十節各鄉鎮學校來碚參加活動應注意事項

（1）各鄉鎮第一中心國民學校校長，（無第一中心國民學校者，即由中心國民學校校長負責），負各該鄉鎮總領隊之責任，另由鎮鄉公所，派幹事任副總領隊。

（2）各鄉鎮學校展覽之成績，定於十月六日，集中鄉鎮公所，或中心國民學校，會同中心國民學校，校長，研輔主任及美勞教師，整理完善，並於十月七日上午，運至北碚朝陽鎮第一、二中心國民學校展覽地點。

（3）各鄉鎮展覽之成績，須繪製資料統計表，以便來賓一目了然，（此表由第一中心國民學校，負責繪製）。

（4）各鄉鎮展覽成績之標籤，各校須自行用毛筆楷寫清楚，粘貼完善，（學生作業課本不填貼），標籤另發。

（5）各鄉鎮成績，由第一中心國民學校，研輔主任，美勞教師，及鄉鎮公所，文化幹事，共同負綜理，經管、收還、佈置之責任。

（6）各中心國民學校之研輔主任及美勞教師，均定於十月七日上午，一律到達北碚大會成績展覽組辦公地點報到（北碚參議會），午後即開始佈置陳列室。

（7）各校出席體育表演，須遵守體育表演規程辦理。

（8）各校出席游藝表演，一切化裝用品，須自行準備。

（9）各中心國民學校，教導主任，定於十月八日上午到達北碚大會成績展覽組辦公處報到，聽候分配工作。

（10）出席表演學生及領導先生，如文星、白廟、二岩、澄江等之遠道鄉鎮，須到碚住宿者，一律自行攜帶盥洗用具，及被蓋褥毯等行李，（指派到碚工作人員，亦須自帶行李）。

（11）各校來碚師生，乘坐木船，須注意下列各點：

「一」船隻須先行預定清楚。

「二」船隻須先行檢察，有無漏濫。

「三」每船以限坐八人爲原則，不可超過載重量。

「四」乘船須坐船艙中之坐板，不可坐兩旁或前後。

「五」乘船須保守秩序，不可在船中喧嘩，或任意亂動。

「六」晚間黑夜，絕不可行船。

（12）指派到大會工作之人員，伙食一律由大會負擔。

（13）如有未盡事宜，得另行電話，或書面通知。

三、三日展覽

成績展覽的期間，原定九日十日兩天，後來因爲參觀的人太多，再把時間延長一天，雖然三天都下雨，雨下得來濡濕不止，但是撐着雨傘，滿身淋淋前往參觀的人，仍然是擠滿在朝陽一、二中心校的廿九個陳列室，和兒童福利站裏面，綜計三天內參觀的人數及一般觀感如下：

（一）參觀人數：共四一、八四八八。

月日	人數合計	小學組	兒福站
十、九、	一八、四九三	一三、一七二	五、三二一
十、十、	一九、八〇三	一四、三七四	五、四二九
十一、	三、五五二	二、七六六	七八六

（二）評論一般

此次展覽，各校集中精力於行政成績和美勞成績，而一般現象，又把更多的注意力放在美勞的作品上，在許多批評簿上的反應，在美勞方面的是比較多。但是，與其說是批評，倒不如說是頌揚，切實提出問題的不多見，（關於勞作成績方面，游榮耀先生的「我所認爲特殊的作品」一文較爲詳盡，請參看附錄）此外，則屬一般性的，茲舉數例於後：

齊國儲材無二致，投戈猶美舊春風——徐思平

教育的成就，從兒童活動上表現出來；兒童的活動，從展覽會中表現出來。——盧作孚

這就是活教育。——周浩然

把北碚教育的光輝，照耀落後的中國，使北碚教育的幸福，分散給我們衆多的同胞。——聶西郎

從北碚的教育和建設，看中國的新生。——志傑

勞作東西，給我無比的愉快，願我們無數觀衆的愉快，鼓舞起勞作先生和同學，更愉快地去「勞」去「作」——陳志堅

勞作方面，是應該走向自然科學，與實用方面去，只是裝飾，已不是現時所要求的了。對朝陽二校勞作成績，我表示着無限的欽佩。——旭

（三）評判結果

評判委員會評判成績的辦法，對原來所擬表格項目略有變更，把展覽品分爲三類，行政成績爲一類，作業簿本爲一類，美勞成績與壁報爲一類。評判員也分成三組，在分頭看過之後，再集合各人的意見，由總評批作最後的評判。經評批結果，所列次序如下表：

（1）十班以上之中心國民學校及私立小學

鄉鎮	校名	鄉鎮	校名
1.朝陽	一中心校	2.朝陽	二中心校
3.澄江	一中心校	4.黃桷	一中心校
5.朝陽	私立大明小學	6.文星	私立天府小學
7.二岩	一中心校	8.文星	中心校

（2）六班以上不到十班之中心國民學校及私立小學

1.朝陽三中心校　2.澄江四中心校
3.澄江五中心校　4.黃桷二中心校
5.金剛中心校　6.澄江二中心校
7.二岩二中心校　8.白廟中心校
9.黃桷三中心校　10澄江三中心校
11金剛縉村小學　12龍鳳中心校

（3）四班以上之保國民學校

1.澄江廿一保校　2.金剛六保校
3.文星十三保校　4.白廟天府小學水嵐埡分校
5.朝陽十五保校　6.金剛十二保校
7.文星八保校　8.龍鳳十保校
9.　鳳四保校　10金剛七保校
11白廟、十保校　12朝陽十保校
13文星十一保校　14龍鳳七保校
15金剛九保校　16龍鳳五保校

（4）四班以下之保國民學校

1.澄江廿二保校　2.澄江十五保校
3.澄江十九保校　4.黃桷廿保校
5.朝陽十二保校　6.澄江廿四保校
7.金剛十一保校　8.黃桷十三保校
9.文星五保校　10白廟六保校
11黃桷十二保校　12黃桷廿二保校
13澄江十一保校　14龍鳳六保校
15澄江十八保校　16白廟十二保校
17澄江十七保校　18黃桷十四保校
19白廟十一保校　20黃桷十一保校
21黃桷九保校　22二岩七保校
23黃桷廿一保校　24文星七保校
25文星九保校　26金剛四保校
27金剛十保校　28文星十保校

除此，尚有兒童福利站，與小學性質不同，不好加入評判，便自成一個單位。

四　各校特色舉例

此次展覽，均出自各校勞心苦思的結果，不少特異之處。茲綜合多數人意見，略舉數例：

（一）朝陽一中心校：

參考輔導資料，富豐而齊全，在各校中，應稱獨步。自然科學實驗儀器，亦完整而實用，頗爲難得。民教班女生的刺繡成績，爲別校所無。北碚教育，原爲民教與小學教育齊頭並進，此次展覽，一般對傳習處之各項成績，却不免太少，爲一美中不足之事。

（二）朝陽二中心校：

1.兒童整套競選活動過程的陳列。

2.學生勞作的新穎適用，富有科學意義。

3.教師彭仁祿所製科學教具二十種，福祿倍爾恩物二十種，爲全展覽會中第一有意義的陳列品。

4.模型均有詳細說明，富於建設性及科學意義。

5.有整套兒童生活照片。

6.學生用圖畫記載每天活動的美術日誌，似爲創例。

7.從北碚日報上所取材而編輯剪貼的鄉建資料和該校的活動，很富於現實性。

8.研輔資料，均本於實施的經驗，而爲本期所改訂者。

（三）銅陽三中心校——勞作成績，全出自學生的自作，並能利用當地材料，製作農村用具，確是鄉村教育本色，鄉村建設起點。

（四）私立大明小學

1.國語科，所製分年錯字別字表，靈活而適用。

2.教具精美。

3.生物標本，係自己採製。

4.特製之兒童手册，可與家庭教育取密切連繫。

5.除期終測驗外，有期始測驗。

（五）金剛鄉中心校——教具全爲本期自製。

（六）龍鳳鄉中心校——壁報刊頭特殊。

（七）白廟鄉中心校——各種圖表，均整齊精細。

（八）文星鄉中心校。

1.運煤交通的全部過程。

2.木製學校模型。

3.紅豆詞剪貼，雖不盡適兒童，亦別有意味。

（九）私立天府小學

1.火車纜車模型。

2.木製活動地圖。

3.利用壞電燈泡作爲標本瓶，廢物利用，且亦美觀。

（十）黃桷二中心校

1.教師黃學所製活動音樂五綫譜教具，頗爲特殊。

2.美術欣賞教材精緻。

（十一）二岩一中心校

1.新二岩模型，以縮小比例尺製理想中之新二岩，頗精美。

2.自製速算器，計數器。

3.校長王繼志所作十全雜志，教師手册，學生手册，在教育上均有其價值。

（十二）澄江一中心校

1.各種圖表，精緻詳細。

2.有全鎮統計表十張，爲別校所無。

3.所作樂器圖亦精美。

4.教具一律爲本期新作。

（十三）金剛六保校——校景爲學生自製，用土磚造成，頗費工夫。

（十四）金剛十一保校——所製草帽，精細適用，極合生產教育意義。

（十五）白廟八保校（天府水嵐埡分校）——校景圖、滑梯、桌几等物，本地風光，極爲別緻。

（十六）文星十三保校

1.利用兔皮兔毛作剪貼工作。

2.列有民教概況表。

3.用谷子包谷等實物作粘貼工。

（十七）文星八保校——從北碚日報上，剪貼有關該校活動，貼成雙十形。

（十八）黃桷十二保校——作全保地勢模型，極精美。

（十九）黃桷二十保校——全保經濟統計圖表，尚稱精詳。

五　一般檢討

此次成績展覽，因各校開學不久，收集成績較爲困難，故參加展覽者，除少數外，多犯不充實及潦草的毛病。又因參加學校甚多，集腋成裘，展覽品數自頗爲龐大，因之展覽室雖所佔達二十譜之多，亦無法能佈置得很合理想，其中少數並欠調和，亦不甚藝術。但輔導主任及美勞教師八日到碚，午夜趕工，終於如期陳列，其精神甚有可取。各校互助合作，而解說人員，又多能反覆不厭，亦爲難得。再就大體而論，各校展覽品，多着眼於建設，尤能於勞作中看出，此爲可喜現象。但爲將來建議，除準備時間，須能充分，佈置時間須提早外，尚有數點，可提供參考：

（一）國民教育，是小學部與民教部並重，民教成績的展覽，其意義更爲重大，在展覽室中，以後應佔一個較爲重要的地位。

（二）行政成績之規章表册以及研輔資料，除直接見之於教師者外，更能從學生中求得映證，當更能增加展覽之價值。例如學校有一套新聞教學辦法，而我們所看見的是學生自己所辦的各種壁報，所組成的各種小型報社或編輯機構，是時事報告的記錄，是座談會中有關時事的各種記載，是日記簿裏面新聞材料的收集，新聞意見的發抒，這些，都能夠配合着那一套辦法；更進，則歷史科，地理科，自然科隨時看得出參入了新聞的成份，那「辦法」就不算是落空了。又如研輔的讀書報告，某先生所教的課程，會因爲讀書而發表了許多改進意見或新興方法，這方法，這意見，我們都在學生作業簿裏看得出，那「報告」也就不全是「文章」了。如只是華而不實，驚奇炫異，就無多大意思。

（三）說是配合着鄉建，那嗎，校外的成績，應該多於校內；社會的活動，至少與學校的活動相等（高中年級）。

（四）做的多於說的；事實多於形式。在同一個區域內，有同一的目標，同一的努力，同一的成就，那是除了個別競賽而外，又有着集體競賽的意思了。

（五）一切該從鄉土起點，才是改進鄉村的實際工作。在展覽室裏，能夠多看見一些有關鄉土的成績，就足以說明教師們是腳踏實地，教不落空了。

六　一支插曲

在展覽會中，大會爲了選拔優秀的學生起見，曾經就展覽品中，把各校各級各科的優秀學生，每種選錄了五名，另給予獎勵，下面即選拔得中的學生名表：

各小學各科各年級之前五名學生

學科	校名	年級	姓名	作業名稱
作文	朝陽一中心校	高六下	廖平友	
	二岩一中心校	六上	劉永華	
	澄江二中心校	六上	李忠全	
	金剛七保校	六上	馮天植	
	金剛縉村小校	五上	程嗣華	
	黃桷一中心校	中四上	黃韻華	
	文星天府小校	四下	劉芝蓉	
	澄江四中心校	四下	甘偉均	
	二岩二中心校	四下	周家積	
	文星中心校	四上	劉承惠	
	二岩一中心校	低二下	劉麗容	
	金剛縉村小校	二上	鄭自玲	
	白廟中心校	二下	顧澤富	
	澄江廿一保校	二下	杜孝芝	
	澄江一中心校	二下	張非比	
算術	文星中心校	高六下	喻繼良	
	黃桷三中心校	六上	漆清國	

算術	文星天府小學	高五上	顏其蘭	
	二岩二中心校	六下	袁世容	
	金剛十一保校	六上	馮瑞碧	
	黃桷一中心校	中四下	甘乘顧	
	文星中心校	四下	彭本銀	
	二岩一中心校	四下	楊劍秋	
	金剛十二保校	四下	張永川	
	黃桷二中心校	四上	董國亮	
	朝陽一中心校	低二下	黃審元	
	澄江一中心校	二上	匡成發	
	文星八保校	二上	祝貴蘭	
	金剛中心校	二下	姚成亮	
	黃桷一中心校	二下	王吉松	
美勞	三岩一中心校	高	學生集體勞作	新二岩模型
	朝陽二中心校	高五上	顧文彬	水盒
	二岩二中心校	高六下	李同富	筆筒
	文星天府小學	高	學生集體創作	火車模型
	金剛十一保校	高六上	馮瑞清	草帽
	金剛縉村小學	中	學生集體創作	校景模型
	龍鳳中心校	中	學生集體創作	動物園
	白廟中心校	中四下	廖清培	寫生畫
	三岩一中心校	中六上	許啓安	寫生畫
	金剛十二保校	中四下	張永川	美術圖畫

附 標語

1. 本期入學兒童一二，〇九〇八，佔學齡兒童百分之八十七入學，一年內達到全體入學。
2. 我們努力幫助掃除文化盲。
3. 我們努力幫助掃除文字盲。
4. 我們鼓勵我們和人們的家庭，選用作物及家畜之優良品種。
5. 我們努力勸請鄰居農家造用堆肥。
6. 我們幫助農民拔除麥黑穗〇〇〇穗。
7. 我們幫助農民捕殺螟蟲〇〇〇個。
8. 我們幫助農民捕殺土蠶〇〇〇頭。
9. 我們幫助農民摘除試花油桐〇株。
10. 我們鼓勵農民種植中農三十四號〇畝。
11. 我們幫助農民買了雜交猪〇頭。
12. 我們幫助農民請來了獸醫治好病猪〇頭。

美術展覽

羅中典 高孟先

書畫展覽

一、概述

北碚的環境，便是一個美的環境，重重山水，處處園亭，無一處不使人發生美的感覺。但是，要提高美的境界，增益美的陶冶，美術展覽，倒是一種必要的工作。此次國慶紀念大會的首次籌備會，便決定了「美術展覽」的活動，以提高一般的高潔情緒及雅淡操守。

書畫展是美術展之一，以其性之所近，容易收集陳列保管，便由大會請託新由璧山遷來北碚礪岩的「健生藝術專科學校」主辦，而由大會加以協助。

二、籌備種種

爲了要使內容充實，各時代各種類的美術品如中畫、西畫油畫、水彩、素描、木刻、圖案、篆刻、書法、塑造……都在收集展覽之列。除事先由健生校長蘇葆禎氏，在渝帶回古今名家作品六七十件外，並在北碚日報登出啓事，公開徵求，而以北碚中正路之皇宮照像館爲收件地點，廣爲收集，務使光輝的作品，不致埋沒。展覽會場，由大會向美豐銀行借用，並補助少許陳列費用。陳列佈置書簽等事，則全由健生藝專師生負責。展覽時間，爲九日與十日，在九日以前，早已佈置就緒。

三、展覽室裏

此次的美術展覽品，共計一百七十餘幅，內容包括中國畫、油畫、水彩、素描、木刻、圖案、書法、篆刻數種。最大多數作品爲中國畫，其中包括古畫及近代名人畫，近代畫中，山水最多，舉其要者如後：

明沈石田的橫幅「杏園圖」，爲展覽品中最古的一幀，畫幅上有名賢唐寅、張鳳翼、黃廾丘諸人的題跋。

清代畫有惲南田的山水，任伯年的花鳥册頁，鄭板橋的墨蘭。

民初作家，有林琴南的山水。

近代名家作品較多，徐悲鴻氏有馬四幅，傅抱石有「東山絲竹」圖，餘則爲陳之佛的勾勒花鳥，蕭厔泉（俊賢）的山水，黃君璧與張有旂合作的花鳥，齊白石的大富貴圖，諸聞韶的竹菊，黃書謙中的山水，趙少昂的花鳥，潘天壽的墨荷，呂鳳子的佛像。在碚畫家，如健生藝專校長蘇葆禎的花鳥，及健專教授楊鴻坤，岑學恭的山水，都是精心之作。

西畫多爲健生藝專教授的作品，有向奉春，張大國的水彩油畫多幅。

木刻有李流丹的「大重慶」和「造船」等幅。

圖案有陳逸豪的廣告圖案，他借用了「璧山花布」來時襯圖案上的布疋，極妙絕肖。朱德喜的「長干行」「紅豆詞」、綜合詩、畫、雕刻、書法、圖案而另創一格，在展覽會中別開生面。

書法，在古代的，除唐寅諸氏的題畫外，另有清載贊的對聯和查士標的字條。近人中徐悲鴻的字條二幅、楊仲子、梁寒操、于右任、沈尹默、謝無量、均有條屏。郭有初的甲骨、石鼓、雖幅數不多，頗現古勁，郭現住北碚，已七十有八。

篆刻有梁白雲、梁漱教二氏的作品。

美豐銀行屋子不多，四壁及各柱以至於桌面均擠滿了畫幅字幅，參觀的人一直是在肩並臂接的情況下，寸步輕移。

四、作品批判

此次展覽，集古今中西於一室，在北碚尙爲少有。爲場地所限，還有收集了的作品而無法陳列者爲數不少。以國畫而論，近人作品中，國畫的山水畫，多近於寫生畫法。人物畫，更着重於人民生活的描寫，其取材，用筆、構圖、着色、都顯現了新的作風。生活情調的表現，力的表現，充滿於畫幅之中。花鳥畫也別闢蹊徑，不落古人窠臼。這些畫大多是健生藝專教授們的課餘之作，據說：他們對學生的教授目標，是不重視寫意的作風、而趨向於寫實的新作風。油畫、水彩、木刻、以本地風光，農村人物爲題材，完全着重現實。木刻用刀的橫直綫條，而顯露出鮮明的畫面，完全是一種力的表現的藝術•李流丹的作品，在此可稱獨步。朱德喜的綜合圖案，用古典式的殘缺美，來表示古詩的情調，在此次展覽會中，也爲罕見之品。書法金石雖各有千秋，但東方藝術的色彩，則非常容易爲我們所看出。

五、結論

此次書畫展覽，籌備時間太短，展覽地方不寬，難免無遺珠之憾。但書畫之爲人所愛好，於現象之擁擠，可以見之，惟中國畫須徵具繪畫常識者始能欣賞，西畫寫實，頗多雅俗咸宜，以後宜有充分時間籌備，單獨舉行，或分地舉行，時間亦不妨再爲延長，對於美教的推行，是更能顯示力量的。

圖片展覽

——美國新聞處供給陳列品——

一　準備

大會於十月一日曾聯絡美國新聞處來碚參加圖片展覽及放映電影，五日特派胡家春君到渝接洽，七日胡君即偕美國新聞處，圖片部安亞奇及影音部吳烈章兩君專車蒞碚，并運到圖片兩箱，電影機片全套。

二　展覽

陳列品計有美國農業、水利、建設、科學、教育、衛生等圖片十一種，共三百廿二張。自九日起，十一日午前止，分別陳列下列各處，任人參觀。

（一）天一茶社——陳列田納西河流域的水利工程五十三張，美國的農業四十張，灌溉與農業卅張，土壤的保護十九張。

（二）仁義永茶社——陳列「音樂欣賞在美國」廿一張，百年來美國西部之發展十五張。

（三）泰山茶社——陳列「美國與美國人」六十張，美國的攝影業廿六張。

（四）慶豐茶社——陳列肺病的預防與治療廿七張，怎樣看護病人十九張，航空旅行十張。

此外北碚各照相館均有照片展覽，陳列於各該館內。其中以小影家陳列北碚各種彩色風景片多幀，出品精良，售價低廉，遊客往購者極爲踴躍。

三　檢討

（一）天一及仁義永兩處，以地位適中，參觀者每日近千人。慶豐及泰山日約八百人。

（二）美國新聞處此次供給之圖片，內容豐富，一切佈置標識廣告等，均配備完美，使吾人感到便利。

衛生展覽

劉瑞和

一　籌備經過

三十八年的雙十節，管理局發起各項展覽，衛生展覽，也不例外，我們都很興奮的開始動起來。不過我們的材料展覽起來頗不容易，如防疫醫療，環境衛生，婦嬰衛生，學校衛生，工廠衛生，生命統計等等，都是散在各處，除工作統計圖表以外，不能把牠搬在展覽室裏來。于是就計劃製作模型及說明，來表明實際工作之一部份。但以時間與人力之不足，結果未能如願，這是美中不足的一件憾事。

二　展覽內容

衛生展覽內容，除一部份醫療工作是由北碚醫院供給資料，另一部份流行病是由實驗所供給的資料，其他醫療衛生資料，都是衛生院預備的。茲將主要內容分述如下：

（一）工作統計圖表　為了使人知道衛生工作內容，所以各項工作圖表是很重要的資料。在時間，是從三十一年至三十七年的七年期間；在空間，是包括全管理局所屬各鄉鎮的衛生工作；還有一部份工作如種痘是包括環繞北碚各縣所屬鄉鎮的一部份。由這些表格的數字看起來，可以證明北碚歷年衛生工作之積極推進：如種痘總數已達一二四、四六六人，治療人數達三三、七三三人，接生達四、四二〇人，健康檢查一四、四四二人，預防注射人數達二一三、四二五人。在實際工作的人，亦感覺到北碚人民衛生智識逐漸提高，衛生工作甚易推行，其効果雖無精詳數字可以表出，但其減少人民疾病死亡，增進人民生命健康，確可斷言。在參觀的群衆中，已有人有了這種批評。展覽的工作圖表計有八種，大部衛生工作都包括了。

2.衛生掛圖　展覽意義是帶着教育性的，是宣傳衛生的好機會，因此我們搜集了很多種的衛生，如兒童衛生掛圖，婦嬰衛生，環境衛生　營養掛圖，傳染病掛圖等，是衛生署中央衛生實驗院及聯合國文教組織所印的彩色掛圖，並有文字說明，使人們一看即可明瞭。惜以室內面積太少，不能全部懸掛。

3.營養試驗標本　最寶貴的一部，要算是營養試驗標本，這個標本來源是山東齊魯醫學院營養系，民國二十九年用白鼠來作一次營養試驗，方法是用一胎生的三個小白鼠，他們體重身長原是一樣的，後來用三種包涵營養不同的食品分別飼養：甲鼠吃的是上等麵粉　肉類及蔬菜（不是綠葉的，如山藥、荸薺，藕等）代表富裕人家的飯食；乙鼠吃的小米黃豆包穀（玉米）各一份合製的窩窩頭，普通的綠葉蔬菜及鹹菜，代表普通人家的飯食；丙鼠吃的是小米二份，黃豆一份合製的窩窩頭及鹹菜，代表貧苦人家吃的飯食。這樣經過了三個月的時期，他們的發育就大不同了，甲鼠的身體最大，四肢背軟不能行動，並且生育只三代，都很小；乙鼠發育最好最大，並且生育到五代，還是很健康的小鼠；丙鼠身體發育情形居于甲乙之間，優于甲而次于乙，生育只傳了一代。這證明了營養的價值，食品重在含營養素之多寡及種類齊全，而不在味道之佳否。一般人注意食物味道好吃，而忽略食營養價值，結果發生了營養缺乏之的病，這完全是缺乏營養常識的錯誤。這次觀衆中有很多人是看過這個標本而改正其錯誤觀念的。

三　展覽中的插曲

在這次展覽會中，有很多觀衆用好奇的心來看這三個鼠標本，因此我們在他們未看說明以前，先請他們猜一猜：最大最好的鼠是吃什麼食物？半數以上的答案，是吃上等麵粉和肉類。經過解釋以後，他們有些還是半信半疑的樣子。還有一位觀衆在觀看工作圖表統計時，自言自語的說：「我以為衛生就是清潔，還不知道有這麼多種類呢！」我想這樣缺乏衛生常識的人，在全體觀象中是佔絕對少數的，但也不只有這一個人。這是說明我們對于衛生教育還是作的不夠，應當加強努力。

四　展覽的感想

成千成萬的群衆來參觀，這是宣傳工作推動的最好機會，如果能十足的利用這大好機會，其發生的効果，當有何等宏大可想而知。但是我們對這次展覽不滿意的，就是準備的宣傳材料不充足，辜負了這個大好機會，這是我們以後應注意的。

五 將來覽展覽計劃

這種展覽，希望每年舉行一二次，並且在預早的時候就要召集專家設計籌備，凡可以有教育性關乎衛生的資料，都把他搜集起來。並要使這些材料盡量引人興趣，易於宣傳，不要使觀衆有敗興而返的感覺。我們，也可得到最大的收穫，才不失展覽的意義。

體育組

體育表演

一、概述

體育表演和球類比賽，都是大會體育組決定的活動之一。體育表演的範圍較寬，因此把球類單列。北碚二十多年來的國慶，幾乎每一個國慶日都有體育的活動，歷年不下二百餘次，故注重體育，是北碚二十多年來的一貫精神，尤其是國民體育。所以這一次紀念大會，特把體育活動專成一組，而把全局的中小學及民衆都包括在內。

二 籌備

九月十八日的第一次籌備會，把「運動會」的活動列在第二，以下並分作，「各中小學球類表演賽」，「各中小學團體操，國術，或體育表演」兩項，推選了民衆體育場場長及各學校體育教師負責籌備。第一次籌備會，舉行於廿二日上午十時，到有各校體育教師。在籌備會之後，各校即分頭進行準備，大會並擬定「中等學校體育表演辦法」，及「體育表演規程」兩種，以資各參加單位的遵循。玆將辦法及規程分附於後：

北碚卅八年雙十節中等學校體育表演辦法：

（一）表演時間：十月九、十兩天。普通組之大學、民衆、軍警、亦在九、十兩天以內表演。

（二）表演地點：民衆體育場。

（三）參加單位：國立女師院附中附師，私立立信高級會計職業學校，私立兼善中學，私立勉仁中學，私立三峽中學。

（四）表演項目：各校高初中均可參加表演。

1.球類：籃球、排球、足球、小足球。

2.機巧活動：單槓、雙槓、墊上運動。

3.舞蹈：每校以不超出二個節目爲限。

4.國術：每校以不超出二個節目爲調。

（五、表演規程及給獎辦法，另訂之。

（六）各校彙報表演項目，定於十月五日以前，送交北碚民衆體育場。

（七）經費由各校自行負担。

北碚卅八年雙十節體育表演規程

（一）主辦機關：本會籌備委員會。

（二）宗旨及目的：本會爲提倡民衆及學生運動，以鍛鍊體魄，增進技術爲目的。

（三）參加單位：本會分組表演，以北碚管理局所轄區域爲單位。

1.普通組：以大學，及黨、政、軍、警、工、商及經濟文化各機關公務人員爲單位。

2.中學組：以高初中之學生爲單位。

3.小學組以小學學生及社會兒童，（十五歲以下）爲單位。

（四）參加資格：凡北碚管理局屬區域之男女民衆，組織之足、籃、排球隊，及團體操、單雙槓、機巧運動，舞蹈，表情唱歌，鄉土遊戲，國術等均可參加，但須合下列之規定。

1.不違犯業餘運動規程者。

2.經正式報名註册手續者。

（五）報名手續：報名時須將本會印就之表格，逐項塡清楚，並由主管機關，或團體負責人員蓋章。

（六）表演定額：各種人數規定如左：

1.普通組：

（1）足球隊以十三人爲限。

（2）男女組籃球隊，每隊以十八人爲限。

（3）男女組排球隊，每隊以十二人爲限。

2.中學組：各球隊人數，與普通組相同。

3.小學組：

（1）小橡皮球隊，以九人爲限。

（2）籃排球，各隊人數，與普通組相同。

4.各單位團體操等表演之人數無限制。

5.報名後不得任意更改，未報名者不得參加表演，每一隊員，不得同時代表兩隊參加。

（七）報名日期及地點：自即日起，至十月五日止。在北碚管理局民衆體育場辦公室。

（八）表演程序：於報名截止日，由本會編定在北碚體育場牌告內公佈之。（各單位不另行通知）。

（九）表演日期及地點：定於十月九日午前九時，在北碚體育場開始舉行。

（十）表演規則：採用第七屆全國運動會籌備委員會公佈之規則。

（十一）表演方法：各項表演方法：

1.團體操等運動，以得分最多之單位爲優勝者（表演一次爲限）。

2.球類運動，均採用淘汰制而定優勝者。

（十二）獎品：大會獎品，分團體及個人兩種。

1.各項優勝者，均給予團體獎。如團體操、單雙槓、機巧運動，舞蹈、表情歌唱、鄉土遊戲、及國術表演等，均分別給予錦旗，或其他獎品。以上各項表演之優勝者，前兩名均斟酌給予個人獎品，支配如左：

第一名：北泉游泳票十張，民教電影票五張，或其他紀念品。

第二名：北泉游泳票六張，民教電影票三張。

2.球類優勝者，其獎品爲錦旗一首，或足籃排球一個，或其他紀念品。各種球類表演之優勝者前兩名，均給予個人獎品，支配如左：

第一名：北泉游泳票十五張，民教電影票八張，或其他紀念品。

第二名：北泉游泳票十張，民教電影票五張，或其他紀念品。

（十三）裁判員由大會聘請之。

（十四）遲到辦法：球隊於表演時間，過十五分鐘尚未到場者，即作棄權論。

「註」以北碚管理局民衆體育場時鐘爲標準。

（十五）表演用具：表演時，除足籃排球小足球、單槓、雙槓、墊子、石灰、風琴外，餘由各單位自行準備。

（十六）旅費及膳宿：各單位代表總領隊，指導員，管理員等之參加大會者，其旅費及膳食，由各單位自備。其住宿地點，則由大會預備，但被蓋席子等須自備。

（十七）修改規程：本規程如有未盡事宜，得由大會隨時補充公佈之。

爲使各參加單位，有比較，能競爭，分別優劣起見，由大會製定表演裁判辦法，如後：

北碚卅八年雙十節游藝及體育表演裁判辦法。

（一）表演時間

監球 組別	時間（分）合計	每節
普通男子組	四〇	一〇
普通女子 中學男女組	三二	八
小學男子組	二四	六

男子足球 組別	上下半時 每節（分）
普通組	三五
中學組	三五
小足班	二〇

（二）排球表演

1.普通中小學男子組，採五賽三勝利。

2.普通中小學女子組，小學男子組，採三賽兩勝利。

（三）體育及游藝表演定分標準：

1.動作三十分。2.精神三十分。3.教材二十分。4.教法十分。5.其他十分，共計一百分。

北碚三十八年雙十節體育表演評判表

名稱	別	人數	動作	精神	教材	教法	其他	總評	備註

評判員

年 月 日

因此次的體育表演是全局性的，人數多，場面大，大會在事先，即作週密的佈署。食宿的安排，區域的劃分，表演的配合，都經過了詳細的研討，而予以決定。爲了要明白人數的多少，於是印發了「出席體育及游藝表演人數預報統計表」，爲了使他們明白參加的一切秩序和手續，於是印發了「領隊須知」及「表演員須知」；爲了使參加單位食宿方便，於是印發了「參加表演食宿分配表」；爲了知道表演的節目及其種類，於是印發了「表演賽註册單」；這些，都是於大會前發了出去，而且有的要他們塡註寄回的。附四表樣式於後：

北碚三十八年雙十節各小學出席體育游藝表演人數預報表：

項別	總計	學生數 小計	學生數 男	學生數 女	領導先生 小計	領導先生 男	領導先生 女	備考
人數								

附註：本表限於十月一日前塡交鄉鎮公所彙報教育科。

鄉鎮長　　校長　　年月日塡報

北碚三十八年雙十節體育表演出席人員須知：

（一）領隊須知

1.各單位到會後，即向司令台報到。

2.大會開幕時，各單位須按照本會排定之次序，排列整齊。

3.各單位之旗幟可以校旗代之，務於報到時隨隊帶來，並於開幕行禮時帶入場內，插於指定地點。普通組及社會兒童表演員，均在指定地點集合。

4.舉行各項表演時，非某項表演中之大會職員，請勿入場。

5.各單位之職員，及表演員來會時，伙食自備。

6.各領隊對於大會應協力合作，共策進行，俾使大會達到完滿之效果。

（二）表演員須知

一、表演員須集合於會中規定之地點。

二、表演員非經報告入場，不可自由入場。

三、表演員應遵守表演規程。

四、表演員須知運動不僅比較技術之短長，更足以測驗道德之高下。

五、表演員運動既畢，應即離場。

六、須時時注意報告員之報告。

七、須服從評判員之判決。

八、運動應奮鬥到底，不應中途退出，以表示精神。

九、表演員未得允許，不得違背命令，如有詢問事項，須先報告領隊，由領隊向本會提出詢問。

十、各表演員參觀，須依照本會劃定之地點，不得紊亂以重秩序。

十一、團體操項目與球類表演，有衝突時，向該項（球類）裁判請假。

十二、團體表演，定於十月九日上午九時，在北碚民衆體育場開始舉行。

十三、本須知所不詳者，均照大會規程之規定行之。

北碚卅八年雙十節各鄉鎮公私小學來碚參加表演食宿分配表：

校名	到會日午時	學生 男	學生 女	導師 男	導師 女	合計 男	合計 女	合計 共	工人	住宿 地點	住宿 晚數	餐食 八日	餐食 九日	餐食 十日	餐食 十一日	餐食 頓數
金剛十一保校	十後三	〇	八	二	三	一二	一一	二三		立信	一			晚	早	二
金剛十二保校	十前八	一一	二五	三	五	一四	四〇	五四		立信	一			午晚		三
白廟中心校	八后三	〇	一六	一	三	一	一九	二〇		立信	二	晚	全日	早		五
白廟六保校	八后三	五	五	一	一	六	六	一二		立信	二	晚	全日	早		五
文星中心校	九后三	一〇	一六	五	四	一五	二〇	三五		大明小學	二		晚	全	早	五
文星八保校	九后三	一五	五	三	〇	一八	五	二三		大明小學	二		晚	全	早	五
文星十一保校	九后三	六	一四	三	三	九	一七	二六		大明小學	二		晚	全	早	五
文星天府小校	九后三	四〇	二六	一八	一五	五八	三八	九六		大明小學	二		晚	全	早	五

校名	到達 日	到達 午	到達 時	師生人數	餐食 早	餐食 午	餐食 晚	備註
朝陽一中心校	十	后	三	四四		十日		下略

北碚三十八年雙十節體育表演賽註册單

縱：

項目	組別	性別	人數	時間	指導者	備註

橫：

單槓	雙槓	木馬跳箱	機巧連動	團體操	舞蹈	表情唱歌	鄉土遊戲	國術

負責者簽名或蓋章

附註：1.本會除規定項目外，其他表演名稱，由各單位在備註欄內註明。2.填單時須用墨筆不得潦草。3.此單須於十月五日以前，送北碚管理局，民衆體育場辦公室（小學限於十月一日以前填送。）

三 表演一瞥

此次出席參加活動的學生，單小學方面，便有二千三百三十九人，教師三百九十九人，再加上中等學校參加的學生人數，及普通組參加表演的人數，共約六百餘人，實際的總數在三千人以上。（內有一部份係參加游藝及展覽的，但人數不是頂多）參加單位三十二個，中學：女師附中、兼善中學、勉仁中學共三個單位，小學共二十九個單位，另有北碚托兒站，及朝陽、澄江一校的幼稚園，不會計入。他們預定表演的節目如下：

北碚三十八年雙十節中小學體育表演程序表

程序	鄉鎮	學校	節目	時間
一	朝陽	一中心校	團體操	九日上午
二	朝陽	二中心校	跳箱	九日上午
三	金剛	縉村小學	表情唱歌	
四	龍鳳	中心校	舞蹈	
五	白廟	中心校	響鈴舞	
六	白廟	六保校	西藏舞	
七	黃桷	一中心校	團體操	
八	黃桷	廿保校	團體操	
九	二岩	一中心校	表情歌唱	
十	朝陽	一中心校	舞蹈，	
十一	龍鳳	中心校	表情歌唱	
十二	黃桷	一中心校	舞蹈	
十三	朝陽	一中心校	表情歌唱	
十四	金剛	六保校	舞蹈	九日下午
十五	北碚	女師附中	舞蹈	
十六	朝陽	一校幼稚園	表情歌唱	
十七	北碚	兼善中學	跳箱	
十八	朝陽	二中心校	團體操	
十九	朝陽	三中心校	表情歌唱（種菜）	
二〇	朝陽	十保校	表情歌唱	
二一	北碚	兼善中學	舞蹈	
二二	朝陽	大明小學	團體操	
二三	金剛	中心校	團體操	
二四	北碚	兼善中學	單槓	
二五	北碚	兼善中學	雙槓	
二六	北碚	勉仁中學	團體操	
二七	朝陽	大明小學	表情歌唱	

二八	朝陽	大明小學	舞蹈	十日上午
二九	北碚	托兒站	國慶多快樂	
三〇	金剛	十二保校	團體操	
三一	北碚	托兒站	唱出一個秋天來	
三二	文星	天府小學	舞蹈	
三三	北碚	托兒站	兎子賽跑	
三四	二岩	一中心校	團體操	
三五	文星	十一保校	舞蹈	
三六	北碚	托兒站	團體操	
三七	澄江	一小幼稚園	表情歌唱	
三八	文星	八保校	團體中	
三九	澄江	十五保校	表情歌唱	
四〇	澄江	三中心校	舞蹈	
四一	澄江	三中心校	國術	
四二	澄江	五中心校	舞蹈	
四三	朝陽	一中心校	墊上運動	
四四	文星	八保校	舞蹈	
四五	澄江	一中心校	團體操（慶祝國慶）	
四六	金剛	十二保校	螃蟹舞	
四七	二岩	二中心校	童軍操	
四八	黃桷	十二保校	墊上運動	十日下午
四九	澄江	四中心校	團體操	
五〇	黃桷	三中心校	新疆民歌	
五一	朝陽	三中心校	農作歌	
五二	黃桷	十二保校	太極劍	
五三	黃桷	三中心校	黏體舞	
五四	澄江	五中心校	團體操	十日下午
五五	澄江	四中心校	表情歌唱	
五六	澄江	五中心校	表情歌唱	
五七	澄江	三中心校	表情歌唱	
五八	文星	天府小學	國慶紀念拳	
五九	澄江	一中心校	舞蹈	
六〇	朝陽	二中心校	舞蹈、	
六一	文星	中心校	舞蹈	
六二	二岩	一中心校	表情歌唱	
六三	龍鳳	兼善附小	技巧運動	

說明：一、各校均須於當天上午八時到達民衆體育場。

二、表演地點一律在民衆體育場。

可惜天不做美，除了八號已經大雨一番之後，而九號上午，仍然陰雲密佈。不過幾千人數訢歡舞的情緒，早衝破了暗淡陰鬱的天時，在主席團主持了開幕儀式之後，各校便紛紛出動表演了。初是一校連一校，後來則數校同時表演。主席台上，主席台兩側的新聞處、宣傳組、衛生組、服務組…擠滿了人，場地外圍，也圍了幾層人。表演在進行，裁判人員在忙着記分，司令台上由麥克風播送出節目進行的呼號，場子周圍，不時報以熱烈的掌聲。但是，可惜得很，熱烈的場面，到了下午，終於被雨斷送了，而各表演單位所預備表演的節目，還不到四分之一，國術表演，竟因此而完全停止，致使無數觀者，失望而返。

四 優勝者

場面偉大，內容充實，服裝精美，練習純熟的節目，大多是排在十日上午的，因雨，只得以俟異日了。而當時表演的還勝者，經裁判員評判的結果，發表其成績如下：

小學組

項別	名次	校名	名次	校名
團體操	一	朝陽二中心校	二	朝陽一中心校
	三	大明小學	四	黃桷一中心校
表情歌唱	一	朝陽一中心校	二	縉村小學
	三	朝陽三中心校		
舞蹈	一	龍鳳鄉中心校	二	金剛中心校
	三	白廟中心校	四	大明小學
器械操	一	朝陽一中心校	二	朝陽二中心校

中學組

項別	名次	校名	名次	校名
舞蹈	一	女師附中	二	彙善中學
器械操	僅彙善中學一校			

五 檢討

體育表演，其目的是在體育，有一個表演會，可以看到整個學校的體育情形，而競爭意義，還在其次。此次的體育表演，中學部份，參加者比較不多，還不能以概全體；小學部份，中心國民學校既是幾乎全體參加，而保校參加的也不在少數，各學校之重視體育，已無疑義。所表演之節目，類多純熟活躍，又足見各校體育之有進步。出場人數，團體操不說，即舞蹈，表情歌唱，亦莫不是幾十個人參加，則北碚體育之趨向於集體，更爲可喜現象。雖然因雨停歇，未窺全豹，但即此一斑，已足爲北碚小學體育祝福。（據云，有出場到百人以上者，可惜不曾演出，）惟團體多，表演時間不免延長，預定時間，即使不爲雨所阻，恐亦難於把節目按時演完。爲改進計，特提供意見數端於後：

（一）表演時，儘可能將幾個單位，幾個節目，同時出場表演，這樣一來，便可以盡各校之所長，而無遺珠之憾。

（二）同時表演，也許裁判人員不敷，但不妨增聘。

（三）表演內容，應與學生能力，心理，生活各方面相配合。力所不勝，或非小學生所能了解，與生活無關，不能激發向上情緒的節目，教師宜愼重選擇。

（四）有些運動，須先練習過程，如單雙槓之類，不妨先在場外，進行過程中之各項基本運動，進場則專表演其精彩者。這樣，對時間可加以節省，而無慌張倉卒之病。

球類比賽

一 比賽之前

球類比賽，是此次國慶紀念大會體育組的第二個活動。參加的單位，裁判的人員，準備的事項，與體育表演是大致相同的。因此，它們的籌備情形，也幾乎是同時進行，而食宿等些活問題，也同時解決。（可參看體育表演各項參考材料）所不同的，第一是表演程序，其次是註册，再其次比賽登記，茲誌其程序如下：

北碚三十八年雙十節球類表演程序節目單

時間 日	午	時	組別		項別	隊別
九	前	九	中學	男	排球	三峽對彙中
		十	中學	男	籃球	二峽對彙中
		十	中學	男	排球	立信對萊園
		十一	中學	男	籃球	立信對萊園

十一	中學	女	排球	立信對附中
九後二	普通	男	籃球	朝暾對綏舫
三	普通	男	籃球	犟聲對一北
三	普通	男	排球	壘球對聲隊
四	普通	男	籃球	犟城對一雨
五	普通	男	籃球	朝暾對聲隊
五	普通	男	排球	綏舫對一隊
十前九	中學	男	籃球	決賽
十	普通	男	籃球	第一場復賽
十一	中學	女	籃球	立信對莫園
十後一	小學	男	足球	大明對文小
二	小學	男	足球	天府對澄江
二	中學	女	排球	附中對兼中
三	小學	男	籃球	縉村對兼小
三	普通	女	排球	相輝對夏壩
四	普通	男	足球	決賽綏航對吼隊
四	普通	男	排球	決賽
四	普通	男	籃球	第二場復賽
五	中學	男	排球	決賽
五	中學	男	足球	午晴對馬隊
五	普通	女	籃球	相輝對夏壩
二十前	小學	男	籃球表演賽	朝旭對輪空

關於註册，大會製有註册單，其式樣如左：

組別	隊名	主管機關或負責者姓名

關於比賽登記，有登記表。玆舉籃球一種爲例：

球類	組別
足球	男子
小足球	男子
籃球	男子
	女子
排球	男子
	女子
備考	

縱：

職位	右鋒	左鋒	中鋒	右鋒	左鋒

橫：

隊名	號數	前半時		後半時		總結			
		擲中	犯規	擲中	犯規	擲中	罰中	犯規	分數

替補員：

下列符號記錄員可用：×爲「擲中」〇爲「罰球未中」中爲「罰球發中」⊠爲「罰球未中」P爲「侵入犯規」T爲「技術犯規」比分隨登：1——80

比分	前半時	後半時	總結

暫停時間	前半時	後半時

民國　年　月　日　地點

評判員　檢查員　記錄員

二　比賽的進行

球類比賽，九十兩日都因雨而無法進行。十一日場地稍乾，即按照程序，繼續表演。小學組球類賽則在十三日上午九時開始。其進行比賽情形，先後發表於北碚日報（請參看十月十六日，十月十八日，十月二十日，十月廿二日北碚日報地方版），記載極爲詳盡。

三 優勝名錄

此次球類比賽結果，彙中奪得三冠軍，茲誌其全部名錄如次：

組別	球類	冠軍	亞軍
小學男組	足球	社會兒童克爾銳隊	彙善附小彙小隊
	籃球	朝陽一中心校旭日隊	天府小學新村隊
中學男組	足球	彙中馬隊	立信會計校
	籃球	彙善中學	立信會計校
	排球	彙善中學	立信會計校
中學女組	籃球	女師院附中	立信會計校
	排球	女師院附中	立信會計校
普通男組	足球	吼隊（北碚民衆）	綏航隊（相輝）
	籃球	南隊（相輝）	北隊（相輝）
	排球	綏航隊（相輝）	壘隊（相輝）
普通女組	籃球	相輝文法學院	夏壩隊（相輝）

游藝組

羅中典　古興煌　吳定域

電影

電影的映放，在民教館影院，既已爲經常的活動，而露天放映，也爲此間電化教育的課程之一。惟國慶前後觀衆多於尋常，教育民衆的機會更多，所以在第一次籌備會上，便有如下的決定：

（一）民衆會堂，整日放映電影，以饗觀衆。

（二）體育場晚間露天放映，任民衆自由參觀。

自此，民教館影院，即進行選片，分配時間，規劃放映等工作。經再三研討，決定租「一九四八年世界運動會」及「紅軸傾城」兩名片，在九、十兩日晝夜演出。

兩片場面，均偉大壯麗，內容又充實豐富，因此觀衆十分踴躍。九、十兩日原定每日演映三場，但在九日看的人太多，晚上又加映了一場。十日天雨，慶祝大會在民衆會堂舉行，以致上午的一場，不曾映出。又因連日天雨，預定在體育場放映的，也未映出，是一件不免歉歉於心於事。

電影爲最大衆化的教育工具，雅俗共賞，長幼咸宜。而這次的片子，又頗爲優良，可稱別無問題，惟演出時，係與魔術，游藝同一時間，致不免減少放映場數，使更多觀衆，有向隅之嘆，此則爲美中不足之一點。

歌舞

一 事先決定

三十八年雙十節的各項活動，是處處以教育與建設爲中心的，而教育的主要活動人物，十之七八是由小學担負了起來。對本身說，一切的準備，（設計、訓練、預演）有教育的作用；對大衆說，當日的活動，乃教育的行爲。集合了全局八鎮鄉的中心校，保校和私立小學幾千人，對廣大的羣衆，實施一種美的教育，這舉動是相當偉大而富有意義的。因此，在九月十八日的籌備會上便決定了「聯絡各中小學舉行音樂會或舞蹈會」的議案。

二 籌備情形

邀請各校舉行舞蹈會，除了北碚日報於九月廿一日透露了消息外，籌備會是把這責任交付與北碚管理局教育科的。各鄉經在接到了教育科的通知以後，便分別進行準備，私立小學，保國民校一樣地參加了這個活動。他們各出心裁，各憑智慧，去決定他們參加的節目，去預備他們的服裝器具。在十月七日以前，他們可算已完全有了決定，大致來說，各鄉鎮都在七日或八日以鄉鎮為單位，有一個聯合的預演，有些則在本校舉行。到了八日，全部表演節目，早由大會游藝組適當排定，表演時間，定為九日、十日兩日，表演地點，則為民衆會堂與兒童會堂。

三　表演一般

參加表演的有二十八個單位，由中心國民校以至於托兒所，預定節目共五十三個。在民衆會堂表演的，表演時間是在每一場電影開放前，在兒童會堂表演的則單獨舉行。因表演單位和節目大多，時間換不過來，結果演出的有二十三個單位，只二十八個節目（北碚托兒所演出了五個節目，其餘各校，每校只演出一個節目）。以表演情況而論，一般均屬良好，此足見北碚教育之進步情況。

四　成績評判

游藝表演，是教育活動之一，成績究竟如何？當時大會曾定有評判辦法，並推定了古與煃、黃敦詩、李成蛟、吳定域、吳瑞琛諸人作評判員，臨時加入了羅中典，以古與煃、黃敦詩二人負總評判的責任。記分方法，則製定了評判表，分動作、精神、教材、教法、其他各項，由評判人員當場分別記分，再交由總評判處彙評。表式如右：

北碚各界聯合慶祝三十八年國慶紀念大會游藝表評判表

名稱	組別	人數	動作	精神	教材	教法	其他	總評	備註

其評判結果之成績則有如下列：

甲、十班以上之中心學校——（一）天府小學西班牙舞，（二）大明小學鈴鼓舞，（三）朝陽二中心校表情歌舞，澄江一中心校哈什喀爾舞，（四）朝陽一中心校表情唱歌，（五）二岩一中心校秋郊舞，（六）文星中心校生產舞，（七）黃桷一中心校歌舞「驅檣末路」。

乙、十班以下六班以上之中心學校及保國民校——（一）金剛中心校康定情歌，（二）澄江四中心校團體操，（三）澄江二中心校可愛的一朵玫瑰花，（四）黃桷二中心校國慶舞，（五）黃桷三中心校野人舞，（六）澄江五中心校慶祝雙十節，（七）龍鳳中心校村童歌舞，（八）澄江三中心校國術。

丙、四種以上之保國民校——（一）龍鳳七保校農村劇，（二）朝陽十五保校哈什喀爾舞，（三）金剛七保校半個月亮爬上來，（四）金剛六保校拍掌舞。

丁、四班以下之保國民學校——金剛十一保校新疆民謠，（二）白廟六保校西藏舞。

此外，因時間關係，尚有不曾演出之學校，記其名如次：朝陽三中心校，金剛九保校，十二保校，黃桷十二保校，澄江廿一保校，十五保校，文星十一保校。

五　問題檢討

此次小學游藝表演，集合數十校，表演幾十個節目，動員的先生學生在千人以上（參加游藝和體育表演的小學學生共二千三百三十九人，教師二百九十九人，單獨游藝方面，恐將近半數。）不可不謂爲壯舉，但因時間，場所，及觀衆[illegible]影響同時演出關係，遂不免有少數問題發生：

（一）每一學校的每一節目，出場人員雖則多不過二三十人，但伴奏，伴唱，照料的先生加起來，常常超過出場人數一倍以上。一個學校出場，幾個學校準備，化裝及進出，均不免發生擁擠現象，以致影響後台的秩序。演過的學校，許多學生，退爲觀衆，一時找不着許多坐位，免不了在過道和其他空地堆集，對於室廂的秩序，又起着騷動。

（二）魔術，游藝，宜在强光下表演，電影則忌光綫太强，兩者恰得其反。雖然燈光可以控制，但在觀衆情緒上，究竟是一種刺激。

（三）魔術，游藝宜近看，電影宜遠看。如果座位有空隙，換演的時候，會立刻發生騷動，有時也會有小的爭執。

（四）喜歡看電影的觀衆，不一定喜歡看游藝與魔術；喜歡看游藝魔術的觀衆，不全對電影有嗜好。電影賣票，游藝則送看，對觀衆照說是便宜的事，然而大多觀衆，則雅不欲兼而有之。

（五）三種同演，時間可能拉長一半，在觀衆是疲勞，在前後場的銜接上，幾乎留不出空隙，也足以影響秩序。

綜上問題，以後作此類盛大活動，分地分演較爲合宜。此係就時間及場地加以檢討，就各校本身檢討，亦有數端：

（一）規模較小之學校人少事多，要參加就得多準備，在校不免曠廢其他學生課程，與規模較大的學校相比，總不免相形見絀，徒勞無功。

（二）訓練宜在平時，更以不妨礙其他課程爲最理想。如專爲游藝而耗盡精力，耗散金錢，則有失平均發展的意義。

（三）表演服裝，不一定競奇炫異，以適合節目內容爲主，更不必多費金錢，致不能與教育上所得相償。

（四）題材以接近兒童生活爲主，偏於成人性的材料不必採用。

（五）創作爲最有價值。因襲摹仿過多，足以減低教育意義。

附：我對於小學遊藝表演的觀後感

黃敎詩

本人此次蒙大會推爲小學遊藝表演評判，得忝與諸評判先生之後，觀光各校精彩演出，至爲榮幸。但本人對遊藝一項，研究經驗均極缺乏，實不敢言評判，謹就兩日觀感所及，略陳管見，以就教於各評判先生及各校唱遊教師之前，敬希指正。

古時六藝敎育，樂敎列爲教育的一種。音樂、遊戲、舞蹈、演劇都可包括於樂教之列。其在教育上的價值，早爲一般從事教育工作者所重視。杜威所著「明日之學校」一書，曾將遊戲列一專章，討論甚詳，小學教育，體育唱遊在課程編制中，更屬重要。低年級以下及幼稚教育，更以唱遊一科爲教學中心。兒童有愛好遊戲的天性，遊戲也就是兒童的教育。遊戲的價值，摘要說來有下列幾點：

一、遊戲可以陶冶兒童情緒，使其愉快活潑。
二、遊戲可以發展兒童身心，使其健全靈活。
三、遊戲可以訓練兒童感官，使其聰明敏捷。
四、遊戲可以培養兒童品德，使其積極合作。（如團體表演的各種遊戲）
五、游戲可以增進兒童智識，使其創造發展。
六、遊戲可以充實兒童生活，使其認識社會。（如社會性

所以我們看一種游藝表演，不僅是看他們的服裝外表，更要看他的精神內容。服裝要適合游戲的情節，不能專以採新立異、鮮豔、奪目取勝，動作要自然活潑，不僅以機械刻一爲準

。精神要愉快奮振，不要過於呆板緊張。尤其是內容，也就是教材，如節目的意義和歌詞等，更要以兒童生活爲出發點，以適合兒童經驗，及富有教育意義爲原則。有些採用邊疆民謠，甚致於男女追逐，幽會時，所唱的情歌來表演，不但對於兒童生活經驗毫無關係，對於兒童身心方面，也甚有影響，實不足取。希望關心兒童教育的音樂戲劇專家，今後要多多編寫，適合兒童表演的游戲教材，來供應一般學校的需要，作積極的改進。

還有一點，就是舉行一種表演，原是要看各校平時教學成績，及兒童活動情緒各方面的表現；並不是要大家爲一次表演，特地來作準備，甚致把一切功課都停止不上，專門來準備節目。這麼一來，把兒童弄得筋疲力竭，頭昏眼花，實在失掉了表演的眞意，甚致戕害兒童身心，得到相反的效果。

對於表演節目，似應於事前作統一規定。如規定一個節目，各校都只要一個節目；不能先不加以規定，臨時再來增減，以致使許多早經預備而不能演出的兒童失望，以影響他們今後對於參加游藝的興趣。況且不先予規定，有的學校可以表演三四個節目，有的只預備了一個，也只能表演一個節目。萬一這個節目臨時慌忙，成績不好，就要落選，這也似乎有失公允。

最後一點意見，就是表演的學校，評判的對象，也似須加以劃分。如中心校和中心校爲一組，保校和保校爲一組，假如把中心校和保校混合演出，用同一眼光來評判，那麼後者因爲人力財力物力的限制及兒童家庭環境，學校所在地的社會環境的不同，自然是比不上前者，這也是我們應當注意的。

他如每個節目演出的時間及先後秩序，舞台前後的指導監督，化裝地點的設置，化裝時間的控制，都要於事先有精密的籌劃與佈置，以免臨時倉促影響表演效果。

音樂演奏會

一 概述

音樂演奏會，在北碚不是常有的。北碚愛好音樂的人很多，趁了這樣一個機會，主持大會的人，特別與國立女師院相約，請他們的音樂系同學，趁國慶紀念，來北碚作一次盛大的演奏。因爲女師院的音樂系教授們，曾來北碚演奏音樂，載譽而歸。北碚的音樂愛好者，對於他們之能來北碚參與國慶紀念大會，是具有極大熱忱的。

二 節目預定

音樂演奏會，由女師院音樂系同學主辦。節目便由他們在重慶排定，先期寄來北碚，印製節目單及歌詞說明。演奏時間，分兩日四場；演奏地點，則分在民衆體育場及兒童福利站的兒童會堂。他們排定的節目如下：

（一）合唱，音樂系合唱團，指揮許可經先生。

1.黎明的小鳥2.陽關三弄，（許可經曲）。

（二）女高音獨唱（唐榮澤）伴奏（張清泉先生）。

1.盧平不在身旁海頓曲2.教我如何不想她（趙元任曲）。

（三）鋼琴獨奏（吳曼君）。

（四）女高音獨唱（劉明芝）伴奏（蔡嗣淑）。

1.玫瑰三願（黃自曲）或可愛的名兒2.我住長江頭或牟色塔圓舞曲（青主曲）。

（五）女高音獨唱（秦宗惠先生）伴奏（張自梅先生）。

1.一個晴朗的日子2.故鄉（陸華柏作曲）。

（六）鋼琴獨奏（張自梅先生）。

（七）男高音獨奏（張濟泉先生）伴奏（丁澤馨先生）。1.安眠吧，勇士（范繼森曲）2.思鄉（夏之秋曲）3.滿江紅（林聲翕曲）。

（八）鋼琴獨奏丁（澤馨先生）。

（九）女高音獨唱（卜瑜華先生）。1.春思（黃自曲）2.喜只喜的今宵夜（華麗絲曲）3.嘉陵江上（綠汀曲）。

（十）二重唱（卜瑜華先生）（張濟泉先生）伴奏（丁澤馨先生）。1.追尋（應尚能曲）2.飲酒歌。合唱1.難童船夫曲（許可經曲）2.行軍樂（吉貝爾作曲）。（完）

四 演奏一瞥

女師院音樂系同學二十二人，與教授許可經、秦宗惠、卜瑜華、張濟泉、張自梅、丁澤馨等於九日到北碚，本擬在民衆體育場（國慶紀念大會會場）演奏，但因天雨，致不曾舉行。十日午前紀念大會後，曾在民衆會堂作初度演奏，結果以環境不靜，聽衆多各小學學生。尙缺乏欣賞能力，雖有擴音器，而歌唱者之聲浪，終爲嘈雜聲所淹沒，以至不能終場。晚間仍在民衆會堂舉行，同學及音樂系先生均輪番出場，同時有鋼絲鑿音器收瀗聲音，獨奏獨唱，均不少精彩之作。其中卜玉華、張濟泉二重唱「追尋」，爲登峯造極之作，迫於聽衆之歡迎掌聲，曾重歌一次。聽衆之多，亦使場無隙地。

五 檢討

「知音」不是容易的，音樂之對於大衆，不是毫無接受或欣賞能力，而是遷就與唱法，都應接近於大衆。一般音樂演奏會的舉行，他的聽衆，如果是普遍的大衆的話，也許會成爲費力不討好的事。此次雖未在廣大曠遠的民衆體育場舉行，但以十日上午的結果看來，可斷定這假定是不會錯的。今後的音樂會，應以晚間舉行爲佳，而且要有一個幽靜恬適的環境，要能絕對維持良好的秩序，這樣，才可以收「發揮音樂」的效能。如果要在廣場舉行，那題材一定得變過來，最低限度，必須通俗，淺明，而與廣大民衆生活有關。激昂，雄偉，快樂的調子是不可少的。

雜技

雜技的表演，臨時約有阮振南先生的魔術團參加演出。阮先生爲有名魔術家，抗戰期間，在合渝一帶極負盛名，其演出魔術，不但新奇，且富有意義。此次來碚參加國慶紀念大會的表演，由阮振南夫婦帶領助手數人，及部份器具，於九日起開始在民衆會堂獻技。每次演出時間，在游藝前或游藝後，均受觀衆歡迎。表演節目中，曾經有「慶祝新中國」及「和平天使」兩種魔術，是應時之品。當在表演者的手中，變去變來，變出了一幅書有「慶祝新中國」的錦旗的時候，全場是歡聲雷動，頓時掀起了熱烈的狂潮。演「和平天使」的女演員，在額頭上高高地堆起一座是有三層的「和平之塔」，塔上點着四盞光明輝煌的「和平之燈」，這在人們的心目，倒是求之若渴的。

惟表演時間，是與游藝電影相連接，魔術時間，就不能佔得太長，因之，大套魔術，不能演出。他們所帶器具不多，每場表演的，又常有重複，致不能全滿觀衆之望。又因民衆會堂，場址過深，表演魔術時，坐後面的多擠在前面去看，在秩序上不覺有些騷動。如果在以後表演，都是值得多加研究的。

播音及錄音

北碚文建委員會由滬新購回之美製二百瓦特擴音機一套，計有九只一組之鐵喇叭一具，能向數里外播音。文建會邀請由二十一兵工廠兩次來碚安裝，於雙十節在體育場臨時應用。除以鐵喇叭向遠距離播音外，另安設普通喇叭六只，向全市及運動場播送音樂。茲為增進市民娛樂，擬永久裝置播音設備，已於民衆會堂前台三樓裝置播音室一間，天花板四壁及地板皆裝以不反音之紙板草蓆絨毯等物，將擴音機裝置於室內。每日分早午晚向外播送音樂，講演，全市及數里外皆清晰可聞，為施行電化教育之良好工具。

計有輸入各綫路如下：第一路話筒：可向全市及數里外講話報時。第二路留唱機：播送留聲片。第三路收音機：轉播各電台之廣播，第四路電話機：由電話局轉來電話廣播。

計有輸出各綫路如下：第一路大碉樓：安設九只一組之鐵喇叭一具，可向各方面遠距離廣播。第二路市中心區：安設普通喇叭若干。第三路影院：通機房擴大器可向觀衆播音。第四路播音室小喇叭。第五路其他：視其需要可安設數十只喇叭。

此外尚有電化教育錄音廣播機一具，其八種用途如下：(一)磁綫錄音，(二)講演擴音，(三)唱片擴音，(四)收音，(五)廣播，(六)額外裝置無綫電話，(七)無聲片或幻燈配片，(八)收發電報。

在雙十節活動中，曾應用錄音器，錄女師學院…樂片十餘段。

演習組

民衆自衛隊演習紀要

李德壎 舒駿

一 概述

二十年前的峽區，是一個盜匪嘯聚的淵藪。沿江據險行劫，河運梗阻，商旅裹足，鄉村十室九空。民國十六年春，盧作孚先生接峽防局，次第肅清匪患，從事鄉村建設，經數年之清剿，人民始得安居樂業，鄉建工作更得以順利進展。本區自衛建設，不注重形式，不墨守成規，根據過去經驗，體查當前情形，建設民衆武力，以不擾民及妨害人民生計為要旨。組織民衆，訓練民衆，使人民感覺有自衛的需要，并堅信能自衛才能自救。然後配合農民之經濟生活及建設需要，授以實用得用之軍事技術，完成基本戰鬥訓練。使每一人民受訓後，不僅為該保之精壯自衛隊員，民間自衛戰士，亦必為該保優秀之防護隊員，義務警士。平時集團生產，有事時武裝自衛，以保持安定環境，防止未來動亂。

二 籌備經過

民衆自衛隊的活動，當然是自衛演習，要求自衛隊員的演習能實用得用，於是便訂了如下的演習科目：

北碚卅八年雙十節自衛隊演習科目

(一)演習要求：

(1)各級人員均須有代表國家之概及地方之概而努力；

(2)帶兵練兵用兵在此次演習中都必須多有心得；

(3)運用自衛武力保衛鄉邦，須實事求是，為保衛戰而演習，不爲演習而演習，爲實用得用而演習，一切在期求精，務須精益求精。

（4）關於一切演習教育，均須詳情考覈。

（二）演習科目：

1. 戰鬥教練：連（排）對抗演習（附計劃一，二兩表）。

（1）攻擊方面：由各個組班接敵運動，戰鬥前進，各種地形地物之利用，及敵火下之通過法（包括躍進，匍匐，滾進及屈曲身體之各種步法行進等）。火力掩護與交互前進，衝鋒進入敵陣地內之戰鬥，追擊。

（2）防禦方面：防禦陣地之佈署，掩護部隊撤退之時機，火網構成，側射火力之發揚，逆襲之時機，退却。

2. 勤務演習：

（1）行軍間之警戒：尖兵連命令之下達，尖兵排對斥候之派遣，各種地形地物之搜索法。（附計劃三，四兩表）

（2）駐軍間之警戒：排哨及單事哨之配備，步哨與複哨之配備，步哨特別守則與普通守則之下達。（附計劃第五表）

（3）夜間教育，爲裝法，視聽力之養成，靜肅與不齊地之行進法，連絡與傳令。

（4）射擊教育：架上瞄準，三角瞄準，射擊預行演習。

（三）演習地點：在各鄉鎮轄區內。

（四）演習時間：十月七、八兩日。

（五）參加人員：各鄉鎮常備隊官兵全部。

（六）擬訂計劃案時，因缺乏軍用地圖，故各計劃案中，要圖部份缺略。各督訓員於實施時自行選擇適宜地區，製成要圖補充之。

在這萬方多難，鋒火遍地的今天，集中全區自衛隊在北碚演習，我們想到萬一有匪徒乘機騷亂，又怎樣辦呢？因此不能不有萬全的打算，我們決定抽調各鄉鎮三分之二的自衛隊員，約二千七百餘名，（全區自衛隊員計四〇七二名）任務隊員十分之一，約七百二十餘名（全區任務隊員計七三二一名）集中北碚演習。其餘未抽調的隊員担負各該鄉鎮的治安責任，通通作機動佈署。自衛隊集中在各鄉鎮公所或要隘要道，作機動部署，任務隊分配守碉守哨，實施警戒，盤查行人，并責成各鄉鎮在七號以前佈署完成。再根據演習科目，擬訂了下列五個演習計劃，和射擊比賽辦法：

野外演習計劃之一

時間：十月七、八日：地點：各鎮鄉轄區內。　以下均同

（一）課目：連攻防對抗。

（二）立案目的：

1. 攻擊：在使學者明瞭步典第一部三一五—三四二條之要旨，並養成各大（中）隊各級幹部之指揮力。

2. 防禦：在使學者瞭解連防禦配備及戰鬥之要領，並養成其指揮力。

（三）演練事項：

1. 攻擊：（1）中隊長受大隊長展開命令後之動作，（2）戰鬥前進，（3）各種地形地物之利用，（4）敵火下之通過法（5）與隣接部隊協同與掩護，（6）衝鋒及進入敵陣內之戰鬥，（7）追擊。

2. 防禦：（1）中隊長受命後之處置，（2）陣地偵察及佈署，（3）火網構成，（4）搜索警戒之處置，（5）預備隊之使用與逆襲。

（四）演習器材：

1. 攻擊及防禦兩方，均就現有之武器器材，予以簡單配備，倘與實際相差甚殊，則可以假設代表之。

2. 代表假設之旗幟及需用之火砲等，各鎮鄉視實際需要自

行準備，旗幟顏色可用紅藍白三種。

（五）着眼點：

1.攻擊：（1）中隊展開後中隊長須確實掌握部下，（2）展開命令下達時須適合狀況，（3）展開須敏活迅速，（4）攻擊前進間對各種情況處置法須適切，（5）注意重火器協力，與大隊長之聯絡。

2.防禦：（1）陣地設施須有完全獨立性，（2）火網編成須不生間隙及死角，（3）兵力須據點配置切戒平均分散，（4）逆襲時機須適當，（5）預備隊使用不可過早。

（六）教令：嚴守軍風紀，愛護農作物。

（七）想定：

1.攻擊：有攻擊「佔領〇〇高地敵人」任務之某鄉鎮大隊第二中隊，由〇〇方向向〇〇方向前進中，於〇月〇日〇時〇分行至〇〇附近，接受大隊長下達如左之召集命令：

（1）有較我劣勢之敵人，昨日來即在〇〇高地之綫，佔領陣地，構築工事。我大隊屬之砲兵排，已在〇〇佔領陣地，向敵射擊中。

（2）我大隊攻擊目標爲〇〇至〇〇之綫。

（3）第二中隊爲大隊右第一綫，在正前方四〇〇公尺高地，向以右之綫展開。攻擊目標爲〇〇至〇〇之綫。（注意右翼無依托，須特別警戒）第一中隊攻擊圖略。

（4）第三中隊爲預備隊，位置於〇〇附近。

（5）余在預備隊附近。

2.防禦：有防禦「由某縣邊界〇〇方向進攻敵人」任務之某鄉鎮大隊第一中隊，爲大隊之第一綫，在〇〇至〇〇高地之綫，佔領陣地，中隊長於〇月〇日〇時分在〇〇地接到大隊長口述命令如左：

（1）優勢之敵，刻由〇〇方向向我前進中，（距此約〇公里）本日〇時可到達我陣地前。

（2）本大隊即在〇〇高地之綫，佔領陣地，拒止敵該。

先以火力摧破敵之攻擊威力，後向左翼轉移攻勢。

（3）第一二兩中隊爲第一綫，第一中佔隊領地區，在〇〇高地之綫佔領陣地，第二中隊佔領地區從略。

（4）第三中隊爲預備隊，在〇〇附近。

（5）各中隊應派出警戒在〇〇至〇〇之綫。

（6）余在第二中隊附近。

（八）指導要領：

1.攻擊

演習經過	戰鬥前進		戰鬥
情況	中隊長已經奉到大隊長攻擊命令。	正前方〇〇高地附近發現敵警戒部隊一班，向我射擊中。	敵警戒部隊經射擊，由右前方叢林退
問題	中隊長之處置一如何？	中隊長之處置如何	中隊長之決心與處置如何？
處置	（1）複誦。（2）與友軍協同檢閱地圖。（3）下達簡單命令。將任務告知部下（4）派遣斥候。（5）給與指揮班長之聯絡責任。（6）向敵成二綫疏開前進。	命第一分隊驅逐該敵	中隊長下展開命令，參照排攻擊之想定。
引證條文			

前進與射擊之連繫			衝鋒及陣	
各排在前進至〇〇之綫，地形顯爲隱蔽。	各分隊進至距敵約六〇〇公尺，各班輕機槍已開始射擊。敵陣一〇〇尺前，發現有鐵綫網障礙。	憑觀察及分隊長報告得情況如左：一、我火力强，敵似不支。二、敵左翼似無依托。	（1）第一綫已接敵至二百公尺之綫。（2）預備隊已達預期地點。（3）障礙已破壞。（4）敵似已動搖。	衝鋒後我雖
中隊長之處置如何？	中隊長之處置如何？	中隊長之處置如何？	中隊長之處置如何？	
命各分隊迅速交互掩護前進。	通知砲排障礙物位置，請發揚火力。	（1）命第一綫分隊迅速利用地形，接近敵人。（2）命預備隊由右向敵方側背迂迴前進。	（1）命第一綫完成衝鋒準備。（2）將企圖報告大隊長，已通報隣接中隊。（3）命第三分隊自行準備衝鋒。（4）俟衝鋒信號發出即開始。	（1）命各分隊整頓後，改一三分隊爲第
步典三一二條		步典三三四條		

內戰
有傷亡，但敵已被大部消滅，餘向左翼撤退。
中隊長之處置如何？
一綫，第二分隊爲預備隊即行追擊。（2）命第六班協同救護傷亡人員。（3）下命停止追擊（4）檢查報告。

2 防禦

演習經過	防禦		
情況	如想定	中隊長偵察陣地後，卽決定防禦計劃。	防禦命令下達後，各分隊卽開始構築工事。
問題	中隊長處置如何？	中隊長防禦命令如何？	中隊長對射擊區域指示如何？
處置	（1）複誦（如不明瞭則請問之）。（2）將敵情及任務告知部下，（3）與鄰接中隊作必要協同，（4）命第三分隊長率全中隊到〇〇地集合，並由該分隊派兵一部在〇〇之綫任警戒待命歸還。（5）率領各隊長分赴〇〇偵察地勢，偵察畢卽對分隊長下達防禦之命令。	參照排防禦之想定。	（1）中隊長對各分隊陣地工事細部檢查，至鄰近部隊作火力之協同。（2）指示中隊火網內之要點，並定逆襲之計劃。
引證條文			

配備		戰鬥防禦		
隊長巡視陣地後返指揮所。	○時○分警戒陣地前面發現敵部隊，向我攻擊前進。	戰鬥防禦警戒部隊已逐次退，並發現敵人在火力掩護下向我猛撲。	第一線分隊彈藥不繼使用，敵人已破壞我障礙，並發起衝鋒。	1.敵已攻入我陣內。2.因受敵迂迴傷亡慘重3.陣地已燬
中隊長之處置如何？	中隊長之處置如何？	中隊長處置如何？	中隊長處置如何？	中隊長之處置如何？
（1）將陣地配備製要圖報告大隊長。（2）命進入陣地演習防禦戰鬥。	除通知友軍外，命全中隊進入陣地，並嚴密監視陣地前之敵情變化。	中隊長乘敵進入火網，命全中隊猛烈射擊，發揚至最高度。	（1）命預備隊將彈藥補充，並報告大隊長（2）命第一線沉着應戰。（3）命預備隊加入逆襲。（4）命投手榴彈。	（1）命第一線分隊向後方高地轉移陣地（2）命預備隊掩護退卻。

野外演習計劃之二

（一）課程：排攻防對抗。

（二）立案目的：

攻——在瞭解排攻擊過程中諸動作，排長以下各幹部指揮力及協同。

防——在明瞭防禦配備與戰鬥過程中之動作要領，以增進其指揮能力。

（三）演練事項：

攻——1.分隊長受命後動作。2.戰鬥前進。3.展開命令下達。4.射擊開始。5.射擊與運動。6.預備隊使用。7.衝鋒及衝入後之戰鬥。

防——1.防禦陣地之選定。2.陣地配備，工事設施。3.對敵警戒。4.射擊指揮。5.對敵衝鋒之處置。6.預備隊使用。

（四）器材準備：各就現有器材及設備辦理。

（五）教令：廿五公尺內不許互射，十公尺內不許對刺。

（六）想定：

一、攻方：

有攻擊佔領○○高地敵人任務之某鄉鎮○○大隊第二中隊，於○月○日○時○分行抵○○附近。中隊長召集分隊長下達展開命令如左：

（1）敵人在○○高地一帶佔領陣地，其陣地前設有簡易鐵絲網。我大隊攻擊目標爲○○至○○之綫，本中隊右爲第一中隊，左爲第二大隊之某中隊。

（2）第一二兩分隊爲第一綫。以第二分隊爲準，展開於○○，攻擊目標爲○○至○○之敵，第一分隊從略。

（3）第三分隊爲預備隊，在中央後一五○公尺跟進。

（4）攻擊前進時，余在第二分隊附近。

二、防方：

有防禦「由○○方向進攻之敵」任務之某鄉鎮○○大隊第一中隊第一分隊長，於○月○日○時○分奉到中隊長之防禦命令如左：

（1）有運動之敵，刻由〇〇地方向我前進中，其先頭步兵距我約四小時行程。

（2）本隊為大隊之左第一綫，由〇〇至〇〇高地之綫佔領陣地，射擊區域右自〇〇起左至〇〇止，本中隊之右為第二中隊，注意左翼無依托。

（3）由第三分隊派出警戒部隊一班，佔領〇〇之綫，敵到後由右翼撤回。

（4）第一分隊為左支隊，在〇〇至〇〇之綫，佔領陣地、射擊區域右自〇〇起左至〇〇止，第二分隊為右支隊從略。

（5）第三分隊為預備隊，在左翼後〇〇附近。

（6）余巡視後位置在預備隊附近。

（七）指導要領：

一、攻擊

演習過程	戰鬥前進及展開		運動及射擊				衝
演習事項	分隊長受命後之處置。	展開命令之下達。	開始射擊之時機	射擊與運動之協調	彈藥補充	預備隊之使用	
情況	如想定所示。	分隊長偵察後，知距敵陣僅八〇〇公尺，即召班長下達展開命令。	分隊展開於〇〇綫後，受敵火之阻止。	敵經我射擊後，火力已漸弱，且前面地形開闊。	第一綫班報彈藥消耗太大，請補充。	彈藥補充後，已進至距敵陣二〇〇公尺，但右翼班傷亡數名，稍覺火力薄弱。	分隊長將敵現在詳情報告中隊長，通報友軍，時值率
問題	分隊長如何處置？	分隊長之展開命令如何？	分隊長如何處置？	分隊長之處置如何？	分隊長之處置如何？	分隊長如何處置？	
處置	（1）複誦。（2）對表。（3）請示連絡記號。（4）任務告知部下。（5）派斥候。（6）撿查。（7）出發。	（1）敵人在〇〇之綫佔領陣地，距此約八〇〇公尺，我有攻擊此敵之任務。（2）從右第五四兩班為第一綫，第五班攻擊目標由〇〇至〇〇，第四班攻擊目標由〇〇至〇〇，第六班為預備隊在第四班後一〇〇公尺跟進。（3）攻擊前進時余在第四班附近。	即令第一綫各班輕機槍開始射擊。	令第一綫交互以火力掩護前進，切實協同，以求迅速接敵。	（1）將預備隊彈藥一部份，暫作補充。（2）請求中隊長補充。	命預備隊輕機槍，向右增加，並決心在此綫完成衝鋒準備。	
引證條文	步典（一）「一六四」	步典「一」「五二二」「五二三」	步典（一）「一六四」	步典一「二五五」「三五七」	步典一「二七四」	步典（一）「二六一」	

鋒及陣

衝鋒準備	衝鋒實施。	陣內戰。	追擊掃蕩
中隊長命令要旨如左：︵1︶第二分隊衝鋒目標，爲○○，奏功後即進至○○高地以南地區。︵2︶敵陣前鐵絲網，已由砲兵破壞三個缺口，該缺口即爲該分隊衝鋒之路。︵2︶○色信號三個，爲衝鋒信號。	中隊長發出衝鋒信號。	敵陣已摧殘，敵仍圖頑抗。	敵不支潰逃。
分隊長之處置如何？	分隊長之處置如何？	分隊長之處置如何？	分隊長之處置如何？
分隊長依令示，下完成衝鋒準備命令。︵1︶敵有不支之勢。︵2︶本分隊衝鋒目標爲○○。︵3︶第四班由○○衝入，第五班由○○衝入，預備班由○○衝入。︵4︶衝入後即進至○○高地以南地區。︵5︶衝鋒發起信號，及衝鋒號音。︵6︶余隨第四班衝入。	分隊長即發起衝鋒，身先士卒，衝入敵陣格鬥。	即以射擊與衝鋒，反覆實施以摧破其縱深配備。	︵1︶命行追擊射擊︵2︶掃蕩敵陣。
步典︵一︶「二六五」「二六六」「二六七」	步典︵一︶「二六九」		步典︵一︶「二七一」

內戰

迎擊逆襲	奏功後之處置
敵約一班，由○○方襲逆而來。	敵逆襲已逃，我已進入○○高地以南地區。
分隊長之處置爲何？	分隊長之處置爲何？
︵1︶命各[illegible]槍，集中[illegible]︵2︶預備[illegible]左側擊。	︵1︶追擊步[illegible]︵2︶派前不斥候[illegible]監視。︵3︶派隊掃蕩組搜索。︵4︶清查傷亡及損失。︵5︶恢復掌握。︵6︶報告中隊長。
「二七[illegible]」	步典︵一︶「二七三」

二、防禦

演習過程	防禦	
演習事項	分隊長受命後之處置。	
情況	如想定所示。	
問題	分隊長受命後之處置如何？	
處置	︵1︶複誦︵2︶對表。︵3︶就地圖決定陣地腹案。︵4︶與友軍協同。︵5︶下達簡令於部下。「一」敵情略。「二」本分隊爲中隊左支點，在○○之綫佔領陣地。「三」第二班副班長，率兵三名至○○停止監視，敵追近時，由右歸還。「四」各班長及傳令，隨余赴前方步察地形。「五」其餘隊伍歸第一班副班長率領，至○○停止待命。	命第一班副班長，率隊伍至陣地下達
引證條文	步典「三七六」「二八三」	

配備		
陣地偵察後之配備及防禦命令之下達	分隊陣地完成巡視後之處置	發現敵情
偵察結果決定兵力配備。	巡視後間至自己之位置。	○時○分微聞一二槍聲，又監視兵及斥候報告
分隊長兵力配備之要領及防禦命令之內容如何？	分隊長之處置如何？	分隊長之處置
防禦命令。︵1︶敵情同前。︵2︶任務同前。︵3︶本分隊佔領○⊙至○○之綫爲陣地，射擊區域右自○起左至○止。︵4︶第一班爲右第一綫、在○○至○○佔領陣地，射擊區域由○○至○○止。第二班爲左第一綫，由○○至○○佔領陣地，射擊區域由○○至○○止，構成交叉火網及側防。第三班爲預備隊，卽在此佔領陣地。︵5︶限三小時完成。︵6︶余由右視察後在預備隊陣地。	︵1︶製要圖報中隊長，及通報鄰接友軍。︵2︶構築預備陣地。︵3︶派斥候向前方○○搜索警戒•︵4︶仍須加強工事，及偽裝設備。︵5︶進入陣地及防禦預習。	︵1︶命在班陣地後發實掩護，準備不失時機，進入陣地。
步典︵一︶二七六條二八四條	步典︵一︶「二八四」	典︵一︶「二

	射擊開始及協同	對敵接近之處置	彈藥補充	對衝鋒之處置	逆襲動作	逆襲無效後之處置
○○附近，我中隊警戒部隊己接觸。	○時○分敵己進至○○之綫	正戰鬥間第一班報告，敵砲掩護步兵已至○○之綫。	第一綫班報告，彈藥將盡，請求補充。	鐵絲網己損壞，敵人己開始衝鋒。	觀察全局，第一綫班己陷入苦戰。	逆襲無效愈陷苦況，此時奉令退却。
如何？	分隊長之處置如何？	分隊長之處置爲何？	分隊長之處置如何？	分隊長之處置如何？	分隊長之處置如何？	分隊長之處置如何？
︵2︶仍嚴密監視敵情，不可中斷。	命一二班之輕機槍開始射擊，並報告中隊長，及通報友軍。	︵1︶命加速射擊，阻止敵之前進。︵2︶第一二班步槍組，開始射擊。	︵1︶將預備隊彈藥暫補一部份。︵2︶報請中隊長補給。	︵1︶命第一綫班加速射擊，並準備手榴彈及上刺刀。︵2︶命預備隊準備加入戰鬥，並報中隊長。	逆襲時機己至，分隊長卽率第三班步槍組加入與敵格鬥，期恢復陣地。	︵1︶命第一綫班，迅速撤至○○之綫陣地。︵2︶命預備隊作掩護。
八五」	典︵一︶「二八八」	典︵一︶「二八六」			典︵一︶「二八九」	

野外演習計劃之三

︵一︶課目：尖兵連。

（二）立案目的：在使明瞭尖兵連直接之警戒，及行進道路附近搜索之要領與連絡諸方法，並與敵遭遇時之戰鬥指導。

（三）研究事項：

1、尖兵中隊長受命後之動作。

2、尖兵中隊之部署。

3、尖兵中隊搜索與警戒法。

4、發現敵人時尖兵中隊長之處置。

（四）器材準備：演習需用之識別旗等，由各演習區自行籌備之。

（五）教令：嚴守軍紀，禁用實彈，勿踏農作物。

（六）想定：我總隊有佔○○附近地區，掩護主力進出○○地之任務，於○月○日拂曉，前衛司令官、大隊長，當時給予任尖兵中隊長之命令，要旨如左：

1、由○○前進之敵，昨日宿營於○○，似有繼續前進之模樣。

2、我總隊有佔○○附近地區，以掩護主力進出○○山地之任務。

3、大隊前衛由此地出發，向○○前進。

4、第一中隊爲尖兵，卽準前衛行進，路向○○方向搜索前進。

（七）指導概要：

演習過序	尖兵部署		搜索與警戒	
演習事項	尖兵中隊長受命後之動作。	尖兵中隊之命令及部署。	搜索與警戒。	發現敵人時之處置
情況及問題	第一中隊長於○○出發時，奉到大隊長之命令，如想定要旨。中隊長之處置如何？	尖兵中隊長之前進部署，及命令之下達。	○時○分尖兵中隊行至○○附近，觀察○○山地，地形複雜[illegible]蔽，並接尖兵分隊長之報告，○○山地附近，時有犬吠與人馬之聲音，似有敵之徵候。尖兵中隊長之處置如何？	○時○分隊兵先頭行抵○○於○山發現有敵人一部向我進擊中。尖兵中隊長之處置如何此時
處置	1,簽署命令。2,復誦（長官不在可免）。3、檢閱地圖。4、擬部署及計劃。5、搜索，將任務必要告知部下。6、規定記號。7、對表出發。	命令：1.2.兩項如想定。3.第一分隊長率領該分隊爲尖兵，在尖兵中隊先頭五○○公尺，準尖兵中隊行進路，向○○搜索前進。4.其餘爲尖兵中隊本隊，按第二、第三分隊順序，由中隊長率領前進。5.行進時余在尖兵中隊先頭。	命第二分隊長派步哨一組，前赴○○山地，施行綏密搜索。	1、令尖兵分隊在○○展開各班輕機槍組，卽行佔領陣地，開始向○山之敵射擊。2,用傳令或記號報告前衛司令官。
引證條文	參照戰綱（一）「三二六」	「一八七」「一八八」「一八九」	×	戰綱（二）「八三」「一六八」

野外演習計劃之四

（一）課目：尖兵排

（二）立案目的：在使明瞭尖兵之任務，與熟練尖兵之部署，及搜索警戒諸方法，並戰鬥動作之要領及指揮能力。

（三）研究事項：1.尖兵長受命後之動作。2.尖兵之部署。3.尖兵搜索及警戒要領。4.尖兵遇敵時之動作。

（四）教令：各種表示記號自行規定。

（五）想定：某大隊第一中隊第一分隊，於〇月〇日〇時〇分，在〇〇附近，奉到中隊長命令，要旨如左：

1.有與我兵力略等之敵，由〇〇向我前進中，我大隊奉令爲前衛，由〇〇向〇〇搜索前進。

2.本中隊爲尖兵中隊，準前衛行進路，向該敵搜索前進。

3.第一分隊長率該分隊爲尖兵，在尖兵中隊先頭五〇〇公尺，準尖兵中隊之行進路，向〇〇方向搜索前進。

（六）指導要領：

演習過程	演練事項	情況及問題	處置	引證條文
尖兵部署	尖兵長受命後之動作	尖兵長於〇〇附近奉到中隊長之命令如想定。問尖兵分隊長之處置如何？	1.覆誦任務。2.對表。3.判斷情況。4.研究地圖。5.領取應用物品。6.規定記號。7.下達尖兵命令：（1）同想定。（2）本排奉命爲尖兵，由此出發，準尖兵中隊行進路，搜索前進。（3）第一班長率該班爲搜索班，經〇〇向〇〇搜索前進。（4）第二班副班長率領該班步槍組，在尖兵排與尖兵中隊間，配置連絡兵。（5）其餘隊伍，由第三班長率領，在搜索班後五〇〇公尺處跟進。（6）前進時余在尖兵先頭。	戰綱（一）「一九九」「一八七」「一八八」
搜索及警戒	尖兵對蔭蔽地，隘路，森林，高地等搜索	尖兵行進時，分別遇有左列各地形：1.蔭蔽地。2.隘路。3.森林。4.高地，時。問尖兵長各應如何處置？	1.對蔭蔽地——（1）搜索班派出前方斥候二組，向兩側搜索。（2）尖兵主力停止前進，俟見斥候記號，迅速通過。2.對隘路——（1）命搜索班派斥候兩組，迅即佔領前方道路兩側高地，俟主力通過，即行歸還。（2）令路上斥候，沿道路逐次躍進，以行掩護。3.對森林——（1）命搜索班派斥候兩組，以一組入森林搜索，一組在右側，成一字隊形，掩護。（2）路上斥候仍沿道路前進掩護之。4.對高地——（1）命搜索班派斥候一組，援助路上斥候搜索高地。（2）命搜索班輕機槍組，佔領該高地，掩護尖兵主力，由左側迂迴通過。（3）命搜索班步槍組，沿高地左側搜索前進。	戰鬥（一）「一七三」同右 戰綱「一一」「一二八」陣勢搜索部
	尖兵行進時之連絡報告	尖兵長在前進時，忽見我騎兵斥候二名，由前方奔來，據云：在〇〇高地後方，發現敵斥候數名正向我搜索中。問尖兵長之處置如何？	1.卽派第三班副班長，率領該班步槍組，到〇〇高地之後，予以捕捉或射殺之。2.將情況處置，報告於中隊長。	戰綱（一）「一九二」

）野外演習計劃之五

（一）課目：排哨。

（二）立案目的：為養成充任排長之能力，及確實明瞭排哨配備，及防守警戒法。

（三）研究事項：

1.排哨長受命後之動作。

2.排哨長赴守地之動作。

3.代理排哨長受命後之處置。

4.排哨長對特別守則之授予。

5.排哨長下達守則後，歸還排哨之處置。

（四）器材：代表空包及信號彈之火炮、紅白旗、指北針

注意：

1.演習始末以號音為準。

2.竭力愛護農作物。

（五）想定：總隊於○月○日午後○時○分到達○○附近宿營，令前衛改為前哨，位於○○附近，尖兵中隊，改為前哨中隊，位於○○附近，此刻尖兵長在○○，接到中隊命令，要旨如左：

1.敵人在○○停止，似無前進模樣，其騎探常出沒於○○附近。

2.我軍今晚在○○宿營，我尖隊為前哨，位於○○。

3.本中隊為前哨中隊，位於○○，警戒地域右自○○起左至○○止。

4.尖兵第一分隊，改為第一排哨，位於○○，警戒區域右自○○起，左至○○止，右無隣哨，左有本中隊派出之第二排哨，應取聯絡。

（六）指導要領：

演習經過	由行軍警戒移為駐軍警戒		排
演習要領	排哨長受領任務時，速派警長斥候，偵察前方地形。		排哨長構成警戒網
演習事項	排哨長受命後之動作。	排哨長赴守地之動作。	
情況及問題	情況如想定 問排哨長受任務後之動作如何？	排哨長下令後即使警戒赴指示位置。問哨排長赴守地之動作如何？	排哨長偵察後下詳細命令。
處置	1.奉令時即參閱地圖，研究排哨位置及抵抗綫，步哨位置種類，記號法，及敵情地形之偵察。2.令傳令兵，召代理分隊長，將隊伍迅速帶來。3.有不堪服務者，使回中隊。4.將任務告知部下。5.派○○三人為警戒，在○○哨止監視。6.○○班長，副班長，為哨長，同傳令隨余偵察地形，其餘歸代理分隊長指揮。	1.途中易生錯誤之分歧點設記號。2.到達守地，即速偵察地形，決定排哨位置及抵抗綫，依地形決定步哨位置，個數，種類，並指示各哨長。	下達詳令：1.、2.、3.、項如想定。4.第一班副班長率兵六名，為第一複哨。至○○停止監視。5.第二班班長率兵六名，機槍一挺，為軍士哨，至○○停止監視。6.第三班副班長，率兵六名，為第三複哨，至○○停止監視。
引證條文	戰綱「三四四」「二六五」	戰綱「二四九」	戰綱「二六三」

實施			
哨配備			排哨戰鬥
、通常用光綫法。			各種特況處置自己擬定之。
	排哨長對特別守則之授予	排哨長歸還排哨後之處置	
問排哨長之動作如何？	排哨長到第一複哨下達特別守則。問特別守則下達法如何？	排哨長由右至左、下達特別守則，問排哨長歸還排哨後之動作。	
7.排哨抵抗綫，在前方○○公尺高地。8.其餘隊伍，歸第一班長指揮，帶至抵抗綫構築工事，限三小時完成。9.余從右至左下守則後，歸還排哨位置。10今晚口令，普通○○，特別○○。	下達守則順序，按中、前、右、左、後、之方向口述之●（詳由自己規定）。其次告知口令，最後使排哨複誦。	1.下達槍前哨特別守則。2.視察抵抗綫之工事及排哨內一切事項。3.區分勤務人員。4.調製要圖，送報中隊長。5.計劃敵襲時之戰鬥指導。	
戰綱「二六五」	「二八○」	戰綱「二六七」「二六八」	

北碚卅八年雙十節自衛隊演習射擊比賽辦法：

（一）射擊科目：

1.據槍瞄準。

2.架上三角瞄準。

3.實彈射擊。

（二）比賽人員選拔：

1.各鄉鎮每保每種射擊科目、選拔三人參加比賽。

2.據槍瞄準，以姿勢最正確，據槍能最持久，擊發能按照要領者爲選。三角瞄準，以所瞄三角最小者爲選。實彈射擊，以能命中十一環以上者爲選。

3.每鄉鎮拔選前三名，再由鄉鎮與鄉鎮比賽。

（三）給奬辦法：

1.每鄉鎮選取之前三名，第一名奬手巾三張，二名兩張、三名一張。

2.鄉鎮與鄉鎮比賽，前三名授予優勝奬旗。

演習計劃和比賽辦法頒發後，各鄉鎮便分頭工作了，這次演習的科目和以往迥不相同，而且大多數自衛隊員從未演習過，演習科目多，準備時間短，隊員爲着好奇心的吸引，官長爲着榮譽心的鼓舞，上下都拚命努力學習教導，以求一顯身手。時將拂曉，隊員們都興高彩烈地持着自己的武器，槍或刀去加入行列受訓，天雨或黃昏仍毫不厭倦地舉行演習，這場面委實令人感動，興奮。

據各鄉鎮編組的報告，參加演習自衛隊員，統計約三千五百人，爲使這些集中的自衛隊員生活有秩序，飲食和宿營地點，都指劃在市區五里以外，以便市內多有空房空地，讓給外來游客宿住。隊員們應帶些甚麼用具，都一一明白的規定，并令飭各鄉鎮負責給養人員，先兩日到指定地點勘查，策劃如何辦理給養，分劃住地，廚房、廁所，借用一切器具，以免影響隊員生活，妨害演習時間。茲將隊員演習程序時間地點，射擊比賽名冊格式，分列於後：

北礁卅八年雙十節民衆自衛隊演習程序時間地點分配表

時間	演習科目	地點
九日午前九時	閱兵演習	滑翔場左邊河壩
九日午后一時	排連戰鬥演習	連防禦陣地農場附近攻擊開始地點大明小學排防禦陣地龍鳳山附近攻擊開始地點毛背沱
十日午前九時	閱兵式	滑翔場左河壩
十日午前十時	實彈射擊	毛背沱
仝前	架上三角瞄準	體育場
仝前	据槍瞄準	滑翔場河壩
附記	1. 大隊長須親率隊伍隨同行動，以便指揮一切。 2. 十日午后六時以後各鄉鎮率領自衛隊回鄉解散	

北礁卅八年雙十節民衆自衛隊射擊比賽名冊

鄉鎮別	保別	隊員姓名	類別	成績記載	備考

我們演習的地點，七八兩日各鄉鎮自衛隊選擇各該鄉鎮轄區內要隘地帶演習，使官長隊員們熟習各該鄉鎮地形，一旦有事，則成竹在胸，應付裕如。九日則集中北礁，以鄉鎮爲單位用抽籤方式，決定兩個中隊作連戰鬥對抗演習，兩個分隊作排戰鬥對抗演習。未參加演習者從傍參觀，以便互相觀摩攻錯。

在北礁滑翔場河壩，我們佈置了一個大操場，作爲閱兵之用。在毛背沱佈置了一個靶場，挖了四個靶壕，做了四個圓靶，四個搖靶，四個方向牌，十四首表示旗。在體育場佈置了一個射擊教練場，做了三角架子十六付，沙袋子十六個，檢査靶十六個，準備作射擊比賽。同時爲顧全整個隊伍的軍風紀起見，又規定了演習注意事項。

北礁三十八年雙十節民衆自衛隊演習注意事項

（一）準備：

1. 參加演習隊員一律光頭，赤足草履，官長皮鞋。

2. 武器如槍枝、刺刀、大刀、戈矛、一律須拭擦乾淨。

3. 服裝要整潔，同一顏色者編組爲一中隊或分隊，領扣扭扣須齊全。

4. 宿營地之谷草軍毯棉被，由各鄉鎮隊自備，並於八號以前，派員到指定地點查勘策劃。

. 伙食用具，除隊丁自帶碗筷外，其餘炊爨用具，由鄉鎮公所統籌，指派專人負責。七號來局領取九、十兩號伙食，並須按照參加演習人數造册，以憑核發。注意九、十兩號午飯，不得妨害演習時間。

6. 參加演習隊員，一律須頭髮剪光，指甲剪淨。

（二）遵守時間

1. 以大會時鐘爲標準，八日各鄉鎮須與局對準時間。

2. 各項演習，各鄉鎮隊須準時到達規定地點，不得藉故不到或遲到。

（三）服從命令：

1. 參加演習隊員，一律不准請假及要求改組編隊。

2. 每鄉鎮大隊須設一值日官在檢閱場所，以便指揮命令，各級幹部須嚴格管理部屬，各隊員須絕對服從命令。

（四）注意軍風紀：

1. 槍內不得裝入子彈。

2. 不得隨地便溺。

3.在團體中不得妄動。
4.在途中留意船車之安全（官長要照料隊員）。
5.個人動作須迅速，團體須靜肅。
6.遵守軍事紀律和嚴格秩序。
7.凡在閱兵和聽訓話時，無論官長隊員不准亂動，注意訓話者，並不得出列解便，尤不准藉故他去。
8.閱兵時須注目迎送。
9.不准談話及咳嗽、吐痰、吸煙。

三 演習情形

七八兩號各鄉的自衛隊分別開始演習了，攻擊的在猛烈攻擊，防守的在頑强抵抗，警戒的在嚴格警戒，盤查在認眞盤查。到處是號聲，槍聲，殺聲，喊聲，整個區域形成了戰爭狀態，每個自衛隊的官兵，都想練好技術本領，好在九十兩號到北碚來大顯身手。

九號是全區自衛隊集中北碚演習的第一日，早上是天雨淋淋，看情形非改變原定計劃不可。幸好在快到八點鐘的時候，雨就漸漸停止了，於是我們發動八百多名任務隊員出來執行任務，挑河沙填去體育場的積水，運鵝石鋪平坡坎泥濘的道路，搬去存放場中的木料，掃除淤積四週的汚水，傾刻間使泥濘的體育場改變了面目，成為平坦焦乾可用的操場了。

十點一刻，麥克風廣播出了幾點閱兵注意事項，滑翔場下面的河壩幾千自衛隊靜候預行閱兵了，行列整齊，旌旗鮮明。總指揮官報告人數後，接着雄偉的軍樂和壯烈的號聲響起來，幾千自衛隊員凝神注目嶄立不動，河岸和體育場則萬人空巷爭看預行閱兵，除軍樂聲外了無聲息。空氣嚴肅到了極點。

因天雨關係，午後改戰鬥演習為分組參觀。

十號一早又是大雨淋淋，幾千顆心都希望早雨宴晴。十點鐘以后，雨勢時落時停，時大時小，縉雲山頂的雲霧是時聚時散，幾千顆心也時憂時喜，整個自衛隊仍然冒雨在河壩聽候校閱。官兵的軍服漸漸被雨浸透了，但萬衆一心地渴望在閱兵後大顯身手，行列毫不紊亂。大會決定午后三點鐘閱兵了，官兵精神更加旺盛，可是在一點五十分的時候，天色驟黑，雨勢漸大，到兩點鐘，則大雨傾盆，平地走水，一聲停止校閱，帶隊各閭鄉鎮令下，恰似奔騰急逝的江水，冲去了每個人的希望。

此次演習，我們檢討出有以下優點和缺點。

（一）優點：

1.因有比賽關係，各級官長隊員，想爭成績，怕落伍，故精神旺盛，心情興奮。
2.官兵共同甘苦，作到「雨不張蓋」之模範。
3.紀律嚴明，警戒森嚴，晝夜服行各種任務，如臨大敵。
4.各隊員服裝武器整潔。
5.一般尚有敵情觀念。

（二）缺點：

1.演習器材不足，致各種敵情及各種兵器火力之表示不能明確顯示。
2.幹部缺乏演習經驗，致各種情況變化時之指揮處置，多欠適當。
3.總隊部人員太少，各種策劃，佈置，缺乏監督指導，致欠精密週到。
4.各個戰鬥教練尚無基礎，各隊員利用地形地物多不能配合射擊之連繫，充分發揚火力。
5.各中隊連絡不確實，無彼此關顧之概念。
6.遇敵人毒氣地帶，多不知處置。

此次演習參加官長一八〇員，隊員三二五八名，茲將各鄉鎮演習報到表統計列后：

鄉鎮別	實到人數：官長	實到人數：自衛隊	實到人數：任務隊	實到人數：合計	武器：步槍	武器：刀	任務隊工具	備考
朝陽鎮	三二	四五六	二三一	七一九	二三九	二二七	二四二	
金剛鄉	一二	二一三	五七	二八二	一一七		一二	
龍鳳鎮	九	一六四	八〇	二五三	一二六		六	
黃桷鎮	二七	五一五	一二二	六六四	一七六		六	
白廟鄉	七	六七	三五	一〇九	六六		二	
文星鄉	二八	三三〇	一三〇	四八八	三二〇		五七	
二岩鄉	一五	二〇二	七八	二九五	一一八		八	
澄江鄉	五二	四四四	一三四	六二九	三七五		二五	
總計	一八〇	二三九一	八六七	三四三八	一五三七	二二七	三五八	

四　結語

本區自衛組訓，自峽防局時代起，迄社會軍訓，國民兵訓，以至目前的民衆自衛組訓止，自實施以來，無日不在嘗試錯誤的進程中；所有訓練方式，教材內容，各種設施，亦無日不在力求改進中；務期組訓民衆而不妨害生計，培養民衆武力，而不削弱原有武力。所以我們的訓練，不重表面，不尚形式，只求實際，只求得用。這次的演習，不如預期的理想，而且給了不少改進的教訓，當然以後訓練的時間還長，演習的機會還多，這些缺點要逐漸的矯正改進，以求達到我們組訓的目的。

澄江鎮的民衆自衛演習

左宗常

一　組訓情形

澄江鎮是北碚首屈一指的大鎮，佔據在北碚的西北邊緣，與合川、璧山、巴縣等縣接壤；如果以純軍事的眼光來觀察牠，因爲牠的境內地區遼闊，山勢險峻，與隣縣相連的邊境很大，是需要相當大的武力才可以維持牠的治安。可是北碚有着牠已往的奮鬥史，廿餘年來，地方都很安靜，當局不斷從事於地方建設，因此地方的治安也在蒸蒸日上的進步着，住居在境內的民衆，都能安居樂業，似乎治安的工作，在每個人民的心目中，也非當務之急了。然而時代的車輪是急轉的，社會的秩序亦如流水一般地有時平靜得如不波的古井；有時亦會像驚濤駭浪的激盪。爲了未雨綢繆，防患未然，現在地方當局積極於民衆組訓的推動，甚至將牠列爲首居的要政，看得比一切建設還要深重，並非過火之舉。請看看我們的周遭都警惕着「治安重於建設」的信念了啊！

基於當局明斷的指示，澄江鎮的民衆組訓，早在數月前即已着手，但中間爲了顧念農忙和訓練措施的適切，使在練民而不擾民；培養其武力而不減殺其生產力的原則下，進行組訓。因此在最近數週，始利用農事稍閑的暇裕時間，乃正式展開編組和訓練的工作，而動員了數近三千的精選民衆。

在便於指揮的組織系統上，我們共計編成了×個常備中隊，××個任務隊，分別配合了足夠使用的武器彈藥，以及必要的裝具。領導的幹部，都是富有聲望，能力，而具備軍事學識的，使他們都能在訓練和指揮上發揮其高度力量，並能與地方首長密切合作，縱橫方面，都可發生膠固的作用，然後可收衆位一體，戮力以赴，事半功倍之效。在訓練方面：我們採取「省時適用」的方法，使受訓的民衆，能在不受很大的時間損失中，可得必修實用的戰鬥技能，對於不必要的形式動作，決不涉及，以免耗時費事。因之我們每天利用一般人向在睡早覺的時間——早晨五點半鐘，至八點半鐘——來訓練，對於受訓者的生計，絕不會有很大的影響，並採取分區督導，即傳即習的方式，以減少受訓者的往來時間。視乎必要，乃予集訓一次，以使動作齊一而確實，精神一致而鞏固，則散漫的民衆，逐漸趨於團結，使其擔負地方的自衛責任，庶可勝任不疑了。

二　演習經過

配合北碚各界慶祝三十八年度的國慶紀念活動，澄江鎮的民衆自衛演練，亦漸趨緊張了。但事前連下了幾天的大雨，時間是那樣的短促，必須演練的課目又那樣的多，大家不能不作忙迫的準備。官長忙了起來，受訓的隊員們也全體忙了起來，一則是求知慾的驅使，一則是榮譽心的鼓舞，每個官長和隊員們，都恐怕自己的學術技能落伍，每天早早的便興高彩烈地持着自己的武器來加入訓練行列，這場面眞夠令人感動，民衆太可愛了，民衆的力量，實在不可侮。

「鑼聲代替了號角」

因爲受訓的民衆，平時散住在家，訓練的時候，在一個號令下，即須迅速集合，又要使民衆能聽習自衛訓練的符號，所以早上訓練的預備，出操、收操等號音，都改爲以鑼音代替；每天拂曉的時候，民衆聽着鏜鏜的鑼音，受訓的，都很快的起來着裝準備，未受訓的，都催促他們的子弟趕着起來做他們應盡的工作，不一會操場的睡獅們在怒吼了，而在每個角落活動的睡獅們也閃着他們的惺忪的眼睛作他們正當的交際，噯！是鑼聲催促他們的覺醒，是吼聲激動他們的情緒，誰說民衆訓練是擾民的呢？

「加速度的演練」

十月七、八兩日，規定是在各鄉鎮地區自行演習，主要的意義，是要使每個被訓練的官長隊員，熟悉各鄉鎮的地形，以戰術的知識，來判定各種地形地物的利用，以戰鬥的設施，來補足各種地形地物的缺陷。這種計劃，當然是意味雋永的，可是，這樣一來，又令我們氣急敗壞地忙於準備了，第一：以本鎮地區遼闊，邊境長大，如果要使演習有意義一點，攻防戰鬥，應該要在邊境實施，始有價值，因此，勢不能不分區演習，分區指導，故我們將本鎮的×個常備中隊，分爲三個區域演習，派定六位官長指導，互爲攻防，俾令各有涉歷，藉免偏廢。第二：我們的訓練時間很短，演習的課目很多，不能不作緊急的追趕，除加長了準備的演習時間外，還須汰繁就簡的使用許多教育方法去趕上進度，大家都覺得我們是在作飛行競賽了。

「一個計劃」

我們在七日的午前七鐘，集合了所有的自衛中隊，開始分區演習，第一、二中隊在縉雲山西北地區，向歇馬場接壤區域演習，第三、四中隊沿運河北側地區，向璧山之臨江，八塘邊境演習，第五、六中隊在鳳火山，上馬台一帶地區，向合川璧山連界演習。指導的官長：是左宗常、楊彬、李維良、李彥平、徐中海、錢宏祖等六員；每員依次指導一隊。當日演習完了：尖兵、排哨、夜間聯絡等課目，是晚集中宿營於本鎮。次日仍各按所分地區，繼續演習，完成排、連攻防戰鬥及對抗，照着所頒演習計劃，實施竣事。

「幾種佈局」

因欲求得演習上之密切聯繫，幷使適合於眞實情況起見，在七、八兩日之本鎭演習，及九、十兩日之北碚演習中，本鎭留駐之常備中分隊，均集結於指定地點，準備待命，以便機動使用。各保盤查哨，均各就其所，施行警戒盤詰。偵探組則四出活動，刺探敵情，幷保持友軍之聯絡。傳令組亦就各保辦公處奉行任務，如臨實戰。演習部隊之通行，來往行人之活動，或須舉容符號，或須查驗身份證，方能通過。

「兩件遺憾」

演習經過，雖然如奔馬似的馳去，一則是官長指導的熱心，一則是隊員學習的有興趣，對於各種效率，誠未得到理想的收穫，但具有其一般的觀念，能做到一般的動作，不無效益。不過全般演習期中，雨天太多，在本鎭未能將各種課目綿密周到的演練，使一切動作，確實瞭解，在北碚又未得與各鄉鎭共同演習，以收彼此攻錯之效，殊爲兩大憾事耳！

三　訓練意見

「期間短速」

組訓的民衆，一般多爲自食其力的人，他每天需要大部份的時間來尋找他個人或一家的生活。我們決不可爲了組訓而根本妨害了他的生計，甚至拖累了他的生計。如果這樣，不但不能增發出他的力量來，反而逼迫他走向毀滅的道路去，還削弱原有的力量，這是最不明智的，故對於他們的訓練期間，應力求短速。

「課目扼要」

因爲民衆的訓練期間，要力求短速，那麼，應該在最短的時間中，要收到必要的訓練效果，則訓練課目，應力求扼要。即是不必要的形式動作，如步法、轉法、整齊等制式教練，可少作或不作；而對於適用的課目，如射擊教練，戰鬥動作，勤務演習等，則須特要精練，務達確實堪用，始克有濟。

「不尙形式，只求實際」

我們每每見着一個自衛隊員，或者一個幹部，你要叫他做出實戰的動作來，他表現出來決定可以不差大致，如果你要叫他說出理由，或者叫出口令，或是下達命令；他多半是不能夠的。我們覺得他能這樣做，曉得這樣做，就可以了，不必要他如像做八股如像數家珍的背誦出一大套守則或命令來，才算合格，那就使他口嗎心危，一點也做不好了。

四　未來希望

本局的自衛訓練，當然還有較長的時間，我們希望不久的將來，能有一次全般性的整體性的聯合演習，使規定的一切符號，都能全部拿出使用，全體了解，毫無窒礙，藉以提高民衆的警覺性。在一個號令或符號指示下，都能做得毫無差誤；那才可以應付非常的事變。而且給了大家一個互相觀摩互相借鑑的機會，是極有意義的。但在演習之前，應有周到的計劃，完善的警備，按着逐步的程序做去，始有可觀的成績。

峽中俚諺

「白洋人，生得惡，開個堆子在廟角角，白天扯菩薩，夜晚扯稱鏵。」淸末，曾有英人在北泉設一煉鐵廠，後因出鐵不佳停業。『菩薩，稱鏵』者，卽形容其出品也。

第二部

清潔競賽運動

劉學理

一 概述

本局爲改良環境衞生，減少疾病傳染，幷養成局屬人民崇尚衞生習慣，特藉國慶紀念機會，推行清潔競賽運動。由市區及於鄉村，由公共處所到私人家庭，均於十月五日舉行一次大掃除。十月七日由衞生院院長，民政科長等分鄉鎭實地檢查。茲將競賽辦法及檢查結果分述如次：

二、競賽綱要

北碚管理局於十月二日，在北碚日報公佈以下清潔競賽綱要：

（一）目的

1.改良環境衞生，減少疾病傳染。

2.養成衞生習慣，促進人民健康。

3.造成清潔運動，發生互相影響。

（二）宣傳

1.日期：自十月一日起至十月四日止。

2.方法：

（1）刊登北碚日報。

（2）各鄉鎭長召集甲長以上保幹人員開會解說。

（3）各民教主任，各督訓員逐保指示。

（4）警察挨戶勸告。

（5）各中心校，保校，通知該校學生回家說明。

（三）實施

1.日期：十月五日舉行大掃除。

2.辦法：

（1）公共處所：由國民兵民教學生及清道夫共同辦理。

（2）機關團體：由各機關自行負責辦理。

（3）家庭住宅：由各該戶自行辦理。

（四）要求

1.市街部份：

（1）市容方面：

「一」大街小巷打掃乾淨。

「二」攤販小貿整理有序。

「三」不得亂傾垃圾。

「四」陰陽溝渠加以整理，不得隨地傾水。

「五」行道樹木及園中花草，保持美觀。

「六」公共廁所，隨時冲洗。

「七」公共娛樂場所，力求整潔，菓皮、菓屑不得隨地拋擲。

「八」棚戶家畜，應固定飼養處所，不得任其奔跑。

「九」修建房屋地區之建築材料，應妥爲整理。

「十」門窗戶格，修補齊全。

「十一」塡補各戶門前已壞之街道。

「十二」篾蓬布蓬一律取締。

（2）家庭方面：

「一」房邊屋角，要洒掃潔淨。
「二」樓板地板，察掃乾淨。
「三」家具、桌椅及陳列物品，均應保持整潔。
「四」廚房打掃清潔，廚具、餐具更應常用熱水洗滌。
「五」食物須求新鮮。
「六」水缸應有封蓋。
「七」廁所應常洗掃，并備石灰消毒。
「八」糞便應常清掃。
「九」污水必須倒入暗溝。
「十」牆壁應當拂拭。
「十一」蚊蠅應常撲滅，臭蟲應照常清除。
「十二」人畜務須分居，如因住地狹窄，須注意隨時掃除家畜糞便。
「十三」死鼠死畜不得隨地拋擲。
「十四」痰盂應常洗刷，至少每日兩次。
「十五」衣服及床帳被單。應常保清潔。

2.鄉村部份：

（1）環境方面：

「一」水井周圍之邊緣，應高出田面。
「二」飲水處周圍，不得有污地糞坑。
「三」房院附近之腐濫雜草，應常剷除。
「四」庭院打掃清潔。
「五」牛棚猪圈，隨時清掃。
「六」禽畜糞便，隨時掃除。
「七」房屋四周之竹木，應常整理。

（2）生活方面：

「一」室內各項器具，洗拭潔淨。
「二」常沐浴，常修指甲，常換衣服。
「三」不飲生水。
「四」不隨地吐痰。
「五」不隨地便溺。
「六」不讓小孩隨地坐臥。
「七」不讓小孩與禽畜雜處。

（五）檢查

1.日期：十月六日初步檢查，廿月七日聯合檢查。

2.辦法：

（1）初步檢查以保為單位，由各該保甲人員辦理。
（2）細密檢查，由各鄉鎮長會同有關人員舉行。
（3）聯合檢查以鄉鎮為單位，由衛生機關及鄉鎮公所派員會同辦理。
（4）檢查之結果，詳細記入檢查表內，以備評定成績。

（六）核級

1.初由各保中選出清潔戶，第一、二、三名。
2.次由各鄉鎮中之清潔戶內選三名，即為全局之第一、第二、第三名。

（七）獎懲

1.獎勵方面：

（1）一般的：「一」大會宣揚。「二」報上登載。
（2）個別的：第一名　給獎旗。第二名　給獎品。第三名給用品。

2.懲處方面：

（1）一般的：「一」大會申誡。「二」報上披露。
（2）個別的：「一」勞役。「二」苦工。

附：北碚三十八年雙十節清潔競賽檢查表

鄉鎮	保	甲	姓名	檢查結果						備考
				廚房廁所	住室	家具	庭院	陰溝	其他	

註：檢查結果欄內以上中下三字分別核記，凡有特殊情形者，得詳記於備考欄內。

三　清潔檢查

本月八日天剛破曉，我們便下鄉去，檢查此次所舉行的各鄉鎮清潔競賽的情形。因爲時間只有一天半，但要把八個鄉鎮，所有最清潔的住戶選擇出來，的確是一件很夠忙的事情。然而爲了這一運動的結果，須在雙十節公佈，我們便只得在細雨濛濛中的清晨出發了。

白廟鄉：船到白廟碼頭，半山上的纜煤車往來上下，不斷咕嚕咕嚕的響着，焦黑的一片映入眼簾，你畢竟會感到白廟不白了。我們上坡後，檢查的工作立卽開始。走過好幾條大街小巷，訪問了不少的人家，家家戶戶都很清潔，在這煤炭遍地的區域里，白廟市鎮的清潔，能夠辦到這個樣子，的確算不錯。在上坡向北面平行數里，便到了白廟所屬的水嵐埡，在那里檢查了幾戶人家，結果以第八保四甲住戶劉學優家最爲清潔。

文星鄉：九點鐘左右，我們便乘天府公司的輕便火車，向文星方面進行，約一個鐘頭，就到了我們的目的地。在鎮上檢查了一遍，跟着便下鄉檢查，結果以該鄉第二保劉文祥家比較最爲清潔。

黃桷鎮：十一時左右，我們又順槽而下，越過牛角廟山坡，便可鳥瞰黃桷鎮的市街，約十分鐘就到達了鎮上。該鎮的住戶和市街都很清潔整齊，鄉下的住戶亦抽查了好幾家，但以二十二保三甲住戶江坤山比較清潔一點，惜乎他的環境清潔不合我們的標準，所以也只有名落深山了。

二岩鄉：二岩限於地勢的關係，一切建築物，實無法使他整齊劃一，兼之是煤礦區，更無法使他清潔。但是檢查的結果，確出乎我們預料之外，不但家家清潔，且能達到理想的目的。由此證明一件事，只要人們肯幹，無有辦不到的。

澄江鎮：由二岩到澄江已快是夜色蒼茫的時候了，匆忙與時間鬥爭，我們加速忙着檢查工作。澄江的市面較其他幾個鄉鎮熱鬧，住戶也較多，因是煤礦的出口地，所以對於清潔方面亦難辦到頂好。依照該鎮所報最清潔的幾家，復行檢查了一遍，也還不錯。同時又上鄉去巡視了一遍，鄉下的農民，因爲忙着穿吃的關係，簡直忽略了清潔的重要性。檢查完畢後，黑暗已經搶走了光明，於是便坐了木划回到北碚。

金剛鄉：金剛是北碚最窮困的一個鄉鎮，地脊民貧是他的特色，但不幷因他貧脊的關係，而就對於清潔衛生不注意。反之他在北碚西北角上的幾個鄉鎮中，算是最清潔的一個。

龍鳳鄉：在龍鳳鄉訪問了幾十家，該鄉所認定的人家，清潔情形遠不及其他鄉鎮，希望以後大家一致有所奮勉。

朝陽鎮：北碚所屬人口最多的鄉鎮是朝陽，市街的整齊，環境的清潔，爲其他鄉鎮之冠。在這里我們檢查的結果，以第十一保十甲的住戶嚴子厚最爲清潔，特選爲全北碚清潔的第一名。

檢查後之觀感：此次各鄉鎮所推行的清潔競賽運動，情緒到還很熱烈，成績也都有進步。雖然有一些極少數人家，還沒有切實做到，然而只要造成這麼一項清潔運動的風氣，將來會發生相互影響的。

給獎：在八個鄉鎮中共選出了三戶頂清潔的人家，作為此次全北碚雙十節清潔競賽運動的示範。計第一名為鶴陽嚴子厚，第二名為文星劉文祥，第三名為白廟劉學優，以上三人經總評後，分別打電話與各鄉鎮通知彼等，於第二日雙十節慶祝會時，齊到民衆會場受獎。

四 結語

清潔衞生是幸福的基石，能減少一切疾病的傳染，對人類生活關係有很大的直接影響。我們為了要提高人民的生活水準，為了使北碚每一個角落清潔美麗，促進北碚人民的健康，希望在北碚每一個角落的工作人員，都能切實的擴大的推進清潔運動。人類是進步的，我們應多利用進取的精神，來換取我們的幸福，來建設北碚，使我們的樂園的環境，更美麗更清潔。

公教員工敍獎典禮紀要

葛向榮 翁舫

在北碚地方服務的朋友，待遇菲薄，生活清苦，工作單調，然而有不少的人確能淬勵奮發，艱苦創造，恪盡職守。他們中間，有不少可歌可泣的故事，可以表現出他們高度的服務精神，負責精神，或犧牲精神，足令人同情，令人興感。我們應該有一個盛大的機會，給予隆重的獎揚，給予熱烈的鼓舞，便選定了今年國慶這一天，作為紀念大會當中的一幕插曲。

事先我們出了一個通報（附後）經共同選拔的結果，計有模範公務員二十名，優秀一等十六名，二等十名，模範校長教師及民教主任十五名，優秀一等三八名，二等四三名，模範農民十六名，共一四八名。（名單附後）。

屆期因雨，改在民衆會堂舉行，於主席梁漱溟先生講演完畢之後，這些優秀的模範公務員工，便一批一批地走上會台，在千百人的歡聲和掌聲中，接受光榮的慰勞。他們便帶着大明藍布一件（全有）四角字典一本（模範有）雙色原子筆一支（優一有）及電影浴票各十張（全有）同時更帶着一件十分興奮和感動的情緒，走回他們的崗位去。

給獎之前，局長原擬作一簡短之說明，嗣因限於時間，乃改以書面發表，茲附錄於後，

附一 開發地方建設動力之資源

盧子英

（一）人材的培育

地方的一切建設，是要靠人來辦理的，所以人才纔是建設的真正資本，不但是地方的，也是國家的資本。所以我們常說：「成人重於成事，人才重於資財。」人才為無價寶，我們大家都應該重視他，愛護他，獎勵他。尤其應當注意訪察，注意選拔，注意培育。

我們隨時都在靜默地注意選覓地方的優秀人物——無論學生或青年，無論農工或各行各業的優秀人物，以便加强聯繫，協助一切建設。公教人員尤須注重各培養其替手，俾必要時可以層層升充。

本地因特別窮困，大多數中小學畢業生均無法升學，過去雖曾由文建會申送很少數的優秀青年到高中畢業，現在亦無繼續。不過最近又特別議定，無論怎樣負債，對於天性特[illegible]，智慧特高的兒童或青年，均必設法幫進升學或就業，或助[illegible]半工半讀。總不使稍有埋沒，小而辜負了地方，大而辜負了國家。

升學以實用職業技能為主，初中畢業者均升送高農職校，優秀小學教師可升送師範大學，但仍以專攻小學教育為本。最

優秀的並設法使其遊學國外去讀活書，去旅行考察，總求其對他的事業，永遠本位向上，有如陶行知陳鶴琴先生之始終本位向上一樣。

（二）寓選拔於攷核

選拔人才有等於淘金子一樣，要精密而銳敏地，去鑑別，去尋求。

考核不但是主管人的責任，同事也有相當權利和義務。要倡導共同工作，集體領導，更應該一齊注重事與人的考核。隨時檢討並清查同人中有何心得，有何成就，他的事實他的數字是否可看得出數得清，而足令人欽慰，令人興感，令人鼓舞。

考核是幫助建設，幫助創造的，無論對人對事，都該從正面的積極的先找好的探求。人才優秀的分野，首重人品，其考成非可如學生之定期考試，可憑試卷來測驗，而須在平時逐行逐事的品評，不是專在研過拿錯，是重在促成相互輝映。

考查壞的，是爲了便於勸善規過，予人以覺悟、懺悔、革新，但太不夠進步而又不能改絃更張的，我們只好促其退讓賢路，以免誤了民衆，或誤了國家的幼苗，故決定寧缺勿濫。

團體要有組織，獎懲各別，有時實無法相抵。爲了法治即由不得感情。因爲共同的生活，須有共同的紀律和秩序，並須共同加以維持，不容有悖團體的道義。例如金剛鄉長秦沛南雖無大錯，但以不夠進步而撤職；有的教師，或因一天以上的假未經核准手續，或因變更人事的代課而私相通融，都各出了學費。

一切檢討，除爲了予人自新而必須祕密者外，均應公開。凡有好的意見，任何人都可提出，即使成了定案亦可修正或平反。

（三）優良的感染性

小學校長教師的優良者，誠屬難能可貴，但在事業方面，究大體尚有軌道可尋。若民教主任的工作，却非按本實料，而在生活於民衆之中，去當生活的導師，去實現生活的教育。這要多靠他的人格，他的正義感和責任感的精神，要憑自由自在的良心，去自覺自發，自動機動的工作。

他們在富有開拓性的民教工作中，竟也發現了一些別放異彩的了不起的人物。如余玉坤、曹敏、李榮翰之流，他們眞有社會運動力，可說渾身都是力，眞有資格當社會運動的選手。他們在鄉間有的眞能作到農友們的總茶房或總顧問：眞能同化並領導人，同農家親熱得簡直如自己的家人一樣。就這樣引導他們走向智富強公的光明途徑。

更令人興感的是優秀人物的感染性。一個鄉鎮有一位足資示範的人物，接着便會有起而效尤的後起之秀，一位二位還不斷地在發展中。一般公教人員，看看同事的成績突飛猛進，不但毫無猜忌，並進而熱烈地探問他們的工作情形，大加讚賞，大加欣羨，有的簡直還把他當成活書在參考，繼起迎頭趕上。

對這些最優秀的公教員工，自治人員，及模範農友，我們不僅要將其功苦詳細寫上誌書，將其可歌可泣的最有意義的活動攝成五彩電影，並將訂出若干優待辦法，以示獎勵。地方各界更藉今天這盛大的機會有所表示，以明是非，而張公道，並聯資酬答他們努力的情義。

不過有意義的光輝的人員些，他們是另有所樂，另有所志，並不在此區區獎勵。但地方各界要各盡其義，也不忍過分太辜負他們，同時我們相信天然的上帝，也必有他最公道與最後的獎勵。

附二　通報 卅八年九月廿七日于北碚管理局

頃奉

局長諭：「查人才培養，爲地方建設動力之資源；而人才之成功，尤賴於社會之鼓舞與獎譽。特訂於本年雙十節國慶紀念大會，同時舉行本局優秀公教員工敍獎典禮，茲規定選核辦法要點數項於后：

（一）凡本局所屬各事業，各機關，各學校，服務半年以上，成績優異之員工，及校長教師督學，農林指導員，民教主任等，均須予以切實考核，公開檢討。

（二）教師考核以學生成績爲依據，并參酌校長，同事，家長，地方人士之意見。員工考核依工作成績爲依據，并參酌主管人，同事，及有關事業人士之意見。

（三）按照本局考核獎懲規則第六條所列事項，詳述確實事蹟，而具正確考語，評定等級，造册層報。

（四）凡在各鄉鎮工作人員，須先由各鄉鎮務會議通過，作爲初核；并提交本局十月三日鄉鎮長會議通過，作爲復核。

（五）本局各科室，及各事業人員，先於本部門會議通過，作爲初核；并提經本局九月卅日局務會議通過，作爲復核。

（六）各項人員應給予之優待或獎品，由局長核定後，於雙十節紀念會，當場公佈或發給。

以上各點仰卽通報各主管人，及鄉鎮長一體遵照辦理爲要」。等因相應通報希頖

查照并轉飭所屬一體遵照爲荷此致

附三　本局考核獎懲規則

第六條：公教員工有左列情形之一者，得分別予以獎勵。

一、對全局各項施政或其所負任務，有最大之貢獻，而所擬辦法，施之有效者。

二、對本局財務貢獻有利之機會，因而開源節流者。

三、作事成績顯然，超過常人者。

四、能預防事業之危機，或發覺後告訴負責人，施以預防者。

五、當執行職務，遇有危難時，能犧牲自己担當一切，因而公私財產賴以保全，或當時問題賴以解決者。

六、臨時指派重大任務，能妥當完成，使公家獲得利益或減少損失者。

七、志趣蓬勃，品行優良，而有共同經營社會之理想，並能隨時隨地勇於幫助他人，服務社會者。

八、勤於進修，日新又新，關切社會問題，能求其有所解決者。

附四　北碚卅八年雙十節公教員工敍獎名册

（一）模範農民

鄉鎮別	姓名	事蹟	備考
朝陽	袁正和	種中農34第一人，養猪場經理，對雜交猪有功。	
朝陽	李治泉	清潔，養猪場財務最廉正。	
二岩	劉孝思	首先試種美國西瓜，并種得相當成功。	

白廟	祝遐齡	雜交猪示範	
白廟	蕭和平	養洋公猪，種中農三四號鷄肉豆等有成績。	
白廟	文紹國	養雜交猪，種中農三四號，較有成績。	
龍鳳	吳方義	種南瑞苕中農稻起示範作用	
澄江	羅炳恆	種南瑞苕勝利秈及秋玉米，起示範作用。	
澄江	謝建章	養洋公猪熱心	
黃桷	鄧紹文	種南瑞苕良種稻起示範作用	
黃桷	黃海州	種南瑞苕多，起示範作用	
文星	李森林	種南瑞苕及良種豌豆，均起示範作用。	
文星	黃朝炳	種中農三四號，起示範作用	
金剛	李南輝	種南瑞苕，起示範作用	
金剛	鄭伯林	養雜交猪及種秋玉米，起示範作用	
二岩	鄭行端	種南瑞苕及美國西瓜，頗有成績。	

（二）公務員工

1.「模範」級

機關名稱	職別	姓名	敍獎事由	備考
財政科	科員	吳恆春	工作繁重，熱心負責。	
教育科	督學	李成鮫	工作認真，熱心爲學校	

2.優秀一等

防疫站	主任	吳旭東	醫治猪牛，不辭勞苦。	
社會科	科員	葉小鄒	勤慎職守，忍苦耐勞。	
地政科	技士	鄧文炳	勤苦，熱心。	
會計室	科員	陶洪江	成績顯然。	
警察所	主任巡官	張子揚	服務熱心，工作有恆。	
電話室	技師	陳榮卿	節省器材，毫不苟且。	
白廟鄉	經濟幹事	夏述輝	熱心有恆，對人誠實。	
事務室	伕役	王太安	做事忠實	
秘書室	科員	劉維張	管理檔案，井井有條。	
秘書室	科員	唐德禎	勤懇耐勞，晝夜不懈。	
教育科	督學	張光錫	不辭勞苦，服務熱忱。	
教育科	督學	李青昌	作事活躍，勇於助人。	
會計室	科員	宗淮浦	忍苦耐勞，熱心。	
教育科	科員	童顯	作事實在，刻苦耐勞。	
農推所	指導員	曾月秋	經常下鄉，與農民解決問題。	
農推所	指導員	周道牧	不辭勞苦，與民衆打成一片。	
農推所	指導員	何松柏	經常下鄉，熱心爲民衆服務。	

農推所	指導員	詹正性	工作認眞，熱心爲民衆服務。
朝陽鎮	戶籍幹事	秦仲	作事勤勞
白廟鄉	民政幹事	廖啓榮	勤愼職守
二岩鄉	民政幹事	黎國華	成績顯然，志趣蓬勃。
澄江鎮	經濟幹事	賴禧恆	勤愼職守
澄江派出所	特務長	陳文修	勇於任事，自求進步。
文星鄉	工役	何玉隆	忠於本己職務，勇於幫助他人。

3. 優秀二等

警察所	警長	鍾樹侯	不辭勞怨，工作踏實。
市委會	隊長	王全安	熱心努力
白廟鄉	戶籍幹事	姚丕成	作事負責
黃桷鎮	戶籍幹事	邱炳生	工作努力
二岩鄉	事務員	喻育英	成績顯然
北泉派出所	巡官	劉運隆	勇於服務助人
二岩鄉	警士	雷紹榮	成績顯然
二岩鄉	傳達	張道明	成績顯然，超過常人。
澄江鎮	鎮隊附	錢宏祖	勇於任事，樂於助人。
澄江鎮	民政幹事	王安康	品學優良，勤愼職守。

（三）國民教師

1.「模範」級

機關名稱	職別	姓名	性別	敍獎事由	備考
朝陽鎮第一中心校	校長	陳興讓	男	能力甚强，辦學熱心，成績卓著。	
朝陽鎮第二中心校	校長	曹實卿	女	辦學有方，工作澈底，成績優異。	
白廟鄉中心校	校長	陳曦朗	男	辦學有方，成績卓著，深得家長稱譽。	
文星鄉中心校	校長	明恥	男	能力甚强，熱心辦學，使困難有所解決。	
黃桷鎮第一中心校	校長	袁俊成	男	辦學熱心，成績優異，頗得地方人士景仰	
二岩鄉第一中心校	校長	王繼志	男	教育有方，成績卓著，並有領導能力。	
澄江鎮第一中心校	校長	陳熾昌	男	勤愼職守，堅苦卓絕，樂華善教，成績優異	
私立大明小學	校長	歐陽綱	男	辦學有方，成績優異，並有苦幹精神。	
私立縉村小學	校長	陳德維	女	勤愼職守，成績卓著	
文星鄉第十一保校	校長	程孟岳	男	能開發財源，增闢校舍，并成績優良。	
二岩鄉第七保校	校長	曹敏	男	有苦幹精神，深得一般家長稱譽成績顯然	
澄江鎮第廿一保校	校長	李正春	女	勤愼職守，成績優異	
私立天府小學	校務主任	韓悅	男	能力甚强，工作認眞、成績顯然。	
金剛鄉第六保校	民教主任	陳澤軒	男	作事成績顯然，且能領導民衆改善生活。	
二岩鄉第七保校	民教主任	余玉坤	男	能爲民衆解決問題，頗得信仰。	

2. 優秀一等

朝陽鎮第三中心校	校長	韓永英	女	辦學有方，服務熱忱	
金剛鄉中心校	校長	趙璧	女	志趣蓬勃，熱心教學，成績優異。	
二岩鄉第二中心校	校長	鄧正權	男	盡忠職守，成績優異	
澄江鎮第二中心校	校長	曾朝佩	女	勤愼職守，成績優異	
澄江鎮第三中心校	校長	曾紫義	男	辦學努力，勤愼職守	
朝陽鎮第十保校	校長	黎昌佑	女	辦學努力，成績優良	
朝陽鎮第十五保校	校長	鄭天德	男	辦學努力，成績優良	
金剛鄉第九保校	校長	李忠壽	男	熱心辦學，勤於自修，勇於助人。	
金剛鄉第十二保校	校長	李書元	男	辦學認眞，爲地方人士所景仰。	
龍鳳鄉第五保校	校長	先懋序	男	辦學努力，服務熱忱	
龍鳳鄉第十保校	校長	賴振瑜	女	刻苦耐勞，勤愼職守，頗得地方人士稱許	
文星鄉第八保校	校長	盧澤維	男	服務熱心，不辭勞苦，成績卓著。	
黃桷鎮第廿保校	校長	馬洪玉	女	頗有辦學精神，深爲地方人士所景仰。	
朝陽鎮第一中心校	幼稚園臺	周貽芳	女	勤愼職守，服務熱忱	
朝陽鎮第一中心校	研輔主任	徐書榮	男	能力甚强，研輔有方，成績卓著。	
朝陽鎮第一中心校	教師	李厚濱	男	教學有方，服務熱心，成績優異。	
朝陽鎮第二中心校	教務主任	孫萬銓	男	教導得法，服務努力	
文星鄉中心校	教務主任	沙明道	男	能自編補充教材，解決教學困難。	

文星鄉中心校	教員	蔣宇霖	男	能力優異，服務熱心	
黃桷鎮第一中心校	教導主任	李業華	男	服務熱心，成績優良	
黃桷鎮第一中心校	教員	黃學	男	能自編音樂教材，服務努力。	
黃桷鎮第一中心校	教員	王有貞	女	服務熱心，成績優良	
二岩鄉第一中心校	教員	唐志烈	男	管教得法，深得家長景仰。	
二岩鄉第二中心校	教導主任	吳斐然	男	教導有方，頗得家長稱譽。	
澄江鎮第一中心校	教導主任	馬文玉	男	勤愼職守，樂群善教	
朝陽鎮第一中心校	民教主任	李柏林	男	有蓄幹精神，民教成績優良。	
龍鳳鄉中心校	民教主任	李榮翰	男	工作認眞，成績優良	
白廟鄉中心校	民教主任	唐恭生	男	有高度熱心服務之精神，並能盡忠職守。	
文星鄉第五保校	民教主任	盧定平	男	能刻苦耐勞，與民衆打成一片，解除民衆痛苦	
白廟鄉第十保校	民教主任	蔣成仁	男	能力甚强，工作認眞，頗得民衆好評。	
私立大明小學	教員	包奭章	男	教導有方，工作認眞	
私立天府小學水嵐埡分校	教務主任	曾永秋	男	勤愼職守，教導有方	
文星鄉第七保校	民教主任	王敏	男	能力甚强，工作認眞，頗得民衆好評。	
黃桷鎮第十二保校	民教主任	蔣旭	男	刻苦耐勞，盡忠職守，並勇於助人。	
二岩鄉第二中心校	民教主任	王民瑹	男	能爲民衆解決困難，謀取福利。	
澄江鎮第二中心校	民教主任	胡三槐	男	有實幹苦幹精神，並成績優良。	

澄江鎮第廿四保校	民教主任	何國安	男	能忍苦耐勞善教，樂於爲民衆解決痛苦。	
澄江鎮同業公會	民衆教師	陳餘仕	男	勤愼職守，熱心公益	

3. 優秀二等

龍鳳鄉中心校	校長	韋濟成	女	辦學有方，成績優良	
龍鳳鄉第六保校	校長	馮克鏞	男	辦學認眞，爲地方人士稱譽。	
黃桷鎮第十二保校	校長	吳麟西	男	辦學熱心，勤於自修，勇於改進。	
黃桷鎮第十五保校	校長	江義林	男	能克服困難，改造環境，并孚衆望	
黃桷鎮第廿二保校	校長	劉振華	男	作事認眞，服務努力	
二岩鄉第六保校	校長	萬緒一	男	勤愼職守，辦事有方	
澄江鎮第十五保校	校長	張炳愼	男	服務熱心，成績優良	
澄江鎮第廿二保校	校長	周啓明	女	勤愼職守，服務熱心	
朝陽鎮第一中心校	總務主任	鄒海雲	男	服務熱心，工作澈底	
朝陽鎮第二中心校	總務主任	何順謙	男	勤愼職守，熱心服務	
朝陽鎮第二中心校	教員	李璣飛	女	教導得法，工作認眞	
朝陽鎮第三中心校	教員	胡其珍	女	教學認眞，能力甚強	
金剛鄉中心校	教員	彭若濤	女	善於領導兒童自治活動，並能解決困難。	
金剛鄉第七保校	教員	馮懷琳	女	服務熱心，教學有方	
金剛鄉第十保校	教員	吳國清	男	刻苦耐勞，勤愼職守，並得學生家長好評	

金剛鄉第十二保校	教員	王華禮	女	辦學認眞，爲地方人士仰慕。	
龍鳳鄉中心校	教員	唐承賢	女	管教有方，服務熱心	
龍鳳鄉中心校	研補主任	劉崇義	女	服務熱心，成績優良	
龍鳳鄉第十保校	教員	韋成孟	男	教學有方，服務優良	
白廟鄉中心校	教員	張俊卿	男	謹容愼行、實事求是，且成績優良。	
白廟鄉中心校	教員	王孝廉	女	能循循善誘，學生成績優異。	
白廟鄉第十保校	教員	黃雪華	女	能循循善誘，學生成績優異	
文星鄉中心校	教員	陳德邠	男	善於領導兒童自治活動，成績卓著。	
文星鄉中心校	教員	黎鏞鳴	男	教導有方，勤愼職守，得學生家長好評。	
黃桷鎮第一中心校	教員	賴培欽	女	教導有方成績卓著	
二岩鄉第一中心校	教員	杜興佐	男	管教認眞，成績優良	
澄江鎮第一中心校	教員	趙子寬	男	善於樂羣，服務熱心	
澄江鎮第一中心校	教員	郎裕緯	男	善於樂羣，服務熱心	
澄江鎮第二中心校	教員	萬淑馨	女	服務熱心，盡忠職守	
澄江鎮第三中心校	教導主任	喬玉成	男	管教有方，服務熱心	
澄江鎮第廿一保校	教員	王竹君	女	能循循善誘，學生成績優良	
澄江鎮第廿二保校	教員	杜幻倫	女	教學有方，服務熱心	
朝陽鎮第二中心校	民教主任	趙正言	男	勤愼職守，熱心服務	

銅陽鎮第十二保校	民教主任	黃仁修	男	熱心服務，成績優異	
文星鄉中心校	民教主任	張孝忠	男	熱心服務，并能為民衆解決困難。	
文星鄉第十一保校	民教主任	羅學良	男	工作澈底，成績卓著	
黃桷鎮第十一保校	民教主任	全一榮	男	能為民衆服務，并能領導民衆改善生活。	
黃桷鎮第十四保校	民教主任	蔣光金	男	克苦耐勞，盡忠職守，且為民衆景仰。	
黃桷鎮第廿二保校	民教主任	鄧炳修	男	作事認真，服務努力	
二岩鄉第五保校	民教主任	吳紹榮	男	有實幹苦幹精神，深得民衆稱譽。	
澄江鎮五中心校	民教主任	唐博淵	男	能為民衆解決痛苦，增加幸福。	
澄江鎮第十七保校	民教主任	劉祖先	男	能與民衆共甘苦，解決困難，謀取幸福。	
澄江鎮第十九保校	民教主任	倪光普	男	教學有方，服務熱心	

事業開放紀要

航道安全的保姆

—參觀長江上游工程處—

陳治謨

有旅行經驗的人，常因過河渡水，航行江河，視險灘湍流為畏途。而偶因舟子操舵疏忽，使乘客生命葬諸魚腹者，更不可勝數。他們除了少數人嗟嘆其劫數，而聽諸命運之外，從不積極的起而設法破除灘險，以期征服江流，取得航行的安全。

長江水利工程總局長江上游工程處，此次各種工程圖片的展覽，以鐵的事實告訴我們：人類可以征服自然，水道航行的安全，完全操諸自己。他們以少數的經費和人力，經過長期的與江水搏鬥，現在，船隻失吉的傳聞，漸漸地在我們的耳朵裏疏遠了。

該處嘉陵江至白水江水道形勢圖上顯示給我們：在這條漫長的江流上，如果要使這幾百里的航行暢通無阻，使川陝間的水路運輸便利的話，是必須將沿途數十處的礁石和淺灘炸除和浚深。這樣浩大的工程，以有限的經費和力量，當然無法全部動工，因之，他們把嘉陵江劃分成兩個工程區，視航行的需要，把重慶到合川，合川到廣元間劃分整理。首先他們設計籌劃，製成兩個工程圖說，然後動工將枯水季節航行船隻失吉最多的地方，從〇・八公尺浚深為一・三公尺，并築堰使水歸流，然後炸除潛服的礁石，使輪船暢行無阻。

我們從這兩個工程圖說中，看出該處幾年來所致力於嘉陵江水道的工作，是耗費了無數個工程人員的苦心和血汗，而得來的成績。其中最為寶貴的，却是二百多幅嘉陵江地形圖，幾乎每一個細小的灘險、礁石、水流、都羅致無遺，確為整理嘉陵江水道所不可少的寶貴材料。

該處原名嘉陵江水利工程處，自三十二年一月改組為長江上游工程處後，其工作的重心，除了繼續嘉陵江水道工程的設計，修整之外，還兼顧到了長江上游航道的整理。

在這兒，一張廣大的「長江流域圖」，指示給我們長江幹綫的蜿蜒壯大。各個支流，由不同的地方伸引而來，構成了物資暢流的，無數的交通網。而「長江上游整理航道工程統計表」，所有的數字告訴我們的，這些如織的江流，隨處都有險灘埋伏，予人航行安全的威脅。

它們首先向樂山到宜賓段，僅航深〇・七公尺的岷江開刀，使這條只中水位時，可以航行驢船的水流，可以終年通航。其次，他們正準備將金沙江，宜賓至屏山段的河道改善，以減少船行的危險，同時，完成長達八四一公里的航行安全。此外，並在岷江、宜賓到成都間，完成三〇〇公里的航道工程，使它們能夠達到航深一・五公尺。

他們的河道地形測量已完成一、七六四・七公里，灘險地形已完成二一九處，水平測量已完成一、〇九三・二公里，築堰卅三處，淺灘工程二三九處，炸礁工程七十九處，縴道工程二十一處，從這些數字中，我們可看出工程人員的辛勞和偉大。

在這些工程中，最著名而最為人們熟知的，就是長江的小南海和嘉陵江的豬兒石，這兩處急湍的水流，會不知吞蝕了若干人的生命。長江工程處，首先把分流的水，築堰使其匯合於一處，然後或施工濬淺灘，或將礁石炸除，航道終獲安全了，水流的急湍毛病，也為他們醫治得緩和平靜得多了。

長江上游工程處所偉大而動人之處，並不在乎工程數字的成績，而是完成這些工程所施用的種種技術，都不是歐美國家所採用的機器化，科學化，而是使用落後的原始工具，憑著人類的雙手和勞力，日積月累的流血流汗，拖拉和敲打而成。我們從幾十張該處此次展覽的實地工程照片上，看出一幅可憐的寒酸圖像，而想念著我們的工程人員所耗費的時間與精力，不禁悲嘆。加之，該處以國家經費支拙，計劃中的新工程無法施工，舊有工程的整理，也須一筆較大的數字，致使數十位有為工程人員，坐在斗室之內，一籌莫展，而體念到建設事業，在今天國家事業所佔據的一環！

如果沒有戰爭，社會環境也像北碚一樣的安定，大眾都拋棄了一切享受來努力於建設的工作，雖然我們的長江上游工程處的圖片展覽，前天來參觀的僅寥寥二百餘人，但它未來的美景，將會呈現在我們面前的。

富源水力發電公司一瞥

一 緣起

本公司為盧作孚、戴自牧、錢新之、薛篤弼、何北衡、孫越崎、顧季高、鄧鳴階、張麗門、盧子英諸先生所發起，倡設於民國卅二年六月正式成立。高坑岩電廠亦於同年七月開工興建，迄卅三年十二月廿五日完工發電。

二 組織系統

- 股東會
  - 董監事會
    - 經理
      - 秘書
      - 工程師
        - 總務課
        - 業務課
        - 會計課
        - 技術課
        - 電廠

三 營業區域

北碚東至毛背沱，南至天生橋，西至金剛碑，北至東陽村，巴縣大磨灘，歇馬場。

四 高坑岩電廠

廠址在巴縣歇馬場高坑岩，（岩高卅四公尺）。

（一）發電設備：

1.二四〇四馬力法蘭賽西臥軸式水輪機兩部，吳震寰先生設計，民生機器廠製造。

2.二〇〇瓩、六、九〇〇弗打，三相交流發電機兩部，華生電機製造廠製造。

（二）輸電配電設備。

1.輸電：電壓六、九〇〇弗打，全長一三・五公里導綫，為舊英規，一股六號裸銅綫。

2.配電：壓為二三〇至三八〇弗打，總長十公里，裝置變壓器共十處，總容量六三五瓩。

（三）蓄水庫。

1.高坑岩攔河壩，蓄水量　一〇、〇八〇公噸。

2.大磨灘攔河壩，蓄水量　八六〇、〇〇〇公噸。

3.新橋攔河壩，蓄水量　五三〇、〇〇〇公噸。

4.梁灘橋攔河壩，蓄水量　八六〇、〇〇〇公噸。

五　小坑岩電廠

小坑岩電廠：小坑岩在高坑岩下游五百餘公尺處，有效水頭九・五公尺，流量一・四秒立方公尺，土木工程已全部完成。廠房為便縣式一二五瓩立式水輪發電機一套，正由民明中央機器廠承造，本年十月底可交貨。

大磨灘電廠：大磨灘在高坑岩上游五百公尺處，土木工程托由長江上游工程處，華工程師伯徽設計，現已完成測繪等工作，預計可裝設三〇〇瓩水輪發電機一部。

大明紡織染廠一瞥

邱　春

當你爬上北碚中國西部科學院博物館門前的時候，你可以回過頭來鳥瞰北碚嘉陵江對岸——可以代表紡織工業的——大明紡織染廠的全景，機聲隆隆，黑煙冲天，[illegible]業[illegible]一樣。

大明廠平時極少開放，此次雙十節特別開放了三天，可是為了遇日秋雨綿綿，因此前往參觀的團體及個人仍然極少。記者因保機會難得，於雙十節下午五鐘，抽暇在天上滴着微雨，脚下滿街水溼的時候，前往作一次粗略的參觀。

大明廠創始於民國十六年，那時還是盧作孚（現在也是他任董事長）先生的三峽紡織廠，規模較小。後來於卅六年改組，除私人集股外，主要由「隆昌」「大成」兩廠合併之後，於是逐漸發展，才有今天的規模。現在該廠由查濟民任總經理，朱已被任廠長。全體職工[illegible]人，職員五十名，男工五百五十名，女工七百名。其主要生產機器[illegible]紗錠有六千八百錠，織布機二百台，染色機一套。動力設備方面，有二〇〇瓩、一〇〇瓩、七五瓩、六〇瓩，發電機各一座。附設鐵工木工廠各一所，可配各種零件。

該廠現在每日能產陰丹及白、藍、青三色寬布計二百二十疋，（每疋四十碼即十丈零八尺），每年產紗約計二千五百件，布約七萬疋。百分之六十暢銷西南各省，百分之四十銷本省。每年需用原棉二萬二千市擔，其中百分之七十來自陝西，百分之三十來自川北各地。每年燒煤需用八千噸左右。

以上所告，就是該廠的一般概況。

[illegible]記者[illegible]明廠各部門工作情形，特別請託該廠[illegible]三千[illegible]立臣先生為嚮導，使紡、織、染三大部門的場子一遍。關於「件希從紡織到貼上商標的成品怎妙惟肖。）因為工業是外行，自然有問之處，皆非要點[illegible]不能一加解釋，（在[illegible]一節另行詳述）[illegible]及擔任演出，一共有[illegible]一個秋天來」，「小[illegible]紡織部門[illegible]震耳，[illegible]遠[illegible]的境地[illegible]音樂會」「划船」兩首

狀況，需要敘述如下：

該廠全部設備皆為現代化，機械化，這自然是趕得上時代的要求的，對於工人生活及待遇，康樂及求知設置，都比較不錯。

七百多工人，幾乎全在紡紗織布兩部工作。她們大部份是身體健康粗識文字的少女，百分之二，三還是初中畢業生，結婚者佔百分之三十，未婚者佔百分之七十，以年在十九歲至廿一歲者為最多數。她（他）們的待遇，以工作成績的優良及年資論薪，底薪自幾角起至一元幾止，大約每月自十元起，多至三十幾元止。對於醫藥方面的設置，該廠有免費診療室，直接親屬也可免費看病，中西醫藥都有，如本人因特殊病症住院，可各付半費。圖書報章及識字班（現有女工四十名就學）的設備也較完善。員工每日辦公十小時，每月放假四天（即一、八、十六、二十四日）她（他）們的伙食每桌四菜一湯。（猪肉一斤二兩）管理極嚴，女工一律住宿，非經准假不得外出。生活管理設管理員負責，對內工作管理有工程師及領班負責。醫衛人事方面，對外現約三十四人，對內二十一人。

我們現在說到紡織染三部工作的過程上去：

第一、紡紗：這一部的工作計劃，分清棉（運用折包機，開棉機，清棉機）梳棉，併條，粗紡（分頭二道）經紗、搖紗、成包七部工作，均是運用效率較高的新式機器，其詳細過程，茲略。

第二、織布：大約分準備和織布兩部。在準備方面，須經絡筒、繞紆、整經，漿紗、穿綜扣，各機器工作程序，到了織布部門，就是很單純的織布和整理了。

第三、染整：可以比較概況的敘出它的九個程序如下：一、原布，自單疋縫成一捲，每捲規定十疋。二、燒烘：將縫成之原布，經過鋼板燒毛機，燒除[illegible]餘人，但它未來的美、煮布：燒毛後之布疋，用鹼劑煮煉，[illegible]之布疋分別施染所需之顏色。五、烘燥，[illegible]烘乾。六、上漿：烘好之布疋經過上漿機上漿[illegible]疋上漿後，連續用拉幅機振開所需寬度。八、摺[illegible]疋再摺成規定之碼份。九、成品：摺成之布疋，分別檢[illegible]廠印，並貼商標，即為成品。

北碚兒童福利站活動紀實

章牧夫 黃敎詩

一 籌備經過

兒童福利，在目前的我國，還是一種新興事業。為了使社會人士明瞭兒童福利的內容，及其重要，宣傳倡導是必要的。本站為實驗示範機關，對於有關兒童福利的各種活動，經常舉辦，藉以引起社會人士之重視與注意。每在紀念節日，[illegible]機會，舉行大規模的各項活動，以期普及。[illegible]雙十節，為配合北碚各界盛大紀念，曾舉行了兒童福利展覽，托兒體育表演，遊藝晚會，及集體做生會四大活動。現在將各項活動的籌備經過，及活動情形分述如下：

（一）四大活動，分工合作

[illegible]這一次的各種活動，準備時間，是從九月二十日左右才開始的，拿時間來說，非常迫促。本站在奉到管理局通知之後，立刻召集站務會報，討論各項活動項目，及推定各負責籌備人員。當經決議，舉辦兒童福利展覽，托兒體育表演，遊藝晚會，集體祝生會四大活動。並推黃敎詩、冒素琴、朱克貞三人分

別負責籌備工作，由章委員枚夫總督導。在全站同仁分工合作，每日工作至深夜十二時的兩週時間之內，將所有籌備工作，於十月五日前一齊竣事。同仁工作雖緊張而極愉快，雖勞苦而不困乏，充分發揮了本站「在工作中求樂」的一條旨趣。

(二)全體一心，雙手萬能

本站這一次的四大活動中，在兩星期之內，要集合一百名以上，六歲以下的托兒準備團體操，三十人以上的兩個表情唱歌，這個工作是相當吃力的。因爲這些幼兒年齡大都在六歲以下，最小的是二歲半，而且又多半是新入所的托兒。這些幼兒，剛離家庭，不慣團體活動，動作表演，極不一致，要在短短的十幾天中訓練他們各項活動，達到嫻熟一致，整齊合拍的標準，不知要費多少力量。因此托兒所的保教師們，每天都化了不少的氣力和時間，來準備表演節目，同時幼兒年齡太小，每練習一節，必須休息一節，以免過於疲勞，其中也佔掉時間不少。幸賴全體保教人員一德一心，努力合作，才克服了這些困難，完成了他們的任務。

在準備工作，除了準備表演節目以外，還有兩個更艱難的工作，是在短短的十天時間內，一個是由全體保教人員完成了二百套表演服裝，一個是由兒童玩具工廠的兩位同仁，完成了一百五十件兒童玩具和模型。她們不但要指導兒童練習節目，晚間還要親手爲兒童縫製服裝腰帶帽子等衣物，有時忙得飯也顧不了去吃，到也忘記了去簽。兩位做玩具的同仁，更是日以繼夜，雙手不停，居然在十天的預定期限內，完成了我們認爲不能完成的工作。可見「有志竟成」，世間原無難事了。

二 活動情形

雙十節那天，晨間細雨濛濛，秋意更深，本站籌備活動，除團體操一項，因體育場活動暫停，未能表演外，其餘各項活動，均一一舉行。玆將是日活動情形，分記如下：

(一)展覽開放(兒童福利，一目瞭然。)

展覽的目的，在使社會人士明瞭，兒童福利的內容，與本站業務，進而求其由明瞭而認識，由認識而重視，由重視而贊助，而推廣，而普及。因此本站此次展覽的布置工作，也力求其系統、美化、具體、俾觀衆容易看，歡喜看，看後就能明瞭。展覽共分八室：第一室爲托兒所的保育工作，第二室爲兒童玩具，第三室爲托兒所的教導工作，第四室爲福利所的服務和康樂工作，第五室爲一般業務，第六室爲行政圖表，參考資料，第七室爲保健與婦嬰衞生，第八室爲照片，及兒童美術展覽。每室展品，包括掛圖、實物、模型，各種配合陳列，以便參閱。總計全部掛圖三百餘幅，大照片二十幀，各項研究稿本二百餘本，實物四百餘件，模型及兒童玩具三百件。尤以兒童玩具展覽室內的玩具，設計新穎，製作美觀，而且每個都能活動，無論成人兒童都逗留其間，詳爲玩賞，愛不忍釋，所有展品，訂購一空。

所有展覽詳細內容，經編展覽說明一種，附錄如後，以供參考。總計自十月九日至十一日止三天內，參觀人數約三千五百餘人，如非十、十一兩日天雨，當不止此。

(二)遊藝表演(載歌載舞，惟妙惟肖。)

遊藝表演，都是由本站托兒所的小朋友擔任演出，一共有三個節目，就是「國慶多快樂」，「唱出一個秋天來」，「小樂隊」，另外還有一個合唱，唱「秋蟲音樂會」「划船」兩首歌。十日上午，在民衆會堂的慶祝會紀念式完了以後，就是本站的「國慶多快樂」，首先演出。幕布啓處，民衆會堂裏面的幾千隻眼睛，都集中到台上，三十六個天眞活潑，服裝整潔的兒童，隨着風琴的拍節，歡躍而出。雖然都是些六歲以下的幼兒，可是動作純熟，表情愉快，歌詞清楚，姿態活潑，博得台下如雷的掌聲，許多攝影記者，趕忙跑到台上攝取鏡頭。台邊並有兩個健美的托兒，手執托兒所所旆，表示這個節目，是由托兒所小朋友演出，更替會場上生色不少。十日上午，因爲時間關係，在民衆會堂裏，僅僅只演出了國慶多快樂這一個節目，雖然只有一個表演，却給予了觀衆很好的印象。晚間在本站兒童會堂舉行遊藝晚會，參加的有各小學遊藝表演。本站托兒的表演節目，除國慶多快樂應觀衆要求，又再演一次外，其餘「唱出一個秋天來」，「小樂隊」，及兩個合唱，都先後演出。無論在服裝、表情、精神、動作各方面，都獲得觀衆一致讚譽，認爲確與一般不同。這一天中小朋友雖經過三次表演，却精神抖擻，一點也不覺得疲倦。

（三）集體祝生會（與國並壽，全所騰歡。）

十月十日是中華民國的生日，本站托兒所十月份的祝生會，也選定這個吉利的日子來替小朋友集體做生，表示與國同壽，意義是非常深的。這一次的壽堂，特別在兒童會堂裏舉行，到會小朋友及家長來賓三百多人。台上紅燭高燒火燄熊熊，象徵着中華民國的前途。三時半舉行祝壽式，八個小壽星在奏樂及鼓掌聲中，依次坐在小壽星席。（小壽星名單爲：陳開瀫、周生繁、張北敏、王小平、滕耀娜、伍磊田、張吉剛、甘德善）經過行禮的儀式後，由楊輝學院院長，許季康，內政部參事胡尉安兩先生，先後以來賓及大家長的身份，向小朋友說了很多祝賀鼓勵的話，小朋友笑得嘴都合不攏來。表演餘興之後，接着吃壽桃壽麵、糖菓、家庭溫暖，充滿了一個能容五百人的兒童會堂，孩子們眞是「在所如在家」了。集體祝生會是本站實驗家庭化機關教養的家庭活動之一，目的是藉以提高家庭情緒，增進保教師的母愛精神，培養兒童快樂情緒，實驗以來，收了不少的效果，尤以這一次規模最大，成效更顯。

三　工作檢討

這一次僅僅在半個月的時間內，準備了四個大的活動，上由章委員的策劃督導，下賴全站同仁的同心努力，一切工作，均能在十月五日前準備完成。其中以二百套的兒童服裝，一百五十件兒童玩具，由托兒所及工藝室同仁日夜趕製，準時完成，尤屬難能。我們檢討這一次的活動，得到許多工作經驗：

（一）一切活動，先要有計劃，未定之前，先要慎重，既定之後，決不能更改，計劃既定，並且要控制時間，嚴加督導，不能放鬆一步。

（二）全體同心，分工合作，一切工作，必須指定專人負責。但是僅有專人負責，還不夠，必更要切取聯繫，分工合作。

（三）世無難事，有志竟成，我們這次發動全體保教師，爲兒童們趕縫服裝，以及由工藝室兩位同仁趕製玩具，預計在十天之內全部完成。當初還深深以爲不可能，因爲保教師白天要照常教學，演習表演，及填寫各種表册，僅僅只晚間可以縫製，又因停電，須燃燭光照明。工藝室每天要完成玩具十件，從解鋸木板，到油漆。可是經過大家日以繼夜的不斷努力，居然把一切困難完全克服，所有工作如限完成。

（四）兒童準備表演時間，不能過長，準備一節，必須休息一節。尤其是正式演出的頭一天，應該給予充分睡眠和休息，表演時才能精神充沛，表情快愉。

北碚兒童福利站展覽說明

第一展覽室：托兒所保育工作

一、兒童營養品，包括托兒經常食用食物，各種營養品六十餘種，均係以實物陳列。并將展覽期十月九、十、十一日三日，之實際所食物品，逐日陳列。

二、兒童衣服，包括托兒經常穿着之服裝，按春夏秋冬四季，順序陳列。均用實物表示，共二十餘種。

三、兒童之住，包括托兒所用之小床蚊帳，被服、鋪蓋，及毛巾、被、薄毯、毛毯、絨被、棉被等物，全部陳列。

四、兒童營養計算表，包括每一兒童，每日所需營養計算方法，每日所需營養量統計數字，自本年一月份起，至九月份止，各月份營養統計，均經列出。

五、保育單元圖表，及保育方法實驗報告，共二十種，托兒一日生活模型十八件。

本室展覽中心：托兒營養，全部實物及計算表，托兒一日生活，包括衣食住之模型與實物，使觀衆對本站托兒所保育工作，一目瞭然。

第二展覽室：托兒所教導工作

一、全年五十三週教學單元，及全部單元掛圖，此項單元，由托兒所保教師集體編擬。

二、托兒教學過程：1.根據單元擬訂計劃。2.根據計劃實施活動。3.根據活動填寫報表。

三、托兒所用教材：包括全年五十三週單元，及常識、故事，工作、音樂、兒歌、遊戲、各科內容。

四、托兒的教具：包括各種積木，感官訓練板等十餘種。

五、托兒的玩具：由保姆偕教師，自製布質玩具，及皮球洋娃娃等十餘種。

六、托兒的作業：包括摺紙工、泥工、貼紙工、豆工、自由畫，二百五十件。

七、研究資料：包括托兒情緒記載，教材教法實驗報告，托兒卡片，古氏畫人測驗，及修訂比納西蒙智慧測驗共四十册。

八、洋娃娃之家：用甲級積木搭成洋娃娃之家一座，內有寢室、客室、花園、運動遊戲器具，草坪、花圃等，具體而微，惟妙惟肖，觀者極爲欣賞。

本室展覽中心：以實物圖表，表示托兒教學活動程序，及實際情形，所陳列全年教學單元，尤爲一般從事幼稚教育工作者所重視。

第三展覽室：兒童玩具

包括本站兒童玩具工廠，所設計之各種玩具十五種，凡一百五十件。每種玩具，均能活動，或有教育意義，或用科學原理，式樣新穎，色調美觀。種類有週旋故事，跳蹦人、翻梯、滑板、滑翔機、飛馬、飛機、呼啁等，參觀者甚多，訂購者尤形踴躍。

第四展覽室：康樂及服務

康樂方面，包括各種運動器具模型十大種，弈棋十五種，克難球台一座，及掛圖說明十張。克難球一種，爲本站兒童玩具工廠設計自製，玩法新穎，爲多數兒童所喜愛，本站兒童玩具工廠可訂製。

服務方面，包括兒童生活服務，文化服務兩種。生活服務內容，爲兒童理髮、洗衣、淋浴、服裝設計，早點豆漿等。早點豆漿，用實物模型，表示製作程序；其餘均用實物或模型順序陳列。文化服務，內容爲兒童文具袋，根據高、中、低、三級，配裝全學期各種文具，供應兒童分期取用，既經濟又便利。訂閱幸福兒童每月四期，僅收印刷成本費四分。該刊內容，有故事、常識、生活動態、時事一週、兒童文藝，小讀者等欄，現已出至六十四期。

第五展覽室：一般業務

推廣工作之一：出版刊物，包括大公報，北碚日報，出刊之兒童福利，幸福兒童，兒童心理衞生等刊物全份。推廣工作之二：廣播稿集，包括本站在重慶廣播電台，所播之兒童節目，婦女與家庭節目，底稿共四百餘篇，合訂十五本。推廣工作之三：調查卡片，包括本站所在地 北碚朝陽鎮全鎮各保，兒童生活調查卡片一箱。推廣工作之四：親職教育，包括母教圖八幅，教導兒童處理方法圖二十幅，教導兒童方法對比圖二十二幅，以及圖書室讀書筆記。美術室各種畫稿，共三十本。

第六展覽室：行政及研究資料

行政方面：包括本站簡況，組織系統圖，兒童福利圖解，各種章則法規，本站三十八年度工作計劃，及有關兒童福利文獻等掛圖五十張。

研究資料方面，包括翻譯、論著、調查、設計，各類研究稿本，一百八十餘册。本站研究稿本，共五〇〇餘種，此刻陳列，係已奉社會部核定發還者。此外，本站所用之各種表格章則法規，亦分訂成集，陳列備覽。

第七展覽室：保健與婦嬰衛生

一、保健方面，將各種兒童所患病例，用照片、圖表、實物，說明其原因，病狀、治療方法，依次陳列。

二、婦嬰衞生方面，由孕婦懷孕後，赴衞生院檢查起，依檢查、助產，產後訪視等，產前、臨產、產後、三程序，及孕婦營養、日常生活、助產器械，各種實物配合圖表模型，順序陳列。并將舊式接生用模型陳列，俾與安全助產模型對照，以推廣安全助產工作。本室展覽中心，婦嬰衞生之重要與孕婦，自懷孕至生產之程序，及應注意事項，一一用圖表實物模型說明，無論已婚未婚之青年女子，一經參觀，完全瞭然，知所法意。

此外展品，尚有本站活動大照片二十幅，兒童美術畫展，雙十節特輯一百幅。

介紹中國西部博物館

施白南

雙十節是我國的國慶紀念日，也是科學化運動的週年。在這雙重佳節的今天，我想把中國西部博物館，向北碚市民及愛好博物館事業者，作一次簡短的介紹，希望得到批評，備作今後改進之道。

中國需要科學研究，需要科學精神，必需實事求是，中華民族才能得救。農業工業必需科學化，也就是所謂眞理化，合理化，才配合得起這個雙十節的國慶。在「在金錢第一，人事第一」的國度裏，則只有國勢日衰。

中國西部博物館成立的宗旨，爲推廣科學教育，提倡專門科學研究。雖然這種工作正在開始，但這確是一種社會需要，强國强民的百年大業呀！

進程

中國西部博物館成立已五年多了。是在民國卅二年的冬季，中國西部科學院，會同因抗戰來碚的十二個學術研究的機關，開始籌備建立這所博物館。卅三年十二月廿五日即正式開幕，任人參觀，至今已是五年又九個月了。

在這五年多的年月內，博物館沒少吃苦頭，但是也沒有忘掉她的任務，匍匐尺寸的向前走動着。經費全賴各相關事業的熱心捐助，及臨時向各界捐募。物價無時不在跳動，人心時局亦皆不安，許多的國立學術機關，都隨着物價跳跨了，不少的私立研究院所，因人心之不安，也變質。中國西部博物館，在此極度困難中，經過多次的緊縮，也裁過員，也減過薪，但是發展的時機並沒失掉。下面是五年又九個月的進程：

卅二年十二月，開始籌備。

卅三年十二月，正式成立。

卅五年六月，接管中央研究院動物研究所，物理研究所，及經濟部地質調查所在北碚房舍，十月農林館遷至公園火燄山。

三十六年八月，編製全館照片一覽，參加南京全國教育會，並在上海北平展覽，十二月代管北碚公園全部。

三十七年三月，代管北泉公園全部，十一月接收重慶市府工礦陳列室陳列品。

三十八年一月，增設人文館並將動物陳列，作自然環境佈置，開國內博物館標本佈置之新紀錄。四月代北泉博物館，保存全部古物陳列品。

在成立的時間，有工礦、地質、生物，氣象、地理，農林、及生理衛生六館，陳列室的面積爲一一六方丈，到目前增爲二二三〇方丈，比前大了一倍。

在成立時，陳列品的總號，爲一三五〇三件，目前增爲一一二，七六一件，增加之數將近九倍。

自三十四年開館後，全年的參觀人數，爲三三八六七人，三十五年爲四九四三三人，三十六年爲七五一九七人，三十七年爲八九六九二人，今年（三十八年）算至九月底止，共九個月內已有八三七三〇人。參觀人數年有增加，可以證明博物館引起了社會人的興趣，我們已經有了三十三萬一千九百一十九個參觀者了。

每年的舊曆年節和端午節中秋節，是農民來館的日子，北碚附近的各大中小學的教師常領着學生，在陳列室裏上課，春秋兩季，重慶市的學生來此旅行參加者很多，博物館是爲社會服了務的呀！

擬辦

這些年我們的苦處：時局動盪，物價波動，使我們傷透了腦筋。因員工生活不安，工作情緒常常受影響，因經費急緩失時，使我們許多工作未能照原訂計劃進行，至今也有下列幾樁我們認爲遺憾的事：

曾爲北碚附近各中大學，籌設公用之生物，理化兩實驗室，房舍桌具皆經佈置就緒，因人員與儀器未能充實，結果一件好事未能實現。

曾準備重新翻製中國地形浮形，供給各地博物館、模型室作成了許多地形，皆因人力物力的限制，未能完成工作。

博物館的職員只十八人，每人都兼理着若干事務，所以重慶市府接收來的大批工礦模型陳列品，未能修理陳列，北泉的一批古物，也沒加以整理陳列。

到川康界上採集白熊，並設法在北碚飼養繁殖，到川鄂界上採集水杉，到番區夷區採訪邊民生活，這些再次進行的工作，結果仍未實現。

準備在北碚公園內，修建生物館大廈，刪地募款各項工作，正在進行，因上海生變，事又中止。

會同北平研究院植物研究所，合編四川植物誌，同中央研究院動物研究所，合編四川動物志，大局不平，亦皆中斷。

現在至於我們已經作的工作，其去理想也遠。我們的儲藏室太小，物品的保管，不易有條理，我們的人手不夠，陳列品的佈置，變更太少，亦不生動，而標本的說明，顧念不遍，未能俗雅共賞。

我們還是在刻苦中掙扎着工作，關心博物館的人，請到惠宇大樓，火焰山頂，參觀一下，多給些指導，那裏有博物館概況專册，有博物館圖片展覽，可供參觀。至於這次展覽的內容，在此不多說明，請參觀者自己去看吧！

北泉小誌

席翊杰

歷史是活動的，有許多「人」，昨天與不見經傳，今天便是鼎鼎名流！其實「地」何嘗又不如此？我們從交通地圖上找『北溫泉』三字，恐怕找遍全川也找不到，可見這小小的地方過去還沒有資格接受地圖繪製家們的注意。可是到了今天，北溫泉已名滿天下，幾乎說到四川，別的地名很少知道，就知道有北溫泉了。北溫泉爲什麼久久湮沒無聞，一朝便身價百倍呢？這裏不妨作一粗略的介紹，用供遊覽人士參考。

一　地勢

北溫泉深處縉雲山脈橫渡嘉陵江的斷港之中，東望江北，西界璧山，南鄰巴縣，北接合川，縉雲山在其西，鷄公山在其南，金劍山在其東，西山坪在其北。背負蒼巖，面瞰大江，景物幽麗，形勢天然。

二　沿革

溫泉寺爲北泉公園前身，相傳創立於劉宋景平元年，宋賜名崇勝禪院。周濂溪講學來此，曾留詩而去。元帝爲統一宇內，憲宗躬親督陣，謀席捲殘存的合川釣魚城，結果身中飛矢，過此殂謝，溫塘之名乃著正史。降至民十六年，峽防局長盧作孚先生，利其泉溫（泉溫三十七度，與人體溫適合，初流出洞，且含雷錠，可治腸胃病）倡建公園，閱時兩載，規模粗具。圖得各方力助，不斷經營，迄今園林之勝，漸臻理想之境。

三　風景

嘉陵江的風景，都是雄奇蒼老，進入溫泉峽的北泉公園，乃覺別有天地。當置身於數帆樓，面對青山流水仰望藍天，聽着輕盈的風帆，聽着雄渾的船歌，有悠然意遠之感。由此進而攀登縉雲朝日，香爐，獅子，聚雲，猿嘯，蓮花，寶塔，玉尖，石照九峯，華鎣，歌樂，眞武諸山，及全峽景物，無不歷歷在目。惟峽巖絕壁，巨石猙獰，山風颯然，松濤怒吼，令人心悸。越九峯爲石華寺，以巨石矗立如華而得名。石修數尺大數十圍，寺前古柱，歷盡百載滄桑。寺右五老攢聚有如筆架，縉雲峯巒以此爲最嵯峨。秋冬之際，中外人士，率至此行獵。

四　名勝

園中溫泉寺，爲唐代古剎，以鐵瓦石柱構成，工程偉鉅。寺分三殿，中殿有明代浮雕蟠龍香盤一座，現存石刻園中，香盤玲瓏別緻，高與人齊。後殿一池，上橫石橋，橋上有黃桷樹，古雅堪觀，傳為六朝舊物。寺旁岩上有六朝浮雕石像若干尊蹤經傾圮，尚存風致。寺西蘭谷，傍乳花洞，中藏石室，鐘乳，深處幽閟泉聲。餘如繙室（曾為林故主席寓居）的桃花流水，龍湫道的飛瀑，塔院的六朝石刻，千頃波的溫泉，淺草坪的夜月，勞動之餘，對此風景美景，不覺疲憊皆忘。此外，漢代銅洗，尤饒趣味，當別為文述之云。

五 物產

山產甜茶，色青味甘，香沁心脾，較峨茶為美。溫泉麵用水磨成，細潤適口，遠近馳名，攜贈親友，別饒風味。園中所產菓木諸花，品種尤夥。

北泉公園屋宇巍峨，道路修整，萬花含笑，生氣蓬勃。為便於遊覽人士，設備上：宿舍有柏林，數帆樓，農莊，花好樓等招待所，足容旅客二百人。飯店有北泉餐廳，中西餐俱備。浴池有游泳池與單人房。茶社有楠林茶座，北泉茶園。像館，理髮，洗漿，無不應有盡有。交通上以密邇重慶，汽車三小時，汽船五小時可達，自北碚遊覽車開，往來益便，北泉公園實為勞動六日的人士，輕鬆一日的樂園。

北碚圖書館

羅中典

圖書館的陳列，分兩室三部，主要是內部工作的介紹。這一種介紹，使讀者了解於圖書的適當處理，是並不容易的事：這種適當的處理，無形中對於讀者是一種極大的幫助。新書比較好辦，古本書則困難重重，如果不先經一番整理工夫，有時會使你茫無頭緒，圖書館工作的人們，便用心思，絞腦汁，流熱汗於這種工作之中，以冀減輕讀者閱讀時的困難。因此，圖書館此回的陳列，頗不同於一般的陳列，茲依陳列次序，說明於次：

第一陳列室

第一陳列室，在圖書館二樓的編目室，這一陳列室，分兩部份陳列，一為「新書處理程序說明」，一為「圖書分類陳列」。陳列的方法，除了依照工作程序外，主要在實物和實際工作的示例，而加以適當簡短的說明。看的人在詳細看過之後，很容易了解於工作的內容。

一 新書處理程序說明

（一）徵購——分徵求購買兩種，徵購部設重慶民生公司圖書館。所有書籍多來自渝、蓉、滬、津、平及美國等處。徵購得來的書，在「新書送書單」上填寫清楚後，即送編目部。

（二）清點——編目部照書單清點册數，如有錯誤，立即清查改正。

（三）檢查篇頁——這是一步極重要也極難作的工作。如遇有篇頁錯亂，不全，蟲傷，破損，或字跡模糊，都須加以改正修補。最重要的還在內容的錯亂，如四川通志首册書秘的序文，前後不相連接。經檢查到三種版本，仍然查不出，後來去函詢問一個著名的圖書館，所鈔來那一種版本的序文，仍然解決不了問題。經過幾翻研究參考，才知道碭秘的序，無上半段，幾種版本，都在中間把它錯接。這裏就陳列有「四川通志」三種版本的首册，和某圖書館的鈔件。此外還陳列有修改補正後的「六譯館叢書」及「滇江備考」。

（四）蓋印——這裏陳列有各種印及蓋印不同地位的書。

（五）整列——整列是登記前的一步工作，先查全部册子內容，按次序清理一次，叢書照經、史、子、集的次序，總集、文集、詩集、詞曲，則照內容先後或著者朝代先後排列。

（六）登記——登記是圖書館的基本工作，但舊書的書名每不容易確定，或著者難於辨別。這裏陳列有一部九個書名的「紅雪樓九種曲」，經考查過「叢書大詞曲」及「東齊關書目」，才把它名稱決定下來。又有「詩鍾」作者「蜀西樵也」，經查遍了成都華陽縣志，才查出了是王增祺的別號。

（七）分類——分類在便利讀者的選擇書籍，及工作者的容易管理。分類後即用類號表示。這裏陳列着分類簡表，分類號，著者號，登記號的各種片子和書籍。

（八）編目——這裏陳列有北碚圖書館所用的書名片，著者片，分類片的樣式，和各種卡片寫法用法的解說。

（九）寫片——書籍分編完成後，即須繕寫各種卡片，這裏陳列有閱覽室的書名，著者，分類片，典藏室的排架片。

（十）寫書標——這裏陳列有書碼的，和白書標各一張。

（十一）貼書標——書標貼在書脊三分之一的中間，綫裝書在書背面的左上角，各陳列有一本貼好書標的書。

（十二）校對片子——有錯誤和無誤的片子各一份。

（十三）送典藏室——編目部完成手續後的書，塡好送書簿連同排架片送典藏室，這裏陳列有送書簿、送書單、程序單、書籍和排架片。

（十四）排片——這是新書處理的最後一步工作，書名片，著者片依筆畫爲先後排列，分類片照類號大小排列。

二　圖書分類陳列

圖書分類陳列，分典藏、閱覽、出納及推廣、參考、裝訂五部份，而殿以工作日報。這有一部份是動的，說明凡例較多。茲介紹其重要的如後：

（一）典藏

1.設備——大小書庫十九間，書架書箱二百四十七個，書架長達四華里。

2.收書——按照登記號清收由編目部送來的圖書與書架片，圖書上架，書架卡歸書架片盒，這裏卡與書對照陳列，先照登記號排列，登記號無缺，改照書碼排。

3.統計册數——書籍、圖表、小册、雜誌、日報合訂本册，數統計表各一張。

4.報表——每月表報册數一次，總的與分的表報各一種。

5.讀架——防還書上架錯誤，經常派人讀架。

6.點查——每年用書架片核對圖書二次，如有片無書，即將該片提出。陳列書一列，和書架片一列，示例。

7.撤銷——陳列「因公損失圖書報銷單」，「遺失賠償單據」。「圖書撤銷登記簿」。

8.防蟲與防濕——用藥物防蟲，用書棰棰蟲，並年年晒書，爲防蟲防濕方法。陳列蠹魚，白螞蟻，及其放大圖咬壞的書，書棰，和潮濕的書。

（二）閱覽

分圖書、兒童、期刊、新聞四閱覽室，陳列有閱覽規則，目錄使用法，參考書使用法（上二項爲閱覽指導任務），被撕去圖片，被撕去圖畫的書，撕去篇頁復經抄補的書（以上屬監視），閱覽證，目錄使用法及分類大綱表，取書條（閱覽手續），筆、墨、硯、水壺、抄錄紙（供給讀者各物），新書陳列架，圖書、兒童、期刊、新聞、各種閱覽統計表。

（三）出納及推廣

1. 關於出納方面，分書的借出和催書兩段。借出有團體及私人，私人分借用及保證。這裏陳列有各種規章，單據，及證卡。如借書規則，出納手册，領書證（正反面），借書證，借書卡、書卡、取書條、書袋、特保金收據、限期單、第一、二次催書單、罰款通知單、收條、保證金收據，甲種借書證（正反面），公用借書證，團體機關借書登記單等。

2. 關於推廣方面，主要工作在巡迴文庫，這裏有文庫一個和目錄夾，收據，取書條等物。

此外還有圖書介紹單，介紹圖書通知單，預定借書單，參考預定通知單等物。

（四）參攷

圖書館的參考業務，分「答覆諮詢」和「襄助研究」兩種。關於「襄助研究」分「參考材料」及「檢字法」的介紹。參考材料有字典（康熙字典），辭典（辭源，韋氏大學辭典，類書（圖書集成），百科全書（日用百科全書，大英百科全書），年鑑（中國年鑑，中報年鑑），索引（叢書子目索引，日報索引，期刊索引），目錄（四書全書總目提要，生活書店全國總書目，現代戲劇圖書目錄），輿圖（世界地理，政治經濟地圖，東洋讀史地圖），期刊（科學畫報，科學，新中華，東方，活教育合訂本，海事合訂本等）——括號內為陳列的實物舉例。

關於檢字法，西文參考書的排列，係照着字母的次序，中文的排列法很多，常用有部首檢字法，漢字排列法，漢字母筆排列法，四角號碼檢字法，漢字形位排檢法，五筆檢字法，韻目檢字法，（均有舉例說明）。

（五）裝訂

裝訂也是圖書館的重要工作之一，如書有破爛，截綫脫落，水濕粘結，蠹魚侵蝕，鼠咬殘缺，霉爛腐朽等情形，均須重行修補裝訂。此處陳列有重行裝補的西書二册，和皇清經解十册，已經修補通鑑輯覽，周易折中等。還有裝訂用紙二十八種，裝訂用具如轉洞機，打洞機，截書機，切書機等。

（六）工作日報表

陳列工作日報表一張。

第二陳列室

在圖書館三樓參考室，全室爲善本書的陳列，因時間的匆促，善本書又尚未編有目錄，（善本書已編目歸入各書架，一時不易抽出，善本書尚無一定界說，編目亦非易事，）故陳列數目不很多，共三十六種，一百三十七册。茲略舉數種：

一、古版書——如東吳水利考十二册，爲明萬曆時刊、姑蘇志二十四册，明正德元年刊，北史五十九册，明萬曆十九年刊，姑蘇志在民國三十五年買入，費法幣三百五十萬元，約合黃金二十兩以上。

二、絕版書——如「故宮週刊」，在成都買入的時候，是收單頁計算價值，據說滄今要賣八元銀卷一頁，還不易買得。

三、珍本書——這裏所謂珍本，是版本名貴，裝璜精美，印刷考究的書。這一類書如麗忍堂摹刻唐開成石壁十二經七十四册，晚孝堂畫傳，明傳奇圖像，唐宋以來名畫集，元明遺民畫之類。

四、海外收——如大清實錄一千二百二十册，用高麗濃紙印刷，爲東京[illegible]藏出版。

觀衆反應

圖書館地位較高，又因爲下雨，看的人不算頂多，但在簽上款風異尋常。要看的人，終於是不避艱苦，而且並不泛泛的看，翻開他們的批評簿，寫上評語的，總覺得並不是隨便下筆，而且寫的比其他幾個展覽室多。這裏只舉一個例：

「一本書由徵集到完成，能夠讓讀者在幾分鐘內明瞭，國內也許尚是第一次，欣幸之餘，謹誌一念，聊向諸先生（貴館）徵表敬忱！

彭正華謹題」

據說這位彭先生看得很久，問得很仔細，彭先生是萬縣大風日報（？）的編輯，當然是一個書的愛好者。此外還有許多評語，我們知道，北碚究竟是有眞的「讀書人」。

北碚醫院

唐永松

本院成立至今，剛兩年又四月。外得有關事業機構之熱心扶助，內蒙諸工作同仁之努力經營，在縣屬醫院中，國內恐已難出本院之右者。同仁決不因此自滿，特利用本年雙十節作公開開放，藉就正於醫藥界先進，及衆貴賓之前。

北碚境內防疫保健工作，有北碚衛生院担負，本院僅負疾病治療。門診部設於市內中山路，每日有病人八十至百二十人，去年度有門診病人一八〇一七人。（以診次計）院本部建於距市里許之蔡家村，公路直達，風景優美，有病床六十，分內、外、婦產、小兒、五官等科，各有專科醫師主持之。去年度有住院病人一二七三人，（以住院日計）。內有調劑室、X光室、化驗室、臨床室、手術室，皆設備齊全。雙十節除門診部與院內各部開放外，尚陳列有下列各種統計圖表：本院行政組織系統表，及本院一至九月，住院各科病人統計表，門診各科病人統計表，住院各科傳染病人統計表，減費及免費統計表，嬰兒生產統計表，大小手術統計表，各種化驗統計表。

境內公教人員，入院診治，有減費權利，貧苦居民，則完全免費。此類病人，約佔總數三分之一。一年以來，鄰縣來求醫者，逐日增多，此類病人，約佔總數五分之一。近來常感病房與工作之不敷，有增建病房及增聘人員之計劃。展覽數日中，除普通來賓外，有渝市中央醫院、中正醫院、武漢療養院等醫護同仁，及重慶大學醫學院諸教授，來院賜教，切磋砥礪，獲益不少。今後更當努力工作，以使服務範圍，逐日擴大，不限於北碚病苦民衆也。

「碚」字音義

北碚之「碚」字，俗讀如「倍」。陸游入蜀，紀有「荊門十二碚，皆高岸絕壁」；王十朋詩，又有「荊門巖岫十二碚」之句。「碚」一作「背」，有古臘碚、胭脂碚，媳婦碚等名，明月峽又有蝦蟆碚之稱，則地以碚名，不止北碚一處也。「碚」之音，讀如「倍」，古今無異。「碚」之義，巴船紀程則謂：巖石隨水曲折曰「碚」，北碚石梁突出江心，水隨石轉，曲折迂迴，正如其形。於此可知得名甚古，音存而義乃忘之矣。

第三部

文書組

華文綜

一、工作

(一)聯絡發起參加之事業機關。

(二)印發籌備委員會會議錄。

選錄議決案如左：

1.各事業機關學校，參加費用，自行擔負。

2.中小學成績展覽，體育表演，游藝表演，須通知韓渭開會，確定項目。

3.物產展覽，分為農業與工藝兩部份，其展覽物品，另行分別通知徵求。

4.徵求獎品，均以現款折合，由大會統一購製，分發成績優良者。

5.本會經費預算，約計四千五百元，除請文化建設委員會捐助外，其餘一千五百元，備函請有關各事業惠予捐助。

6.請各事業機關，於九、十兩日一律開放，展覽陳列其業務上之標本圖表，俾便民眾參觀，並請派員引導解說。

7.請北碚圖書館開放展覽，充實閱展室內容，並多佈置臨時閱覽室。

8.商請民生公司，增開幾次渝碚遊覽專輪。

9.請大明紡織廠開放，讓民眾參觀各部工作活動。

10.電影在民眾體育場露天映放，配合擴音機，報告衛生、教育、人口、種痘、縣政建設、合作社，各種數目字。

(三)以本會以出席大員為籌備委員，以開會時以發起的各事業機關首長為主席團，主席團主席開會前公推之。

(三)印發各次籌備會議議錄：選錄決議案如左：

第十次：1.繪製北碚市區圖。2.每一要道指標，須加調整說明。3.請民生公司統計股，將調查[illegible]加繪製圖表。4.請馬紹仁先生，攝製大會各種活動照片影片。5.各小組由常務委員，召集會議。6.民眾體育場[illegible]房[illegible]地整理工作，定十月七日以前完成。7.請大明廠，捐贈體育場全部運動設備器具。

第二次：1.中小學體育配合表演。2.如天下雨，除體育表演順延外，其他活動照常舉行。3.中小學成績展覽地點：北碚女師初一中心校，及朝陽三中心校三處，美術展覽地點，設美術館行，均在九十兩號舉行。4.各組支用經費須分別造具預算交事務組羅送大會審核。開支力求節約，工作力求合作化，由事務組統一購辦。5.農業品展覽地點，設農推所及農林館，工藝品展覽地點，設北碚銀行、新村建築公司、朝陽鎮合作社、及碚北印刷所四處。

第五次：1.聘請趙仲舒為籌備會第一股股長，黃子裳為第二股股長。2.印發各股組長名單，分送各股組長以便聯絡。3.各組須擬定工作進度表，限[illegible]月五號送交大會審核。4.第一股增設獎品組一組，專門設計訂製保管分發。5.司令台由機關體育宣傳三組會同設計佈置，事務組幫助洽借應用材料。6.各組活動節目，須預行編排交文書組，送交宣傳組彙編大會便覽。7.中小學成績展覽、體育表演、農業工藝展覽、游藝表演，評判總評判，裁判暨總裁判，分別聘請擔任。8.各鄉鎮中心國民學校，及保國民學校，參加表演學生，及領隊教師，食宿住地等，由成績展覽組，擬具辦法分交各領隊照辦。9.參加表演，小學學生住北碚市區，校閱自衛隊員，澄江二岩住北碚郊區大院子，文星白廟住黃桷市區。

第四次：1.請聯合國文教組織，借用藝術人員七名，幫助繪製圖表。2.物產展覽優良者，須發給獎狀以資鼓勵，其獎狀由陳顯欽籌劃辦理。3.體育場體育器具之安排，由范元亮籌劃辦理。4.開會時，以軍樂唱片廣播，但廣播器設好後，須事先試音，如有問題以便改正。5.清潔競賽，在八鄉鎮中，選極清潔者前三名作模範，其獎品由劉學理開單送會，以便購買。6.司令台定三號開始佈置。7.成績展覽，體育表演，農業展覽，工藝展覽，等標語，由各組擬具送會審核。8.中小學成績展覽會，體育表演會，物產展覽會，美術展覽會等，定九號午前十時，在民衆體育場舉行開幕式。9.國慶紀念定十日午前九時，在民衆體育場開會，天雨改在民衆會堂，幷通知各事業機關，派代表屆時出席參加。10催各鄉鎮參加成績展覽各小學，迅將各項成績展覽品，彙送指定展覽室佈置。11函請各事業機關首長，地方士紳，及江北合川地方首長檢閱指導。12備文呈請三區專員，蒞臨檢閱自衛隊。13定六號午後二時，開聯席會議。

第五次：1.參加表演單位，到達民衆體育場所佔位置，由范元亮分別劃定。2.歡迎女師院音樂系學生來碚表演，借大明：車於八號派人前往專車接碚。3.模範農家，優良教師，及模範公務員，發給慰勞物品，於國慶紀念大會典禮完畢時，即當場分別發領。4.大會辦公處設司令台後面平房內，各小組集中大會辦公，俾便聯繫。5.各組佈置情形，定八日午後二時總視察。6.大會完畢，定十二日開檢討會議，由文書組通知各股組組長準時出席。

（四）辦理往來各種函件，附稿如次：

1.請贈獎品捐款函。

本會爲促進國民經濟建設，實施民衆教育，並起社會運動，發生相互影響計，特由北碚各事業聯合舉行本年雙十節國慶紀念大會。是日活動，計有物產展覽會，中小學成績展覽會，體育表演會，書畫展覽會，游藝會等，凡農林畜牧，工礦產品，學校行政，學生作業，美勞成績，及美術書畫等，均逐一搜集，分類陳列展覽，或表演比賽。同時有全區自衛組訓民衆，集體演習，計參加自衛隊丁，約有四千餘人，中小學生三千人，有兩天以上之活動。預算該備獎品等費，需款四千五百元，除商請北碚文化建設委員會，捐助三千元外，其餘一千五百元，擬請北碚各相關事業，慨予捐助現金，作爲統一製發獎品之用。（此項捐款請逕交北碚銀行代收）事屬民衆教育，經濟建設，尚希特予玉成，藉襄盛舉。除派員專誠商洽外，敬希垂照爲荷！此致。

2.主席團通知函

逕啓者：茲經本會會議決定，公推台端爲本會主席團主席。尚希查照於開會前（十月十日午前九時開會），撥冗駕蒞會場，主持一切。無任感禱！此致。

主席·

3.徵求農業工藝展覽物品函

逕啓者：本會定於本年雙十節，聯合舉行物產展覽會，凡有關工礦農業及手工藝等特殊產品，及其創造原料，工具，擬徵集陳列，備資展覽。如能依其製造程序陳列，並附詳細說明，更所歡迎。久仰　〇〇熱心公益事業，尚希將產品及其原料與製造程序，詳附說明，（包括生產量）於國曆十月六日以

前送交○○查收為荷。此致

4.請開放事業機關派人解說及引導函

逕啓者：本會定於本年雙十節擴大慶祝，聯合舉行物產展覽，成績展覽，體育表演等會，為便利來賓參觀計，除由本會派員引導外，相應函請貴○先行準備解說人員數人，屆時引導，詳加解說為荷。此致

5.請各專業機關設置概況介紹牌函

北碚管理局公函卅八祕字第一二八六號

為檢附概況介紹牌設置通則，函請查照辦理，務請於十月五日前設置完竣由。

敬啓者：查北碚為遊覽區域，中外遊客來此參觀者頗多。茲為促進社會人士對各事業之明瞭，以擴大各事業對社之相互影響計，特發起區內所有事業機關學校及名勝古蹟，各於門前顯著處所，普遍設置概況介紹牌。茲附通則一份，尚希查照迅予進行，務請於十月五日前完成見復為荷！此致

附 北碚各事業機關學校概況介紹牌設置通則：

（1）本局為便利來賓參觀，擴大社會影響，特函請境內所有各事業機關學校，各於門前顯著處所，設製概況牌。

（2）概況介紹之項目，可各按其實際情形訂定之，例如：

「一」設置狀況：「1」沿革，「2」旨趣，「3」組織，「4」人事，「5」經費，「6」設備。

「二」業務狀況：過去及現在之各項工作成績，重要貢獻，及將來計劃等。

（3）介紹內容，須富有教育性及建設性，以數字為主。說明文字力求簡明生動，並請全部照抄一份，於九月底以前，交本局彙編。

（4）概況牌為永久性，最低以木質為宜。其形式、顏色、大小，各自設計製作。如需幫助設計者，可逕與國慶紀念籌備會宣傳組，梁白雲先生接洽。

（5）為配合本年雙十節，北碚各界擴大紀念各項活動，參觀人數衆多，務請於十月五日前全部設製完竣。

（6）北碚市街附近，各事業機關學校，通衢要道之路標指引牌，由籌備會宣傳組重新統一繪製，其費用按實分擔，另行通知照付。

6.致各學校檢送表演規程函

逕啓者：本會慶祝卅八年國慶紀念，曾商定凡境內各中等學校，須於九十兩天參加體育表演及成績展覽各項活動。茲隨函檢附體育表演會規程一份，及成績展覽會標籤○張，（學生各科作業課本，如已有校名學生姓名等，即不填寫標籤）請貴校於本月七日上午派員將各種展覽成績運往國立女師院附中高中部陳列地點自行佈置及管理並在展覽時派員解說為荷此致

附體育表演會規程○份成績展覽標籤○份（已詳體育組）

7.通知學校成績展覽側重生產建設活動之描寫函

逕啓者：查北碚各界聯合慶祝卅八年國慶大會，對於境內各中等學校參加十月九十兩日之成績展覽會，業經函請貴校查照辦理在案。惟國語及圖畫成績，請側重於生產建設活動之描寫，俾資供給地方生產建設之參考。相應函請查照辦理為荷。此致

8.國慶紀念通知開會函

逕啓者：本會訂於本月十日上午九時，在北碚體育場，舉行雙十節慶祝大會。尚希貴○派員（或率領學生）屆時出席參加為荷。此致

9.歡迎各校參加表演函

逕啓者：敝會籌辦本年雙十節國慶紀念，聯合舉行物產展覽，及中小學成績展覽體育表演等會，如貴○人員有各項球類表演參加，均極歡迎，惟敝會以經費困窘，參加表演人員之伙食行李，希自行準備，敝會祇爲準備宿所。相應檢附體育表演會規程一份，即請查照見示以便編配表演時間爲荷。此致

10請各事業機關首長光臨指導函：

○○○惠鑒：本年雙十節瞬即屆臨，北碚各界爲促進經濟建設，與教育運動計，特聯合舉行慶祝大會，並訂九號開始。各種展覽計有物產展覽品，（農林、工礦）數千件，中學成績展覽品五、二七七件，小學成績展覽品二六、七五三件，體育表演六二場，籃足排球比賽五一隊，游藝表演五三場，女師院音樂演奏四場，另有美術展覽，及映放世運會五彩影片，暨數鄉自衛隊員四千餘人演習，有三千餘人參加表演，有兩天以上之活動。值茲秋高氣爽，景物宜人之際，敬祈翩然命駕，於本月八號午後，或至遲九號午前，蒞臨民衆體育場司令台，以便派員迎候，檢閱指導。再展覽及表演時間規定九號午前九時起，至十日午後六時止。并聞　耑此敬祝

健康

○○○拜啓　十月　日

11敬謝惠贈獎品捐款：附函如左：

逕啓者：敝會此次籌備雙十節國慶紀念，舉行各種展覽會，徵募獎品，承蒙　貴○惠贈獎品捐款○○○元正。盛意隆情，良深感謝！除將獎品捐款統一購製獎品，分配各優勝者外，特鳴謝意。尚希　查照爲荷。此致。

（五）預發各項印刷品。

1.發來賓者：（1）來賓證（2）大會便覽（3）游藝表演歡迎券（4）電影歡迎券（5）新聞記者證（6）北碚概況。

2.發工作人員者（1）工作人員證（2）參加表演領隊證（3）攝影證（4）各種會議錄

（六）收發文件統計：

項別	信函	便函	聘書	會議錄	合計
發文	九六	一二八	六二	一八	三○五
收文	一二	五			一七

二　檢討

此次大會，本組籌備工作，均能按照預定進度表，順利完成。惟邀請各事業機關首長，及區內外士紳函件，本應隨函檢附大會便覽，俾各來賓明瞭全部活動節目，及地點時間之編配，到達後即能按時前往各活動場所參觀指導。祇因該項資料不及如期印出，故未隨函一併發出，殊爲遺憾。此應爲今後加强聯繫者也。

事務組

何文軒
陳華鎰

一、工作

（一）準備

1.本組於十月五日奉定北碚參議會辦公，旋以不便聯絡，乃遷往大會會場司令台後宅工作。

2.本組於五日前召開組務會議兩次，分配本組同仁工作，并決定以下事項：

（1）會計負責編審各組預算，并規劃報銷程序。

(2)出納應洽商領存款項辦法，及研究各組撥款手續，并須聯絡會計、商討記賬報賬方式。

(3)文書立即規劃各種表册及紀錄，預定各項工作。

(4)保管尋覓放置各種公物地址，并製收發物品，借物登記等表册。

(5)採購須預先聯絡各組，開具應行購製物品名單，以便領款預為購置。

(6)借物須預向各組聯絡，以便向外洽借物品，并須予以精細搬運，登記，標識，俾免還物時發生錯誤。

(7)給養着手查詢登記大會工作人員確數，然後準備伙膳用具，預算伙食費用，及覓定造膳地址。

(8)監工準備建搭司令台材料，僱用力伕，平修體育場，及製記工資。

(二)實施

1.關於會場：

(1)搭建司令台及佈置會場：於十月六日開始，十月八日完成。台為四方形，高一丈五尺，寬二丈四尺，台的兩邊接連搭有小型台六間，各高九尺，寬一丈。計用材料，杉條六十三根，杉枋八十疋，樓板六百二十塊，青磚三千塊，慈竹五百八十斤，乾竹一百斤，柏枝六十挑，棚十三張，黃篾席一百床。各種材料，除柏枝係由朝陽、黃桷、金剛、龍鳳，等鄉鎮贈送，及竹子係購買外，其餘材料均係借用。

(2)平修體育場，并安置體育表演器械用具。

(3)購借大會需用物品。

(4)掃除會場四週雜物，及清潔廁所。

(5)購製各種獎品材料，并登記保管。

(6)供給大會工作人員伙食：八日起十二日止，五天。共計職員四十六席，工人卅二席，職工共九十四人用膳，供膳五百零九餐。

2.關於表演：

(1)供應表演人員茶水燈油，及化裝時用具。

(2)辦理局屬各學校表演人員供膳：辦法，由本組依據教育科交來各校表演人員統計表，一千二百卅七人，召集北碚市區旅食業開會商討，按照各餐室之大小，決定分配供膳人數之多寡，并規定八至十一日早午晚開餐時間。每席包定一元，以三菜一湯為準。計兼善松鶴樓，承包澄江鎮各校四百零五人。桃源承包金剛龍鳳兩鄉學校一百八十四人，竹林承包朝陽鎮各校九十七人。蜀東承包黃桷各校一百五十五人，便宜方承包文星各校一百八十人。五福承包二岩各校一百七十四人，一園承包白廟各校卅二人。以上各食店，除由本組製訂供膳時間人數表，及分別發給包席定金外，并派員明密調查每噸開餐時就食數人。

3.關於演習：

(1)代製打靶靶環，三角瞄準架，及戰鬥演習標幟。

(2)派工在河邊挖掘搭建臨時廁所一個，以供數千自衛隊員便溺。

(3)發給各鄉鎮自衛隊員七至十日伙食費。

4.結束事宜

(1)召開結束會議。

(2)折除大會司令台：十一日午后開始折除，翌晨全部折除竣事。除柏枝送給善林學會外，其餘材料均予清還。

(3)清還借用物品。

(4)催各組報賬。

（5）與各商家食店結算賬目。

（6）將剩餘獎品造册，送交北碚管理局保管。

（7）遣散僱用工友：本組自十月四日起，至十二日午前十二時截止，共計僱工卅三人，內長工八人，廚房工五人，餘爲大小力業及泥工找扎等。臨時雇工合計一百二十四個工，大會散後，工資即發放完竣。

二　經費

各組費用，決算如次：（單位：銀元）

1. 總務費用　七二三·八九元

（1）辦公費　二三·五五　（2）招待費　五二六·六七

（3）膳食費　六七·二八　（4）工資費　七五·一五

（5）佈置費　三一·二四

2. 中小學展覽及表演一、四四九·七六元

（1）設備費　一四四·七二　（2）交通費　六八·〇〇

（3）膳食費　八五一·九二　（4）獎品　二八一·〇七

（5）雜支　一〇四·〇五

3. 工礦展覽費　一三三·八〇元

（1）征集費　三八·〇〇　（2）獎品　四三·〇〇

（3）雜支　二四·〇〇　（4）佈置　二八·〇〇

4. 農產展覽費　三五〇·五三元

（1）設備費　四〇·二五　（2）飼料費　六·五〇

（3）辦公費　二四·四七　（4）修繕費一一五·九四

（5）膳費　五二·〇九　（6）獎品　八一·八八

（7）攝影　二·八〇　（8）購置　六·九六

（9）其他　一九·六四

5. 校閱費用　一、一七五·〇〇元

（1）主副食費　一、〇四七·六〇　（2）標幟費　七〇·〇〇

（3）演習費　三一·四〇　（4）獎品　一六·〇〇

6. 宣傳費用　五二八·三〇元

（1）佈置費　二八五·四九　（2）印刷費　一三八·九〇

（3）旅費　五六·七六　（4）工資　三三·一六

（5）設備費　一四·〇〇

合計　四、三六一·二八元

三　檢討

本組担任此次大會事務，從開始到結束，工作尙屬圓滿，這實賴於準備充分及人事協調，尤以各項經費，均能按照預算支付，故一切問題都得到順利推行和解決。爲今後有所參考與改進計，特提建議事項於后：

（一）凡有類此會集，其內部組織務求完整。而各部門工作人員之調派，須依各部主管者意見行之，以增工作效能。

（二）事務工作比任何業務繁瑣，若大會各組極小之事，都找事務組辦理，委實應接不暇。例如此次各鄉鎭學校表演師生，千餘人之伙食，及茶水燈油化裝用具等，問題之多，不勝枚舉。尤以伙食一項，原由各食店承包，雖經分配，惟桌位有限，且雙十節遊客衆多，機關團體及結婚宴會亦夥。供食方面，有吃飯時間參差者，就食人數先後不齊者，問題叢生，殊難解決。以後若有類似集會，應請各校調用本校事務人員，預爲準備，自行辦理，不特可以節省時間和經費，抑且能收「人」「事」簡便之效。

覺悟性的啟發

創造力的培養

——陶行知

警衛組

梁喬

誰都知道北平今年的雙十節很熱鬧，各種展覽，各項游藝，以及各個團體表演等，活動既多，各方來參觀的人士自然更形踴擠。在這個鬧熱場合中，治安秩序是人人迫切需求的。如果這工作有了缺憾，那就不但達不到大會的使命，而且每一個人的心情上，都可能留下一個「不愉快」的痕跡。我們不但要歡迎各界的來賓和觀衆，而且要保護他們不受騷擾的恐懼，才能配合大會的各方面。

一般人對治安工作的看法，都認爲待社會發生了亂子，然後用軍警的力量去鎮壓清剿，才是治安工作，其實我們以爲不然。我們的工作不是消極的等待出了事才去處理，而是積極的防患於未然。治安方面事先有周密的佈署，務使匪盜不能入境。消防方面重在平時的宣傳與檢查工作，務使家喻戶曉，共同防範，無使火警發生。秩序方面事先對公共場所參觀游覽的區域，妥爲設計，巡邏官警又能盡忠職守，則參觀游覽的人，當不會有破壞秩序的事情發生。衛生治療方面，更須在平時多注意環境衛生，家庭清潔，簡易治療，則可防止傳染病的流行。一切工作，只要平時做得好，臨時自然不會發生亂子，雖然如此，但爲應付臨時事件，亦須增強人力，以求萬全。今年的國慶日我們配合着各組的活動，可分以下幾點：

一 工作

（一）警衛

1.佈署：

（1）各鄉鎮留常備自衛隊四分之一，擔任各該鄉鎮重要地點的盤查哨。

（2）朝陽鎮自衛隊四個中隊，各派一班，共計四班，加强市區外圍勤務。

（3）市區內天生橋、何家嘴、壇香山橋、馬鞍石碉樓、大明小學分部、大明工廠、管理局、體育場、民衆會堂、鎮公所等十處，設有駐衛警，各銀行亦有願警保護。

（4）各種表演展覽場所，加派武裝便衣警員隨時巡邏。

（5）警察所閑班警員，隨時都有準備，應付臨時事變，如人力不敷時，朝陽自衛隊四個中隊，可參加工作。

2.任務：

（1）市區外圍自衛隊之任務：

「1」盤查可疑行人，嚴防匪盜，侵入區內。

「2」注意各警戒區域內之火警。

「3」配合警察加强防衛工作。

（2）市區內警察之任務：

「1」保護區內居民遊客之安全，嚴防匪盜案件之發生。

「2」配合各組協助維持市場及市街之秩序。

「3」交通方面車輛之指揮管理。

「4」街道及公共場所清潔之整理。

「5」火警之預防。

「6」傷患病人之救助。

（二）秩序

1.市容的整理：

（1）有礙市容之棚戶，全部遷移河街，重新劃綫打樁，恢復還原位置。

（2）市街門面不整齊或破濫者，督飭修理完善。

（3）各住戶國旗有破濫者，另製國旗換發。

（4）各花壇由北碚公園加以整理。

2.商場及市場的整理：

（1）商場進出口處，派警維持秩序。

（2）地攤及水菓攤之規劃，并派員警隨時督飭。

3.一般秩序的維持：

（1）市街行人秩序，隨時有巡邏負責。

（2）車船碼頭秩序，指定員警負責維持。

（3）協助整理體育場，填平低凹之處，取締一切障礙交通之建築材料。

（三）清潔衛生

1.市街清潔，增加清道伕四名，隨時整理。

2.全市陰水溝，一律檢查加以整理，并用清水洗滌。

3.旅食店廚房廁所及一切用俱，指定員警每日檢查一次。

4.全市實行大掃除，能掩埋之垃圾，則掩埋之，不能掩埋者則運至大濤填濤。

.實行家庭清潔檢查，家庭環境及用具之清潔，均加以指導。

6.各鄉鎮舉行家庭清潔比賽。

7.由婦女衛生人員訓練班組織四個救護組，專門擔任急救及简易治療。其救護工作地點及人員指定：民衆會堂二名，民衆體育場四名，北碚醫院門診部二名。

（四）消防

我們隨時在檢查各住戶的防火器材，及引火物的取締，燈火的注意，家庭儲水檢查等等，我們的主要消防工具——水龍，民衆消防人員是隨時有準備的。

二 檢討

以上是我們工作的概略、我們每一個工作完成之後，應該檢討其成敗得失，好的，我們應該留備以後作參考，壞的，應該如何改好，我們要提供意見以免今後重蹈覆轍。下面就是成敗得失的檢討：

（一）警衛

1.好的——在熱鬧的幾天中，還沒有匪盜案件的發生，一般秩序還好，還少有爭吵鬥毆的事情發生。

2.差的——我們還感覺得民衆會堂的秩序還沒有做到「盡善盡美」，對於遊客的服務——如介紹參觀遊覽，照顧船車轎馬及食宿，還沒有達到遊客的理想。

3.今後改進的意見：

（1）警力嫌其太薄，我們沒有充分準備出擊的隊伍，如果有意外事變發生，最好能有訓練良好，服裝整齊，械彈齊全的一個中隊或兩中隊準備出動。至於市區外圍十五里以內，盤查哨要密，一方面對自衛隊訓練工作上是一個學習，一方面加强了警衛力量。

（2）民衆會堂開放和停止的時間，都要有預定，而且希望能絕對準時辦理，以便維持秩序。

（3）遊覽指南以及大會各組活動的節目，均須事先印製小册子，員警人手一册，以便協助介紹說明。

（二）秩序

1.好的——一般的情形還好。

2.差的——旅館餐館人多擁擠，秩序不夠滿意，市容方面還未盡善盡美。

3.今後改進的意見：

（一）市街行道樹要補齊，街面同街簷石隨時要補修。

（二）旅館不夠支配，事先對黃桷金剛的旅館，應有登記，交通工具應預備妥當，務使遊客便利。餐館要夠分配（最好由公家或各食店聯合組織公共食堂，以簡單樸素清潔迅速為原則。

三 清潔衛生

1.好的——一般情形尚好。市容還看得過。

2.差的——各公共場所及廁所不夠清潔。這次的救護人員是利用衛生人員訓練班的人員，今後應該有一個長期的打算，平時將衛生人員編好，需要時隨時可用。

3.今後改進的意見：

（1）公共場所及機關團體，應指定專人留守打掃清潔。

（2）市區公共廁所及北碚商場之清潔伕，應交警察所統一指揮管理。

（3）各自衛隊救護隊，多係有經驗之醫生，凡參加演習校閱，均可制定區域編定隊組，令其為救護隊之服務。一方面可以加強我們衛生救護工作，一方面可以作服務之訓練。救護隊出發服務的時候，除對本身救護事宜應負專門責任外，并應檢查指定區域內之清潔（包括旅食店及住戶）。

宣傳組

高孟先

一、工作

（一）設計：負體育場，圖畫，標語，廣告，陳列……等之設計。

（二）製圖：由聯合國文教組織藝術人員辦理。

1.繪製八尺寬一丈一尺長之巨幅油畫四幅，其內容為游泳，擲鐵餅，兒童遊戲，婦女籃球。

2.尊貼大門紅布招一幅，為各種運動圖案畫。

3.繪製各種統計圖四十張，由民生公司統計室代製。

4.製作體育場表演場地圖一幅。

（三）佈置：

1.製指標牌三個，圖牌四個。

2.寫製標語五十套，計五百張，其內容如次：

（1）意志集中，力量集中。

（2）教育第一，建設第一。

（3）本期入學一二、〇九〇人，佔學齡兒童百分之八十七，一年內辦到全體入學。

（4）膀田防天乾，請種早稻。

（5）李述全一窩雜交猪，賣黃谷廿五石。

（6）民國廿八年繁殖白母猪五百頭，促成了全區猪支白化，今年增購榮昌母猪七百頭，繁殖雜交猪，全年可產仔猪一萬四千頭。

（7）布年產十萬疋，明年做到年產廿萬疋。

（8）擬增設改良鐵輪機六百台，迅速恢復手工織布業。

3.設計佈置司令台及各議休息處所。

4.陳列北碚地形圖，市區遊覽圖十張，於市區當道處。

1.聯絡新村房屋建築公司捐建體育場大門磚柱二根，（六立方尺）富源公司裝設磚柱上電燈四盞，並捐材料。

（四）編訂

1.協助編印北碚概況。

2.編製雙十節大會便覽。（另附）

3.聯絡各茶社坐訂報章，供人閱覽。

4.聯絡北碚日報出國慶紀念特刊。

（五）新聞：事前發佈雙十節活動新聞於各報，大會之日，聯絡北碚日報組新聞處，採編新聞，出版簡訊一期，計五百份。

（六）攝影：聯絡北碚七家照相館，分別担任攝製大會各項活動，分以下五區：

1.第一區——民衆會堂，兒童站，二中心校。

2.第二區——公園，農推所，女師附中，朝一校。

3.第三區——體育場，滑翔場。（自衛演習）

4.第四區——工藝展覽，（朝陽鎮合作社，新村房屋建築公司，北碚銀行）。

5.第五區：開放事業：博物館，自來水廠，大明廠等。

二、檢討

（一）製圖工作，得各藝術同人，日夜趕工，如期完成巨畫四幅，及錦標八十餘幅，於大會幫助至大。除對聯合國教育科學文化組織極表謝忱外，並對出力人員，各致酬金十元。

（二）體育場大門磚柱，由新村房屋建築公司捐建，自十月一日起至八日止，不分晝夜如期完工，該公司經副理，及工程師，督飭工作，精神可感。

（三）佈置司令台及平場地，事務組兩組長，及陳能訓所長，皆協助親督工作，特別辛勞。

（四）事務人員劉鏞基，羅繼禹，鍾炳高，幫助製錦標，張貼標語，日夜工作不懈，至爲難得。

獎品組

高孟先

一、工作

（一）勸募

大會爲使獎品經濟適用，特決定向各事業勸募捐款，統一製發獎品，玆將捐贈者列后：

1.捐款：北碚文建會三千九百元，民生公司三百元，天府公司五百元，富源公司二百元，中福公司縉村辦事處卅元，和成銀行廿五元，美豐銀行廿五元，豫豐紡織公司廿五元，遊覽專車二十元，仁義永二十元，熊明甫十五元，相輝學院五元，農民銀行五元，朝陽鎮合作社三元，合計四千零七十三元。

2.捐物：大明廠捐體育設備，計足球一套，籃、排球各三套，北碚綢布業公會白布二匹，新村房產建築公司大門磚柱二根六方尺。華昌、宏大、協興、義豐、北興、共紅布二丈二尺，富源捐電燈器材四盞。

（二）設計製作錦旗

題字	緞類	綢類	布類	題字	緞類	綢類	布類
健康	一	六	二	愉快	一	七	
智慧	七	一	七	至誠	一	四	二
創造	三	二	四	進步	一		

健與力	一	六	一	智仁勇	一		
神槍手			一	超養由基			一
精忠報國			一	養豬英雄	三		
埋頭生產	一	一	一	自強不息	二	一	一
自力更生	二		一	難能可貴	三		一
勞苦功高	一		一	刻苦耐勞			四
英勇奮鬥	一		一	百鍊成鋼	二	四	一
繩鋸木斷	一		一	水滴石穿			一
互助合作	三		四	共同創造	一		一
百尺竿頭			一	生活即教育			一
社會即學校			一	覺悟性的啓發			一
創造力的培養			一	改進農業經營			一
努力改良品種			一	努力增加生產			一
合計	三五	一八	四六	共八十九首			

（三）購製各種獎品

毛巾二五打，王雲五小字典四本，籃球四個，排球四個，足球六個，象皮球四二個，好學生鉛筆六二打，白貓牌乒乓七打半，影票、浴票各五百張，信封一萬，信箋三萬，辭源二本

（四）獎品分配

1.農業展覽——發錦旗六首，面巾十打，餘由該組自製獎品分配。

2.工藝展覽——發錦旗三首，餘由該組自製獎品分配。

3.游藝表演——發錦旗十二首，字典二部，面巾二十四張，鉛筆八打半，信封一千八百五十個，信箋六千八百張。

4.體育表演——發錦旗三十七首，面巾二十五張，鉛筆二打，乒乓七打半，永字皮球三打半，足球[illegible]個，籃球四個，排球四個，游泳票五百張，電影票五百張，[illegible]三千另五十個，信箋八千九百張。

5.成績展覽——發錦旗十九首，字典三部，[illegible]七十一張，鉛筆卅打半，辭源二部，信封二千七百個，信箋三百張。

6.自衛演習——錦旗三首，面巾十打。[illegible]

7.圖片展覽——美國新聞處，及健生藝專[illegible]，各照像館發面巾十一張，信封十一扎，信箋二[illegible]陳列圖片茶館四家，各發游泳票二十張，信封二扎，信[illegible]。

二、檢討

（一）大明紡織染廠，此次捐贈體育各種設備，如[illegible]。架子，均係日夜趕工製作，其所用之材料，非常堅實，工[illegible]，極認眞。

（二）此次製作錦旗全賴聯合國文教組織藝術組各同仁，因各員皆担任有學校或機關工作，日夜趕工，工作十分辛勞。

服務組

孫羨陶 譚炳臣 張善[illegible]

一 工作

（一）籌劃工作

九月十九，及十月一日，先後召開籌備會議兩次，按照左列事項分別進行。

1.分地設站：文聲書局，新江茶旅社，及汽船碼頭，各設服務站，以備來賓之詢問，及各方之聯絡。

2.調査食宿位置：第一步調査本市，及滬杭兩地之餐旅館

，第二步調查本市及新村等之空屋處所，以統計其容客數量。

3.訓練侍應人員：根據前項調查所得，卽約同店主茶役，指示其應行注意事項，如清潔衞生等。

4.檢查清潔：凡供來賓憩息及飲食之所，均舉行清潔檢查。

5.籌備物價：召集各餐旅館，及車船轎馬等各業公會負責人，開會商定價格，並製標牌。

6.聯絡解說人員：各事業機關之開放，及大會舉辦之各項展覽與表演，均由本組先行聯絡各該部份，派定解說人員。

7.洽開碚溫專車：商洽遊覽專車，及立信勉仁等校車，於十月八日至十一日開行北碚至溫泉之專車，自每日午前八鐘起，至午後六時止。輪流行駛，并定票價為每客三角，以利來賓之遊覽。

（二）準備事項

1.統計食宿地之容量。

住宿部份：北碚市街旅店八家，計房間一百四十間，舖位二百另五個，可容四百一十二人，又茶館六處，可容一百三十人，其他公共處所，及私人住宅，容客如下：兼善初中一百人，黨部二十人，女師三百人，立信一百人，大明小學二百三十人，警察所三百人，商場五百人，體林學會五十人，胡偷雄住宅五十人，楊桐成住宅二十人，李樂根住宅二百人，溫泉公園計舖位二百另八個，可容客四百一十六人，以上共可容客二千八百二十八人。

飲食部份：各餐館茶館，可佈置席桌如下，兼善五十桌，西南茶社二十桌，松鶴樓二十桌，蜀東食店二十桌，便宜方一十二桌，五福樓一十五桌，桃園酒家十桌，慶豐茶館一十五桌，樂天茶館二十桌，長江茶館十桌，泰豐茶館八桌，新江茶社十桌，以上共可設席二百另七桌。

2.商定交通費之價目：馬、包車、滑竿、木船價目（略）

（三）推行事項

1.交通方面：

（1）八日下午後，民生公司民聽專輪，由渝開碚一次，載運來客一百九十八人。

（2）九日起，北碚遊覽專車，調派四十二人座位之大客車一輛，每日定時行駛溫泉三次。

（3）八日向大明廠，借用卡車一輛，到重慶九龍坡迎接女師學院音樂系人員，來碚參加表演，於十一日租遊覽車專車送返。

2.旅食方面：，遊覽

（1）重慶市立師範學校，計來三百餘人分配住宿五元，

（2）民生公司子弟學校，計來十五人，分配住宿三元。館。、排球

（3）女師學院計來三十餘人，分配住兼善公司大門中。

（4）商務、大公、國民等報社記者，分配紅布二

（5）合川豫豐紗廠來碚參加工業展覽工程；分配住兼善。

（6）重慶豫豐紗廠職聯球隊，來十一十八善。

（7）民生公司職員，住鐵獄齋先生公

（8）重慶市政府職員四人，分配住溫

（9）重慶電力公司，及二十兵工廠女住溫泉與周人等住宅。

（10）天府公司之黃總經理、黃協理、杜礦長、劉課長等

,分任兼善與縉崗新村。江北縣戴議長任富源。

(11)各鄉鎮中心及保國民學校,出席表演人員,分配住地(表略)。其伙食亦由本組洽定各餐食店分別承辦。

(12)女師學院人員伙食,由本組洽定由女師附中代辦。

(13)其餘來賓用膳,多在兼善與松鶴樓兩處。

3.導遊方面:

(1)九十兩日各方來賓,多在會場參觀各項表演。

(2)九至十二日,引導個別及團體來賓如次:引導相輝教授,張默生先生等參觀農展。引導民生公司,鄭主任祕書等,參觀公園農展,及博物館。引導各報記者,參觀各項展覽會。引導女師學院人員,遊覽溫泉,並參觀博物館等處。

4.聯絡方面:

(1)聯絡各事業機關,派定解說人員。

(2)各方來賓,因多未與本組接洽,恐不便預計遊程,及有覓住地之困難,特於會場數次廣播各項展覽之地址,及溫泉剩餘之房間。

二 檢討

(一)準備部份

1.表演節目及展覽內容,事先未及蒐集,以致無法排定工作。今後如造起一種活動,服務人員,應將有關各項材料準備齊全,以備臨時實施,并將大要四處張貼,俾遊客明瞭,方易控制遊程。

2.服務人員之標識,應注明其性質職務,期使來賓一見即知,便於聯絡。此次僅為組長組員等字,似嫌不足。

3.服務組辦公地,應以接近大會場為宜,但應有顯明之標識,其他各服務站亦同。并應於各交通要點張貼指引之客人明瞭有此設置,易於接洽。

4.管制物價,不止於交通旅食數項,其他如本地出產,均應注意,此次溫泉麵,臨時提價,亦屬不合理之事。

5.服務組辦公地,及各服務站,暨交通要道,均須張貼服務要目,遺趣客人職緒。

(二)推行部份

1.此次因雨,導遊工作未得展開。

2.會場因雨臨時變更地址,致工作人員忙碌雜亂。

3.聯絡人員,因準備工作不甚充實,致臨時無頭緒。

4.此次工作成績較為完善者,為交通及旅舍兩部份。

綜查本組此次工作成績未合理想者,一則係因臨時天雨,再則事前各部門趕辦不及,以致在聯絡無法充分準備,而於臨時難免不有「亂與閒」之現象也。

大會應該改進之總檢討

盧子英

一 一般的

1.我們尚須養成一種美德,就是凡工作要事前計劃相當周密,「未行兵先謀敗路」,總不讓他有萬一的失敗。

2.組織太不夠嚴密,不夠科學化,軍事化,以致控制時間,嚴守時刻,都成問題。

3.大會該是一個極其靈活的有機體,有如生理組織的有機體一樣。

4.大會有的辦事人,思想意趣不夠,缺乏靈魂,以致缺少靈感與精神，故活動欠成效。

5.秩序該早安排，從容安排，不可臨渴掘井。

6.大會對於天候之「晴轉雨」或「雨轉晴」，該先有假定的方案，以應付任何變遷，也算是一種組織的訓練。

7.大會對雨天如何辦，竟皆存僥倖心理，未預定出天雨順延等確切方案，算是最大的弱點。

8.一切展覽表演等事，不宜貪，應當以求精爲第一義。

二　服務組

1.招待照料遠處來賓，該分工合作，多用精神少用錢。

2.代客定房間，應用科學管理，合理聯絡，毋讓房間浪費，而來賓又竟有找不到房間者。

三　集會組

1.大會的司令台須儼如一司令部，一羣首腦人都要集中該處，各團體代表亦該如此。

2.司令台應有各業專家，以資顧問與專門研究。

3.司令台應有專管情報之機構與人員。

4.司令台應有各種傳達與聯絡辦法，事與人的交通，極其正確迅速。

四　展覽組

1.對各種展覽之觀衆，應無形編組，然後介紹展覽事物，則可更有效率。

2.工藝展覽應該（1）集中（2）有綜合性，樣樣都要更有趣味（3）先預展品評之後，調整完善再正式開幕。

3.中小學成績在國文等方面，應該（1）逐週選拔，用壁報方式陳列出來（2）再轉北碚交日報，固定篇幅發表，稍可供各級學校作文等參考。

4.各校手工以作日常應用物品，供應社會需要，並可義賣捐助事業，補助清貧學生。

5.各校圖畫題材，宜與地方建設或國家建設問題配合。

五　體育組

1.表演，在各校準備者，應早爲安排。應注意如何避免重複，尤其單調的重複。

2.表演應該先預賽，而後在大會出場時作決賽。

3.各種節目，應時時刻刻準備萬一之修正，應該是：第一有秩序，第二又能應變。

4.體育表演最好是一天辦完，平常的節目，不妨幾種同時出場，但裁判人員應早多爲準備，以防臨時不敷。

5.體育表演最好的節目，應該逐一演出，但宜集中一個最好的時間辦（人羣集合得最多之時）。

6.體育表演，好的節目不妨重演最精彩處，以便拍照活動影片。

六　遊藝組

1.游藝表演場所宜多，並義賣入場劵，捐作社會救濟，如九二火災等用。

2.遊藝或電影中穿插之魔術，時間宜縮短，不宜過場太多。

七　演習組

部隊檢閱，應利用最快之時間實施，如天候無把握，則該先行比賽，甚至單行檢閱。

肆 附錄

國慶活動集錦

北碚日報

北碚各界紀念國慶 於日前舉行籌備會

（本報訊）此間各界，擬借雙十節機會，施行民教，增進人羣樂趣，決定作幾種有意義的活動。特於日前舉行雙十節紀念大會籌備會，議決活動有下面幾種：（一）展覽會，內分：甲、北碚物產展覽，包含農林，家畜、工藝、礦冶各項。乙、學校成績展覽，中學及國民校均參加展覽。丙、美術展覽，於書畫展覽之後，即接着開菊花會。（二）運動會，一為各中小學球類表演賽，一為各中小學團體操，國術或團體表演。（三）游藝會：一、電影分兩處放映，一在民衆會堂整日放映，歡迎各團體，一在體育場晚間露天放映，歡迎民衆。二、播音：以民衆會堂為中心，轉播於北碚全市。三、話劇：選有意義劇本，斟酌公演。四、歌舞：聯絡中小校學生舉行音樂會或舞蹈會。（四）自衛演習：舉行軍事訓練演習，及舉行會操檢閱。（五）民教活動：一、參觀：甲、當日各專業機關，一律開放展覽，陳列其業務上之標本圖表。乙、各專業機關，均編印概況。二、全碚有關重要業務或數字，應用各種方式向民衆向社會介紹。對於以上各種活動，均議定專人負責，並分頭籌備。這一廣大的民教活動，將來對社會可能因互相觀摩，而引起相互影響的作用。（九月廿一日）

民衆體育場將改觀 刻正趕修入場大門

（本報訊）北作民衆體育場，即將熱鬧起來，該場之外表，不日內也就可以改觀了。因為民衆體育場與本市街啣接，對體育場的大門，甚為重要，因此本市新村建築公司，以熱心公益事業，勇於服務人羣，所以特設計修建球場大門的磚柱，全部材料及監工等，均由該公司捐贈。該公司已於日前開工，現在日夜趕工修建中，短期內即可完成。該門磚柱上將安置電燈二盞，所需之電器材料及安置工作，均由富源公司捐贈。開來該盞所需之電，亦由該公司捐贈。此間社會人士聞訊，皆大歡喜，對該兩公司之義舉，均表欽佩。

（又訊）門柱上之北碚民衆體育場題字，已請書法家謝无量教授書題。

（十月二日）

體育場上一片忙碌 拆卸房屋擴大場地

（本報訊）今年國慶日將屆，北碚各界慶祝大會中，將有各學校之體育表演，北碚民衆體育場上，將有一番熱鬧的氣象。為了要使各種體育運動，都能在體育場充裕的表演，此間民衆體育場管理人員與管理局建設科正在計劃各種球類運動，器械運動，墊上運動，及各學校與來賓等面積地區之劃分，及積極佈置各種需要，為了增寬體育場的面積，已決定將體育場東面之房屋拆卸遷建。刻已動工多日，由警所陳能訓所長監督拆卸工作，並由本市大小力幫連日趕工辦理，天剛報曉後，即努力工作，準備在雙十節以前，將該區房屋拆去，平定場地，以便在雙十節中應用。此間各界對渠等熱心服務，淯蘊羣衆；咸示感激。（十月三日）

梁漱溟先生演詞紀要

今天是北碚各界慶祝卅八年國慶的大會，回想卅八年前，革命先烈把大淸帝國推翻，改成中華民國，幾千年相沿之皇帝制度於是結果，中國才是全中國人民的中國，不再屬於一姓一家，這眞像開天闢地一樣，了不起的大事情。但可惜卅八年前中華民國雖然起了頭，而經過卅八年到現在，建國工作並沒有完成……只是起了一點頭而已。在這三十八年中間，我們總難得到幾天的安定，一邊是帝國主義的侵略外邊作怪，一面是自家人打仗，大大小小的戰爭接連不斷，這樣子就無法有建設，有進步。雖說是民國人民爲主，而大多數人民，依然飯吃不飽，生活水準很低；大多數人民受不到教育，文化水準很低；自己看了可慘，人家看了可憐。所以當此開國紀念日，就使我們想起怎樣快快完成建國工作。

怎樣建國呢？第一、要確定理想目標，就是確定我們要建設甚麼樣的國家，第二、要弄淸楚前途路綫，沒有弄淸楚路綫，便達不到目標，第三、要安定。不安定則任何建設不會有，第四、要全國人通力合作。安定是進行建設的根本，而合作又是得到安定的根本，排斥了任何方面，便不得安定。安定是在合作之下得到的。

以上這四個條件，爲建國所必需。中國是我們大家的中國，建國就是我們大家的事，人人應該盡心，人人應盡力，如其只是能力不夠和年紀尙小，也應該關心這件事情，注意這件事情，學習着去作幾件事情，這是應提醒在座大衆朋友的。

會場花絮

大洋豬招搖過市

三歲約克豬，重六百餘斤，係坐「八人大轎」抬往農推所，當「招搖過市」時，市民數百，前呼後擁，頗極一時之盛。

農推所參觀人衆

農推所陳列兩縱橫式點植麥子豆子，並有職員當場解釋前者缺點，後者優點，故參觀者特多，獲益也不淺。

玩魔術超前懼後

阮振南君於民衆會堂表演魔術時，後座觀衆，似擬窺其秘密，羣奔台下，竚立而觀。雖被視綫被阻之觀衆噓噓叫讓，亦置之不理，殊有未合！

玩具攤生易不惡

托兒所陳列之玩具作物，樣式新穎，意義深刻，故參觀者，無論男女長幼，愛不忍釋。當場訂購各式玩具者，甚不乏人，如售價酌予減低，當更能普及也。

小天使四佈人間

福利站和托兒所，集有小朋友百餘人，昨日全着白上衣，淡藍褲，或嘻或笑，或歌或舞，盡情娛樂，使此人間世界，充滿一片和煦氣象。

小學童巧編草帽

朝陽第一二中心校，展覽全局屬小學之成績，眞是琳瑯滿目，美不勝收。惟觀衆嘆賞不絕，厥爲草帽草鞋，背簍籮筐。蓋農間小學，尤宜幫助其生產技能，易獲溫飽。

全北碚一片歡騰

昨日大會活動開始，旣是禮拜，又値場期，故參觀者特別擁擠，各個活動場所，莫不聚滿人羣。廣場街路，人浪起伏，雀躍歡騰之聲，此伏彼起，熱鬧之勁，實爲北碚空前未有。

笑哂哂鬍子可愛

給獎時，模範農友十六人，一一登台，除一着西服外，餘均藍布長衫，持雨傘，戴斗笠，不失「鄉巴佬」本色。當梁漱溟先生發獎時，一白鬚老農，接得藍布獎品後，眉開眼笑，頻頻點首。一付詳睦面孔，使人倍感農人天眞可愛！（志堅）

北碚國慶日前夕

十月十日 大公報

舉辦各種活動三天
節目有展覽體育表演等

（本報訊）北碚管理局爲慶祝國慶，特於九、十、十一、三天舉辦各種活動。其中包括展覽，體育表演，游藝、自衛演習等項。因此，日來驟增熱鬧，街上行人如織，各個旅棧都告客滿，其中有親駛小車來碚，因找不到住處，無可奈何地原車回重慶來了。

（本報訊）北碚管理局舉辦各項活動，其目的爲：（一）促進國民經濟建設。（二）推行國民教育運動。並結各項表演比賽，以求進步。所以北碚各界對此甚爲重視。

（本報訊）北碚舉辦的展覽會分下列幾部份：（一）兒童福利站業務展覽：分爲兒童玩具組，兒童飲食組。（二）美術展覽：有名家作品多幅，徐悲鴻畫的馬，傅抱石畫的山水，都經搜集陳列。（三）農產品展覽：佈置最爲別緻精彩：大門是用稻草紮成的兩支巨柱，門楣是以紅苕及苕藤綴成。進門懸有兩個大絲瓜，儼若燈籠高掛。裏而張着各種農產品和圖表，對於農業推廣所歷年工作情形均有統計。（四）工藝品展覽分爲紡織工藝、建築工藝、小手工藝、食品工藝等項。（五）學校成績展覽：分爲小學，中學兩組。小學組有四十餘校參加，中學組有五校參加。小學組的展覽品，以大明小學學生所製的玩具最爲精緻。中學組以國立女師院附師附中的勞作品及圖案畫最佳。（六）美國新聞圖片展覽。

（本報訊）北碚昨天舉辦體育表演，各中小學參加表演的共有兩千人。其中以朝陽中心校的團體操最爲整齊壯觀。他如農村舞、新疆舞、表演精彩，獲得不少掌聲。

（本報訊）北碚農產品展覽，昨天已評定了各種成績：茲誌各種參加展品的第一名名單如次：（略）

（本報訊）北碚管理局主辦的北碚國慶展覽會，昨日卽已揭幕，昨日午後的第一個節目：體育表演，參加單位計小學六十三所，大、中學十所，各項體操表演完畢。下午三時是球賽，第一場相輝對北碚隊，第二場兼善中學對勉仁，表演精彩，觀衆十分擁擠。又：昨日起北碚空前熱鬧，街頭熙來攘往，北碚電影院上映「紅袖傾城」。擠得透不過氣，連第一排的票都一賣卽光，中間及兩旁的人行道上也站滿了人。昨晚七時的票，於下午三時卽已賣光，北碚，雖然穿上了秋裝，但他還是一個春天的景色。

如何解決社會問題
盧子英對記者發表談話

（本報訊）記者昨天到北碚參加盛會，晤見管理局盧局長子英，他向記者發表談話說：「日前管理局的工作，是縣單位的建設，爭取對廣大社會的貢獻，設法幫助探討解決社會問題的辦法，最好是能求得一個答案。但是根本之點是賴於和平統一之後，走上建國大道，才能澈底民主化，工業化；才能夠解決轉移人口，轉移職業，並提高職業水準，提高生活水準，提高文化水準。現在我們作的是救急的，所以不免是枝節的。當前努力的是經濟建設第一，基本教育第一，共同提高民衆生活水準，提高文化水準，先掃除文化盲，繼續掃除文字盲。目前推行的具體工作有五項：一、基本教育，二、經濟建設，三、自衛組訓，四、保健工作，五、自治建設。五者相互為用，互為因果，五位一體。用教育為首先發動，用一般的所謂生活即教育，社會即學校，做學教合一，即知即傳，即知即行即建設，羣策羣力來推動。同時周圍的事業和各界人士所幫助我們的，比我們努力估的多，眞是人助多於自助。可惜我們太幼稚，辜負了很多幫助我們事業的人，和當地的老百姓，今後更希望多得各方面的教正。基本教育有辦法，一切都可訴諸投票，文化水準也能夠擇制度，所謂土地問題，也輕而易舉的解決了，也是工業化的前奏。這也差不多成為一種稍有常識的人迫切的要求，也就是所謂的順乎天理，應乎人情，適乎世界潮流，合乎人羣需要」。

雙十國慶在北碚

新民晚報

五天展覽觀者潮湧
一條大猪約六百斤

（本報北碚通訊）北碚各界聯合慶祝雙十國慶，紀念儀式，於十日上午十時在民衆會堂舉行，到梁漱溟、盧作孚、徐思平、許逢熙、黃雲龍等。大會由梁漱溟主席。梁氏提出建國四大目標：（一）確定理想目標，（二）認清前途路綫，（三）要安定，（四）要合作。大會預訂的若干活動節目，於九日上午次第展開，內有物產展覽，工藝展覽，中小學成績展覽，美術展覽，美國新聞處圖片展覽，體育表演，游藝，自衛演習等。昨日自晨至晚，大雨如注，致使以民衆體育場為表演中心地的許多節目無法舉行。今年雙十國慶紀念日在北碚，是空前未有的熱鬧，重慶來北碚遊覽觀光的也特別擁擠。八號那天兼善公寓一，二兩院即告客滿，餐廳飯館的生意更是應接不暇，街頭停滿了吉普車，小轎車。民生公司特開專輪來碚，十日並往來於北碚溫泉之間。北碚溫泉專車亦增設北泉遊覽車，每票二角，凡在九、十、十一，三天購票者，即可免費沐浴。民教電影院自九日起，每天放映四場，一，三兩場為「世界運動會」，二，四兩場是「紅袖傾城」。民衆會堂安置於市區中心的播音機，整日播送音樂及活動節目，對江夏壩亦清晰可聞。惜天公不作美，昨天（十日）終日大雨，全部體育表演節目與一部份游藝節目都未舉行。三千名自衛隊員的自衛演習，在滑翔機場冒雨舉行，精神令人感佩。北碚公園內農林推廣所的農產展覽部門，前往參觀者絡繹不絕，截至昨日午後六鐘時，已有七千餘人，其中多為學生與農人。農產品展覽中最使人注意的，是重約達六百斤的三歲約克猪。今晨（十一日）天仍大雨，全部體育表演已決定停止舉行，重慶遊客多悻悻而返。

國慶節日在北碚

商務日報 通訊員方金監

八號的旅館已掛上「客滿」，九號的早上從八點鐘開始，市面已被人塡得滿滿的。美國新聞處，電影製片廠，本市照相館，都派出人在各處攝取鏡頭，這小都市頓形熱鬧起來，打破了它幾年來的寂寞。

街上設有國慶服務處，便利遊人訊問，街頭有本市平面圖，指引着遊客，美國新聞處也參加慶祝國慶，臨時找了四個茶館，展覽新聞片，晚上在民衆體育場放露天電影，歡迎市民。

物產展覽，有紡織，手工業，染料等，都分別在各處設立展覽處。

書畫展覽，則設在美豐銀行內，有古今書畫，及金石篆刻等。

成績展覽，設在附中，內有本區彙中，立信，三峽等校。鄉村保國民學校，亦分設朝陽鎮第一、二中心國民學校內聯合展覽。

農林館，博物館，人文館，均全天開放，並免費供人參觀漢代之名貴「漢洗」。

九點鐘民衆體育場，聯合體育表演，計分二組，學校組分大中學組，單位有相輝及立信學校，小學組有全區中心校及保國民學校，兒童福利所，社會組則爲市民及公務人員等，表演節目異常精彩，表演人員的年齡，有最高到三十歲的成年，最小的小到四齡，眞是表演奇觀。

民衆電影院特別獻映兩部巨片，「世界運動大會」及「紅袖傾城」，每場放映前有魔術及小學生歌舞表演。

魔術表演員的手中，變出了一面書着「慶祝新中國」錦旗的時候，全場掌聲雷動，狂聲高呼，興奮情緒已達頂點。繼則由一位女演員表演「和平天使」，她用額角堆上高及三層的和平之塔，再燃上四盞和平之燈，使人們的心不覺也走入另一平靜境界，好像大家都不知世上還有戰爭這回事情。

到了雙十這日，除與九號同樣外。更加上了女師學院音樂演奏會，和全縣的民衆自衛隊大檢閱，這更增加國慶日的壯觀熱鬧。

惜乎天不作美，從國慶日開始一直到今天，都下着雨，原訂的展覽表演等都是三天，從九號到十一號完結，可是因雨——下，體育表演就不得不停止了。衛生院的衛生展覽，公園的各種耕牛展覽，却被遊客帶去了泥水，也沒有第一天的清潔了。

不管雨是如何的落，人的心却永遠是在活躍着，都不願捨掉這一年一次的盛會，茶館飯館的夥計更是在奔忙不息中，度過了這難得的節日。

（十月十日晚）

從北碚的農展說起

商務日報社評

北□管理局從國慶日起舉行農產展覽，其展覽內容計分農村經濟，土壤肥料，作物，園藝，森林，畜牧獸醫及蠶桑等七組。在農村經濟組裏面有：北碚管理局農業概況，歷年扶植自耕農工作概況，三十八年農業貸款分類統計，以及推行土地政策實施概況……等圖表。在土壤肥料組方面有水土保持，間作輪栽等模型，以及果樹施肥法，骨粉介紹等。至於作物和園藝組陳列的則有改良稻麥種，南瑞苕和香蕉……等。森林組主要陳列品爲「張氏油桐」。畜牧獸醫組內體重五五八斤重的雜交猪，以及優良雞，鴨，鵝，種的陳列。在大局動盪，局勢緊迫的今天，全國各地以及各種方面都呈現亂紛紛的景象，惟獨北碚尚有此種關於農業建設的展覽，眞值我人欣慰！

原來農產展覽的主要意義是在起示範作用，而這種示範作用又由次述兩方面內涵所組成。其一係屬某一地區經過農業以及農民生活的積極改善之後的具體成績。其二則是某些良農畜品種和經營管理方法引入前的介紹。而此次北碚農產展覽則兩趨意義都包涵在內，其實綜觀我國歷史所舉辦的農產展覽，大都屬于此種類型。

這次北碚的農產展覽，導引致我國農業乃至農村建設尚以，下幾項比較嚴重的問題。我們特別提請當局注意及之：

我們是一個農業國家，因爲大多數人都在土地耕作上覓求生活，遂致農業成了集約經營。在集約經營的情況下，農人不獨重視主產物的收獲，就副產品也同樣重要。比如在北碚推廣的「中農二十八號」小麥，其產量豐，麥桿健壯，抗風力極大，正因爲如此，麥桿就不可能織作草帽辮了。因此，農家的副產物收益就受到損失。然而這種副產物收益，在當地農家也是主要收入之一，是則主副產物收益之比較，以及換種優良品種收益與栽植原品種收益的比較，實有予以縝密研究之必要。又如推廣南瑞苕，因南瑞苕藤短小，不足充作養猪飼料，致使農家須得另外覓求猪的飼料。兼之南瑞苕須土壤肥沃栽培，而其行株間之距離較遠，故種植時須費較多的時間與勞力，是則所得能否償失，又是值得注意的事。

其次是由於深受新花樣之苦的農村人民。對當局措施，有如驚弓之鳥，處處疑惑，尤其農事作業影響其家庭經濟者巨大，故其對新農業技術與優良品種的接受，實在未敢輕予嘗試。而北碚管理局爲了推廣優良品種起見，乃規定：「凡是採用改良品種者，如其收成不及舊有品種，其差額由管理局負責賠償。」這種辦法實有表揚與發展之必要。因其一方面可使主管當局在無把握之前，不敢貿易從事，其另一方面可使農民獲有接受新方法新品種的保障，使推廣工作得以順利進行。是以當局設使今後推廣有關農業新技術，新品種時，事先縝密研究其確能使農家收益增加者，應該採行上項辦法，否則責備農人蔑守成法，不圖改進的說法，都是不着實際的囈語。

第三是關於畜牧獸醫之推廣，姑無論其爲新品種推廣，管理飼養技術之介紹，獸疫之防治……等，都亟應注意及於農業社會下農村經濟的客觀條件之配合。比如一種新的獸疫治療方法或畜牧管理飼養技術，姑無論其如何合符科學原理，如果農家採行結果是得不償失的，一定推廣不開。

最後是北碚「張氏油桐」的推廣結果，成績異常優良。原發現改良該品種的弫博和氏打算今後盡量繁殖，并租用或收買荒山計劃，發展十萬株桐林，并附設榨油廠。這種高瞻遠矚的見解，是值得重視的，政府對於這種類似事業，應積極扶助之。因爲此種導使農業走向工業化途徑的做法，正爲今日以及今後中國經濟建設之所必須。同時當局今也唱工業化，明也唱工業化，這種具體而微，且能配合國家社會經濟條件以發展的建設事業，實有發揚與扶助之必要，政府萬萬忽視不得。

北碚慶祝國慶大會觀禮

國民公報記者何才衡

北碚，重慶郊外的一顆亮晶寶石，無論從任何一個角度來看，它都能惹人愛戀，博人青睞，正如有人形容它是「一個端莊淑靜的處子」。今天，山城的市民及合川等地的人們，都趁着這雙十節日興緻僕僕地到了北碚，餐館滿座，旅棧客滿，據一個不太精確的估計，遊客已在三千人以上。北碚當局爲了便利他（她）們去溫泉遊覽起見，特自昨（九）日開行交通車，往返北碚北泉之間。

今（九日）晨陰霾掩蓋着大地，籠罩了北碚，密密麻麻的雨絲，在瓦屋上碍出了輕微的低鳴，看樣子這個慶祝大會勢將被逼「因雨順延」。幸好在上午七時許，雖濃雲依然，而雨絲卻沒有了，人們臉上的愁容，也隨着天候的轉變，被欣喜的顏色淹沒。

民衆體育場上搭蓋了一座司令台，台前掛着一幅慶祝大會的紅底白字橫額，在橫額的兩旁，一邊寫着「意志集中，力量集中」，另一邊大書「教育第一，建設第一」。體育場四週豎立着好幾幅運動油畫，把整個場地襯托得益見情緻清新，觀衆緊緊實實地在週緣上扎成了一堵圍牆。司令台側的麥克風控制着全場的空氣，由各鄉鎮趕來的農家小伙子，情不自禁地以好奇的眼光朝着它發獃。

今（九）天的慶祝大會係由兼善中學校長張博和主席，他在致開會詞中說：今天是體育表演開始，希望各校儘量表現自己的成績，在有意義的道德的原則下，互相競爭。接着便開始體育表演，表演的節目有團體操，跳箱，舞蹈，響鈴舞，西藏舞及單槓等，在許多的表演節目當中，女師學院附中的舞蹈迎得觀衆們一致好評。

在大會的活動當中，展覽佔住了一個不輕的法碼，計分農產展覽（另文報道），工藝品展覽，小學成績展覽，中學成績展覽，美術展覽，美國新聞圖片展覽等六項。

工藝品展覽中有紡織，建築，小手工，食品等四種工藝品。在紡織工藝品裏，有豫豐紗廠北碚辦事處的花紗，有大明紡織染廠的「大明藍布」，及棕蔴麥草等細織品。天鑫火磚廠的耐火磚瓦是陳列在建築工藝品裏的，標簽上寫的飄着耐火最高攝氏一千七百五十度。小手工藝品中所陳列[illegible]品，不僅是北碚的土產，也可說是北碚的特產，裏面的，心電，石磨及石臼這些東西，都是用峽石作成的，在抗戰勝利後的時候，很多下江一帶的人，會特地攜着還鄉。當人們在參觀食品工藝品展覽的時候，寶源煤礦公司附設的寶藏農場所出產的葡萄美酒，會領略到「饞涎欲滴」的滋味。

小學成績展覽及中學成績展覽，分別在北碚朝陽鎮第一、二兩中心校和女師院附中高中部舉行。展覽的項目，有行政學績，學生作業成績，壁報，習字等等，從這些展覽當中，可以看出每個學校的經濟狀況，以小學來說，大明小學在這次所表現的成績，有些地方的確出人意料之外，令前往參觀的人們，無不同聲叫絕，而掛圖中的「常用字易錯圖」，載譽尤多。

美術展覽的內容有國畫，西畫，書法，金石，木刻各種，陳列着的作品有一百七十餘件。作家有李流丹、傅抱石、徐悲鴻、吳作人、任伯年、于右任、朱藝僕、梁白雲等共六十餘人。這事實上可以說是一次難能可貴的展覽。

（十月九日夜於北碚）

北碚的農產展覽

國民公報

最大的雜交豬重五百餘斤

有一隻鵝重達十四斤四兩

（本報訊）最近，人們的生活水準在逐漸降低，尤其是「日出而作，日沒而息」的農民困苦，很少有餘力來顧到改良品種，增加生產等問題了。

由於時局影響，和人事問題，各地所呈現出來的一切，也就是千瘡百孔，因陋就簡，給人們沒有一絲兒新的感覺。北碚雖然也是時局影響下的一環，但是，因爲有人事上的和睦，時時刻刻地在克服困難，改善環境的結果，令人對現狀的一切會泛出清新之感，也正如他們自己的工作目標：「教育第一，建設第一」。

這次北碚各界慶祝三十八年國慶紀念大會中的各項活動，

農產展覽表現出積極改善農民生活的具體成績，博得了參觀者一致的好評，這次展覽的內容分農經，土壤，肥料，作物，園藝，森林，畜牧獸醫及蠶桑等七組。

農經組裏面，雖然只是一些「北碚管理局農業概況表」，「歷年扶植自耕農工作概況」或「三十八年度土地貸款分類統計圖」等，但其上所填的數字，和闡釋的比較的情況，都是絞盡腦汁，流過熱汗後的紀錄。例如推行土地政策。比如說，當西南長官公署，還未命令實行農地減租以前，北碚管理局為了改善租佃關係起見，便實施了農地減租辦法，因此，在各地減租保佃問題叢生之時，北碚卻推行得異常順利。雖然在順利中仍有少數的土豪劣紳不遵政令，但究竟是「少數」，不久他們那橫行的姿態，終於會乖乖地屈服就範。

如何保持水土的模型，間作式輪栽模型，果樹施肥法，及骨粉介紹等，都陳列在土壤肥料組裏，這些模型和方法，並不祇是「模型」，祇是「方法」而已，事實上北碚農村，正是同陳列室一樣地在保持水土，在施肥果樹。

作物組裏面的改良，水稻品種改良，小麥品種及南瑞苕與土苕的比較等等，據一位實際生活在農村裏的老者告訴記者，這些改良品種，已經在北碚鄉鎮起了很大的作用。最初推行改良品種時，北碚管理局確煞費苦心，因為保守的舊習已成為人們的通性。造成這種「通性」的因素，概括起來講，也不外人為的與自然的，所以，無論任何一樁有利的變更，苦難已久的農民們，如驚弓之鳥，再沒有勇氣去嘗試一下。北碚管理局為了推行各種改良品種起見，首先必須給每個農民心理上的安慰，這安慰的有效辦法便是給予事實上的保證。管理局規定：凡是採用改良品種者，如收成不及舊有品種，其差額由管理局負責賠償。這樣一來，局屬各鄉鎮農民競相採用，農作物的產量因而倍增。可是美中不足，改良後的品種有它的優點，也有它的缺點，如「中農二十八號」小麥，產量雖然增多了，可是因為這種小麥的麥稈粗壯，（可禦暴風），不能織作草帽辮，所以副產品就導致了損失。南瑞苕的產量雖多，但苕藤細小不夠豬食，而南瑞苕又必須用肥土栽種，每株之間應有距離，所以栽種起來頗為麻煩。品種改良之後，管理局又教導他們撲滅蟆虫，土蠶及黑穗病等。

香蕉陳列在園藝組裏最惹人矚目，它雖然是熱帶性植物，經兼善農場主人張博和先生苦心移植北碚後，現在已獲致了預期的成果，這次趁雙十節來北碚的遊客，很多都跑到兼善公司去買上一兩斤。

森林組所陳列的，主要是「張氏油桐」。這種油桐因為是張博和先生發現後加以改良的，所以命名為「張氏油桐」。這種油桐的特點有：（一）含油量多，約百分之七十，普通油桐的含油量，最多僅百分之六十而已。（二）產量多，每顆含有三十四粒，每株桐樹可收桐籽一市石，而普通桐樹每株最多祇能收三市斗。現在張氏油桐已栽有二萬株，每年產桐籽為一百二十市石。據張先生說：今後準備盡量繁植這種油桐，並打算租用或收買農場附近的荒山，計劃發展十萬株的桐林，並擬附設榨油廠。

這次農產展覽中，幾頭大豬，鵝，和奇穀，地瓜等，最逗人好感。展覽中最大的一頭雜交豬，重五百五十八斤。有一隻鵝重十四斤四兩。另外陳列的鷄、鴨、蛋的體積特別壯大，這在重慶客的眼裏，無不表示驚訝。

北碚是一個風景區，也是一個文化區，在遍地瘡痍的時候，她不但沒有蕭條，反而加倍地在困苦中掙扎着前進。農民們雖然脫不了「苦」字，但在矮子羣中可算高人了。北碚農村的安定與進步原因，主要是沒有徵丁所致。每次出徵的壯丁，都是由北碚所屬各廠礦，士紳及富戶出錢招募。這樣，各鄉鎮的農人們能安心耕作，農產品也就不致有減產的現象，生活既安定，便有餘力從事增產和改良品種了。這次的農產展覽，連日前往參觀者絡繹不絕，據非正式統計，約在七千人以上，要不是天雨，也許還不止此數，眞也算得是一個盛況。

在北碚找到了希望

大公報記者 楊建恆

從回到重慶起，就想去北碚看看，直到昨天因爲參加北碚慶祝雙十節大會，到北碚才算了了心願，它已經跟十一年前我第一次參觀的面目完全兩樣。

層峯叠嶺

車入時左右出小龍坎，雨已漸漸止。處處炊煙，濃霧壓山，一派淒迷景象。雨，是增加旅人的心底煩惱，但對於一個久在城市中生活的人，他的生活很複雜也很單調，過久之後，心靈裏儼然也堆了許多塵灰，就像車輪沒有了油滑潤，也像沒有了甜味的橡皮糖，一點沒有味道。如今讓車子載着我在層峯叠嶺間飛馳，投身於一片空靈中，我感覺性靈的飄逸，也覺着無限的生意和勇氣，在心底再生。

車在青木關停了，這是我早就知道的，心裏有準備，所以也不急燥。但是我不知道車子在這裏停留十多分鐘有甚麼意義。據說，車子在這裏停留是爲的檢查，但我看到的是下一個人，某方面人物送上三個人來。此外，小販在這裏賺一筆錢。

十時過，路漸平坦，梧桐夾道相迎，由於早就聽人們說北碚的建設情形，我直覺的判斷北碚到了，事實也沒有錯。

展覽和表演

舊地重遊，但由於北碚的改變太大，完全陌生。但是這地方的幽美馬上吸引住我，街中的花園，處處綠樹中的人家，南京的新市區也比不上它。還有一點，北碚很雅，它有都市的氣息，却沒有都市的塵俗和繁囂，它有鄉村的情調，但它的文化水準相當高。

整個爲紀念國慶舉行的展覽會分六個部門，記者走馬觀花的看過大部分展覽，最充實也活潑的，要算兒童福利站。許多事情如日常生活，吃的東西，都很具體的表示給觀衆。成績展覽中有兩點値得提起，一是勉仁中學的日記，都須先生仔細批改，不像一般學校應付了事。另是女師院附中的完備。她們的歷史地圖引人低徊往事，女學生倒少縫紉之類的東西，却有女人手下的細緻玩具勞作，小箱子衣架都很精雅而且實用，門前的兩張壁報尤其顯得富麗堂皇。農展場用玉蜀黍作成的字，用苕和苕藤作成之門檻，用稻作成的門柱，一對燈籠式的苦瓜使人發生非常强烈的印象。大大的約克猪躺着，那一家養猪的不想養那麼大的豬呢？四川多山地，水土保持是一個大問題。農展用一個實例告訴觀衆，土畦不要順着山上下，要同坡垂直，橫起，土裏的肥料才不會沖走。美國新聞圖片展覽有：田納西河流域的水利工程，土壤的保護，肺病的預防與治療，百年來美國的發展，都非常珍貴，一定會對觀衆發生很好的影響。

表演包括游藝和體育兩大類。游藝表演有女師院音樂系的演奏會，有小學的游藝、電影、幻燈、魔術。不過要等今天晚下才有時間看看。體育表演只看到一場團體操，一場新疆民歌，那些小學生扭得跟戴愛蓮一樣有精神，只是他（她）們還小。

訪問梁漱溟先生

梁漱溟先生是紀念大會的主席，他從勉仁學院來北碚參加。記者利用這方便拜訪他。

梁先生着長袍，穿青馬褂，精神很好，他的「中國文化要義」十一月底可以出版。該書主旨在認識老中國。至於如何建設新中國，梁氏認為改革政治問題第一。怎樣改革，在從老文化裏找出道路，找出消息，所以他計畫寫第二本書「現代中國政治問題研究」，探討找出道路。不過目前因為勉仁院務，講授中國文化要義和心理學兩課，要花八小時，所以還沒着手。

大會場上

十日，天雨不止，最後只好把體育場舉行的雙十節紀念和慰勞大會，改在民衆會堂舉行。

民衆會堂在國內要算第一流的會堂，南京，上海都只有很少電影院可以和它相比，重慶自然更談不上。走進這會堂，已是坐滿了人。不久就由主席梁漱溟先生致詞。

然後由梁氏發給十六位模範農友和一百多位模範教師、公務人員的獎品。一陣陣掌聲歡迎他們出來，又一陣陣掌聲送他們帶着獎品——大明藍布一段，教員有字典一本——下台出去。這些微的獎品對於他（她）也許沒有多大的好處，可是這一次會的影響，對於社會的刺激，風氣的轉移，都是很大的。

北碚當局想起舉辦紀念大會，是九月下旬的事，短短的時期中能夠弄得這樣盛大、充實，非常難能可貴。舉辦這次會的目的，是促進國民經濟建設。推動基本教育，並藉比賽追求進步。

我參加這次紀念大會之後，深深覺得十多年來：北碚確有長足的進步，在烽火連天中，它彷彿帶給人們一些希望。

農民的微笑

北碚農民鄧紹文等因為增加生產，表證優良品種和新農作方法的有效，管理局在雙十節紀念大會中慰勞他們。當他們在掌聲中慢慢出場的時候，他們的臉都掩不住的微笑。這微笑，在北碚是很普遍的，農業推廣所的展覽和說明可資證實。我走進農推所展覽場的時候，陳顯欽主任正在向各鄉鎮農推所工作人員討論有關農業推廣的事情，他們過來跟我解釋。整個展覽場裏五色繽紛。但照陳主任的敍述看來，農推所主要的工作有南瑞苕和稻麥，雜交豬和合作農場幾項。（這幾項介紹的內容，已見「農業展覽」一文中，茲從略。）

每一位參觀的人都對着這些陳列的展覽品，張着大大的眼睛，裂開着嘴，發着各種各樣的問題。我又想起民衆會堂舞台上掩不住微笑的模範農友，我沒有時間同他們談，但我相信，他們的微笑，是由於他們對於今天比較過去的生活的滿足，將來有更好的生活的希望。我祝福他們如願。

從北碚看天府

——記北碚物產展覽會——

北碚日報記者杭少川

把溫泉掛麵做為「壽麵」，陳列在物產展覽會裏，來慶祝我們的國慶，那是具有深切意味的。那會使你聯想到我國國運，將像溫泉一樣地，充滿着「熱」與「力」，自强不息地，作無盡期的長流！

慶祝大會九十兩天在北碚銀行，新村建築公司，北碚商會，北碚印刷所四處，設有工藝展覽，陳列着衣、食、住、及日用品等方面的物產。北碚是四川的一角，從這裏可以推見「天府」中之富有，我們在替自己國家祝壽的時候，來俯視地方上豐饒的物產，更覺欣然自慰。

紡織工藝方面陳列有藍青白十數種粗細布疋，那是大明工廠和生產合作社聯合社的出品。前者是具有悠久歷史的染織機構，「大明藍」行銷西南各地，抵制了許多洋貨。合作社是包括本地一百二十八家小機戶的組合，是用改良鐵輪機手工織布業的產品。

大明廠今年年產量是七萬疋，在預定的計劃中，明年將增加一倍，合作社方面亦將作等速的推進，預算明年全年可以共有二十萬疋的產量。

這裏還陳列着綜麻手工藝的出品，和豫豐紗廠，紡織程序的樣品。

食品工藝陳列所中的溫泉掛麵，在新源麵粉廠陳設的製造程序上，可以看出原料技術的改良。用特等粉，調以縉溪泉水，加入精鹽，蛋清、麻油、味精、胡椒等材料，發酵後，經過拉晒等手續，才做成了「銀絲」和「龍鬚」。

縉雲甜茶在清代是「貢品」，這裏陳列着一株全樹，可供植物學家的研究。寶藏農場的葡萄酒，在抗戰時英國蒙巴頓上將夫人來訪問澄江鎮榮軍區時，曾用以招待貴賓。

新村建築公司，陳列着各種建築材料和圖樣，指出鄉村建築現代的型狀。

小手工藝方面，有製革、造紙、陶、石，籐器等。在化學工藝方面，有中工和廣益廠各種化學原料及成品。「巴黎皂」芬芳的香味，吸引着北碚小姐們的光顧，我們自己有了進步化學的工業，再不需要舶來品的「力士香皂」了。未來的北碚寄託在現代化工業的推進上，不僅以「峽石硯台」「縉雲甜茶」聞名遐邇了。

北碚雜交豬

陳顯欽

一　推廣經過：

人生最愉快最爲安慰者，莫如爲人民作幾件眞有好處之事。尤其在教育不普及之中國，凡受高等教育者，更應爲多數未有機會受教育之人民服務。筆者三十一年冬，奉命來北碚：主持北碚管理局與中國農民銀行，合辦之扶持自耕農示範區，農場經營輔導事宜，曾先後推行信用，水利、飼養、消費、運輸、公用及農產品，加工等合作業務。此外對於農作物品改良，以及衛生教育等項，均曾致最大之努力。尤以養猪一項，因爲農村主要副業，亦爲肥料重要來源，故筆者除普遍經常介紹養猪貸款，以增農民飼養猪數之外，尤注意於猪種改良，期收事半功倍之效。

依據遺傳學上「雜交優勢」之理論，復見於當時復旦大學農場，飼養之約克縣猪，生長速率和體重均大，本地猪則爲過去推廣之榮昌猪，亦爲國內最佳品種。若能以其實行雜交，其雜交一代，必能兼有二種之優點，爲農民所歡迎。因於民國三十三年，以自耕農示範區合作農場名義，向中國農民銀行貸款三千元購約克小公猪一頭。以當時多數農民，對於洋豬表示懷疑，或說洋猪肉腥臭，或說洋猪肉是黃色，飼養者不祥。兼之本地風俗，喂公猪者必爲窮苦無賴之人，故小公猪購回後，全場農民均不願飼養，嗣經多方勸解，始得由一最貧窮之不自耕農米玉廷代養。但數月後，即發覺飼養不良，發育不佳，非另圖辦法不可，乃商得該場負責人同意，於同年九月，自籌股金三萬元（法幣），更向農民銀行貸款七十萬另六百元，開辦養猪場一所，將約克公猪移入飼養，公養公用，飼養問題乃得圓滿解決。筆者復時時督促，注意其營養問題，二月後，公猪發育已至完成時期，可以交配，乃勸一二思想較爲進步，且與筆者私感特佳者，以其所養母猪，於大衆參觀之下，實行雜交配種，同時並公開講述雜交意義，及其好處。既有人不懼於前，復經筆者時時促勸之下，卽有其他農民不斷以其母猪來配。

四月之後，第一窩雜交猪兒產下，遠近農民，均來觀奇，不特並未生產怪物，而且小猪個個健康活潑，體型優良，體重亦均較本地猪兒爲大，尤以兩耳直立向前，嘴巴長而且直，均與約克猪相若，人人稱怪，個個言好。兩月猪兒長大，筆者乃勸數好奇農民，分購飼養，並時時召集附近農民作實地觀摩，並稱計其重量。時光易逝，不覺一年，且屆農曆臘月時節，橫絛農家李治泉，乃宰猪一頭，準備過年。本地風俗，凡宰殺年猪者，必邀宴附近親友，筆者亦在被邀之列。屆時附近農友，老少咸集，均彼此相告曰：「今天要吃洋猪肉」。不遙時，洋猪肉置於桌上，衆皆以好奇之心情，嘗其平生第一次之異國風味，愼重考查之表情，咸露於顏面。斯時筆者乃起立向衆農友發問曰：「洋猪肉是否黃色」？大衆異口同聲答曰：「不黃」「洋猪肉是否腥臭」？「不腥臭」「洋猪肉細嫩否？皮薄否」？「皮薄、肉嫩，眞正好」。「今天主人所殺雜交猪，共養一年另兩個月，淨重三百八十九斤，長得快不快」？「眞快」。一問一答之後，大嚼一頓，三五成羣，各自回家，無不個個稱美。一人傳十，十人傳百，一時雜交猪兒，身價百倍。欲購者，雖常出較本地猪高一倍以上之價，亦非事先登記，再三請託不能購得。同時筆者更爲擴大宣傳起見，更個別連絡，北碚少數地位較高人士，試養雜交猪。不一年，果名不虛傳，大獲贊美，經其作有力宣揚後，雜交猪更爲遠近推崇。

三十五年，筆者就北碚管理局，農業推廣所職，更列推廣雜交猪爲中心工作。隨時隨地，三句話不離本行，宣傳工作，更爲普遍而徹底，推廣工作，亦一帆風順。此時更將復旦所留約克種猪購得，將過去老公豬淘汰，以生力軍供應交配，於是雜交豬之繁殖愈多，而影響亦愈大。遠近母豬均紛紛來配，卽遠在四五十里以外者，亦常有一二三百斤大母豬，用滑竿由三四人抬來交配，公豬雖大，亦頗有應接不暇之勢。惟純種約克豬，只有一對，且因血統太近，經三次生產，後代均無一成活者，公猪來源既無，推廣工作之發展與繼續均成問題。嗣乃設法於重慶購得一頭，三十七年，復由南京運回三頭，純種繁殖，乃稍有希望。本年春，農復會五委員來碚視察，對雜交猪之推廣，特感興趣，乃決由南京運約克種猪羣來碚，設立種猪繁殖場。果於本年一月，運到純種大小種猪三十頭。自四月起，由該場先後配發本局公猪十頭，分養於全局八鄉鎮，以供農民普遍配種之用。於是，數年來，均誠恐因公猪之損失而致功虧一簣，惶惶不安之問題，始告圓滿解決。雜交猪之推廣工作，得以保證成功，快慰之情，實難以言語形容也。

二　雜交猪優點

（一）有雜交之優點：在學理方面，雜交一代，必集其父母雙方之優點於一身，並表現無遺；雙方缺點，均一時隱藏不現。故約克猪與榮昌猪之雜交一代，必兼有其二種之優點。

（二）雜交豬長得快而大：

1根據前南京中央大學，及四川省農業改進所，分在南京及成都試驗，雜交豬與各該地最優土豬生長情形比較，結果如下：

（1）雜交豬每日增重爲本地豬一・三三倍，至一・五三倍。（2）每長重百斤所需飼料，本地豬爲雜交豬之一·〇二倍，至一·一四倍。

由此可知雜交豬與本地豬長得快，需料獨較少。

2.筆者在北碚記載雜交豬，在普通農家飼養情形之下，其增長平均數如下：

年齡	初生	一月	二月	三月	四月	五月	六月
重量（市斤）	三	一六	三六	五六	七六	九九	一一九

七月	八月	九月	十月	十一月	十二月
一四一	一六九	一九九	二三〇	二九八	三〇一

由上列數字，並根據一般經驗，亦可知雜交豬，確比本地豬長得快。更如北碚三十七年農曆元旦，農產展覽會中，陳列松鶴樓所養雜交豬一對，計共養一年另六個月，殺後淨重共爲一〇六五斤。又如本年雙十節，農展會中陳列之與江茶社所養者，計共養兩年，體重已達五五八斤。其他類此情形者，比比皆是。故雜交豬生長快而大，可信而無疑也。

（三）雜交豬抗病力强：據數年來北碚治療豬病之統計，均發現雜交豬患病者少。往往卽在同地所養者，本地豬患病，而雜交豬亦不患病，故飼養雜交豬，當可減少因病死亡之損失。

（四）雜交豬肉質好：雜交豬皮薄肉嫩，筋肉發達，且肚子上無泡子肉，四脚及頭部均小，而臉部平滑，尤易於去毛，對愛好豬頭肉者，更受歡迎。

（五）飼養方便：雜交豬身體壯健，口胃亦好，故飼料宜喂生料，當可節省燃料不少。又飼料粗糙者，亦能食之，尤喜食液體飼料，如殘羹粉水等，均能食之無遺，故飼養極方便。

（六）猪種向佳：雜交猪猪種品質，常介於約克猪與本地母猪之間，亦有超過其母猪者，故其價雖較土豬爲差，但猶爲可用，並無巨大損失。

（七）無聾子：普通四川白猪，卽爲聾子，在飼養和管理方面，常感不便。惟約克猪，卽全白亦不聾。以此雜交猪無論全白與否，亦均無聾子，保證個個耳聰目明，管理極便。

（八）能走路：農村所養肥猪，多皆運至市場屠殺出售。本地猪育肥以後，往往行走維艱，非用人力抬運不可，頗爲不便。雜交猪因爲有約克善走之遺傳，能跑能走，雖在育肥之後，亦能健步如常，對農村運輸方面，頗爲方便。

三　飼養注意點

（一）雜交猪不能當種猪：因爲遺傳關係，如把雜交猪當公猪，或母猪用，其後代必然良莠不齊，絕不如雜交一代個個均好。

（二）養雜交猪最好用大石槽：雜交猪脚小而直立，故猪舍宜用石板底者，乃能行動方便，並能保持畜舍清潔，減少疾病等。又雜交猪體大，小時尤喜活動，故槽宜大，使活動方便，以增益其發育。

（三）少驚動：雜交猪甚敏感，平時應少驚動，以免過於刺激，影響身心發育。

（四）單養：雜交猪只能與雜交猪同養，因其力大而强，常欺侮本地猪，不讓其食料，管理不便。

（五）喂生料：養猪本應喂生料，尤以雜交猪爲宜。只要將料打碎，以水浸透卽可給食，不特無消化不良之弊，而且尚有提高營養效能作用。

（六）飼料應注意配合：小時候因其食量較少，而身體之需要復大，故飼料宜富營養者。同時在配合上尤應注意其發育上之需要，如小時必需喂少許骨粉，以供鈣與燐質之需，肥育期中則應多給澱粉質，如玉米等類飼料，如此方合經濟原則，乃得收事半功倍之效。

（七）適時屠宰：雜交猪多數人均喜愛牠長得大，所以常常喂到兩年以上，雖然可以長到七八百斤，但確不經濟。猪之生長速率，大約是先慢而後快，至相當時間，又逐漸慢起來。當其生長由最快而慢時，即為屠宰最適合之時間。雜交猪養到一年，體重達到三百斤時，即可屠殺，彼時肉質既佳，而又最合算。

四　北碚歷年推廣數字及將來計劃

北碚推廣雜交猪，自卅三年開始，因為約克公猪僅有一頭，可能配種區域有限，雖農民十分愛好，出賣雜交猪亦係價高而利厚。（一窩猪兒有掉換黃穀廿五市石者）但數年來均供不應求，未能大量推廣。茲將歷年來由一支公猪交配，所推廣之雜交猪頭數，表列如下：

年度	卅三	卅四	卅五	卅六	卅七	卅八（一至九月）	合計
頭數	四〇	八一〇	六三〇	一〇三〇	一一一〇	五六〇	四一八〇

由上表得知北 自開始推廣雜交猪以來，[illegible]年有增加。卅五年因原有公猪健康不良，曾一度停[illegible]，推廣數字略有減少。惟在本年四月以前，均限於[illegible]，各自[illegible]，[illegible]如願發展。現承農復會之助，公猪得以大量供應，[illegible]指定北碚為唯一雜交猪推廣區域。復承平教會華西實驗區之助，貸母猪貸款二千元，由榮昌購回優良母猪七百頭，分貸全局農民飼養。邇原有合格母猪，全局現共有母猪一千五百頭。均予以分別編號，並由各級指導人員負責登記，指導管理飼養及交配等。預計明年此時，全局即有二千五百頭雜交猪出生，全年則有三萬頭以上。除供全局農民飼養而外，尤當號召全局飼養農民，共起為川東同業服務。本推己及人之義，願每年以一萬頭之數，分讓附近各縣農友，以示有利同享，有飯大家吃之意。並為提高服務效能，及因可能供應數字不多，為求合理分配起見，決由農業推廣所指導，實行集體買賣。凡外縣來局分購雜交猪者，可先於農推所登記，依先後秩序分讓。取價必求公允，裝運亦將給以種種方便。務使彼此打成一片，共同為發展農村副業而努力，為提高農民生活水準而效忠，使我們個個農民均有飯吃衣穿而後已。

北碚的農地減租換約工作

葛向榮

目　次

1.定租有虛實 2.分租分等差 3.土租換田租 4.減租非減息

（四）退佃問題

1.情理必需 2.勞力傷亡 3.耕作疏懈 4.毀損房屋

5.歷有欠租 6.誣良為盜 7.恃强用横 8.法院保障

（五）主佃問題

1.典押轉佃 2.零星分租 3.共有輪營 4.農場重劃

四、芻蕘的建議

（一）政令一致 （二）司法協合 （三）執行仲裁

（四）匡救不平 （五）租賦聯環 （六）籌謀善後

一 問題的尖鋒

明快的決策

二五減租的呼聲，在四川已鬨鬧有好幾年了。當將行之際，許多狡黠的地主，早已安排下了防範的陷阱，或巧或拙，花樣百出，覬覦機心。也有不少純良的佃戶，重加鎖束，難於掙扎應付。我們在近年的若干次保民大會中，無不常常為加租加押，撤佃上莊等糾紛而煩困。今天終於頒令實行了，并附有一套嚴密推行的農地減租實施綱要，及四川省農地減租實施辦法，（以下簡稱實施綱要及辦法，）層層有負責的專人督導，這是當前非常明快的決策和行動。

建設的障礙

土地租佃為中國農村的一大問題，尤其四川租額，有高到正產物十分之八九，還有雜租附役，條件之苛，問題更非常嚴重。担任某層鄉建的北碚工作同仁，更常碰到土地問題的尖鋒：想辦合作農場，集體經營，但以租額太高，維持不了正規水準的開支。想改進農作技術或推廣優良品種，以增加農民的收入，但土地多了出產，地主又要多加租額；甚或讓你佈置成功了又促讓你滚蛋！不但改善不了農民的生活，且使從事農業改進工作者灰心。我們曾為了要求造成桐油外銷中心，配合新式機榨，計劃大量推廣植桐，但遮蔭了糧食，減少了收益，地主卻不承認減租，而佃戶又短缺墊梢。我們為扶持自耕，以取消租佃，在朝陽鎮十八保，舉辦自耕農實驗，曾因而引起許多大地主的聯合陰謀，想藉端推翻并打倒北碚管理局。去年我們為遵令推行一二五減租，澄江的保長鎮長，均曾遭受過地主的控告，冤枉官司拖到好幾月才完。可見土地是人類生活的基本要素，也是社會治亂的主要根源，關係至廣，困難亦愈鉅。我們不能忽視，尤其不能不設法逐步改革。

共同的要求

時勢演變到今天，廣大的勞動農民，在飢餓綫下掙扎；勘邊的農村社會，已頻到戰亂的邊緣。為了人道，為了安定，為了建設工作的推行，實不容不勞而獲的地主，再打貧求無饜的如意算盤。有識的地主們，也應深自反省，痛下決心，亟謀生活之自立自給，不再為社會之寄生贅瘤，不甘冒土地革命之對頭。所以減租保佃，應是當前維側社會的共同最低要求，奉令執行的行政機構，更應排除萬難，堅强地徹底地達成任務。

重在如何做

我們常覺得，工作的意義，當在實際工作中去尋求。你如能做得十分良善，工作也便十分有意義；你如果做得走了樣，或變了質，則雖是良法善策，也常可成了為虎作倀，或投井下石。這是我們對任何法令的執行，不得不首先慎重考慮的次減租保佃的換約工作，北碚是屬於四川指定本年度，先行辦理的五行政區中之第三區，因轄境甚小，已於十月十七日到廿三的短短七天中，全部一氣完成了。它是如何做的？做得是否順利？發現過些甚麼問題？今後還須如何改進？想亦爲關心社會問題的朋友，所深切關懷的。茲特將各工作人員的報告，及所親歷的見聞，綜合整理，提供於正在辦理或尚待實行的諸位工作朋友之前，以求教正，以供研討。

二 順利地完成

良好的開端

收穫約三百市石的地主，北碚全局不過十二戶，其餘則以零星小地主爲較多。納租時間，通常在八月中旬，至九月初。一經秋收交掗，大多都以還債購物，支消一空，去年奉令減租較遲，有三分之二均難於追還。本年特提前照舊案辦，剛屆秋收，即派員下鄉視察豐歉，會同鄉鎮人員，分保召開議租會議，先議讓後再減。如田面一百石，租額六十石，實收八十石，則議讓二挑，應納四十八石，去年未減的，今年仍照減四分之一，實納三十六石，今年災歉平均五挑，故實減租額，多達一半以上。本局公學產，即首先照議減實行，餘均按此雷厲風行地推進，明密檢舉，不讓一戶有例外，有漏網。朝陽有一戶地主，利用潛力會迫佃戶贖掗，亦經我們查出，立予追還。凡慷慨實行，或藉端規避的，我們都必隨時在北碚日報上予以披露，予以獎貶。終使每個農民，每個地主，都明白瞭解，并確信本局減租的法令，勢在必行，無可狡延。居然一時造成風氣，爲以後換約工作，奠下良好的開端。

準備的陣容

九月十二日，省府督導員王增實君，攜運層峯印發之須以租換約的文件來碚，我們已把減租工作早經辦完。乃又根據新頒法令，準備換約一切應用文表，并配合本年國慶紀念擴大活動，公告通知，展開宣傳。一俟國慶大會結束，即於十月十二日，召集有關機關主辦人員，督辦人員，及鄉鎮長，舉行全局工作會議，詳細研討法令，并針對地方實際情形，共同商定幾項處理租佃常遇情事的一般辦法。再選定一保作示範，研究工作的程序及方法，商定人事的編配和部署。我們按照保民大會的督導辦法，以每三至四保爲一區，全局共分了廿九區，每區指派一隊——六位工作人員。本局有關主辦人，鄉鎮長、農林指導員，均參加督辦，担任各區領隊，鄉鎮職員，民教主任，有的校長教師，均參加換約工作，動員人數共達一七四名。於十月十三日，排定各保工作日程，并填發召集通知單，十四日各鄉鎮分別舉行工作會議，十五日再各選一保共同實習，自十七日起，即分區分保，召集主佃大會，展開全面換約工作。

工作的編配

每隊人員的工作編配，由督辦員擔任法令的講解，及糾紛的調處。至涖會主佃的接待，秩序的維持，則由保幹人員負責。直接辦理換約的其餘五位，依着工作的程序路綫，分爲四組安排：第一位任審查折算，按保甲預造主佃名冊，接收地主所繳驗的原租約，審查其是否眞實？是否有效？是否合情理？是否爲佃戶所承認？如有糾紛，即交督辦員先行調處。如可照換，即折算應減後之地租額合成市量之數字，折算現值押租額，填入預印之浮籤，粘附原約上，（爲增折算的便利，案端可放一張，以一至九乘二・二五——每老石減租後的市石的積數表，如遇着同樣的整位數便可照填，只進退小數位置，遇兩位數則照加，當較迅速而少錯誤。但遇量器標準不一的地方，卽不適用了。）再加蓋規定作廢的戳記，交與第三位登記存根。登記按照租約存根所列項目，根據當事人口述，并參照原約記錄，逐一查填。倘有未決問題——如押金折算，則根據原約及雙方陳述事實，記錄於浮簽，粘附各該項目之下，留待以後解決的參考。登記完畢，卽將存根傳交與第三位或第四位複填租約。因每號租約須正式複寫兩聯，故宜由二人輪流分寫，以免擁塞。每人兩聯寫畢，則交與第五位校對簽蓋。校對各欄所塡是否相符？折算數字有無錯誤？如有漏誤添改，須由雙方按規蓋章。如已完全正確，卽由任校對之登記員，及主佃雙方簽蓋名章或箕斗，各截交一聯分別存執。存根則依號夾放，分保裝訂。

可欽的風範

工作開始後，確也有不少可欽的地主，深明大義，豪直爽快，令人非常興感！例如文星鄉的第一位地主——參議員胡源華老先生，自請以其本保爲實習，率領數十佃戶，首先依法辦理租約更換。他如熊明甫、熊懋修、楊賓如、聶瀛卿、劉畢優、馮燧之、王訓能、張敏之、洪淵鑒，……均能欣然擁護，實行政府法令，或率先躬行，或聽由佃戶呈報，或向其餘業主開導宣傳。主佃雙方均眞誠和諧，毫無糾紛，更無玩法弄弊的情事。有的業主，對折算後升以下畸零尾數，并慷慨自動取消。許多老業主，對廿六年前後，無憑無證之押佃法幣，慨允折成同數銀元。龍鳳鄉之馮銀洲、張玉陛，除照政府規定之二五減租外，更自動再願各減六石或九石。誰說地主盡是貪婪、自私、詐騙、强橫？也有不少開明者。足資風範。佃農今天雖已稍舒一口氣，可以勇敢地與地主申辯抗衡，但亦不因政府的擁護而傲慢。開會時，有的打夥出份金爲地主辦招待；有的用滑竿親自把地主抬了來（如龍鳳鄉）。他們歡欣感戴，他們忠厚自足，很難看到有怨尤。

工作的成果

我們便在這樣和諧互重的氣氛中，順利地推進，大多數區隊，不過工作三四天，便已提前完成。除有極少數或因訴訟未決，或因遠隔難及，暫待另期補辦外，統計我們工作的成果，共換約五六五九戶。

三　發現些甚麼

我們在這次工作中，也費了不少唇舌，以調處爲逃避減租換約，而發生的種種巧妙花樣。其形形色色，亦頗多趣味的噱頭：

一　租約問題

這次換約，依法一一得照主佃雙方原約爲準，於是，這原約便發生了問題：

1.新約：明白土地法的地主，知道佃戶繼續耕種八年以上，可呈請收回自耕，於是便實行年年換佃，卽使佃戶忠厚本分，可以不予撤換，但亦必本年換約，使任何時查看租約，都是新招的佃戶。近年因了減租的呼聲甚囂塵上，乃每換必加，加超過二五，甚或超過總收獲量。舊約隱匿不認，或稱遺失，因約是單方的紙據，亦難查考。

2.騙約：因我們於去年嚴格地實行，不准加租換佃的法令，有的地主乃改以軟騙的方法，或甜言蜜語，或極端脅迫，或施恩示惠，總圖欺騙換約。朝陽鎮有一熊姓的佃戶，就在酒肉夾灌中，糊裏糊塗中上了圈套，到減租時才發現換了約，即以豐年全部的產量，也不夠租額。

3.假約：有的比較精明的佃戶，自然不易受騙。但他們又設法買通原代筆人，另行自抄寫一張新約，依樣畫一個十字押，除了把時間湊合規定有效期，租額加多外，誰也難於考究眞假。

4.無約：有的主佃間，根本未訂立租約。佃戶說：「我去年只捎了好多租。」地主說：「我們原先講的是那麼多！」有的地主則否認是他的佃戶，只不過是請他代耕的塵農，隨時可以解雇，所以不須訂立租約。而佃戶則反問：「那你爲甚麼年年要我多捎租，吃的都不給當夠？」朝陽有的地主怕現約吃虧，先與佃戶說通，屆時雙方都說沒有約，以前協議的是如何。黃桷有的佃戶，却把地主預先威嚇囑付的話，一併都說了，弄得地主當時笑罵不得，無地自容。

我們也曾爲了防應這些，先就根據綱要第五條，議定了一個共同處理標準：「租約以三十五年八月以前所訂者爲準。如無租約，仍考查以當時租額爲準，減租實施前所增加租額無效。」至於不正當或不合情理的租約，即依通行之習慣予以糾正。

二 押租問題

這確是一篇難於理清的濫賬，因爲：

1.幣值常貶：原約上的押金，有幾十年前的銀兩，有十幾年前的銀洋，有戰時的法幣，有戰後的金元，有現行的銀元，不僅各項幣制價值不同，即同爲銀元，去年和今天的購買力，也頗有高低。而同一時期的物價，各地亦互異。如欲將某一時間的幣額，合成實物，或再轉合成現在銀元，實爲非常難於查考的事。

2.數次加升：因幣值貶低，地主認爲原約的押金，已不能擔負「押租」的作用了，故每屆換約必要求加升。有的地主更藉此爲漁利良法，常加高押以擴充其商業活動資金。例如第一年押租是兩百元，二年加一千八，湊成兩千，以後陸續湊成幾萬，幾億，幾千億，或又湊成金元券幾百，幾千，幾萬，幾億。加去加來，連自己也記不清楚，那年究加了多少，該合好多實物。

3.早經折換：有的地主，以前收有大押金的，惟恐將來合實物算不清，退不了，便趁幣值低落的時候，以幾斗幾升谷子，便折換了。有的已把銀元換成法幣，有的押金在換約時，已毫無購買力，乾脆就把它寫掉了。現在佃戶以可照當時幣制折算，再求追認或重新折合，而地主又不承認有那回事了。

4.業主數易：佃戶初納押金原係銀元，後地主出賣，佃戶向新業主投佃時，原押金即轉與新主改成法幣了。當時數額雖等，但幣值懸異。現如照新約法幣算換，則佃戶吃虧太大，如向新業主算銀元，於情理又不合，追問老業主則田地已易，了不相干了。有的田地已買賣了好幾次，清理更無着落。

我們對於這類情事的處理，凡能當時舉證憑或誓言，，可獲得雙方協議的，便予公平合理的調整。如不能解決的，即根據原約記載，證人證據的情況，及雙方陳述的事實，均記於浮簽，貼入新換租約，由登記員及主佃雙方簽蓋名章，以保持原事實的存在，留待以後退佃時，依法秉公解決。

三 租額問題

這是換約工作的重心，也是主佃爭執最烈的焦點。前面租約問題中所發生的爭端，都是與租額有關的，不過這裏也有幾點實難：

1.定租有虛實：通常所訂一定的租額，都是虛的，無論年歲豐歉，照例總要多少議讓一些。所以有的租約儘管訂得高，但地主收租時也讓得多，還是等於照市納租。故以往佃戶，也不在乎，約定租額超過了總收獲，而地主也不在乎二五減租。但有的地主爲免年年議租時，討價還價之扯額，願特別少寫些，定成實租，無論年歲豐歉均須照納，是即所謂鐵板租，今不分虛實均同樣照減，則實租地主就呼籲不平了！

2.分租分等差：分租是看田內實收好多，就得依約分好多，自然也沒有議讓。分多分少不一定，租額不好塡寫，似也無額可減，但分的成數是定的，自應仍照減。不過分租也有高低，通常最公道的地主，是主佃均分。地主得的五成，減去四分之一，恰等於土地法規定的千分之三七五。有的平分外，佃戶尚須另捐若干租額與地主、則額租部份亦照減。收租較苛的地主，常是分總收獲之八成，減去四分之一，也有十分之六，幾比平分的多收一倍，這也是稍欠公平而常被提出質難的。

3.土租換田租：二岩有一位地主，請求把他約上的土租換成田租。理由是：「我的土地上現在有田，當然有權該收田租。」佃戶則說：「當初我租你地時，只有土沒有田。雖然現在有幾塊田了，那是我貼了許多活路，新開出來的。」究應寫甚麼呢？雙方各有理由。結果，我們還是勸佃戶：「土租與田價値相差並不多，旣成了田，當然也可寫田租，不過須由地主補償你的活路工資。」

4.減租非減息：文星鄉有一位地主，拿了一張（等於典當）的租約來說：「像這樣沒有租、取了高押租的約，總不能再減了吧？」但佃戶的兒子——一位曾過學校的青年農民，立刻駁道：「你那股田地原是廿石租，我交的押租谷七十石，也恰應扣廿石的利，所以兩相抵了，沒有租谷。但現在應分別來說，你的租還是二十石，不過依法應減去四分之一，只有十五石了；我的押租利息谷，法令是沒有規定減的，這是減租非減息呀！所以租額上應塡每年由地主倒捋息谷五石。」我們說：「地主倒納租谷的情事於人情上似未合，旣租額不足押租利息，可收回四分之一押租，使租息再恰平就行了。等於不減租改減押。」但地主也不服：「佃戶交的押租，週年谷息幾達三分，超過年息百分之二十，依法無請求權。」結果還是租息均減，仍恰相平。

（四）退佃問題

「終止租約，立即退佃，收回自耕。」這是地主用以脅迫佃戶的有力法門。我們雖曾事先會議決定，嗣後也曾奉電規定：「換約租期至少三年，雖任何理由，亦不准撤佃。」但誰也不願定期，尤不願定長期。其實依土地法不定期等於無限期，也與定期有效力一樣，非有法定原因不能撤換。但只要法令上有詞可借，他們便無不竭力尋縫以鑽：

1.情理必需：黃桷十五保，有一位小土業主，原是自耕的，後因染上煙癖，窮得無賴，遂把他的土地典當與另一自耕農合併耕種。幾來被法院拉去監禁了一年多，脫了癮放回來，要請收回自耕，以維生活。依法得先一年通知，乃約定今年退佃。屆期佃戶卽按實施辦法第十一條之規定，願陸續耕種。他說：「如可收回，那末，我們弟兄原是自耕的，也有幾十石田地租與另一佃戶。時期一年已滿，也請責令該戶退佃。我弟弟做生意倒了號，生活無辦法，現在也要歸來做莊稼了，我現在的田地又不夠種，難道不同樣該收回嗎？」土業主又說：「法院都准我自新，難道你們還要斷絕我的自新生路嗎？何況我收回自耕，並不影響你的生活呢！」，許多退伍軍人或征屬子弟，以及才租完了糧，也不夠生活，爲國家流過血拼過命，更是振振有詞，要求收回自耕。我們對眞正必需自耕的，也可斟酌實情，准其收回一半，但佃戶一半租額，應特別減低一些。

2.勞力傷亡：龍鳳鄉有一小土佃，當家男子死亡，兄弟又跌成殘廢，主人趁此要求收回：「人都死了還不收回，將來問誰要去？我能管你幾代人嗎？」而佃戶的女人則央求：「他死了，我還是要頂起做啊！丟下一家老少三四口，不種怎麼辦？」

3.耕作疏懈：文星二岩有許多地主，故意向佃戶挑剔，說佃戶把他的田種壞了：「不收冬水不犂田。不下糞草不薅秧。田裏種子比谷子多。或變水田成乾田，種了麥子少收谷子。佃戶專意種土或下力，忙他自己的門路去了，收的租還不夠完糧納稅。政府既要地盡其利，增加生產，像這樣「蹲着毛坑不拉屎」的佃戶，不該撤換嗎？」但佃戶說：「收得歉是因年歲差，莊稼不夠生活，當然要去下力。誰願得？」究竟如何，鄰居也不敢說是非，誰去調查呢？

4.毀損房屋：農戶所必需用的房屋畜舍倉廒曬壩等，應由地主建置附於耕地合併租賃，倘須修繕，依習慣均係主料客工。但今日農村之房舍，多係幾十年前之老屋，平時修繕大多因循，至今幾全已腐朽破濫不堪。現如需修，工料更昂，費用至鉅，主佃均不願，且大多數亦無力來負擔。佃戶因需用迫切，遷佃地主設法，亦以不住不用，不予置理，任其傾壞。二岩有一王姓佃戶，請會集資來修幾間房坐，後又被地主命其搬開，黃桷劉姓地主更藉詞佃戶坐濫了房屋，控訴於法院，依照土地法的規定，居然也判令修復後，退佃搬家。

5.雖有欠租：有的地主對每年應議讓的租額，既不承認，也不追收，只私自把賬記起，等到要退佃的時候，再把賬辯出來，這便是法定的撤佃理由。

6.誣良爲盜：白廟黃桷有的地主，在無詞可藉之時，便說佃戶是強盜，偷了小菜，或偷了竹樹，請求驅逐出境，這樣便可不撤自退。但問他：「證人證物呢？」硬說：「是我親眼看見的，因追不上，所以被滑脫了。」雖云如是，誰相信呢？

7.特強刑橫：有的地主竟說：「這土地是我祖先或自己，費了無限心血換來的，總有點主權，難道還不如一個無緣無故搬來的佃戶硬？我偏要收回自耕，看誰把我弄去殺血！」有的佃戶勸說：「看老太爺這樣斯文像，如何自耕得了？政府又不准雇工代耕。」他說：「我拿起鋤頭玩不得？不准雇長工，雇零工，莊稼人栽秧割谷，誰不請零工？誰禁得了？」二岩更有一位地主欺佃戶本分，命他的工友，把土一陣挖去耕了，佃戶原種的一塊土苞谷也搬去吃了，還說他不納租，喊渣！朝陽鎮曾發生過佃戶去阻擋地主收回自耕，而引起抓扯，反被告上一個傷害罪名。誰個佃戶有力量去和地主拖官司呢？

8.法院保障：有些地主欲圖換佃，常藉端向法院控告佃戶，加以盜竊或毀損等罪名。根據民法土地法，喧染成詞，使愚昧佃戶無法應付。有依照農地減租政令保障佃農，不能撤佃的，而法院則判決地主收回自耕。此等案件，不一而足，雙方都有依據執行。因此發生困難，管理局雖曾與法院聯絡商議救濟方法，究不容易澈底解決。

（五）主佃問題

誰是業主？誰是佃戶？租約該向誰訂立？有時也頗夾混不清：

1.典押轉佃：有的地主把產業典當出去了，爲避免典稅仍爲成租佃形式，以典銀作押租，以租谷抵利谷，故成有押無租，但典主不能耕作，又以有租無押方式轉佃出去。今若依法不准轉租，則必須由地主退押，或佃戶加押以贖典。而雙方均無此資力，只好仍舊。

2.零星分租：有的寓業地主，在外省縣工作，將田地整股，租與一個佃戶。有的窮小農家，再向他分租部份土種。如果依法由土佃直接向地主訂約，地主反嫌零星難於管理，且不願減少田佃租谷，來收土租包谷。我們仍准田佃以業主名義，代理訂立租約。

3.共有輪管：二岩周姓族中，有一股幾大支人共有的官地，代表管理人又各有支系，且年年輪流更換。寫某一人爲代表，其餘共有的都不願意。究寫誰爲業主？或寫上一個誰也不是的堂名？

4.農場重劃：二岩某農場，係租地經營，而以其「餘地」轉租農戶代耕。但各該幅轉租土地，亦係若干地主所有湊合而成。今依法還向各地主零星授佃，而佃戶對說租納租，反感不勝其煩。又如我們將辦合作農場，統租地主的土地，爲便利耕作，實施土地重劃，分成若干小單位，轉租與農戶。如不准轉租，佃戶仍須還向地主投佃，亦難辦土地誰屬。或因而影響進步經營的組織不存在了。

我們所見聞到的上面這些事實，大體都經依法合情合理的解決了，只不過是幾點粗淺的感覺，自然也說不上甚麼問題。

四　芻蕘的建議

政令一致

四川省政府去年頒行的二五減租法令，分兩年實行，每年各減八分之一，我們雖以奉令較遲，只辦到三分之一的農戶，但也認眞地實行了。今年突又通令廢止，對於去年已否實行或是否澈底，均不予過問。甚且明白指示：去年已減了八分之一的，今年還是要與去年未減的，同樣再減四分之一，於是北碚去年已遵令減租的地主，却憤懣地責怨我們：「只有管理局才是聽到風就是雨，隨便一角公文，就要雷厲風行。你看旁的那縣是認眞辦理了？如果去年我們也來一個「不照」今年還不是莫事一場！」如果我們的政令像這樣朝令夕改，這裏實行，那裏不實行，或這裏行得嚴，那裏却寬，那如何不令人民玩忽法章，藐視功令？政府那還有甚麼威信？還能辦甚麼事？所以我們要一個政策能夠推行順利，首先就要做到「令行禁止」。時間上要前後一致，不要朝令夕改，顧頭不顧尾；空間上要各地一致，不要此行彼停，或此嚴彼寬。

司法協合

按實施辦法第十六條之規定，主佃爭議不服調處者，應訴請司法機關處理。但我們曉得打官司，尤其是民事，是非常化錢而費時的。佃農非但輿不起訴，更拖不起官司，法令不懂，程序不明，處處受駁碰壁，無錢，無閒，無知，無人事，無活動，無辯才，那裏會是地主的對手？同時司法機關的金科玉律，都是國家根本大法，以尊重個人權利，保障私有財產爲職志的。你和他說「保護佃農」，他向你講「尊重產權」。而司法又有獨立的尊嚴，命令又大不過於法律，地方行政機關只能徒喚奈何？所以盼望上級政府，在頒行限制人民權利有關的法令時，先與司法機關取得聯繫，并諭知各級法院遵照處理，在對主佃爭議，既須先經縣市租佃委員會調處，則判決時尤須參考調處筆錄。

執行仲裁

有的刁頑地主，既不阻撓以犯刑法，也不缺席棄權，以讓佃戶單方登記。却藉故發生爭議不服調處，希圖起訴拖延，一審二審久懸不決，使佃戶知難而退。且希到了法院，或又網開一面。所以我們主張：凡關於租額，換租，退佃……等，可能依習慣而予公平合理調處之爭議，規定幾項職權範圍，由縣市佃租委員會予以仲裁假執行。不服者雖任其起訴，但亦可由佃租委員會或農會，代表佃戶出庭辯護。

匡救不平

這次減租換約，本是按照原約或舊租額爲準，當然也有輕重，已如前述。雖然綱要第四條規定，如因災歉，還可議納，但一般地主必藉口已減，絕難再行議讓。是多分租或虛租者仍高，有失公平，亦爲美中不足。故我們主張：無論年歲豐歉，仍須照例議租。除了災害過重之免租外，應如民法上之利率，規定法定租率——千分之三七五，及最高租率——或爲總收獲量百分之五十。凡租額超過最高租率以上者，無請求權，且須議讓；在法定租率以下者，可不再議減。

租賦聯瑣

總收獲量頗難稽考，單憑主佃報告，亦殊不足置信。故比較正確之計算，應以經過地籍整理，按田土面積及肥瘠而訂定之田賦爲較準，故使地籍與田賦發生聯鎖關係，規定租額爲賦額——實征谷數之若干倍。或每賦一元租額若干，則使地主收益與負擔平均合理，并可防杜權勢較大之地主轉稼賦稅，或弱小地主「租不足額」之弊。因現在減租後，有若干中小地主，願把土地交與佃戶，而由其代爲負擔政府糧賦及一切稅款，其自己只保留宗主權。佃戶經詳細計算之後，亦不願承當。

籌謀善後

中國社會的一個中小地主之家，卽使可收到三百市石的租額，除了災歉議讓，除了田賦征實，本就所餘無多了，有的簡直還不夠完糧納稅。但還有一大家人食衣住行的日常用度，人情客往的必要應酬，醫藥教育的緊急支應，確是捉襟見肘，空負紳糧的名目。有好多小地主的孤孀，出來幫傭，比較中層的，雖讀過幾天書，并未學有專長，也不能勞動奔波，多年的習俗，已把他們養成寄生社會的軟體。這一減掉四分之一，其生活之悲慘，尤勝於多少有點收獲，不受流離之苦的佃戶。將來還要進一步的實行土地改革，扶持自耕，喪失地權，他們更不知何以自存！誠然於社會無所貢獻，不能自食其力的人，値不得我們的同情和扶助，但我們究竟還是全民政治的政府呀！地還要盡其利，物還要盡其用，乞丐殘廢，也還要負責習藝收容，難道五官百骸四肢均全的「人」，就不能予以訓練應用了嗎？但話又得說回來，我們今天已有許多有學術，有技藝，有氣力，有資本，想獻身社會，想找事做，還常覺無路可尋哩！所以今天中國，只有趕快完成現代社會組織，同時建設現代化的事業，才是解決社會問題，并渡過落後的局面，以進入現代化去的橋梁。卽是說：只有趕快革新社會制度，創辦工業，發展交通，興修水利，普及教育，研究科學，建設國防……等的現代經營，才能轉移并安置這一大羣可憐的，及以後日益增多的廣大人口，才能改進全體國民的生活及整個國家的途向。中華民族也才能夠和平幸福地獨立生存。

三八、一一、五、於北碚火燄山。

國慶日北碚勞作成績展覽會中

我所認爲特殊的作品

游榮耀

兩週前我在北碚遊玩的時候，偶然得到了一個消息，那就是本年國慶日將有一次偉大的集體慶祝活動，除軍事戰鬥演習及留影、體育、音樂、遊藝、韻律等表演活動之外，並有局轄八鄉鎭各級學校行政及勞美成績展覽會之舉行。因爲我是研究勞作教育的，當然對於這個集體性的勞美成績展覽，會感到特殊的興趣，而且先期預定了我來碚的日期及參觀的計劃。

這次展覽會，不是片面的，而是整個的，也就是說，不像一般的展覽會，只是一校或兩校參加展覽，而是北碚局轄八鄉鎭所屬各級學校都要完全參加展覽的。凡是保校，中心校，中學而至專科學校都有作品參加，此種偉大的壯舉，誠爲他處所不易行之事。我們看了這次展覽會之後，對於整個北碚轄區內各校的勞美成績，便可一目了然，作品的優劣，自可易辨，程度的高下，不難詳分，優者，可作吾人之借鑑，平者，吾人可作改進，劣者，我們自當淘汰。

在這三天（九、十、十一日）內，雖然整天下着大雨，可是對於我參觀的雄心，絲毫仍未減低，所有的展覽室，我都完全參觀過，至於勞美成績展覽部份，我至少往復參觀在四，五次以上。對於美術作品的欣賞，我是外行，不敢談及，關於勞作成績方面，我想就我參觀後的所得，供獻一點意見，就教於同好諸君之前。

這次參加展覽的勞作成績中，包括中學，小學及各校教師作品在內，大小統計，不下萬餘件。經我數次參觀之後，我認爲有許多作品，各具有特殊的價值，可以值得同好者的借鑑和研究，更可值得我們作爲教材，去普遍教學與推廣，以提高北碚勞作教學的效果，和發揮勞作教育的最高價值。

自然，在同一件作品中，因爲參觀者看法的不同，其價值之高低，是有極大的差異，所以我在參觀之先，便擬定了六點，我參觀此次作品的原則：一、科學化，二、集體化，三、教育化，四、實用化，五、藝術化，六、創造化，根據這六個原則來看，這一萬多件成績，我認爲有許多特殊的作品，値得介紹，玆特錄之如下；

一　國立女師院附中

國立女師院附中勞作成績展覽室，共分兩間，在第二展覽室中陳列的作品，大多具有特殊的價值。如木箱書包等，雖然木經特殊的裝飾，但是它是實用品，在實用價値方面，具有最高的意義，而且適合中等學校的勞作教材。如衣樹，件數甚多，花樣也不少，裝飾優美，具有藝術價値，復能實用，且有創作的意味。如臘果工的柿、梨、香蕉等，創作精美，色彩配合得宜，形與眞果類似，具有藝術的價値，極適合中等學校及小學勞作教材之用。在整個附中的勞作成績上說，裝飾方面，確屬優良，如係全出同學之手，則眞可稱爲佳作。

二　北碚兒童福利站

北碚兒童福利站兒童玩具展覽室，全部陳列的兒童玩具，都具有科學的意義及教育的意味。在目前我國兒童玩具極度缺乏之際，如此類玩具，更雖大量製作和推廣，則造福兒童，誠非淺鮮。各校勞作教師，如能全部採爲教材，對於我國今後勞作教學方面，將有極大的改進。惟科學玩具，具有科學的特意義，精密，正確，是其要義，故製造必須精確，裝飾力求雅緻，意義就更爲不同。

三 中心學校方面

（一）朝陽一校

1.蠟造梅花：指導教師陳廷恩

在整個勞作成績展覽品中，蠟造梅花，只有朝陽一校的兩枝。花，枝，葉均與眞品相似，既藝術，復有創作的意味，採爲小學勞作教材，甚爲適宜。

2.木工方面：有幾件作品，係利用力學原理製造成的玩具，極富科學意義，製作方面亦屬精巧，可採爲小學高年級及師範學校的勞作教材。

（二）朝陽二校

1.科學教具二十種：製造教師彭仁綠

今後勞作教學應走的兩條路，就是「科學化」與「集體化」，所以科學教具，科學玩具與帶有科學意義的實用品之製作，是今後勞作教學中最優良的教材。朝陽二校的科學教具二十種之製作，據製作教師彭仁綠先生的詳告，今後他將全部採爲教材，作該校勞作教學之用。果能如此，則朝陽二校的勞作教學，今後就會走上科學化的途徑。凡力，熱，音，光，電，磁等物理學上的道理，及生物，化學，與數學上的原理，原則，都可應用到勞作上面。今後如果能把這些科學的知識，應用到勞作教學上，則今後的勞作教學，一定能達到普及科學知識的目的，及促進國家工業化的理想。

2.福祿倍爾恩物二十種，製作教師彭仁綠

福祿倍爾氏是世界上幼稚教育的創始者，所以福氏款，其界上第一個幼稚專家。他爲了滿足兒童活動的慾望，特別設計了這一套恩物，供給幼兒的玩耍，製作和欣賞，使兒童在玩耍，製作和欣賞中，得到點，綫，面，體及色彩等的認識；更能在部份恩物的製作中，增進兒童的智識，技能，興趣，及練習兒童的感覺，促進兒童的思考，同時可以涵養兒童的情意。所以這套恩物，極富教育的價值和科學的意義，深盼各校幼稚園及低年級工作教學時，都能採用，則收效必宏大。

3.絲綫工，土工，石膏工和木工：指導教師彭仁綠。

朝陽一校絲綫工作成的圖案，精緻美觀，極富藝術價值。土工器皿，工作細緻而實用。石膏工方面，如刺雕，浮雕等全部作品均佳，着色優良，可作裝飾品之用。木工方面，如飛機，滑翔機，坦克車，汽車等，都具有國防教育的意義。他如鸚鵡架，游泳人，雙槓魚，翻梯等，均具有科學意義，是很好的科學玩具。這些作品，多適合中等學校及小學高年級的勞作教材。此外如竹工筆筒，大砲等，一具實用價值，一具科學意義。再如家事中的毛綫老人，都是很好的創作教材。所以在這次勞作展覽的成績中，朝陽二學的作品，關於科學化、教育化、藝術化、實用化、創作化等方面的教材，其數甚多，惟集體製作的作品缺乏，我希望今後能夠補充起來，就更臻完善了。

至於朝陽二校勞作室成績的佈置，尚屬合理，分類詳明，程序不亂，是其特異之處。

（三）朝陽三校

草帽：指導教師田樂水

草帽屬麥桿工，此類工藝爲該校附近的特產工藝之一。朝陽三校勞作教學，尚能採取地方特產工藝爲教材，確屬優良之處；第一，採取地方特產爲教材，關於材料之搜集較易，教學方便。第二，含有推廣地方特產之特殊意義。第三，富有改進地方特產的作用。第四，草帽具實用價值，且爲生活上之材料。故是項教材，又富有生活教材之意義，尙希接近麥桿產區之各校，多予採用爲佳。

（四）澄江一校

1. 木工玩具：指導教師華習之

澄江一校比較特殊的作品，便是木工玩具部份的成績。件數雖不多，但製作方面，尙稱精良，具有科學教育的價值。此類作品，極適合中等學校及小學高中年級的教材。

2. 土工洋房：指導教師華習之

土工洋房的製作，雖然未加精緻的整理，但在兒童製作時，必須運用多方面的技巧，方可完成之。所以對於兒童土工技能熟練上，具有特殊的價值。關於設計方面，頗有創作的意味，比例方面，尙能注意，他如土工洋房的門窗及環境方面，若能再加佈置，則更爲完善了。

（五）澄江三校

土工水盂：指導教師李宗友

該校土工作件很多，花樣甚少，在土工製的水盂中，只有一件，製作精良，惟未經過燒窰手續，但表面打磨細緻，且係兒童創作品，如加以或用磁漆裝飾後，更能實用而美觀。

（六）澄江四校

1. 紙工風琴：指導教師李耀貞

這架紙工風琴模型，在設計方面，具有創作的意義，可以關下，成爲箱形，使攜帶方便。製作技巧上亦非常精緻。惟油漆裝飾，未盡完善，是其缺點。此類教材，可採爲中等學校及小學高年級勞作教材。

2. 紙工登陸艇：指導教師李耀貞

登陸艇是國防上應用的交通工具及戰鬥工具，在軍事上價值極大，這些常識，在小學教學方面，也很需要。這架登陸艇模型，在設計方面，尙合理想，製作方面，非常精巧，形像逼真，各部另件配合，亦符比例，具有科學及創作的意味，可作玩具，亦可作教具。此種作品，最適合中等學校及小學高年級勞作教材之用。

3. 相框：指導教師李耀貞

澄江四校的像框，共有兩種，一爲絲綫工製成，一爲木工製，這兩種像框，都具有技術的價值，在設計及製作上，均屬優良。絲綫像框，各部配合得宜，木工立人像框，漆飾甚佳。此類作品，既藝術，又實用，可作裝飾品，可作日用品，是小學高年級勞作教學上的優良教材。

（七）澄江五校

木工日曆：指導教師柏林

日曆是我們生活上不可缺少的東西，平常紙質日曆雖多，但是不能供吾人多年之使用。澄江五校的木工日曆，設計新穎，可用十餘年，使用及攜帶均較方便。如裝飾精美之後，復具藝術價值，可以實用，可供桌上裝飾，故木工日曆，實際上具有實用及藝術的雙重價值。此種作品，極適合中學勞作教學之用。

（八）黃橋一校

燈草工民衆會堂（專貼）：指導教師唐佐民

貢於一校的燈草工很多，其中最好的作品，要算燈草剪貼的民衆會堂，尤其是具有天然色彩的幾幅剪貼圖案爲最佳。這幾幅燈草工的色彩，配合尙稱適當，製作藝術中平，但是在這幅民衆會堂燈草工的剪貼過程中，至少可使兒童明瞭北碚民衆會堂建築上的偉大。這種教材，極適合北碚區小學中，高年級勞作教學之用。

（九）黃桷二校

1. 松鶴遐齡圖（自然物利用）：指導教師馬佳懋

一切自然物，都是勞作教學上很好的材料，吾人應當多用我們勞工的技巧去利用它，使整個的自然物都能充分爲吾人生活所利用。黃桷二校的這幅松鶴遐齡圖，是利用松枝松果，竹枝等製作而成，設計甚佳，全作品亦極富藝術趣味，可作壁上裝飾品。惟製作技巧上，尙見工夫，如能放大兩倍，精細製作，其價値將不低於國畫與油畫的作品。此類教材，極適合小學及師範學校的勞作教學之用。

2. 廢紙工茶盤，花瓶：指導教師馬佳懋

茶盤與花瓶，都是我們日用的物品。黃桷二校的花瓶，是用廢紙製成的，材料取得容易，製作亦精巧，惟裝飾欠精細。小學勞作教學上，在目前材料缺乏之際，利用一切廢物作爲材料，那是必須的。是項教材，爲目前師範學校及小學中高年級最好的教材之一。

（十）二岩一校

新二岩模型：指導教師：胡大澤，梁滌濤

在這次勞作成績展覽品中，具有集體製作意義的作品不多，這種新二岩模型的製作，當居首位。關於設計方面，極有改進。二岩的意義，本來二岩鄉是僅崎嶇的山地，但是[illegible]款，其的設計，使二岩鄉的街道，成爲整齊，美觀的建築物，着[illegible]過程上，當使許多兒童，因此明瞭了建築的常識，而且在兒童[illegible]合作精神上，也有極大的訓練。新二岩模型的比例是五百分之一，放大五百倍，那就是理想的二岩鄉的街市，我希望有一天，他們的理想，能夠成爲事實，因此這個新二岩模坡的貢獻，實屬非淺。

（十一）二岩二校

1. 竹花插，花瓶：指導教師李德

這次勞作展覽品中，竹工編織的作品不多，這兩件竹工編織的花插和花瓶，是比較特殊的，形式上和設計上都很好，製作技巧亦佳，惟裝飾和染色方面，未如理想。今後可用磁漆，重行漆飾之後，便成佳作了。

2. 泡花和紙花作品：指導教師李德

泡花是廢物，紙張很便宜，利用起來，製成藝術品和各種花類作品，極富藝術趣味，而且能夠經久不凋，在室內裝飾上，是項作品，最有價値。

（十二）文星中心校

天府礦景（剪貼）：指導教師蔣宇霖

文星校附近是產煤區域，天府煤礦公司是全國聞名特產煤區，當地的景色，頗有特殊之處。文星中心校的天府礦景圖，便是利用當地的自然風景而剪貼成功的。礦景共四幅，設計及製作上均佳。而且幅頁甚大，必須多人合作，方可成功，這在紙工剪貼上，具有改進的作用（過去都是小幅剪貼）。而且在製作過程上，一方面可以培養兒童合作的習慣，另一方面也使兒童充分明瞭挖煤和運煤的情形，使兒童在常識方面增進不少，是項教材，作為該校的中、高年級勞作教材，極富教育價值。

其他木工方面，如運動玉，竹槓魚等，科學玩具，也是很好的作品。此外如七巧板、百巧板，地圖板等教具製作，最富教育意義。此類作品，均可採為師範學校及小學中高年級的勞作教材。

（十三）龍鳳中心校

動物園：指導教師李淑嫺

勞作教學，今後在集體製作方面，也是很重要的道路，因為在集體創作中，必須用分工合作的方法，始可完成之。因此在集體製作過程中，便無形的供給兒童分工合作的常識，及培養互助，合羣等美德。龍鳳中心校的動物園，便是合符這個原則而設計製成的集體作品。雖然在佈置上和各種動物的製作上，未盡精緻，但是這件作品，它在集體創作的意義上，具有很大的價值。今後小學勞作教學，此種教學方法，實可採用。

（十四）金剛中心校

土工桂元：指導教師梅慶東

金剛校土工作的桂元，雖然未花必大的工夫，但是桂元枝的採取，和泥土桂元果的製作，也很適宜，所以看起來，好像和真的一樣。此項教材，在桂元產區的學校或各地小學中，均屬適宜。

（十五）白廟中心校（天府分校）

紙工家具全套：指導老師易先琨

這一套紙工家具，雖然不甚新奇，但是它是多數兒童合作成功的，在勞作教學集體製作化的原則上，富有集體製作的意義。此種教材，在小學中年級最適宜。

四　私立小學方面

（一）大明小學

1.木工玩具：指導老師陶獻戚

大明小學的木工玩具，製作尚精巧，如象、兔、活動人、運動玉等，都富有科學的意味，而且裝飾優美，是師範學校或小學高年級很好的教材。兒童在這類玩具的製作或玩耍中，至少可以得到一部份物理學的常識，因之對於科學常識的普及，實有相當的輔助。

2.木工用品：指導老師陶獻戚

大明小學的木工用品，如衣掛、文具盒，筆筒及軟蓋文具盒等，製作都很好，尤其裝飾方面，更為講究。雖然這些東西，在一般的作品中，祇有實用價值，但是，大明小學的這些作品，除具有實用價值之外，因為裝飾的優美，更增加了作品的藝術性，此類作品，為中等學校或小學高年級適用的勞作教材。

（二）天府小學

火車，飛機：指導教師：粟曉松

天府小學木工作成的火車，雖然不精緻，但是在結構上，形式上，與火車極相似。該校校地，在產煤區附近，經常有車往返，採取火車製作來教學，確是很理想的勞作教材。真正的火車，是陸地交通上重要的工具，兒童從心裏作上，關於大車方面的[illegible]進一步。他如木工飛機的製作，也是很好的國防科學教材。[illegible]在製作過程中，因此而得到許多關於國防的知識，和飛機飛行的道理，對於國防科學教育方面，也有很大的功效。所以這些教材，在中小學勞作教學上，最有價值。[illegible]

（三）縉村小學

1.校舍模型和標準農家：指導教師鄧和，廖啓華

校舍模型和標準農家，這兩件作品，都是縉村小學的集體製作成績。校舍模型的設計佈置，都很適宜，製作上也很精緻，標準農家的設計較簡單，佈置較為純樸，但是它自另一意境，却是含有教育的作用和宣傳的意義。兒童在製作的過程中，可以因此得到一個標準農家家庭中的優良情形，這對於兒童今後的生活上，有極大的改進。所以這兩件作品，都是極富生活教育意義的教材。

2.土工汽車：指導教師鄧和

縉村小學的土工作品雖不多，但是土工汽車，在製作技巧上尚稱精緻，可以促進兒童對於交通工具的認識，所以這件作品也是很好的教材之一。

五 保國民學校方面

（一）文星五保校

松果鶴和花菊：指導教師張拳隆

松果是自然物，他們把松果取來，利用它自然的形狀，略加工夫，便成功了一隻鶴，而且極相似。花是廢物，他們取來之後，略加染色，再以勞作的技巧，作成精美的菊花，可供室內裝飾之用。故此類作品，是小學中高年級最[illegible]的教材。[illegible]

（二）文星十一保校

麥稈像框：指導教師梁慶[illegible]

麥稈的產區很廣，幾乎各地都[illegible]，採取方便，利用此[illegible]料，作為小學勞作教學之用，最有價值。文星十一保校的麥稈像框，設計優良，製作亦佳，形式特出，具有創作意味。惟框邊裝飾，未盡完善，如能再加整理，將更增其美觀。麥稈工是[illegible]各麥稈產區內的學校，當盡量採用為教材，[illegible]對於農村工藝的改進和推廣上，有極大的功效。

（三）文星十三保校

1.沙畫風景：指導教師楊惠山

沙是各地都有的自然物，可以不花錢而取得。文星十三保校，用沙質染色後，粘成風景，別具趣味。這是小學低中年級最好的教材。

2.高粱稈家具：指導教師楊惠山

高粱稈是自然物，各地皆有，材料取得容易，利用起來作為小學勞作教材，非常方便。文星十三保校，用高粱稈作成的家具全套，尚稱精緻。在竹枝和樹枝缺乏的地方，以高粱稈來教學，亦可完成木工和竹工上的部份功效。所以這類作品，是小學中高年級很好的教材。

（四）龍鳳六保校

校景剪貼：指導教師馬克濃

紙工剪貼，在過去却是幅頁很小的作品，似乎小氣得很，但是，龍鳳六保校的校景剪貼，却是改變了過去的作風，幅員

很大，雖然在製作技術上和色彩上，尚未盡善，但是在創作的意義上和集體製作上，確有相當的價值。

（五）金剛十一保校

麥稈草幅：指導教師（不詳）

在金剛鄉各保校的勞作成績中，麥稈編成的草帽，件數很多，但是最細緻最優良的作品，當以金剛十一保校的麥稈小草帽，居首位。在製作技巧上，堪稱精緻，形式亦佳。該校兒童具有如此優良的編帽技術，教師必須把它選拔出來為助手，以指導全校的兒童從事編帽工作，一則可以普遍推廣麥稈編帽的技術，再則可以促進麥稈工藝品的改進。

後記

我很高興，我能有機會來參觀到整個北碚區各校的勞作成績。以上我所認為這些特殊的勞作成績中，都各有其特殊的價值，我很希望北碚教育當局，能飭令各校的勞作教師，都把他們學校的優良作品，編成教材，再彙交北碚管理局，然後聘請專人刪修和編輯，印成專冊。一則可供北碚各校今後勞作教學之用，再者可向全國推廣，而使今年雙十節北碚勞作展覽中的特殊成績，普及全國，以促進中國勞作教育之發展。

最後，我要聲明的，我不是評判員，我不是在評判各校勞作成績的優劣和高下，我是純粹的一位觀衆。我寫這篇文章的目的，是想把這次我所見到的一些特殊作品，介紹出來，以供大家的參考。至於我對這些作品的特殊性之看法，是否適當，尚希同好諸君，有以賜教是幸。

卅八年國慶後一日，稿成於北碚

將來的北碚

生產

大規模改良農業——增加特種農產、林產、和畜產；並有大的農場、林場、畜牧場、和養魚場。

大規模開發礦產——由土法開採到機械開採。

大規模創辦工業——由手工業到機械工業。設大的發電廠、鍊鋼廠、水泥廠、焦油廠、化工廠、肥料廠、繅絲廠、紡織廠、造紙廠……。

大規模興修水利——興辦灌溉及給水工程。修建嘉陵江大水利工程。興修各處小型水電工程。

交通

凡生產區都通輕便鐵路或公路。

文化區和沿江兩岸風景區都通公路。

任何村落都通郵政、電話、和電報。

有由北碚直達重慶的電氣鐵道。

有與週圍鄰縣連接的公路縣道。

文化

全區有：

中學、大學、專科就業學校、及研究院。

大的圖書館、博物館、體育場、民衆會堂、和無綫電廣播電台。

每鄉鎮都有：

托兒所、幼稚園、和設備完善的中心國民學校。

圖書室、陳列室、運動場、俱樂部、公園和新型收音機。

每保都有：

農忙托兒站、完善的國民學校。

書刊閱覽室、展覽室、運動場、民衆會場和收音轉播器。

人民

皆有職業。

皆有現代的知識和技術。

皆有現代集團生活的習尚。

皆能為公衆服務。

皆無不良嗜好。

地方

皆清潔。

皆美麗。

皆可住居和遊覽。

皆有現代生活的設備。